본서는 일반 독자에게는 좀 낯선 수용사적 방법을 사용해서 성서를 연구한 저술이다. 아프리카계 미국인들이 바울을 어떻게 이해하고, 새로운 인식을 통하여 잘못된 가르침에 저항하고, 어떻게 나름대로 해석하게 되었는지를 역사적으로 추적한 것이다. 이들이 처음에는 성경을 문자로 읽을 수 없고 백인들의 가르침을 그대로 수용할 수밖에 없는 상태에서 시작하여, 글을 읽을 수 있게 되면서 그들의 잘못된 해석과 적용에서 벗어나는 과정을 본서는 잘 보여주고 있다. 이러한 방법을 우리 한국 사회에 적용해 보면 다음과 같은 연구를 할 수 있을 것이다. 한국교회에서 유교적 가부장제가 어떻게 사람들의 성서 해석을 지배했고, 사람들이 계몽을 통해 그 세계관을 극복하면서 그러한 해석에 저항하고, 현재 어떻게 성서를 더 잘 이해하게 되었는지에 대해서 연구하는 것이다. 본서는 새로운 방법, 흥미로운 내용, 우리에게 적용점이 분명한 것을 통해 독자에게 독서의 기쁨을 풍성하게 제공해줄 것이다.

- **김동수** 평택대학교 신약학 교수

읽으면서 격정과 울림, 흐느낌과 연민, 인내와 용기, 고난과 희망이 피부에 와닿았다. 학문적 단행본이 이런 감흥과 새로움을 줄 수 있다는 게 신기했다. 아프리카계 미국인들의 지난(至難)한 역사를 서사로 풀어내는 그들만의 전통은 지성을 넘어 인류 보편적 정서를 흔들기에 충분했다.

프린스턴 신학교의 아프리카계 미국인 여성 신약학자가 풀어낸 『아프리카계 미국인이 몸으로 읽어낸 바울』은 단순히 바울을 다시 해석한 책이 아니다. 그것은 노예제와 인종차별이라는 가장 어두운 현실 속에서, 억압의 도구로 사용되던 바울 사도의 언어를 해방의 언어로 되찾아낸 아프리카계 미국인들의 증언을 집요하게 추적한 역사서이자 신학서다. 리사 보웬스는 광범위한 1차 자료—청원서, 자서전, 에세이, 설교, 회심 이야기—를 발굴하여, 1700년대부터 20세기 중반까지 아프리카계 미국인들이 바울을 통해 어떻게 자신들의 존재를 확인하고 공동체를 세우며 불의에 저항했는지를 수용사(Wirkungsgeschichte)의 관점에서 설득력 있게 보여준다. 억압의 도구가 해방의 무기로 바뀌는 놀라운 해석학적 전환은, 성경이 얼마나 살아 있는 텍스트인지를 웅변한다.

저자는 해석 공동체의 역사적 맥락의 중요성을 강조하면서 해방과 저항의 해석학을 제시한다. 억압 속에서도 성령을 통한 직접 계시, 환상, 체험 등을 통해 성경을 해석했다는 저자의 서술은, 문자주의적 성경 읽기를 넘어선 신학적 상상력, 특별히 성령론적·체현적(embodied) 해석학을 제시한다.

이 책의 가치는 여러 면에서 돋보인다. 학문적으로, 바울 해석의 수용사와 포스트

식민주의적 신학 연구에 중요한 자료로 활용될 수 있다. 또한 노예제와 인종 억압이라는 극한 상황에서 신앙이 어떻게 동력이 되었는지에 관하여 역사적 선례를 복원하는 동시에 영적 통찰력을 제공한다. 마지막으로 해석방법 및 문화 맥락 중심의 성경 읽기 접근법을 논하는 데 있어 뛰어난 사례를 제공한다. 특히 "텍스트가 경험을 해석하고, 경험이 텍스트를 해석한다"라는 해석학적 통찰은 유익하다.

이 책이 성서학자와 신학자는 물론 사회 정의 문제(인종, 성별, 계급 등)와 교회의 미래를 고민하는 한국교회의 목회자들과 신학도에게 자신을 뒤돌아볼 수 있는 거울이 되면 좋겠다. 『아프리카계 미국인이 몸으로 읽어낸 바울』은 단지 과거의 기록이 아니라 오늘 우리에게 바울을 새롭게 읽고 해석할 용기를 불러일으키는 살아 있는 증언이 될 것이다. 이 땅에 임하는 하나님의 나라를 소원하는 모든 이들에게 이 책을 적극적으로 추천한다.

- 류호준 백석대학교 신학대학원 은퇴 교수, 다니엘의 샘 원장

본서는 1700년대부터 20세기 중반까지 아프리카계 미국인들이 바울의 서신을 자신들의 해방과 인권을 위한 언어로 삼아온 처절하고 참혹한 역사를 조명한다. 저자는 설교문, 자서전, 노예 청원서 등 방대한 자료를 바탕으로, 백인 교회의 억압적 가르침에 맞서 바울을 '해방의 전사'로 재발견한 흑인 공동체의 신앙적 분투를 생생하게 보여준다. 특히 '경험의 변증법'이라는 해석의 틀을 통해, 해석자의 삶의 경험이 성서 메시지와 결합할 때 얼마나 주체적이고 창의적인 해석이 나올 수 있는지 탁월하게 제시한다. 저자는 주피터 해먼, 존 지아, 자레나 리, 질파 일로, 데이비드 워커, 마리아 스튜어트, 제임스 페닝턴, 대니얼 페인, 줄리아 푸트, 해리엇 제이콥스, 레버디 랜섬, 윌리엄 J. 시모어, 찰스 해리슨 메이슨, 아이다 B. 로빈슨, 앨버트 클리지 주니어, 마틴 루서 킹 주니어 등의 궤적을 자세히 추적한다. 이들은 바울의 언어를 빌려 흑인의 존엄성과 영적 평등을 외쳤으며, 여성들이 설교할 수 있는 정당한 권리를 역설했다. 또한 논쟁적인 성서 구절과 정면으로 씨름하며 신앙의 근거를 마련하고, 성서를 해석할 권리가 자신들에게 있음을 분명히 선언했다. 결과적으로 이 책은 바울 해석의 다채로운 스펙트럼과 흑인 공동체의 강인한 인내와 무한한 잠재력을 보여줌으로써, 오늘날 우리가 직면한 인종 문제와 평등에 관한 담론을 더 깊고 풍성하게 만든다. 성서 읽기의 새로운 가능성을 열어주는, 크고 묵직한 울림을 지닌 본서를 읽는 것은 '피할 수 없는 과제'라고 확신한다.

- 윤철원 서울신학대학교 신학전문대학원 신약학 교수

기를 바란다. 그들의 이야기는 우리 모두가 "구름 같이 둘러싼 허다한 증인들" 가운데 있다는 진실을 다시금 일깨워준다.

레지(Reggie), 보니(Vonnie), 안나(Anna), 스테파니(Stephanie), 그리고 나의 모든 가족들—보웬스(Bowens)와 맥코이(McKoy) 가문 전체—특히 말로 다 표현할 수 없는 사랑과 감사를 드려도 부족한 나의 부모님 레지날드와 유니스 보웬스께 영원한 감사를 드린다. 여러분의 끊임없는 지지야말로 내 삶의 원천이었다. 우리는 참으로 많은 시간을 함께 견뎌왔고, 특히 지난 몇 해는 더욱 그랬지만, 그 모든 상황 속에서 여러분이 보여준 변함없는 믿음은 내가 이 길을 끝까지 걸어갈 수 있도록 지탱해주었다. 여러분을 진심으로, 그리고 깊이 사랑한다.

마지막으로 나의 믿음의 주님이시며 온전케 하시는 분이신 하나님께 찬양을 올려드린다. 만물이 주님에게서 나오고 주님로 말미암고 주님께로 돌아가나니, 영광이 영원히 주님께 있을지어다. 아멘.

서론

아프리카계 미국인의 바울 해석학

바울은 오늘 본문[행 20:24]에서 자신의 여정을 마치는 것에 대해 말합니다. 우리 모두는 각기 다른 세계를 향해 나아가는 여정의 한 복판에 서 있습니다.[1]

아프리카계 미국인들과 바울 서신의 관계를 이야기할 때 우리는 하워드 서먼(Howard Thurman)과 그의 할머니 낸시 앰브로스(Nancy Ambrose)의 이야기를 자주 접하게 된다. 서먼의 저서 『예수와 상속받지 못한 자들』(*Jesus and the Disinherited*)에 나오는 다음 인용문은 그 전모를 소개할 만한 깊이와 가치를 지닌다.

나는 어린 시절 대부분을 할머니의 보살핌 아래에서 보냈다. 할머니는 노예로 태어나 남북전쟁이 발발할 때까지 플로리다주 매디슨 인근의 한 농장에서 살

---

1 이것은 Lemuel Haynes의 다음 연설문에서 발췌한 것이다. "The Sufferings, Support, and Reward of Faithful Ministers Illustrated: Being the Substance of Two Valedictory Discourses, delivered at Rutland, West Parish, May 24th, A.D. 1818," in *Sketches of the Life and Character of the Rev. Lemuel Haynes, A.M., For Many Years Pastor of A Church in Rutland, VT and Late in Granville, New-York*, ed. Timothy Mather Cooley (New York: Harper & Brothers, 1837), 179.

았다. 내게 주어진 중요한 임무 중 하나는 글을 읽거나 쓸 수 없었던 할머니를 위해 책을 읽어드리는 일이었다. 나는 일주일에 두세 번씩 성경을 소리 내어 읽어드렸고, 할머니는 어떤 본문을 읽을지에 대해 매우 엄격하게 정하셨다. 예를 들어 시편이나 이사야서, 복음서 본문은 자주 반복해서 읽었지만, 바울 서신은 단 한 번도 허락되지 않았다. 아주 드물게 고린도전서 13장만이 예외였다. 나는 그 이유가 몹시 궁금했지만, 우리는 할머니께 어떤 질문도 드리지 않는 것이 원칙이었다.

내가 더 자라 대학을 반쯤 마쳤을 무렵, 어느 여름방학 말에 집에 며칠 머무를 기회가 있었다. 큰 용기를 내어 어느 날 할머니께 조심스레 여쭈었다. "왜 바울 서신은 절대 읽게 하지 않으셨나요?" 그때 할머니가 들려주신 말씀은 지금도 내 가슴에 깊이 남아 있다. "노예 시절에는 말이다" 할머니는 말씀하셨다. "가끔 주인의 목사가 노예들을 위한 예배를 인도하곤 했단다. 그 중에 맥기 영감이라는 사람이 있었는데, 정말 심술궂은 사람이었지. 그는 흑인 설교자가 노예들에게 설교하는 것을 절대 허락하지 않았어. 항상 백인 목사만이 설교했단다. 그리고 그 목사는 언제나 바울의 글을 본문으로 삼았어. 1년에 서너 번은 꼭 '노예들아, 주인에게 순종하기를 그리스도께 하듯 하라'는 구절을 택했지. 그런 뒤에는 우리가 노예로 살아가는 것이 하나님의 뜻이며, 우리가 선하고 행복한 노예가 되면 하나님이 우리에게 복을 주실 거라고 설교했단다. 그래서 나는 다짐했지. 내가 언젠가 자유를 얻고 글을 읽게 된다면 성경에서 그 부분은

절대 읽지 않겠다고 창조주께 약속했단다."²

이 가슴 아픈 발췌문은 노예소유주들과 백인 목사들이 얼마나 자주 바울의 말을 인용하며 아프리카계 미국인을 노예화하는 잔혹한 관행을 정당화했는지를 여실히 보여준다. 이처럼 끔찍하게 왜곡된 사용 속에서 성경은 흑인 노예제를 정당화하는 도구로 전락했고, 흑인의 정체성은 가축과 동일시되었다. 이 이야기는 또한 일부 흑인들이 왜 바울을 거부하게 되었는지를, 다시 말해 백인 목회자들이 바울의 본문을 설교하고 해석한 방식이 흑인 공동체에 어떤 영향을 끼쳤는지를 분명히 드러낸다. 서면의 할머니는 백인 목사의 말을 이렇게 기억했다. "우리가 노예가 된 것은 하나님의 뜻이었다." 과연 성경의 하나님이 그러한 잔혹함을 허용하실 수 있는 분인가? 그렇다면 아프리카계 미국인들은 어떻게 바울을 활용해 그러한 해석에 저항할 수 있었을까? 바로 이 질문이 이 책의 핵심 주제다. 이 책은 아프리카계 미국인들이 사도 바울과 맺어온 복잡하고도 긴장된 관계를 탐구한다. 낸시 앰브로스의 강력한 증언을 출발점으로 삼아 이 연구는 백인 목사들의 억압적 해석에 맞서 흑인들이 어떻게 바울을 통해 항의하고 저항했는지를 밝히려 한다. 여기 등장하는 백인 목사는 결코 예외적인 존재가 아니다. 그의 설교는 당시 미국 사회의 문화적 구조에 깊숙이 뿌리내리고 있었으며, 당대

2　Howard Thurman, *Jesus and the Disinherited* (Richmond, IN: Friends United, 1981; original Nashville: Abingdon, 1949), 19–20.

의 지배적인 정서를 충실히 반영한 사례였다. 그런 현실 속에서도 많은 흑인들이 바울을 외면하거나 단순히 반박하는 데 그치지 않고, 오히려 그를 능동적으로 다시 읽고, 다시 말하고, 다시 소유하며 해방과 자유의 언어로 재해석했다는 사실은 실로 놀라운 일이다. 아프리카계 미국인들이 백인 우월주의의 손아귀로부터 바울을 "구출"해낸 이 도발적이고 강력한 해석학적 전환은 흑인 신앙의 내공, 흑인 공동체의 회복력, 그리고 흑인 지성의 강인함을 생생하게 드러내는 증언이다.

아프리카계 미국인의 바울 해석학이란 무엇인가?

이 단행본이 탐구하는 주제는 아프리카계 미국인의 바울 해석학이다. 그러나 "아프리카계 미국인의 바울 해석학"이라는 표현은 처음부터 몇 가지 중요한 질문을 제기한다. 첫째, 해석학이란 무엇이며 이 용어는 어떤 의미를 지니는가? 둘째, 아프리카계 미국인이 바울 서신을 읽을 때 "그들만의" 해석학이 존재한다고 말하는 것은 어떤 함의를 지니는가? 여기서 "해석학"(hermeneutics)이라는 단어는 해석자 또는 설명자를 뜻하는 그리스어 **헤르메네우스**(hermeneus)에서 유래한다.[3] 이 단어는 또한 고대 그리스 신화 속 인물인 헤르메스와도 연결된다. 헤르메스(로마 신 메르쿠리우스)는 신들의

---

3   David Jasper, *A Short Introduction to Hermeneutics* (Louisville: Westminster John Knox, 2004), 7.

메신저로서 올림포스의 소식을 인간에게 전하고 신비한 뜻을 전달하는 해석자이자 중재자로 여겨졌다.[4] 데이비드 재스퍼(David Jasper)는 헤르메스의 역할을 다음과 같이 설명한다. "날개 달린 샌들을 신은 헤르메스는 신적 영역과 인간 세계 사이의 간극을 넘나들며, 인간의 언어로는 표현할 수 없는 신비를 말로 풀어내는 능력을 지닌 존재로 여겨졌다. 만일 이러한 메신저가 없다면 신들과 인간은 어떻게 서로 소통할 수 있으며, 이들 사이의 이해의 간극은 어떻게 메워질 수 있었겠는가? 그의 임무는 바로 이 간극을 연결하고, 이해할 수 없던 것을 인간의 귀에 의미 있고 분명하게 전달하는 것이었다."[5]

재스퍼가 묘사한 이 중재자의 임무는 이 책에서 다루는 아프리카계 미국인의 해석학과 깊은 관련이 있다. 이 책에 등장하는 해석자들은 자신의 수필, 설교, 자서전, 회심 이야기 등 다양한 장르를 통해 신과 인간 사이의 간극을 메우는 신적 대변자로서의 정체성을 의식한다. 그들은 낸시 앰브로스의 회고 속에 등장하는 "주인의 목사"가 보여주는 억압적이고 왜곡된 바울 해석에 맞서 전혀 다른 바울을 선포한다. 그들에게 바울에 대한 이해는 분열되어 있었고, 해석의 간극이 존재했다. 이 해석자들은 자신의 연설과 청원, 목회와 문서 활동을 통해 그 간극을 메우려 했다. 그러나 그들은 올림

---

[4] Jasper, *A Short Introduction to Hermeneutics*. 참조. Michael Gorman, *Elements of Biblical Exegesis: A Basic Guide for Students and Ministers*, rev. and expanded ed. (Peabody, MA: Hendrickson, 2009), 140.

[5] Jasper, *A Short Introduction to Hermeneutics*, 7.

포스 신들을 섬기는 헤르메스의 후계자가 아니다. 이들은 살아계신 성경의 하나님-바울을 통해 말씀하시고, 이제 그들을 통해 다시 말씀하시는 하나님-의 사자였다. 따라서 이 책이 말하는 해석학이란 단순히 본문을 해석하는 기술을 넘어 해석에 임하는 자세 또는 관점이다.[6]

두 번째 질문, 즉 아프리카계 미국인이 바울 서신을 읽을 때 그들만의 독특한 해석학이 존재한다고 말하는 것은 무엇을 의미하는지 살펴보자. 이는 아프리카계 미국인들이 바울과 그의 글을 읽고 해석하는 방식이 다르고 고유하다는 전제를 담고 있다. 실제로 아프리카계 미국인들은 역사적으로 많은 백인들이 바울을 해석해온 방식과 뚜렷이 구별되는 바울 읽기를 발전시켜왔다. 낸시 앰브로스의 이야기는 이러한 고유한 해석학의 맥락을 잘 보여준다. 노예제도 아래에서 재산으로 취급당하며 겪은 억압과 비인간화의 경험은 아프리카계 미국인들이 바울 서신을 어떻게 읽고 해석하며 반응했는지에 결정적인 영향을 미쳤다. "미국 내 흑인의 독특한 경험"[7]은 바울 해석의 방향을 형성하는 핵심적 배경이 되었고, 그 결과 흑인 공동체의 바울 해석학은 대체로 "흑인의 조건에 주목하고, 그 조건을 변화시키는 데 헌신하는" 해석학으로 나타났다.[8] 이처럼 아프리카계 미국인의 바울 해석학

---

6   Gorman, *Elements of Biblical Exegesis*, 26.
7   Henry H. Mitchell, *Black Preaching* (San Francisco: Harper & Row, 1979), 57.
8   Mitchell, *Black Preaching*, 30. 비록 흑인 해석학에 관한 Mitchell의 언급들은 주로 흑인 설교에 관한 그의 논의와 관련이 있지만, 아프리카계 미국인의 바울 해석학을 설명하는 데에도 적합하다. 또한 이 논문의 목적에 비추어볼 때 Mitchell의 발언은 모든 성별을 포괄하는 "흑인의 상황"으로 해석되어야 한다.

은 억압적인 사회 구조에 저항하고, 백인 중심의 해석에 맞서는 항의의 해석학이자 해방의 해석학으로 정의될 수 있다. 무엇보다 중요한 것은 아프리카계 미국인의 역사 그 자체가 바울 서신을 읽는 그들의 해석학적 태도에 깊이 각인되어 있다는 점이다.

진정한 의미에서 아프리카계 미국인의 바울 해석학은 **게쉬히테**(*Geschichte*), 곧 역사와 얽혀 있으며, 이 둘은 결코 분리될 수 없다. 아프리카계 미국인이 바울을 읽는 방식은 과거에 바울이 그들에게 어떻게 읽히고 제시되었는지에 결정적으로 영향을 받는다. 백인 목사들이 바울 서신의 일부 본문—예컨대 "노예들아, 너희 주인에게 순종하라"와 같은 구절—을 반복적으로 설교 본문으로 삼았던 것은 백인 사회가 흑인들에게 바울을 제시하는 대표적인 방식이었다. 바울을 존경한다고 말하면서도 비윤리적인 행동을 일삼았던 백인들의 모습은 아프리카계 노예들에게 바울에 대한 왜곡된 이미지를 심어주었다. 이처럼 노예소유주들과 그들의 목사들이 보여준 삶의 모순은 아프리카계 미국인의 바울 해석에 결정적인 영향을 미쳤다. 많은 흑인들은 백인 설교자들이 바울을 사랑한다고 말하면서도 그의 복음의 윤리를 저버리는 현실을 목격했다. 예컨대 백인 목회자들이 "도둑질하지 말라"는 계명을 반복해서 설교했지만, 그 설교를 듣는 아프리카계 노예들에게는 그들 자신이 바로 도둑맞은 존재처럼 여겨졌기 때문에, 그러한 설교는 철저한 위선으로 들렸다. 이러한 경험 속에서 많은 흑인 해석자들은 왜곡된 해석에 맞서 바울의 말을 더욱 신실하고 충실하게 따르려는 새로운 길을 선택했다.

그러나 동시에 아프리카계 미국인 공동체가 결코 획일적인 집단이 아님을 분명히 인식해야 한다. 아프리카계 미국인들이 바울을 해석하고 이해하는 방식은 하나로 고정된 것이 아니다. 이러한 이유로 이 책은 "해석학"(hermeneutics)을 단수형이 아니라 복수형으로 사용한다. 아프리카계 미국인의 **세계관**(Weltanschauung)은 다층적이고 복합적이며, 그 모든 다양성 속에서도 바울은 여전히 이 공동체의 신앙과 성찰에 중요한 역할을 차지한다. 아프리카계 미국인의 바울 해석학, 다시 말해 바울 서신을 사용하고 해석하는 그들의 방식은 그들의 종교적 사유를 형성하고 신앙의 경험을 조직하며, 억압에 저항하고 비인간화에 맞서 싸우는 신학적 도구로 기능해왔다. 앞으로 이어질 논의에서는 흑인 독자들이 바울을 어떻게 이해하고, 그의 언어를 자신들의 삶과 역사적 상황에 어떻게 적용했는지를 다양한 해석의 렌즈를 통해 살펴볼 것이다. 예컨대 노예들의 자서전과 회고록은 단지 그들의 고통을 증언할 뿐만 아니라 바울의 글이 어떻게 그들의 생존과 자의식, 신앙 형성의 틀 안에 직조되었는지를 보여준다. 고통과 슬픔, 고문과 비인간화의 심연 속에서 아프리카계 미국인들은 바울의 언어를 붙잡았다. 그 언어를 빌려 자신의 목소리를 냈고, 그의 글을 통해 자신의 현실에 의미를 부여하고자 했다. 이 책의 탐구는 이들의 삶을 따라가며, 바울이 그들의 현실 속에서 어떤 자리를 차지했는지, 그들이 바울의 이야기 안에서 어떻게 자신을 자리매김했는지, 그리고 궁극적으로 어떻게 바울의 본문을 새롭게 구성하며 자기 것으로 만들어갔는지를 드러내고자 한다.

수용사에서 아프리카계 미국인 바울 해석자들의 중요성

이 책이 아프리카계 미국인들의 전체 성경 사용이 아니라 바울에 초점을 맞추는 이유는 바울 서신이 노예제를 정당화하고 이를 기독교적 실천으로 정착시키는 데 결정적인 역할을 해왔기 때문이다. 바울의 언어는 노예제를 지지하는 이들과 이에 반대하는 노예제 폐지론자들 사이에서 격렬한 논쟁의 중심에 자리하고 있었다. 실제로 바울은 흑인 노예화의 정당화를 위해 자주 인용되었으며, 이로 인해 아프리카계 미국인들은 이 사도와 복잡한 긴장된 관계를 맺게 되었다. 일부는 아예 바울 서신 자체를 거부하는 입장을 취했으며, 또 다른 이들은 그의 언어를 해방의 관점에서 새롭게 해석하고자 했다. 이와 같은 복합적 관계는 오늘날에도 계속 이어지고 있으며, 바울은 여전히 아프리카계 미국인 기독교 공동체 안에서 깊은 영향을 끼치는 인물로 남아 있다.

역사적으로 많은 아프리카계 미국인들은 바울과 그의 글에 대해 강한 유대감을 느껴왔다. 그들은 바울의 말 속에서 자신들의 상황에 공명하는 언어를 발견했으며, 그 언어는 고통의 현실을 견디게 할 뿐 아니라 불의한 질서에 저항할 수 있는 내적 힘을 제공해주었다. 이들은 바울을 단순히 수용하거나 거부하는 것이 아니라 그를 되찾고, 재해석하며, 다시 말하기 위한 작업에 몰두해왔다. 바울은 억압에 부역한 인물이 아니라 억압에 맞서 싸울 수 있도록 성경의 언어를 빌려준 존재로 읽힌 것이다. 흑인 저자들이 바울에게 보인 깊은 관심―그들의 글 곳곳에 나타나는 바울의 인용과 언어적 메아리―은 바울이 노예제 논쟁에서 얼마나 중심적인 인물이었는지를 분명하게 보여준다. 동시에 이는 그들이 바울 서신을 거룩한 성경으로 받아들였으며, 그 본문이 자신들의 삶과 신앙, 해석과 성찰을 끊임없이 요청한다고 믿었음을 시사한다. 바울과 그의 서신에 대한 방대한 인용과 그 텍스트를 성스러운 것으로 대하는 아프리카계 미국인의 해석적 태도가 결합되면서 이들의 바울 읽기는 오늘날 역사적, 종교적, 신학적, 성서학적 논의에 결코 간과할 수 없는 중요한 자료로 평가받는다.

바울과 그의 글에 대한 아프리카계 미국인의 해석을 탐구하는 일은 단지 이들 해석자들로부터 무엇을 배울 수 있는지를 보여주는 것에 그치지 않는다. 이는 최근 성서학계에서 활발히 논의되고 있는 수용사(reception history)의 흐름과도 깊이 맞닿아 있는 과제다. **비르쿵스게쉬히테**(Wirkungsgeschichte, 수용사)의 핵심 전제 중 하나는 "성서 본문이 단지 고유한 역사적 배경 속에만 존재하는 것이 아니라 이후 시대마다 새로운 종교적, 신학적, 미학적 맥락 속에서 반복적으로 수용되고 해석되며, 지속적으로 영향력을 발휘해왔다"는 데 있다.[9] 이러한 관점에서 보면 아프리카계 미국인의 맥락 속에서 바울이 어떻게 읽혀왔는지를 분석하는 일은 수용사 연구의 필수적인 일부이며, 이처럼 확장되고 있는 연구 분야에 중대한 기여를 할 수 있다. 바울의 **비르쿵스게쉬히테**를 아프리카계 미국인 독해의 흐

---

9   Hans-Josef Klauck, ed., *Encyclopedia of the Bible and Its Reception* (Berlin: de Gruyter, 2009), ix.

름 안에 위치시키는 것은 필연적인 작업이다. 바울은 흑인 사유와 신학적 성찰의 역사 속에서 오랫동안 중심적 인물로 기능해왔으며, 실제로 흑인 저작물 전반에서 강렬한 존재감을 드러낸다. 그럼에도 불구하고 아프리카계 미국인의 역사적, 신학적, 성서적 맥락에서 바울 서신의 수용을 본격적으로 다룬 단행본 연구가 지금까지 거의 전무하다. 따라서 본 연구는 흑인 종교 전통과 미국 종교 전통이 교차하는 지점을 기록하는 데 중요한 학문적 의의를 지닌다. 아프리카계 미국인의 신앙과 해석, 삶의 경험은 미국 종교사의 구조 속에 깊이 얽혀 있으며, 이 문제를 외면한다면 미국 종교사의 중요한 장이 누락될 수밖에 없다. 왜냐하면 바울의 언어는 오랜 시간에 걸쳐 흑인들이 남긴 문서, 수필, 설교, 이야기 속에서 반복적으로 등장해왔기 때문이다.

선행 연구

아프리카계 미국인들은 수 세기에 걸쳐 성경을 연구하고 해석해왔다. 그러나 본격적으로 성서학계 내에서 흑인 해석 전통이 주목받기 시작한 것은 비교적 최근의 일이다. 지난 수 십 년간 출간된 주요 저작들은 아프리카계 미국인의 성경 해석을 학문적으로 조명하며 성서학의 지형을 구성하는 데 결정적인 기여를 했다. 아프리카계 미국인 성경 해석의 선구자 중 한 사람인 찰스 코퍼(Charles Copher)는 성경 해석의 장 안에 아프리카인의 존재를 각인시키는 해석학적 관점을 제시했다. 1980년대에는 레니타 윔스(Renita Weems)의 『한 자매일 뿐: 성경 속 여성 관계에 대한 여성주의적 관점』(*Just a*

Sister Away: A Womanist Vision of Women's Relationships in the Bible)과 케인 호프 펠더(Cain Hope Felder)의 『성경 속 난제들: 인종, 계급, 가족』(Troubling Biblical Waters: Race, Class, and Family)이 출간되었다. 전자는 흑인 여성의 경험을 통해 성경 해석을 시도했으며, 후자는 인종, 계급, 가족 문제와 관련된 흑인 성경 해석을 다루었다.[10] 이 세 학자의 획기적인 연구는 흑인 성경 해석의 초기 방향을 설정하는 데 중요한 역할을 했다. 1991년에 출간된 『우리가 걸어온 힘난한 길: 아프리카계 미국인의 성경 해석』(Stony the Road We Trod: African American Biblical Interpretation)은 흑인 성서학자들의 논문을 모은 대표적인 저작으로, 아프리카계 미국인 해석자들이 채택한 다양한 해석 전략과 흑인 교회 및 학계가 직면한 고유한 질문들을 심층적으로 다룬다.[11]

21세기 초반에도 여러 주요 저작들이 뒤를 이었다. 2000년에는 빈센트 윔부시(Vincent Wimbush)가 편집한 대형 논문집 『아프리카계 미국인과 성경: 성서와 사회 구조』(African Americans and the Bible: Sacred Texts and Social

---

10 Charles B. Copher, "Three Thousand Years of Biblical Interpretation with Reference to Black Peoples," in *African American Religious Studies: An Interdisciplinary Anthology*, ed. Gayraud S. Wilmore (Durham, NC: Duke University Press, 1989), 105-28; Charles B. Copher, *Black Biblical Studies: An Anthology of Charles B. Copher; Biblical and Theological Issues on the Black Presence in the Bible* (Chicago: Black Light Fellowship, 1993); Renita J. Weems, *Just a Sister Away: A Womanist Vision of Women's Relationships in the Bible* (San Diego: LuraMedia, 1988); Cain Hope Felder, *Troubling Biblical Waters: Race, Class, and Family*, Bishop Henry McNeal Turner Studies in North American Black Religion, vol. 3 (Maryknoll, NY: Orbis, 1989); 또한 다음을 보라. Cain Hope Felder, *Race, Racism, and the Biblical Narratives* (Minneapolis: Fortress, 2002).

11 Cain Hope Felder, ed., *Stony the Road We Trod: African American Biblical Interpretation* (Minneapolis: Fortress, 1991).

Structures)가 출간되었다.[12] 이 책은 성경이 아프리카계 미국인 문화와 일상에 어떻게 깊이 뿌리내렸는지를 음악, 문학, 예술 등 다양한 분야를 통해 조명한다. 2003년에는 랜달 베일리(Randall Bailey)가 『아직도 여전한 비트와 함께: 현대 미국 흑인 중심의 성경 해석』(Yet with a Steady Beat: Contemporary U.S. Afrocentric Biblical Interpretation)을 편집·출간했다. 이 저작은 성경 해석에 관한 다양한 에세이들을 모은 것으로, 세기의 전환기에 활동한 흑인 성서학자들의 다양한 해석 전략들을 집중적으로 다룬다.[13] 이어 2004년에는 마이클 조지프 브라운(Michael Joseph Brown)의 『성경의 흑인화: 아프리카계 미국인의 성서학 목표』(Blackening of the Bible: The Aims of African-American Biblical Scholarship)가 출간되어 흑인 성서학의 전반적인 목표와 기조를 개괄하는 입문서로 자리매김했다. 2006년에는 앨런 캘러핸(Allen Callahan)의 혁신적 연구인 『말하는 책: 아프리카계 미국인과 성경』(The Talking Book: African Americans and the Bible)이 발표되었다. 이 저서는 유배, 출애굽, 에티오피아, 임마누엘이라는 네 가지 주제를 중심으로 아프리카계 미국인의 성경 경험을 형성한 핵심 틀을 제시한다.[14] 2007년에는 브라이언 블라운트(Brian Blount), 케인 호프 펠더(Cain Hope Felder), 클라리스 J. 마틴(Clarice J. Martin),

---

12 Vincent Wimbush, ed., *African Americans and the Bible: Sacred Texts and Social Structures* (New York: Continuum, 2000).

13 Randall Bailey, ed., *Yet with a Steady Beat: Contemporary U.S. Afrocentric Biblical Interpretation*, Semeia Studies (Atlanta: Society of Biblical Literature, 2003).

14 Michael Joseph Brown, *Blackening of the Bible: The Aims of African-American Biblical Scholarship* (Harrisburg, PA: Trinity Press International, 2004); Allen Dwight Callahan, *The Talking Book: African Americans and the Bible* (New Haven: Yale University Press, 2006).

에머슨 파워리(Emerson Powery)가 공동 편집한 『우리의 뿌리에 충실하게』(*True to Our Native Land*)가 출간되었다. 이는 최초의 흑인 신약 주석서로, 아프리카계 미국인의 시각에서 각 신약성경을 분석한다.¹⁵ 이 방대한 저작은 여성주의 성경 해석학을 포함한 다양한 흑인 학자들의 관점과 해석학적 입장을 포괄한다. 2010년에는 『아프리카나 바이블』(*The Africana Bible*)이 출간되었다. 이 책은 아프리카 대륙과 디아스포라의 관점에서 히브리어 성경, 위경, 외경을 읽어내며, 흑인 성경 해석의 지평을 확장한다.¹⁶ 가장 최근에는 두 권의 주목할 만한 단행본이 추가로 출간되었다. 『해방의 창세기: 남북전쟁 이전 노예들의 서사에 나타난 성경 해석』(*The Genesis of Liberation: Biblical Interpretation in the Antebellum Narratives of the Enslaved*)에서 에머슨 파워리와 로드니 새들러는 노예제 시기 아프리카계 노예들이 성경을 어떻게 해석했는지, 그리고 성경이 당시 노예제 논쟁에서 어떤 역할을 했는지를 탐구한다.¹⁷ 또한 스테파니 크라우더(Stephanie Crowder)는 『엄마가 말할 때: 여성주의적 관점에서 본 성경과 모성』(*When Momma Speaks: The Bible and Motherhood from a Womanist Perspective*)에서 신구약 전반에 나타난 모성 이미지를 여성주의적 렌즈를 통해 탐구한다.¹⁸

---

15   Brian Blount et al., eds., *True to Our Native Land: An African American New Testament Commentary* (Minneapolis: Fortress, 2007).
16   Hugh Page and Randall Bailey, eds., *The Africana Bible: Reading Israel's Scriptures from Africa and the African Diaspora* (Minneapolis: Fortress, 2010).
17   Emerson Powery and Rodney Sadler, *The Genesis of Liberation: Biblical Interpretation in the Antebellum Narratives of the Enslaved* (Louisville: Westminster John Knox, 2016).
18   Stephanie Crowder, *When Momma Speaks: The Bible and Motherhood from a Womanist*

위에서 언급한 많은 저작들에는 바울과 그의 서신에 대한 아프리카계 미국인의 해석을 다룬 장, 에세이, 논문들이 포함되어 있지만, 이들 저작의 주요 초점은 보다 포괄적인 흑인 성경 해석에 맞추어져 있다. 바로 이 점에서 본 단행본의 필요성은 더욱 분명해진다. 지금까지 바울과 그의 서신에 대한 아프리카계 미국인의 해석은 대개 아프리카계 미국인 성경 해석학을 다룬 방대한 연구들 속에서 부분적으로만 다루어져왔다. 이러한 선행 연구들은 각기 고유한 구조와 범위를 지니고 있기 때문에, 바울에 대한 논의를 심화하기에는 일정한 한계가 있다. 본 연구는 이들 선행 작업에 지적인 빚을 지고 있으며, 이후의 분석 전반에서 이들과 다양한 방식으로 대화하고 상호작용할 것이다.

또한 바울을 중심적으로 다룬 두 권의 단행본도 주목할 만하다. 이들 모두 흑인 신약학자인 브래드 브랙스턴(Brad Braxton)과 러브 세크레스트(Love Sechrest)의 저작이다. 브랙스턴의 『더 이상 노예는 없다: 갈라디아서와 아프리카계 미국인의 경험』(*No Longer Slaves: Galatians and African American Experience*)은 갈라디아서 본문이 흑인 공동체의 해방을 어떻게 가능케 하며, 그들에게 어떤 힘을 제공하는지를 중점적으로 탐구한다. 그는 독자 반응 이론(reader-response methodology)을 적용하여 바울 서신의 언어가 차이를 전제로 하면서도 그리스도 안에서의 일치를 지향하고 있다는 점을 강조한다. 브랙스턴에 따르면 바울이 이방인에게 할례를 요구하지 않았다는 사

Perspective (Louisville: Westminster John Knox, 2016).

실은 이방인의 정체성이 그대로 유지된다는 뜻이며, 새로운 피조물 안에서 이루어지는 것은 곧 "차이의 소멸이 아니라 지배의 소멸"이다.[19] 다시 말해 바울이 말하는 일치는 획일성을 의미하지 않는다. 이러한 맥락에서 바울은 흑인성(blankness)의 다양한 표현을 긍정하면서도 인종적 우월주의와 계층 구조를 근본적으로 거부하는 사도로 재해석된다.

러브 세크레스트는 자신의 저서 『이전의 유대인: 바울과 인종의 변증법』(*A Former Jew: Paul and the Dialectics of Race*)에서 약 5,000편에 달하는 고대 유대 및 비유대 문헌을 분석하며, 고대 세계에서 인종과 민족 정체성이 어떻게 이해되었는지를 면밀히 탐구한다. 그녀는 역사적·문학적 방법론을 활용하여 고대의 인종 개념을 분석하고, 이러한 개념들이 바울의 인종 이해에 어떤 영향을 주었는지를 탐구한다. 세크레스트의 핵심 주장 중 하나는 바울이 "민족 및 인종 정체성의 본질"에 대해 오늘날의 담론과는 전혀 다른 방식으로 접근하고 있다는 점이다.[20] 그녀는 이러한 분석을 현대의 인종 담론과 연결시키며, 그동안 학자들이 "바울 사상에서 정체성 변화가 지니는 급진성"을 과소평가해왔다고 지적한다.[21] 실제로 바울 서신에서 정체성의 변화는 매우 급진적인 차원을 지니며, 바울은 그리스도를 따르는 자들이 "자신의 출생 정체성에 대한 충성의 유대를 끊고" 새로운 인종, 곧 그

---

19   Brad Braxton, *No Longer Slaves: Galatians and African American Experience* (Collegeville, MN: Liturgical Press, 2002), 90, 94.
20   Love Sechrest, *A Former Jew: Paul and the Dialectics of Race* (New York: T&T Clark, 2009), 226.
21   Sechrest, *A Former Jew*, 226.

리스도인 공동체의 일원이 된다고 믿는다.[22] 브래드 브랙스턴과 러브 세크레스트의 연구는 아프리카계 미국인 신약학자의 시각을 통해 바울을 인종과 정체성의 관점에서 새롭게 조명하며, 바울 서신을 해석하고 이해하는 데 중요한 공헌을 하고 있다.

본 연구는 브랙스턴, 세크레스트, 그리고 앞서 언급한 여러 주요 저작들과 방법론적 측면이나 다루는 내용의 범위에서 분명한 차별성을 지닌다. 이는 기존 연구들 가운데 본 연구처럼 1700년대부터 20세기 중반까지 사도 바울에 대한 흑인의 사상과 성찰을 역사적 궤적을 따라 종합적으로 추적한 포괄적 연구는 거의 찾아보기 어렵기 때문이다. 이 책의 독자적 기여는 다음 세 가지 점에서 두드러진다. (1) 1700년대부터 20세기 중반까지의 역사적 전개를 중심축으로 삼는다. (2) 오직 아프리카계 미국인의 바울 해석학에 집중함으로써 보다 심층적인 분석을 시도한다. (3) 아프리카계 노예들의 회심 경험 속에서 사용된 바울 언어를 조명함으로써 독창적인 통찰을 제공한다. 물론 앞서 언급한 선구적 연구들은 아프리카계 미국인의 바울 해석에 관한 논의의 기초를 놓았으며, 흑인 성경 해석에 대한 이해를 확장하고 후속 연구를 위한 중요한 토대를 마련했다. 본 연구는 이들 선행 연구들에 많은 지적 빚을 지고 있지만, 방법론, 연구 초점, 분석 범위에 있어 분명한 차별성을 갖는다는 점을 강조하고자 한다.

---

22 Sechrest, *A Former Jew*, 230-31. 특히 다음을 보라. 113-31.

방법론

이 연구가 중심적으로 다루고자 하는 질문은 다음과 같다. 1700년대부터 20세기 중반까지 아프리카계 미국인들은 바울과 그의 서신을 어떻게 해석해왔는가? 본 연구의 목적은 아프리카계 미국인의 관점에서 바울에 대한 단 하나의 올바른 해석을 제시하는 데 있지 않다. 오히려 바울 서신을 읽고, 설교하고, 연구했던 흑인 해석자들의 다양한 통찰을 조명하고, 그들의 목소리와 사유를 전면에 드러내는 데 있다. 따라서 본 연구는 사도 바울과 그의 서신에 대한 아프리카계 미국인의 해석적 관점을 가능한 한 그들 자신의 언어와 표현을 통해 서술하고자 한다. 분석은 주로 1차 문헌 인용을 중심으로 진행되며, 독자들은 이후의 논의에서 이러한 1차 자료에 기반한 인용문들을 폭넓게 접하게 될 것이다. 이러한 발췌문은 해당 해석자들이 바울 서신을 어떻게 사용하고, 어떤 성경 구절을 인용하며, 바울의 언어를 어떻게 받아들이고 해석했는지를 이해하는 데 핵심적인 자료가 된다. 동시에 이 인용문들은 그들의 웅변과 섬세한 목소리를 생생하게 증언해준다.

그러나 본서에서 반복적으로 확인하게 되겠지만, 많은 경우 이러한 저자들은 자신의 해석 과정이나 해석학적 판단을 명시적으로 설명하지 않는다. 특히 탄원서(petitions)와 같은 특정 장르의 특성은 이러한 설명의 부재에 일정 부분 영향을 미쳤다. 그럼에도 불구하고 아프리카계 미국인 문학 가운데에는 저자들이 바울 서신을 어떻게 해석했는지, 그리고 그 해석의 목적이 무엇인지를 비교적 분명하게 드러내는 사례들도 존재한다. 본 연구는 바로 이러한 해석학적 고려가 명시적으로 나타나는 지점들을 면밀히 분석하고자 한다. 다만 당대의 역사적 상황과 사회적 조건을 감안할 때 많은 아프리카계 미국인 저자들은 해석 과정을 자세히 주석하거나 이론적으로 설명하기보다는 바울의 언어를 직접 인용하고 그것을 활용하는 방식으로 메시지를 전달하곤 했다. 이러한 설명의 부재에는 여러 가지 이유가 존재한다. 문서의 유형, 그것이 작성된 시기의 긴박한 정황, 그리고 바울에 대한 해석 방식을 공개적으로 설명할 경우 생명의 위협을 받을 수 있었던 현실적 위험 등이 그 대표적인 예다. 후자의 대표적인 사례로는 주피터 해먼(Jupiter Hammon)을 들 수 있다. 그는 아프리카계 노예들과 노예소유주들로 구성된 이질적인 청중 앞에서 설교했기 때문에, 바울 서신을 어떻게 설교하고 해석할 것인가에 대해 매우 신중할 수밖에 없었다. 해먼은 흑인 청중이 자유와 평등의 의미와 미묘한 뉘앙스를 이해할 수 있도록 은유적 언어로 메시지를 전달하면서도, 백인 노예주들이 이를 쉽게 눈치채지 못하도록 지극히 절제되고 영리한 표현을 사용했다.[23] 따라서 본서의 논의에서는 각 저자들이 처했던 다양한 상황을 충분히 고려할 것이다. 본 연구의 또 다른 중요한 목적은 이들의 글 속에 나타나는 바울에 대한 다양한 묘사들을 밝혀내고, 상이한 역사적 상황, 신학적 신념, 성경 해석의 관점 속에서 흑인 공동체가 오랜 세월에 걸쳐 사도 바울을 어떻게 이해해왔는지를 조명하는

---

23 Sondra O'Neale, *Jupiter Hammon and the Biblical Beginnings of African-American Literature* (Metuchen, NJ: ATLA and Scarecrow Press, 1993), 2-4; Arien Nydam, "Numerological Tradition in the Works of Jupiter Hammon," *African American Review* 40, no. 2 (Summer 2006): 209.

데 있다.

본 연구는 다수의 아프리카계 미국인 저자들이 바울 해석학에서 제기한 핵심 주제들—곧 사도 바울을 풍부하고 도발적이며 도전적인 방식으로 수용하고 변형한 양상, 그리고 바울 서신을 거룩한 경전, 즉 악과 불의에 맞서 읽고 해석하며 선포해야 할 성스러운 텍스트로 인식한 방식—사이의 긴밀한 관계를 탐구한다. 이들 해석자에게 바울 서신의 거룩함은 단지 종교적 권위를 상징하는 데 그치지 않았다. 오히려 그것은 불의와 억압에 저항하고 항의하기 위한 실천적 근거가 되었으며, 바울을 신적 동력의 원천으로 활용할 수 있게 하는 해석학적 자원이 되었다. 이들은 바울 서신의 거룩함을 깊이 존중했을 뿐만 아니라 그 글 속에서 자신을 발견하고, 이를 통해 자신들 또한 하나님의 신적 경륜 안에서 의미 있는 존재임을 자각하게 되었다. 이러한 자각은 단지 내면적 인식에 머물지 않고, 윤리적·사회적·정치적 함의로 확장되어 실천으로 이어졌다.

이후의 연구에서는 아프리카계 미국인의 바울 해석학에서 바울이 대체로 압도적으로 긍정적인 역할을 해왔음을 보여준다. 우리는 다양한 사례를 통해 흑인 해석자들이 바울의 목소리를 어떻게 수용하고, 그것을 불의에 저항하는 도구로 어떻게 활용했는지를 살펴보게 될 것이다. 그러나 동시에 하워드 서먼의 할머니와 같은 인물처럼 바울과 그의 서신에 대해 비판적이고 저항적인 입장을 취한 두 해석자도 만나게 된다. 이들의 해석 또한 아프리카계 미국인의 바울 해석학에 포함되어야 한다. 왜냐하면 이들의 거부는 단순한 반감이나 정서적 반응이 아니라 바울이라는 인물과 그의 언어가 아프리카계 미국인 공동체에 지닌 역사적 의미에 대한 진지한 해석과 판단에 기반하고 있기 때문이다. 그럼에도 불구하고 본서는 아프리카계 미국인의 자서전, 에세이, 설교, 청원서 등에서 가장 자주 나타나는 해석 유형—즉 바울과 그의 언어를 저항의 전통 안에서 긍정적으로 수용하고 변형한 해석자들의 통찰—에 주된 초점을 맞출 것이다.

본 단행본에 수록된 해석자들 가운데 상당수는 사도 바울과 그의 서신에 대해 도발적이고 전복적인 해석을 제시한다. 이들은 바울 서신을 활용하여 백인 우월주의, 노예제도와 노예무역, 흑인의 비인간화, 그리고 여성 설교를 금지하는 남성 중심적 성경 해석에 항의하고 저항한다. 이를 통해 바울을 흑인과 흑인 여성의 정체성을 긍정적으로 말하고 형성하는 데 기여하는 자원으로 삼는다. 이 해석자들은 자신들이 처한 역사적 맥락 속에서 바울을 전복적으로 독해해낸 인물들로, 많은 경우 자신이 속한 시대와 장소, 그리고 청중을 고려하여 바울을 급진적으로 재해석했다. 이들 대부분은 미국 역사에서 중요한 위치를 점했던 인물들로서, 자신의 목소리를 통해 사회적 변화를 이끌고자 했다. 본서에 포함된 해석자들은 자서전, 설교, 에세이, 회심 이야기, 단행본 등 다양한 형태로 상당한 분량의 글을 저술하거나 구술했으며, 이 텍스트들은 그들이 바울을 어떻게 해방의 언어로 활용했는지를 이해하는 데 결정적인 맥락을 제공한다. 각 인물이나 작품은 가능한 경우 간략한 역사적 배경과 함께 소개되며, 선정된 자료에는 해석을 포함한 분석이 덧붙여진다. 또한 독자의 이해를 돕기 위해 필요에 따라 해당 인물이나 텍스트에 관한 추가적인 역사적 정보도 함께 제시될 것이다.

1장

18세기 초부터 19세기 초까지

그러나 하나님은 세상의 약한 것들을 택하셔서 강한 자들을 부끄럽게 하셨다. 하나님의 선하심이 나를 살리셨고, 하나님의 선하심이 나를 천사처럼 존귀하게 하셨다.[1]

18세기와 19세기 초, 흑인을 억압하고 그들을 인간 이하의 존재, 혹은 인간이라 하더라도 열등한 존재로 간주하는 믿음을 강화하기 위해 다양한 법률과 제도가 마련되었다.[2] 예컨대 1787년 제정된 미국 헌법은 흑인 노예를 인구 통계에 반영할 때 한 사람을 5분의 3으로 계산한다고 명시했다. 또 1830년에서 1860년 사이, 미국 남부의 여러 주에서는 노예 해방을 점차 금지하고, 이미 해방된 흑인을 추방하며, 흑인 교회를 폐쇄하고, 흑인을 향한

---

1 *Memoirs of the Life, Religious Experience, Ministerial Travels and Labours of Mrs. Zilpha Elaw, an American Female of Colour: Together with Some Account of the Great Religious Revivals in America [Written By Herself]* (London: Published by the authoress, 1846) (이후부터는 Elaw, *Memoirs*), reprinted in *Sisters of the Spirit: Three Black Women's Autobiographies of the Nineteenth Century*, ed. William L. Andrews (Bloomington: Indiana University Press, 1986), 92.

2 이 장의 일부는 다음의 책에 실려 있다. Lisa Bowens, "Liberating Paul: African Americans' Use of Paul in Resistance and Protest," in *Practicing with Paul: Reflections on Paul and the Practices of Ministry in Honor of Susan G. Eastman*, ed. Presian Burroughs (Eugene, OR: Wipf & Stock, 2018), 57-73.

폭력이나 살인에 대해 처벌하지 않고 묵인했다.³ 이처럼 흑인의 열등성과 비인간성에 대한 인식은 사회 전반에 널리 뿌리내렸으며, 많은 이들이 이를 자명한 사실로 받아들였다. 실제로 당시 많은 사람들은 성경이 이러한 인식을 뒷받침한다고 주장했다. 앞서 서론에서도 언급했듯이 노예제를 옹호하던 이들은 바울의 말을 인용해 그들의 주장을 정당화했으며, 특히 이 시기에는 창세기 9:18-27에 나오는 함의 저주 이야기가 노예제를 정당화하는 대표적인 성경 해석으로 자리 잡았다. 노예제 옹호자들은 함이 흑인의 조상이며, 노아가 가나안에게 선포한 저주는 하나님께서 흑인의 노예화를 예정하고 승인하신 것이라고 주장했다. 노예제의 강력한 지지자였던 조사이아 프리스트(Josiah Priest)는 1843년에 출간한 『흑인 또는 아프리카 인종과 관련된 노예제도』(*In Slavery as It Relates to the Negro or African Race*)에서 이 구절에 대한 당대의 일반적인 인식을 잘 보여준다. 그는 다음과 같이 썼다.

이 [흑인] 인종이 노예가 되도록 예정되고 계획된 것은 하나님의 사법적 행위, 곧 하나님의 심판이었다. 이에 대한 증거는 세 가지다.

첫째, 그들이 다른 인종보다 낮은 지적 수준으로 창조되었거나 그렇게 지음 받았다는 사실은—그와 같은 일은 오직 하나님 외에는 그 누구도 행하거나 결정할 수 없다는 점에서—이들이 이 땅에서 노예로 살아갈 운명으로 이미 예

---

3 Yuval Taylor, *I Was Born a Slave: An Anthology of Classic Slave Narratives*, vol. 1, 1772-1849, ed. Yuval Taylor (Chicago: Lawrence Hill Books, 1999)의 서론, xxvi.

정되어 있었음을 입증한다.

둘째, 함의 후손 전체를 대상으로 노아의 입을 통해 선포된 하나님의 말씀은 그들이 노예가 되도록 판결을 받았음을 명확하고 구체적으로 언급하고 있다.…이 말씀은 그들의 지위가 신의 뜻에 따라 정해졌으며, 그들이 지닌 인종적 특성으로 인해 다른 인종의 감독 아래 놓이도록 이미 예정되어 있었음을 의미한다.

셋째, 이 인종이 지금까지 그리고 모든 시대를 통틀어 비천한 상태에 놓여 있다는 널리 알려진 사실은 그들이 법적으로 다른 인종의 노예가 되도록 운명 지어졌다는 점을 보여준다.[4]

프리스트는 이 본문에서 자신이 살던 시대에 널리 퍼져 있던 백인 우월주의적 성경 해석을 명확히 보여준다. 이 해석에 따르면 흑인은 함의 후손이기 때문에 그들의 노예 신분은 하나님께서 예정하시고 계획하신 질서라는 것이다. 이러한 예정된 지위의 근거로는 그들의 지적 열등, 노아의 저주로 알려진 예언적 선언, 그들의 비참한 현실이 제시되며, 이는 흑인이 영원히 노예 신분에 머물 수밖에 없다는 주장을 정당화하는 논리로 작용한다. 프리스트는 특히 이 저주가 "함 개인과 그의 운명뿐 아니라 그의 모든 후손의 운명에까지 영원히 영향을 미쳤다"[5]고 서술하며, 그 저주의 지속성과 불가

---

4 Josiah Priest, *Slavery as It Relates to the Negro or African Race* (Albany, NY: C. Van Benthuysen & Co., 1843), 83.
5 Priest, *Slavery as It Relates*, 78.

역성을 거듭 강조한다.

또한 프리스트의 본문 해석은 당대에 널리 퍼져 있던 또 하나의 고정관념, 곧 흑인은 본질적으로 열등하고 사악하다는 인식을 더욱 강화하는 데 기여했다. 그는 다음과 같이 말한다. "그러므로 함과 그의 종족에 대한 저주는 단지 **한 가지** 죄 때문에 내린 것이 아니다.…그 행위 **이전의** 그의 **전체** 생애, 성품, 기질과 더불어 오랫동안 잠들어 있던 잠재된 저주가 그와 그의 후손에게 풀려서…이미 정해진 그와 그들의 성품과 기질 때문에 그들이 노예의 저주 아래 놓이게 된 것이다."[6] 프리스트는 함의 성품이 처음부터 결함이 있었으며, 그의 행위는 단지 불가피한 저주를 촉발한 것에 불과하다고 주장한다. 여기서 흥미로운 "주해적" 시도 가운데 하나는 프리스트가 함의 성품을 그의 후손들의 성격과 동일시한다는 점이다. 프리스트는 함의 성품이 본래부터 악하고 도덕적으로 타락해 있었으며, 그의 모든 후손 또한 그와 같은 성품을 지녔다고 주장한다. 그의 해석에 따르면 노아는 성령의 능력으로 이 저주를 선포했고, 이를 통해 하나님께서 함과 그의 모든 후손의 성품을 이미 알고 계셨음을 보여준다는 것이다. 따라서 흑인이 노예로 예정된 것은 그들이 타고난 성품 때문에 내려진 불가피한 신적 판결이라는 논리다. 이러한 해석은 흑인이 지능이 낮고 사악하며, 하나님의 뜻에 따라 영원히 노예로 저주받은 존재라는 인식을 정당화하고 강화한다는 점에서 흑인에 대한 인식에 미치는 영향은 매우 심각하다. 실제로 이러한 관

---

6   Priest, *Slavery as It Relates*, 79.

점은 남부 지역의 많은 설교자들에게 영향을 미쳤으며, 그들은 가나안의 저주가 곧 흑인의 피부색에 대한 저주이며, 노예제도의 영속성을 선언하는 것이라고 주장했다. 오귀스탱 칼메(Augustin Calmet)는 그의 저명한 성경 사전에서 노아가 가나안과 함께 저주를 선포하자 함의 피부가 검게 되었다고 서술한 바 있다.[7]

당시 사회에 퍼져 있던 이러한 신념이 얼마나 광범위하게 만연해 있었는지를 우리는 결코 과소평가해서는 안 된다. 예를 들어 남부 지역의 한 청원 단체는 그들의 청원서에서 다음과 같이 기록했다. "우리 남부 사람들은 흑인의 성품을 잘 알고 있다. 우리는 그들이 본래 게으르고, 나태하며, 경솔하고, 사려 깊지 못하며, 스스로 자제할 수 있는 능력이 전혀 없다는 것을 알고 있다."[8] 존 사핀(John Saffin)은 17세기 매사추세츠에서 활동했던, 잘 알려지지 않았지만 중요한 시인 가운데 한 사람으로, 새뮤얼 수웰(Samuel Sewell)과 노예제도에 관한 논쟁을 벌인 인물로도 알려져 있다. 그가

---

[7] Augustin Calmet, *Calmet's Great Dictionary of the Holy Bible*, vol. 4 (Charlestown: Samuel Etheridge, 1812), 21. 이 사전의 1797년 초판은 다음의 책에서 인용되고 있다. Emerson Powery and Rodney Sadler, *The Genesis of Liberation: Biblical Interpretation in the Antebellum Narratives of the Enslaved* (Louisville: Westminster John Knox, 2016), 86. 이 시기에 널리 퍼져 있던 또 다른 일반적인 해석은 창 4:15에서 하나님께서 가인에게 주신 표가 바로 검은 피부였다는 믿음이었다. 이 해석은 당대 사회에서 매우 일반화되어 있었으며, Priest 역시 자신의 저서 *Slavery as It Relates*에서 이를 언급하고 있다. "어떤 사람들은 살인이라는 범죄를 저지른 가인이 신적인 권능에 의해 부여받은 표가 마치 흑옥(黑玉)과 같았다고 생각했다. 그 표는 그의 피부 색을 변화시켰을 뿐만 아니라 그의 피와 육체 전체로 퍼져 흑인 인종의 기원이 되었다고 여겨졌다"(iv).

[8] Race, Slavery, and Free Blacks petition, South Carolina Department of Archives and History, Columbia, South Carolina, https://library.uncg.edu/slavery/petitions/details.aspx?pid=1645.

1701년에 발표한 시는 당대 문화에 깊이 뿌리내린 흑인에 대한 인식을 정확하게 드러낸다. "흑인의 성품"이라는 제목의 이 시는 다음과 같다.

> 겁에 질리고 잔혹한 것이 흑인의 타고난 본성,
> 복수에 쉽게 끌리고, 뿌리 깊은 증오의 자식이라네.
> 그들을 자극해 보라, 곧 드러날 것이니,
> 그 눈빛 속에서 악의와 살의를 곧장 보게 되리라.
> 음욕에 빠지고, 기만하며, 거짓되고 무례하니,
> 은혜를 모르는 자들이 뿜어내는 거품과도 같다네.
> 이 모든 전제를 곰곰이 따져보면,
> 그들이 얼마나 선한 "요셉"과 거리가 먼 존재인지 알 수 있으리라.[9]

사핀은 프리스트와 마찬가지로 흑인은 본질적으로 사악하고 증오로 가득 차 있으며, 잔인하고 거짓말을 잘한다는 당대의 통념을 강조하고 강화한다. 그의 이러한 주장은 대화 상대였던 새뮤얼 수웰의 관점과 뚜렷한 대조를 이룬다. 수웰은 요셉의 형들이 그를 노예로 팔아넘긴 행위(창 37장)를 언급하며, 노예제 유지는 그러한 죄악을 되풀이하는 것이라고 보았기에 노예

---

9   John Saffin, *A Brief and Candid Answer*, http://global.oup.com/us/companion.websites/fdscontent/uscompanion/us/static/companion.websites /9780199338863/whittington_updata/ch_2_saffin_a_brief_and_candid_answer.pdf. 다음의 책에도 인용되어 있다. Sondra O'Neale, *Jupiter Hammon and the Biblical Beginnings of African-American Literature* (Metuchen, NJ: ATLA and Scarecrow Press, 1993), 25.

제를 거부했다. 반면 사핀은 흑인은 "선한 '요셉'과는 비교조차 될 수 없다"는 냉소적인 표현으로 수웰의 논리를 반박한다. 그의 주장은 흑인의 성품 자체가 그러한 연관성을 배제한다는 것이었다.

프리스트와 같은 인물들의 성경 해석, 남부 청원자들의 주장, 그리고 사핀의 시에 공통으로 자리한 근저에는 흑인은 본질적으로 열등하다는 뿌리 깊은 믿음이 존재한다. 토머스 제퍼슨(Thomas Jefferson) 역시 유사한 견해를 공유하며, 흑인에 대해 다음과 같이 기록했다. "기억력, 이성, 상상력의 측면에서 비교해보면 기억력은 백인과 동등하나, 이성에 있어서는 유클리드의 논리를 따라가고 이해할 수 있는 흑인을 거의 찾아볼 수 없을 만큼 열등하고, 상상력은 둔하고 무미건조하며 비정상적으로 보인다."[10] 그는 이어서 "나는 흑인이 본래 백인과 구별되는 인종이었든, 아니면 시간과 상황에 의해 그렇게 되었든 간에 신체적으로나 정신적으로 백인보다 열등하다는 점을 단지 의문으로 제기할 뿐"이라고 덧붙인다.[11] 제퍼슨은 결국 "이 불행한 피부색과 능력의 차이는 이 사람들의 해방에 있어 강력한 장애물"이라고 주장하며, 노예의 해방 가능성 자체에 회의적인 입장을 취한다.[12] 이 인용문들에서 알 수 있듯이 제퍼슨은 백인 우월주의 사상을 고수했다. 또

---

10 Thomas Jefferson, *Notes on the State of Virginia* (Philadelphia: Pritchard & Hall, 1787), 149, https://docsouth.unc.edu/southlit/jefferson/jefferson.html#p138.
11 Jefferson, *Notes on the State of Virginia*, 153.
12 Jefferson, *Notes on the State of Virginia*, 154. Jefferson은 백인의 우월성과 두 인종 간의 차이를 믿었으며, 만약 흑인이 해방된다면 그들은 "당시의 상황에서 가장 적절하다고 판단되는 곳으로"(147) 이주해야 한다고 보았다.

한 사편의 시에서 보이듯 흑인의 열등성과 위험성에 대한 묘사는 백인 사회의 입장에서 흑인의 행동을 감시하고 통제해야 할 필요성이 있다는 인식을 강화했다. 1786년, 델라웨어의 한 단체는 입법부에 다음과 같은 청원을 제출했다. "이 지역에는 게으르고 악하며 품행이 불량한 노예들이 많고, 이들 중 일부는 통행증이나 증명서를 소지하고 다니며, 일부는 그렇지 않은 채로" 이동하기 때문에 "흑인 인종의 이동을 보다 엄격하게 규제해야 한다." 이 청원자들은 흑인이 주인이 써준 친필 통행증, 인쇄된 통행증, 혹은 증명서 없이 한 지역에서 다른 지역으로 이동하는 것을 금지하는 법률을 제정해줄 것을 요청했다.[13] 이처럼 흑인은 단지 열등할 뿐만 아니라 위험한 존재라는 인식이 당시 사회 전반에 깊이 뿌리내리고 있었다. 뉴햄프셔주 콩코드에서 발행된 신문 「데모크라틱 스탠더드」(Democratic Standard)는 이러한 확신에 찬 인식을 다음과 같이 요약한다. "흑인이 육체적으로나 정신적으로 백인과 본질적으로 동등하다는 주장은 너무 터무니없고 비상식적이어서, 총명하고 이성적인 백인이 그것을 어떻게 받아들일 수 있을지 상상조차 할 수 없다."[14] 이 신문이 인용한 제퍼슨의 발언, 프리스트의 주장, 델라웨어 및 남부 지역 청원자들의 요청, 그리고 사편이 남긴 시구는 인

---

13 Loren Schweninger and Robert Shelton, eds., *Race, Slavery, and Free Blacks: Series I, Petitions to Southern Legislatures*, 1777–1867, microfilm project of University Publications of America (Bethesda, MD). Petition cited is from Reel 1.0014.

14 *Democratic Standard* (Concord, NH), September 8, 1860, quoted by Eugene H. Berwanger, "Negrophobia in Northern Proslavery and Antislavery Thought," Phylon 33, no. 3 (Fall 1972): 268.

종차별과 노예제를 정당화하던 당시의 시대적 분위기를 생생하게 드러낸다.[15] 이러한 분위기 속에서 "노예들아, 너희 주인에게 순종하라"(엡 6:5; 골 3:22)는 바울의 훈계는 당시 널리 퍼져 있던 성경 해석과 흑인에 대한 사회적 인식과 긴밀하게 결합되어 그 시대의 상황에 정확히 들어맞는 말씀으로 받아들여졌다. 백인들은 바울이 단지 창세기에 "명백히 나타난" 하나님의 뜻을 지지하며, 아프리카계 미국인의 본성과 특성에 대한 일반적인 믿음을 정당화해주는 것으로 이해했다.

노예제 옹호자들은 성경을 왜곡하여 이용하고, 그 권위를 빌려 제정된 법률을 시행함으로써 아프리카계 노예들이 성경에 접근하지 못하도록 막거나 제한하려 했다. 이는 "노예소유 사회가 지닌 가장 근본적인 큰 두려움 가운데 하나, 곧 종교가 정직하게 가르쳐진다면 그것은 혁명적 가능성으로 가득 차 있다"는 사실을 극명하게 드러낸다.[16] 물론 일부 노예소유주들은 흑인 설교자가 노예들에게 설교하는 것을 허락하기도 했지만, 대부분의 경우 노예들에게 설교한 이는 백인 목사였고, 그들이 전한 핵심 메시지는 "노예들아, 너희 주인에게 순종하라"는 것이었다. 흑인 설교자들이 노예

---

15 흑인이 열등하다는 인식은 남부 백인 사회에만 국한된 것이 아니었다. 많은 북부 백인들, 심지어 노예제 폐지를 주장한 이들조차도 이러한 생각을 공유하고 있었다. 이에 대해서는 다음의 논의를 보라. James Oliver Horton and Lois E. Horton, "The Affirmation of Manhood: Black Garrisonians in Antebellum Boston," *in Courage and Conscience: Black and White Abolitionists in Boston*, ed. Donald M. Jacobs (Bloomington: Indiana University Press, 1993), 137-38, and Berwanger, "Negrophobia," 266-75.

16 Yolanda Pierce, *Hell without Fires: Slavery, Christianity, and the Antebellum Spiritual Narrative* (Gainesville: University Press of Florida, 2005), 41.

공동체에 말씀을 전할 수 있었을 때에도 그들은 극도로 조심스럽게 설교해야 했다. 노예 출신 설교자 앤더슨 에드워즈(Anderson Edwards)의 증언은 이를 잘 보여준다. 그는 이렇게 회고한다. "나는 노예 시절부터 복음을 전하며 농사를 지었다.…설교를 처음 시작했을 땐 글을 읽거나 쓸 줄 몰랐고, 주인이 시킨 내용을 그대로 설교해야만 했다.…그는 나에게 노예들에게 '주인에게 순종하면 천국에 갈 수 있다'고 설교하라고 했지만, 나는 그보다 더 좋은 것이 있다는 것을 알았다. 비록 그것을 직접 말할 수는 없었지만, 몰래 그들에게 전했다. 나는 대부분 그렇게 설교했다. 그들에게 계속 기도하라고 했고, 언젠가 주님께서 해방을 주실 것이라고 말했다."[17] 이 흑인 설교자가 동료 노예 아프리카계 미국인들에게 참된 복음을 전할 수 있었던 것은 노예소유주가 강요한 메시지보다 복음에는 더 깊고 풍성한 진리가 있다는 것을 그가 "알았기" 때문이다. 노예소유주들이 아프리카계 미국인들이 성경에 접근하지 못하도록 방해하고 통제하려 했다는 사실은 오히려 성경이 지닌 해방의 잠재력을 역설적으로 드러내준다.

놀랍게도 노예소유주들은 성경을 이용해 아프리카계 노예들의 마음과 정신 속에 하나님께서 노예제도를 그들을 위해 예정하고 계획하셨다는 믿음을 강력하고 반복적으로 주입하려 했지만, 많은 아프리카계 노예들은

17　George P. Rawick, ed., *The American Slave: A Composite Autobiography*, 41 vols. (Westport, CT: Greenwood, 1972), part 2, vol. 4:9; 다음에도 인용되어 있다. Albert Raboteau, *Slave Religion: The "Invisible Institution" in the Antebellum South* (New York: Oxford University Press, 1978), 232.

이를 단호히 거부했다. 앨버트 라보토(Albert Raboteau)는 이와 관련해 다음과 같이 기록한다. "노예들은 노예소유주들의 믿음과는 달리 노예제도가 하나님의 뜻에 어긋나는 것이라고 확신했다. 메릴랜드에서 노예 생활을 하다 탈출한 존 헌터(John Hunter) 역시 이렇게 증언한다. '나는 글도 읽지 못하는 불쌍하고 무지한 노예들이 주님은 우리가 노예가 되기를 바라신 적이 없으며, 우리가 왜 노예로 살아야 하는지도 모르겠다고 말하는 것을 들었다.'"[18]

흑인들은 노예의 운명을 타고났으며, 그들의 삶은 하나님에 의해 예정되고 계획된 것이라는 해석이 바울 서신을 통해 반복적으로 강요되었다. 그러나 이에 맞서 "아프리카계 미국인들은 백인 노예소유주들로부터 전해 받은 왜곡된 복음을 재해석하고 수정하기 위해 2세기 이상에 걸쳐 투쟁해 왔다."[19] 이 재해석의 과정에서 그들은 바울 서신을 백인 노예소유주들의 손에서 되찾아와 오히려 그것을 해방의 도구로 삼았다.

C. 미셸 베너블-리들리(C. Michelle Venable-Ridley)는 "바울과 아프리카계 미국인 공동체"라는 논문에서 자신의 목표 중 하나를 "바울의 글을 단지 구원을 가져다주는 말씀으로 읽는 데 그치지 않고, 아프리카계 미국인 공동체를 위한 종교적 자산으로 되찾는 것"이라고 밝힌다.[20] 본 연구는 역사

18　Raboteau, *Slave Religion*, 309.
19　C. Michelle Venable-Ridley, "Paul and the African American Community," in *Embracing the Spirit: Womanist Perspectives on Hope, Salvation, and Transformation*, ed. Emilie M. Townes (Maryknoll, NY: Orbis, 1997), 214.
20　Venable-Ridley, "Paul and the African American Community," 214. 바울과 아프리카

적으로 많은 아프리카계 미국인들이 바울의 글을 구원의 힘으로 받아들였으며, 그로 인해 바울은 그들에게 종교적 자원일 뿐 아니라 정치적 자원으로도 작용했음을 보여준다. 이 해석자들에게 종교와 정치는 분리될 수 없는 방식으로 복잡하게 얽혀 있었으며, 바울의 말씀은 불의한 법에 맞서고, 백인 기독교 노예소유주들과 설교자들이 전한 왜곡된 복음—노예의 비인간화를 정당화했던 복음—에 저항할 수 있는 영적 자양분이자 성경적 근거가 되었다. 아프리카계 미국인들의 바울 해석학은 이러한 풍부한 초기 해석의 궤적을 통해 흑인 공동체의 정의를 위한 투쟁 속에서 바울이 어떤 중요한 의미를 가졌는지를 보여주는 중요한 단서를 제공한다.

자유와 해방을 위해 바울을 인용한 초기 청원서들

이미 1774년 초부터 아프리카계 노예들은 바울을 해석하여 자신들의 자유와 해방을 주장하는 근거로 삼았다. 아래에서 소개하는 문서는 매사추세츠 주지사와 의회, 그리고 의원들에게 보낸 청원서로, 바울에 대한 언급은 볼드체로 표시되어 있다.

계 미국인에 대한 다음과 같은 통찰력 있는 논문도 참조하라. Abraham Smith, "Paul and African American Biblical Interpretation," in *True to Our Native Land: An African American New Testament Commentary*, ed. Brian Blount et al. (Minneapolis: Fortress, 2007), 31-42; Abraham Smith, "Putting 'Paul' Back Together Again: William Wells Brown's Clotel and Black Abolitionist Approaches to Paul," *Semeia* 83-84 (1998): 251-62.

신의 뜻에 따라 자유를 누리는 기독교 국가 안에서, 여전히 노예 상태에 갇혀 있는 이 주(州)의 수많은 흑인들은 겸손히 다음과 같은 청원서를 올립니다.

청원인들은 우리 역시 다른 모든 사람들과 마찬가지로 자유를 박탈당하지 않은 존재이며, 자유를 누릴 수 있는 자연권을 타고났고, 자유인으로 태어났으며, 어떤 동의나 합의로 이 축복을 빼앗긴 적이 결코 없다고 확신합니다. 그러나 우리는 사랑하는 가족과 친구들로부터 강제로 떼어 놓인 채 잔인한 권력자들에 의해 부당하게 끌려왔습니다. 우리 가운데 일부는 자애롭고 인자한 부모의 품에서 억지로 분리되었고, 인구가 많고 쾌적하며 풍요로운 땅을 떠나 이 기독교 국가로 끌려와 평생 노예로 살아가게 되었습니다. 그 결과 우리는 그나마 삶을 견디게 하던 거의 모든 것을 박탈당했습니다. 남편과 아내 사이의 사랑의 관계는 이제 우리에게 낯선 것이 되었습니다. 왜냐하면 우리가 기혼이든 미혼이든 간에 남자 주인이나 여자 주인의 뜻에 따라 더 이상 남편과 아내로 살아갈 수 없기 때문입니다. 우리의 자녀들 또한 억지로 떼어 놓여 수 마일 떨어진 곳으로 보내지며, 그곳에서 다시는 보지 못하거나 거의 만나지 못한 채 평생을 노예로 살아야 합니다. 어떤 아이들은 어머니의 품에서 멀리 떨어진 곳에서 짧은 생을 마감하기도 합니다. 우리의 삶은 이처럼 고통스럽고 고달픕니다. 이러한 비참한 처지는 전능하신 하나님께 순종하며 살아가야 할 우리의 의무마저 방해합니다. **노예인 우리가 어떻게 아내에게 남편의 도리를 다하고, 자식에게 부모의 책임을 다 할 수 있겠습니까?** 남편은 어떻게 주인의 일을 제쳐두고 아내와 함께 시간을 보낼 수 있겠습니까? **아내가 어떻게 모든 일에 남편에게 복종할 수 있겠습니까? 자녀가 어떻게 모든 일에 부모에게 순종할 수 있**

겠습니까? 그리스도의 교회의 구성원들로서 주인과 노예가 어떻게 사랑 안에서 살아갈 수 있으며, 어떻게 형제 사랑을 풍성하게 이어갈 수 있으며, 어떻게 서로의 짐을 지라는 명령을 실천한다고 말할 수 있겠습니까? 주인이 나의 의지에 반하는 무거운 노예의 사슬과 억압으로 나를 짓누르고 있는데 어떻게 그가 나의 짐을 대신 지고 있다고 말할 수 있겠습니까? 이와 같은 상태에서 우리가 주님께 대한 의무를 어떻게 온전히 이행할 수 있겠습니까? 우리는 이 상태로는 하나님을 진정으로 섬길 수 없습니다. 더욱이 노예제를 정당화하지 않고 오히려 비판하는 이 나라의 법조차도 우리에게는 동일한 법적 보호를 제공하지 않습니다. 그리고 설령 우리를 노예로 얽어맬 수 있는 법이 존재한다고 하더라도, 자유 국가에서 태어난 우리의 자녀들까지 평생 노예로 살아야 한다는 법은 결코 존재할 수 없다고 우리는 믿습니다. 그러므로 우리는 존경하는 각하께서 이 청원을 진지하게 고려해주시고, 입법부가 이에 대한 법안을 제정하여 우리가 타고난 자유의 권리를 회복할 수 있도록 해주시기를 간곡히 부탁드립니다. 더불어 우리의 자녀들이 스물한 살이 되었을 때 자유를 얻을 수 있도록 해주시기를 간청드립니다. 이 요청은 무엇보다 우리의 자녀들을 위한 간절한 호소이며, 우리는 청원자로서 그들을 위해 늘 기도해야 할 책임이 있음을 함께 고백드립니다.[21]

---

21 Founders' Constitution, *Slave Petition*, 3:432-33. 이 청원서의 일부는 Raboteau(*Slave Religion*, 290-91)에서도 인용되었고, Allen Dwight Callahan, *The Talking Book: African Americans and the Bible* (New Haven: Yale University Press, 2006), 34-35에서 논의되었다. 다음도 보라. *A Documentary History of the Negro People in the United States*, ed. Herbert Aptheker, 3 vols. (New York: Citadel, 1951), 1:8-9. 바울의 언어는 이 청원서와 이후 1차

이 청원서는 복음의 급진적이고 전복적인 성격이 노예제도와 기독교가 결코 양립할 수 없다는 아프리카계 노예들의 강력한 신념 속에서 분명하게 드러남을 보여준다. 이들은 노예제와 복음이 본질적으로 충돌한다는 사실을 어떻게 증명하는가? 그들은 바울의 언어를 해석의 도구로 사용한다. 특히 갈라디아서 6:2 — "너희가 짐을 서로 지라"[22] — 에 주목하며, 노예제도는 이 말씀의 실천을 근본적으로 방해한다고 주장한다. 백인 노예소유주들은 아프리카계 노예들의 짐을 나누기보다 오히려 그 짐을 더욱 무겁게 만들었고, 억압과 통제를 통해 사도의 명령과 정반대의 행위를 했다. 청원자들은 이 구절을 인용하며, 노예제를 통해 흑인 형제자매에게 고통을 가중시키는 백인 주인들은 기독교적 삶의 방식에 어긋난다고 단호히 선언한다. 또한 청원서 작성자들은 백인들이 성경을 해석할 때 에베소서 6:5-6, 골로새서 3:22-24, 디모데전서 6:1-2과 같은 구절만을 선택적으로 강조하는 데 집중한 반면, 아프리카계 노예들은 참된 성경 해석은 에베소서 5:22(골 3:18-20 참조)에서 아내에 대한 권면으로 시작하여 6:4에서 아버지에 대한 권면까지 이어지는 가정 윤리 전체를 포함해야 한다고 주장한다. 이들은 노예제가 가족 구성원을 강제로 분리하는 현실에서 바울의 가정교훈 — 남편은 아내를 사랑하고, 아내는 남편에게 복종하며, 자녀는 부모의 훈계를 따르라는 권면 — 이 근본적으로 무너진다고 말한다. 청원자들은 남편과 아내,

---

문헌의 인용문에서 볼드체로 나타난다.
22 이 책에 인용된 성경 구절은 별도의 언급이 없는 한 킹제임스 성경에서 발췌한 것이다. 이 번역본은 본서에 등장하는 모든 해석자들이 사용한 성경이다.

부모와 자녀 사이의 도리를 다할 수 없는 현실 속에서 그리스도인으로서 하나님께 온전히 순종할 수 없음을 절박하게 호소한다. 그들에게 노예제도는 그리스도인의 가정적 의무를 무력화시키고, 결과적으로 전능하신 하나님께 순종하는 삶 자체를 가로막는 제도였다. 이들은 또한 노예소유주를 섬기는 것이 아니라 하나님을 섬기는 것이 진정한 그리스도인의 우선순위라고 역설한다. 나아가 자유는 결코 포기할 수 없는 인간의 자연권이며, 바울의 말씀은 노예제를 묵인하는 것이 아니라 오히려 그것을 비판하고 고발하는 말씀이라고 확신한다.

청원서 작성자들이 지적했듯이 흑인 가족의 분리는 아프리카계 노예들에게 깊은 고통을 안겨주었다. 헨리 "박스" 브라운(Henry "Box" Brown)이 자신의 삶에서 직접 겪은 사건은 그러한 현실을 생생하게 증언해준다. 그는 자신의 가족이 팔려갔다는 사실을 알게 된 뒤 다음과 같이 회고한다.

> 나는 아내와 아이들에게 마지막 작별 인사를 나누고 싶다면 노스캐롤라이나로 가는 길목에 나와 있으라는 연락을 받았다. 그 소식을 듣자마자 나는 급히 그곳으로 달려가 도로 옆에 자리를 잡았다. 오래 지나지 않아 한 감리교 목사의 지휘 아래 행진하는 350명의 노예 무리가 다가오는 것이 보였다. 나는 그 장면을 바라보며 슬픔 속에서도 약간의 위안을 느꼈다. 그 무리 속에는 내 아내와 아이들도 있었다.…그들은 목에 밧줄을 감고, 팔에는 쇠사슬을 차고 있었다. 이런 장면이 전혀 낯선 것은 아니었지만, 내가 이 상황에 직접 처하게 되자 이전과는 전혀 다른 특별한 공포가 내 마음을 사로잡았다. 여러 대의 마차가

뒤따르고 있었고, 그 안에는 많은 가정의 어린아이들이 타고 있었다. 마차가 지나갈 때마다 비명과 울음이 울려 퍼졌고, 가족과의 강제 이별에 저항하고, 자신을 묶은 밧줄에 몸부림치는 헛된 몸짓들이 허공을 가르고 있었다. 그러나 내 눈에는 가장 앞쪽 마차에서 나를 바라보며 불쌍하게 "아버지! 아버지!"라고 울부짖는 한 어린아이 외에는 아무것도 들어오지 않았다. 그 아이는 내 맏아들이었다. 나는 더는 볼 수 없게 될지도 모를 마지막 순간에 그 아이의 얼굴을 마음에 새길 수밖에 없었다.…그렇게 내 아들은 내 곁을 떠났고, 나는 아버지로서 모든 애정을 다해 그를 사랑했지만, 그저 작별 인사 한마디만 건넨 뒤, 사슬에 묶인 채 내 앞을 지나가는 모습을 바라볼 수밖에 없었다. 곧이어 다른 무리 속에서 사슬에 묶인 아내의 모습이 보였다. 나는 그녀의 소중한 얼굴을 금세 알아볼 수 있었다. 그러나 오, 자비로운 하나님, 그 눈빛—그 고통으로 가득 찬 눈빛을 제가 다시는 떠올리지 않게 해주소서! 아내는 감정을 억누르지 못하고 대열에서 벗어나 내게 다가왔다. 나는 그녀의 손을 잡았지만, 마음은 이루 말할 수 없는 감정으로 가득 차 있었고, 입에서는 "우리는 천국에서 다시 만날 거야!"라는 말밖에 나오지 않았다. 우리는 손을 잡고 약 4마일을 함께 걸었지만, 감정이 벅차올라 말 한마디 하지 못했다. 그리고 마침내 헤어져야 할 시간이 되었을 때 우리가 나눈 마지막 애틋한 눈빛만이 언젠가 하늘에서 다시 만날 것이라는 약속의 유일한 증거가 되었다.[23]

---

23 *Narrative of the Life of Henry Box Brown, Written by Himself*, ed. John Ernest (Chapel Hill: University of North Carolina Press, 2008; original Manchester: Lee & Glynn, 1851), 80–81. 헨리 "박스" 브라운(Henry "Box" Brown)은 북부로 보내진 상자에 실려 노예 신분에서 탈

가족으로부터의 강제 분리를 경험한 브라운의 이 생생한 증언은 아프리카계 미국인들이 일상적으로 마주해야 했던 현실을 보여줄 뿐 아니라 청원서 작성자들이 에베소서와 골로새서에 나오는 바울의 가족 언어를 인용하게 된 배경을 설명해준다. 이들은 이러한 유형의 분리와 비인간화가 사도가 말한 가정 질서와 조화를 이루지 않을 뿐 아니라 하나님께서 창조하신 가족 질서에 어긋난다고 믿었다. 흥미롭게도 바울에 대한 모든 언급은 청원서 작성자들이 이 나라를 "자유롭고 기독교적인" 국가라고 정의한 서두 직후 등장한다. 이 표현은 그들이 바울을 사용하는 방식의 틀을 제공한다. 만일 이 나라가 참으로 "자유롭고 기독교적인" 국가라면 그것은 가정에 관한 사도의 말씀을 외면하고 있다는 논리가 된다. 청원서 작성자들은 바울의 언어를 이용해 흑인 노예화를 정당화하려는 해석에 항의하고, "흑인들은 노예가 되도록 창조되었으며 주인에게 순종해야 한다"는 통념에 정면으로 저항했다. 그들은 오히려 바울의 언어를 자신들의 방식으로 해석했다. 우리는 당대의 역사적 정황과 그들이 청원서에 포함시킨 바울의 구체적인 언급을 통해 이들이 바울을 재해석한 행위 자체가 저항과 항의의 신학적 행위였음을 유추할 수 있다. 이 행위는 다음의 세 가지 방식으로 구분해볼 수 있다. (1) 그들은 백인 노예주들이 해석의 출발점으로 삼았던 구절들이 아닌, 자신들이 선택한 구절(엡 5:22; 골 3:18-20)에서 해석을 시작했다. 이는

출한 그의 놀라운 이야기로 인해 이 별칭을 얻게 되었다. 그의 숨 막히는 탈출기는 자서전에 생생하게 기록되어 있다.

바울 서신에 대한 "해석의 주도권"을 백인들로부터 회수하고, 신학적 권위의 중심에 자신들을 위치시키는 시도였다.[24] (2) 그들은 "주해적 반전"을 통해 바울의 가르침을 노예제를 정당화하는 데 사용했던 백인들의 해석을 반박하고, 오히려 바울이 자신의 말로 노예제를 정죄하고 있다고 주장했다. (3) 그들은 바울의 가족 언어를 통해 "노예소유 종교"를 약화하려 했다.[25]

이 가족 언어는 자연적 가족과 기독교 공동체라는 두 영역 모두에서 깊은 반향을 일으켰다. 아프리카계 미국인 노예들은 혈연으로 맺어진 생물학적 가족 구성원으로서의 정체성을 자신들의 존재에서 가장 핵심적인 것으로 주장했고, 남편, 아내, 자녀로서의 자기 정체성을 강조함으로써 노예라는 신분을 거부했다. 그들은 바울이 가족에 대해 말할 때 흑인 노예 가족도 그 범주에 포함된다고 이해했으며, 바울이 자신들을 양육과 사랑을 받아야 할 인간 가족의 일원으로 인정하고 있다고 주장했다. 흑인 가족은 소중한 공동체였으며, 이 진리를 선언함으로써 그들은 자신의 인격과 인간성을 정당하게 주장한 것이다. 청원자들은 또한 기독교 공동체의 관점에서 히브리서 13:1 – "형제 사랑하기를 계속하라"[26] – 의 말씀을 인용했다. 그들은 형제애와 노예제도라는 끔찍한 관행이 어떻게 공존할 수 있느냐고 묻는

---

24   Brad Braxton, *No Longer Slaves: Galatians and African American Experience* (Collegeville, MN: Liturgical Press, 2002), 12.
25   이 문구는 다음에서 나온 것이다. Frederick Douglass, "Narrative of the Life of Frederick Douglass, an American Slave, Written by Himself," in *I Was Born a Slave*, 1:592. 그는 그리스도의 기독교와 "노예소유 종교"를 극명하게 구분한다.
26   이 시기에는 바울을 히브리서의 저자로 믿는 것이 일반적이었다. 본서 전반에서도 바울은 히브리서의 저자로 간주된다.

다. 노예 상태에 놓인 아프리카인들은 이 둘이 본질적으로 양립 불가능하다고 주장했다. 이와 유사한 맥락에서 그들은 자신들이 노예라는 사실 때문에 노예주들과는 진정한 기독교적 관계를 맺을 수 없다는 인식을 분명히 하며, "이 상황에서 우리가 어떻게 주님께 대한 의무를 다할 수 있겠는가?"라고 반문했다. 그들에게 노예제도는 자연적 가족 관계뿐 아니라 기독교 공동체적 가족 관계까지도 파괴하는 제도였고, 그러한 파괴는 곧 "형제 사랑하기를 계속하라"는 성경의 명령을 거스르는 또 하나의 방식이라고 보았다. 청원서 작성자들은 바울이 자유에 대한 자연권을 지지하며, 누구든지 노예가 되어서는 안 된다는 그들의 주장을 성경적으로 뒷받침한다고 믿었다. 또한 바울은 흑인의 생물학적 가족 관계와 기독교 공동체 내 가족 관계 모두의 중요성을 인정했다고 주장했다. 따라서 과거에는 노예제를 정당화하는 데 사용되었던 바로 그 바울의 말씀을 근거 삼아 주지사와 정부 지도자들에게 탄원서를 제출한 사실은 이 초기 작성자들이 성경을 스스로 해석할 수 있는 해석 주체로서의 자의식을 지니고 있었으며, 동시에 성경을 자신들의 것으로 선언하고 선포할 수 있는 권리를 분명히 인식하고 있었음을 보여준다.

1776년의 청원자들과 마찬가지로 코네티컷주 페어필드 카운티의 노예들 또한 1779년에 노예해방을 요구하는 청원서를 제출했다. 이 청원서는 다음과 같이 작성되었으며, 바울에 대한 언급은 볼드체로 표시되어 있다.

코네티컷주 하트포드에서 5월 둘째 주 목요일에 열리는 존경하는 주 총회에, 페어필드 카운티의 스트랫퍼드와 페어필드에 거주하며 여전히 노예 상태에 놓여 있는 흑인들의 청원서를 삼가 올립니다.

청원인들 가운데 다수는, 우리가 진실로 믿기로, 아무런 죄도 없이 사랑하는 부모와 친구들의 품에서 가장 부당한 방식으로 강제로 끌려와, 영원한 노예의 굴레에 묶이게 되었습니다. 그리고 이 끔찍한 악행을 저지른 자들은—우리가 무지한 아프리카인이라 할지라도 문명화된 나라들의 이성과 관행을 조금이라도 접하게 된다면 그들이 저지른 죄악이 드러날 것임을 알고 있었던 것처럼—또 다른 무서운 악을 우리에게 더했습니다. 곧 우리를 깊은 무지 속에 가두어, 그들의 지배에 더 쉽게 복종하도록 만든 것입니다. 존경하는 의원 여러분, 우리는 이 명백한 불의에 대해 깊은 슬픔과 고통 속에서 이 청원을 드리는 바입니다.

자유의 대의를 위해 고귀하게 싸우고 계시며, 그 행보로 세계 여러 제국의 찬탄과 존경을 받고 계신 의원 여러분께서 저희가 이 끔찍한 관행에 대해 감히 자유롭게 비판하는 것을 불쾌하게 여기지 않으시리라 믿습니다. 비록 우리의 피부색이 우리가 섬기는 이들과 다를지라도, 이성과 계시는 모두 우리가 **온 세상의 민족을 한 핏줄과 한 혈통으로 지으신 하나님께서** 창조하신 동일한 피조물임을 증언합니다. 우리는 스스로 생각하고 판단할 수 있는 이성과 지성을 지니고 있으며, 우리를 지배하는 자들과 다를 바 없는 능력을 갖추고 있음을 인식하고 있습니다. 우리가 그들을 섬겨야 할 어떤 필연적 이유도 존재하지 않으며, 오히려 그들이 우리를 섬겨야 할 근거와 다를 바 없다고 믿습니다. 이 문제를 깊이 숙고할수록 우리는 자연법과―우리가 배워온 범위 내에서의―기독교 신앙의 전반적인 가르침에 비추어 자유를 누릴 권리가 우리에게 있음을 더욱 확신하게 됩니다. 우리는 우리의 권리와 의무가 무엇인지 올바르게 이해하려 노력해왔으며, 우리가 노예가 되기 위해 창조되었다는 주장에는 결코 동의할 수 없습니다. 전능하신 하나님께서 우리에게 이러한 고통을 허락하실 수는 있으나, 인간이 우리에게 이러한 짐을 지울 정당한 권리는 없습니다. 우리는 이 무거운 멍에 아래서 신음하고 있지만, 이성은 우리가 폭력을 사용해 그것을 벗어던지는 것이 최선이 아님을 가르칩니다. 또한 우리 스스로 이 비참한 처지를 벗어날 수 없다는 사실도 잘 알고 있습니다. 그러나 백성의 아버지와도 같은 의원 여러분들이야말로 이 억압에서 우리를 구해주실 가장 합당한 분들이라 믿으며 감히 구제를 청원하는 바입니다. 우리는 단지 우리 자신의 고통만이 아니라 우리 자녀들이 맞이하게 될 미래를 생각하며 깊은 근심과 공포 속에 살아가고 있습니다. 그들은 장차 우리처럼 속박과 종속의 상태로 내몰리기 위해 길러지고 있으며, 이미 그러한 삶을 위한 준비 속에 있습니다. 이에 우리는 간청드립니다. 오늘날 미국이 자유와 정의의 나라라고 주장하는 이 시점에서 수천 명의 **아담의 후손―곧 우리 모두의 공통의 인류―**을 영원히 노예 상태로 묶어 두는 일이 과연 그 주장과 양립할 수 있는지를 진지하게 숙고해주십시오. 인간의 본성이 이토록 끔찍한 현실을 견딜 수 있겠습니까? 존경하는 의원 여러분께서는 이 엄청난 악이 여러분의 통치 아래 계속되는 것을 계속 용납하시겠습니까? 부디 공공의 불편이라는 이유가 우리를 위한 정의로운 개입을 주저하게 만드는 요인이 되지 않기를 간절히 바랍니다. 우리는 다만 우리에게 정당하게 속한 것—즉 자유—을 요청할 뿐입니다. 존경하는 의원 여러분께서 이 문제를 정의의 저울에 달아주시고, 여러분의 탁월한 지혜와 선하심으로 이 악에 걸맞은 해결책을 마련해주시기를 간청드립니다. 그리고 그리하여 우리 청원인들도 의원 여러분과 함께 이 귀하고도 값진 축복—자유—을 누릴 수 있기를 바랍니다.

1779년 5월 11일, 페어필드에서
청원인 일동 드림.[27]

이 강력한 청원서가 제공하는 여러 중요한 통찰 가운데 일부는 우리의 현재 목적과 깊이 연결되어 있다. 첫째, 이 청원서를 작성한 이들은 자신들이 "한 핏줄로 만드신 하나님의 피조물이며, 온 세상의 민족이 한 핏줄과 한 혈통"임을 분명하게 천명한다. 이 진술은 사도행전 17:26에서 바울이 하나님께서 인류 전체를 하나의 혈통으로 지으셨다고 선포하는 장면을 반영하며, 이후 이 선언은 "한 핏줄 교리"로 알려지게 되었다.[28] 아프리카계 미국인의 항의 문헌에서 자주 인용되는 이 바울의 말씀은 이미 1779년에 작성된 이 문서에 등장하고 있는 것이다. 에머슨 파워리(Emerson Powery)와 로드니 새들러(Rodney Sadler) 역시 바울의 이 구절이 흑인 해석 전통과 문학에

---

27 *Petition of 1779 by Slaves of Fairfield County*, Revolutionary War Papers, Connecticut State Library, 1:37:232.
28 Callahan, *The Talking Book*, 115–16; Emerson Powery, "'Rise Up, Ye Women': Harriet Jacobs and the Bible," *Postscripts* 5, no. 2 (2009): 176; Demetrius Williams, "The Acts of the Apostles," in Blount, *True to Our Native Land*, 236–38.

서 핵심적인 위치를 차지한다는 점에 주목한다.[29] 현대의 많은 해석자들이 사도행전의 바울, 진위에 대한 이견이 없는 바울 서신들, 그리고 진위가 논란이 되는 서신들을 구분하는 데 비해, 이 문서의 작성자들과 다른 흑인 해석자들은 그러한 구분을 하지 않는다. 그들에게는 히브리서를 포함한 모든 신약 문서가 정당하게 바울의 목소리를 전한다고 여겨졌다. 따라서 바울의 이 구절을 인용함으로써 청원서 작성자들은 하나님께서 모든 민족을 하나의 핏줄과 혈통으로 창조하셨기 때문에 흑인이 열등하다는 백인 우월주의 주장은 신성한 질서에 대한 왜곡이라고 주장한 것이다. 하나님께서 모든 인류를 하나로 창조하셨기에 당대의 흑인들도 이 청원서 작성자들처럼 자신들 또한 "우리의 주인과 동일한 능력"을 지녔다고 담대히 선언할 수 있었다. 노예 신분으로서 이러한 주장을 펼치고, 자신을 주인과 동등한 위치에 놓는다는 것은 당시 사회 구조 안에서 매우 대담하고 심지어 위험한 행위였다.[30] 사실상 프리스트와 사핀을 비롯해 인종차별 이념을 고수하던 이들과는 달리, 이 청원서의 작성자들은 바울의 말씀이 흑인의 복종을 정당화하는 지배적 해석을 오히려 뒤집는다고 주장한 것이다.

둘째, 이 청원서에서 노예화된 아프리카인들은 하나님께서 자신들을

---

29 Powery and Sadler, *The Genesis of Liberation*, 140-42.
30 Janet Duitsman Cornelius, *When I Can Read My Title Clear: Literacy, Slavery, and Religion in the Antebellum South* (Columbia: University of South Carolina Press, 1991), 그녀는 이 청원서에 대한 간략한 논의에서 작성자들이 "자유와 지식"을 연결하고, 노예제도의 참상 중 하나를 "주인이 의도적으로 노예들에게 지식을 제공하지 않는 것"으로 인식하고 있음을 지적한다(23-24).

노예로 예정하셨다는 당대의 지배적 주장에 정면으로 이의를 제기한다. 그들은 "우리가 노예가 되도록 창조되었다는 것을 결코 확신할 수 없다"고 단언하며, 하나님께서 원하신다면 자신들에게 이러한 고난을 허락하실 수는 있을지 모르지만, 인간에게는 결코 다른 인간을 노예로 만들 권한이 없다고 주장한다. 이러한 주장은 노예화된 아프리카계 미국인들이 노예무역과 관련하여 인간의 의지와 하나님의 뜻을 신학적으로 구별할 수 있었음을 보여주는 중요한 통찰이다. 백인 노예제 옹호자들은 노예무역이 하나님의 뜻이라고 반복해서 주장했지만, 아프리카계 노예들은 자신들에게 벌어지는 일은 하나님의 섭리와는 무관한, 전적으로 인간이 만들어낸 제도라고 반박했다. 그들은 "인간의 손에 의해 그런 대우를 받아야 할 이유는 없다"고 선언하며, 노예제는 신의 질서가 아니라 인간의 왜곡된 권력 질서에서 비롯된 것이라고 단언한다. 이와 같은 해석학적 통찰을 통해 그들은 백인 노예제 옹호자들의 성경 해석을 정면으로 거부하고, 인간이 만든 제도와 하나님의 명령을 구별할 수 있는 신학적 자율성과 해석적 분별력을 드러냈다.

셋째, 이 청원서의 작성자들은 자신들 또한 "우리의 공동 조상인 아담의 자손"임을 내세우며, 인류가 공유하는 공통된 아담 혈통에 호소한다.[31] 당대 백인들은 흑인이 함의 후손이라는 점을 강조함으로써 그들의 열등성과 종속을 정당화하려 했지만, 이 청원서의 작성자들은 창조 기사와 아담의 후손 됨을 강조함으로써 흑인과 백인 모두가 동일한 기원을 지닌다는

---

31 이 언어 역시 롬 5:14과 고전 15:22, 45의 바울의 진술을 반영하는 것일 수 있다.

점을 부각시켰다. 두 인종이 공동의 아버지를 갖고 있다는 사실은 어느 한 인종이 다른 인종을 노예로 삼는 것이 비합리적이고 부당하다는 주장의 신학적 근거가 된다. 이들에게 있어 공동의 아버지라는 개념은 흑인의 종속을 정당화하는 데 사용된 노아의 저주 해석보다 더 근원적이며 결정적인 의미를 갖는다. 그들의 주장에 따르면 노아의 저주는 결코 아담의 기원을 무효화할 수 없다.

마지막으로, 이 청원서의 작성자들은 노예제도를 대담하게 사악하고 악의적인 죄악이라고 규정한다. 물론 많은 흑인들과 노예제 폐지론자들이 이와 유사한 강한 표현을 사용해 노예제를 비판했지만, 당시 대부분의 백인들은 노예제와 노예무역을 이러한 시각으로 받아들이기를 거부했다. 오히려 그들은 정반대의 입장을 취했다. 예를 들어 노예제 옹호자이자 남부 연합의 부통령이었던 알렉산더 스티븐스(Alexander Stephens)는 신구약 성경 모두가 노예제를 승인한다고 주장하며, "주인과 노예의 관계는, 설령 우리 사회보다 훨씬 더 비참한 상황에서 존재한다고 하더라도, 죄에 근거한 것이 아니다"라고 말한 바 있다.[32] 이와 같은 시대적 분위기 속에서 이 초기 흑인 해석가들은 청원서에서 인용된 바울의 말을 통해 노예제와 노예무역의 신학적 근거 자체를 무너뜨리려 했다. 그들에게 있어 흑인과 백인은 한 핏줄, 한 혈족, 한 공동 조상인 아담의 후손으로 창조되었다. 이 흑인 해석

---

32 다음에서 인용되었다. John R. McKivigan and Mitchell Snay, introcluction to *Religion and the Antebellum Debate over Slavery*, ed. John R. McKivigan and Mitchell Snay (Athens: University of Georgia Press, 1998), 2.

자들의 관점에서 보면 이러한 진리는 노예제와 노예무역이 바울의 복음 메시지와 근본적으로 충돌한다는 확신의 표현이었다.

이 청원서는 자유와 해방의 담론이 넘쳐나던 미국 독립혁명 시기에 작성되었다. 이 문서의 작성자들과 다른 노예 청원서 작성자들은 바로 이 시기가 노예들이 자유에 대한 권리를 주장하고 이를 실현하기 위한 조치를 요구할 적기라고 믿었다. 결국 이들은 자유를 위해 영국과의 전쟁까지 불사한 이 나라의 지도자들이라면 자국 내의 노예들에게도 동일한 자유의 가치를 인정할 것이라고 기대했다. 이러한 기대는 보스턴에서 제출된 또 다른 노예 청원서에서도 명확히 드러난다. 그 청원서 작성자들은 다음과 같이 말한다. "우리는 우리를 노예로 만들려는 동족의 계획에 맞서 고귀한 투쟁을 벌인 이들에게 큰 기대를 품고 있습니다."[33] 이와 유사하게 1779년 청원서의 작성자들도 "자유의 대의를 위해 고귀하게 투쟁하고" 있으며, "세계의 모든 위대한 제국"으로부터 찬사를 받고 있는 "존경하는 지도자들"에게 호소한다. 매사추세츠주 정부에 제출된 또 다른 청원서의 작성자들은 "자연적이고 양도할 수 없는" 권리라는 표현을 사용하며 미국인들이 영국으로부터 쟁취한 자유에는 노예화된 아프리카인들의 자유 역시 포함되어야 한다고 주장했다.[34]

말할 것도 없이 이러한 자유를 향한 간절한 외침은 대부분 거절당했

---

33 「혁명기 자유를 위한 노예 청원서, 1773-1779」 중 1773년 4월 20일 보스턴에서 제출된 청원서 (b).
34 「혁명기 자유를 위한 노예 청원서, 1773-1779」 중 1777년 1월 13일에 제출된 청원서 (d).

고, 노예제도는 계속 유지되었다. 그러나 여기서 살펴본 1776년과 1779년의 탄원서 작성자들은 바울의 말씀이 정의와 자유, 그리고 해방을 옹호하는 데 얼마나 강력한 도구로 사용될 수 있는지를 분명히 보여준다. 이 용기 있는 작성자들은 목숨을 걸고 반(反)-해석학 시도, 곧 저항과 항의의 해석학을 실행에 옮기며, 자신들의 존재를 규정하던 오류로 가득한 통념을 받아들이기를 거부했다. 그들은 지적으로 열등하지 않으며, 노예로 살도록 창조된 것도 아니었고, 가족과 함께 자유를 누릴 자격이 있는 아담의 자손이었다. 그리고 그러한 그들 역시 성경을 해석할 권리, 그리고 백인 우월주의적 해석에 의존하지 않을 권리를 지니고 있었다. 이들 청원서는 또한 작성자들 마음속에서 성경, 신학, 정치가 얼마나 긴밀하게 연결되어 있었는지를 보여준다. 정부를 향한 공식 문서 안에서 바울의 언어를 사용하는 행위는 바울 서신을 포함한 성경이 그들에게 실제로 중요한 자원이었으며, 성경이 윤리적·사회적 현실에 영향을 미칠 수 있다고 믿었던 그들의 확신을 반영한다. 특히 주목할 점은 이들이 이러한 청원서를 작성한 시점이 미국에서 근대적 의미의 노예제 폐지 운동이 본격화되기 이전이었다는 사실이다.[35] 미국에서 조직적이고 대중적인 노예제 폐지 운동이 활발해지기 시작한 것은 1830년대 초 이후의 일이므로, 이들이 바울의 말씀을 동원해 제기한 주장과 그 신학적·정치적 통찰은 더욱 인상 깊고 강력한 의미를 지닌

---

35 McKivigan and Snay, *Religion and the Antebellum Debate*의 서론, 6; Berwanger, "Negrophobia," 273.

다. 또 다른 초기 흑인 지성인인 주피터 해먼(Jupiter Hammon) 또한 바울을 급진적이고 논쟁적인 방식으로 인용하며 노예제에 대한 저항의 목소리를 분명히 드러냈다.

주피터 해먼(1711-[1790-1806?]): 최초로 작품을 출간한 흑인 시인

설교자이자 시인이며 주인의 회계 담당자였던 주피터 해먼(Jupiter Hammon)은[36] 미국에서 작품을 출간한 최초의 흑인 시인으로 알려져 있다.[37] 약 80년간 노예로 살아간 그는 대각성 운동을 계기로 그리스도인이 되었으며, 그의 글은 기독교 신앙에 대한 깊은 사랑과 열정을 담은 성경적 언어로 가득하다.[38] 해먼의 주인은 뉴욕주 롱아일랜드에서 사업을 운영했으며, 해먼이 사업을 도울 수 있도록 읽기와 쓰기를 배우는 것을 허락했다. 문학연구자 손드라 오닐(Sondra O'Neale)은 해먼의 작품을 "흑인 신학에 대한 가장 포괄적인 선언이자, 미국 문학사에서 흑인 작가가 남긴 최초의 반

---

36 Jupiter Hammon의 사망 날짜는 확인하기 어렵다. 역사학자들은 1790년에서 1806년 사이에 사망한 것으로 추정한다. 다음도 보라. Margaret Brucia, "The African-American Poet, Jupiter Hammon: A Home-Born Slave and His Classical Name," *International Journal of the Classical Tradition* 7, no. 4 (2001): 515-17; O'Neale, Jupiter Hammon, 1; Philip Richards, "Nationalist Themes in the Preaching of Jupiter Hammon," *Early American Literature* 25, no. 2 (1990): 123.
37 Brucia, "The African-American Poet," 515; O'Neale, *Jupiter Hammon*, 1; Richards, "Nationalist Themes," 123.
38 O'Neale, *Jupiter Hammon*, 2.

(反)노예제 항의문"이라고 평가한다.³⁹ 그녀는 또한 "기독교와 자유에 대한 해먼의 이중적 헌신은 오랫동안 과소평가되거나 간과되어왔다"고 지적하며, 해먼이 "지난 200년 동안 소수 인종 작가들 가운데 가장 덜 알려진 인물 중 하나"라고 평가한다.⁴⁰ 한편 해먼을 비판하는 이들은 그가 현실의 자유를 적극적으로 추구하기보다는 아프리카계 노예 독자들에게 천국을 해방과 자유의 장소로 바라보도록 권면했다는 점에서 비판한다. 이 시각에 따르면 해먼의 내세 중심적 관점은 오히려 흑인 해방 운동에 해를 끼친 소극적 태도의 표현으로 여겨진다.⁴¹

그러나 손드라 오닐은 해먼의 작품이 흑인 문학의 유산에서 지닌 중요성을 결코 간과해서는 안 된다고 경고한다. 그녀는 해먼이 흑인 저항 문학에 크게 기여했다고 주장하는데, 그 근거는 다음과 같다. 해먼은 흑인의 고대 정체성을 강조했고, 백인의 양심을 향해 설득력 있고도 미묘한 방식으로 도전했으며, 노예화된 아프리카인들도 글을 쓰고 출간할 수 있음을 스스로 증명했다. 더불어 노예와 노예소유주가 섞여 있는 청중을 대상으로 한 대중 연설과 저술을 통해 그는 노예 신분의 아프리카인 지도자로서 하나의 모범을 제시했다.⁴² 이러한 해석적 논쟁의 어느 쪽에 서 있든, 해먼의 대표작들―예를 들어 "겨울 단편"(A Winter Piece), "저녁의 교훈"(An

---

39 O'Neale, *Jupiter Hammon*, 1.
40 O'Neale, *Jupiter Hammon*, 1.
41 O'Neale, *Jupiter Hammon*, 1-39.
42 O'Neale, *Jupiter Hammon*, 2-3. 다음도 보라. Arien Nydam, "Numerological Tradition in the Works of Jupiter Hammon," *African American Review* 40, no. 2 (Summer 2006): 207-20.

Evening's Improvement), "뉴욕주의 흑인들을 위한 연설"(An Address to the Negroes in the State of New York)—을 살펴보면 그가 바울의 말을 비록 노골적이지는 않지만 미묘하면서도 도발적인 방식으로 반복적으로 인용하고 있음을 분명히 확인할 수 있다.⁴³ 오닐은 해먼의 바울 인용에 대해 직접 주목하거나 이를 상세히 분석하지는 않지만, 이후의 분석은 그녀가 강조한 "백인의 양심을 겨냥한 미묘한 어조"가 사실상 흑인 독자들—즉 노예 신분의 청중—을 향해서도 작동하고 있었음을 보여줄 것이다.

해먼이 반노예제 메시지를 미묘하게 전달할 수밖에 없었던 이유 중 하나는 당시 뉴욕의 아프리카계 미국인 노예들이 사실상 경찰국가적 감시 체제 아래 놓여 있었기 때문이다. 이들은 전반적인 통제와 감시 속에 살아야 했으며, 그와 같은 상황에서는 어떠한 노골적인 반대 표현도 용납되지 않았을 것이다.⁴⁴ 이러한 제약 속에서 해먼은 자신의 주요 청중인 흑인 "형제들"에게 조심스럽게 말을 건네며, 그들의 해방에 대한 열망을 표현하

---

43 그 밖의 Hammon의 다른 작품들은 다음과 같다. "An Evening Thought, Salvation by Christ, with Penitential Cries"(시), "An Address to Phyllis Wheatley Ethiopian Poetess in Boston"(시), "An Essay on the Ten Virgins"(현존하지 않음), "A Poem for Children with Thoughts on Death," "The Kind Master and Dutiful Servant"(시). 2011년, 대학원생 Julie McCown은 1786년 11월 10일에 작성된 "An Essay on Slavery, with Submission to Divine Providence, Knowing That God Rules over All Things"라는 제목의 지금까지 발표되지 않은 시를 발견했는데, 이는 "Address to the Negroes in the State of New York"과 비슷한 시기에 작성된 것으로 추정된다. 다음도 보라. Cedrick May and Julie McCown, "'An Essay on Slavery': An Unpublished Poem by Jupiter Hammon," *Early American Literature* 48, no. 2 (2013): 457-71. 그들은 최근에 발견된 이 작품을 "흔히 외면당하는 이 18세기 작가의 가장 노골적인 노예제 반대 성명서"(457)라고 부른다.

44 O'Neale, *Jupiter Hammon*, 8.

기 위해 바울의 언어를 전략적으로, 그리고 영리하게 활용했다. 아리엔 니담(Arien Nydam)은 해먼의 이러한 접근을 "암시적이고 암호화된 저항"이라고 평가한다.[45] 실제로 해먼의 작품을 살펴보면 그는 바울에 대한 해석을 통해 하나님의 은총, 의로운 삶, 그리고 흑인의 도덕적 주체성을 강조하고 있음을 확인할 수 있다. 해먼은 바울의 언어를 활용하여 흑인의 외모를 악의 징표로 간주하던 인종차별적 개념을 거부하고, 동시에 백인 노예소유주들―당시 사회의 권력자이자 부유층―에 대한 은밀한 비판을 가한다.

"겨울 단편"

해먼의 1782년 에세이 "겨울 단편"은 하나님 앞에서의 회개, 그리스도를 영접하고 삶의 변화를 이루는 것, 그리고 거룩한 삶의 실천이라는 주제를 중심으로 전개된다. 그는 마태복음 11:28―"수고하고 무거운 짐 진 자들아 다 내게로 오라"―을 인용하며 글을 시작한다. 오늘의 지적처럼 노예화된 아프리카인들 가운데 다수는 이 구절을 자신들의 가혹한 노동과 억압을 위로하는 그리스도의 초청으로 이해했다. 해먼 역시 이러한 공통된 독법을 염두에 두었을 가능성이 있지만, 그의 강조점은 다소 다르다. 그는 "자신의 무가치함을 깨닫고, 지극히 높으신 하나님 앞에서 죄를 고백하며, 기도와 묵상을 통해 하나님께 나아가야 하며, 그리스도를 우리의 구주이자 전능하신

---

45 Nydam, "Numerological Tradition," 209. 또한 다음을 보라. O'Neale, *Jupiter Hammon*, 3-4.

구속자로 고백해야 한다"고 역설한다.⁴⁶ 해먼에게 있어 구원이 중심 주제인 이유는 인간이 "자신이 타락한 존재이며 절망적인 상태에 있다는 것을 인식하고, 수고하고 무거운 짐을 진 채" 하나님께 나아가야 하기 때문이다. 그는 에베소서 2:8을 인용하며, 구원이 믿음을 통한 은혜로 주어지는 전적으로 하나님의 선물임을 강조한다. 필립 리처즈(Philip Richards)는 해먼의 첫 번째 강론을 분석하며, 그가 복음주의 설교 형식을 활용해 노예화된 동료 아프리카인들의 회심을 이끌려 했다고 평가한다.⁴⁷ 실제로 해먼은 구원과 거룩한 삶에 주된 초점을 두지만, 노예제에서의 해방이라는 육체적 자유 또한 중요한 가치임을 은연중에 드러낸다. 그는 다음과 같이 기록한다.

> 형제 여러분, 우리 가운데 많은 이들이 현세의 자유를 구하고 있습니다. 나 또한 여러분들이 그 자유를 누리게 되기를 바랍니다. 그러나 하늘과 땅의 모든 권세가 하나님께 속한 것임을 기억하십시오. 우리가 노예 상태에 있다면 그것은 하나님의 허락하심 때문이며, 우리가 자유를 얻게 된다면 그것은 분명 지극히 높으신 하나님의 능력에 의한 것이 틀림없습니다. 그러니 가만히 서서 하나님의 구원을 바라보십시오. 옛날 이스라엘 백성들을 위해 바다를 가르신 그 능력이 여러분을 위해서도 자유의 길을 열어주시지 않겠습니까? 나는 하나님께

---

46 Hammon, "A Winter Piece," in O'Neale, *Jupiter Hammon*, 97. 이 책에 인용된 Hammon의 모든 에세이는 O'Neale, *Jupiter Hammon*에 실려 있으며, 쪽수 참조는 모두 O'Neale을 참조한 것이다.
47 Richards, "Nationalist Themes," 125.

서 여러분의 소원을 들어주시고, 영생으로 인도하는 자유를 추구할 수 있도록 은혜를 베풀어주시기를 기도합니다.[48]

해먼은 이스라엘을 해방시키신 바로 그 하나님께서 미국의 노예제도 아래 있는 흑인들 또한 구원하실 수 있음을 신뢰한다. 그는 노예였던 이스라엘을 노예화된 아프리카인들과 연결 지은 최초의 흑인 그리스도인이었으며, 이 해석의 틀은 이후 흑인 문학과 신학의 중심 모티프로 자리 잡는다.[49] 이 대목에서 해먼은 노예제도의 존재를 두고, 그것이 하나님의 예정과 섭리에 의한 것인지, 아니며 단지 허용된 상태인지에 대해 신학적 고뇌를 드러낸다. 흥미롭게도 해먼은 조사이아 프리스트와 같은 인물들이 주장하듯, 노예제도가 하나님의 예정된 질서라는 해석을 따르지 않는다. 그는 허용이라는 표현을 택함으로써 자신의 입장을 프리스트나 사핀 같은 노예제 옹호자들과 분명히 구분 짓는다. 프리스트와 같은 해석가들은 노예제를 하나님의 영원한 의도이자 섭리로 간주했지만, 해먼은 그것이 단지 하나님께서 허용하신 현실일 뿐이며, 언젠가 하나님께서 이스라엘에게 그러하셨듯 흑인 노

---

48 Hammon, "A Winter Piece," 102-3.
49 O'Neale, *Jupiter Hammon*, 85. 학자들은 오랫동안 흑인 문헌에서 출애굽 모티프가 두드러진다는 점에 주목해왔다. 그중에는 다음과 같은 것들이 있다. Callahan, *The Talking Book*; Eddie Glaude, *Exodus! Religion, Race, and Nation in Early Nineteenth-Century Black America* (Chicago: University of Chicago Press, 2000); Herbert Marbury, *Pillars of Cloud and Fire: The Politics of Exodus in African American Biblical Interpretation* (New York: New York University Press, 2015); Albert Raboteau, *A Fire in the Bones: Reflections on African-American Religious History* (Boston: Beacon, 1995), 17-36, 57-76.

예들에게도 구원을 베푸실 것이라는 희망을 암시한다. 이처럼 해먼의 해석은 미묘하지만 중요한 차이를 드러내며, 몇 줄 뒤 구절에서도 더욱 분명하게 나타난다. 그는 이렇게 말한다. "나의 형제 여러분…우리가 알고 있는 것은 '**하나님을 사랑하는 자들에게는 모든 것이 합력하여 선을 이룬다**'[롬 8:28]는 것입니다."⁵⁰ 이 인용은 문맥상 해먼이 하나님께서 결국은 자신의 동료 아프리카인들에게도 자유를 허락하시리라는 기대를 품고 있음을 보여준다. 해먼은 노예화된 동료 아프리카인들을 형제라 부르며 그들에게 하나님께서 영적 자유는 물론, 육체적 자유까지도 포함한 모든 것을 합력하여 선을 이루시는 분임을 믿고 의지하라고 격려한다.

해먼은 이스라엘과 흑인들의 노예 상태로부터의 구원을 언급하기에 앞서 사도행전 10:34-35에 나타난 베드로의 선언을 인용한다. "하나님은 사람의 외모를 보지 아니하시고, 각 나라 중 하나님을 경외하며 의를 행하는 사람은 다 받으시는 줄 깨달았도다."⁵¹ 이 인용은 해먼이 흑인들 또한 구원의 대상이며 하나님의 해방 사역에 포함된 존재임을 강조하고자 했음을 보여준다. 그는 하나님의 부르심이 모든 이에게 열려 있다고 말하며, 흑인들이 하나님의 구속 이야기 안에 포함된다는 사실을 다음과 같이 분명히 천명한다. "내 사랑하는 동료 노예들이여, 형제들이여, 아프리카의 각 나라에서 온 자들이여, 우리는 모두 오라고 초청을 받은 자들입니다."⁵² 당시 흑

---

50   Hammon, "A Winter Piece," 103.
51   Hammon, "A Winter Piece," 102.
52   Hammon, "A Winter Piece," 102. O'Neale, *Jupiter Hammon*은 Hammon이 "각 나라에서 온

인의 배제를 전제로 했던 미국 사회 안에서 해먼은 하나님의 포용을 강조한다. 그는 이 대목에서 매우 중요한 신학적 연결고리를 형성한다. 즉 그는 아프리카인의 정체성을 인정하고, 이를 하나님께서 그들을 받아들이신 사실과 연결하며, 흑인의 고난을 고대 이스라엘의 속박과 연결하고, 이스라엘의 구원을 노예화된 아프리카인들의 미래 해방과 연결한다. 이러한 방식으로 해먼은 영적 자유와 육체적 자유를 분리하지 않고, 오히려 상호 연관된 것으로 제시한다. 해먼에게 영적 자유는 전체적인 큰 틀에서 더 큰 중요성을 지닐 수 있으나, 육체적 자유에 대한 열망과 필요 또한 결코 간과되지 않는다. 그는 만일 자유가 주어진다면 그것은 오직 하나님의 신적 손길에 의해서만 가능하다고 믿었다.

비록 해먼은 이 글의 여러 부분에서 구원의 아름다움을 강조하고, 의로운 삶을 권면하기 위해 바울의 말을 자주 인용하지만,[53] 동시에 그는 당

아프리카인들"이라는 표현을 사용한 것에 대해 다음과 같이 통찰력 있게 서술한다. "해먼은 자신의 동료 노예들을 '나의 형제들'이라고 부를 뿐만 아니라 '각 나라에서 온 아프리카인들' 또는 '에티오피아인'이라고 부른다. 해먼은 비록 미국에서 태어났지만, 노예들이 문화적으로 소외되었다는 깊은 배신감을 인식하고 이를 인쇄물로 남긴 최초의 아프리카인이었다. 그는 자신의 형제들을 '고대인'이라고 부르는데, 이는 그들이 영국인 주인보다 더 오래된 역사를 지닌 공동체에 속해 있다는 소속감을 통해 동료 종들에게 자긍심을 불어넣기 위한 것이다"(86). Hammon은 이러한 표현들을 에세이 전체에 걸쳐 반복적으로 사용한다.

53 Hammon이 도덕적인 삶을 장려하기 위해 바울의 글을 활용한 예는 다음과 같다. 고전 10:31(101쪽); 고후 5:17(103쪽); 행 24:16(104쪽); 롬 6:22, 23(105쪽); 고후 7:10(111쪽). 이와 더불어 Hammon은 롬 5:8의 바울의 언어를 반영하며 다음과 같이 기록한다. "나의 형제 여러분, 여기서 우리는 하나님의 사랑이 우리 앞에 분명히 드러난 것을 봅니다. 곧 **우리가 아직 죄인이었을 때에** 하나님께서는 자기 아들을 보내셔서 그분께 나아오는 모든 사람을 위해 죽게 하셨습니다라는 사실입니다"("A Winter Piece", 109[강조는 덧붙여진 것임]).

시 흑인에 대한 지배적인 편견과 차별에 맞서기 위해서도 사도의 권위를 전략적으로 활용한다. 해먼은 여러 대목에서 노예화된 아프리카인들 역시 구원의 여정에 있어 주체적인 행위자임을 강조하며 다음과 같이 말한다.

> 나의 형제 여러분, 거룩한 삶을 통해 여러분의 부르심과 택하심을 굳게 하십시오[벧후 1:10]. **두렵고 떨림으로 여러분의 구원을 이루는 것**[빌 2:12]은 여러분의 의무입니다. 왜냐하면 우리는 값 없이, 돈 없이 오라는 초청을 받은 자들이기 때문입니다.[54]

> 우리는 언제나 하나님의 뜻을 행할 준비를 갖추고, **두렵고 떨림으로 우리의 구원을 이루어야 합니다**[빌 2:12]. 오, 우리가 주의 일을 더욱 열심히 감당하게 되기를 원합니다[고전 15:58].…그러므로 하나님께서 예수 그리스도 안에서 주시는 위로부터의 부르심의 상을 받기 위해 푯대를 행해 힘써 달려갑시다[빌 3:13-14].[55]

해먼은 바울의 언어를 빌려 노예화된 아프리카인들의 주체성과, 그들이 스스로 구원을 이루어갈 수 있는 능력을 강조한다. 이러한 관점은 구원이 노예소유주에 대한 순종에 달려 있다고 보았던 많은 백인 노예소유주들과 노

---

54 Hammon, "A Winter Piece," 101; 이 글에서 직접 인용한 본문의 괄호 안에 표시된 성경 인용문은 내가 직접 삽입한 것으로, 실제 인용문에는 나타나 있지 않다.
55 Hammon, "A Winter Piece," 108.

예 옹호자들의 주장과 정면으로 충돌한다.

예컨대 피터 랜돌프(Peter Randolph)는 그의 회고록 『노예 생활의 스케치』(Sketches of Slave Life)에서 침례교 목사 제임스 L. 골트니(James L. Goltney)가 노예들을 대상으로 "종들아, 너희 주인에게 순종하라"는 말씀을 본문으로 삼아 설교한 장면을 생생하게 묘사한다. "[골트니는] 마치 노예들이 무슨 생각을 하는지 다 아는 것처럼 행동했다. 그는 노예들이 자신들에게도 자유를 누릴 권리가 있다고 생각한다고 말하면서, 자신이 그들보다 더 잘 알고 있다고 주장했고, 이를 뒷받침하기 위해 여러 성경 본문을 인용했다. 그는 '너희에게 자유를 얻으라고 말하는 이는 바로 마귀다'라고 말하곤 했으며, 노예들에게 인내심을 가지고 일하라고 당부했다. 그는 만약 그들이 불만스러운 태도를 보일 경우, 자신이 그들을 채찍질할 의무가 있다고 경고했다(이러한 모든 것이 하나님을 기쁘시게 하는 일이라고 주장하면서). 또 '만약 너희가 도망친다면 회개하고 돌아와 하나님과 주인의 용서를 구할 때까지 너희는 하나님의 교회에서 쫓겨날 것이다'라고 말했다. 그는 이와 같은 방식으로 끊임없이 자기식의 노예소유 복음을 설교했다."[56] 이러한 "노예소유 복음"은 하나님을 노예소유주의 편에 계신 분으로 묘사하며, 심지어 노예들이 주인에게서 받는 학대와 채찍질조차 신적 질서의 일부로

---

56   Peter Randolph, *Sketches of Slave Life; or, Illustrations of the "Peculiar Institution" by Peter Randolph, An Emancipated Slave* (Boston: Published for the author, 1855), reprinted in *"Sketches of Slave Life" and "From Slave Cabin to the Pulpit,"* ed. Katherine Clay Bassard (Morgantown: West Virginia University Press, 2016), 62.

정당화했다. 더 나아가 노예소유 복음에서는 해방이 하나님에게서 비롯되는 것이 아니라, 오히려 자유를 악마적인 것으로 간주하며, 자유에 대한 갈망은 하나님이 아닌 사탄에게서 비롯된 것이라고 여겨졌다. 이러한 논리에 따르면 노예화된 아프리카인이 도망쳐 자유를 추구할 경우 그는 교회에서 출교당하게 되며, 하나님과 주인 양쪽 모두에게 돌아가 용서를 구하고 그 용서를 받아야만 교회 공동체로 복귀할 수 있다. 자유는 사악한 것이며, 도망하여 자유를 얻은 노예는 더 이상 하나님의 환영을 받을 수 없다는 사고방식이 널리 퍼져 있었고, 불행히도 노예로 살아가던 아프리카인들 중 일부는 실제로 이를 믿었다.[57]

그러나 해먼은 이러한 널리 퍼진 견해에 저항하며, "내 형제들아"라는 호칭을 사용해 흑인 청중에게 하나님께서 **그들을** 초대하고 계시며, 이 초청은 노예소유주의 허락에 달려 있지 않다고 선언한다. 그는 이사야서와 마태복음에서 인용한 말씀을 빌립보서와 고린도전서에서 인용한 바울의 본문으로 감싸듯 배열하면서 바울의 언어를 노예화된 아프리카인들에게 주어진 특별한 신적 초청으로 제시한다. 특히 로마서 10:10 — "사람이 마음으로 믿어 의에 이르고, 입으로 시인하여 구원에 이르느니라" — 을 인용하

---

57 때때로 노예소유주들은 이러한 설교가 아닌, 보다 해방적인 메시지를 전하는 목사를 고용하기도 했다. 그러나 Randolph, *Sketches of Slave Life*에 따르면 이러한 목사들은 오래 가지 못했다. "L. 해너 씨는 다음과 같은 본문을 선택하는 기독교 설교자였다. '주의 성령이 내게 임하셨으니, 이는 포로 된 자에게 자유를 전하게 하시고, 마음이 상한 자를 싸매게 하려 함이라.' 그러나 해너는 곧 프린스 조지스 카운티에서 폭도들에 의해 쫓겨났고, 흑인들에게 참된 복음을 전했다는 이유로 목숨을 걸고 도망쳐야 했다"(62).

며, 노예화된 아프리카인들의 주체성을 강조한다. 해먼은 이 말씀에 대해 "여기서 우리는 그리스도인으로서 우리가 해야 할 일이 있음을 알 수 있다"고 말한다.[58] 노예화된 아프리카인들은 단지 수동적으로 복종하는 존재가 아니라 믿음에 따라 스스로 믿고, 고백하고, 행동할 수 있는 주체적인 존재라는 것이다.

또한 그들의 사회적 지위는 결코 구원에서 그들을 배제하지 않으며, 그들은 돈 없이도 하나님의 복음을 받아들일 수 있다. 해먼은 노예화된 아프리카인들이 스스로 사고하고 행동할 수 있는 주체성을 부정하는 사회 속에서 청중들에게 자신의 주체성을 인식하고 그것을 선한 일에 사용하며, 푯대를 향해 나아가라고 권면한다. 그는 바울의 언어를 사용하여 노예화된 아프리카인들이 능동적으로 응답하고 행동하는 존재임을 일깨운다. 이러한 흑인의 주체성에 대한 해먼의 강조는 하나님께서 흑인들을 "이성적인 존재"로 창조하셨다는 그의 명백한 진술에서도 다시 한번 드러난다. 이는 흑인을 동물처럼 여기거나, 지적으로 열등하거나, 인간 이하의 비인간적인 존재로 간주했던 일부 백인들의 인식과 정면으로 충돌하는 주장이다.[59] 해먼은 하나님께서 흑인들을 사고할 수 있는 존재로 지으셨음을 상기시키며 그러한 인종차별적 견해를 반박하며, 그의 이러한 주장은 노예제 사회에서 흑인도 백인 주인들과 동일한 지적 능력을 지녔다고 주장했던 앞서 살펴본

---

58 Hammon, "A Winter Piece," 107.
59 Hammon, "A Winter Piece," 106. 이전 단락에서 논의한 노예제도 옹호자들의 의견을 참조하라.

노예 청원서 작성자들의 논지와도 깊은 공명을 이룬다.

해먼이 노예화된 아프리카인들의 주체성에 집중한 것은 당시 흑인이 구원을 받을 수 있는지, 더 나아가 그들에게 영혼이 존재하는지를 둘러싼 광범위한 논의의 일부였다. 그는 흑인들이 구원의 과정에서 이성적 능력을 지니고 있으며, 스스로 주체적으로 행동할 수 있다고 단호히 주장한다. 동시에 그는 하나님의 능력과 성령의 도우심을 의지할 것을 거듭 강조한다. 이러한 태도는 그의 청중에게 내면의 힘을 불어넣고, 그들의 인간성을 공개적으로 인정하며, 비록 가혹한 환경 속에 있을지라도 자신들의 주체성을 인식하고 실천할 수 있도록 독려하려는 해먼의 강한 의지를 반영한다.

마찬가지로 중요한 점은 해먼이 죄의 권세와 그 보편적 영향에 대해 반복적으로 강조한다는 사실이다. 그는 다음과 같이 말한다. "나의 형제 여러분, 무가치하고 자격 없는 것은 우리 종들만이 아닙니다. 아담의 타락으로 인해 모든 인류가 죄인이 되었습니다(창 2:17)."[60] 여기서 해먼은 흑인이 함의 후손이라는 주장과, "그에 따른 저주가 아프리카인의 인종적 정체성과 연결되며 노예제도가 하나님의 예정된 뜻"이라는 주장들을 암묵적으로 거부한다. "성경의 명확한 계시는 백인 신학자들이 아프리카인들에게 부당하게 죄책감을 전가하려는 시도를 무력화할 수 있다"는 것이 해먼의 확신이다.[61] 그는 창세기의 말씀을 인용하면서 동시에 바울의 가르침(롬 5:12-

---

60   Hammon, "A Winter Piece," 106.
61   O'Neale, *Jupiter Hammon*, 94.

19; 고전 15:22)을 분명히 반향하며, 무가치한 존재는 노예화된 아프리카인들만이 아니라 백인들 또한 마찬가지라고 선언한다. 이는 아담의 죄가 인류 전체에 영향을 미쳤기 때문이다. 해먼은 흑인에게만 해당한다고 여겨졌던 함의 후손으로서의 타고난 죄성과, 피부색과 관계없이 모든 인간에게 영향을 미치는 보편적 죄 사이를 뚜렷하게 구분한다. 그의 관점에서 성경은 흑인에게 내려졌다는 함의 저주가 실제로 존재하지 않음을 분명히 선언한다. 그 이유는 모든 인류가 아담 안에서 타락했고, 그 결과 모두가 고통을 겪고 있기 때문이다. 해먼은 이처럼 죄가 가진 강력한 힘과 그것이 인류 전체에 미치는 영향을 강조한 바울의 가르침을 정확히 파악하고 있다.

해먼이 죄의 보편성과 그리스도의 구속 능력의 보편성을 깊이 이해하고 있었음을 보여주는 대표적인 예는 그가 **"사망이 한 사람으로 말미암았으니 죽은 자의 부활도 한 사람으로 말미암는도다. 아담 안에서 모든 사람이 죽은 것 같이 그리스도 안에서 모든 사람이 삶을 얻으리라"**(고전 15:21-22)는 바울의 말을 인용한 대목에서 잘 드러난다.[62] 해먼에게 있어 죄의 권세가 백인과 흑인 모두에게 영향을 미치듯, 그리스도의 구속의 능력 또한 흑인과 백인 모두에게 구원을 가져다준다. 해먼은 흑인들이 단순히 영적인 구원과 이 땅에서의 육체적 해방을 경험할 수 있다는 데 그치지 않고, 이러한 사실 자체가 흑인들이 영혼을 지닌 존재이며, 장차 하나님의 부활 능력을 경험하게 될 온전한 인간이라는 것을 확증하는 근거라고 본다.

---

62 Hammon, "A Winter Piece," 108-9.

"저녁의 교훈"

해먼은 1783년에 발표한 에세이 "저녁의 교훈"에서 앞서 "겨울 단편"에서 다루었던 일부 주제들—회개, 그리스도를 통해 주어진 하나님의 구원의 선물, 그리고 노예화된 아프리카인들의 주체성—을 다시금 탐구한다. 이 가운데 특히 주목할 만한 것은 마지막 주제, 곧 노예화된 흑인의 주체성과 관련된 바울적 언어의 반복적 사용이다. 해먼은 이 글에서 빌립보서 2:12, 고린도전서 15:58, 로마서 8:28 등에서 나온 바울의 표현들을 자주 인용한다. 비록 에세이 전체에 바울 서신의 언어가 자연스럽게 스며들어 있지만, 해먼이 이 언어를 변형하고 확장하여 독창적으로 활용한 몇몇 대목은 특별히 주목할 만하며, 이하의 논의는 그러한 사례들에 집중할 것이다. 해먼은 독자들에게 그들이 이제 하나님의 영에 의해 인도받는 자들이며, 그리스도 안에서 새로운 정체성을 부여받은 하나님의 자녀임을 상기시킨다. 그리고 그는 다음과 같이 독자들에게 힘을 불어넣는다.

> 나의 형제 여러분, 우리의 본성은 타락하여 신앙 때문에 받게 되는 모욕이나 비난을 기꺼이 감수하려 하지 않습니다. 이는 한편으로는 하나님의 사랑이 우리 마음에 부어져 있기 때문이며(롬 5:5), 다른 한편으로는 우리의 마음이 이생의 쾌락에 지나치게 사로잡혀 있어 **그것들이 결국 사라질 것들이라는 사실을 잊고 있기** 때문입니다(고전 7:31). 그러나 **하나님의 자녀들은 하나님의 영의 인도하심을 받습니다.** 그러므로 형제 여러분, 우리는 빚진 자들이지만, 육신에 빚을 진 것이 아닙니다. 우리는 육신을 따라 살아야 할 존재가 아닙니다. 여러

분이 육신을 따라 살면 반드시 죽게 되지만, 성령으로 몸의 행실을 죽이면 살게 될 것입니다. 하나님의 영으로 인도함을 받는 자들은 곧 모두 하나님의 자녀들입니다(롬 8:12-14). 나의 형제 여러분, 우리는 모든 일에 하나님의 뜻에 순종하고, 이생의 쾌락에 마음을 빼앗기지 않으며, 오직 우리가 맞이하게 될 마지막 위대한 변화, 곧 죽음을 준비하는 것이 마땅한 본질적 의무입니다.[63]

몇 페이지 뒤에서 해먼은 다시 로마서 8장으로 돌아온다. "그러나 우리 마음 안에서 반드시 구원을 위한 변화가 일어나야 하며, 우리는 그리스도 예수 안에서 새 사람이 되어야 합니다. **우리는 육신을 따라 살지 말고, 성령을 따라 살아야 합니다**[롬 8:1, 4]. '무릇 하나님의 영으로 인도함을 받는 자는 곧 하나님의 아들입니다'"(롬 8:14).[64] 해먼은 독자들에게 이생의 쾌락 너머를 바라보며, 그들 안에 계신 성령께서 그들의 삶을 인도하시도록 허락하라고 권면한다. 왜냐하면 새로운 정체성은 새로운 삶의 방향을 요구하기 때문이다. 해먼의 이 말은 하나님의 영이 노예화된 아프리카인들에게 새로운 존재 방식을 부여하시며, 그들이 함의 자손이 아니라 하나님의 자녀임을 분명히 드러낸다. 그들의 정체성은 이 땅에서 누구의 소유인가에 따라 결정되는 것이 아니라, 하늘에 계신 아버지로부터 비롯된다. 해먼은 아프리카계 미국인들을 짐승이나 비인간, 혹은 열등한 인간으로 보는 주장

---

63   Hammon, "An Evening's Improvement," 163.
64   Hammon, "An Evening's Improvement," 169-70.

에 맞서 그들의 신적 자녀 됨을 강하게 확증한다. 하나님의 영의 임재는 그들의 인간성과 그들에 대한 하나님의 부르심을 선포함으로써 그들을 종속적이고 열등한 존재로 격하시키려는 모든 관점을 거부한다. 더 나아가 해먼은 바울의 언어를 통해 그의 독자들이 백인 노예소유주들보다 더 신실한 그리스도인의 삶을 살아가도록 격려한다. 이는 흑인들이 백인 노예소유주들의 인종차별적 행위보다 도덕적으로 더 탁월한 삶을 통해 저항하는 초기의 뚜렷한 사례 중 하나로 볼 수 있다.

이 글의 앞부분에서 해먼은 데살로니가전서 5:22을 반향하며 다음과 같이 기록한다. "우리는 항상 주님을 전적으로 신뢰하고, **모든 모양의 악을 멀리하기 위해** 신실한 삶을 살도록 노력해야 합니다. 그렇지 않으면 하나님의 진노를 초래할 것입니다."[65] 여기서 해먼은 신실한 삶이란 곧 모든 악의 모양을 멀리하는 것임을 강조하며, 바울의 언어를 통해 악의 본질이 사람의 피부색, 즉 노예화된 아프리카인들의 검은 피부에 있는 것이 아니라 인간의 삶의 방식에 있다는 점을 분명히 밝힌다. 해먼의 이러한 해석은 당시의 지배적인 담론에 비추어볼 때 중요한 의미를 지닌다. 예컨대 조사이아 프리스트는 검은 피부에 대한 당시의 통념을 다음과 같이 요약한다. "흑인 피부보다 백인 피부가 지닌 본질적인 우월성에 대해서는 의문의 여지가 없다. 백인에게 가장 영광스러운 우월성이 부여되었다는 것은 모든 시대를 통틀어 인간뿐 아니라 하늘에 계신 하나님께서도 인정하신 사실이기 때문

---

65   Hammon, "An Evening's Improvement," 167.

이다. 흰색은 이 땅에서뿐 아니라 영원한 세계에서도 도덕적 순결과 진리의 상징이 되었다."[66] 그는 이어 "모든 시대에 걸쳐 검은색은 모든 혐오스러운 것들의 상징이 되어왔다"고 주장한다.[67]

프리스트는 이 시기 문화 전반에 만연해 있던 흑인의 몸과 검은 피부에 대한 인식을 요약한다. 당시 흑인 노예들은 "피부색만으로도 그들을 무가치한 존재로 규정하기에 충분했다."[68] 해먼이 이러한 관점을 인식하고 있었음을 가장 분명히 보여주는 대목은 다음과 같은 그의 언급에서 드러난다. "우리가 하나님을 사랑한다면 하나님께서는 우리가 흑인인 그대로, 멸시받는 그대로, 우리를 사랑하실 것입니다."[69] 이 진술은 해먼이 미국 사회에서 흑인이 처한 현실과 그들이 겪는 고통을 정확히 알고 있었음을 보여준다. 해먼은 바울의 **종교적 삶**에 대한 권면—곧 모든 악의 모양을 피하라는 말—을 수용하고 이를 재해석함으로써 검은 피부가 악하고 흑인의 몸이 사악하다는 통념에 도전한다. 그에게 진정한 악은 피부색이 아니라 인간이 어떤 삶을 사느냐에 달려 있다. 해먼은 흑인의 몸에 대한 왜곡된 인식에 항거하는 동시에, 악을 오직 흑인의 몸에 결부시키면서 정작 자신들이 고백하는 기독교의 가르침을 배반하는 백인 노예소유주들을 비판한다. 그의 관

---

66 Priest, *Slavery as It Relates*, 136.
67 Priest, *Slavery as It Relates*, 138.
68 Shanell T. Smith, *The Woman Babylon and the Marks of Empire: Reading Revelation with a Postcolonial Womanist Hermeneutics of Ambivalence, Emerging Scholars* (Minneapolis: Fortress, 2014), 165.
69 Hammon, "An Evening's Improvement," 171.

점에서 참으로 악의 모양을 지닌 자들은 흑인이 아니라, 신실하지 못하고 도덕적으로 타락한 삶을 살아가는 백인 노예소유주들이다. 이러한 해석은 해먼이 이 글 전체에서 반복적으로 강조하는 핵심 주제, 곧 악인에 대한 하나님의 처벌과 임박한 심판이라는 주제와도 맞닿아 있다.

해먼은 글의 마지막 부분에서 고린도후서 5:10(참조. 롬 14:10)에 나오는 바울의 말씀을 인용하며 심판의 주제로 되돌아간다. 그는 이렇게 말한다. "나의 형제 여러분, 하나님께서 언제 차가운 죽음의 손길을 보내셔서 우리를 이 세상에서 끝없는 영원으로 불러내시고, 우리를 그리스도의 심판대 앞에 세우실지 우리는 알 수 없습니다. '우리가 다 반드시 그리스도의 심판대 앞에 서야 하리라.'"[70] 해먼은 흑인이든 백인이든 모두가 하나님 앞에 반드시 서야 한다는 심판의 보편성을 강조하며, 바울을 명시적으로 인용한 이 구절과 바울을 반향한 또 다른 구절들을 통해 글을 마무리한다. 그는 청중들에게 심판의 현실을 상기시키며 고린도전서 15:51-53 전체를 인용하는데, 그 안에는 "우리 모두가 변화되리라"는 바울의 말도 포함되어 있다. 이 구절은 죽음이 마지막에 있을 가장 위대한 변화라는 해먼의 앞선 주장을 떠올리게 한다.[71] 해먼이 말하는 이 육체의 종말론적인 변화는 특히 노예로서 극심한 고통을 견뎌온 흑인의 몸이 더 이상 백인 노예소유자의 소유가 아니라 하나님의 소유임을 선언하는 것이다. 바울이 예언한 육체의

---

70   Hammon, "An Evening's Improvement," 173.
71   Hammon, "An Evening's Improvement," 163.

변화에는 흑인의 몸 또한 포함된다는 사실이 해먼의 글에서 분명하게 드러난다. 비록 해먼의 주장을 단지 내세에 국한된 추상적 담론으로 해석할 수도 있지만, 당시의 사회적 맥락에서 볼 때 이는 백인의 흑인 신체 소유권을 근본적으로 부정하는 동시에, 흑인도 영혼을 지닌 온전한 인간임을 천명한 중요한 신학적이자 정치적 선언이었다고 평가할 수 있다.

"뉴욕주에 거주하는 흑인들에게 보내는 글"

해먼이 생애 말년인 1787년에 쓴 "뉴욕주에 거주하는 흑인들에게 보내는 글"은 그의 마지막 에세이이자 어쩌면 가장 큰 논란을 불러일으킨 저술일 것이다.[72] 일부에 따르면 이 글은 해먼의 저술 가운데 가장 널리 출판된 작품이기도 하다. 해먼은 로마서 9장에서 동족 유대인들의 복음 거부를 애통해하는 사도 바울의 심정으로 글을 시작한다. 해먼 역시 바울처럼 노예화된 아프리카계 동포들의 비참한 현실을 깊이 탄식하며, 그들이 처한 상황에 대해 애통해한다. 그는 글의 서두에서 다음과 같이 말한다.

> 내가 여러분에게 이 글을 쓰는 것은 여러분에게 유익한 말을 전하고 여러분의 행복을 증진시키고자 함입니다. 이러한 마음으로 나는 사도 바울이 그의 민

---

72 이 글은 Hammon의 마지막 산문 연설이다. 그러나 2011년, 대학원생 Julie McCown이 이 연설문과 같은 시기에 작성된 Hammon의 미발표 시를 발견했다. McCown은 Hammon이 이 시를 "An Address"와 함께 널리 공유하고자 했을 것이라고 추측한다. 에세이에 시를 덧붙이는 것은 Hammon의 글쓰기 습관 중 하나였다. 위의 각주 43을 보라.

족인 유대인들을 향해 말한 것처럼 진실하고도 진심 어린 마음으로 이렇게 말할 수 있습니다. "**나의 형제, 곧 육신을 따른 내 동족들 때문에…내 마음에 큰 근심과 계속되는 슬픔이 있습니다**"(롬 9:2-3)[참조. 롬 10:1]. 그렇습니다. 사랑하는 형제들이여, 내가 여러분을 생각할 때―그리고 나는 자주 그렇게 합니다―이 세상에서 여러분이 처한 비참하고 멸시받는 상황을 떠올릴 때마다, 또 여러분의 무지와 어리석음과, 여러분 중 다수가 저지르는 크나큰 악을 생각할 때마다 내 마음은 괴로움으로 가득합니다. 그것은 때때로 인간이 감당하기에는 너무 벅찬 일이기에, 나는 만물을 주관하시고 한 사람을 높이시며 다른 사람을 낮추시는 하나님께서 허락하신 일이라 생각하며, 그 주제에서 생각을 돌리거나 내 마음을 달래려 애쓸 수밖에 없습니다.[73]

해먼의 이 말은 여러 층위에서 흥미롭다. 첫째, 아이러니하게도 그는 이를테면 자신을 노예로 삼는 것을 정당화하는 데 자주 이용되던 인물인 사도 바울의 역할을 스스로 떠맡는다. 그러나 그러한 현실에도 불구하고 해먼은 동시대 유대인을 향한 바울의 사랑에 깊이 공감하며, 바울의 글 속에서 노예 상태에 있는 동료 아프리카인들에 대한 자신의 애정을 표현할 길을 발견한다. 바울은 해먼이 자신의 민족을 향한 간절한 소망과 그들의 "가난하고", "멸시받고", "비참한" 상태를 인식하고 있음을 진술하는 데 중요한 언어적 도구가 된다. 사도의 탄식은 해먼이 동료 아프리카인들을 향한 걱정

---

73 Hammon, "An Address," 230-31.

과 고통을 표현하는 수단이 되며, 그는 바울을 슬픔을 함께 나누는 동반자로 여기고, 그의 동족에 대한 슬픔에 "사도와 동참"한다.

둘째, 해먼의 진술에서 알 수 있듯이 그의 고통은 노예제가 동료 흑인들에게 끼친 영향—즉 "무지", "어리석음", "사악함"—으로부터 비롯된다. 해먼은 이 가혹한 표현이 의미하는 바를 본문에서 구체적으로 설명한다. 노예화된 아프리카인들의 "무지"와 "어리석음"은 스스로 배울 수 없고, 특히 성경을 읽을 수 없는 데에서 비롯되며, "사악함"은 성경의 명령을 따르지 않고, 주인보다 더 나은 신실한 삶을 살지 않는 데에서 기인한다. 다시 말해 이러한 특성은 노예화된 개인의 본성이 아니라 그들이 처한 현실의 산물이다. 이러한 인식은 해먼이 하나님께서 이 모든 일을 "허용하셨다"고 말하는 이유를 설명해준다. 그러나 동시에 그는 신적 허용이라는 개념조차도 흑인의 노예 상태를 완전히 납득시키지는 못한다는 사실을 암묵적으로 인정한다. 그는 "이 주제에 대해 생각하는 동안 나는 자주 내 마음속에서 큰 갈등을 겪었고, 어떻게 해야 할지 몰라 헤매곤 했다"[74]고 고백한다. 복음을 받아들이지 않는 동족들의 무반응이 인간의 이성과 논리로는 도저히 설명되지 않아 깊은 고뇌에 빠졌던 바울처럼, 해먼도 전능하신 하나님과 끔찍한 노예제가 공존하는 복잡한 현실 속에서 고뇌하며 씨름한다. 그는 그 비극적 상황 속에서 자신이 무엇을 해야 할지 몰랐다고 최대한 솔직하고 투명하게 고백한다.

74　Hammon, "An Address," 231.

해먼은 자신도 무지하고 가르칠 능력이 부족하다고 느꼈기 때문에, 지금까지 노예화된 동료 아프리카인들에게 직접 말을 건네기를 망설여왔다고 솔직히 고백한다. 그러나 이 마지막 에세이에서 그는 마침내 말하기로 결심하며 다음과 같이 기록한다. "나는 여러분에게 꼭 무언가를 말하고 싶었고, 아버지이자 친구의 마음으로 여러분을 다정하게 부르고 싶었고, 이 세상과 다가올 세상에서 여러분이 가장 잘되기를 바라는 한 노인의, 어쩌면 죽음을 앞둔 마지막 조언을 하고 싶다." 그는 이 글을 통해 자신이 그토록 아끼는 사람들에게 자신의 마지막 소원이 전해지기를 바라며, 노예화된 아프리카인들에게 "내가 진정으로 여러분에게 최선의 이익이 되는 것, 그리고 여러분이 마땅히 따라야 할 의무가 무엇인지"를 말하겠다고 약속한다.[75] 이러한 선언은 해먼의 첫 번째 조언을 더욱 논란의 중심에 놓이게 만든다. 그는 노예가 노예주에게 복종해야 할 의무를 집중적으로 다루기 때문이다. 해먼은 에베소서 6:5-8 전체를 인용하며, 노예화된 동료 아프리카인들에게 육신의 주인에게 순종할 것을 상기시킨다. 그리고 다음과 같이 덧붙인다. "여기 하나님께서 우리에게 주인에게 순종하라고 분명히 명령하신 말씀이 있습니다. 우리 주인들이 우리를 노예로 붙잡아 두는 것이 잘못이라고 생각한다면 모든 일에 순종하는 것은 어려울 수 있습니다. 하지만 우리 중 누가 감히 하나님과 논쟁할 수 있겠습니까! 그분께서 우리에게

---

75 Hammon, "An Address," 231.

복종하라고 명령하셨으니, 우리는 기꺼이, 기쁘게 복종해야 합니다."⁷⁶ 해먼은 이러한 방식으로 바울을 인용하며, 결국 노예제 옹호자들과 유사한 입장을 취했다는 비판을 받게 된다. 그는 이후 "톰 아저씨"(Uncle Tom)라는 비난의 대상이 되었고, 많은 흑인 학자들로부터 강한 비판을 받았다. 그들의 관점에서 해먼은 낸시 앰브로스(Nancy Ambrose)의 이야기 속 백인 목사의 흑인 버전이 되었다.

하지만 해먼은 노예화된 아프리카인들이 주인에게 순종해야 하는 이유가 단지 하나님의 명령 때문만은 아니라고 말한다. 그에 따르면 그들의 "평화롭고 안락한 삶이 그것에 달려 있기 때문"이다. 그는 다음과 같이 쓴다. "우리가 먹고 마시고 입는 것, 이 세상의 모든 안락한 것들은 주인에게 달려 있기 때문에 그들을 기쁘게 하지 않으면 우리는 행복할 수 없습니다.…하인이 주인을 기쁘게 하려고 노력하고 연구하고 수고한다면 그런 하인을 잔인하게 대하는 주인은 거의 없다고 생각합니다. 좋은 하인은 좋은 주인을 만드는 경우가 많습니다."⁷⁷ 해먼은 또한 노예화된 동료 아프리카인들에게 주인의 물건을 훔치지 말고, 주님의 이름을 헛되이 부르며 맹세하지 말라고 훈계한다.

한편으로 볼 때 해먼이 노예들에게 바울의 명령을 따라 주인에게 복

---

76 Hammon, "An Address," 232.
77 Hammon, "An Address," 232. Hammon의 주장은 다소 순진하게 여겨질 수 있다. 왜냐하면 여러 노예 자서전과 서사에 따르면 노예가 아무리 "착하게" 행동하더라도 주인이 그들을 잔인하게 대하는 것이 오히려 일반적인 관행이었다고 기록되어 있기 때문이다.

종하라고 조언한 것은 그들의 가혹한 삶을 견디기 위한 생존 전략이었다고 해석할 수 있다. 실제로 오닐은 이러한 해석을 지지하며 다음과 같이 주장한다. "오늘날 해먼의 청중들은 그가 노예제도를 지지하기 위해 톰 아저씨 같은 조언을 했다고 생각한다.…그러나 역사는 그가 단순히 기독교적 복종을 요구한 것이 아니라 노예들이 살아남고 감옥에 가지 않도록 보호하려 했음을 보여준다. 이 글에서 해먼이 경고한, 사소해 보일 수 있는 사회적 위반 행위들은 당시 노예들에게는 심각한 범죄로 간주되었으며, 그로 인해 채찍질, 투옥, 감금, 학대, 때로는 처형까지 당할 수 있었다."[78] 게다가 뉴욕의 아프리카계 미국인 노예들이 전반적으로 경찰국가적 감시와 통제 속에 살아가고 있었음을 고려하면 주인에게 복종하는 것은 비록 고통스럽더라도 생존 가능성을 높이는 현실적 수단이었다. 바로 이러한 현실이 해먼으로 하여금 그러한 발언을 하게 만든 배경이었을 것이다.[79] 결국 해먼에게

---

78   O'Neale, *Jupiter Hammon*, 249.
79   O'Neale, *Jupiter Hammon*, 8. Hammon의 진술 뒤에 숨은 이유에 대한 O'Neale의 관찰은 Shively Smith가 *Strangers to Family: Diaspora and 1 Peter's Invention of God's Household* (Waco, TX: Baylor University Press, 2016)에서 베드로전서 저자의 말을 해석한 것과 유사하다. 베드로전서 저자의 말은 종종 노예제도, 인종차별, 가부장제를 옹호하는 발언으로 해석되어왔다. 그러나 Smith는 다음과 같이 지적한다. "베드로전서 저자는 그리스도인 자매와 형제들에게 그들의 처지를 하나님의 창조 질서―곧 가정 노예, 열등한 백성, 제국의 지배를 받는 존재―로 받아들이라고 설득하고 있는 것이 아니다.…베드로전서 저자가 복종을 명령한 이유는 그것이 하나님의 뜻이나 명령이기 때문이 아니라 공동체가 사람들의 눈에 거슬리는 행위를 피함으로써 **그 구성원들이 살아 남을 수 있도록** 하기 위한 생존 전략에서 비롯된 것이다. 베드로전서 저자는 그리스도인 자매와 형제들이 신실한 공동체를 완전히 떠나거나 죽음을 맞이하는 것을 원하지 않았다. 그러나 그는 그들이 언어적 폭력과 사회적 배척, 심지어 무작위적 또는 집단적인 사형 집행의 대상이 될 수 있다는 것을 알고 있었다. 비록 그것을 완전히 해결하거나 피할 수는 없더라도 이 서신의 목적은 공동체가 겪는 고통을 줄이는

있어 복종은 노예들이 "이 세상에서 가능한 최고의 유익"을 누릴 수 있는 현실적인 길이기도 했다.

해먼의 논리에 따르면 그가 주는 조언은 단순한 신학적 명령이 아니라 실존적 대응이며, 비록 주인이 잔인하고 사악한 사람일지라도 착한 노예는 그의 성품을 변화시킬 수 있다고 해먼은 진심으로 믿었다. 그는 다음과 같이 쓴다. "당신이 겸손하고 온유하며 모든 것을 인내심을 갖고 견디면 주인은 자신이 잘못했다고 생각할 수 있고, 만약 그렇지 않더라도 이웃 사람들이 그것을 보고 여러분들을 도와 그의 행동을 바꾸려 할 것입니다."[80] 해먼은 노예화된 아프리카인들이 그들의 순종을 통해 주인의 마음을 변화시킬 수 있다고 믿었지만, 이러한 믿음은 역사적 증거로 뒷받침되기 어렵다. 그럼에도 그는 만약 이 방식이 효과가 없다면 노예들은 기도와 신적 개입에 의지해야 한다고 인정한다.

비록 해먼은 현상 유지를 강조하고 기존 질서를 강화하는 바울 해석―친-노예제적 독해―을 표면적으로 채택하고 있지만, 이 에세이에서 그는 바울을 미묘하고도 교묘하게 전복적인 방식으로 활용한다. 예컨대 해먼은 노예화된 아프리카인들에게 하나님의 이름을 헛되이 부르며 맹세하지 말라고 권면하면서 그런 행위를 하는 자들은 사탄의 권세 아래 있는 자들이라고 선언한다. 그는 사탄을 "우는 사자 같이 두루 다니며 삼킬 자를

데 있다"(165[강조는 추가된 것임]).'
80 Hammon, "An Address," 233.

찾는 자"(벧전 5:8)이며, "공중 권세 잡은 자, 곧 지금 불순종의 자녀들 가운데서 역사하는 영"(엡 2:2)이라고 묘사한다. 해먼에 따르면 주님의 이름을 헛되이 부르며 맹세하는 자들은 "**그[사탄]의 뜻에 따라 그에게 사로잡힌 자들**"(엡 2:2, 딤후 2:26)로서 사탄의 지배 아래 있다. 처음에는 이러한 강한 언어가 그의 청중인 노예화된 아프리카인들을 직접 겨냥하는 듯 보이지만, 동시에 이 비난은 암묵적으로 백인 주인들을 향하고 있다. 해먼은 백인 주인들 또한 맹세하며 하나님의 이름을 헛되이 부른다는 사실을 명백히 지적하기 때문이다. 그는 "주인들도 맹세하니 우리도 그렇게 맹세할 수 있다"는 노예들의 항변은 정당화될 수 없다고 일축하면서 주인들의 행위 역시 비판의 대상임을 분명히 한다. 이러한 비판을 통해 해먼은 맹세하는 백인 청중들 또한 마귀의 권세 아래 있으며, 모든 "불경한 자들은 마귀를 섬기는 것"이므로 사탄에게 사로잡혀 있다는 자신의 논지를 은밀히 강조한다.[81] 그는 "모든" 불경한 자들 속에 백인 노예소유주들도 포함된다고 명확히 선언한다. 따라서 친노예제 진영 일부가 주장했던 것처럼 흑인이 사탄의 자식이라는 것이 아니라 오히려 자신의 행동을 통해 악한 존재에게 사로잡혀 있음을 드러낸 쪽은 백인들이라는 것이 해먼의 역전적 주장이다. 그는 노예화된 동료 아프리카인들에게 그러한 백인 노예소유주들의 전철을 밟지 말고, 오히려 더 고결하고 신실한 삶을 살아갈 것을 촉구한다. 해먼이 백인 소유주들조차 사탄의 권세 아래 있다고 보는 시각은 그가 종말론적 심판을

---

81   Hammon, "An Address," 235.

강조하며 흑인과 백인 청중 모두에게 자신의 메시지를 진지하게 받아들일 것을 촉구하는 대목에서 분명하게 드러난다.

> 우리는 [하나님]께 우리가 내뱉은 헛된 말에 대해 책임을 져야 합니다. 그분은 부자든 가난하든, 백인이든 흑인이든 우리 모두를 그의 심판대 앞에 세우실 것입니다[롬 14:10; 고후 5:10].…우리의 노예 생활은 끝날 것입니다. 비록 우리가 이 세상에서는 비천하고, 보잘것없으며, 멸시를 받는다 해도 우리는 하나님 나라에서 왕과 제사장으로서 하나님과 함께 앉아 영원토록 기쁨을 누리게 될 것입니다. 그러므로 사랑하는 친구 여러분, 하나님의 거룩한 이름을 헛되이 부르거나 어떤 식으로든 불경스러운 말을 하지 마십시오. 다른 사람들을 본받아 죄에 빠지지 말고, 우리 주 하나님이라는 그 위대하고 두려운 이름을 경외하며 두려워하십시오.[82]

해먼은 다시 한번 노예화된 동료 아프리카인들에게 노예소유주들의 본을 따르지 말고("다른 사람들을 본받아 죄에 빠지지 말고"), 더 높은 윤리적 기준에 따라 살 것을 권면한다. 어떤 의미에서 그는 그들에게 주체성을 회복하고 적극적으로 발휘할 것을 독려하고 있는 것이다. 노예들은 노예주인들과는 다른 방식으로 생각하고, 행동하며, 살아가야 한다. 필립 리처즈(Philip Richards)는 이 점을 정확히 짚으며 다음과 같이 말한다. "백인에 대한 해먼

---

82   Hammon, "An Address," 235-36.

의 불만은 그들의 도덕성에 대한 암묵적인 비판과 함께, 흑인들이 그들의 '상전'인 백인 주인과 무관하게 독립적으로 행동하라는 명확한 권고로 이어진다. 해먼은 비록 백인 주인이 불경한 말을 하더라도 흑인 청중들에게는 그렇게 하지 말라고 권면한다.…이 비판의 결론은 백인 주인이 보인 좋지 못한 본보기에도 불구하고 흑인들은 도덕적 갱생(moral regeneration)을 위해 노력해야 한다는 것이다."[83] 해먼은 바울의 말을 빌려 사탄의 영향력과 지배라는 우주적 차원의 현실을 말하며, 백인들이 오히려 사탄의 권세 아래 놓여 있다는 전복적인 개념을 제시한다. 동시에 그는 인종이나 사회적 지위에 관계없이 모든 인간이 하나님의 심판대 앞에 평등하게 선다는 종말론적 심판을 부각시킨다.

또한 해먼은 이 에세이에서 노예화된 아프리카인들에게, 만일 기회가 주어진다면 반드시 읽는 법을 배우라고 거듭 강조한다. 그리고 그가 보기에 이 기술을 습득해야 하는 가장 중요한 이유는 성경을 읽기 위함이다.[84] 해먼에게 성경은 가장 중요한 책이며, 참으로 읽을 만한 유일한 책이다. 노예화된 아프리카인들은 자신들이 처한 끔찍한 현실 속에서도 성경을 통해 위로와 확신, 행복과 용기를 얻을 수 있다고 그는 믿는다. 자넷 듀이츠만 코넬리우스(Janet Duitsman Cornelius)는 노예들이 성경을 읽고자 했던 깊은 열망에 주목하며 다음과 같이 말한다. "성경을 읽고자 하는 열망은 노예들에

83　Richards, "Nationalist Themes," 133.
84　이 시기에 글을 배워, 특히 혼자의 힘으로 스스로 성경을 읽고자 했던 많은 아프리카계 미국인들의 간절한 열망에 대한 논의는 Callahan, *The Talking Book*(1-20)을 보라.

게 문해력을 얻으려는 강력한 동기로 작용했다. 뉴욕과 캐롤라이나에서 활동한 위그노(Huguenot) 선교사들은 노예들이 성경과 찬송가를 읽을 수 있는 몇 안 되는 드문 기회들을 얼마나 열렬히 받아들였는지를 묘사했다."85 해먼은 그의 에세이 한 대목에서 성경 읽기를 옹호하며 바울 본문인 고린도전서 1:26-29을 인용한다. 이 대목에서 해먼의 주장은 다소 길지만 인용할 가치가 있으며, 특히 그가 바울을 반향하거나 직접 언급한 부분은 볼드체로 표기한다.

사랑하는 친구 여러분, 성경은 하나님의 말씀이며, 그 안에 담긴 모든 말씀은 참되며, 놀랍고도 영광스러운 진리들을 계시하고 있습니다. 그렇다면 여러분이 성경을 읽는 법을 배우는 것보다 더 중요한 일이 어디에 있겠습니까? 그리고 읽는 법을 배웠다면 밤낮으로 성경을 연구해야 하지 않겠습니까? 하나님의 말씀에는 우리처럼 무지한 사람들에게 큰 위로와 격려가 되는 내용이 담겨 있습니다. **하나님께서는 이 세상의 부자들을 택하지 않으셨습니다. 부르심을 받은 자들 가운데 부한 자도 많지 않고, 귀한 자도 많지 않습니다. 하나님은 세상의 약한 것들과 보잘것없고 하찮은 것들을 택하셔서 귀한 것들을 부끄럽게 하셨습니다**[고전 1:26-28]. 또한 신분이 높은 이들이 복음의 잔치에 오기를 거부하자, 주님은 종에게 명령하여 큰 길과 산울타리로 나가 그곳에서 만난 가난한 자들을 강권하여 잔치에 들어오게 하셨습니다. 형제 여러분, 내세에 대한

---

85 Cornelius, *When I Can Read My Title Clear*, 17.

소망을 간절히 붙들어야 할 이들이 있다면 바로 우리일 것입니다. 우리 대부분은 이 세상의 안락함과 기쁨으로부터 철저히 단절되어 있으며, 이 세상에서는 기대할 것이 거의 없습니다. 그렇다면 이처럼 아무 소망 없는 상황 속에서 죽음 이후의 행복을 간절히 사모하지 않을 이유가 어디 있겠습니까?…우리는 다른 이들처럼 종교를 소홀히 할 만큼 세상의 유혹 속에서 살고 있지 않습니다. 부와 명예는 복음을 영접한 인류 대다수를 멸망으로 이끌지만, 우리에게는 그것이 거의, 혹은 전혀 유혹이 되지 않습니다.[86]

이 본문에 앞서 해먼은 이미 청중 가운데 있는 부유한 자들, 즉 백인 노예소유주들을 책망하면서 "부유하고 지위가 높은 사람들은 헛되이 맹세하고 불경한 말을 한다"고 지적하고, 이러한 모든 자들이 사탄의 권세 아래 있다고 말한다. 이 비판에는 노예소유주들도 암묵적으로 포함되어 있다. 뿐만 아니라 해먼은 앞서 백인과 노예화된 아프리카인들 모두에게, 부자든 가난한 사람이든 누구나 하나님의 심판대 앞에 서게 될 것이며, 부자들은 자신들의 재산으로 구원받는 것이 아니라 하나님과 사람들 앞에서 거룩한 삶을 살아야만 구원받을 수 있다는 사실을 상기시킨 바 있다. 이러한 맥락에서 해먼은 바울의 말을 인용하며 청중 가운데 있는 백인 부자들을 비판한다. 그는 바울의 말을 변형하여 하나님은 이 세상의 부자들을 선택하지 않고 오히려 약한 자들을 택하신다고 강조한다. 사실 바울은 이 본문에서 지혜

---

86 Hammon, "An Address," 239.

로운 자에 대해 말하면서 부르심을 받은 자 가운데 육체를 따라 지혜로운 자가 많지 않다고 언급한다. 그러나 해먼은 원래 본문에서 "강한 자들"이라는 표현을 "부자들"로 대체함으로써 강제 노동을 통해 부와 이익을 얻은 백인 노예소유주들에 대한 신랄한 비판을 이어간다.[87] 그는 비록 복음을 받아들인 사람들일지라도 재물은 대부분의 인간을 멸망에 빠뜨린다고 단언한다.

여기서 우리는 해먼이 복음을 영접한 부자들이면서도 여전히 구원받지 못한 상태에 있는 백인 청중들을 은근히 비판하고 있음을 확인할 수 있다. 그가 바울의 말을 변형한 것은 매우 중요하고 의미심장한데, 이는 곧이어 인용되는 복음서의 비유(눅 14:15-24)와 맥을 같이하기 때문이다. 해먼은 이 비유에 대한 해석에서 하나님께서 잔치에 초대한 부자들이 초대를 거절하자 다른 사람들이 그 자리를 대신하게 되었다고 말한다. 그는 자신이 처한 현실이 바로 이 비유의 상황과 비슷하다고 여긴다. 하나님은 부자

---

87 Hammon의 재해석은 이 본문에서 바울이 말하는 핵심을 잘 드러낸다. 바울은 사회 안에 존재하는 권력자, 강자, 귀족 출신의 사람들과, 권력이 없거나 미미한 사람들을 분명히 구분한다. 다시 말해 그는 고린도 교회 내의 부자와 가난한 자 사이의 사회적 격차를 지적하면서 하나님께서 종종 사회로부터 배척당하는 자들을 택하신다는 새 창조의 급진적 성격을 강조한다. 이 주제에 대한 대표적인 연구로는 다음을 보라. Gerd Theissen, *The Social Setting of Pauline Christianity: Essays on Corinth*, edited and translated with an introduction by John H. Schütz (Philadelphia: Fortress, 1982). 바울과 가난한 자들에 대한 나의 논의는 다음을 보라. "Spirit-Shift: Paul, the Poor, and the Holy Spirit's Ethic of Love and Impartiality in the Eucharist Celebration," in *The Holy Spirit and Social Justice Interdisciplinary Global Perspectives: Scripture and Theology*, ed. Antipas Harris and Michael Palmer (Lanham, MD: Seymour, 2019), 218-38.

가 아니라 약한 자들을 택하신다는 이 주장은 글의 서두에서 언급한 노예화된 아프리카인들의 가난하고 비참한 현실과도 맞닿아 있다. 비록 그들은 가난하고 약하지만, 하나님의 신적 잔치에 참여하라는 초대를 받은 이들이다. 해먼이 노예화된 동료 아프리카인들에게 글을 배우라고 거듭 권하는 이유도 바로 이 계시를 이해하고 깨닫게 하기 위함이다. 그렇게 함으로써 그들은 자신의 참된 정체성, 곧 하나님께서 자신을 택하셨다는 사실과 하나님의 사랑을 받고 있다는 사실을 인식하게 될 것이다. 그들이 직접 성경을 읽게 된다면 바울 서신에는 "노예들아, 네 주인에게 복종하라"는 말씀만 있는 것이 아니라는 것도 알게 될 것이다.

여러 면에서 복잡하고 수수께끼 같은 인물인 주피터 해먼은 바울 본문을 논쟁적이면서도 혁신적으로, 전통적이면서도 전복적인 방식으로 활용한다. 그는 사도 바울을 통해 권력자들을 비판하는 동시에 바울을 권력 유지와 흑인에 대한 지속적인 억압을 정당화하는 동지로 여기는 친노예제 지지자들—즉 권력자들의 입장—에 동조하는 모습을 보이기도 한다. 그러나 해먼이 노예제를 묵인하고 이에 순응하는 듯한 발언만을 강조하는 것은 그에 대한 공정한 평가가 아니다. 그의 에세이들, 특히 마지막 작품을 살펴보면 해먼이 자신이 처한 세계를 이해하려 애쓰며 깊은 내적 고뇌를 겪고 있었음을 확인할 수 있다. 이 마지막 에세이에서 그는 미국 독립전쟁 중 자유를 위해 싸운 백인들이 흑인들을 기억하고 그들에게도 자유를 허락해주기를 기대했으나, 그 기대가 실현되지 않은 데 대한 실망감을 표현한다.[88] 이러한 일이 일어나지 않자, 해먼은 "만약 하나님께서 우리에게 자유를 주시기로 작정하셨다면, 그분의 때에, 그분의 방법대로 하실 것"이라며 그 상황을 하나님의 손에 맡긴 듯한 태도를 보인다.[89] 동시에 해먼의 전복적인 바울 사용에만 초점을 맞추는 것 역시 전체적인 그림을 온전히 보여주지 못한다. 이는 그의 바울 해석이 전통적이면서도 동시에 저항 지향적인(resistance oriented) 성격을 띠고 있기 때문이다. 해먼은 다른 흑인 작가들처럼 바울을 급진적으로 해석하지는 않았지만, 다음과 같은 중요하고도 전복적인 방식으로 사도를 활용했다. 그는 (1) 흑인의 주체성을 강조하기 위해, (2) 백인 부자들과 권력자들을 비판하기 위해, (3) 백인들이 사탄의 영향 아래 있다고 주장하기 위해, (4) 흑인이 이성적 존재임을 입증하기 위해, (5) 흑인의 인간성과 정체성이 함의 후손이 아니라 하나님의 자녀임을 선언하기 위해, (6) 노예화된 동료 아프리카인들에 대한 탄식을 표현하기 위해 바울 사도를 인용하고 재해석했다. 공적 장소와 공간에서 바울을 이러한 방식으로 해석할 용기를 냈다는 사실은 해먼을 아프리카계 미국인 바울 해석학의 중요한 출발점 중 하나로 자리매김하게 한다.

---

88 Hammon, "An Address," 236. 그는 다음과 같이 기록한다. "자유는 우리 자신의 경험을 통해 깨달아 알 수 있는 위대한 것이다. 우리는 전쟁 말기의 백인들의 행동을 통해서도 그 사실을 확인할 수 있다. 그들이 자유를 지키기 위해 얼마나 많은 돈을 썼고, 얼마나 많은 생명을 희생했는가! 그들이 자유를 위해 그토록 애쓸 때 나는 하나님께서 그들의 눈을 여셔서 그들이 불쌍한 흑인들의 처지를 돌아보게 하시고, 우리를 불쌍히 여기게 해주시기를 간절히 바랐다"(236).
89 Hammon, "An Address," 240.

레뮤얼 헤인스(1753-1833): 최초로 안수받은 미국 흑인 목사

또 다른 중요한 초기 흑인 바울 해석자는 레뮤얼 헤인스다. 백인 어머니와 흑인 아버지 사이에서 태어난 헤인스는 두 부모 모두에게 버림 받은 후, 기독교 신앙을 지닌 위탁 가정에서 계약제 노동자로 성장했다.[90] 미국 독립혁명 무렵 그의 계약이 종료되었고, 그는 민병대에 입대하여 대륙군(Continental army)에서 복무했다.[91] 군 복무를 마친 후 헤인스는 목회 준비를 위해 라틴어와 그리스어를 공부했고, 1780년 11월 29일 공식적으로 설교 자격을 부여받았다.[92] 이후 5년간 설교와 목회를 지속한 그는 1785년 11월 9일 공식적으로 목사안수를 받으며, "미국 내 모든 종교 단체에서 최초로 안수받은 흑인"이 되었다.[93] 헤인스는 목사이자 널리 알려진 설교자, 연설가, 작가로서 큰 명성을 얻었다. 그는 1788년 버몬트주 러틀랜드에 있는 회중교회의 목사가 되었으며, 그의 저술 가운데 상당수는 이곳에서 행한 설교와 연설에 기반하고 있다.[94] 비록 헤인스는 30년 동안 러틀랜드에서 백인

---

90 Helen MacLam, "Introduction: Black Puritan on the Northern Frontier; The Vermont Ministry of Lemuel Haynes," in *Black Preacher to White America: The Collected Writings of Lemuel Haynes, 1774-1833*, ed. Richard Newman (Brooklyn, NY: Carlson Publishing, 1990), xix; Richard Newman, "Preface: The Paradox of Lemuel Haynes," in *Black Preacher to White America*, xi; 이 섹션의 일부는 다음에 실려 있다. Bowens, "Liberating Paul," 57-73.
91 Newman, "Preface," xii; MacLam, "Introduction," xx.
92 MacLam, "Introduction," xxi.
93 MacLam, "Introduction," xxi.
94 John Saillant, Black Puritan, *Black Republican: The Life and Thought of Lemuel Haynes, 1753- 1833* (New York: Oxford University Press, 2003), 3; John Saillant, " 'Remarkably

회중을 대상으로 목회했지만, 결국 그가 그곳에서 목회를 그만두게 된 결정적인 이유는 인종에 대한 편견이었다. "그가 30년 동안 설교했던 러틀랜드의 사람들은 마침내 흑인 목사보다 백인 목사가 더 존경스럽고 훌륭하다고 생각하기 시작했고, 결국 그런 이유로 그를 해임했다."[95]

함 신화 비판을 위한 레뮤얼 헤인스의 바울 사용

그러나 그가 해임되기 훨씬 이전인 1776년경, 젊은 헤인스는 "더 확장된 자유: 또는 노예소유의 불법성에 대한 자유로운 성찰; 노예제를 정당화하는 데 사용되는 주장들을 명백히 반박하며, 이 관행에 연루된 자들에게 보내는 겸손한 연설문"(Liberty Further Extended: Or Free thoughts on the illegality of Slave-keeping; Wherein those arguments that Are useed [sic] in its vindication Are plainly confuted. Together with an humble Address to such as are Concearned in the practise)이라는 제목의 에세이를 집필했다. 이 글에서 헤인스는 정치적, 신

Emancipated from Bondage, Slavery, and Death': An African American Retelling of the Puritan Captivity Narrative, 1820," *Early American Literature* 29 (1994). Saillant는 Haynes의 글이 누린 인기에 대해 다음과 같이 언급한다. "헤인스는 뉴잉글랜드 회중교회주의자들의 교회에서 주목할 만한 인물이었는데, 이는 그가 미국 독립혁명의 참전 용사이자, 미국에서 최초로 안수를 받은 흑인이며, 여러 성공적인 부흥 운동의 지도자였고, 흑인 최초로 대학 학위를 받은 인물(1804년 미들베리 대학에서 명예 학위 수여)이었으며, 신학 논쟁에서는 정통주의 신앙을 옹호하는 인물이기 때문이다. Haynes의 명성은 1805년에 출간된 그의 설교 소책자 '보편적 구원'이 그의 생애 중에 70개 이상의 판본으로 출간되며 큰 성공을 거두었고, 1814년 뉴잉글랜드 신학의 중심지였던 예일 대학교 티모시 드와이트 채플에서 설교하도록 초청받았다는 사실에서도 확인할 수 있다"(123).

95   MacLam, "Introduction," xxxiv.

학적, 도덕적 논거를 활용하여 노예제도를 통찰력 있게 비판한다.[96] 제목에서 알 수 있듯이 그는 미국 혁명이 고취한 "자유"라는 개념이 미국 내 노예화된 아프리카인들에게까지도 확장되어야 한다고 강하게 주장한다.[97] 헤인스는 "자국 내의 노예제도를 용인하면서 영국의 억압에는 불만을 토로하는 미국인들의 위선"을 신랄하게 비판한다.[98] 앞서 언급한 청원서를 작성한 노예 출신 아프리카 저자들처럼 그는 미국 역사에서 이 결정적인 순간을 놓치지 않고 활용하여 노예제도와 노예무역의 정당화 및 이에 가담하는 행위에 대해 전면적인 비판을 가한다. 헤인스는 특히 백인 그리스도인 노예제 지지자들이 창세기의 함 이야기를 이용해 노예제를 정당화해온 관행을 강하게 비판한다. 케이티 캐넌(Katie Cannon)은 흑인 노예화가 "하나님의 사법적 조치"이며 "하나님의 신실하심을 유지하는 데 필수적인 것"이라는 믿음이 백인들로 하여금 흑인을 인간이 아닌 비인간적 재산으로 보게 만들었다고 지적한다.[99] 이러한 기본적인 신념 체계가 자리 잡으면서 "검은 피부를 가진 사람들은 악마적이고, 불경하며, 전염성 있는 죄의 근원이자, 동물

---

96 MacLam, "Introduction," xxv.
97 Newman, "Preface," xii. 이 에세이가 성경만큼이나 독립선언서로부터도 많은 영향을 받았다는 Mark Noll의 관찰은 중요한데, 특히 앞서 언급한 자유에 대한 열망을 미국 독립혁명과 연결시키고자 했던 노예 청원서 작성자들의 관점에서 볼 때 더욱 그렇다. 또한 Saillant는 이 에세이가 비록 Haynes 생전에 출간되지는 않았지만, 이를 "비공개의 글로 간주해서는 안 된다. 그의 원고는 그가 함께 공부하고 설교했던 백인들에 의해 보존되었다"(*Black Puritan, Black Republican*, 15)고 언급하는데, 이 점 역시 주목할 만하다.
98 John Saillant, "Lemuel Haynes and the Revolutionary Origins of Black Theology, 1776-1801," *Religion and American Culture* 2, no. 1 (1992): 79.
99 Katie Cannon, "Slave Ideology and Biblical Interpretation," *Semeia* 47 (1989): 12.

성과 모계 중심적 성향으로 가득 찬 존재"로 쉽게 묘사되었다.[100] 캐넌이 지적한 것처럼 함 이야기는 흑인 노예제에 대한 성경적 정당성을 제공했으며, 일부 백인들에게는 그 저주가 곧 흑인의 검은 피부에 내린 저주라는 개념까지 정당화해주었다. 노예화된 아프리카인들의 검은 피부는 그들이 지배를 받아 마땅한 함의 사악한 후손이라는 것을 증명하는 표식으로 여겨졌다.

그러나 헤인스는 백인들이 함 본문을 노예제 정당화에 사용하는 것에 대해 회의적이었다. "흑인들이 가나안의 후손인지 아닌지는 아마도 이 세상 누구도 확실히 알 수 없을 것이다. 그러나 설령 그들이 실제로 가나안의 후손이었다고 하더라도 우리는 이 저주가 그리스도의 오심 이후에도 여전히 유효하다고 생각할 이유가 없다. 의의 태양이 떠오를 때 이 막힌 담은 허물어졌다[엡 2:14]."[101] 그리고 그는 다시 이렇게 선언한다. "우리의 영광스러운 대제사장이 육신을 입고 현현하셔서 더욱 영광스러운 경륜을 확립하셨다. 그리스도의 오심과 함께 가나안에 내려졌던 저주[갈 3:13]가 풀렸다

---

100 Cannon, "Slave Ideology and Biblical Interpretation," 12.
101 Lemuel Haynes, "Liberty Further Extended: Or Free thoughts on the illegality of Slavekeeping; Wherein those arguments that Are useed [sic] in its vindication Are plainly confuted. Together with an humble Address to such as are Concearned in the practise," in Newman, *Black Preacher to White America*, 24. 이 책에 인용된 Haynes의 모든 에세이는 Newman, *Black Preacher to White America*에 수록되어 있으며, 쪽수 참조는 Newman을 따른 것이다. Haynes와 다른 초기 흑인 주석가들에 대한 John Saillant의 중요한 논의는 다음을 보라. "Origins of African American Biblical Hermeneutics in Eighteenth-Century Black Opposition to the Slave Trade and Slavery," in *African Americans and the Bible: Sacred Texts and Social Structures*, ed. Vincent L. Wimbush (New York: Continuum, 2000), 236-50.

는 것은 의심의 여지 없는 분명한 사실이다."[102] 이 인용문에서 알 수 있듯이 헤인스의 비판 가운데 하나는 가나안의 후손이 누구인지에 대한 확실한 근거가 없다는 데 있다.[103] 그러나 헤인스가 이러한 내러티브 해석에 저항한 것은 에베소서 2:14과 갈라디아서 3:13에 나오는 바울의 가르침에 근거한 것이기도 하다. 에베소서 2:14에서 바울은 그리스도께서 유대인과 이방인 사이의 막힌 담을 허무셨다고 말하는데, 헤인스는 그 담을 당대에 만연했던 흑인과 백인, 노예와 자유인 사이에 세워진 장벽으로 이해한다. 그는 그리스도께서 인간이 만든 이러한 분리의 장벽들까지도 허무셨다고 주장한다. 또한 갈라디아서 3:13에서 바울은 "그리스도께서 우리를 위하여 저주를 받은 바 되사 율법의 저주에서 우리를 속량하셨으니, 기록된 바 '나무에 달린 자마다 저주를 받은 것이라' 하였음이라"고 말한다. 헤인스는 이 바울의 언어를 인용하며, 설령 흑인이 가나안의 후손이라 할지라도 그리스도의 죽음으로 인해 그 저주는 이미 제거되었으므로, 함 이야기를 노예제 정당화에 사용하는 것은 정당하지 못하다고 주장한다. 이처럼 헤인스는 두 바울 서신 본문을 모두 활용하여 그리스도의 오심과 함께 이 "저주"가 사라졌고, 그 결과 노예제도 또한 폐지되었다고 주장한다.

---

102   Haynes, "Liberty," 25.
103   Saillant, "Origins," 238.

헤인스의 고린도전서 7:21 해석

헤인스는 또한 고린도전서 7:21("네가 종으로 있을 때에 부르심을 받았느냐? 염려하지 말라. 그러나 네가 자유롭게 될 수 있거든 그것을 이용하라")에서 바울의 말을 인용하여 이 구절을 노예무역과 노예제도를 정당화하는 데 이용한 이들을 정면으로 비판한다. 그는 비록 바울 시대에도 노예들이 존재했지만, 이 구절에서 바울은 가능한 한 노예들의 자유를 지지하고 있다고 믿는다.

> 따라서 사도는 만일 자유를 얻을 수 있다면 그것을 권장하는 것처럼 보인다. 즉 "불행히도 여러분이 노예 상태에 있다 하더라도, 여러분이 영적으로 자유를 얻었다면 전자는 후자에 비해 하찮게 보이므로 상대적으로 주목할 가치가 없다. 하지만 자유란 누구도 침해할 수 없는 소중한 보석이므로, 그것을 얻을 수 있다면 모든 합법적인 방법을 동원해 그것을 추구하라"고 말하는 것이다. 결국 노예제가 어느 시대에 존재했고 또 얼마나 널리 퍼져 있었든지 간에, 그것은 하나님의 불변하는 법이나 자연의 법칙을 결코 뒤엎을 수 없으며, 본래 불법인 것을 합법적인 것으로 만들 수도 없다.[104]

여기서 헤인스는 영적 자유가 육체적 자유보다 더 중요하다고 주장하지만, 그렇다고 해서 육체적 자유가 중요하지 않다거나 불필요하다는 뜻은 아니다. 왜냐하면 사도 바울 자신이 청중들에게 그것을 얻으라고 권면했기 때

---

104 Haynes, "Liberty," 25-26.

문이다. 존 사일런트(John Saillant)가 정확히 지적했듯이 "이 구절에 대한 친노예제적 해석은 헤인스에 의해 뒤집혔다." 헤인스는 이 구절이 노예제를 용인하는 것이 아니라 오히려 그와 반대로 모든 인간이 지닌 자유에 대한 권리를 강조하고 있다고 주장한다.[105] 또한 헤인스는 바울 시대에 노예제도가 존재했다고 해서 그것이 정당하다는 의미는 아니라고 말한다. 그는 바울 시대뿐 아니라 자신의 시대에도 노예제도가 존재했지만, 그것이 "불변하는 하나님의 법"을 바꿀 수는 없으며, 오히려 노예제도의 존재 자체가 모든 시대의 인간들이 죄로 인해 하나님의 법에서 벗어나 있음을 보여준다고 주장한다.

헤인스는 모든 아프리카인이 "자유에 대한 부인할 수 없는 권리"를 가지고 있으며, "따라서 이 땅에 만연한 노예소유 관행은 불법"이라고 믿는다.[106] 헤인스는 자유를 하나님께서 모든 인간에게 주신 선물로 이해하며, 누군가 이 선물을 파괴하려 한다면 그것은 하나님이 주신 권리를 침해하는 행위라고 본다. "인류가 누리는 모든 특권은 그 기원이 하나님께 있으며, 이 세상의 어떤 법정에서 통과된 법이라 할지라도 하늘의 법정에서 통과된 법을 모독하는 것이라면 그 법은 무효다. 만일 하나님께서 나에게 특정한 특권을 부여하셨고, 그 (하나님의) 법이 폐지되지 않았으며, 그 특권을 주신 하나님의 권위가 사라지지 않았다면―그리고 하나님은 영원불변하

---

105 Saillant, *Black Puritan, Black Republican*, 34; Saillant, "Lemuel Haynes and the Revolutionary Origins," 83-84.
106 Haynes, "Liberty," 19.

시므로 그 특권은 취소될 수 없다―그 특권을 침해하는 자는 나에게 불합리하고 폭압적인 권력을 행사하는 것이다." 헤인스에게 있어 모든 인간에게 자유를 선포한 하늘의 법정은 인간의 신성한 자유권을 부정하는 지상의 그 어떤 법정이나 법보다도 우선한다. 어떤 인간의 법정도 하나님의 판결을 뒤집을 수 없다. 또한 하나님의 불변성은 하나님께서 부여하신 특권이 그분 자신에 의해 폐기되지 않는 한 결코 취소될 수 없음을 의미한다. 그러므로 하나님의 선물을 무효화하려는 자는 곧 폭군이며, 자신이 감히 하나님의 자리에 설 수 있다고 착각하는 자에 다름 아니다.

헤인스는 사도행전 17:26을 인용하면서 하나님께서 모든 민족을 한 혈통으로 지으셨기 때문에 모든 민족 안에는 동일한 법과 동일하게 "열망하며 추구하는 원칙들"이 존재한다고 주장한다. 사도행전에서 바울이 한 이 말은 인류가 창조세계의 일부로서 본질적으로 하나임을 강조하며, 자유를 향한 본능적인 욕망과 사랑 역시 모든 인류에게 공통된 것임을 드러낸다. "그러므로 우리는 합리적인 결론을 내릴 수 있다. 자유는 흑인에게나 백인에게나 똑같이 소중하며, 노예가 된다는 것은 양쪽 모두에게 똑같이 견디기 어려운 일이다. 이는 자연의 법칙이 흑인과 백인 모두에게 동일하게 영향을 미치기 때문이다."[107] 하나님께서 인류를 한 혈통으로 창조하셨다는 것은 모든 인간이 공통된 삶, 공통된 유대감, 그리고 자유라는 공통된 신적 특권을 공유한다는 것을 의미한다. 어떤 인종도 자유를 독점할 수 없

---

107   Haynes, "Liberty," 19.

으며, 또한 어떤 인종도 다른 인종으로부터 자유를 빼앗을 권리가 없다. 헤인스는 피부색이 누군가가 자유를 누릴 자격을 결정하는 기준이 될 수 없다고 주장한다. 사도 바울이 말하는 "한 혈통"이라는 개념은 피부색에 근거한 구분을 거부한다. 영국인은 아프리카인보다 더 우월한 "혈통적 우월성"을 지니고 있지 않으며, "자연적 특권"에 있어서도 아프리카인보다 우위에 있지 않다. 더 나아가 헤인스는 아담의 죄에 관한 바울의 언어를 반영하여 "인류의 타락은 한 사람이 다른 사람보다 우위에 서려는 끝없는 욕망"의 결과라고 주장한다. 그는 이러한 행위가 사회에 만연하다고 해서 그것이 정당한 것이거나 하나님께서 그것을 승인하셨다는 의미는 결코 아니라고 단언한다.[108]

헤인스는 이 글에서 바울의 말을 인용하는 것 외에도 "무엇이든지 남에게 대접을 받고자 하는 대로 너희도 남을 대접하라"는 예수의 말씀을 독자들에게 상기시킨다. 그는 바울의 말과 예수의 말씀이 모두 자신이 원하지 않는 것을 다른 사람에게 강요해서는 안 된다는 원칙을 분명히 하고 있다고 보며, 따라서 노예 상인들과 이 사업에 가담한 모든 자들은 죄를 깨닫고 뉘우쳐야 한다고 주장한다.

노예제의 신적 섭리 관념에 도전한 헤인스

헤인스의 저작은 노예무역이 하나님의 섭리에 따른 것이라는 주장에도 반

108　Haynes, "Liberty," 20.

대했다. 이러한 주장은 흔히 아프리카인들의 노예화를 통해 그들이 "기독교"되고 "문명화"되었다는 논리에 근거한 것이었다. 즉 일부 백인들은 노예무역이 아프리카인들에게 사실상 축복이었다고 주장했다. 그들은 이를 통해 아프리카인들이 야만적인 땅과 관습에서 벗어나 "문명"을 경험하게 되었으며, 무엇보다도 "기독교 국가"에서 살 수 있는 기회를 얻게 되었다고 보았다. 노예제를 옹호했던 목사 느헤미야 애덤스(Nehemiah Adams)는 하나님께서 백인을 "아프리카 인종에게 선을 베푸시는 주요 도구로 사용하셨다"고 믿었다.[109] 조지프 러브조이(Joseph Lovejoy)는 동생에게 보낸 편지에서 미국의 노예제를 "아프리카인들을 이교도 신앙으로부터 구해준 구원"이라고 표현했다.[110] 그는 "만약 미국인 노예소유주들이 아프리카 땅에서 살 수만 있다면 아프리카에 할 수 있는 최선의 일은 십만 명의 미국 노예소유주들을 [아프리카로] 보내어 아프리카 사람들을 어느 정도 문명화시키는 일일 것이다"라고 썼다.[111]

이러한 관점은 단순히 미국 교회의 강단에서만 옹호되고 설교된 것

109　Nehemiah Adams, *A South-Side View of Slavery, or Three Months at the South in 1854* (Boston: T. R. Marvin and B. B. Mussey & Co., 1854), 209. Berwanger, "Negrophobia," 269에서도 인용됨. Adams는 그의 저서 *A South-Side View of Slavery*의 다른 대목에서 남부는 독립적으로 운영되어야 하며, "간섭으로부터" 보호받아야 하고, "그들 스스로 (노예)제도를 관리하고 운영할 수 있도록" 맡겨져야 한다고 주장한다. 그는 그 결과로 "미국의 노예제도는 아프리카 인종에게 오직 유익을 가져다주는 수단으로 존재하게 될 것"이라고 말한다(201).

110　Joseph C. Lovejoy, *The North and the South! Letter from J. C. Lovejoy, Esq to His Brother, Hon. Owen Lovejoy, M. C., with remarks by the Editor of the Washington Union* (Washington, DC, 1859), 5. 또한 다음에서 인용됨. Berwanger, "Negrophobia," 270.

111　Lovejoy, *The North and the South!*, 6.

이 아니라 언론 매체를 통해서도 널리 퍼져 있었다. 유진 버뱅거(Eugene Berwanger)는 당시 신문들이 이러한 관점을 지배적으로 담고 있었던 시대적 분위기를 잘 포착하고 있다. "「뉴욕 데이북」(New York Day-Book)의 편집자 존 반 에브리(John Van Evrie)는 노예제도가 신적인 사명이라고 확신한 나머지, 노예제에 반대하는 폐지론자들을 '하나님에 대한 불경'을 저지른 자들로 비난했다. 「뉴욕 모닝 익스프레스」(New York Morning Express)는 '기독교 노예제'가 아프리카인들을 '이교도 신앙, 우상숭배, 야만성으로부터 구원'했으며, 그런 관점에서 노예제는 그들에게 '저주가 아닌 축복'이었다고 주장했다. 오하이오주의 「클리블랜드 데일리 플레인 딜러」(Cleveland Daily Plain Dealer)는 미국의 노예제가 흑인들을 '아프리카 본토의 미개한 땅에 계속 머무르게 하는 것보다 도덕적·사회적·종교적으로 훨씬 높은 수준으로 이끌었다'며, 이는 '아프리카 인종에 대한 하나님의 선물'이라고 묘사했다."[112]

이러한 관점이 보편적이었음에도 불구하고 노예제도의 잔혹성은 노예제를 "신적인 사명"으로 보는 관점의 허구성을 여실히 드러냈다. 몇 가지 인용문을 보면 이를 명확히 알 수 있다. 데이비드 워커(David Walker)는 이렇게 말한다.

그러나 미국 그리스도인들은 동료 피조물인 아프리카인들을 방해할 뿐만 아

---

[112] Berwanger, "Negrophobia," 269.

니라. 만약 흑인들이 무릎을 꿇고 은혜의 보좌 앞에 나아가 기도하는 모습을 본다면, 그들 가운데 대다수는 거의 죽을 때까지 그들을 구타할 것이 분명하다.…그렇다. 나는 흑인들이 작은 모임을 이루어 전능하신 하나님을 영과 진리로, 자신들이 아는 한도 내에서 최선을 다해 예배하기 위해 모인 것을 보았다. 그런데 스스로를 순찰대라고 부르는 폭군들이…그들을 습격해 끌어내고는, 마치 방울뱀을 잡듯 그들을 구타하기 시작했다. 이들 가운데 상당수는 너무도 무자비하게 구타당해, 수주 동안, 때로는 수개월 동안 거의 기어 다니지도 못할 정도였다.[113]

프레더릭 더글러스(Frederick Douglass) 역시 다음과 같이 말한다.

나는 이 땅의 기독교와 그리스도의 기독교 사이에 매우 큰 차이가 있다는 것을 알고 있다. 그 차이는 너무 커서, 하나를 선하고 순수하며 거룩한 것으로 받아들이려면 다른 하나는 그릇되고 부패하며 사악한 것으로 거부해야만 한다. 한쪽의 친구가 되려면 다른 쪽의 적이 될 수밖에 없다. 나는 순수하고 평화로우며 공정한 그리스도의 기독교를 사랑한다. 그러므로 이 땅의 부패하고, 노예

---

[113] David Walker, *Walker's Appeal, In Four Articles, Together with A Preamble To The Coloured Citizens of the World, But in Particular and Very Expressly, to Those of The United States of America, Written in Boston, State of Massachusetts, September 28, 1829* (Boston: Revised and published by David Walker, 1830), reprinted in *David Walker's Appeal: In Four Articles* (Mansfield Centre, CT: Martino Publishing, 2015), 37. Walker에 대한 논의는 이 장 마지막 단락을 보라.

를 소유하고, 여성을 채찍질하고, 요람을 약탈하며, 편파적이고 위선적인 기독교를 증오한다. 사실 나는 이 땅의 종교를 왜 기독교라고 부르는지 알 수는 없지만, 그것을 기독교라고 부르는 일은 가장 기만적인 행위라고 생각한다. 나는 이것을 모든 잘못된 명칭 중 가장 잘못된 명칭이며, 모든 사기 중 가장 대담한 사기요, 모든 명예훼손 중 가장 심각한 명예훼손이라고 간주한다.[114]

이 본문에 담긴 말로 표현할 수 없는 공포와, 많은 노예화된 아프리카인들이 견뎌야 했던 고통은 노예제도가 노예들에게 축복이라는 개념과 모순된다는 사실을 분명히 보여준다. 워커는 노예화된 아프리카인들에게 기도하는 것조차 허용되지 않았고, 기도하다 적발되면 끔찍한 고통을 겪어야 했던 기독교 국가라는 개념이 얼마나 위선적인지를 강조한다. 노예 출신 아프리카인 앤더슨 에드워즈(Anderson Edwards) 역시 노예들이 기도할 때 직면했던 위험에 대해 이렇게 증언한다. "흑인 노예들이 기도할 때 백인들이 그것을 알아채지 못하게 했다. 그렇지 않으면 죽도록 매를 맞았다. 우리는 기도할 때 소리를 줄이기 위해 세탁용 솥을 거꾸로 뒤집어 놓고 그 속에서 기도했다. 노예였던 우리는 자유를 얻기 위해 간절히 기도했고, 주님은 우리의 기도를 들으셨다."[115]

이와 유사하게 더글러스의 인용문은 노예제도가 노예화된 아프리카

---

114   Douglass, "Narrative of the Life of Frederick Douglass," 1:592.
115   George P. Rawick, ed., *The American Slave: A Composite Autobiography*, 41 vols. (Westport, CT: Greenwood, 1972), supplement 2, vol. 4:1262.

인들에게 축복이라는 주장이 얼마나 터무니없는지를 강조한다. 이는 그가 이 나라에서 실천되는 기독교가 그리스도의 기독교와 전혀 일치하지 않는다고 보기 때문이다. 그는 이 나라의 기독교를 고수한다면 그리스도의 기독교를 고수할 수 없고, 그리스도의 기독교를 따르려면 이 나라의 기독교를 거부해야 한다고 강하게 주장한다. 그 이유는 이 둘이 정반대이기 때문이다. 더글러스는 또한 그의 글에서 채찍질하고 도둑질하는 목사, 순결을 설교하면서도 자신의 노예들에게 매춘을 강요하는 목사, 가족의 가치를 설교하면서도 흑인 가정을 주저 없이 파괴하고 어머니와 아버지, 자녀와 부모를 분리하는 목사들의 위선을 개탄한다. 워커와 더글러스는 모두 노예제도가 유익하다는 주장, 혹은 그것이 "신적인 사명"이라는 개념을 강력히 부인한다.

노예무역이 하나님의 섭리에 의해 승인되었으며, 이를 통해 노예화된 아프리카인들이 구원을 얻게 되었다는 믿음은 헤인스에게 터무니없는 주장이다. 그는 노예제도가 유익하다는 개념을 반박하기 위해 로마서 3:8과 6:1-2에 나오는 사도의 말을 인용한다. 이 본문들은 각각 다음과 같이 선언한다. "그러면 선을 이루기 위하여 악을 행하자 하지 않겠느냐? 어떤 이들이 이렇게 비방하여 우리가 이런 말을 한다고 하니, 그들은 정죄 받는 것이 마땅하니라." "그런즉 우리가 무슨 말을 하리요? 은혜를 더하게 하려고 계속 죄에 거하겠느냐? 그럴 수 없느니라(하나님께서 금하신다)." 헤인스는 이러한 본문들을 통해 바울 시대에도 어떤 이들이 "선을 이루기 위하여 악을 행하자"고 주장했던 것처럼 일부 백인들도 노예무역을 정당화하며 "선"—즉 아프리카인들을 문명화하고 그리스도인이 되게 하는 것—을 이루기 위해 악을 행하고자 한다는 사실을 드러낸다.[116] 그는 사도가 1세기 독자들에게 준 답변이 자신의 청중들에게도 동일하게 적용된다고 주장하며, 그 답은 바로 μὴ γένοιτο—하나님께서 금하신다!(그럴 수 없느니라)—라고 강조한다. 여기서 헤인스는 바울의 말을 빌려 백인들의 노예제도 옹호를 비판하며, 노예제도를 곧 죄("우리가 계속 죄에 거하겠느냐?")라고 단언한다. 이는 당시 많은 백인 그리스도인들이 결코 인정하지 않았고, 인정하려 하지도 않았던 주장이다.[117] 헤인스는 노예제도가 아프리카인들에게 결코 복

---

116 Haynes, "Liberty," 26.
117 심지어 당시 저명한 학자들조차 노예제도를 악으로 여기지 않았다. 프린스턴 신학교의 두 번째 교수였던 Samuel Miller도 그 예외는 아니었다. 그의 아들은 Miller에 대해 다음과 같이 기록한다. "그는 이 [노예] 제도를 몹시 싫어했지만, 우리가 살펴본 것처럼 노예소유 자체를 죄라고 보지는 않았다. 실제로 그가 뉴저지주에 거주하던 초기에도 각각 다른 시기에, 인간 노예제도의 점진적 폐지를 위한 그 주(州)의 법률의 범위 내에서 몇몇 노예를 보유하기도 했다." Samuel Miller, *The Life of Samuel Miller*, D.D. LL.D., 2 vols. (Philadelphia: Claxton, Remsen & Haffelfinger, 1869), 2:300. 한편 다른 경우에는 Miller가 노예제도를 비판했다는 것을 *The Life of Samuel Miller*에서 언급하는데, 그는 1797년 뉴욕 노예 해방 협회(New York Society for the Manumission of Slaves)의 연설에서 다음과 같이 말했다. "**모든 인간은 자유롭고 평등하게 태어났다**'는 고귀한 원칙이 정치적 존립의 근간임을 먼 나라들에 선포한 이 나라에 노예가 존재합니다! 인간이 사고 팔리고 있습니다! 참으로 이상한 일입니다! 자유라는 이름에 가슴이 뜨거워지는 자들이…그럼에도 불구하고 억압의 편에 서 있다니 말입니다"(1:92). 그로부터 몇 년 후 그는 노예제도를 "악"이라고 언급하면서도 그것은 단번에 종식될 수 없는 악이며 종식되기까지 "시간이 걸린다"고 주장했다(Samuel Miller, A Sermon Preached at March 13th, 1808, *For the Benefit of the Society Instituted In The City of New York, For The Relief Of Poor Widows With Small Children* [New York: Hopkins & Seymour, 1808], 7). Miller에게 노예제 폐지 해법은 미국 식민 협회(American Society for Colonization)였다. 그는 해방된 흑인들이 미국에 남게 되면 "결코 백인들과 평등한 관계를 맺을 수 없으며…그들은 정당한 대우를 받지 못하고 열등한 존재로 느낄 것"이라고 믿었다(13). 만약 흑인이 해방되면 백인과 흑인이 한 사회에서 함께 살 수 없기 때문에 "흑인은 반

이 아니며, 오히려 그 정반대라고 선언한다. 그것은 하나님께서 바울을 통해 분명히 금하신 죄이며, 노예제도에 가담하는 자들이 받는 저주는 사도의 말처럼 정당한 것이다.

헤인스는 로마서 2:21-23의 말씀—"그러면 다른 사람을 가르치는 네가 네 자신은 가르치지 아니하느냐? 도둑질하지 말라 선포하는 네가 도둑질하느냐? 간음하지 말라 말하는 네가 간음하느냐? 우상을 가증히 여기는 네가 신전 물건을 도둑질하느냐? 율법을 자랑하는 네가 율법을 범함으로 하나님을 욕되게 하느냐?"—에 호소하며 글을 마무리한다. 여기서 바울은 자신이 가르치는 바와 모순된 삶을 사는 이들을 비판한다. 헤인스는 다시 한번 바울의 청중과 자신의 청중 사이의 유사성을 지적한다. 미국인들은 자유에 대한 자신들의 자연권을 강조하며 영국의 억압과 폭정을 결코 용납하지 않지만, 자국 내 노예화된 아프리카인들에 대해서는 자신들이 비판하는 그 폭압을 똑같이 되풀이한다. 헤인스는 백인 미국인들이 바울 시대의 청중처럼 그렇게 하지 말라고 가르치면서 정작 자신들이 그 죄를 범하고 있다고 본다. 그는 사도의 말을 빌려 흑인 형제자매들의 "무거운 짐"을 덜어주고 "억눌린 자를 자유롭게 하라"고 독자들에게 권면한다. 그렇게 하지 않으면 "하나님이 너희에게 죄를 물으실 것"이라며 하나님의 심판을 경고

드시 이주시켜야 한다. 즉 백인 집단과 분리하여 세계의 먼 곳으로 보내야 한다"(15). 다음도 보라. Samuel Miller, *A Sermon Preached at Newark, October 22d, 1823 Before the Synod of New Jersey* (Trenton, NJ: George Sherman, 1823).

한다.[118] 헤인스는 바울의 말씀을 통해 독자들 앞에 거울을 들이밀듯, 그들이 사도의 말에 비추어진 자신의 모습을 보게 만든다. 이를 통해 그는 타인의 자유를 억압하고 육체와 삶을 파괴하면서도 동시에 자유를 외치는 그들의 위선을 드러내려 한다.

존 사일런트(John Saillant)는 헤인스를 "흑인 신학의 창시자"라고 부르며, "헤인스는 흑인 신학의 독특한 미국적 기원을 보여주며, 이는 20세기 후반에 이르러 세계적인 해방 신학의 일부분으로 확실히 자리매김하게 되었다"고 평가한다.[119] 헤인스가 바울 서신을 사용할 때 보여준 해석학적 대담함은 통찰력 있고 독창적이어서 사일런트가 그에게 부여한 칭호를 이해하는 데 도움을 주며, 그가 "흑인 신학 창시자"라는 명칭을 받을 만한 자격이 충분함을 입증한다. 헤인스는 사도 바울의 권위를 빌려 백인 신자들이 흑인들에게 저주가 있다고 주장하던 것을 반박하고, 그리스도께서 그 저주를 제거했으며 모든 분열의 벽을 허무셨다고 주장한다. 그는 또한 하나님께서 창조세계 안에 있는 모든 인간에게 자유에 대한 보편적인 법과 권리를 부여하셨다고 선언한다. 사도 시대에 노예제도가 존재했다고 해서 그것이 정당하다는 뜻은 아니다. 인간은 어느 시대이든 하나님의 천상적 사법체계의 명령에서 벗어날 수 있으며, 단지 어떤 관행이 존재한다고 해서 하나님께서 그것을 승인하셨다는 의미는 아니라는 점을 그는 강조한다. 바울

---

118   Haynes, "Liberty," 30.
119   Saillant, "Lemuel Haynes and the Revolutionary Origins," 80.

사도가 노예화된 아프리카인들에게 가능한 한 자유를 추구하라고 권면한 것은 그가 노예제도의 현실을 인식하면서도 육체적 자유가 더 바람직한 상태임을 인정했다는 점을 보여준다. 이러한 바울의 말은 "모두를 위한 정의와 자유"를 외치면서도 그것을 백인에게만 한정하는 미국 백인들의 이중적 태도를 폭로한다. 헤인스는 노예무역이 흑인에게 복을 가져다주었다는 주장을 정면으로 반박하며, 백인들이 사도 바울의 권위를 빌려 "노예들아, 너희 주인에게 복종하라"고 설교하던 관행을 되돌려 놓는다. 그는 대신 바울이 백인 노예소유주와 목사들에게 "너희가 계속 죄 가운데 거하겠느냐? 곧 노예제도와 노예무역에 참여하겠느냐? μὴ γένοιτο(그럴 수 없다! 하나님이 금하신다)!"라고 설교하는 모습을 그린다.

존 지아(1773-1817[?]): 아프리카 출신 설교자와 문자 해득의 기적

1811년에 출간된 『아프리카 출신 설교자 존 지아의 삶과 역사, 그리고 비할 데 없는 고난―존 지아 편집 및 집필』(*The Life, History, and Unparalleled Sufferings of John Jea, The African Preacher. Compiled and Written by Himself*)의 서두에서 존 지아는 자신이 1773년 아프리카의 올드 칼라바르(Old Callabar)에서 태어났으며, 자신을 포함한 가족 모두가 납치되어 미국으로 끌려온 뒤, 뉴욕에서 네덜란드인 부부인 올리버(Oliver)와 안젤리카 트리뷘(Angelika

Triebuen)에게 노예로 팔렸다고 밝힌다.[120] 그는 자신과 다른 노예화된 아프리카인들이 받은 처우에 대해 다음과 같이 설명한다.

> 우리의 노동은 매우 고되고 힘겨운 것이었다. 보통 여름에는 새벽 2시부터 밤 10시나 11시까지, 겨울에는 새벽 4시부터 밤 10시까지 일해야 했다. 우리가 일하는 동안 말들은 하루에 보통 다섯 시간 정도 쉴 수 있었으니, 오히려 짐승들이 우리보다 더 나은 특권을 누린 셈이었다. 우리는 감히 불평조차 할 수 없었다. 만약 우리가 불평이라도 하면 1인치 반 굵기의 몽둥이로 체벌을 받았고, 그들은 자비심 없이 우리의 가장 약한 부위를 구타했다.…그들은 종종 분노를 달래기 위해 노예들에게 총을 쏘거나 흉기 같은 것으로 머리를 내리쳐 결국 죽게 만들었으며, 마치 짐승을 다루듯 그런 일에 대해 전혀 신경 쓰지 않았다. 이것이 노예들이 일반적으로 겪는 처우였다. 주인들이 이렇게 잔인한 방식으로 우리를 대하고 나면 우리는 "채찍과 그 채찍을 든 자(주인)에게 복이 있도다"라는 성경 구절을 인용하며, 그들이 우리에게 가한 형벌에 대해 마지못해 감사해야 했다. 그는 종교학 교수였지만 "하나님은 사랑이시라. 사랑 안에 거하는 자는 하나님 안에 거하고 하나님도 그의 안에 거하시느니라"는 말씀은 잊고 있었다.…양심은 신실한 감시자로서 우리로 하여금 말로 표현할 수 없는

---

120 출판 연도에 관해서는 몇 가지 논쟁이 있으며, 지아의 사망 경위에 대해서는 알려진 바가 없다. 다음을 보라. Graham Russell Hodges, ed., *Black Itinerants of the Gospel: The Narratives of John Jea and George White* (Madison, WI: Madison House, 1993), 34; Pierce, *Hell without Fires*, 38-39.

탄식과 눈물과 한숨을 짓게 한다[롬 8:22-23, 26].[121]

이 발췌문에서 알 수 있듯이 지아는 이야기의 초반부에서 그의 전체 서사에 나타나는 세 가지 중요한 주제를 제시한다. 그는 (1) 자신의 끔찍한 노예 경험과 성경을 연결하고, (2) 노예소유주들이 믿고 실천하는 기독교와 성경이 가르치는 기독교 사이의 극명한 대조를 지적하며, (3) 그의 이야기에서 바울이 갖는 중요성을 강조한다. 지아는 자신의 이야기를 시작하면서 노예로서 겪은 잔혹한 삶을 성경과 어떻게 연결했는지를 설명한다. 그는 자신과 다른 노예화된 아프리카인들이 주인에게서 받은 가혹한 대우를 회상하며, 그 주인이 성경 말씀을 인용해 그 행위를 정당화하려 했던 기억을 전한다. 주인은 자신이 가한 잔혹한 행위를 정당화해준다고 믿는 구절만을 골라 노예들에게 강요했고, 노예들은 그러한 구절을 인용하며 채찍과

---

121 모든 인용문은 John Jea, *The Life, History, and Unparalleled Sufferings of John Jea, the African Preacher*, Documenting the American South, University of North Carolina at Chapel Hill Digitization Project, https://docsouth.unc.edu/neh/jeajohn/jeajohn.html에서 발췌한 것이다. 이후부터는 이 저작에 대한 쪽수 표기를 본문 괄호 안에 제시한다. Stephen Butterfield, *Black Autobiography in America*(Amherst: University of Massachusetts Press, 1974)는 노예 자서전의 중요성에 관해 다음과 같이 말한다. "심지어 노예제 폐지 운동 내에서도 흑인들은 종종 백인 활동가들의 단순한 조력자 역할을 하도록 요구받았으며, 그들 스스로 말하고 사고할 수 있는 능력을 기르지 못하도록 방해받았다. 노예 서사는 이러한 억압의 형태에 맞서 싸우며, 노예의 정신적 역량을 증언하고, 인간성을 끊임없이 주장하며…공적 생활의 모든 영역에서 흑인에 대한 동등한 대우를 요구하고, 자기 회의와 절망이라는 내면의 악마들과 씨름한다. 그리고 그들은 조금씩, 또 한 권씩 책을 써 내려가며 미국 흑인 문학의 틀을 형성해나간다. 그들의 손에서 탄생한 자서전은 폭정에 맞서 싸운 인적 자원, 지성, 인내, 사랑에 대한 설득력 있는 증언이 되었으며, 어떤 의미에서는 이후 대부분의 미국 흑인 문학의 기조와 방향을 설정하는 데 기여한 셈이었다"(12).

그 채찍을 든 자를 축복해야 했다. 지아는 이러한 경험을 곱씹으며 노예주인들이 성경을 의도적으로 왜곡하고 있다는 사실을 깨닫는다. 즉 자신들의 폭력을 정당화하는 구절은 취사 선택하고, 그와 같은 행위를 금지하는 구절은 철저히 배제하는 것이다. 비록 그의 노예소유주가 기독교를 믿는다고 고백했지만, 그는 "하나님은 사랑이시라"는 말씀처럼 사랑으로 행동하지도, 사랑 안에 거하지도 않았다. 주인의 행동과 그가 믿는다고 고백하는 기독교 사이의 괴리는 지아의 자서전 전반에 걸쳐 반복적으로 등장하는 고통스러운 주제다.

또한 지아는 이 첫 문단에서 바울 서신의 말씀을 반향하며, 자신의 이야기에서 사도가 갖는 중요성을 강조한다. 그가 묘사한 잔혹한 현실 속에서 노예화된 아프리카인들은 말로 표현할 수 없는 신음과 울음, 한숨을 내쉬게 된다. 지아는 로마서 8:22-23의 "모든 피조물이 함께 탄식하며 고통을 겪고 있다"는 말씀과 로마서 8:26의 "성령께서 말할 수 없는 탄식으로 우리를 위해 간구하신다"는 구절을 반향하며, 노예화된 아프리카인들의 탄식을 피조물의 탄식, 그리고 성령의 탄식과 결합한다. 이렇게 함으로써 그는 노예들의 비탄에 젖은 울부짖음을 피조물의 고통, 그리고 성령의 중보와 연결하며, 피조물과 노예, 그리고 성령을 아우르는 하나의 통합된 고통의 담론을 제시한다. 따라서 노예화된 아프리카인들의 목소리는 사라지지 않고, 성경의 언어 속으로 흡수되며, 나아가 세상의 고통을 인식하는 바울의 본문 안으로 실질적으로 포섭된다.

지아의 노예주인은 기독교를 믿는다고 고백했지만, 노예화된 다른 아프리카인들에게는 "우리가 죽으면 멸망하는 짐승과 다를 바 없을 것이라고 가르쳤으며, 하나님이나 천국, 영원한 형벌에 대해서는 알려주지 않았다"(5)고 한다. 또한 그는 "우리 가난한 노예들에게는 하나님이 없다"(7)고 말하기도 했다. 지아는 "그들[주인]은 우리에게 마귀가 우리를 만들었고, 우리가 마귀와 같다고 자주 말하며, 흔히 우리를 '검은 마귀'라고 불렀다"(9)고 증언한다.[122] 지아는 자신이 폭력적인 대우를 받은 경험 때문에 기독교를 경멸하게 되었다며, 다음과 같이 말한다. "내 주인과 그의 아들들의 행동과 대화를 관찰한 결과, 나는 스스로 그리스도인이라고 고백하는 사람들을 증오하게 되었고, 그들을 마귀로 간주하게 되었다. 그로 인해 나는 내 일에 소홀해졌으며, 그들이 노예를 대하는 방식에 대해 솔직하게 내 생각을 말했다. 이 일로 그들은 나를 가장 잔혹하게 매질했지만, 그것은 나를 복종하게 만들기보다는 오히려 더 고집스럽게 만들었고, 나는 내가 살든 죽든 상관하지 않게 되었다"(9-10).[123]

욜란다 피어스(Yolanda Pierce)는 이 지점에서 지아의 언어에 나타나는 "강력한 수사학적 반전"을 통찰력 있게 지적한다. 비록 지아와 다른 노예들은 모두 악마이며, 악마가 그들을 만들었다는 말을 들었음에도 불구하고, 지아는 "백인들이 흑인 노예들에게 부여한 악마의 이미지를 차용하여 자

122　노예 출신 아프리카계 미국인 Henry "Box" Brown의 내러티브에 비슷한 이야기가 소개되어 있다. Narrative of the Life of Henry Box Brown, 91-92을 보라.
123　Pierce, *Hell without Fires*, 39에서 지적하듯이 지아는 훗날 Frederick Douglass가 언급한 바 있는 "노예소유주의 기독교"와 성경의 기독교 사이의 깊은 간극을 예고한다.

신의 목적에 맞게 전유한다. 지아는 이러한 차용과 반전을 통해 노예제도가 기존의 의미를 어떻게 뒤집는지를 보여주며, '흑인 악마'라는 이미지는 결국 백인들의 악행을 구체적으로 드러내는 수단이 된다."[124] 지아에게는 노예주들의 행동이야말로, 지아 자신과 다른 노예화된 아프리카인들이 악마가 아니라, 오히려 그 노예주들이야말로 악마이며 악마에 속한 자들이라는 사실을 드러낸다. 그는 자신의 존재를 악마와 연관 짓는 모든 개념을 거부한다. 사탄과의 연관성은 피부색에서 비롯되는 것이 아니라, 그의 주인의 행동에서 드러나듯, 한 개인의 행동과 신념에서 비롯되는 것이다.

지아가 종교를 극도로 혐오하기 때문에, 그의 노예주인은 벌의 일환으로 안식일마다 그를 교회에 보내곤 했다. 지아는 그 시간을 매 순간 증오했다. 그럼에도 불구하고 어느 안식일, 목사가 회중에게 하나님의 임재를 위해 기도하라고 권면하는 말을 듣고, 지아는 자신도 그렇게 기도하기로 결심한다. 이후 그는 자주 은밀한 장소에 숨어 하나님께 기도하기 시작한다. 그러나 하나님으로부터 아무런 응답을 받지 못하자, 지아는 자신이 너무 악해서 구원받을 수 없다고 믿게 된다. 거듭된 기도에도 불구하고 하나님의 응답이 없자, 지아는 노예주인과 그의 아내마저 그의 변화를 알아차릴 정도로 몹시 괴로워한다. 지아가 자신의 죄 많은 영혼과 그 죄로 인해 하나님께 죽임을 당할까 두렵다고 말하자, 그들은 "목사가 너에게 마귀를 집어넣었으니, 이제 그 마귀를 쫓아내기 위해 너를 두들겨 패야겠다"고 말한다.

---

124   Pierce, Hell *without Fires*, 40.

실제로 그들은 지아를 때렸고, 이후에는 더 이상 그가 교회에 출석하지 못하게 한다. 그러나 지아는 매질을 당하면서도 계속 교회에 나간다. 한때는 벌이었던 매질이 이제는 "하나님의 말씀을 듣고 영혼을 위한 가르침을 얻기 위해" 꼭 필요한 일이 되었다(16). 지아는 또한 자신이 구원받기 위해 밤에 몰래 나가 목사와 대화하고 기도하는 일이 자주 있었다고 고백한다(14).

그렇게 5-6주가 지난 후, 지아는 회심을 경험한다. 그는 그 사건을 다음과 같이 묘사한다. "내가 고통을 당한 5-6주 동안 나는 매주 6시간밖에 잠을 자지 못했고, 식욕도 없어 아무 음식도 먹고 싶지 않았으며, 나는 하나님께서 내게 주신 가장 작은 축복조차 받을 자격이 없는 존재라고 생각했다.…내가 이렇게 울며 하나님께 자비를 베풀어 달라고 간구하고, 내 죄를 그분께 자백하던 중, 하나님은 내 간구와 부르짖음을 들으시고 기뻐하사 성령의 능력으로 임하셔서 내 영혼에 복을 주셨다"(17). 회심 이후에도 지아는 여전히 주인에게 매를 맞았지만, 그는 성령께서 자신을 위로하시고 고통을 견딜 수 있도록 하셨다고 말한다. 그는 고린도전서 12:3에 나오는 바울의 말씀을 인용하며, 회심 전과 후 자신의 상태를 다음과 같이 설명한다. "**그러므로 내가 너희에게 알리노니, 하나님의 영으로 말하는 자는 누구든지 예수를 저주할 자라 하지 아니하고, 또 성령으로 아니하고는 누구든지 예수를 주시라 할 수 없느니라**"(24). 회심 이전에는 예수와 그리스도인들을 저주받은 자들이라고 불렀던 지아는 이제 하나님의 성령으로 말미암아 예수를 "주"라고 고백하게 되었다. 그는 이러한 고백이 오직 신적 능력에 의해서만 가능하다는 점을 강조한다.

지아가 회심했을 당시 그는 겨우 열다섯 살에 불과했다. 회심 이후 그는 자신의 노예주인과 그의 아내, 그리고 자신의 가족들에게 "주 예수 그리스도를 믿는 믿음으로 말미암아 은혜로 구원을 받을 수 있다"(엡 2:8-9)고 선포하며, 그들에게 설교하기 시작한다(25). 그러나 그들 모두는 지아가 미쳤다고 생각했고, 그의 설교를 거부했으며, 그의 노예주인은 여전히 그를 핍박했다. 이들에 대한 지아의 응답은 바울 서신의 표현들과 인용구들을 생생하게 반향한다.

그러나 나는 하나님의 영의 가르침과 인도하심을 받아, 나의 주인과 여주인, 어머니, 자매, 형제들에게 이렇게 말했다. 전능하신 하나님께는 능치 못할 일이 없다. 그분은 나를 그들의 손과 폭압적인 권세에서 반드시 구원하실 것이다. **왜냐하면 그분께서 내 마음속에 은혜의 일을 시작하셨고, 결코 그것을 미완성으로 두지 않으실 것이며, 은혜로 시작한 모든 일은 반드시 영광으로 끝날 것이기 때문이다**[빌 1:6].…또한 하나님은 나로 하여금 나를 **얽어매는 죄**[히 12:1]를 제어할 힘을 주셨고, 그것들을 치명적인 독처럼 경멸하게 하셨다. 그분은 나를 하나님의 은혜의 전신 갑주로 무장시키셔서 **악인의 모든 불화살을 소멸하게 하시고**[엡 6:16], 사탄을 물리치게 하셨으며, 신실하고 열렬한 기도를 통해 그를 쫓아내게 하셨다. 그뿐 아니라 하나님은 **마지막 원수인 사망**을 이길 능력도 주셨다[고전 15:26]. 이제 나는 어떤 두려움이나 공포 없이 그것을 마주할 수 있게 되었다(25).

지아는 빌립보서의 언어를 빌려 자신이 장차 얻게 될 자유를 담대하게 예언한다. 이는 하나님께서 그의 안에서 이미 시작하셨고 완성하실 은혜가 "그들의 손과 폭압적인 권세"로부터의 구원을 포함한다고 믿기 때문이다. 그는 하나님께서 은혜로 시작하신 영혼의 해방을 육체적 해방과 연결시키며, 이 둘이 서로 밀접하게 얽혀 있다고 본다. 이러한 그의 확신은 영적 구원 안에 육체적 해방이 포함된다고 믿었던 당시 많은 아프리카계 미국인들의 신앙과 궤를 같이한다. 또한 지아는 바울의 언어를 통해 단지 노예주인과 같은 육적인 억압자들과의 싸움만이 아니라 죄와의 영적 싸움에 자신이 참여하고 있음을 선언한다. 이 싸움에서 하나님은 그에게 승리할 힘을 주신다. 전신 갑주를 입은 지아는 사탄과 맞서 싸우며, 기도를 통해 승리를 거둠으로써 이중적 영적 전투―곧 신자는 보이지 않는 악의 세력과 싸우는 동시에 눈에 보이는 인간 억압자들과도 싸운다는 전통―를 증언한다.[125] 지아가 이러한 싸움에서 맞설 수 있는 능력은 전적으로 하나님에게서 비롯되며, 그는 죽음을 두려워하지 않음으로써 최후의 원수인 죽음을 이길 수 있게 된다. 이를 뒷받침하며 지아는 바울의 말을 인용한다. "성 바울은 '죽음의 두려움으로 말미암아 일평생 종노릇 하게 되었다'(히 2:15)라고 말한다." 지아는 이 말씀을 죽음의 공포가 인간을 종속시키는 방식의 일부라고 이해한다. 그러나 그는 그 두려움을 넘어서 죽음을 마주함으로써 오히려 죽음을 제압하고 승리한다.

---

125 다음의 논의도 보라. Pierce, *Hell without Fires*, 44–45.

지아에게 있어 죽음에 대한 두려움은 결코 추상적인 개념이 아니었다. 그는 노예화된 아프리카인이었고, 당시에는 주인의 손에 의해 노예가 살해당하는 일이 흔했기 때문이다. 더구나 그는 개종한 아프리카 출신 노예였으며, 일부 교회법은 그러한 개종 자체를 금지하고 있었다. 피어스(Pierce)의 지적대로 지아의 주인은 노예의 개종에 반대하던 보수적 네덜란드 개혁교회에 소속되어 있었다. 비록 1792년에 교회는 개종 금지 조항을 수정했지만, 피어스에 따르면 지아의 사례처럼 실제 노예화 사회에서는 그러한 변화가 일관되게 적용되지 않았다.[126] 많은 노예소유주들은 개종이 노예에게 반항심과 불복종을 심어줄 수 있다고 보았고, 따라서 이를 위협으로 간주했다. 지아는 주인의 명령에도 불구하고 교회에 출석했고, 기도했으며, 다른 아프리카 출신 노예들과 자신에게 설교했다. 이에 대해 그의 주인은 그를 가혹하게 처벌했다. 지아의 자서전에 등장하는 다음 일화는 일부 백인 노예소유주들이 개종이 노예 통치와 권위에 위협이 될 수 있음을 인식하고 있었음을 잘 보여준다.

가끔 그들이 나를 벌하기 위해 음식을 주지 않을 때 나는 내 안에서 하나님의 사랑을 느꼈고, 음식은 중요하지 않다고 여겼다.…또 어떤 때에는 그들이 내게 약간의 간식을 주었는데, 나는 그것이 하나님의 손에서 직접 온 것임을 인정하고, 성령께서 내게 말씀하신 대로 할 수 있는 한 최선을 다해 겸손하고 진심

---

126 Pierce, *Hell without Fires*, 40.

으로 하나님께 감사를 드렸다[행 2:4]. 이 일로 내 주인은 크게 격분했다. 그가 원하는 것은 내가 하나님이 아니라 그 자신에게 감사하는 것이었기 때문이다. 그는 자신이 이 모든 것을 내게 주었다고 주장했지만, 나는 그렇지 않다고 말했다. 모든 것은 하나님의 것이며, 결국 하나님에게서 온 것이라는 것이 성령께서 내게 주신 가르침이었기 때문이다. **나는 성령의 인도하심과 가르침을 받았고**[롬 8:14], 성령은 하나님에 관한 모든 것을 내게 가르치셨으며, 내가 그것을 이해할 수 있도록 도와주셨다(20).

이 에피소드는 지아의 주인이 자신을 지아의 필요를 채워주는 유일한 공급원으로 여기기를 바랐으며, 하나님께서 그 자리를 대신하는 것을 원하지 않았음을 보여준다. 이 사건은 노예제도의 핵심에 놓인 중요한 토대 가운데 하나―곧 노예화된 아프리카인들로 하여금 자신의 몸과 마음, 영혼에 대한 완전한 권리가 주인에게 있으며, 그들의 존재 전체가 노예소유주에게 종속되어 있다고 믿도록 강요하는 구조―를 적나라하게 드러낸다. 그러나 회심은 이러한 절대적 권리 주장을 무너뜨린다. 회심한 노예는 더 이상 주인에게 속한 존재가 아니라 하나님께 속한 존재이며, 하나님의 성령은 그들을 변화시켜 온전한 인간으로 인정하신다.[127] 성령은 노예들에게 노예소유주의 권위에 저항할 수 있는 내면의 힘과 주체성을 부여한다. 실제로 지아는 성령의 가르침을 받아들이는데, 이는 노예주인이 주입하려 했던, 곧

---

127 노예들의 회심 경험 중 몇 가지를 자세히 다룬 4장을 보라.

노예에게는 하나님이 없다는 왜곡된 교리와 정면으로 충돌한다. 하나님의 영은 그에게 진리를 가르치고, 이를 통해 노예주의 말이 거짓임을 폭로한다. 지아는 성령이 저항의 능력이자 원천임을 보여주는 대표적인 사례가 된다.[128] 그의 주인은 노예들에게 노예제도를 정당화하는 왜곡된 복음을 주입하려 했지만, 성령은 지아에게 하나님의 해방의 뜻을 분명히 가르치셨다.

하나님께 감사하는 지아에 대해 그의 주인이 보인 격분은 지아가 자서전 초반에 밝힌 다음과 같은 진술과 연결된다. "우리는 한때 그를 우리의 신처럼 떠받들었고"(4), 또 "우리의 주인이 곧 우리의 신이라는 생각에 사로잡히곤 했다"(5). 비록 오늘날의 독자들에게는 이러한 진술이 터무니없게 들릴 수 있지만, 당대 많은 노예소유주들이 아프리카인 노예들에 대해 행사했던 절대적인 통제력은 채찍질과 고문을 통해 구현되었고, 그에 대해 아무런 책임도 지지 않았다. 이러한 현실 속에서 주인들은 무엇이든 원하는 것을 원하는 시간에, 원하는 방식으로 할 수 있는 신적인 존재처럼 보이게 되었던 것이다.[129] 그러나 회심은 이러한 질서에 균열을 일으킨다. 회심은 노예소유주의 권한이 절대적이지 않으며, 그들 역시 자신의 행위에 대해 책임을 져야 한다는 사실을 드러내는 신학적 사건이다. 더 나아가 회심은 하나님께서 노예화된 아프리카인들의 고통과 처지를 주목하고 계시며,

---

128 Jupiter Hammon의 글에서 성령은 저항할 수 있는 힘을 불어넣는 자원이다. 위의 논의를 보라.
129 이와 유사한 관점은 다음에서 보라. *Narrative of the Life of Henry Box Brown*, 53-54.

그들을 잊지 않으셨다는 표지이기도 하다.

그러나 지아는 단순한 회심자에 그치지 않았다. 그는 사람들에게 설교하는 회심한 노예였고, 이로 인해 더 큰 고난을 겪었다. 그 고난은 생명을 위협할 정도로 혹독했지만, 지아는 신적 만남을 통해 두려움을 극복하게 된다. 그는 이렇게 회고한다. "주께서 그의 복된 영을 통해 나를 죽음의 두려움에서 구원해주셨으며, **그의 영이 내 영과 함께 증언하게 하시어**[롬 8:16] 내가 사망에서 생명으로 옮겨졌음을 증언해주셨고, 내가 형제들을 사랑하게 하셨다. 내가 내 안에서 이 완전한 증거와 증언의 말씀을 받았을 때 나는 열일곱 살쯤 되었고, 그때부터 나는 모든 남자, 여자, 어린이를 사랑하기 시작하여 살아 계신 하나님의 이름으로 담대히 말하고, **성령과 하나님의 사랑이 나를 강권하셔서** 하나님의 신탁처럼 설교하기 시작했다[고후 5:14]"(31). 지아는 그리스도의 사랑의 능력이 그를 강권하여 흔들림 없는 헌신을 이끌어내며 하나님을 위한 삶을 가능케 한다는 바울의 신학을 온전히 체현한다. 성령과 하나님의 사랑이 그를 강권한 지아의 설교는 그 누구도 막을 수 없었다. 그의 서사에는 분명한 대조가 나타난다. 회심 이전에는 주인들의 가혹한 대우로 인해 삶과 죽음에 무감각했으며, 그는 죽든 살든 상관없다고 여겼다. 그러나 회심 이후, 그가 죽음을 두려워하지 않게 된 것은 믿음과 그 믿음이 가져다준 자유에서 비롯된 것이었다.

죽음에 대한 두려움에서 해방된 지아는 담대하게 설교할 수 있었지만, 결국 그는 세 명의 다른 노예주인에게 차례로 팔려가게 된다. 이들은 지아의 설교와 연설이 다른 아프리카인 노예들에게 해를 끼친다고 여겼기 때문이다(32). 마지막 노예주인 밑에 있을 때 지아는 교회로 달려가 세례를 받는다. 이 사실을 알게 된 주인은 격분하여 지아를 구타했고, 세례를 집례한 목사까지 폭행하겠다고 협박한다. 노예주인은 지아를 치안판사에게 넘겨 조사를 의뢰했고, 판사들은 그를 심문한 끝에 그가 진실한 신자임을 알아차린다. 그러자 그들은 지아에게 "너는 [주인으로부터 벗어난] 자유인이며, 이제 주인을 떠날 자유가 있다"고 선언한다(33). 이와 관련해 지아는 다음과 같이 기록한다. "뉴욕시의 주법에 따르면 어떤 노예든 자신의 영혼에 행하신 주님의 역사에 대해 만족스럽게 설명할 수 있다면 그는 연방의회법에 따라 노예 신분에서 벗어나 자유를 얻을 수 있었다. 이 법은 선한 퀘이커 교도들에 의해 운영되었고, 그들은 하나님의 손에 쓰임 받은 행복한 도구가 되어 우리같이 가난한 흑인 노예 수천 명을 고통스러운 노예의 쇠사슬에서 해방시키는 데 중요한 역할을 했다"(39).[130] 그러나 지아의 주인과 그의 아들들은 그를 놓아주기를 거부하며, 성경이 노예들에게 주인이 옳든 그르든 모든 일에 복종하라고 명령하고 있다고 주장하며, 지아 역시 이에 따라야 한다고 강요한다. 그들의 성경 인용 방식은 지아에게 깊은 인상을 남겼고, 이에 대한 그의 응답은 본문 전체를 인용할 만큼 중요한 신학적 성찰을 담고 있다.

---

[130] 이 법이 언제 존재했는지 불분명하기 때문에 Jea가 자신의 이야기에서 어떤 법을 언급하고 있는지는 확실하지 않다. 다음의 논의를 보라. *Hodges, Black Itinerants*, 19, 22; *Pierce, Hell without Fires*, 40–41.

그러나 나의 주인은 내가 성경을 이해하지 못하게 하려고 애썼다. 그는 종종 내게 "해 아래 모든 목적과 온갖 일에는 때가 있으며, 노예는 주인이 명하는 것이 옳든 그르든 무엇이든지 복종할 의무가 있다. 그러므로 악한 주인에게도 선한 주인에게 하듯이 복종해야 한다"고 말했다. 그러고는 성경을 가져와 내게 보여주며, 그 책이 자기와 대화를 나눈다고 주장했다. 그는 내가 이미 치안판사들로부터 완전한 자유를 부여받았고, 하나님의 은혜 가운데 결단을 내려 그를 떠나기로 마음먹은 상황에서도 나를 설득해 떠나지 못하게 하려 했다.…그의 아들들 또한 아버지를 대신해 성경을 읽어주며 나를 설득하려 했지만, 나는 그들의 모호하고 어려운 말을 이해할 수 없었다. 그들이 복된 책을 손에 들고 그것이 자신과 대화한다고 믿는 미신적인 행동은 나를 몹시 놀라게 했다. 그래서 그들이 자리를 비운 틈을 타 나도 그 책을 귀에 대고 정말로 나와 대화하는지를 시험해보았지만, 아무 말도 들을 수 없었다. 나는 그것이 모두 헛된 일임을 깨닫고 슬퍼하며 탄식했다. 그러나 하나님께서 내 죄를 사하시고, 나의 죄악과 허물을 씻어주시며, 나를 **새로운 피조물**로 만드신 후에도[고후 5:17; 갈 6:15], 그 책은 나와 직접 대화를 나누지 않았다. 대신 주님의 성령께서 예수 그리스도의 말씀이 담긴 성경 구절들을 내 마음에 떠올리게 하셨다. "너희가 내 이름으로 아버지께 무엇을 구하든지 다 받으리라. 무엇이든지 의심하지 말고 믿음으로 구하라. 그리하면 너희에게 그대로 되리라. 믿는 자에게는 모든 것이 가능하니라"(33-34).

지아의 주인은 바울의 말을 빌려 종은 모든 일에 주인에게 복종해야 한다는 논리를 내세워 성경을 통해 자신의 권위를 정당화하려 했다. 그는 지아가 법적으로나 영적으로 자유를 얻은 상태임에도 성경이 자기와 대화한다고 주장하며 자신에게 지아에 대한 지배권이 있다고 주장했다. 이러한 모습에 영향을 받은 지아는 자신도 성경과 대화하기를 원하게 되지만, 하나님께서 그의 죄를 사하시고 그를 새로운 피조물로 만드신 이후에도 성경은 침묵하고 있었다.[131] 지아는 깊은 실망 속에서 하나님께 기도한다. 성경을 직접 읽고 이해할 수 있는 능력을 주시며, "성경을 네덜란드어와 영어로 말할 수 있는 능력을 주셔서 내가 노예였을 때 주인과 그의 아들들이 내게 마땅히 해야 할 말을 하지 않았음을 그들에게 납득시킬 수 있도록 해주소서"라고 간구한다(34). 비록 책 자체는 말을 하지는 않았지만, 지아는 성령께서 "주님의 영이 이 성경 구절을 내 마음에 떠올리게 하셨다"고 고백하며, 자신의 기도에 응답하신 하나님의 은혜를 확신한다. 약 5-6주간의 간절한 기도 끝에, 하나님은 "손에 큰 성경을 든" 천사를 그에게 보내셨고, 그 기도를 기적적으로 들어주신다(35).

그러자 주님께서는 무한하신 자비로 환상 중에 한 천사를 내게 보내셨다. 그는 빛나는 의복을 입고, 얼굴은 해처럼 빛났으며, 손에는 큰 성경을 들고 있었다.

---

131 Henry Louis Gates Jr., *The Signifying Monkey: A Theory of African-American Literary Criticism* (New York: Oxford University Press, 1988)은 이 모티프를 "말하는 책의 수사"라고 명명한다. 이 모티프는 James Gronniosaw, John Marrant, Olaudah Equiano, Ottobo Cugoano와 같은 초기 아프리카계 미국인 작가들의 서사에서도 등장한다(127-69).

그 천사는 내게 말씀하셨다. "네가 성경에서 읽은 대로 내가 네게 복을 주고 네 간구를 들어주러 왔다." 그렇게 6주간의 기도가 끝나갈 무렵, 나는 어느 날 밤 잠자던 자리에서 일어나 기도하고 있었는데, 마치 지하 감옥처럼 캄캄한 그 방 안에 갑자기 하나님의 영광의 빛이 비추었고, 천사가 내 옆에 서 있었다. 그의 손에는 커다란 책이 펼쳐져 있었는데, 그것은 바로 성경이었다. 그 천사는 내게 말했다. "너는 이 책을 읽고 이해하며, 영어와 네덜란드어로 말하기를 원하였느니라. 그러므로 내가 너를 가르쳐주겠다. 자, 이제 읽어보라." 그러고는 나에게 요한복음 첫 장을 읽는 법을 가르쳐주었다. 내가 한 장을 다 읽고 나자, 그 천사와 그 책은 눈 깜짝할 사이에 사라져버렸다. 나는 너무 놀랐다. 방 안은 다시 어둠 속에 휩싸였기 때문이다. 그때는 겨울철 새벽 네 시쯤이었다(35).

천사가 지아에게 요한복음 1장을 읽는 법을 가르친 뒤 갑자기 사라지자, 지아는 그 일이 실제로 일어난 사건인지 확신할 수 없었다. 그러나 곧 성령께서 그에게 말씀하시며, 실제로 자신이 읽을 수 있다는 확신을 주셨다. 지아는 이 초자연적인 구원의 은혜에 감격하여 하나님을 찬양하며, 자신이 이제 글을 읽을 수 있게 되었다는 이 기적의 사건을 목사에게 이야기한다. 하지만 목사는 그의 말을 믿지 않고 성경을 가져와 직접 읽어 보라고 요청한다. 성경을 가져오자 지아는 그 자리에서 성경을 읽어 보였고, 놀란 목사는 그에게 어떻게 글을 배우게 되었는지를 묻는다. 지아는 "주님이 가르쳐 주셨다"고 대답한다. 그런데 지아는 여전히 철자를 모르고, 다른 책들은 전혀 읽지 못했다. 이 사실을 알게 된 목사와 그의 아내는 주님께서 오직 성

경만을 읽을 수 있도록 지아에게 특별히 가르치셨다는 사실을 확신하게 된다.[132]

이 기적적인 사실이 알려지자 지아는 다시 치안판사 앞에 불려갔다. 판사가 그에게 글을 읽을 수 있는지를 묻자 지아는 그렇다고 대답했고, 판사는 그에게 성경을 건넸다. 지아가 성경을 유창하게 읽자 판사들은 어떻게 글을 배웠는지 다시 물었다. 지아는 목사에게 대답했을 때와 마찬가지로 "주님께서 가르쳐주셨습니다"(37)라고 말한다. 이 사건이 주님의 역사라고 믿은 판사들은 지아를 당연히 석방해야 한다고 선언했다. 지아의 말에 따르면 "그들은 내가 하나님께 속한 사람이라고 믿었고, 하나님의 가르침 없이는 누구도 그렇게 읽을 수는 없다고 확신했기 때문"이었다. 그리고 그는 이렇게 덧붙인다. "주님께서 내게 읽기를 가르치신 그 시간부터 지금까지 나는 하나님의 말씀이 담긴 책 외에는 어떤 책도 읽을 수 없다"(38).[133]

지아의 자서전 앞부분을 다시 떠올려보라. 그의 노예주인들이 성경이 지아에게 계속 노예로 남아야 한다고 말하고 있다고 주장하며 그를 설득하려 했다. 그러나 이 이야기에서 가장 놀라운 점은 주님께서 지아에게 바

---

132 하나님께 직접 읽는 법을 배웠다고 전해지는 아프리카계 미국인들의 기적적인 사례들이 또 있다. 예컨대 다음을 보라. Jean McMahon Humez, ed., *Gifts of Power: The Writings of Rebecca Cox Jackson, Black Visionary, Shaker Eldress* (Amherst: University of Massachusetts Press, 1981), 108.
133 문해의 기적과 그에 이은 자유에 대한 Jea의 서술이 사실인지에 대해 의문을 제기하는 역사학자들도 있다. 이에 대한 논의는 다음을 보라. Pierce, *Hell without Fires*, 59; John Saillant, "Traveling in Old and New Worlds with John Jea, the African Preacher, 1773–1816," *Journal of American Studies* 33 (1999): 488.

로 그 책—노예주들이 그를 영원히 노예로 만들기 위해 이용한 성경—을 직접 읽도록 가르치셨다는 것이다. 지아는 자신이 이전에 속했던 노예주가 의도적으로 성경을 이해하지 못하게 막았으며, 문해력을 차단하는 것이 그를 노예 신분에 묶어두기 위한 전략이었음을 깨닫는다. 그는 성경 읽기를 방해한 행위가 노예제와 밀접하게 연결되어 있다는 사실을 통찰하게 된다. 노예소유주들은 아프리카계 노예들을 문맹 상태로 유지하고, 성경은 오직 백인들에게만 말씀하신다고 가르치며, 하나님은 흑인들을 노예로 만들기 위해 창조하셨다는 거짓된 신학을 주입했다. 이는 노예들이 성경을 접하지 못하도록 철저히 통제하려는 체계적인 억압의 일부였다. 그러나 지아는 성경을 읽을 수 있는 능력을 기적적으로 얻게 됨으로써 노예제를 정당화하던 모든 장벽을 넘어서고 완전한 자유를 얻게 되었다. 그는 이후 노예가 된 아프리카인들과 모든 사람들에게 복음을 전하기 위해 곳곳을 다니며 설교하게 된다. 헨리 루이스 게이츠(Henry Louis Gates)가 말했듯이 지아는 "말 그대로 성경을 읽음으로써 노예 상태에서 벗어나게 되었다."[134] 그의 기적적인 문해력 체험은 단순한 상징을 넘어선 실제적이고 역사적인 사건이었다. 그것은 성경이 실제로 육체적 해방을 가져다줄 수 있음을 보여주는 증언이었다. 이 특별하고도 경이로운 사건은 지아가 "이 집에서 저 집으로, 이 농장에서 저 농장으로"(38) 다니며 설교할 수 있는 원동력이 되었고,[135] 마침

---

134 Gates, *Signifying*, 163.
135 Jea의 설교는 그의 자서전으로도 자연스럽게 이어진다. 자서전의 일부는 설교처럼 구성되어 있으며, 그는 독자들에게 구원을 받고 하나님의 은혜를 누릴 것을 직접 권면한다. 예를 들

내 그는 다른 흑인 설교자들과 몇몇 백인 친구들과 함께 흑인들이 자유롭게 예배드릴 수 있는 예배당을 세우기에 이른다.

지아를 위한 하나님의 신적 개입은 그의 몸에 대한 통제권 회복을 가능케 하며, 그에게 새로운 주체성을 부여한다. 바울이 말한 "새로운 피조물"이라는 표현처럼, 지아는 영적 자유, 육체적 자유, 문해력, 그리고 정신적 자유에 이르기까지 삶 전체의 온전한 변화를 경험하게 된다. 그는 자신이 회심하여 거듭난 상태를 회고하며 다음과 같이 말한다. "**하나님께서 그 아들의 영을 내 마음에 보내시어**[갈 4:6], **내 영과 함께 내가 하나님의 자녀임을 증언하게 하셨다**[롬 8:16]"(74). 지아는 자신의 삶이 근본적으로 변화되었으며, 하나님의 영이 자신 안에 거하심으로써 자신의 인간성이 확증되었다고 고백한다. 이를 통해 그는 이전의 노예주가 가르친 것과는 달리 자신이 마귀가 창조한 존재도 아니며, 자신이 곧 마귀 자체도 아닌, 창조주 하나님의 자녀라는 사실을 확신하게 된다. 지아는 바울의 언어를 통해 노예주들의 왜곡된 이데올로기에 저항하며, 그 사도적 언어가 자신의 인간성과 존엄성을 말하고 표현할 수 있는 언어를 제공했다고 주장한다. 한때 교회에 가는 것만으로도 구타를 당했던 그는 이제 아프리카계 미국인들을

어 그는 한 대목에서 이렇게 쓴다. "그러므로 사랑하는 독자여, 아직 주님을 만나지 못했다면 힘써 주님을 찾기를 권합니다"(23). Jea는 독자에게 구원을 추구하라고 권할 뿐만 아니라 성경의 특정 구절을 읽을 것도 함께 권면한다. 이러한 "미니 설교"가 끝나면 그는 "하지만 다시 이야기로 돌아가서…"(25)라는 문구로 독자에게 전환을 알리며 서사로 돌아간다. 자서전 안에서도 Jea는 복음을 전할 기회를 놓치지 않으며, 이를 통해 그의 설교자로서의 마음과 모든 이가 구원받기를 바라는 깊은 열망이 드러난다.

위한 교회를 세우는 "교회 개척 팀"의 일원이 된다. 과거에는 밤중에 몰래 나와 기도하고 목사와 대화해야 했지만, 이제 그는 복음을 자유롭게 선포하는 목사가 된다. 그는 교회에서 4년 동안 설교자로 사역한 뒤, 보스턴으로 옮겨 그곳에서 복음을 전하고, 이어서 뉴올리언스, 동인도 제도, 네덜란드, 프랑스, 독일, 아일랜드, 영국, 아시아 등 미국과 전 세계를 순회하며 복음을 전한다.[136] 지아는 자신이 이렇게 전 세계를 누비며 복음을 선포하게 된 이유를 설명하면서 **하나님의 사랑이 자신을 강권하셨다**고 고백하며 고린도후서 5:14의 바울의 언어를 인용한다. 그는 자신의 복음 사역의 근거가 하나님의 사랑에 있음을 강조한다.[137] 또한 동인도 제도로 향하는 여정에 대해 설명하면서 고린도전서 10:24-33 전체를 인용한다. 이 구절들에서 바울은 신자가 자신의 유익이 아니라 다른 사람의 유익을 구해야 하며(10:24), 모든 것을 하나님의 영광을 위해 행해야 하고(10:31), 모든 사람이 구원을 위해 살아야 한다고 강조한다(10:33). 지아는 이 바울의 구절들을 해석하면서 다음과 같은 강력한 메시지를 전한다.

---

136 Saillant, "Traveling in Old and New Worlds," 476.
137 Jea, *Life*에서는 다음과 같이 기록한다. "그 일 후에 나는 하나님의 사랑에 이끌려 다른 지역으로 복음을 전하러 떠나게 되었다"(49); "하나님의 사랑이 나를 강권하여 북미에서 그랬던 것처럼 리버풀에서도 사람들에게 복음을 전하게 했다"(55); "그 후 나는 하나님의 사랑에 이끌려 또 한 번 해외로 떠나게 되었다"(66); "나는 하나님의 영에 의해 강권되어 외국으로 여행을 떠나게 되었다"(75). 바울은 고후 5:14에서 이렇게 말한다. "그리스도의 사랑이 우리를 강권하시는도다. 우리가 생각하건대 한 사람이 모든 사람을 대신하여 죽었은즉 모든 사람이 죽은 것이라." Jea는 이 구절을 인용하면서 "그리스도" 대신 "하나님" 또는 "하나님의 영"이라는 표현을 사용하지만, 이 문구를 반복적으로 포함시키는 것은 그의 사역이 하나님의 사랑에서 비롯되었다는 신념을 잘 보여준다.

내가 동인도 제도로 가는 이유는 **내가 무엇을 하든지 하나님의 영광을 위하여 하며**[10:31], **내 자신의 유익이 아니라**[10:24, 33] 오직 내 주와 주 예수 그리스도의 유익을 구하고, 이 세상의 명예와 부귀가 아니라 장차 올 세상의 영광과 부귀를 구하기 위함이다. 내가 그곳으로 가는 것은 곧 없어질 이 세상의 부귀나 사람의 영광, 황금 같은 보화를 위한 것이 아니다. 오직 나의 동기와 관심은 불쌍하고 악하고 죄 많은 피조물을 구원하시고자 이 땅에 오신 나의 주인이자 주님이신 예수 그리스도를 위한 것이다(77).

이 인용문에서 보이듯 지아의 삶은 복음의 변혁적 능력을 선포하는 데 전적으로 헌신되어 있었다. 그는 여행 중 질병뿐 아니라 선내 직원들의 심각한 인종차별적 학대와 같은 여러 고통을 겪었지만 복음 전파를 멈추지 않았다. 그는 야고보서, 사도행전, 로마서, 데살로니가후서, 고린도후서 등의 성경 언어를 빌려 자신이 감내한 고난을 이렇게 진술한다. "나는 **하나님의 이름을 위하여 고난을 받기에 합당한 자로 여김을 받은 것을 기뻐하였고**[행 5:41; 살후 1:5], **여러 가지 시험을 만나거든 온전히 기쁘게 여기며**[약 1:2], 지금 우리의 잠시 받는 환난은 지극히 크고 영원한 영광의 중한 것을 우리에게 이루는 줄 알았다[고후 4:17]. **현재의 고난은 장차 나타날 영광과 비교할 수 없다**[롬 8:18]"(65). 또한 그는 바울과 바나바의 고백(행 14:22)이 자신의 삶을 그대로 설명해준다고 믿었다(75). 그러나 이 고난은 그에게 위축이 아니라 종말론적 소망을 더욱 강화시켜 주는 계기가 되었다. 그는 선장이 임금을 지급하지 않겠다고 협박했을 때조차 그 상황을 신적 구원의 표지로 받아들였다. 그 이유는 "**그리스도 예수 안에 있는 자, 곧 육신을 좇지 아니하고 영을 좇아 행하는 자에게는 결코 정죄함이 없다**(롬 8:1)"는 확신 때문이었다(79). 지아는 하나님께서 억압받는 자의 편, 곧 자기편에 서 계시며, 그 부르심에 순종하는 자들을 구원하시기에 결국 그들이 승리하리라는 확신에 사로잡혀 있었다.

지아가 자신과 자신의 여정을 바울의 시각으로 이해하고 설명하는 태도는 그의 전도사역을 묘사하는 방식에서 선명하게 드러난다. 그는 바울처럼 "예수 그리스도와 그의 십자가에 못 박히신 것"만을 전하며(고전 2:2)(79), 자신의 수고가 "주 안에서 결코 헛되지 않다"(고전 15:58)고 확신한다(56, 75). 자신의 설교가 때로는 미약하게 느껴질지라도 그는 하나님의 능력이 그의 설교를 통해 청중 안에 기적을 일으킨다(고전 1:27; 2:1-4)고 믿는다(82).[138] 심지어 그는 자신에 대한 반대자들을 묘사할 때도 바울의 언어를 따른다. 예컨대 선덜랜드에서 설교하던 중 두 명의 설교자가 그의 참석을 문제 삼았고, 한 명은 공개적으로 지아를 꾸짖으며 회중을 질책했다. 지아는 그를 "**하나님의 영으로 인도함**"[롬 8:14]을 받지 않는 자요, "**성령의 열매**"를 맺지 않고 "**육체의 일**"을 행하는 자로 묘사한다(62).[139]

지아는 또한 바울을 본받아 순회 사역 중 자비량으로 생활비를 충당하고자 의도적으로 일자리를 구했다. 그는 "나는 하나님의 교회에 짐이 되지

---

138   리버풀에서 전한 설교 중 하나에 대한 Jea의 묘사(고전 10:1-15 본문, 71-73), 히 4:1-6, 11의 사용(85-86), 그리고 친구들과 작별하며 고후 13:11을 사용한 대목(88)도 함께 보라.
139   비록 Jea는 이를 갈 4:18-24로 인용하지만, 사실은 갈 5:18-23이다.

않기 위해 앞서 언급한 배[보스턴 프린스호]에서 요리사로 일하며 매달 스페인 돈으로 17달러를 받았다. 나는 매번 여행할 때마다 이렇게 했다. 이는 성 바울이 '**교회에 짐이 되느니 차라리 내 손으로 수고하리라**'고 말한 것을 따른 것이었다"고 말한다(79)."[140] 그는 사도 바울처럼 복음 사역과 자비량 노동을 병행하면서 교회에 과도한 부담을 지우지 않으려 노력했다.

지아는 하나님과의 특별한 신적 만남을 통해 여러 나라에서 설교자로 활동하게 된다. 그는 바울 본문을 다양한 방식으로 활용하여 자신의 내러티브 안에서 고통과 구원, 자신의 사역과 성령, 그리고 자신을 반대하는 이들을 묘사한다. 물론 지아는 성경 자체를 자신의 이야기의 중심에 둔다고 보았기에 바울 서신 외의 다양한 성경 본문도 인용하지만, 바울과 그의 언어는 지아의 저술에서 특별한 위치를 차지한다. 그는 자신 역시 바울처럼 교회를 위해 영적 전투를 치르며 수고하는 사람이라 여겼기 때문이다.

처음에 지아는 기독교, 적어도 노예주들이 실천하던 기독교에 저항했다. 그러나 결국 자신을 받아주시고, 회심을 통해 하나님의 존재를 현실로 체험하게 하신 하나님을 만나면서 그 신앙을 받아들이게 된다. 그는 마침내 노예주들이 고수하던 기독교가 참된 기독교가 아니며, 그들이 신앙을 왜곡하고 오용하고 있다는 사실을 바울의 언어로 고발한다. "성경에 기록된 바와 같이 육신에 속한 그들의 마음은 하나님과 원수가 되어 하나님의

---

140   여기서 Jea는 고후 11:7-10, 12:13-14에서 바울이 한 말을 언급한다. 바울은 고린도 교회에 짐이 되지 않도록 그들에게 아무 대가를 받지 않고 자신이 어떻게 복음을 전하고 있는지를 설명한다.

법에 복종하지 않을 뿐만 아니라 사실상 복종할 수도 없다[롬 8:7]. 이는 그들이 육체의 정욕을 따라 그 정욕을 채우기 위해 육신의 일에 자신을 내어주었기 때문이다[롬 13:14; 갈 5:19]'"(8). 지아는 노예주들이 비록 교회에 출석할지라도 하나님께 복종하지 않고 자기 욕망을 따랐으며, 결국 그러한 "육적인 마음"이 파괴적인 행위로 이어졌다고 진단한다. 더구나 그들이 "그에겐 신이 없다"고 단언했던 아프리카계 노예 지아는 자신의 삶을 통해 그 말이 거짓임을 증명한다. 하나님은 그를 구원하시고, 글을 읽는 법을 가르치셨으며, 설교자로 부르셔서 복음을 전하게 하셨고, 그를 전 세계로 인도하셨다.

지아가 성경을 읽고자 했던 간절한 열망과 그가 체험한 문해력의 기적은 노예제도를 떠받치던 모든 전제를 정면으로 거슬렀다. 곧 아프리카계 미국인은 열등하고 백인은 우월하며, 흑인 노예제도는 하나님의 영원한 섭리라는 주장, 그리고 하나님은 노예 상태의 흑인들에게 무관심하시다는 생각은 지아의 이야기 안에서 뿌리째 무너진다. 헨리 루이스 게이츠(Henry Louis Gates)는 이에 대해 이렇게 통찰력 있게 말한다. "지아의 열망은 노예제라는 악에 의해 모든 길이 막힌 상황 속에서 하나님의 개입을 통해 이루어졌다. 그는 자신을 의심의 눈초리로 바라보는 사람들의 요구 앞에서 하나님의 말씀을 두 언어로 능숙하게 읽고, 이해하고, 말하기를 원했다. 다른 어떤 책도 아닌 오직 하나님의 말씀을 읽고, 깊이 이해하며 해석할 수 있는 능력은 그를 법적으로 자유롭게 만든 직접적인 원인이 되었다."[141] 우리가 살펴본 것처럼 이 "하나님의 말씀"은 지아의 이야기 전체에 걸쳐 흐르며, 그의 서사를 형성하는 핵심 요소로 작용한다.

특히 주목할 점은 지아가 자신의 삶과 과거 노예주들의 삶을 해석하는 데 있어 바울이 핵심적 틀로 기능한다는 것이다. 바울의 글은 그들이 자신을 포함한 아프리카 노예들에게 가한 인간 이하의 폭력을 설명하고 해석할 수 있는 언어를 제공한다. 노예주들의 "육적인 마음"은 곧 그들이 "하나님께서 그의 아들을 주셨다는 진리의 말씀을 믿지 않았다"는 사실로 드러난다. 그렇기 때문에 그들은 아프리카인들을 사랑할 수 없었고, 인간으로도 인정하지 않았다. 지아에게 이것은 그들이 결코 "그리스도인"이라는 이름을 정당하게 주장할 수 없음을 의미한다. 나아가 바울은 심판의 언어도 제공한다. 지아는 "우리가 다 하나님의 심판대 앞에 나타나 그 몸으로 행한 것을 진술해야 할 때가 가까워지고 있다"(고후 5:10)라는 말씀을 인용하며, 회개하지 않는 모든 이들에게 심판의 시간이 다가오고 있음을 경고한다(22). 여기에는 그의 옛 노예주들도 예외가 아니다.

지아에게 바울은 자신의 삶을 새롭게 해석할 수 있게 해준 인물이다. "신이 없다"는 말을 들었던 노예에게 다가오셔서 믿음을 통해 은혜로 구원을 얻게 하시고(엡 2:8-9)(25), 그를 새로운 피조물로 만드신(고후 5:17) 하나님의 실재를 바울은 증언한다(34). 이러한 재해석은 그의 존재 목적에 대한

---

141   Gates, *Signifying*, 164.

재정립으로 이어진다. 지아는 바울을 복음 전파의 사도적 순례와 고난의 모범으로 삼으며, 자신 또한 그런 사도적 소명을 수행하는 자로 자처한다. 지아의 경험은 억압을 정당화하는 데 오용되었던 바울을 이제는 설교의 동반자이자 해방을 선포하는 전달자로 새롭게 이해하게 된 전환을 보여준다.

자레나 리(1783-1850[?]): 아프리카감리교감독교회의 최초 흑인 여성 설교자 중 한 사람

일부 노예화된 아프리카인들이 청원서에서 바울을 인용했던 것처럼 해먼, 하인스, 지아와 같은 인물들도 바울을 통해 흑인의 정체성, 주체성, 해방을 다양한 방식으로 주장했다. 이와 마찬가지로 저명한 흑인 여성 설교자 자레나 리 또한 복음 선포라는 자신의 소명을 정당화하는 데 바울의 목소리를 중요한 신학적 자원으로 활용했다.[142]

자레나 리의 회심과 바울의 성화 언어

자레나 리는 자신의 자서전 『흑인 여성, 자레나 리의 삶과 종교적 체험, 복

---

142 Jarena Lee의 구체적인 사망 연도는 알 수 없지만, 1850년대에 사망한 것으로 추정된다. 다음을 보라. "Jarena Lee," in *Preaching with Sacred Fire: An Anthology of African American Sermons, 1750 to the Present*, ed. Martha Simmons and Frank A. Thomas (New York: Norton, 2010), 160; "Jarena Lee," in *Can I Get a Witness? Prophetic Religious Voices of African American Women, an Anthology*, ed. Marcia Riggs (Maryknoll, NY: Orbis, 1997), 6. Jarena Lee에 대한 다음의 논의도 보라. Bettye Collier-Thomas, *Daughters of Thunder: Black Women Preachers and Their Sermons*, 1850-1979 (San Francisco: JosseyBass, 1998).

음 전파의 소명을 받은 한 여성의 이야기, 본인 집필 원고의 개정 및 수정』(*The Life and Religious Experience of Jarena Lee, A Coloured Lady, Giving An Account of Her Call to Preach the Gospel. Revised and Corrected from the Original Manuscript, Written by Herself*)에서 자신이 1783년 2월 11일 뉴저지 케이프 메이에서 자유인으로 태어났다고 밝힌다. 일곱 살 무렵, 그녀는 부모와 헤어져 약 6마일 떨어진 샤프(Sharp) 가문에서 하녀로 일하게 되었으며, 이는 당시 가난한 흑인 아동들에게 흔한 고용 형태였다.[143] 이후 필라델피아로 이주한 그녀는 그곳에서 극적인 회심 체험을 하게 된다. 이 회심은 자신의 죄와 무가치함을 깊이 자각하는 가운데 이루어졌다. 처음에 그녀는 죄의 무게에 눌려 물에 뛰어들어 자살을 시도할 생각까지 하지만, "보이지 않는 하나님의 손"이 신비롭게도 그녀를 그 행동에서 막아낸다.[144] 이후 그녀는 베델 아프리카감리교감독교회(Bethel African Methodist Episcopal Church)의 리처드 앨런(Richard Allen) 목사의 설교를 듣고, 그의 교회에 출석하기로 결심한다. 그 결심을 한 지 3주 후, 또 다른 설교를 듣던 중 그녀는 "영광스럽게 하나님께로 회심"하게 된다. 그녀는 이 사건을 다음과 같이 서술한다.

---

143   Joy Bostic, *African American Female Mysticism: Nineteenth-Century Religious Activism* (New York: Palgrave Macmillan, 2013), 49.
144   *The Life and Religious Experience of Jarena Lee, A Coloured Lady, Giving An Account of Her Call to Preach the Gospel. Revised and Corrected from the Original Manuscript, Written by Herself* (Philadelphia: Printed and published for the author, 1836), reprinted in Andrews, *Sisters of the Spirit*, 28. 이후부터 개정판의 쪽수를 본문 괄호 안에 표기한다.

그날로부터 3주 후, 설교가 시작되자마자 내 영혼은 하나님께로 영광스럽게 돌아섰다.…내 마음 깊은 곳에 한 가지 죄가 또렷이 떠올랐는데, 그것은 나를 해치려 했던 한 사람에 대한 깊은 원한이었다.…나는 그 죄를 자각하자마자 주님께 모든 사람을 용서한다고 고백했다. 바로 그 순간, 마치 온몸을 감싸고 있던 어떤 옷이 정수리에서부터 찢어지며 그림자처럼 시야에서 사라지는 듯한 체험을 했다. 동시에 그 옷을 대신해 하나님의 영광이 나를 감싸는 것 같은 느낌이 밀려왔다.…그 자리에 수백 명의 사람들이 있었지만, 나는 벌떡 일어나 하나님께서 내 영혼의 죄를 용서하셨다고 외쳤다. 원한이라는 죄만이 아니라 그 외 모든 죄도 함께 용서받았다는 확신에, 내 마음은 말로 다 할 수 없는 황홀감으로 가득 찼다. 그날은 내가 마음으로 믿고 입으로 시인하여 구원에 이른 첫날이었다[롬 10:9-10].…그 순간 나는 죄인들을 권면하고, 나를 구원의 옷으로 입히신 분의 놀라운 기적과 선하심을 증언할 수 있는 능력을 잠시나마 부여받았다고 느꼈다. 내 영혼이 자신의 의무를 다했다고 느낄 때까지 나는 계속해서 말했다. 그 시간 동안 목사는 말없이 침묵했고, 마침내 그는 내 회심 안에서 그리스도께서 지금도 이 땅에서 죄를 용서하시는 능력의 또 다른 증거가 드러났다고 선언했다(29).

자레나 리는 자신의 회심 이야기를 통해 하나님과의 황홀한 만남을 묘사하며, 바울의 언어를 빌려 하나님의 뜻과 인간의 의지가 하나로 융합되는 순간을 그려낸다. 하나님의 영광이 그녀를 덮고, 그녀에게 능력을 부여하시는 장면은 그녀의 육체적 반응─몸을 벌떡 일으켜 구원을 공개적으로 선포하는 행위—을 통해 가시적으로 드러난다. 이는 그녀가 구원의 과정에서 주체적인 신앙 고백자로 변화되었음을 보여준다. 그녀가 마음으로 믿고 입으로 시인함으로써 구원에 이르렀다고 고백하듯, 이 체험은 내면의 변화와 외면 실천이 결합된 사건이었다. 하나님은 그녀를 억눌러왔던 원한이라는 죄를 마치 옷처럼 벗겨내시고, 그 자리에 자신의 영광으로 그녀를 덧입히심으로써 그녀의 존재 전체를 새롭게 하신다.

회심 후 약 3개월이 지난 시점에 자레나 리는 성화의 은사에 대해 알게 된다. 그녀는 이를 "영혼이 하나님께 완전히 바쳐지는 완전한 성화"(33)로 이해한다. 감리교 전통에서 이러한 "특별한 능력의 체험"은 흔히 "두 번째 축복"(second blessing)이라 불리며,[145] 회개와 회심(또는 칭의) 이후에 성령을 통해 이루어지는 또 다른 은혜의 단계로 여겨진다.[146] 감리교 창시자 존 웨슬리에 따르면 성화는 성령의 "정결케 하심, 능력 부여, 내주하심"을 포함하며,[147] 전 인격의 하나님께 대한 헌신을 통해 완전한 사랑에 이르게 한다. 리 역시 이 아름다운 선물을 사모하며, 자신의 마음속에 하나님의 뜻에 합당하지 않은 것이 무엇이든 드러나기를 간구한다. 그녀는 "주의 올바른 길을 더 알고 싶다"(33)고 기도하며 약 3개월간 끊임없이 성화의 은혜

---

145   Andrews, *Sisters of the Spirit*의 서론 14.
146   Andrews, *Sisters of the Spirit*의 서론, 14-15.
147   David D. Daniels III, " 'Doing All the Good We Can': The Political Witness of African American Holiness and Pentecostal Churches in the Post-Civil Rights Era," in *New Day Begun: African American Churches and Civic Culture in Post-Civil Rights America* (Durham, NC: Duke University Press, 2003), 167. 3장에서 우리는 오순절 신자들이 성령세례를 세 번째 은혜 혹은 세 번째 축복으로 믿는다는 것을 보게 될 것이다.

를 구한다. 그 과정에서 그녀는 성화 체험을 방해하려는 사탄의 영적 공격을 받았으나, 마침내 하나님의 도우심으로 그 은혜를 체험하게 된다. 다음 인용문은 리가 하나님과의 더 깊은 친밀감을 갈망하며 치른 영적 투쟁과, 마침내 성령 안에서 누리게 된 평화와 확신의 순간을 생생하게 보여준다.

그러나 그 음성이 내 마음 깊은 곳에서 속삭이며 "성화를 위해 기도하라"고 말했을 때 나는 다시 같은 장소, 같은 시간에 엎드려 "주님, 그리스도의 은혜로 제 영혼을 성화시켜주시지 않으시렵니까?"라고 간구했다. 바로 그 순간, 마치 번개가 내 몸을 관통한 듯한 느낌이 들었고, 나는 벌떡 일어나 "주님께서 내 영혼을 성화하셨다!"고 외쳤다. 내 기쁨을 증언할 수 있었던 존재는 내 주위에 서 있었던 천사들—그리고 악의를 품고 지켜본 사탄—뿐이었다. 나는 사탄이 그곳에 있었음을 알 수 있었다. 내가 "주님께서 내 영혼을 성화하셨다!"고 외치자마자, 내 뒤에서 또 다른 목소리가 들려왔기 때문이다. 그는 "아니야, 그건 너무 엄청난 일이어서 이루어질 리가 없어"라고 속삭였다. 그러나 또 다른 영은 "네가 성화되었다는 증거를 받기 위해 무릎을 꿇어라!"고 말했다. 그 일이 있고 나서 정신을 차렸을 때, 나는 마당에 서서 하늘을 바라보며 두 팔을 벌리고 있었다. 곧바로 집으로 달려가 가족들에게 방금 일어난 일을 전했고, 그 순간 다시 한번 황홀경이 밀려왔다. 마치 빛과 행복의 바다에 둘러싸인 듯한 느낌이었다. 나는 그 자리에 가만히 서 있었고, 내 눈에서는 눈물이 홍수처럼 흘러내렸다. 그 기쁨은 말로 표현할 수 없을 정도로 컸고, 그것을 설명할 수 있는 언어는 존재하지 않았다. 이는 마치 사도 바울이 **셋째 하늘에 이끌려 올라갔을**

때 그가 들었던 말을 말로 표현할 수 없었던 것과 같은 경험이었다(34).

자레나 리에게 있어 성화의 은사를 받은 체험은 극도로 강렬했으며, 그녀는 이를 우주적이고 초자연적인 용어로 묘사한다. 그녀가 느낀 신적 능력은 마치 번개가 온몸을 관통하는 것과 같았고, 이 체험이 천사들뿐 아니라 사탄 앞에서 이루어졌다는 점은 그녀의 영적 세계에 대한 예민한 감수성을 드러낸다. 선과 악을 대표하는 초자연적 존재들이 이 신성한 체험의 목격자로 함께한 것이다. 그녀는 이 황홀한 만남을 빛과 행복의 바다에 잠긴 듯한 경험으로 형상화하지만, 동시에 신적 영역으로의 진입을 인간의 언어로 온전히 설명할 수 없다는 한계 역시 인식하고 있다. 그녀는 자신의 체험이 사도 바울의 체험―즉 그가 셋째 하늘에 이끌려 올라가 말로 다 표현할 수 없는 것들을 들었던 체험―과 유사하다는 점을 의식적으로 연결한다. 바울의 경우와 마찬가지로 리가 경험한 신적 영역으로의 여정은 인간의 언어와 신적 언어 사이에 존재하는 간극을 드러낸다. 이 간극은 결코 완전히 메워질 수 없는 것이며, 거룩한 영역의 언어는 지상의 언어로는 결코 온전히 담아낼 수 없다. 그럼에도 불구하고 바울의 언어는 리에게 자신의 회심과 성화 체험을 설명하고 전달하는 데 중요한 수단이 된다. 그녀는 이 언어를 통해 인간과 신성이 만나는 또 하나의 차원을 표현하며, 그 만남 속에서 인간은 근본적으로 변화된다. 조이 보스틱(Joy Bostic)이 지적하듯, 리의 신비로운 체험에 등장하는 번개의 이미지는 이러한 변화를 상징한다. 그것은 "신적 조명의 강렬함과 광범위한 영향력"을 나타내며, 신비 체험의 전환적 성격을 강조한다. 동시에 이 사건은 리에게 새로운 자의식을 부여한다. 이 자의식은 "지배 체제가 만들어낸 제한된 틀과 고정된 이미지에 갇히지 않는" 형태로, 그녀는 이제 자신의 존재와 삶이 하나님의 뜻과 소명 아래 인도되고 있음을 확신하며, 스스로를 전혀 새로운 방식으로 이해하게 된다.[148]

바울의 언어로 본 리의 설교 소명

리는 자신의 회심과 성화 체험 이후, 자신의 삶을 변화시키고 설교자로서의 소명을 확인시켜준 또 하나의 신적 만남에 대해 이야기한다. 그녀는 "가서 복음을 전하라!"는 하나님의 음성을 들었지만, 처음에는 "아무도 나를 믿지 않을 것"이라며 주저한다. 그러자 그 음성은 다시 이렇게 말한다. "복음을 전하라. 내가 네 입에 말씀을 넣어주고, 너의 대적자들을 친구로 만들어주겠다"(35). 흥미로운 점은 리가 이전에 "사탄도 미혹할 목적으로 자신을 광명의 천사로 가장할 수 있다"(35)라는 구절을 읽은 적이 있었기 때문에, 이 음성이 혹시 사탄에게서 온 것은 아닌지 의심했다는 것이다. 이 구절은 바울의 서신인 고린도후서 11:14에 해당하며, 그녀가 받은 소명이 진정 하나님으로부터 온 것인지를 의심하게 만든 근거가 된다. 사탄이 하나님의 천사로 가장할 수 있다는 바울의 말은 그녀로 하여금 그 어떤 영적 체험도 경계하고, 자신이 들은 음성이 속임수는 아닌지를 신중하게 분별하도록 이

---

148 Bostic, *African American Female Mysticism*, 70. Jarena Lee의 성화 체험에 대한 기독론적 해석은 다음을 보라. J. Kameron Carter, Race: *A Theological Account* (New York: Oxford University Press, 2008), 333-39.

끝었다.

결국 그녀는 자신이 속고 있는 것이 아닌지를 확인하기 위해 조용한 장소에 들어가 하나님께 묻는다. 그러자 하나님은 그녀의 기도에 응답하시며, 강단과 그 위에 성경이 놓인 환상을 보여주신다. 이 환상을 통해 하나님의 뜻을 확인한 리는 앞서 언급한 감리교 아프리카 협회(Methodist African Society)의 책임자였던 리처드 앨런(Richard Allen) 목사에게 자신의 체험을 전한다. 그러나 앨런 목사는 "감리교 규정에 여성 설교자를 세울 수 있는 조항이 없다"(36)며 그녀의 요청을 거절한다. 이 말을 들은 리는 처음에는 잠시 안도감을 느끼지만, 곧 "[자신의] 내면에서 불처럼 타오르던 거룩한 열정이 사그라들기 시작했다"는 사실을 깨닫는다. 이후 그녀는 교회의 제도나 규율이 하나님의 말씀과 뜻에 부합하지 않는 경우, 그것이 오히려 하나님의 복음을 훼손할 수 있음을 지적하며 강하게 비판하기 시작한다. 그녀는 다음과 같이 주장한다.

오, 우리는 교회 운영과 규율이라는 우리의 내규 때문에 생명의 말씀마저 욕되게 만들지 않도록 얼마나 조심해야 하는가! 오늘날 여성이 설교하는 일이 아무리 부적절해 보일지라도 하나님께는 능치 못하심이 없다는 사실을 기억해야 한다. 여성이 설교하는 것이 왜 불가능하거나 이단적이거나 부적절하다고 여겨져야 하는가? 주께서는 남자뿐 아니라 여자를 위해서도 죽으셨다. 만일 주께서 남자를 위해 죽으셨기에 남자가 설교할 수 있다면 왜 여자는 설교할 수 없다는 말인가? 주님은 반쪽짜리 구주가 아니라 온전한 구주이시다. 여성이 설교하는 것이 잘못이라고 여기는 자들은 결과적으로 그리스도를 온전한 구주가 아닌 존재로 만드는 셈이다(36).

리는 성경의 언어를 통해 다음과 같이 주장한다. 하나님은 불가능한 일을 행하시는 분이지만, 여성이 설교하는 것은 불가능한 일이 아니라 오히려 자연스럽고 정당한 일로 받아들여져야 한다. 그 이유는 그리스도께서 남성과 여성 모두를 위해 죽으셨기 때문이며, 그에 따라 남녀 모두 복음을 선포할 자격이 있기 때문이다. 만일 누군가 남성만이 설교할 수 있다고 주장한다면 그것은 곧 그리스도께서 오직 남성만을 위해 죽으셨다는 전제에 선 것이며, 이는 성경의 가르침과 정면으로 충돌한다. 이러한 논지에서 그녀는 하나님의 뜻과 모순되는 교회 전통에 도전하며, 부활의 첫 증인이자 최초의 설교자로 마리아를 칭송한다. 그녀는 이렇게 묻는다. "마리아가 부활하신 구세주를 **가장 먼저** 전하지 않았습니까? 부활의 교리는 기독교의 절정이며, 성 바울이 말한 것처럼[고전 15:12-22] 우리의 모든 희망이 여기에 달려 있지 않습니까? 그렇다면 십자가에 못 박히신 하나님의 아들의 부활을 전했기 때문에, 여자인 마리아가 복음을 전한 것이 아니겠습니까?(36)[149] 여기서 리의 주장은 고린도전서 15장에서 바울이 밝힌 핵심 교리에 근거하고 있다. 바울은 부활이 기독교 신앙의 토대이며, 부활 없이는

---

149 이 본문에 대한 다음의 논의도 보라. Valerie Cooper, *Maria Stewart, the Bible, and the Rights of African Americans* (Charlottesville: University of Virginia Press, 2011), 135-36; Carter, *Race*, 339-42.

신자들의 소망 또한 무의미하다고 단언한다. 그렇다면 그 부활의 소식을 가장 먼저 선포한 마리아는 실질적으로 최초의 복음 선포자가 되는 셈이다. 아이러니하게도 리는 흔히 여성의 설교를 금하는 근거로 인용되는 사도 바울의 말들을 오히려 여성 설교의 정당성을 입증하는 데 활용한다. 이는 마리아가 전한 메시지—예수의 부활—가 바울의 입장에서조차 복음의 핵심이기 때문이다. 리에게 있어 하나님은 남성에게만이 아니라 여성에게도 영감을 부여하시며, 그 결과 여성 또한 예수의 탄생과 죽음, 그리고 부활을 온전히 선포할 수 있다고 확신한다. 실제로 그녀는 자신의 사역을 통해 이러한 확신이 입증된다고 말한다. 복음을 선포하는 자신의 설교를 통해 죄인들이 회개하고 회심하는 일이 반복되었으며, 많은 가정들이 복음을 받아들였다고 증언한다. 그녀는 하나님께서 "가난한 흑인 여성을 도구로 삼아" 자신의 말씀을 전하셨다고 고백한다(37).

그럼에도 불구하고 리는 한때 자신이 구원을 잃고 은혜에서 멀어질지도 모른다는 내적 불안과 두려움 속에서 깊은 영적 혼란을 겪었다고 회상한다(37). 그러나 그녀는 끊임없는 기도를 통해 이 불안을 하나님께 아뢰었고, 마침내 하나님께서는 그녀의 영혼 상태에 대해 확신을 주시는 환상을 통해 응답하셨다.

내가 무릎을 꿇고 있을 때 사람 손만 한 크기의 불꽃과 함께 어깨에서 발까지 흰 옷을 입은 한 남성이 나타나는 것을 믿음의 눈으로 보았다. 그에게서 음성이 들려왔다. "너는 결코 십자가에서 돌아서지 않을 것이다." 그 순간 이후로 나는 의심하지 않게 되었고, 하나님께서 구속의 날까지 나를 지켜주실 것이라는 확신을 갖게 되었다. 이제 나는 성 바울의 말을 인용하여 **그리스도 예수 안에 있는 하나님의 사랑에서 내 영혼을 끊을 수 있는 것은 아무것도 없다고 담대히 말할 수 있게 되었다**[롬 8:35-39]. 1807년 그때부터 지금, 1833년에 이르기까지 나는 성령의 성화와 진리에 대한 믿음을 통해 나를 타락하지 않도록 지키시는 하나님의 능력과 선하심을 단 한 번도 의심한 적이 없었다(37-38).

바울이 전한 복음의 핵심인 십자가는 리에게 확신과 자유를 주는 신적 도구로 작용했다. 그녀는 "너는 결코 십자가에서 돌아서지 않을 것이다"라는 음성을 들은 이후 십자가를 단지 고난의 상징이 아니라 구원을 위한 하나님의 능력으로 받아들였다. 그 능력은 그녀를 두려움에서 해방시키고, 하나님 앞에서 더욱 굳건히 서게 했다. 이제 그녀는 "성 바울의 언어를 인용하여" 하나님의 사랑에서 자신의 영혼을 끊을 수 있는 어떤 존재도 없다고 선언할 수 있게 되었다. 사도의 말은 이제 그녀 자신의 고백이 되었고, 그 고백은 두려움을 잠재우고 의심을 몰아내며, 하나님께서 결코 자신을 버리지 않으신다는 사랑의 깊이를 증언하는 말씀이 되었다.

그녀가 처음으로 설교 허락을 요청한 지 8년이 지난 뒤, 리처드 앨런은 이미 감독으로 임명되었다. 리는 그에게 다시 한번 설교 사역을 허락해 달라고 요청한다. 그녀는 "복음을 전할 수 있도록 허락을 요청한 지 8년이 지났지만, 그동안 나는 단지 권면만 하도록 허락받았고, 그것조차도 거의 할 수 없었다"고 회고한다(42). 그리고 그녀는 자신의 인생에서 사역자로서의 지위에 결정적인 전환을 가져온 중요한 순간을 이렇게 서술한다. 리처드 윌리엄스 목사가 전임 설교자로 있던 베델 교회에서 예배 중 윌리엄스 목사가 요나 2:9로 설교를 시작했으나, 결국 리가 그 자리를 대신하여 직접 설교하게 된 것이다.

> 그가 요나 2장 9절을 본문으로 설교를 시작하려던 바로 그 순간, 성령의 감동이 그에게서 떠난 듯 보였다. 바로 그때 나는 위로부터의 지시에 따라 윌리엄스 목사가 택한 바로 그 본문으로 설교하라는 전적으로 초자연적인 감동에 이끌려 자리에서 벌떡 일어섰다. 나는 회중에게 자신이 요나와 같다고 말했다. **주님께서 아담 족속의 타락한 아들과 딸들에게** 복음을 전하라고 나를 부르신 지 거의 8년이 지났지만[롬 5:14-19; 고전 15:22], 나 또한 요나처럼 주님의 명령을 따르기를 주저하며, 니느웨 사람들처럼 큰 죄를 지은 이들에게 경고하러 가는 일을 계속 미루어왔다고 고백했다. 내가 권면의 말씀을 전하는 동안 하나님께서는 그의 능력을 친히 드러내셨고, 이는 **하나님께서 내게 주신 은혜** [롬 12:3; 15:15; 참조. 고전 3:10; 엡 3:2, 7]와 능력에 따라 내가 그의 포도원에서 일하도록 부름받았음을 온 세상에 증명하기에 충분한 것이었다(44-45).

리가 이 예배에서 말할 수 있도록 힘을 준 "초자연적 감동"은 수년 전 그녀가 자신의 회심 경험을 공개적으로 말할 수 있었던 바로 그 감동과 동일한 것이었다. 당시에도 그녀가 선포하는 동안 "[남성] 목사는 침묵했다"(29)고 기록되어 있는데, 이번에도 마찬가지로 리의 신적 권능은 남성 목사를 침묵하게 만들었다. 이는 기존 교회 질서에 대한 하나님의 직접적인 개입을 의미한다.[150] 리가 인용한 "아담 족속의 타락한 아들과 딸들"이라는 표현은 바울이 아담의 행위가 전 인류에게 미친 보편적 영향을 설명하는 논리를 반영한다. 리는 이 신학적 틀 안에서 하나님께서 자신을 흑인과 백인, 남성과 여성을 막론하고 모든 사람에게 복음을 전하도록 부르셨다고 확신한다. 그녀는 자신의 소명을 요나와 연결할 뿐 아니라 바울과도 연결하며, 두 인물 모두 자신의 설교 사명을 이해하는 데 중요한 역할을 한다고 본다. 하나님께서 바울에게 은혜를 베푸신 것처럼, 이제 동일한 은혜가 리에게도 임하여 죄 많은 "니느웨의 백성"과 같은 "아담 족속의 타락한 아들과 딸들"에게 복음을 전하게 된 것이다. 이 사건 이후, 리처드 앨런은 리가 자신의 집과 초대받은 가정들에서 설교하고 기도 모임을 인도하는 것을 허락하지만, 흥미롭게도 그녀에게 안수는 허용하지 않는다.[151] 그럼에도 불구하고 리의 사역은 점차 확장되어 가정 집회를 넘어 학교와 같은 공공장소로 옮겨가며, 다양한 사회경제적 배경과 인종이 뒤섞인 청중을 대상으로 복음을 전하게 된다.

바울이 된 리: 예루살렘으로 파송된 흑인 여성 설교자와 "성령의 역사"

리는 자서전 전반에 걸쳐 하나님과의 신비로운 만남에 대한 생생한 증언과

---

150 다음도 보라. Bostic, *African American Female Mysticism*, 67.
151 "Jarena Lee," in *Preaching with Sacred Fire*, 161–62.

함께 만성 질환을 비롯한 다양한 질병과의 오랜 싸움을 공개한다. 그녀의 이야기는 비극으로도 가득하다. 단 6년이라는 짧은 기간 동안 남편을 포함한 가족 다섯 명을 잃고, 두 어린 자녀를 홀로 부양하게 된 것이다. 그러나 그녀는 "나는 과부의 하나님이 되겠고 고아의 아버지가 되리라"(시 68:5)고 하신 하나님의 말씀을 붙들고 신뢰한다(41). 이처럼 깊은 고난의 한가운데서도 리는 복음 선포의 사명을 멈추지 않는다. 그녀는 캐나다와 노스웨스트 준주(Northwest Territory)까지 여행하며 강력하고 열정적인 메시지를 전했고, 이로 인해 널리 알려진 설교자가 되었다.[152] 1835년, 그녀는 "700마일이 넘는 거리를 여행하며 거의 700번 설교했다"고 회고한다.[153]

자서전의 마지막 부분에서 리는 14년이 지난 뒤 자신이 태어난 케이프 메이로 돌아가고 싶었던 간절한 마음을 밝힌다. 그녀는 자신의 귀향을 바울의 경우에 빗대어 "주님께서 다소 사람 사울을 예루살렘으로 보내셔서 그가 회심하기 전에 외면하고 멸시했던 복음을 전하게 하신 것처럼 나도 이곳으로 보내셨다"(46)고 기록한다. 케이프 메이에서의 사역은 일부의 반대에도 불구하고 성공적으로 이루어졌고, 그녀의 설교는 사람들의 삶에 변화를 일으켰다. 사람들은 "흑인 여성 설교자의 설교에 호기심을 갖고"(46) 찾아왔고, 그녀는 "흑인과 백인이 모두 포함된"(47) 혼합된 청중 앞에서 말씀을 전했다. 실제로 그녀는 흑인에게는 영혼이 없다고 믿었던 남

152　"Jarena Lee," in *Preaching with Sacred Fire*, 162.
153　Andrews, *Sisters of the Spirit*의 서론, 6.

자 노예주를 만나게 되는데, 그는 그녀의 설교를 듣고 마음이 바뀐다. 그러나 "그가 실제로 회심했는지 여부"에 대해서는 알 수 없었다(47). 자서전의 끝맺음에서 리는 자신의 이야기가 초자연적인 만남들과 "성령의 역사"로 가득 차 있음을 고백하면서 이러한 이야기들이 일부 독자들에게는 불편하거나 믿기 어려울 수 있음을 솔직히 인정한다(48). 그러나 그녀는 시각을 잃은 이가 청각이나 촉각 등 다른 감각을 더 민감하게 사용하는 것처럼, 자신도 "영적" 감각을 개발하여 일반적인 방식과는 다른 방식으로 성령의 인도하심을 분별하고 느낄 수 있었다고 말한다. 그녀는 "성령의 역사를 더 면밀히 관찰함"으로써 이러한 감각을 훈련했고, 그 결과 성령이 자신을 어떻게 이끄시는지를 깨닫게 되었다고 고백한다. 그녀는 성령의 인도는 언제나 자신이 이해한 성경과 조화를 이루며 이루어진다고 주장한다. 그녀는 이 단락을 바울의 언어로 마무리하며, **"무릇 하나님의 영으로 인도함을 받는 사람은 곧 하나님의 아들이라**(롬 8:14)"(48)고 선언한다. 이 구절을 인용함으로써 그녀는 바울의 언어가 자신의 정체성을 설명한다고 선포한다. 곧 그녀는 하나님의 자녀이며, 성령께서 그녀에게 말씀하시고, 그녀를 통해 말씀하신다. 하나님의 영은 그녀를 인도하고, 그녀에게 권위를 부여하며, 그녀가 하나님께 속해 있음을 드러내신다.

윌리엄 L. 앤드루스(William L. Andrews)는 자레나 리의 자서전이 당시 노예주(州)와 자유주(州)를 막론하고 흑인과 백인 사회에서 전통적인 여성 역할에 도전하며, 여성의 영적 권위를 주장한 사례라고 평가한다.[154] 실제로 19세기 "미국의 '진정한 여성성 숭배'(cult of true womanhood)"는 여성이 머물러야 할 공간을 가정으로 한정했고, 남편과 자녀에 대한 의무를 방해할 수 있는 가정 외부의 활동은 위험한 것으로 간주되었다.[155] 이러한 여성관은 교회 조직에도 그대로 이어졌고, 여성들에게는 그들에게 "적합한" 것으로 여겨지는 특정한 지위만이 주어졌다. 예를 들어 리가 처음으로 리처드 앨런에게 자신의 설교 소명에 대해 이야기했을 때 그는 "여성은 권면을 통해 많은 선한 일을 해왔다"고 응답했다. 이는 그녀가 안수받을 권한은 없지만, 여성에게 주어진 권면자라는 제한된 역할에는 적합하다고 본 것이다. 그러나 권면자는 교회의 위계 구조에서 가장 낮은 지위에 속했고, 주일학교와 기도 모임을 인도할 수는 있었지만, 예배 시간에는 인도하는 목사가 정한 본문에 간단히 반응하는 정도의 발언만 허용되었다. 그 결과 "여성 권면자들은 회중에게 직접 설교하거나 성경을 가르치고 해석할 수 있는 권한을 얻기 위해 교회 내 남성 지도자들에게 의존할 수밖에 없었다."[156] 그럼에도 불구하고 리의 자서전은 그녀의 사역이 이러한 제한된 지위를 넘어 실질적으로 확장되었음을 보여준다.

따라서 리의 이야기는 여성의 영적 권위를 주장하고 전통적인 여성성에 도전한다는 점에서만 중요한 것이 아니다. 동시에 "미국의 조직화된 흑

---

154 Andrews, *Sisters of the Spirit*의 서론, 2.
155 Andrews, *Sisters of the Spirit*의 서론, 13.
156 Andrews, *Sisters of the Spirit*의 서론, 14.

인 종교 공동체 내에서 여성이 맡았던 전통적인 역할들과, 그에 대한 저항이 어떻게 표출되기 시작했는지를 보여주는 가장 초기의, 그리고 가장 상세한 1차 자료"라는 점에서도 큰 역사적 가치를 지닌다.[157] 우리가 살펴본 바와 같이 이 초기 문서는 바울의 언어가 어떻게 전통적인 여성 역할뿐만 아니라 인종차별적 믿음과 고정관념에 대한 저항의 도구로 기능했는지를 보여주는 중요한 근거 자료가 될 수 있다. 리의 혁신적인 자서전은 그녀가 전통적인 여성 역할에 순응하지 않았을 때 어떤 형태의 저항에 직면했는지를 보여주며, 동시에 그 저항에 맞서기 위해 바울의 언어를 어떻게 창의적으로 활용했는지를 드러내는 귀중한 통찰을 제공한다.

자레나 리에게 있어 바울의 언어는 그녀가 경험한 신적 만남과 하나님께서 주관하시고 계획하신 삶과 소명을 살아가는 성령 충만한 여성의 존재를 서술하는 수단이 된다. 그녀는 자신을 억압하는 사회 속에서 담대하게 복음을 선포하는 흑인 여성으로서의 경험을 바탕으로 바울의 언어를 능동적으로 받아들이고 재구성하였으며, 그렇게 바울의 언어는 곧 그녀 자신의 언어가 된다. 그녀는 자신의 사역 가운데 나타난 성령의 역사를 통해 흑인에게는 영혼이 없다고 믿었던 노예제 사회의 인식을 변화시킬 수 있었다. 성령께서는 그녀를 통해 흑인 여성 또한 하나님의 말씀을 전할 수 있음을 증명하셨다. 흑인 여성인 그녀가 바울과 유사한 황홀한 체험을 했다는 사실은 이러한 신적 경험이 바울 개인 혹은 남성에게만 국한된 것이 아니라 흑

---

157 Andrews, *Sisters of the Spirit*의 서론, 2.

인 여성을 포함한 모든 여성에게도 열려 있으며, 그들이 단지 참여할 수 있을 뿐만 아니라 기꺼이 환영받는 대상임을 보여준다. "너는 성화되었다!"는 하나님의 말씀은 그녀의 자서전을 읽는 독자들에게도 크고도 분명한 울림으로 전달된다. 리는 사도의 언어를 사용함으로써 인간의 억압과 배제 속에서도 하나님의 개입이 실제로 일어날 수 있음을 담대히 증언한다.

질파 일로(1790[?]-?): 유명한 초기 흑인 여성 설교자

질파 일로(Zilpha Elaw)는 자레나 리와 마찬가지로 19세기 초 미국에서 활동한 흑인 여성 설교자였다.[158] 약 1790년경 필라델피아 근처에서 자유 흑인으로 태어난 그녀는 퀘이커 교도 부부의 하인으로 일하면서 "19세기 초 농장에서 혹독한 농사일을 견뎌냈다."[159] 일로는 성별과 인종을 이유로 남성과 여성 모두에게서 거센 반대에 직면했음에도 불구하고, 담대하게 복음을 선포한 소수의 흑인 여성 설교자 중 한 사람이었다. 일로는 동료 여성 설교자인 자레나 리와 적어도 한 차례 이상 함께 설교한 적이 있으며,[160] 수많은 설교를 전했으나 안타깝게도 그중 어느 것도 오늘날까지 보존되어 있지

---

158 Elaw의 사망 연도는 정확히 알기 어렵다. 1846년 이후 그녀에 대한 기록이 전해지지 않기 때문이다. Simmons and Thomas, *Preaching with Sacred Fire*, 168의 "Zilpha Elaw"를 보라.
159 Pierce, *Hell without Fires*, 90; 참조. 89; "Zilpha Elaw," in Simmons and Thomas, *Preaching with Sacred Fire*, 167.
160 "Zilpha Elaw," in Riggs, *Can I Get A Witness?*, 11. Andrews, *Sisters of the Spirit*에 따르면 "자레나 리와 질파 일로는 둘 다 펜실베이니아 서부에서 전도 활동을 하던 중 만났다. 리는 그들이 임시 설교 팀으로서 '좋은 시간을 함께 보냈다'고 회상한다"(6).

않다. 자신의 회심과 사역 여정을 기록한 자서전『미국 흑인 여성 질파 일로 부인의 생애, 종교적 경험, 선교 여정 및 사역에 대한 회고록: 미국에서 일어난 위대한 종교 부흥에 대한 일부 기록[자필 원고]』(*Memoirs of the Life, Religious Experience, Ministerial Travels and Labours of Mrs. Zilpha Elaw, an American Female of Colour: Together with Some Account of the Great Religious Revivals in America [Written By Herself]*)에서 일로는 설교자로의 소명, 회심 경험, 그리고 이후의 여정을 상세히 서술하고 있다. 이 자서전에서 그녀는 바울의 언어를 광범위하게 수용하고 변형한다.[161] 그녀는 자서전 전반에 걸쳐 하나님과의 다양한 초자연적 만남들―오늘날 흔히 "신비적 체험"이라고 불리는―을 묘사한다.

질파 일로의 자서전에 드러난 바울적 성격

자서전의 시작부터 끝까지, 질파 일로는 일관되게 바울의 언어를 사용하여 자신의 삶과 놀라운 초자연적 체험을 서술하고, 자신의 소명과 사역을 바울과 그의 사역의 관점에서 반복적으로 조명한다. 실제로 자서전 표지에 인용된 고린도후서 3:5("우리가 무슨 일이든지 우리에게서 난 것 같이 스스로 만족할 것이 아니니 우리의 만족은 오직 하나님으로부터 나느니라")은 이후 전개될 바울적 언어 사용을 예고하는 선언처럼 기능한다.[162] 일로가 자신을 사도 바울

---

161 Elaw의 자신의 자서전에 바울의 인용과 암시를 백 회 이상 포함하고 있다.
162 Elaw, *Memoirs*, reprinted in Andrews, *Sisters of the Spirit*, 49. 이후부터는 Andrews의 책에 수록된 쪽수를 본문 괄호 안에 표기한다.

과 연관 지어 이해하고 있음을 가장 뚜렷하게 보여주는 대목은 헌정사다. 그녀는 자서전을 영국에 있는 친구들에게 헌정하면서 그 서문을 바울 서신의 형식으로 구성한다. 그녀는 바울 특유의 인사말로 헌정을 시작하고, 고린도후서 13:14을 온전히 인용하는 것으로 마무리한다. 이 서문에는 바울 서신의 핵심 구절들이 여러 차례 인용되는데, 일로는 자신을 "연약함 속에서 드러나는 하나님의 능력"(고후 12:9)의 본보기로 묘사하며, 하나님께 부름받은 자로서 바울의 사명을 계승하고 있음을 다음과 같은 권면으로 드러낸다. "너희가 부르심을 받은 고귀한 소명에 합당하게 행하라"(엡 4:1)(51), **"돈을 사랑함이 일만 악의 뿌리가 되나니 이를 버리라"**(딤전 6:6), 그리고 **"모퉁잇돌이신** 예수 그리스도 위에 삶의 기초를 세우라"(엡 4:4)는 것이다. 이러한 헌정사와 함께 자서전 표제 구절로 고린도후서 3:5을 선택한 결정은 바울 사도가 일로의 삶과 소명을 이해하는 데 있어 얼마나 중심적인 역할을 했는지를 잘 보여준다.

일로의 회심

일로의 자서전은 그녀의 회심 이야기로 시작된다. 그녀는 신앙의 여정을 시작할 무렵, 자신의 죄에 대한 깊은 자각으로 인해 극심한 내적 고통을 경험했다고 회고한다. 바울의 언어를 반영하며, 그녀는 자신이 "하나님의 명령에 불순종함으로써 하나님을 슬프게 한 죄에 대해 **경건한 슬픔**"[고후 7:10]을 느꼈다고 말한다(55). 이 깊은 슬픔이 시작되던 시기, 일로는 심판에 관한 꿈을 꾸고, 그로 인해 큰 괴로움에 빠진다. 그녀는 이 경험을 여주인에게 나누지만, 여주인은 그저 잊으라고 말할 뿐이었다. 이후 일로는 감리교 모임에 참석하기 시작했고, 그곳에서 "큰 만족을 얻었으며", 동시에 퀘이커 모임에도 참석하여 "종종 그들이 전하는 말씀에서 위로를 얻었다"고 회고한다(55). 그녀는 날마다 하나님께 죄 사함의 확신을 달라고 간구했고, 마침내 하나님은 환상을 통해 그녀의 기도에 응답하셨다. 일로는 이 체험을 다음과 같이 묘사한다.

> 어느 날 저녁, 내가 시온의 노래 중 하나를 부르고 있을 때 주 예수께서 두 팔을 벌리신 채 내게 다가오시는 모습을 분명히 보았다. 그분의 얼굴에는 지극히 거룩하고 천상적인 미소가 가득했고, 마치 "나는 네 기도를 들었다. 나는 너를 인정한다"고 말씀하시는 것처럼 느껴졌다. 그날 이후로 지금까지 나는 주님의 사랑이 내 영혼에 임하셨다는 사실을 단 한 번도 의심한 적이 없다. 내가 그렇게 말할 수 있는 이유는 그 일이 일어났을 때 내가 소 외양간에서 젖을 짜고 있었기 때문이다. 그런데 주님의 임재가 너무나도 분명하여, 심지어 외양간의 짐승들조차 고개를 돌리고 땅에 머리를 조아리며 엎드리는 모습을 보았기 때문이다. 오, 나는 그 장면을 결코, 결코 잊을 수 없다.…처음에는 그것이 단지 내 마음의 눈에만 보이는 환상일지도 모른다고 생각했다. 그러나 짐승들마저 나처럼 고개를 돌려 주위를 두리번거리다가 마침내 그 광경을 바라보고 무릎을 꿇고 엎드리는 모습을 보았을 때, 나는 그것이 신적 현현임을 확신하게 되었다. 나는 그 광경의 경이로움에 압도되었지만, 그것은 의심할 여지 없이 진실한 사건이었다. 나는 지금 하나님과 그리스도 앞에서 이 글을 쓰고 있으며,

최후의 심판 날 나의 심판자 앞에서 이를 증언하게 될 것을 알기에, 이 작은 책에 기록한 모든 내용을 양심에 따라 진실하게 적었으며, 한 치의 거짓도 없이 오직 진실만을 담았음을 분명히 밝힌다. 이토록 자신을 낮추어 겸손하게 나에게 임하신 구주의 놀라운 현현 이후, 모든 지각을 뛰어넘는 하나님의 평강[빌 4:7]이 내 마음에 임했고, 성령 안에 있는 기쁨[롬 14:17]이 말로 다 표현할 수 없을 정도로 충만하게 내 안에 가득 찼으며[고후 2:4], 그것은 내 언어로 형언할 수 없고, 내 이해를 넘어섰다. 그 복된 순간 이후로 내 영혼은 영광스러운 자유를 누리게 되었고[롬 8:21], 나는 에티오피아 내시처럼 빛 가운데 있는 성도들과 함께 더 나은 유업을 소망하며 기쁨으로 나의 길을 걸었다. 사랑하는 독자들이여, 이것이 바로 내 영혼이 하나님께로 회심하게 된 과정이었다(56-57).

일로의 극적인 회심 체험은 그 비범함으로 인해 자연계의 동물들조차 그녀의 신적 만남을 증언하게 되는 장면으로 확장된다. 그녀를 짓누르던 내면의 고통은 이 신적 체험 이후 사라지고, 말로 표현할 수 없는 평안과 기쁨이 그녀의 내면을 가득 채운다. 바울의 언어는 일로가 자신의 회심을 신적 기원, 신적 체험, 신적 변화를 통해 일어난 사건으로 묘사할 수 있는 틀을 제공해준다. 사도행전에서 다메섹 도상에서 예수와 인격적으로 만난 바울처럼, 일로 역시 두 팔을 벌려 자신을 맞아주시는 예수와 인격적인 만남을 경험한다.[163] 이 체험은 그녀의 삶에 깊은 전환점을 남기며, 그녀는 사도의 언

---

163 이 책에 등장하는 다른 해석자들과 마찬가지로 Elaw 역시 사도행전의 바울, 바울의 진서로

어를 빌려 다음과 같이 고백한다. "**성령을 통해 하나님의 사랑을 내 마음속에 부어 주셨고**[롬 5:5], 내 영혼이 하늘의 평화와 하나님 안에 있는 기쁨으로 가득 차 크게 감격하였으며, 그 결과 나의 환경과 처지로 인해 겪었던 이전의 모든 고난은 사라져버렸다"(57).

일로에게 있어 회심은 그녀의 존재 전체를 새롭게 규정짓는 사건이었다. 회심은 그녀에게 평화와 기쁨, 사랑과 자유를 가져다주었을 뿐 아니라 하나님의 자녀됨—곧 양자로 입양된 새로운 정체성—을 부여해주었다. 회심 이후 그녀는 하나님과 깊고도 지속적인 친교 속에서 살아가게 되었으며, 이 친밀한 관계를 "습관적인 교제(habitual communion)"라고 표현한다. 그리고 이러한 친교는 양자로서의 자기 인식과 밀접하게 연결되어 있다(58). 그녀는 이렇게 고백한다. "나의 기쁨은 성령의 인도하심을 따르고, 성령의 지시에 순종하며, 나의 몸과 영으로 하늘에 계신 아버지를 영화롭게 하는 것이었다. 나는 **양자의 영**[롬 8:15]을 받아 풍성하게 누렸고, 하나님께서 사랑으로 입양하신 양자임을 깨달았으며, 하나님을 나의 아버지로, 그의 아들 예수를 나의 사랑하는 친구로 여기게 되었다. 나는 내 형제보다 더 큰 선하심으로 나를 신실하게 붙들어주신 나의 복된 구주이자, 구속자이자, 중보자이자, 후원자이신 예수와 함께, 세상이 결코 상상할 수 없는 즐겁고 기쁜 하늘의 교제를 누렸다"(60).

여겨지는 서신들 속의 바울, 그리고 진서 여부가 의심되는 서신 속의 바울을 구분하지 않는다. 이러한 구분은 현대 성서학에서는 일반적인 것이지만, 그녀의 해석에서는 그러한 구별이 적용되지 않는다.

일로는 바울이 사용한 "양자의 영"이라는 표현을 통해 자신의 새로운 정체성을 신학적으로 서술할 수 있었고, 이 정체성을 전적으로 받아들이며 살게 되었다. 그녀는 이제 하나님의 자녀로서, 예수의 친구로서, 성령의 인도하심을 따라 살아가는 존재이며, 그 삶은 단지 현세적 실존에 머물지 않고 신적 차원의 삶에 접속하는 여정이다. 그녀는 이제 하나님의 가족의 일원이 된 것이다.

일로의 전도 집회 경험

1817년, 일로는 한 전도 집회에 참석하여 하나님과 다시금 깊은 만남을 경험하게 된다. 이 사건은 그녀의 삶에 중대한 전환점이 되었으며, 그녀를 공적인 종교 활동으로 이끄는 계기가 되었다. 일로는 이 경험을 바울의 언어를 빌려 다음과 같이 서술한다.

> 이 전도 집회의 한 모임에서 하나님께서는 **내 영혼을 따로 구별하시고, 주인이 쓰시기에 합당한 귀한 그릇으로 나를 깨끗하게 하셨다**[딤후 2:21]. 그 기쁜 날에 내가 몸 안에 있었는지, 몸 밖에 있었는지는 알 수 없었지만[고후 12:2-3], 분명히 기억나는 것은 한 목사가 강단에서 매우 강력한 설교를 마친 뒤 회중이 기도하던 중, 하나님의 임재에 완전히 압도되어 내가 땅바닥에 엎드린 채 오랜 시간 동안 그곳에 누워 있었다는 것이다. 그 땅에 엎드려 있는 동안 내 영혼이 마치 태양의 밝은 빛 속으로 들어 올려지는 것 같았고, 나는 그분의 영광스러운 눈부심에 둘러싸인 채 "이제 너는 깨끗해졌으니, 네가 해야 할 일을 보여주

겠다"는 분명한 음성을 들었다.…나는 몇 시간 동안 땅 위에 있지 않은 듯, 세상의 모든 것을 넘어선 더 높은 곳에 있는 느낌을 받았다. 그전까지 나는 전도 집회에서 한 번도 공개 기도를 드려본 적이 없었다. 그러나 그날 이후, 기도회가 시작되자 주님께서 내 입을 여셔서 처음으로 사람들 앞에서 기도하게 하셨다.…이후 나는 전도 집회의 공적인 모임에서 "**은혜의 보좌**[히 4:16] 앞에 간구를 드려달라"는 요청을 받게 되었고…전도 집회가 끝나기 전, 성령께서는 내게 계시하시기를[고전 2:10; 엡 3:5], 마치 뵈뵈처럼[롬 16:1] 또는 사도 시대의 여성 지도자들처럼 나도 가정을 방문하고 그곳의 성도들에게 영혼의 구원과 영생에 관한 중요한 진리를 전하고, 병자를 돌보며, 다양한 주의 일과 봉사에 힘써야 한다고 말씀하셨다. 나는 이 부르심을 기쁜 마음으로 받아들이고 순종했으며, 내가 방문하는 대상은 가난한 자들에 국한되지 않고, 점차 부유한 이들, 심지어 나라의 고위층에까지 확장되었다. 주님께서는 내 사역 가운데 나와 함께하셨고, 내 수고를 인정하시며 복을 내려주셨다. 나는 마치 에녹처럼 하나님과 동행하며 대화를 나누는 삶을 살았다(66-67).

하나님은 일로를 바울에게 하셨던 것처럼 따로 구별하여 세우시고, 자신의 도구로 쓰시기 위해 깨끗하게 하셨다. 그녀가 경험한 계시는 사도 바울의 체험을 반영한다. 특히 신적 만남의 순간, 자신이 몸 안에 있었는지 몸 밖에 있었는지 알지 못했다는 고백은[164] 고린도후서에서 바울이 셋째 하늘

---

164 다음도 보라. Mitzi Smith, "Unbossed and Unbought': Zilpha Elaw and Old Elizabeth and a

로 이끌려간 체험을 서술하는 장면을 떠올리게 한다. 일로 역시 신적 영역으로 들어 올려지는 황홀경을 경험하고, 이 체험 이후에는 강력한 공적 기도의 능력을 부여받아 자주 기도자로 초청받게 되었다. 이러한 체험은 그녀가 성령과 긴밀한 교제를 나누고 있음을 보여주는 또 하나의 증거다. 성령께서 로마서 16:1에서 바울의 동역자로 언급된 뵈뵈에게 사역의 소명을 주신 것처럼, 일로에게도 사역자로서의 부르심을 주셨다. 그녀는 자신의 사역이 가난한 이들뿐 아니라 부유한 사람들, 그리고 사회적으로 저명한 인사들에게까지 확장되었음을 증언한다. 하늘로 이끌려 올라간 이 신비로운 체험은 그녀로 하여금 바울과 뵈뵈는 물론, 에녹과도 자신을 동일시하게 되는 계기가 되었다. 하나님께서 자신을 깨끗하고 거룩하게 하셨다는 확신과 계시적 만남을 통해 그녀는 뵈뵈처럼 사역자로서의 정체성을 자각하게 되었고, 동시에 신적 이동을 경험한 또 다른 인물인 에녹과 유사한 존재로 자신을 이해하게 되었다. 결국 바울의 경험을 닮은 이 특별한 체험은 그녀로 하여금 다양한 성경 인물들과 자신을 동일시하는 만드는 신학적 자기 이해의 토대가 되었다.

    중요한 것은 일로가 바울과 유사한 신적 체험을 통해 공적으로 발언할 수 있는 권위를 얻게 되었고, 대중으로부터 그것을 인정받았다는 점이다. 여성이 전통적인 역할에 머물러야 했고, 특히 흑인 여성에게는 공적 발언

Political Discourse of Origins," *Black Theology: An International Journal* 9, no. 3 (2011): 298. 이 자료를 알려준 Emerson Powery에게 감사드린다.

의 기회조차 거의 허락되지 않던 시대에, 일로는 바울과 닮은 계시적 경험을 통해 자신의 목소리를 내고 증언할 수 있는 권한과 능력을 부여받은 것이다. 그녀가 처음으로 대중 앞에서 기도 사역을 펼친 이후, 전도 집회 참석자들이 자발적으로 그녀에게 기도를 요청한 것은 그녀의 새로운 정체성과 지위가 공동체 내에서 수용되었음을 보여주는 강력한 증거다. 흑인의 인간성조차 인정받지 못했고, 심지어 그들에게 영혼이 있다는 사실조차 부정되던 사회에서 일로는 여성성과 아프리카계 미국인의 존재를 둘러싼 지배적인 통념과 억압적 규범을 깨뜨리는 전복적인 인물이 되었다. 그녀의 사역은 그녀가 경험한 신적 만남의 성격을 고스란히 드러낸다. 그녀가 신적 체험 속에서 지상과 천상의 경계를 넘나들었듯, 그녀의 사역 역시 남성과 여성, 흑인과 백인 사이에 설정된 경계를 허무는 일이었다.

일로의 설교 소명과 그에 대한 반대

일로가 자신의 이야기에서 묘사하는 또 하나의 특별한 사건은 죽음을 앞둔 여동생을 찾아간 일이다. 임종 직전의 여동생은 일로에게 하나님께서 그녀를 복음을 전하는 사역자로 부르셨다고 전한다. 이 말을 들은 일로는 큰 충격을 받았고, 마음이 심히 혼란스러워진다. 여동생이 세상을 떠난 후에도 그녀는 이 소명을 받아들이는 문제로 깊은 내적 갈등을 겪는다. 일로는 설교자로서의 부르심이 자신에게 얼마나 큰 시련이었는지를 다음과 같이 고백한다. "분명하고도 단호한 내 동생의 말과, **부르심을 받은 자들 가운데 지혜 있는 자나 부유한 자나 존귀한 자가 많지 않으며, 하나님은 오히려 세**

상의 미련한 것들을 택하사 지혜 있는 자들을 부끄럽게 하시고, 세상의 약한 것들을 택하사 강한 것들을 부끄럽게 하신다[고전 1:27]는 성경 말씀에도 불구하고, 나는 당시에는 하나님께서 나처럼 가난하고 무지한 피조물을 택하셔서 그의 사자로 임명하실 것이라고는 상상하지 못했다"(75).

이처럼 바울의 말씀에도 불구하고, 일로는 자신이 하나님의 소명을 감당할 자격이 없다고 느꼈기에 복음을 선포하라는 하나님의 부르심에 의문을 품게 된다. 그 결과 그녀는 스스로 2년 동안 설교하지 않기로 결심하고, 그 결심의 대가로 병에 걸리게 된다. 그녀는 이 병이 하나님의 부르심에 대한 자신의 불순종에 대한 징계라고 믿고, 간절하게 기도하기 시작한다. 그 기도 가운데 하나님은 그녀에게 또 하나의 환상을 보여주신다. 그 환상 속에서 하나님은 그녀에게 치유를 약속하시며, 가까운 장래에 다시 전도 집회에 참석하게 될 것이고, 그 자리에서 그녀를 향한 하나님의 뜻이 분명히 드러나게 될 것이라고 말씀하신다(76-79). 기적적으로 회복된 일로는 실제로 전도 집회에 참석하게 되고, 그 자리에서 다시금 하나님의 강력한 임재에 사로잡히게 된다. 그리고 바로 그때부터 그녀는 복음을 전하는 사역을 본격적으로 시작하게 된다.

나는 즉시 밖으로 나가 천막 문 앞에 섰고, 내 의지라기보다는 내면 깊은 곳에서 울려오는 설득과 권유에 이끌려 나도 모르게 큰 소리로, 아직 강단 근처에 남아 있던 사람들에게 권면하기 시작했다. 그 자리에는 내가 한 번도 함께 만난 적이 없던 수많은 목사들이 있었고, 나는 마치 하나님께서 하늘과 땅의 증인들을 불러모아…이 날 내게 주어진 사명과, 그분께서 내게 거룩한 복음을 전할 자격을 주셨다는 사신을 증언하게 하시는 듯한 감동을 받았다. 나는 바로 직전에 선포된 말씀—"**그러므로 이제 우리는 그리스도를 대신하는 사신입니다**"[고후 5:20]—이 얼마나 적절한 본문이었는지 깨달았다. 목사들은 놀라움과 경이로움 속에 내 말을 경청했고, 하나님의 놀라운 역사를 체험하면서 그들의 눈에서는 눈물이 뺨을 타고 흘러내렸다. 권면을 마친 후 나는 자리에 앉아 눈을 감고 있었는데, 곧 **환한 빛이 내 안과 내 주위를 환히 비추었다**[행 9:3]… 그리고 그 빛 속에서 몇 달 전 병상에서 내게 말씀하셨던 동일한 음성이 다시 들려왔다. 그 음성은 전도 집회 가운데서 "이제 너에 대한 하나님의 뜻을 네가 알았으니, 너는 복음을 전하며 여러 지역으로 두루 다녀야 한다"고 말씀하셨다. 이것이 내가 받은 사명이었으며, 이 사명은 **사람에게서 받은 것이 아니라** [갈 1:11-12] 하나님께로부터 받은 것이다. 그것은 보이지 않는 천상의 음성으로부터 직접 들은 부르심이었다(82).

일로의 공식적인 설교 사역은 이 전도 집회에서 시작된다. 이 자리에서 그녀는 놀라움과 경이로움 속에 그녀를 바라보는 수많은 목회자들 앞에서 복음을 전한다. 그 장면은 사도행전에서 극적인 빛 가운데 부르심을 받은 바울의 경험을 떠올리게 한다. 빛이 비추이는 가운데 일로는 하나님께서 자신을 이 시대와 이 장소를 위한 선택된 그릇으로 세우셨음을 확신하게 된다.¹⁶⁵ 나아가 자신의 사도직과 복음이 사람에게서 난 것이 아니라 하나님 으로부터 비롯되었다고 선언했던 바울처럼, 그녀 역시 자신의 부르심과 사역이 하나님으로부터 유래한 것임을 주장한다. 그녀가 대중 앞에서 전한 권면은 그녀가 그리스도를 위한 하나님의 대사로 임명되었음을 분명히 보여준다.

그녀의 소명이 바울을 닮아 있는 것처럼, 그에 따르는 반대와 저항 또한 매우 유사했다. 전도 사명을 받아들인 이후 일로는 주변 사람들의 반응을 회고하며 이렇게 기록한다. "요셉처럼 나 역시 나의 꿈 때문에 미움을 받았고, **바울처럼 아무도 나와 함께하며 나를 지지해주지 않았다**[딤후 4:16]"(83). 친구들뿐 아니라 남편의 반대에도 직면했던 그녀는 인내로써 복음 전파를 멈추지 않았고, 심지어 자신이 언제든지 붙잡혀 다시 노예가 될 수도 있는 노예주(州)들로 전도 여행을 떠나기도 했다. "내가 노예제를 시행하는 노예주(州)에 도착했을 때 사탄은 내 피부색과 생김새 때문에 그 주의 법에 따라 체포되어 노예로 팔려갈 수 있다는 두려움을 갖게 하여 내 영혼을 심히 괴롭히고 불안하게 했다"(91). 윌리엄 앤드루스는 이러한 두려움이 실제적인 위협이었다고 지적한다. 남부에서는 "자신의 자유인 신분을 증명하지 못하는 자유 흑인"을 투옥하거나 매매하는 것이 합법이었으며,¹⁶⁶ 1840년 버지니아 대법원은 "외관상 흑인으로 보이는 사람은 노예

---

165 다음도 보라. Pierce, *Hell without Fires*, 101.
166 Andrews, *Sisters of the Spirit*, 241n19.

로 추정한다"는 판결을 내린 바 있다.[167] 게다가 일부 주에서는 자유인이든 노예든 흑인의 종교 집회를 여는 것을 금지하는 법까지 존재했으며,[168] 일로는 전도 활동을 이유로 최대 39대의 공개 채찍질을 받을 수도 있었다.[169] 그러나 이러한 위협과 두려움에도 불구하고 그녀는 복음 전파의 사명을 멈추지 않았다. 일로는 아프리카 노예들과 노예소유주들을 대상으로 설교를 이어갔고, 그 사역은 매우 성공적이었다. 많은 이들이 하나님께로 돌아오고 회심하는 역사가 일어났다. 일로는 자신이 복음을 전했던 여러 주에서의 사역을 바울의 언어로 설명하며, **바울이 질그릇에 비유되었던 것처럼 자신 또한 질그릇이라고 말한다**(고후 4:7). **바울에게 복음 전도의 효과적인 문이 열렸던 것처럼, 자신이 다닌 전도 여행에서도 하나님께서 복음을 전할 수 있는 문을 열어주셨다**고 고백한다(고전 16:9).[170] 또한 **바울의 약함을 통해 하나님의 능력이 드러났듯**, "비천한 흑인의 몸"을 지닌 자신의 연약함 또한 **하나님의 능력이 드러나는 통로가 되었다**고 증언한다(고후 4:7)(92).

---

167 Andrews, *Sisters of the Spirit*, 241n19.
168 Andrews, *Sisters of the Spirit*, 241n19; Pierce, *Hell without Fires*, 93.
169 Andrews, *Sisters of the Spirit*, 241n19.
170 Elaw, *Memoirs*, 92은 다음과 같이 말한다. "주님께서 내게 말씀을 전할 수 있는 크고 효과적인 문을 열어주셨다. 그곳에서 몇 주 동안 사역한 후 나는 미국의 수도 워싱턴으로 떠났다.…이곳에서도 나는 큰 결실을 거두며 사역했다. 많은 이들이 죄 사함을 통해 구원의 지식을 얻었고, 성령의 선물을 받았다. 이처럼 보잘것없는 질그릇과 같은 내가 그 도구가 되었다. 이후 나는 남쪽으로 여행을 계속하여 버지니아주로 들어갔다.…나는 그곳에서 두 달을 머물며, 주님의 손에 붙들린 겸손한 일꾼으로서 그분의 백성 가운데 많은 이들을 큰 부흥으로 일깨우는 데 쓰임 받았다. 미약하고 능력 없는 흑인 여성이라는 나의 존재는 오히려 그 능력의 탁월함이 하나님께 있음을 더욱 분명히 드러내는 증거가 되었다."

일로는 고린도전서 1:27의 말씀을 인용하며, 흑인 여성이 설교하고 가르치는 모습을 본 백인들의 반응을 회고한다. "많은 노예소유주들은⋯ 천하고 교육받지 못한 흑인 노예 혈통에 속한 한 사람(그것도 여성)이 그들의 영토에 들어와서 계몽된 소유주들에게 **하나님에 대한 지식**을 가르친다는 사실을 매우 이상하게 여겼다[롬 11:33; 고전 15: 34; 고후 10:5; 골 1:10].⋯그러나 **하나님은 세상의 약한 것들을 택하사 강한 것들을 부끄럽게 하셨다**[고전 1:27]"(92). 그녀는 자신이 유창한 언변을 갖추고 있지 않다는 점을 인정하면서도, 사도 바울의 언어를 빌려 자신이 전하는 말이 "성령의 나타나심과 능력으로 하는 것"이라고 고백한다(고전 2:4). 이는 "그리스도의 영과 능력"이 그녀로 하여금 "[청중의] **마음속 숨은 일들을 드러내게**" 하시고, "**그들이 행한 모든 일**"을 그들에게 말하게 해주셨기 때문이다(92). 윌리엄 앤드루스는 일로가 요한복음 4:7-30에서 예수께서 사마리아 여인에게 "[그녀가] 지금까지 한 모든 일"을 말씀하신 장면과 자신을 비교하고 있다고 통찰력 있게 관찰한다. 앤드루스에 따르면 일로는 자신을 사마리아인들을 향한 그리스도의 구원 사명과 동일시하고 있는 것이다.[171]

이러한 해석은 유력하지만, 동시에 바울의 언어를 광범위하게 사용하는 일로의 서술 방식을 고려할 때 이 대목에서 그녀는 자신이 고린도전서 14장에서 바울이 설명한 성령의 은사 가운데 하나인 예언의 은사를 행하고 있다고 이해했을 가능성도 있다. 바울은 예언을 고린도 교회에서 나타

---

171 Andrews, *Sisters of the Spirit*, 241n20.

난 초자연적인 χάρισμα(카리스마) 가운데 하나로 설명하며, 이 은사를 받은 자들이 겪는 경험을 다음과 같이 묘사한다. "그 마음의 숨은 일들이 드러나게 되므로 엎드리어 하나님께 경배하며 하나님이 참으로 너희 가운데 계신다 전파하리라"(고전 14:25). 일로는 자신의 사역을 "그들의 마음의 숨은 일들을 드러내다"라는 표현으로 기술함으로써 자신이 하나님의 영에 의해 청중의 은밀한 내면을 밝히 드러내는 예언자로 활동하고 있음을 암시한다. 더 나아가 고린도전서의 맥락에서 예언을 듣는 사람들은 그 예언자가 하나님께 속한 자임을 확신하게 되며, 이는 그가 타인의 내면의 생각과 은폐된 동기를 드러내기 때문이다. 이러한 배경에서 볼 때 노예 신분의 흑인 여성이었던 일로에게 이러한 성령의 은사는 그녀의 설교에 정당성과 권위를 부여하는 중요한 수단이 되었을 것이다. 예언을 통해 나타나는 성령의 신적 능력은 "진실로 하나님이 [그녀] 가운데 계신다"는 증표로 작용했기 때문이다. 실제로 일로는 자신의 사역의 성공을 바울의 언어로 기술한다. "나는 이 사람들에게 너무도 경이로운 존재가 되어 어디를 가든지 주목의 대상이 되었다.…사람들은 진리를 더욱 간절히 갈망했고, **흑암의 권세에서 하나님의 사랑하는 아들의 나라로 옮겨지는** 이들의 수가 매우 많았다(골 1:13)"(92-93). 이와 같은 진술은 일로가 요한복음의 사마리아 여인 서사와 고린도전서에 등장하는 예언의 은사를 하나로 결합하고 있음을 시사한다. 그녀는 자신이 그리스도의 발자취를 따르고 있다고 묘사하는데, 이는 그리스도께서 사마리아인들을 향한 구원 사명을 시작하신 것처럼, 그녀도 노예주(州)에 속한 이들을 향한 사명을 감당하고 있다는 자의식을 드러낸다.[172] 또한 중요한 점은 다소 출신의 설교자 바울처럼 일로 역시 성령의 강력한 임재를 통해 자신의 사역에 권위와 정당성을 부여받았다는 것이다.

일로의 사역에서 나타난 기적들과 여성을 향한 바울의 명령에 대한 그녀의 해석

일로는 성령의 인도하심 아래 복음 선포의 능력을 받았을 뿐 아니라 자신의 사역을 통해 실제적인 기적이 일어났다고 증언한다. 어느 날 애덤스 부인이 중병에 걸려 일로를 만나기를 요청했는데, 흥미롭게도 일로는 그녀의 집에 도착하자마자 극심한 통증을 느끼고 의식을 잃은 채 실신하게 된다. 정신을 되찾은 후 일로는 애덤스 부인의 방으로 들어갔고, 가족들은 모두 임종을 지켜보기 위해 자리를 지키고 있었다. 그녀는 이때의 상황을 "큰 권능이 임한 시간"이었으며 "온 가족이 눈물에 잠겼다"고 묘사한다(110). 집을 떠나기 직전 애덤스 부인의 여동생이 "언니가 살아날까요, 죽을까요?"라고 묻자 일로는 "저는 그녀가 회복될 것이라고 생각합니다. 기도하는 동안 하나님께서 저에게 그렇게 보여주셨습니다"라고 대답한다. 실제로 애덤스 부인은 기적적으로 회복되었고, 일로는 이 사건이 자신의 사역에 신적 정당성을 부여하는 전환점이 되었다고 평가한다. "애덤스 부인은 훨씬 더 좋아졌다.…이 사건은 도시 주민들에게 큰 충격을 주었다. 그들은 하나님께서 나의 기도에 응답하셔서 병자를 고치신다는 사실을 매우 이상하게

---

172 Andrews, *Sisters of the Spirit*, 241n20.

여겼다. 애덤스 부인의 회복 소식은 거리에서 거리로 빠르게 퍼져나갔고, 내 사역을 저지하고 침묵시키려 했던 존경받는 목사들은 완전히 당황했고, 그들의 반대는 사라졌다"(110-11). 이 대목에서 일로는 자신을 침묵시키려 했던 이들이 기적 앞에서 오히려 침묵하게 되는 역설적 상황을 강조한다.

일로는 이와 같은 기적적 사건들과 하나님과의 신적 만남을 통해 여성이 설교해서는 안 된다는 주장, 특히 바울이 여성이 교회에서 침묵해야 한다고 명령했다는 해석에 맞설 수 있는 신학적 확신을 갖게 되었다. 그녀는 자서전 곳곳에서 이와 같은 반론을 의식적으로 다루는데, 이는 그녀가 자신의 사역 중 반복적으로 해당 주장에 직면했기 때문이다. 그녀는 다음과 같이 말한다. "교회의 일반적인 운영과 질서에 따라 사도 바울이 **여성이 교회에서 말하거나 가르치는 일을 해서는 안 된다**[고전 14:34-35; 딤전 2:12]고 규정한 것은 사실이지만, 성경은 이 규정이 여성 전도자들이나 신탁을 전하는 여성 예언자들과 관련된 성령의 특별한 인도하심을 제한하려는 의도가 아니었으며, 또한 그것이 모든 상황에 엄격히 적용되어야 할 불변의 원칙으로 의도된 것도 아님을 분명히 보여준다"(124). 일로에게 있어 여성의 삶 속에 나타나는 성령의 강력한 임재와 사역은 바울의 규정이 영구적 구속력을 지닌 규범이 아님을 보여주는 증거였다. 실제로 그녀는 신약성경 전반에 걸쳐 여성 설교자와 사역자들이 등장한다는 점을 들어 해당 명령이 절대적 규범일 수 없다고 주장한다. 바울이 뵈뵈에 대해 한 증언을 언급하며 그녀는 다음과 같이 말한다. "성 바울 자신은 뵈뵈가 겐그레아 교회의 봉사자, 곧 집사였으며, 교회의 일부 업무를 관리하기 위해 교회에 고용된 사람이었다고 증언한다. 만약 그녀가 아무 말도 하지 않고 조용히 침묵한 채 교회에서 그 임무를 수행해야 했다면 그것은 실로 이상한 일이었을 것이다"(124).

일로는 성경에 등장하는 여성 사역자들—예언자였던 빌립의 네 딸들, 브리스길라, 드루배나, 네레오의 자매, 루포의 어머니, 그리고 바울의 복음 사역에 함께 수고한 여러 여성들—의 사례를 열거하며 여성의 설교와 지도력이 성경적으로 정당함을 역설한다. 그녀는 고린도전서 14:34의 침묵 명령이 "무질서와 과도함"으로 인해 "적절한 통제를 위해 엄격한 규정이 필요했던 한 교회"에 국한된 것이라고 해석한다(124-125). 이러한 **특정** 교회에 주어진 규범을 **전체** 교회에 일률적으로 적용하려는 시도는 중대한 해석상의 오류이며, 이는 "그 형제들이 사도께서 한 교회에 주신 규정을 모든 교회 상황에 일률적으로 적용하려 하거나, 심지어 성령의 특별한 영감까지도 그 규정 아래 제한하려는 명백한 잘못을 범하는 것"(124; 참조. 108-10, 147-48, 155)이라고 그녀는 비판한다. 일로에게 있어 바울의 금지 명령을 받은 교회의 역사적 맥락을 이해하는 것은 그 명령이 실제로 적용되어야 할 범위를 분별하는 데 있어 핵심적이다. 바울은 특정한 문제 상황을 안고 있던 특정 공동체를 향해 그 명령을 내린 것이다. 무엇보다도 중요한 것은 하나님께서 남녀 모두에게 성령을 부어주셨다는 사실이며, 그 성령의 임재와 능력이 일로 자신을 비롯한 많은 여성 사역자들에게서 분명히 나타난다는 점이다. 이는 곧 바울의 침묵 명령이 모든 여성, 모든 교회, 모든 시대와 장소에 동일하게 적용되어야 할 규범이 아님을 강력히 시사한다.

일로와 영적 전쟁

일로는 바울과 자신을 여러 측면에서 동일시할 뿐 아니라 복음을 전하는 과정 자체가 곧 영적 전쟁이라는 인식을 공유한다. 그녀는 복음이 전파되기 위해서는 "견고한 진"이 무너져야 한다고 말하며, 이는 바울이 말한 이중 구조적 갈등 개념을 수용하는 것이다(고후 10:4).[173] 이러한 영적 전쟁은 그녀의 삶 전반에 걸쳐 다양한 방식으로 드러나지만, 특히 그녀의 설교 사역에 가해진 반대와 저항 속에서 두드러지게 나타난다. 일로는 아래의 진술에서 바울의 여러 본문을 인용하며, 영적 세계에 대한 바울의 관점을 적극적으로 받아들인다.

> 그리스도인들이 맞서 싸워야 할 대상은 **악한 영들의 통치자들과 권세들**이다(엡 6:12). 그들은 이미 **그리스도께서 무력화하신** 존재들인데(골 2:15), 어둠의 제국과 악한 영들의 세계, 그리고 이 세상의 신(고후 4:4), 곧 **공중 권세를 잡은 자**(엡 2:2)의 오른팔에 해당한다. 이 통치자들은 때때로 나의 길을 심하게 가로막았고, 사람의 아들들의 마음을 **혼미하게 하며**[고후 4:4], 나에 대해 적대적인 열심을 품도록 미혹했다. 특히 하트퍼드에서 이러한 일이 두드러졌는데, 그 도시의 장로교회에서 가장 영향력 있는 목사들 중 몇몇이 내 설교 사역을 강하

---

173 그녀는 이렇게 설명한다. "나의 말과 설교는 사람의 지혜에서 나온 매혹적인 말이 아니라 성령의 나타내심과 능력으로 된 것이었으며, 그것은 하나님의 능력으로 견고한 진을 무너뜨릴 만큼 강력한 것이었고, 많은 이들에게 구원을 이루는 하나님의 능력이 되었다"(Elaw, *Memoirs*, 98).

게 반대했다. 그들 중 한 사람인 하우스 씨는 아예 내 설교를 반드시 중단시키겠다고 선언하기도 했다.…그러나 그의 계획은 헛된 시도로 끝났는데, 그것은 내가 감당한 사역이 하나님께서 친히 계획하신 일이었기 때문이다. 하나님께서는 내 사역을 통해 자신의 능력의 팔을 드러내시고, 사람들을 구원하고자 하셨다. **항상 나를 그리스도 안에서 이기게 하시고, 나로 말미암아 각처에서 그를 아는 냄새를 나타내게 하시는 하나님께 감사한다**[고후 2:14](104).

바울의 관점에 따르면, 모든 신자는 영적 세계에서 악한 영들과 싸우고 있으며, 일로는 자신도 이 싸움에서 예외가 아님을 자각한다. 그녀에 따르면 "이 세상의 신"은 사람들의 마음을 혼미하게 하여 그녀의 사역에 적대감을 품게 만든다. 성령이 그녀 안에서, 그리고 그녀를 통해 역사하는 것처럼, 악한 영들도 다른 사람들을 통해 그녀에게 대적하며 활동한다. 그러나 하우스 씨와 같은 반대자들이 아무리 그녀의 설교를 중단시키려 시도하더라도 그들의 노력은 실패할 수밖에 없다. 왜냐하면 그녀의 사역은 하나님께서 친히 계획하신 일이기 때문이다. 바울을 통해 하나님께서 반대자들 속에서도 자신의 신성을 드러내신 것처럼, 하나님은 일로와 그녀의 사역을 통해서도 신적 지식을 퍼뜨리신다. 이러한 승리는 "흑인이자 여성이라는 이유로 흑인 남성, 백인 남성, 심지어 백인 여성으로부터 겪었던 구조적 억압 속에서" 성령의 능력으로 이루어진 것이었다.[174] 그녀가 직면한 적대감은 다

---

174 Pierce, *Hell without Fires*, 107.

양한 사회적 집단에서 비롯되었지만, 일로는 성령의 임재와 인도로 끝까지 인내하며 마침내 승리를 거두었다.

일로의 변화를 위한 해산의 수고

어느 날 설교 중, 청중 가운데 있던 한 청년이 일로가 강단에 오르는 모습을 보고 매우 무례하고 부적절한 행동을 보였다. 일로는 "사람들이 들어오자 그가 손가락으로 나를 가리키며 비웃었다"고 묘사한다(100). 그러나 집회가 끝나기 전에 "그의 웃음은 눈물로 바뀌었다." 예배가 끝난 후, 일로는 주최 측과 함께한 저녁 식사 자리에서 그 청년이 악명 높은 노예 감독이자 술꾼이라는 사실을 알게 된다. 또한 "그가 이전에는 한 번도 오늘처럼 설교에 진지한 관심을 보인 적이 없었으며…마지막 기도 중에 무릎을 꿇은 모습은 주최자들에게는 매우 놀라운 일이었다"는 말을 듣는다(100). 이 이야기를 들은 일로는 자신이 느낀 내적 감동을 바울의 언어로 설명하며 이렇게 말한다. "나는 이 청년에게 복음을 전해야 한다는 강한 열정으로 크게 감동되었다. 갈라디아 교인들을 위해 바울이 수고한 것처럼 나도 그를 위해 해산의 수고를 했다(갈 4:19)"(100-101). 갈라디아서 4:19에서 바울이 사용한 모성적 이미지는 여성 성서학자들 사이에서 특히 큰 주목을 받아왔다. 바울은 이 표현을 하나님의 해방 행위가 돌입하는 종말론적 전환을 설명하기 위해 사용했으며, 그 맥락에서 바울의 고통과 수고는 신적 생명을 잉태하는 고통으로 재해석된다.[175] 이러한 바울의 표현은 일로가 회심을 위해 "해산의 수고"를 감당했다고 말할 때 깊은 신학적 의미를 갖는다. 그녀가 구원이 필요하다고 여긴 이 청년은 아이러니하게도 노예 감독으로서 일로의 동족에게 자유를 부정하는 자였지만, 일로는 그가 죄로부터 자유를 얻을 수 있도록 영적 수고를 아끼지 않았다. 이때 바울의 언어를 채택한 그녀의 표현은 "변화를 위한 해산의 수고"를 가리킨다. 이는 곧 한 사람의 존재와 운명이 복음에 의해 새롭게 빚어지고 다시 태어나는 과정을 내포한다. 일로의 삶과 사역은 흑인에게도 영혼이 있다는 사실을 넘어 흑인 여성의 몸이 종말론적 현실을 탄생시키는 영적 자궁이 될 수 있음을 보여준다. 여기에는 죄의 노예가 되어 노예제라는 구조적 악에 동참하게 된 압제자의 회심과 같은 변화도 포함된다. 결국 일로가 이 남성을 위해 감당한 해산의 수고는 해방이 필요한 모든 이들에게 육체적이고 영적인 자유를 가져오는 데 있어 흑인 여성들이 수행하는 결정적인 역할을 분명히 드러낸다.

바울이 된 일로와 바울의 언어를 통한 인종차별에 대한 저항

일로가 자신을 바울과 유사한 인물로 인식하고 있다는 점은 앞서 살펴본 여러 본문뿐 아니라 그녀가 병상에 있을 때 친구 사라 M. 커핀(Sarah M.

---

175   예컨대 다음을 보라. Susan Eastman, "Galatians 4:19: A Labor of Divine Love," in *Recovering Paul's Mother Tongue: Language and Theology in Galatians* (Grand Rapids: Eerdmans, 2007), 89-126; Beverly Gaventa, "The Maternity of Paul," in *Our Mother Saint Paul* (Louisville: Westminster John Knox, 2007), 29-39; Mitzi Smith, " Unbossed and Unbought," 301-5.

Coffin) 양의 돌봄을 회상하며 한 다음의 진술에서도 분명하게 드러난다. "그녀가 나를 향해 가진 애정은 아굴라와 브리스길라가 성 바울을 위해 가졌던 그것과 같았는데, 그들은 바울을 위해 자기 목이라도 내놓을 각오가 되어 있던 사람들이다"(129). 이 진술은 일로가 단지 사역의 신적 기원, 기적의 경험, 복음 전파와 그에 대한 반대, 신자의 양육 등에서만 바울과의 유사성을 보았던 것이 아니라 하나님의 사랑 안에서 형성된 깊은 우정에도 자신이 참여하고 있다고 보았음을 보여준다. 일로는 자신을 사도적 소명을 감당하는 인물로 그려낸다. 그녀는 자신의 사역을 통해 사람들이 "흑암에서 빛으로", "사탄의 권세에서 하나님께로" 돌아왔다고 말하는데, 이는 사도행전 26:18에서 하나님께서 바울에게 직접 주신 사명의 언어다. 다시 말해 하나님께서 바울을 통해 이루시겠다고 약속하신 일이 이제 일로의 사역을 통해서도 성취되고 있다고 보는 것이다. 이와 같은 인식은 그녀의 광범위한 순회 전도 활동과도 일치한다. 바울이 복음을 위해 여러 도시와 지역을 여행했던 것처럼, 일로 역시 메릴랜드, 워싱턴, 버지니아, 뉴욕, 코네티컷을 포함한 미국 중대서양 및 북동부 지역뿐 아니라 영국에까지 이르며 "**십자가에 못 박히신 그리스도** 외에는 아무것도 알지 않기로 작정하고"(고전 1:23; 2:2) 복음을 전했다.

  일로는 자신의 사역의 정당성과 소명을 설명할 때 바울을 인용할 뿐 아니라 인종차별에 맞서고 "백색 피부의 자만"을 비판하기 위해서도 바울의 언어를 전략적으로 사용한다. 그녀는 "미국의 일부 지역에서는 백색 피부가 많은 이들에게 큰 가치를 지니며, 그들은 자신의 지성을 편견에 기꺼이 희생시킨다"고 비판한다(85). 많은 이들이 백색 피부에 과도한 가치를 부여하는 현실 속에서[176] 일로는 단호히 선언한다. "전능하신 하나님께서는 흑인 인종을 자연의 질서나 영적 능력 면에서 백인보다 열등하게 여기지 않으신다. 하나님께서는 백인에게 성령을 주시는 것과 마찬가지로 흑인들에게도 기꺼이 성령을 부어주시고 그들 안에 거하신다.…오, 사람들이 유년 시절부터 형성된 편견을 넘어서 '**하나님이 이 세상에 사는 모든 민족을 한 혈통으로 만드셨다**'는 사실을 깨달을 수만 있다면(행 17:26)"(85-86).[177] 여기서 일로는 사도행전의 말씀을 회상하며, 구원 계획은 유대인뿐 아니라 이방인 모두에게 열려 있다는 사실을 강조한다. 마찬가지로 흑인과 백인 모두에게 성령이 임하셨다는 점은 인종에 따른 구별이나 차별이 결코 정당화될 수 없음을 보여준다. 그녀가 이처럼 사도행전 속 바울의 연설을 인용하는 것은 백인 우월주의를 지탱하는 백색 피부의 가치에 도전하고, 인종 간의 어떤 차이도 인간의 우월성이나 열등성을 정당화할 수 없다는 사실을 선언하는 행위다. 하나님의 성령이 흑인과 백인 모두에게 임하셨고, 인류 모두에게 동일한 피가 흐른다는 사실은 하나님께서 모든 사람을 하나로 창조하셨다는 진리를 힘 있게 드러낸다.

찬타 헤이우드(Chanta Haywood)는 "예언하는 딸들"(Prophesying Daughters)이라는 저서에서 질파 일로, 자레나 리, 마리아 스튜어트, 줄리아

---

176   앞서 언급된 Josiah Priest의 백인 피부 우월성에 대한 주장도 함께 보라.
177   행 17:26의 이 인용문은 앞서 자유를 위한 청원서 중 하나와 Lemuel Haynes에 대한 논의에서도 등장한 바 있다.

푸트를 요엘 2:28-29에 나오는 "예언하는 딸들"로 지칭하며, 이들이 흑백을 막론한 남성과 여성의 거센 반대 속에서도 끊임없이 설교하고 예언했다고 말한다.[178] 실제로 일로는 이 요엘 본문을 인용하면서 자신이 복음을 선포할 권리를 주장하며, 요엘이 말한 "그때"가 사도행전에서 시작되어 지금 자신의 사역 속에서 계속되고 있다고 밝힌다(124). 헤이우드는 이 여성 설교자들이 자신들의 여정을 기록한 행위 자체가 "글쓰기를 통해 자신의 존재를 드러내는 행위"였다고 평가한다.[179] 일로가 자신의 삶을 글로 남긴 방식은 바로 그 한 예로, 그녀는 실제로 글쓰기를 통해 자기 존재를 선언했으며, **그 과정에서 바울의 언어를 적극적으로 차용했다**는 점은 주목할 만하다. 그녀는 자신의 존재가 바울과 깊이 연결되어 있다고 이해했다. 바울이 하나님께 택함을 받았듯이 자신도 그러했으며(딤후 2:21; 참조. 갈 1:15),[180] 자신의 소명은 바울의 소명과 연결되어 있었고, 하나님께서 바울에게 주신 사명은 곧 자신에게도 주어진 것이었으며, 바울이 선포한 복음은 그녀가

---

178 Maria Stewart와 Julia Foote에 대한 논의는 2장에서 다루어진다.
179 Chanta Haywood, "Prophesying Daughters: Nineteenth-Century Black Religious Women, the Bible, and Black Literary History," in Wimbush, *African Americans and the Bible*, 356; Pierce, *Hell without Fires*도 질파 일로를 예언하는 딸이라고 칭한다(87). Mitzi J. Smith, "'This Little Light of Mine': The Womanist Biblical Scholar as Prophetess, Iconoclast, and Activist," in *I Found God in Me: A Womanist Biblical Hermeneutics Reader*, ed. Mitzi J. Smith (Eugene, OR: Cascade, 2015)는 Elaw, Lee, Stewart, Foote 그리고 이 시기의 다른 흑인 여성 해석자들을 "원시 여성주의자 해석자"로 규정한다(109).
180 Elaw, *Memoirs*, 66은 이렇게 쓴다. "그 집회들 중 하나에서 하나님께서 기뻐하사 내 영혼을 그분께로 구별하시고, 나를 존귀하게 쓰시기 위한 그릇으로 거룩하게 하시며, 주인이 쓰시기에 합당한 자로 만드셨다"(딤후 2:21).

선포하는 복음이 되었다. 일로는 글쓰기를 통해 자신의 존재를 드러내는 행위 안에서 바울의 언어와 경험을 자신의 것으로 포섭했고, 이를 통해 그 것들이 단지 바울 개인에게만 제한된 것이 아니라 시간과 공간, 성별을 초월해 적용될 수 있음을 보여주었다. 나아가 그녀는 바울에 대한 대안적 해석을 제시함으로써, 특히 흑인과 여성을 열등한 존재로 전제해온 지배적이고 억압적인 바울 해석에 도전하고 저항했다.

데이비드 워커(1785/1796-1830): 저명한 노예폐지론자

위에서 언급한 해석자들과 마찬가지로 저명한 노예제 폐지론자 데이비드 워커 또한 바울을 전복적인 방식으로 활용했다. 그는 1785년 또는 1796년에 노스캐롤라이나주 윌밍턴에서 자유 흑인으로 태어났다.[181] 하지만 허버트 마버리(Herbert Marbury)가 지적하듯이 "워커는 태어날 때부터 자신의 환경에 어울리지 않는 존재였다. 그는 흑인의 삶이 노예제에 의해 규정되던 남북전쟁 이전 남부에서 자유 흑인이었기 때문이다. 법적으로는 자유인이었지만, 노스캐롤라이나의 노예 사회가 지닌 근본적인 불평등과 부정의는 워커의 성장 환경을 깊이 규정지었다."[182] 그는 자유인이었지만, 노예제가 조장하고 유지하는 온갖 부당함에 괴로워했고, 이는 그의 저작 전반

---

181 Donald M. Jacobs, "David Walker and William Lloyd Garrison," in Jacobs, *Courage and Conscience*, 8; Marbury, Pillars, 34, 214.
182 Marbury, *Pillars*, 34.

에 뚜렷하게 드러난다. 1825년, 워커는 보스턴으로 이주했다. 당시 이 도시는 정치적으로 활발한 흑인 공동체가 자리 잡고 있었고, 많은 이들이 노예 폐지 운동에 적극 참여하고 있었다.[183] 워커는 그곳에서 옷가게를 열었고 곧 노예 폐지 운동에 깊이 관여하게 된다.[184] 도널드 제이콥스(Donald Jacobs)는 워커를 다음과 같이 묘사한다. "그를 잘 알던 사람들은 그가 '고결하고 용감한 정신을 지녔으며, 자유의 대의에 열정적으로 헌신한 인물'이라고 말했다.…그는 남부에서 성장하며 노예제를 몸소 겪었고, 그것을 알았기에 노예제에 대한 깊은 증오심을 품게 되었다."[185] 워커의 용기, 노예제에 대한 혐오, 그리고 해방에 대한 헌신은 그의 대표작인 『워커의 호소문: 네 개의 글과 서문, 전 세계 흑인 시민들에게, 특히 미합중국에 사는 이들에게, 1829년 9월 28일 매사추세츠 주 보스턴에서 작성됨』(*Walker's Appeal, In Four Articles; Together with A Preamble, To The Coloured Citizens of the World, But in Particular, and Very Expressly, To Those of The United States of America, Written in Boston, State of Massachusetts, September 28, 1829*)에서 가장 강렬하게 드러난다. 이 글은 성경적 언어와 그 반향, 그리고 노예제의 잔혹함에 대한 상세한 묘사로 가득 차 있다.[186] 워커는 토머스 제퍼슨, 헨리 클레이 등 당대의 저명한 인물들

---

183 Jacobs, "David Walker," 8; Marbury, *Pillars*, 36.
184 이 진술이 Walker가 보스턴 이전에는 해방 운동에 적극 참여하지 않았다는 것을 뜻은 아니다. Walker의 사우스캐롤라이나 시절에 대한 논의는 Marbury, *Pillars*, 35-36을 보라.
185 Jacobs, "David Walker," 9.
186 Walker는 1829년과 1830년에 세 차례에 걸쳐 그의 호소문을 출간했다. 여기에 포함된 인용문은 세 번째 판본에서 발췌한 것이다.

이 내세운 인종차별적 이데올로기를 정면으로 반박한다. 그는 동료 흑인들에게 그들의 비극적인 처지를 각성시키고, 이를 바로잡기 위한 실천적 행동에 나설 것을 강력히 촉구하며 글을 집필했다. 동시에 그는 노예제가 유지되고 있는 미국의 현실과, 백인 그리스도인들 아래에서 흑인들이 겪고 있는 피폐한 삶의 실상을 전 세계에 알리고자 했다. 그는 최종판의 서두에서 다음과 같이 말한다. "내가 바라는 것은 단 하나, 이 제3판이자 마지막 판을 진지하고 신중하게 읽어주는 것이다. 이를 통해 세상은 미국의 백인 그리스도인들이 우리 흑인들, 곧 유색인들을 이 지상의 어떤 악마도 인간에게 저지르지 않았을 정도로 잔혹하게 다루고 있다는 사실을 알게 될 것이다."[187] 워커는 성경의 어휘로 가득한 직설적이고 숨김없는 언어를 통해 독자들에게 복합적이고 생생한 초상을 그려낸다. 이 초상은 노예제의 참상, 예수의 종교와 백인 노예주들이 실천한 기독교 사이의 근본적인 차이, 미국에 임박한 신적 심판이라는 세 층위로 구성된다. 그의 호소문은 격렬한 분노, 기독교 이상에 대한 대담한 옹호, 자유 흑인들에게 주는 실천적 지침, 그리고 노예제를 즉각 전복하라는 강력한 요구로 널리 알려져 있다.[188] 그러나 상대적으로 덜 알려지고 덜 논의된 사실은 이 다층적인 초상 속에

---

187 *Walker's Appeal, In Four Articles; Together with A Preamble, To The Coloured Citizens of the World, But in Particular, and Very Expressly, To Those of The United States of America, Written in Boston, State of Massachusetts, September 28, 1829* (Boston: Revised and published by David Walker, 1830), reprinted as *David Walker's Appeal: In Four Articles* (Mansfield Centre, CT: Martino Publishing, 2015), ix. 이후부터 개정판의 쪽수는 본문 괄호 안에 표기한다.
188 James Brewer Stewart, "Boston, Abolition, and the Atlantic World, 1820-1861," in Jacobs, *Courage and Conscience*, 109.

워커가 바울의 언어를 통합하고 있다는 점이다.

노예제도의 참상과 이 세상의 신

데이비드 워커는 미국에서 실행되고 있는 노예제가 고대 이집트의 노예제보다 훨씬 더 끔찍하다고 단언한다. 그의 주장에 따르면 이집트인들은 이스라엘 백성을 인간으로서 부정하지는 않았기 때문이다. 그는 다음과 같이 격렬히 외친다.

> 나는 자칭 그리스도인들에게 호소하고, 자선가들에게 호소하며, 심지어 폭군 그 자신에게도 호소한다. 성경이든 일반 역사이든 상관없이, 이집트인들이 이스라엘 자손에게 그들이 인간 가족에 속하지 않는다고 말하며 그런 참기 힘든 모욕을 퍼부었다는 구절이 적힌 역사 기록이 있다면 그 페이지를 나에게 보여 달라. 백인들이 이 고발을 부인할 수 있는가? 그들은 우리를 발아래 짓밟고 비참한 노예의 처지로 전락시킨 것도 모자라, 우리가 본래 원숭이나 오랑우탄의 종족에서 유래했다고 조롱하지 않았는가? 오, 하나님!(10)[189]

워커는 백인들이 흑인의 인간성을 부정해온 이러한 태도가 교육의 기회조차 차단하는 구조적 폭력으로 이어졌다고 지적한다. 동료 흑인들이 마주한

---

189   13쪽에서 그는 같은 주제와 관련하여 이렇게 기록한다. "미국인들이여, 우리를 당신들 아래에 두고 지배한 것도 모자라 우리가 무력하다는 이유로 우리의 얼굴을 마주하고 대놓고 이렇게 모욕하지 않았는가? 우리가 인간 가족에 속하지 않는다고 말하면서 말이다!"

이 현실에 대한 그의 분노는 여러 인용문 속에서 분명히 드러난다.

> 우리 남부와 서부의 여러 주에는 수백만 명의 사람들이 우리를 사슬에 묶어 노예로 부리고 있으며, 그들의 가장 큰 목표이자 자랑은 우리를 철저한 무지와 어리석음 속에 가둔 채, 우리가 제공하는 노동에 대해 아무런 보상도 하지 않고 마음껏 착취하는 데 있다. 그들 가운데는, 자신들이 부당하게 무지와 노예 상태, 비참함 속에 몰아넣은 흑인이 책을 손에 들고 있는 모습을 보기라도 하면, 그를 거의 죽을 때까지 매질하는 자들도 있다.…또 한 가지, 버지니아에서는 공화당 하원이 (상원은 아니지만) 흑인들—자유인이든 노예든 모두—이 글을 읽거나 쓰는 것을 금지하고, 심지어 창조주를 예배하기 위해 함께 모이는 것조차 막기 위한 법을 통과시켰다!!!!!!(53)

> 저 비열한 자들의 말이 얼마나 모순되는지를 보라. 그들은 우리가 창조주의 말씀을 읽으며 스스로 깨우치려 했다는 이유만으로, 때로는 거의 죽을 지경까지 비인간적으로 우리를 때리면서도, 동시에 우리에게는 지성이 없다고 말한다!!!!…나는 인간성에 대한 이런 만행에 대해 너희 미국인들에게 부끄러움을 알라고 외친다!!! 만약 백인들이 언제까지나 우리를 무지하고 비참한 상태에 가둔 채, 자신들과 그 자녀들을 위해 일하게 만들고, 우리를 말하는 유인원처럼 묘사하며 우리의 감정을 모욕할 수 있다면 그들은 무엇이든 하지 않겠는가? 그러나 영광과 존귀와 찬양을 하늘의 왕께 돌린다! 아프리카의 아들딸들은 원수들의 온갖 방해에도 불구하고 주님께서 그분의 피조물인 인간에게 주

신 존엄과 영광 가운데 당당히 일어설 것이다(62).

위의 두 인용문은 워커가 흑인에 대한 교육 금지 문제에 집중하고 있음을 보여준다. 특히 두 번째 인용문에서 그는 백인들이 흑인을 무지하다고 조롱하면서도 동시에 그들에게 교육을 금지하는 모순을 날카롭게 지적한다.[190] 재닛 듀잇츠먼 코넬리우스(Janet Duitsman Cornelius)는 남부 노예소유주들이 "문해력 있는 흑인 인구에 대한 두려움을 갖고 있었다"고 지적한다. "노예에게 '성경을 읽는 능력'을 길러주면 사회 질서를 유지하는 데 기여할 수 있다고 주장하는 소수의 사람들도 있지만, 대부분의 남부 백인들은 지식이 '사회 구조를 유지할 수도 있지만 그것을 산산조각낼 수도 있는 양날의 검'이라는 사실을 잘 알고 있었다."[191] 많은 백인들이 흑인의 문해력을 위협으로 인식했기 때문에, "노예에게 글을 가르치려는 시도에 대한 반대는 남북전쟁 이전 내내 계속되었고", 문해력은 많은 아프리카계 미국인들에게 있어 선택이 아닌 생존의 문제였다.[192] 워커는 두 번째 인용문에서 백인들이 흑인을 유인원에 비유하는 인종주의적 묘사가 교육 박탈을 정당화하는 논리로 작용하고 있음을 지적한다. 그러나 그는 그러한 비하적 표현에 단호히 반박하며, 아프리카의 유산을 자신의 뿌리로 천명하고, 흑인이

---

190   노예화된 아프리카인들의 문해력에 관한 논의는 다음을 보라. Antonio Bly, "'Pretends He Can Read': Runaways and Literacy in Colonial America, 1730-1776," *Early American Studies* 6, no. 2 (Fall 2008): 261-94; Cornelius, *When I Can Read My Title Clear*.
191   Cornelius, *When I Can Read My Title Clear*, 6.
192   Cornelius, *When I Can Read My Title Clear*, 6.

야말로 존엄과 영광을 지닌 하나님의 "피조물 인간"임을 선언한다. 백인들이 노예 아프리카인의 인간성을 부정한 결과는 단순히 교육의 기회를 박탈하는 데 그치지 않고, 그들을 잔혹하게 대우하는 행위로 이어졌다. 이어지는 워커의 서술은 그러한 처참한 현실을 생생히 증언한다.

> 나는 여기 미국에서 계몽되었다고 자부하는 그리스도인들이 우리에게 자행한 잔혹한 행위들의 목록을 매우 불완전하게나마 적어보고자 한다.…그들은 우리 몸을 달군 쇠로 지지고, 불덩이를 목구멍에 들이밀며, 말이나 황소, 돼지를 다루듯 우리의 몸을 자르고, 귀를 자르며 때로는 혀의 일부를 잘라낸다. 우리를 사슬과 수갑으로 묶고, 그러한 비참하고 비천한 상태에서 소가죽 채찍과 곤봉으로 마구 때린다. 우리를 반쯤 벌거벗긴 채 방치하고, 때로는 거의 죽을 지경이 되도록 굶긴 채 악마 같은 채찍으로 내몬다(그 채찍은 언젠가 그들 자신에게 되돌아갈 것이다). 그들은 우리에게 56파운드나 되는 무거운 족쇄와 사슬을 채운 채로 일을 시킨다. 병든 몸에도 채찍을 휘두르며, 우리를 착취하여 자신들과 자식들을 먹여 살린다. 그들은 우리를 땅속 300-400피트 깊이의 광산에 가두고 금과 은을 캐게 하며, 밤낮으로 일하게 하여 자신들의 부와 자녀들의 유산을 쌓는다. 또한 그들은 우리를 완전한 무지 속에 가두기 위해 모든 정보로부터 차단해 놓고는, 자유인이자 하나님의 천사들 다음 가는 존재인 우리를 자기들의 "재산"이라고 부른다!!!…그들은 우리(흑인)가 열등한 종족이며 자치 능력이 없다고 주장한다!!! 우리를 부당하게 억압하면서도, 만일 그들의 통제를 벗어난다면 우리가 사회와 자신에게 해를 끼칠 것이라고 말한다!!! 우

리를 자유롭게 풀어주면 일은 하지 않고 도둑질이나 약탈을 일삼게 될 것이라고 말한다!!!! 우리를 세상에서 가장 비열하고 게으른 족속이라고 칭한다!!!!! 그러므로 자신들이 우리를 노예로 억누르는 것이 오히려 우리를 위한 길이라고까지 주장한다!!!!!! 심지어 우리가 그들 및 그 자녀들의 노예로 살아가는 것에 만족한다고 말한다!!!!!!…그러나 우리가 요구하는 것은 단 하나, 인간의 권리다. 우리를 자유롭게 하고, 인간답게 대해달라는 것이다. 그렇게만 해준다면 우리는 그들을 사랑하고 존중하며, 이 나라를 위해 힘쓸 것이다. 그러나 그들이 우리를 인간으로 대하지 않는 한, 우리는 양심상 그럴 수 없다(65-66).

흑인의 몸에 가해진 잔혹한 폭력과 흑인의 정신에 쏟아진 모욕적인 언어를 배경으로, 워커는 시편 8:5을 반향하며, 아프리카계 미국인들이 천사보다 조금 못한 존재로 창조되었으며 하나님께 속한 이들이기에 본질적으로 자유로운 존재라고 선언한다.[193] 그는 흑인의 인간성과, 하나님의 창조 질서 안에서 그들이 마땅히 차지해야 할 자리를 분명히 주장한다. 이러한 언어는 또한 워커가 앞서 노예화된 아프리카인들을 "성령께 속한 자들이며", "성령의 소유"라 명명했던 진술을 다시 상기시킨다. 이는 백인 노예주들이 흑인의 몸과 생명을 소유할 수 있다고 주장하는 권리를 정면으로 반박하는 선언이다(49, 50, 71). 워커에 따르면 흑인은 하나님과 성령께 속한 존재이지, 자신을 "주인"이라 자처하는 그 어떤 백인에게도 속한 존재가 아니다.

---

193 시 8:5: "그를 하나님보다 조금 못하게 하시고 영화와 존귀로 관을 씌우셨나이다."

백인들 또한 티끌과 재로 지어진 존재일 뿐이며, 결국 모든 인간과 마찬가지로 하나님의 심판대 앞에 서게 될 것이다. 워커는 이렇게 묻는다. "그렇다면 우리가 복종하고 주인이라 부를 수 있는 이는 [예수 그리스도] 그분 밖에 없지 않은가?"(16)

워커는 이러한 신학적 담론의 흐름 속에 바울의 언어를 끌어들여 노예제라는 "비인간적인 체제"를 있는 그대로 보지 못하는 이들의 상태를 설명한다. 그는 이들이 **이 세상의 신에 의해 눈이 멀어 있다**(고후 4:4)고 말한다. 바울은 "이 세상의 신"이라는 표현으로 사탄을 가리키며, 사탄이 사람들의 마음을 어둡게 하여 복음의 진리를 보지 못하게 만든다고 고린도 교회에 가르친다. 워커는 이 바울의 언어를 차용하여 인종차별에 가담하거나 그것을 방조하는 자들의 상태를 사탄의 권세 아래에 놓인 영적 실명으로 설명한다. 이에 반해 "지옥 같은 노예의 사슬"을 꿰뚫어 보는 이들은 더 이상 **이 세상의 신에게 눈이 멀어 있지 않은** 자들이다. 이들은 "하나님께서 인간을 오직 자신만을 섬기도록 창조하셨으며, 인간은 그분 외에 다른 어떤 주인도 두어서는 안 된다는 것, 즉 전능하신 하나님만이 모든 인류의 유일한 주인이자 소유자라는 것"을 깨닫는다. 또한 흑인은 "평평한 코와 곱슬곱슬한 머리를 가졌다고 해도 여전히 인간"이라는 사실을 인식하며(4-5), "우리가 우리 부모와 아내, 자녀를 위해 느끼는 감정이 백인들이 그들의 가족을 위해 느끼는 감정과 다르지 않다"는 진리를 믿는다"(4-5). 워커는 왜 어떤 백인들이 이러한 억압적 태도를 지속하는지를 설명하기 위해 바울의 "이 세상의 신" 개념을 활용하지만, 그렇다고 해서 그들이 자기 행동에 대한 도덕적 책임에서 벗어날 수 있다고 보지는 않는다. 또한 그것이 그들에게 닥칠 심판을 면하게 해주는 것도 아니다. 워커의 호소문 전체에는 심판의 언어가 흐르며, 그에게 있어 백인들과 미국이 파멸을 피할 수 있는 유일한 길은 회개와 실천의 변화뿐이다. 그는 하나님께서 "억눌린 자들의 울부짖음과 눈물, 탄식을 늘 들으시며, 의롭고 거룩한 분으로서 언젠가 억눌린 자들을 위해 친히 나타나셔서 탐욕스러운 압제자들의 길을 막으실 것"이라고 확신한다. "하나님께서 그 압제자들을 억눌린 자들의 손으로 멸하시지 않을 수도 있지만, 다른 방법으로 반드시 그들을 심판하실 것"이라는 것이다(3). 워커는 회개 없이는 하나님의 심판을 피할 수 없다고 믿는다. 하나님은 억눌린 자들의 울부짖음을 결코 잊지 않으시며, 이 땅에서 실천되고 있는 왜곡된 기독교를 반드시 심판하실 것이다.

예수의 종교, 기독교를 가장하는 자들, 그리고 바울의 심판 언어

워커는 미국인들이 성경을 소지하고 있음에도 그것을 참으로 믿지 않는다고 주장한다. 이 불신앙은 아프리카계 미국인을 대하는 방식에서 명백히 드러난다. 황금률을 철저히 무시하고 있기 때문이다. 워커는 특히 미국의 설교자들을 강하게 비판한다. 이들은 진리를 선포할 더 큰 책임을 지고 있음에도 불구하고, 노예제에 맞서 목소리를 내는 데 심각하게 실패하고 있다는 것이다. "미국의 목사들은 성경을 손에 들고 있으면서도 우리와 우리의 자녀들을 가장 비참한 노예 상태와 비참함 속에 묶어 둔다. 이제 나는 그들에게 묻는다. 그들이 우리처럼 자신들과 자녀들이 그런 상태에 놓이게 된다면 과연 기꺼워하겠는가?…미국의 설교자들이 노예제와 억압에서 얼마나 멀리 떨어져 있는지를 보라"(38). 실제로 워커는 미국의 그리스도인들이 안식일을 범하는 일, 불신앙, 절제하지 못하는 삶에 대해서는 끊임없이 설교하면서도 정작 노예제의 참혹함에 대해서는 침묵하고 있다고 비판한다. "그 끔찍함에 비하면 다른 모든 악은 상대적으로 아무것도 아니다"(40).

워커는 그의 호소문 제3편에서 자신이 사우스캐롤라이나에서 참석했던 부흥 집회를 묘사한다. 그 자리에서 한 목사는 바울의 말을 인용하며 청중으로 모인 흑인들에게 이렇게 말한다. "노예는 자기 주인에게 복종해야 한다. 복종하지 않으면 매를 맞게 될 것이다. 채찍은 어리석은 자의 등을 위해 만들어진 것이다"(39). 이 설교에 대한 워커의 반응은 매우 인상 깊다. "여기서 나는 잠시 멈추고, 세상 사람들이 내가 받은 충격을 곰곰이 생각해 보게 하고 싶다. 나의 주인이신 그리스도의 복음을 전한다는 설교자의 입에서, 그 복음이 마치 피와 채찍의 복음인 양 전해지는 것을 들었을 때의 충격 말이다. 하지만 복음은 평화의 복음이지[롬 10:15; 엡 6:15], 이 거짓 설교자가 우리에게 믿게 하려 한 것처럼 피와 채찍의 복음이 아니다"(39).[194] 워커는 바울이 말한 복음—즉 εἰρήνη(평화)의 복음—을 근거로 이 "가짜 설

---

194 Walker가 사용한 표현 "나의 주인의 종"(minister of my Master)과 Nancy Ambrose가 사용하는 "주인의 종"(master's minister) 사이에는 흥미로운 대조가 있다. 이 구분은 매우 시사적이다. 이 집회 설교자가 전한 메시지를 보면 그는 Ambrose가 말한 "주인의 종"에 더 가깝고, Walker의 표현을 빌리자면 "나의 주인의 종"은 아닌 셈이다.

교자"가 전한 복음과 자신이 섬기는 "주인"의 복음을 명확히 구별한다. 참된 복음은 고통이 아니라 평화를 선포한다. 실제로 워커는 서문에서 이미 이렇게 말한 바 있다. "우리를 노예로 억누르고 있는 미국의 백인 그리스도인들—혹은 더 정확히 말하자면 기독교를 가장하는 자들—은 우리를 그 어떤 이방 민족보다도 더 잔혹하고 야만적으로 대한다"(ix). 그는 이러한 "기독교를 가장하는 자들"이라는 개념을 이어서 설명하며, 자신이 겪은 부흥 집회에서의 경험이 그 구체적인 예가 된다. 백인 그리스도인들이 아프리카계 미국인들에게 가하는 잔혹함은 워커로 하여금 그들이 진정한 그리스도인이 아니라 "가짜"에 불과하다고 주장하게 만든다. 그는 격한 발언을 쏟아낸다. "미국인들이여! 당신들이 지금 당장 당신들의 길을 바꾸지 않는다면 당신들과 당신들의 나라는 끝장날 것이다!!!!!…이 말이 미국인들의 섬세한 귀에는 너무 거칠게 들릴지도 모르지만, 오 미국인들이여! 나는 주님의 이름으로 경고한다. 당신들이 듣든지 외면하든지 간에 회개하고 개혁하지 않으면 멸망할 것이다!!! 당신들은 우리가 흘린 피가 주님 앞에서 감춰질 수 있다고 생각하는가? 당신들이 선교사를 해외에 보낸다고 해서 말이다"(39-40). 워커는 창세기의 장면을 떠올리게 한다. 아벨의 피가 땅에서 하나님께 울부짖었던 것처럼 아프리카계 미국인들이 흘린 피도 마찬가지로 주님께 감춰지지 않는다. 백인 그리스도인들이 아무리 선교 활동으로 자신들의 행동을 포장하려 해도 그들의 잔혹함과 위선은 하나님 앞에서 숨겨질 수 없다는 것이 워커의 확신이다.

    미국의 그리스도인들이 그중에서도 많은 설교자들까지 포함해, 노예제에 적극 가담하면서도 자신들의 잘못을 전혀 인식하지 않는다는 사실은 워커에게 도무지 믿기 어려운 일이다. 그는 이 현실을 로마서 1장에서 바울이 사용한 언어로 설명한다. "그들은 동료 인간을 억압한 결과, **주님께 거의 내버려져 굳은 마음과 타락한 정신에 빠진 상태다**(1:28)"(41). 워커에 따르면 백인들의 굳어진 마음과 부패한 정신은 흑인들을 학대함으로써 비롯된 것이며, 그들이 회개하지 않는 한 결국 파멸에 이르게 될 것이다. 워커는 바울이 말한 "내버려 두심"과 "타락한 정신"이라는 표현을 통해 지금의 미국이 얼마나 심각하고 절박한 영적 상태에 놓여 있는지를 드러낸다. 호소문 제3편의 마지막 부분에서 그는 다시 한번 바울의 언어를 끌어와, 미국 사회가 하나님 앞에서 어떤 상태에 있는지를 묘사한다. 이어지는 이 웅변적인 구절은 전체를 인용할 만한 가치가 있다.

> 미국의 설교자들과 백성들은 도대체 하나님을 어떤 존재로 여기고 있는가? 그들은 하나님의 말씀을 믿는가? 그렇다면 **"하나님은 조롱당하지 않으신다"**는 말씀도 믿는가[갈 6:7]? 아니면 그들이 백인이고 우리가 흑인이라는 이유만으로, 하나님께서 그들을 더 존중하실 것이라고 믿는가? 하나님께서 우리 모두를 그분 보시기에 가장 좋다고 여기신 모습대로 창조하지 않으셨는가? 그렇다면 어떻게 피부색이 다르다는 이유만으로 누군가를 멸시하고 잔혹하게 대할 수 있는가? 그 피부색은 오직 그것을 만드신 하나님만이 바꾸실 수 있는 것 아닌가? 자연 질서 안에서, 특히 자유와 공화정을 내세우는 나라에서 이보다 더 어처구니없는 일이 또 있을 수 있는가? 그러나 미국인들은 노예제를 도입한

이래, 그들의 마음이 달군 쇠로 지진 것처럼 거의 완전히 굳어져 버렸고, 하나님께서는 그들을 내버려 두셔서 진리보다 거짓을 믿게 하신 듯하다!!!![딤전 4:2; 롬 1:25] 나는 교만과 편견, 탐욕과 피가 머지않아 이 행복한 공화국, 곧 자유의 땅을 파멸로 이끌 것이라는 두려움을 지울 수 없다!!!! 미국인들이 실천하고 있는 지금의 종교보다 더 큰 신성모독이 또 어디 있겠는가?…주님께서 이 백성이 그분의 거룩한 이름을 헛되이 부르며 이 길을 계속 가도록 오래 참으시겠는가? 그분께서 설교자들을 포함한 이들을 멈추게 하지 않으시겠는가? 오, 미국인들이여! 미국인들이여!! 나는 하나님을 부르고[고후 1:23], 천사들을 부르며, 모든 사람들을 증인으로 삼아 선포한다. 너희의 파멸은 가까이 있으며, 너희가 회개하지 않는다면 그 멸망은 머지않아 완성될 것이다(42-43).[195]

이 단락과 앞선 본문에서 워커는 바울의 언어를 활용하여 백인 그리스도

---

[195] 이 구절의 마지막 문장은 사 13:6("너희는 울부짖을지어다. 여호와의 날이 가까웠으니 전능자에게서 멸망이 임할 것임이로다")과 욜 1:15("슬프도다 그날이여! 여호와의 날이 가까웠나니 곧 전능자로부터 멸망이 일하리로다")을 반향한다. 이 인용문에서 Walker는 피부색을 언급하며, 그것이 노예화의 근거가 될 수 없다고 주장한다. 그는 저술의 또 다른 대목에서 당시 널리 퍼져 있던 "가인의 표" 이론—곧 하나님이 가인에게 검은 피부라는 표를 주어 그의 후손이 노예가 되도록 했다는 주장—을 정면으로 반박한다. Walker는 이렇게 쓴다. "[나는] 우리가 가인의 후손인지 아벨의 후손인지 증언하는 성경 구절을 본 적이 없다. 그런데도 저 자들은 우리가 가인의 후손이라며, 하나님께서 우리에게 검은 얼굴을 남기셔서 그들의 노예임을 알게 하셨다고 말한다!!! 자, 이제 나는 묻는다. 흑인들을 차가운 바다에 던져넣은 수많은 배들, 그 끔찍한 탐욕과 무지 속에 백성들을 비참함과 무지 속에 몰아넣은 자들이 누구인가? 흑인들이 백인이나 흑인을 살해한 일이 얼마나 있는가? 흑인들이 가족을 부양하기 위해 수천 명의 영혼을 무참히 살해한 적이 있는가?"(60-61) 위의 각주 7에 나타난 가인의 표 이론에 대한 간략한 논의도 함께 참조하라.

인들 사이에 만연한 심각한 자기기만을 고발한다. 그들은 안식일을 어기는 것과 같은 문제에는 집착하면서도, 인간을 노예로 삼는 훨씬 더 중대한 악에 대해서는 눈을 감는다. 이는 그들이 탐욕에 지배되고 있으며, 동시에 얼마나 깊이 속고 있는지를 여실히 드러낸다. 워커가 인용한 디모데전서 본문의 맥락은 말세에 관한 것으로, "마지막 때"에 많은 이들이 믿음을 버릴 것이라고 경고한다. 이 배경은 워커의 비판—즉 백인 미국인들이 "기독교를 가장하는 자들"이며, 복음을 탐욕스러운 이익을 위한 도구로 삼고 있다는 주장—과 밀접하게 맞물린다. 바울이 디모데에게 믿음에서 떠나는 자들에 대해 경고했던 것처럼(딤전 4:1), 워커는 자신의 시대에 바울과 같은 예언자적 음성으로서, 백인 그리스도인들이 보이는 위험한 특징들을 경고하며, 그들이 실천하는 신앙은 결코 참된 믿음이 아니라고 단언한다. 또한 로마서 1:25에서 바울이 말한 내용을 바탕으로, 워커는 노예제를 정당화하고 지지하는 여러 거짓된 주장들을 폭로한다. 예컨대 성경이 노예제를 정당화한다는 해석, 흑인은 인간이 아니라는 주장, 흑인은 열등하다는 믿음 등이 그것이다. 워커는 백인들이 이러한 거짓을 기꺼이 받아들이고 진리를 외면하고 있다고 강하게 비판한다. 나아가 워커는 자신이 집회에서 마주쳤던 설교자와 같은 이들이 복음을 노예제를 정당화하는 데 이용하는 행위를 하나님의 이름을 헛되이 부르는 심각한 신성모독으로 간주한다. 흑인의 노예화를 정당화하기 위해 하나님의 이름을 들먹이는 일은 워커에게 있어 곧 하나님 자체를 모독하는 행위다.

복음에 대한 이토록 광범위한 왜곡과 "종교의 조롱" 앞에서, 워커는 바울의 언어를 빌려 청중에게 묻는다. "당신들은 하나님께서 조롱당하시도록 그대로 내버려 두실 것이라고 생각하는가? 그는 전형적인 바울의 방식대로 하나님의 이름을 증인으로 부르며 심판이 임박했음을 선포하지만, 동시에 회개를 통해 그 심판을 피할 수 있는 길 역시 열려 있음을 밝힌다. 그러나 독자는 워커가 말하는 회개의 맥락에 주목할 필요가 있다. 그것은 단순히 개인의 구원이나 내면의 반성을 말하는 것이 아니라 신체적·정신적·영적으로 파괴적인 사회적 악에 대해 한 국가 전체가 돌이켜야 한다는 집단적 촉구다. 이 점에서 워커는 프레더릭 웨어(Frederick Ware)가 말한 흑인신학의 죄 이해를 잘 보여준다. 곧 죄란 단지 개인적 차원의 문제가 아니라 사회적 구조 속에 자리한 포괄적인 현실이라는 것이다.[196] 따라서 한 나라 전체에 회개를 촉구하는 워커의 외침은 개인의 죄와 구원에 집중했던 당대 백인 개신교 신학에 대한 강력한 신학적 반발로 읽힌다. 워커에게 죄는 단지 개인이 저지르는 행위가 아니며, 개인의 경건만을 무너뜨리는 것도 아니다. 죄는 사회 구조 전반에 스며든 전면적이고 체계적인 세력으로서, 국가의 존재 모든 차원에 영향을 미친다. 이러한 죄의 이해는 바울이 로마서에서 제시한 죄의 개념과 긴밀히 연결된다. 바울 역시 죄를 단순한 행위가 아니라 사람을 지배하고 파괴하는 능동적 세력으로 묘사한다.[197] 간단히 말

---

196 Frederick L. Ware, *African American Theology: An Introduction* (Louisville: Westminster John Knox, 2016), 141.
197 학자들은 로마서에서 "죄"와 "죽음"이 동사의 주어로 사용되는 점에 주목하며, 바울이 이 둘을 우주적 차원의 행위자로 이해하고 있음을 지적한다. 예컨대 "한 사람으로 말미암아 죄가 세상에 들어왔다"(롬 5:12), "사망이 왕 노릇했다"(5:14, 17; 참조. 6:9), "죄가 사망 안에서

해 워커는 노예제가 곧 죄라고 단언한다. 그리고 이 사실은 곧 노예제를 통해 작동하는 죄의 영향력이 법률, 사회 분열, 폭력 등 다양한 방식으로 국가 전체를 병들게 한다는 뜻이다. 이러한 맥락에서 볼 때 워커는 청원자들이나 레뮤얼 헤인스의 전통을 잇는 인물이다. 그들처럼 워커도 바울의 말을 인용하며 묻고 대답한다. "우리가 죄에 거하겠느냐? 그럴 수 없느니라!"

워커는 회개를 촉구하면서도 일부 백인들이 탐욕의 강력한 지배 아래 있어 회개를 거부하고 결국 멸망에 이를 것이라는 가능성도 제기한다. 그는 이렇게 선언한다. "나는 당신들이 믿든지 믿지 않든지 상관없이 말한다. 아메리카 대륙에는 결코 회개할 수 없는 자들이 있다. 하나님께서는 그들이 우리에게, 그리고 당신들이 우리에게 가한 살인을 미워하신다는 것을 보여주시기 위해 반드시 그들을 멸하실 것이다"(69). 그럼에도 불구하고 워커는 백인 미국인들을 향해 깊이 있으면서도 단호한 어조로 회개를 촉구하는 강력한 선언을 남긴다.[198]

왕 노릇했다"(5:21; 참조. 6:14)와 같은 표현들이 그것이다. 이에 대한 논의는 다음을 보라. Gaventa, *Our Mother Saint Paul*, 125-36; Robert Jewett, *Romans*, Hermeneia (Minneapolis: Fortress, 2007), 374-75; Ernst Käsemann, *Commentary on Romans*, trans. Geoffrey W. Bromiley (Grand Rapids: Eerdmans, 1980), 139-58.

198 Roy E. Finkenbine는 "Boston's Black Churches: Institutional Centers of the Antislavery Movement," in Jacobs, *Courage and Conscience*, 185에서 호소문을 다음과 같이 해석한다. "이 호소문은 무엇보다도 회개를 촉구하는 외침이었다. Walker는 노예들이 멸망하길 원한 것이 아니라 노예제도 자체가 폐지되기를 원했다. 그는 백인들이 회개하지 않을 경우에만 하나님께서 물리적 힘을 통해 노예들을 해방하실 것이라고 경고했다. 그러나 강제력이 필요하다면 Walker는 흑인들이 하나님의 기꺼운 도구가 될 것이라고 예언했다."

심판의 재조명과 바울의 "몸" 언어: 흑인의 몸의 구원

백인 그리스도인들이 노예무역에 동조하고 참여한 것을 대담하게 꾸짖는 워커의 예언자적 목소리는 동시에 자유 흑인들에게도 그들이 진정으로 자유로운 것이 아님을 일깨우는 도구가 된다. 이들은 여전히 극심한 편견 속에 살고 있으며, 백인 가정의 집안일이나 아이 돌보는 일 외에는 다른 직업을 갖기 어려운 현실에 놓여 있다(29). 워커는 흑인들이 이러한 "천한 일"에 만족해서는 안 되며, 더 고귀한 삶을 추구해야 한다고 강조한다. 그는 또한 모든 형제자매가 자유롭게 되기 전까지는 누구도 참된 자유를 누릴 수 없다고 단언한다. 이러한 맥락에서 워커는 바울의 언어를 차용하여 백인들의 억압에 가담한 자유 흑인들에게도 다가올 심판을 경고한다. **"주께서 밤에 도둑같이 너희 모두에게 임하시리라**[살전 5:2]"(29).[199] 바울이 데살로니가 교인들에게 예수의 갑작스러운 재림을 상기시켰듯이, 워커는 그의 독자들에게 예수의 임박한 재림이 모든 억압—백인의 억압뿐 아니라 그들과 손잡은 자유 흑인들의 억압까지—을 끝낼 것임을 분명히 한다. 나아가 그는 바울의 "몸"에 대한 은유를 빌려 모든 이가 해방되기 전까지는 자유란 결코 완전할 수 없다고 자유 흑인들에게 호소한다.

나는 주님의 뜻이 우리 **전체 몸의 구원**을 위해 힘쓸 때 가장 큰 기쁨을 누리게

---

199 이 대목에서 Walker가 벧후 3:10을 암시했을 가능성도 있다. 그러나 이 문맥에서 그가 사용한 "몸"에 대한 언어를 고려할 때 바울에 대한 암시일 가능성이 더 높다.

되는 것이라 믿는다[고전 12:13-26]. 이 일이 이루어지면 눈부신 영광이 여러분 위에 비치게 될 것이고, 그것은 여러분은 물론 온 세상을 놀라게 할 것이다. 혹시 여러분 중에 그런 일은 절대 일어나지 않을 것이라 말하는 이가 있는가? 내가 분명히 말하지만, 하나님께서는 반드시 그 일을 이루실 것이다. 다른 방법이 통하지 않는다면 그분은 폭군들과 마귀들을 산산조각내시고 자신의 백성에게 길을 열어주실 것이다. 그러나 오, 나의 형제들이여! 내가 다시 말하지만, 여러분은 이제 일어나 주의 길을 예비해야 한다(29-30).

이 대목에서 워커는 "우리 전체 몸의 구원"이라는 표현을 통해 바울의 신체 은유를 차용하고 변주한다. 여기서 "전체 몸"은 모든 흑인 공동체를 가리키며, 그 구원이란 노예제로부터의 영적·정신적·육체적 해방을 포괄한다. 워커는 앞서 죄를 단지 개인의 문제가 아니라 사회적·국가적 차원에서 이해하며, 죄가 공동체의 분열 속에서 드러난다고 보았다. 마찬가지로 이곳에서도 그는 구원을 단지 개인 영혼의 문제로 국한하지 않고, 노예 상태로부터의 물리적 해방까지 포함하는 보다 포괄적이고 집단적인 개념으로 확장한다. 자유 흑인들은 자신만의 해방에 머물러서는 안 되며, 여전히 억눌린 형제자매들의 자유를 위해 함께 일해야 한다. 자유인이든 노예이든, 그들은 모두 하나의 몸을 이룬다. 바울의 언어는 흑인 공동체가 하나의 몸으로 연합되어 있음을 강조하며, 흑인들이 서로의 해방과 생명을 위해 연대해야 할 공동체임을 드러낸다. 또한 워커는 해방의 과정에서 신적 주도성과 인간의 책임을 함께 강조한다. "하나님께서 이루실 것"이지만, 동시에 아프리카계 미국인들은 "직접 힘써 일해야" 하며, 예언자적 전통에 따라 "주의 길을 예비해야 한다." 워커에 따르면 해방과 자유는 하나님과 인간이 함께 이루어가는 공동의 과업이다. 그것은 결코 하나님만의 일도, 인간만의 노력만으로 되는 일도 아니다.

워커의 작별 연설

앞서 살펴본 바와 같이 워커는 자신의 글 곳곳에서 바울의 언어를 활용하여 백인의 기만, 평화의 복음으로서의 참된 복음, 백인 신자들이 실천하는 왜곡된 기독교, 미국에 대한 심판, 그리고 흑인 공동체의 연합에 대해 논한다. 워커가 사도 바울의 말을 마지막으로 인용하는 인상적인 대목은 자기 자신과 임박한 죽음을 언급하는 장면에서 나타난다. 그는 자신의 예언자적 발언들―백인 미국인 기독교의 위선을 폭로하고, 미국 사회에 임할 심판을 반복적으로 경고하는 일―이 결국 자신의 목숨을 위태롭게 만들 수 있다는 사실을 잘 알고 있었다. 그의 저작 마지막 부분인 제4편에서 워커는 자신의 죽음을 사도 바울의 언어로 예견한다.

> 내가 누구인지 알고자 하는 이가 있다면 온 세상이여 분명히 알라. 나는 백인들 가운데 탐욕스럽고 무자비한 자들에 의해 억압당하고 천대받으며 비참한 처지에 놓인 아프리카의 아들들 중 하나다. 누군가가 나를 다시 비참하고 무능한 노예의 상태로 몰아넣거나, 진리를 전한다는 이유로 나를 죽이려 한다면 분명히 알라. 나는 하나님의 손안에 있으며, 동시에 당신들의 처분에 달려 있다.

나는 내 목숨을 귀한 것으로 여기지 아니하고[행 20:24], 언제든지 **내 자신을 드릴 준비가 되어 있다**[딤후 4:6]. 실상 내가 죽은 것과 다름없다면 살아 있는 것이 무슨 의미가 있겠는가?(71-72)

이 인용에서 워커는 바울의 가장 감동적인 두 고별 연설을 인용하여 자신만의 강력한 고별사를 만들어낸다. 사도행전 20:17-37에서 바울은 에베소 교회의 장로들에게 작별을 고하며, 자신이 예루살렘으로 가야 함을 알고 있지만, 그곳에서 어떤 일이 기다리고 있을는지 모른다고 말한다. 그러나 바울은 성령께서 그곳에서 환난이 기다리고 있다고 알려주셨음에도 불구하고 "나는 이 모든 일에 조금도 개의치 아니하며, 나의 생명조차 조금도 귀한 것으로 여기지 않는다"고 선언한다. 워커가 이 구절을 인용하며 자신의 말 속에 되살렸다는 사실은 매우 의미심장하다. 그는 바울처럼 자신에게 어떤 고난이 닥칠지 정확히 알 수 없었지만, 고난과 심지어 죽음조차도 피할 수 없는 대가라는 사실을 자각하고 있었다. 그리고 바울과 마찬가지로 그는 자신의 사명을 포기할 수 없었다. 그것이 생명을 대가로 요구한다 하더라도 말이다. 디모데후서 4:6에서 바울은 자신이 "사랑하는 아들"(딤후 1:2) 디모데에게 자신의 죽음을 준비시키며, 자신이 이미 제물로 바쳐질 준비가 되었고, 떠날 시간이 가까웠음을 고백한다. 워커 역시 이와 유사하게 자신의 삶과 사역에 대해 평온한 자세로 말하면서 때가 되면 자신 또한 기꺼이 제물로 바쳐질 준비가 되어 있다고 선언한다. 안타깝게도 바울의 언어로 표현된 그의 죽음에 대한 이 예언은 실제로 현실이 되었다. 1830년,

워커는 자신이 운영하던 옷가게에서 의심스러운 정황 속에 숨진 채 발견되었다.[200] 그의 죽음은 여전히 미스터리로 남아 있지만, 그가 독살되었다고 믿는 이들도 있다.[201]

워커는 그의 호소문에서 결정적인 순간마다 사도 바울의 옷을 입는다. 그는 자신을 하나님께서 "예수의 순수한 종교"를 선포하도록 부르신 사도적 인물로 묘사한다. 그러나 이 "예수의 순수한 종교"는 단지 영적인 언어에 머물지 않는다. 그것은 바울의 언어를 통해 미국의 죄와 기만, 그리고 임박한 심판을 고발하는 데 사용된다. 바울이 말한 "몸"의 이미지는 흑인 공동체의 연대를 강조하는 워커의 신학적 틀로서 기능하고, 바울의 종말론적 언어는 그로 하여금 자신의 생명을 "귀히 여기지 않는다"고 고백하게 만든다. 그에게는 자신의 생명보다 동족의 해방이 더 중요했다. 워커는 자신의 죽음을 신적 관점에서 해석하며, 바울이 사용한 제물의 언어를 선택한다. 그는 자신이 "제물로 바쳐지고 있다"고 말하는데, 이는 희생제사의 이미지를 반영하며, 자신의 죽음을 하나님의 목적을 위한 헌신된 삶으로 재해석하고 있음을 보여준다. 이처럼 워커는 바울의 언어를 해석학적으로 새롭게 구성하며, 흑인들의 구원을 위한 대의를 위해 기꺼이 생명을 내놓을 준비가 되어 있음을 드러낸다.[202]

---

200   Stewart, "Boston," 110; Marbury, *Pillars*, 36.
201   Marbury, *Pillars*, 36.
202   이러한 해석은 Walker가 구원을 노예 상태로부터의 해방으로 묘사하고, 자유 흑인들에게 "전체 몸의 구원"을 위해 힘쓸 것을 촉구하는 맥락에서 더욱 설득력을 얻는다. Walker는 자신이 바로 그 일을 감당하고 있다고 믿었으며, 노예이든 자유인이든 모두로 구성된 흑인의

바울을 통해 저항하고, 항의하며, 전복하다

이 장에서 살펴본 흑인 해석학자들은 모두 사도 바울을 다차원적으로 활용하며, 그 모든 작업은 노예제, 인종차별, 백인 우월주의, 여성 목회자에 대한 배제를 거부하고 저항하기 위한 목적을 지닌다. 이 흑인 해석자들에게 바울은 더 이상 단지 성경이 가리키는 대상이 아니라 오히려 그들을 통해 성경이 세상을 향해 말하도록 하는 해석의 주체가 되었다. 이들은 바울의 목소리를 자기 자신의 것으로 삼아, 인간의 존엄성, 흑인 가정의 중요성, 서로의 짐을 져야 할 기독교 공동체의 책임, 그리고 하나님께서 한 피로 모든 민족을 지으셨다는 선언에 근거한 인류의 연합을 선포한다.

오늘날의 독자들에게는 다소 온건하게 느껴질 수 있지만, 주피터 해먼은 자신이 처한 시대와 상황 속에서 바울을 놀라울 만큼 혁신적인 방식으로 활용한다. 그는 바울의 언어를 회개를 촉구하는 데 사용할 뿐 아니라 성령을 통해 노예 상태에 놓인 아프리카인들에게 자율성과 새로운 정체성이 부여되었음을 긍정한다. 구원론적 관점에서 해먼은 흑인도 영혼을 지닌 존재이며, 구원을 받을 수 있고, 하나님의 돌보심을 받을 자격이 있다고 주장한다. 그는 청원서를 작성한 이들과 마찬가지로 흑인이 이성적 존재임을 강조하는데, 이는 단지 인류학적 진술이 아니라 인식론적·구원론적 차원에서도 중요한 의미를 지닌다. 또한 해먼은 바울의 언어를 빌려 노예로 살아가는 아프리카인들이 도덕적으로 살아가야 하며, 그 삶은 오히려 그들을

몸을 구원하기 위한 대의에 자신의 생명을 바치는 것을 그 사명의 완수로 보았다.

지배하는 주인들보다 더 고결해야 한다고 강조한다. 나아가 그는 바울이 사용한 "악마"의 언어를 통해 백인 노예주들 위에 드리운 사탄의 영향력을 지적하고, 하나님께서 강한 자가 아닌 약한 자를 택하신다는 바울의 가르침을 통해 백인 엘리트 계층을 비판한다.

이 장에서는 레뮤얼 헤인스, 존 지아, 자레나 리, 질파 일로, 데이비드 워커가 바울을 전복적으로 활용한 다른 사례들도 함께 살펴보았다. 헤인스는 바울의 가르침을 인용하여 "함의 저주설"과 고린도전서 7:21을 노예제를 정당화하는 데 사용한 백인 해석자들의 주장을 정면으로 반박한다. 그에게 "그리스도가 우리를 위해 저주가 되셨다"(갈 3:13)는 말씀은 설령 "함의 저주"가 실제로 존재했을지라도 그것을 완전히 제거한 사건으로 이해된다. 그는 또한 바울이 고린도전서 7:21에서 옹호한 것은 노예제가 아니라 자유였다고 주장한다. 아프리카인에게 노예제가 유익했다는 주장은 거짓이며, 바울 자신이 분명히 밝히듯 노예제는 죄라는 것이다. 존 지아에게는 글을 읽고 쓰는 능력을 얻게 된 기적적 경험과, 바울이 말한 "새 창조"와 "믿음을 통한 은혜"의 언어가 자신의 삶을 새롭게 해석하고 다시 서술할 수 있는 능력이 되었다. 그는 바울처럼 손수 노동하며, 노예와 자유인 모두에게 복음을 전하는 삶을 살았다. 자레나 리와 질파 일로는 여성 설교자로서 자신의 소명과 그것을 인정받기 위한 투쟁 속에서 바울을 동반자로 여긴다. 그들의 신비한 체험은 바울의 경험과 여러 면에서 유사하며, 이는 그들이 교회 안에서 사도적 소명을 받은 이들이라는 사실을 증언한다. 여성은 바울이나 남성 사역자보다 열등한 존재가 아니라 모든 면에서 동등하게 부름받은 존재였다.

이 장의 마지막 인물인 데이비드 워커는 앞서 다루어진 여러 주제를 통합하며, 이 단락을 마무리하는 데 가장 적합한 인물이다. 그는 해먼이 강조한 흑인의 주체성, 헤인스가 선포한 심판, 그리고 해먼, 지아, 리, 일로의 글에 나타난 성령의 임재와 흑인 존재의 신학적 중요성을 모두 되새긴다. 청원서 작성자들과 헤인스가 "죄"로 규정했던 노예제는 워커에게 이르러 한층 더 강도 높게 표현된다. 워커에게 노예제는 단지 죄에 머무는 것이 아니라 철저한 심판을 받아 마땅한 죄악이며, 바로 이 심판의 주제가 그의 호소문 전체를 관통하는 핵심이다.

이 흑인 해석자들은 저항하고, 항의하며, 전복하는 방식이 다양함을 보여준다. 그러나 공통점은 바울을 여성과 흑인의 정체성을 억압하는 인물이 아니라 오히려 그들을 향해, 그들을 위해 말하게 하는 방식으로 읽는 데 있다. 이들은 바울을 통해 아프리카계 미국인의 저항의 해석학을 실천하고 있다. 그리고 그 해석은 감정적 격분이 아니라 지적이고 해석학적으로 정교한 방식으로 이루어진다. 예컨대 앞서 살펴본 질파 일로는 바울이 여성에게 침묵을 명한 말씀을 해석할 때 그 역사적 맥락을 철저히 고려해야 한다고 주장한다. 그녀에 따르면 성경을 해석할 때는 바울 자신의 발언뿐 아니라 성경의 다른 증언들, 그리고 해당 본문이 선포된 역사적 정황을 함께 고려해야 한다. 이러한 맥락적 읽기를 통해 우리는 바울의 명령이 특정한 시기와 공동체에 한정된 것이라는 사실을 알 수 있으며, 따라서 여성의 침묵 명령은 모든 시대와 교회에 보편적으로 적용되는 규범이 아님을 깨닫게 된다.

이 흑인 해석자들은 또한 아프리카계 미국인의 바울 해석학에서 또 하나의 중요한 주제를 제기한다. 그것은 바로 "몸"의 신학적 의미다. 다시 말해 이들의 바울 읽기에는 두 가지 핵심 질문이 담겨 있다. 첫째, "내 몸이 어떻게 바울을 해석하는 방식이 될 수 있는가?" 둘째, "바울은 내 몸을 어떻게 해석할 수 있는가?" 이와 같은 **몸-맥락적 해석**(body-contextual hermeneutic)은 기존의 해석과 충돌하는 대안적 독해로 기능한다. 노예주들은 끊임없이 아프리카계 미국인들에게 그들의 몸이 주인의 소유라고 주장했다. 그러나 많은 흑인 독자들은 이 메시지를 거부하고, 오히려 바울의 선언—하나님께서 인류의 모든 족속을 한 혈통으로 만드사 온 땅에 거하게 하셨다(행 17:26)—을 붙들었다. 백인들이 "너는 내 소유다"라고 말할 때 흑인들은 바울의 말씀을 이렇게 응답했다. "아니다. 내 몸은 하나님과 성령께 속해 있다." 그들은 바울의 신학을 도구 삼아 백인들의 억압 담론에 정면으로 저항했다.

이러한 **몸의 해석학**은 억압에 저항하는 해석이며, 동시에 권력을 되찾는 신학적 실천이다. 흑인 해석자들은 자신의 몸에 대한 판단 권한이 백인에게 있는 것이 아니라 하나님께 있다고 단호히 주장한다. 이 주장은 다양한 해석자들의 글에 나타나지만, 가장 뚜렷하게 드러나는 예는 워커가 노예로 살아가는 아프리카인들이 "성령께 속해 있다"고 말한 대목과, 해먼이 종말의 때에 흑인의 몸이 변화할 것이라고 선언한 부분이다. 존 지아는 자신의 영적 해방이 장차 노예 상태로부터의 육체적 해방을 예고한다고 보고, 자신을 구원한 하나님의 은혜가 결국 폭압적 권세로부터도 자신을 해방시킬 것이라고 확신한다. 자레나 리와 질파 일로 같은 여성 해석학자들은 바울을 통해 자신의 여성적 몸을 새롭게 해석하고, 동시에 그 몸을 통해 바울을 다시 읽어낸다. 그들은 바울을 통해 흑인 여성 설교자로서의 몸과 정체성이 하나님께 속해 있음을 확인하며, 신비적 체험이 실제로 그들의 몸에 가시적인 영향을 미쳤다고 고백한다. 그 체험은 공적 공간에서 설 수 있는 권위를 부여했고, 로마서 8:15에서 말하는 양자의 영은 흑인의 몸이 노예주나 교회 내 남성 권력자에게 속한 것이 아니라 하나님과 성령께 속해 있다는 진리를 선포한다. 성령의 임재는 그들의 존엄과 가치를 증언하며, 흑인들이 자신의 인간성을 끝까지 붙잡을 수 있도록 영적 힘을 제공한다. 이는 아프리카계 미국인 바울 해석학의 가장 중요한 결실 가운데 하나다. 찬타 헤이우드의 말을 빌리자면 그들은 "글쓰기를 통해 자신의 존재를 드러내고" 있었다.[203] 그리고 다음 장에서는 마리아 스튜어트(Maria Stewart), 제임스 페닝턴(James Pennington), 대니얼 페인(Daniel Payne), 줄리아 푸트(Julia Foote), 해리엇 제이콥스(Harriet Jacobs) 등이 이 흑인 해석 전통을 어떻게 계승하고 발전시켜나갔는지를 살펴보게 될 것이다.

---

203   Haywood, "Prophesying Daughters," 356.

2장

19세기 중반부터 19세기 후반까지

"나는 구원받았다. 주님은 내가 구원받았다고 말씀하셨다. 이제 나는 주님께서 내게 길을 보여 주실 것을 알고 있다. 나는 더 이상 슬퍼하지 않을 것이다. 당신들이 나와 내 자식들을 아무리 때려도, 주님께서는 나에게 길을 보여주실 것이다. 언젠가는 우리가 더 이상 노예로 살지 않는 날이 올 것이다."[1]

앞 장에서는 18세기와 19세기 초반에 이르는 시기의 성서적, 역사적, 신학적 맥락을 간략히 살펴보았다. 이 시기에는 노예제와 인종차별이 구조적이고 제도적인 형태로 작동하고 있었으며, 흑인과 백인 사이의 관계와 상호작용 역시 이러한 불의한 구조 안에서 형성되었다. 아프리카계 미국인들은 이에 맞서 부당한 성경 해석과 사회 질서에 항의하며, 자신들의 목소리를 성경적 언어로 표현해나갔다. 이번 장에서는 19세기 중반부터 후반에 이르는 시기의 성서적, 역사적, 신학적 배경을 살펴보는 한편, 바울과 그의 서신을 통해 저항과 항의의 전통을 이어간 또 다른 아프리카계 미국인 저자

---

1   Norman R. Yetman, ed., *Voices from Slavery: The Life of American Slaves—in the Words of 100 Men and Women Who Lived It and Many Years Later Talked about It* (New York: Holt, Rinehart & Winston, 1970), 228.

들을 조명할 것이다.

도망노예법과 빌레몬서

1850년, 헨리 클레이(Henry Clay)의 "위대한 타협"의 일환으로 통과된 도망노예법(The Fugitive Slave Act)은 남부 주가 도망친 노예를 북부의 자유주(州)에서도 강제로 회수할 수 있도록 법적 권한을 다시 강화한 것이었다.[2] 이 법은 연방 보안관뿐 아니라 일반 시민들에게도 도망 노예의 체포를 돕도록 의무를 부과했으며, 노예의 도주를 도운 자는 벌금형, 형사 기소, 나아가 징역형까지 받을 수 있었다. 붙잡힌 도망 노예는 법정에서 자신을 변호할 권리도, 배심원 재판을 받을 권리도 없었다.[3] 요컨대 1793년의 도망노예법의 개정을 통해 이 법은 "모든 미국 시민이 노예 사냥꾼이 되도록 요구한 셈"이 되었다.[4] 그러나 이 법의 부수적 결과 중 하나는 법적으로 자유를 얻

---

[2] 1793년에 제정된 도망노예법(Fugitive Slave Act)은 도망친 노예를 도운 이들을 처벌하도록 규정했으며, 자유주 내에서도 노예소유주가 노예를 수색하고 체포할 수 있는 법적 권한을 부여했다. 이후 1850년에 제정된 개정 도망노예법은 이 법을 한층 강화하여 도망친 노예를 추적하고 인도할 책임을 자유주에 거주하는 시민들에게까지 확대하고, 노예 탈출을 돕는 행위에 대한 처벌도 훨씬 엄격하게 규정하였다.

[3] Jean Fagan Yellin, *Harriet Jacobs: A Life* (New York: Basic Civitas Books, 2004), 107; 다음도 보라. Laura L. Mitchell, " 'Matters of Justice between Man and Man': Northern Divines, the Bible and the Fugitive Slave Act of 1850," in *Religion and the Antebellum Debate over Slavery*, ed. John R. McKivigan and Mitchell Snay (Athens: University of Georgia Press, 1998), 134–66.

[4] John Ernest, *Narrative of the Life of Henry Box Brown Written by Himself*, ed. John Ernest, 1–38 (Chapel Hill: University of North Carolina Press, 2008)의 서론, 13.

은 흑인들조차 자주 붙잡혀 노예로 팔리는 일이 벌어졌다는 점이다. 또한 이 과정을 감독하던 연방 위원들에게 제공된 불균형한 보상 체계는 법의 악용을 더욱 부추겼다. 위원들은 흑인의 자유를 인정할 경우 5달러만 받았지만, 도망 노예라고 판단해 남부의 주인에게 넘기면 10달러를 받을 수 있었기 때문이다.[5] 이 법의 통과는 미국 전역의 아프리카계 미국인들―노예이든 자유인이든―에게 큰 충격과 고통을 안겨주었다.

백인 노예주들은 이 도망노예법을 정당화하기 위해 성경을 인용하곤 했으며, 그 대표적인 본문이 바로 바울의 빌레몬서였다. 이들은 바울이 도망친 노예 오네시모를 그의 주인 빌레몬에게 돌려보냈다고 해석하며, 노예의 도주를 정죄하는 근거로 이 서신을 활용했다. 실제로 찰스 콜콕 존스(Charles Colcock Jones)는 자신이 이 본문을 설교했을 때 노예들이 보인 반응을 다음과 같이 기록하고 있다.

나는 많은 회중 앞에서 빌레몬서에 대해 설교하고 있었다. 나는 종들에게 있어 충성과 순종이 그리스도인의 덕목임을 강조했고, 바울의 권위에 근거하여 도망치는 행위를 정죄했다. 그러자 회중의 절반가량이 조용히 일어나 자리를 떠났다. 남은 이들 또한 설교자나 그의 메시지에 전혀 만족하지 않은 표정을 지었다. 예배가 끝난 뒤에는 적잖은 소란이 일었다. 어떤 이들은 성경에 그런 서신은 없다고 단언했고, 어떤 이들은 그것은 복음이 아니라고 주장했다. 또 어

---

5   Ernest, *Narrative of the Life*의 서론, 13.

떤 이들은 내가 주인들을 기쁘게 하려고 그런 설교를 했다고 말했으며, 심지어 다시는 내 설교를 듣고 싶지 않다고 말하는 이들도 있었다.[6]

이 장면이 보여주듯, 백인 목사들은 바울의 빌레몬서를 이용해 종들에게 주인에게 순종하라고 가르치고, 도망 노예를 정죄하는 도구로 삼았다. 그러나 아프리카계 미국인들은 이에 다양한 방식으로 저항했다. 설교 도중 자리를 박차고 나가거나, 해당 서신이 성경에 존재하지 않는다고 말하거나, 그것은 복음이 아니라고 주장하거나, 설교가 단지 주인들의 비위를 맞추기 위한 것이라고 비판하는 목소리도 있었다. 이러한 바울 서신 해석에 대한 흑인들의 저항은 복음이 무엇을 의미하는지를 꿰뚫는 신학적 감식력과, 존스가 선포한 메시지가 결코 복음이 아니라는 분명한 인식에 근거한 것이었다.[7]

---

6   Albert Raboteau, *Slave Religion: The "Invisible Institution" in the Antebellum South* (Oxford: Oxford University Press, 1982), 139.

7   이 장면에서 아프리카계 미국인들이 사용한 "의심의 해석학"(hermeneutic of suspicion)은 이 서신에 대한 현대 흑인 성서학 논의의 전조를 이룬다. 몇몇 흑인 학자들이 지적하듯, 이 서신 어디에도 오네시모가 도망쳤다거나 범죄를 저질렀다는 명확한 언급은 없다. 그럼에도 일부 백인 해석자들은 오네시모가 빌레몬의 소유에서 무언가를 훔쳐 달아났다고 해석해왔다. Cain Hope Felder, "The Letter to Philemon: Introduction, Commentary, and Reflections," in *New Interpreter's Bible Commentary* 11(Nashville: Abingdon, 2000)은 다음과 같이 기록한다. "오네시모가 실제로 도망친 것인지, 만약 그렇다 해도 그가 정당한 이유 없이 도망친 것인지 확실하지 않다." 그리고 "편지에는 오네시모가 주인에게서 무언가를 훔친 범죄자라는 개념을 뒷받침할 만한 내용이 없다"(885). 다음도 보라. Allen Callahan, *Embassy of Onesimus: The Letter of Paul to Philemon*, New Testament in Context (Valley Forge, PA: Trinity Press International, 1997); J. Albert Harrill, "The Use of the New Testament in the American Slave Controversy: A Case History in the Hermeneutical Tension

찰스 콜콕 존스의 회상은 백인 목사들이 이 서신을 노예들에게 어떻게 설교했는지를 보여줄 뿐 아니라 바울이 어떻게 도망노예법을 정당화하는 근거로 활용되었는지도 드러낸다. 바울이 오네시모를 빌레몬에게 다시 돌려보냈다면 이는 바울이 노예의 도망을 용납하지 않았다는 뜻이 되며, 그렇다면 도망을 금지하고 그러한 행위를 처벌하는 법을 제정하는 것도 바울의 가르침과 어긋나지 않는다는 논리를 구성할 수 있다.

프레더릭 더글러스와 다른 노예제 폐지론자들은 빌레몬서에 대한 이러한 해석에 맞서 싸웠고, 더 나아가 도망노예법 자체에도 강하게 반대했다. 더글러스는 바울의 역사적 맥락과 편지에 담긴 언어를 분석하면서 바울이 오네시모를 평생 노예로 돌려보낸 것이 아니라고 주장했다. 동시대의 다른 해석자들과 달리 더글러스는 "유대 사회에서는 노예가 자발적으로 원하지 않는 한 평생 노예로 남는 일은 없었다"고 지적한다. 그는 다음과 같이 말한다. "사도는 뭐라고 했는가? 그는 오네시모를 종 이상의 귀한 존재로 보냈고, 빌레몬에게는 나를 대하듯 그를 받아들이라고 했다. 시장에 팔 수 있는 노예가 아니라 사랑받는 형제로서 말이다."[8] 더글러스는 바

---

between Biblical Criticism and Christian Moral Debate," *Religion and American Culture: A Journal of Interpretation* 10, no. 2 (2000): 149-86; Lloyd A. Lewis, "An African American Appraisal of the Philemon-Paul-Onesimus Triangle," in *Stony the Road We Trod: African American Biblical Interpretation*, ed. Cain Hope Felder (Minneapolis: Fortress, 1991), 232-46; Mitchell, "Matters of Justice," 145-49; Abraham Smith, "Putting 'Paul' Back Together Again: William Wells Brown's *Clotel* and Black Abolitionist Approaches to Paul," *Semeia* 83-84 (1998): 256-57.

8   Frederick Douglass, "Baptists, Congregationalists, the Free Church, and Slavery: An Address Delivered in Belfast, Ireland, on 23 December 1845," in *The Frederick Douglass Papers: Series*

울이 오네시모를 묘사하는 방식과 그를 받아들이라는 요청은 오네시모가 단순히 종으로서가 아니라 새로운 관계 속에서 돌아가고 있다는 점을 보여준다고 해석한다. 또한 그는 디모데전서 1:10에서 바울이 사용한 "사람을 훔치는 자들"(menstealers)이라는 표현이 노예제의 사악함을 직접적으로 지적하는 것이라고 주장한다. 더글러스에 따르면 바울은 노예제를 용인한 것이 아니라 오히려 그것을 금지한 것이다. 왜냐하면 그 구절은 "사람을 훔치는 행위는 건전한 교훈에 어긋난다"고 말하기 때문이다.⁹ 더글러스는 여러 연설에서 성경을 노예제를 정당화하는 데 사용하는 해석을 비판했고, 도망노예법의 제정 자체를 강하게 반대했다.

헌법이 친노예제적으로 작동한 이유는 사람들이 그것을 그렇게 해석했고 실제로 그렇게 적용해왔기 때문이다. 성경도 마찬가지다. 미국에서는 많은 이들이 성경을 자유에 반하는 방식으로 읽어왔다. 그들은 바울의 빌레몬서를 근거 삼아 지난 10년간 내 동포들을 황폐하게 만든 도망노예법 ─ 마치 지옥처럼 어두운 법 ─ 이 정당하다고 주장해왔다. 그들은 성경이 노예제를 승인한다고 말한다. 그렇다면 우리는 이런 상황 속에서 어떻게 해야 하는가? 미국의 노예주

One; Speeches, Debates, and Interviews, vol. 1, 1841-46, ed. John Blassingame (New Haven: Yale University Press, 1979), 115-16; Abraham Smith, "Putting 'Paul' Back Together," 256-57.

9   Douglass, "Baptists," 110, 115; Abraham Smith, "Putting 'Paul' Back Together," 255. Smith는 또한 Douglass가 히 13:3을 인용하여 사람들이 노예들과 연대할 것을 권면했다고 지적한다. 곧 "결박당한 자를 함께 결박당한 자처럼 생각하라"는 말씀을 통해 노예들과 함께 고통을 나누고 연대하라고 촉구한 것이다(255).

들이 성경이 노예제를 지지한다고 말할 때 우리는 무엇을 해야 하는가? 성경을 불에 던져버려야 하는가? "성경과는 결별이다!"라고 외쳐야 하는가? 단지 어떤 것이 잘못 해석되고, 오용되며, 악용되었다는 이유만으로 그 자체를 폐기해야 하는가? 그래서 성경을 버려야 하는가? 아니다! 우리는 오히려 성경을 더욱 가슴에 끌어안고, 더욱 부지런히 읽으며, 그 말씀 속에서 성경이 자유의 편에 서 있다는 사실—즉 노예제가 아니라 자유를 위한 말씀이라는 진리—을 밝혀내야 한다.[10]

더글러스의 이 강력한 발언이 보여주듯, 당시 미국 사회에서는 국가의 정체성과 도덕적 양심을 둘러싼 치열한 싸움이 벌어지고 있었으며, 그 싸움의 중심에는 성경 해석, 특히 도망노예법을 정당화하기 위한 빌레몬서 해석이 자리하고 있었다. 흑인의 생명을 지키기 위한 투쟁은 성경 해석이라는 거룩한 영역을 둘러싼 신학적 투쟁과 깊이 연결되어 있었다. 에베소서 6:5-7과 골로새서 3:22이 노예제를 정당화하는 법적 근거로 이용되었듯, 빌레몬서 또한 남부 노예들이 탈출하지 못하도록 막는 노예제 체제의 중요한 이데올로기적 도구로 동원되었다. 이에 더글러스와 다른 폐지론자들은 이 바울 서신에 대한 "해석의 주도권을 붙잡고, 인종차별적 해석에 맞서 싸

---

10   Frederick Douglass, "The American Constitution and the Slave: An Address Delivered in Glasgow, Scotland, on 26 March 1860," in *The Frederick Douglass Papers: Series One: Speeches, Debates, and Interviews*, vol. 3, 1855-63, ed. John Blassingame (New Haven: Yale University Press, 1985), 362-63. 다음에서도 인용됨. Harrill, "Use of the New Testament," 161.

왔다."¹¹ 이러한 맥락에서 본다면 백인 우월주의적 성경 해석과 특정 신학적 논리를 근거로 정당화된 1850년 도망노예법은 당시 미국 사회를 대표하는 결정적이고 상징적인 입법 조치 가운데 하나였다고 할 수 있다.

존 R. 맥키비건(John R. McKivigan)과 미첼 스네이(Mitchell Snay)에 따르면 "1850년대는 남부의 지역주의가 남부 민족주의로 전환되는 데 있어 결정적인 시기였다. 1850년 타협안부터 1860년 민주당 전당대회에 이르기까지, 남부인들은 노예제와 남부의 권리를 옹호하는 데 점점 더 공격적으로 변해갔다."¹² 이러한 흐름 속에서 흑인 인종의 열등성을 전제로 한 노예제 정당화와 그에 부합하는 백인 중심의 성경 해석이 더욱 널리 퍼졌다.¹³ 이 시기 폐지론 운동의 부상은 "남부 성직자들로 하여금 노예제의 도덕성을 적극적으로 옹호하도록 자극했다. 폐지론자들이 노예 소유는 곧 죄라고 주장하자, 이에 대응해 남부 교회는 노예제를 신학적으로 방어하는 작업에 착수했다."¹⁴ 그러나 다양한 교단 내에서 반노예 정서가 점차 고조되고 있었음에도 불구하고 1860년 당시 폐지론은 북부 교회들 안에서도 여전히 소수의 입장에 머물렀고, 남부 교회에서는 사실상 거의 존재하지 않

11 　이 표현은 다음에서 인용된 것이다. Brad Braxton, *No Longer Slaves: Galatians and African American Experience* (Collegeville, MN: Liturgical Press, 2002), 12.
12 　McKivigan and Snay, *Religion and the Antebellum Debate*, 17.
13 　Emerson Powery and Rodney Sadler, *The Genesis of Liberation: Biblical Interpretation in the Antebellum Narratives of the Enslaved* (Louisville: Westminster John Knox, 2016), 95. 또한 다음을 보라. Mark Noll, *The Civil War as a Theological Crisis* (Chapel Hill: University of North Carolina Press, 2006).
14 　McKivigan and Snay, *Religion and the Antebellum Debate*, 15.

왔다.¹⁵ 버지니아는 이 문제의 전형적인 사례였다. 이미 1798년, 감리교감독교회 감독 프랜시스 애즈버리(Francis Asbury)는 버지니아에서는 노예제가 쉽게 사라지지 않을 것이라는 점을 인정했다. 그는 다음과 같이 말했다. "이곳에는 노예제를 폐지할 만큼 충분한 종교심도, 자유에 대한 인식도 없다. 감리교인, 침례교인, 장로교인들조차…황홀경에 가까운 절정 속에서도 여전히 그것을 지지하고 옹호하고 있다."¹⁶ 더글러스 앰브로스는 애즈버리를 비롯해 버지니아 내에서 노예제에 반대하려 했던 인물들 모두가 강한 반발에 지면했다고 지적한다. 이는 성직자들과 평신도들 사이에 노예제라는 "특수 제도"에 대한 강력한 집착이 자리 잡고 있었기 때문이다. 당시 많은 이들은 노예제를 재산권의 문제로 이해했을 뿐 아니라 하나님이 정하신 질서의 일부로 받아들였다. 그들은 주인과 노예의 관계를 남편과 아내, 부모와 자식의 관계처럼 가정 질서의 일부로 간주했고, 바울 서신에 등장하는 주인/노예 관계 역시 이러한 가족 구조 안에 속한다고 해석했다. 이 구조에서 백인 남성은 가정의 머리로서 노예를 자녀처럼 돌보고 책임지는 존재로 여겨졌으며, 노예는 교육과 훈육, 인도가 필요한 미성숙한 존재로 간주되었다. 이처럼 노예제는 하나님이 세우신 가정 질서의 일부로 신학적으로 정당화되었다.

버지니아 전역에 만연해 있던 이른바 "가부장적 노예제 옹호 기독교"

---

15 McKivigan and Snay, *Religion and the Antebellum Debate*, 13.
16 Douglas Ambrose, "Of Stations and Relations: Proslavery Christianity in Early National Virginia," in McKivigan and Snay, *Religion and the Antebellum Debate*, 35.

는 남부 사회 전반의 지배적 인식을 반영한다. 이러한 관점은 "노예제의 죄는 노예를 소유하는 행위 그 자체가 아니라 노예 소유 과정에서 저지를 수 있는 부정의한 행위에 있다"는 입장을 낳았다.[17] 그러나 이와 같은 시각은 단지 남부 교회에만 국한되지 않았다. 학문적 담론에서도 유사한 주장들이 발견된다. 대표적으로 저명한 성서학자 찰스 하지(Charles Hodge)는 에베소서 주석에서 다음과 같이 주장했다. "노예는 노예 신분을 거부하거나 결박을 끊고 주인의 권위를 거스르라는 명령을 받은 것이 아니다. 오히려 그들은 주인을 향한 의무를 그리스도를 향한 의무의 일부로 여기며, 기꺼이 그리고 진심을 다해 순종해야 한다. 주인 또한 노예를 즉각 해방하라는 명령을 받은 것이 아니라 정의와 공평의 원칙에 따라 그들을 대하라는 명령을 받았을 뿐이다."[18] 하지에 따르면 노예가 주인에게 순종하고, 주인이 노예를 정의롭게 대우한다면 이러한 상호 의무의 실천은 결국 노예제의 점진적 소멸로 이어질 수 있다고 본 것이다.[19] 결국 노예를 소유하고 있다는 사실은 어떤 이가 "좋은" 침례교인, 감리교인 또는 장로교인이 되는 데 전혀 걸림돌이 되지 않았다.[20]

17　Ambrose, "Of Stations and Relations," 40. 이 장 후반부에서 James Pennington에 대한 논의를 보라. 그는 "친절한 기독교 노예주"라는 존재 자체를 강하게 부정한다.
18　Charles Hodge, *A Commentary on Ephesians* (1856; reprint, Edinburgh: First Banner of Truth, 1964, 1991), 272-73. 프린스턴 신학교와 노예제도와의 관계에 대한 자세한 내용은 다음을 보라. James H. Moorhead, *Princeton Seminary in American Religion and Culture* (Grand Rapids: Eerdmans, 2012), and the Historical Slave Audit, at https://slavery.ptsem.edu/the-report/introduction/.
19　Hodge, *A Commentary on Ephesians*, 273.
20　Ambrose, "Of Stations and Relations," 40.

결과적으로 남부의 이른바 "가부장적 노예제 옹호 기독교"는 질서와 의무라는 기독교적 원칙에 뿌리를 두고 있었다. 이 체계에서 노예제는 하나님이 정하신 위계질서와 불평등한 가족 구조의 필수 요소로 여겨졌다. 가정은 남편, 아내, 자녀, 노예로 구성되며, 각 구성원은 역할에 따른 구체적인 의무를 지녔다. 그리고 이러한 의미의 수행 여부에 따라 죽음 이후의 운명이 결정된다고 믿어졌다. 이러한 관점에서 노예가 주인에게 순종하는 것은 단순한 사회 질서를 넘어 노예 자신의 구원과 직결되는 일로 간주되었다.

예를 들어 노예 신분이었던 아프리카계 미국인 헨리 "박스" 브라운은 자신이 상자에 숨어 북부로 탈출한 경험을 회고하며, 남부에서 종교가 어떻게 기능했는지를 증언한다. 그는 주일학교 교장 앨런 씨(Mr. Allen)의 사례를 언급하며, 그가 흑인 아이들에게 "주인에게 불순종하거나 거짓말하거나 도둑질하면 지옥에 간다"고 가르쳤다고 전한다. 브라운은 이어서 말한다. "그의 열정은 아이들을 더 순종적인 노예로 만드는 것 이상을 추구하는 것 같지 않았다. 그는 방문객들에게 흑인은 결코 회심하지 않으며, 영혼이 없어서 천국에 갈 수 없다고 자주 말하곤 했다. 그럼에도 불구하고 그런 말을 아이들에게 전하는 것이 자신의 의무라고 믿었다."[21] 브라운은 이러한 교육이 남부 사회에서 어떤 왜곡된 종교적 환경 속에서 이루어졌는지를 드

---

21   *Narrative of the Life of Henry Box Brown, Written by Himself*, ed. John Ernest (Chapel Hill: University of North Carolina Press, 2008; original Manchester: Lee & Glynn, 1851), 68-69.

러낸다고 지적한다. 앨런은 당시 널리 퍼져 있던 흑인에 대한 통념을 대표할 뿐 아니라 백인에 대한 확신 또한 시대의 인식을 반영한다. 그는 앨런에 대해 이렇게 회고한다. "그가 백인에게 베푼 관대함은 흑인을 향한 비난만큼이나 극단적이었다. 그는 백인은 무슨 짓을 해도 결코 멸망하지 않는다고 믿었다. 거짓말을 하든, 노예를 착취하든, 성경만 읽고 교회에 출석하면 된다고 말이다!"[22] 브라운은 남부에서 노예들이 주인에게 순종하지 않으면 지옥에 간다고 배웠다는 사실을 통해 종교가 노예를 복종시키는 도구로 기능했으며 결국 남부의 종교는 "기만"에 불과했다고 고발한다.[23]

이러한 형태의 기독교적 부권주의는 노예제를 더욱 공고히 하고, 노예 반란의 가능성을 억제하는 효과적인 방식으로 여겨졌다.[24] 이러한 신념에 따르면 노예제에 대한 올바른 교육이 이루어진다면 "수많은 그릇된 이들의 마음을 사로잡고 있는 음모와 반란, 그 모든 끔찍한 생각들이 더 이상 두려운 일이 되지 않을 것이며, 노예는 자신의 의무를 자발적으로 다하게 될 것이라고 믿었다."[25] 주인과 노예의 관계는 성경에 근거하여 정당화되었고, 그것은 "모든 나라가 복되다 칭할 수 있는 사회의 기반으로 간주되었다."[26] 이러한 관점은 버지니아를 비롯한 남부 전역에 깊이 뿌리내리고 있었으며,

---

22　*Narrative of the Life of Henry Box Brown*, 69.
23　*Narrative of the Life of Henry Box Brown*, 69.
24　Ambrose, "Of Stations and Relations," 55.
25　Ambrose, "Of Stations and Relations," 56. 여기서 Ambrose는 버지니아의 친노예제 옹호자인 Jervas를 인용한다.
26　Ambrose, "Of Stations and Relations," 56.

설령 일부 남부인들이 노예제에 비판적이었더라도 그들이 속한 교단을 반노예제 운동으로 이끄는 일은 사실상 불가능했다. 이는 남부 문화와 교회 구조 안에 깊이 내재된 "신학적으로 고착된 친노예제 정서" 때문이었다.[27] 남부 기독교는 가부장적 가족 구조를 이상화하며, 노예제 역시 그 이상 안에서 제자리를 차지한다고 보았다. 그리하여 기독교 노예주는 노예를 돌보고, 노예는 그 돌봄에 감사하며 복종하는 관계가 하나님이 세우신 가정 질서의 한 양상으로 그려졌다. 폐지론자들의 비판이 거세질수록, 친노예제 옹호자들은 이러한 질서가 하나님께서 정하신 것임을 강조했고, 노예제는 그 질서를 구현하는 유익한 제도로 묘사되었다.

남북전쟁 이전 시기, 백인 남부인들은 노예제도의 자비로운 성격을 강조하며, 자신들이 바울의 성경적 권고에 충실하다는 점을 내세우고자 했다. 이들은 노예제가 흑인들에게 질서와 보호를 제공한다고 주장하며, 노예 생활이 오히려 만족스럽고 행복한 삶의 한 형태라는 이미지를 적극적으로 확산시키려 했다. 그러한 주장의 대표적인 근거로 제시된 것은 노예들이 일하면서 즐겨 노래를 불렀다는 사실이었다. 남부 사회는 이 노래를 노예들이 자신들의 처지를 기꺼이 받아들이고 있으며, 심지어 기쁘게 여기고 있다는 증거로 해석했다. 그러나 프레더릭 더글러스는 자신의 자서전에서 이러한 해석을 정면으로 반박한다.

---

27   Ambrose, "Of Stations and Relations," 56-57.

[이 노예들의 노래]는 내가 그 당시에는 미처 이해할 수 없었던 고통과 슬픔의 이야기를 담고 있었다. 이 노래들은 크고 길며, 깊은 울림을 지녔고, 가장 쓰라린 고통으로 끓어오르는 영혼들의 기도와 탄식을 토해냈다. 각각의 음성은 노예제에 대한 항의였으며, 사슬에서 벗어나기를 바라는 간절한 구원의 기도였다. 나는 그 거칠고도 애절한 음조를 들을 때마다 마음이 무겁게 가라앉았고, 말로 다 표현할 수 없는 슬픔에 휩싸이곤 했다. 때로는 그 노래를 들으며 저절로 눈물을 흘리기도 했다.…나는 그 노래들을 통해 처음으로 노예제가 인간성을 말살하는 제도라는 사실을 어렴풋이 깨달을 수 있었다. 이 인식은 내 안에서 결코 지워지지 않았다. 그 노래들은 지금도 나를 따라다니며, 노예제에 대한 나의 증오를 더욱 깊게 하고, 사슬에 묶인 형제들에 대한 연민을 더욱 북돋운다.…북부에 온 이후, 노예들의 노래를 그들의 만족과 행복의 표현으로 여기는 사람들을 만날 때마다 나는 놀라움을 금치 못했다. 그것은 정말 크나큰 오해였다. 노예들은 가장 불행할 때 가장 많이 노래한다. 그들의 노래는 마음속 깊은 슬픔을 나타내며, 아픈 마음을 눈물로 달래듯이, 노예들 또한 노래를 통해 잠시나마 마음을 달랠 뿐이었다.[28]

남북전쟁 직전 10년 동안, 백인들이 만들어낸 "노래하며 행복한 노예"라는 상투적 이미지는 백인 사회 내에서 성경 해석 활동이 더욱 활발해지는 현

---

28 "Narrative of the Life of Frederick Douglass, an American Slave, Written by Himself," in *I Was Born a Slave: An Anthology of Classic Slave Narratives*, ed. Yuval Taylor, 2 vols. (Chicago: Lawrence Hill Books, 1999), 1:543.

상과 나란히 나타난다. 이 해석 활동의 핵심 중 하나는 하나님의 뜻에 따라 백인의 우월성이 정당하다는 관념을 뒷받침하는 데 있었다.²⁹ 이러한 관념이 확고히 자리 잡는다면 아프리카계 미국인에 대한 노예제는 영구적인 정당성을 부여받게 되는 셈이었다. 노예들의 증언 중 두 가지 사례는 백인들이 백인 우월주의를 정당화하기 위해 어떻게 "창조적 주해"를 동원했는지를 잘 보여준다. 앞서 이 책에서는 함의 저주 이야기와 더불어 백인들이 바울의 글을 어떻게 해석했는지를 살펴보았다. 이번에 소개할 두 편의 노예 서사는 그와 같은 흐름을 이어받아 노예제를 정당화하기 위해 활용된 또 다른 "주해적" 내러티브들을 드러낸다.

첫 번째 이야기는 노예였던 아프리카계 미국인 헨리 "박스" 브라운이 전해준 것이다. 그는 일부 백인 노예주들 사이에서 유포되었던 창조에 관한 대안적 신화—혹은 왜곡된 창세 서사—를 증언한다. 이 서사에 따르면 하나님은 처음에 네 사람을 창조하셨는데, 그중 두 명은 영혼이 없는 흑인이었고, 나머지 두 명은 그들을 지배하기 위해 창조된 백인이었다. 그런데 흑인들이 백인 주인들을 성가시게 하자, 백인 부부는 하나님께 그들에게 시간을 보내도록 일거리를 주시기를 기도한다.

---

29 Powery and Sadler, *The Genesis of Liberation*, 97. 다음도 보라. James O. Horton and Amanda Kleintop, eds., *Race, Slavery, and the Civil War: The Tough Stuff of American History and Memory* (Richmond, VA: Virginia Sesquicentennial of the American Civil War Commission, 2011).

그들이 그 자리에 서 있는 동안, 갑자기 검은 구름이 머리 위로 몰려들더니 마치 땅으로 내려앉는 듯한 광경이 펼쳐졌다! 두 사람이 구름을 주시하고 있자, 구름이 갈라지며 크기가 다른 자루 두 개가 떨어졌다. 두 사람은 즉시 자루를 잡으러 달려갔고, 안타깝게도 흑인이 더 힘세고 날쌔서 먼저 도착해 두 자루를 모두 움켜쥐었다. 백인은 그보다 늦게 도착해, 더 작은 자루 하나만을 간신히 가져갈 수 있었다. 각자의 자루를 풀어보니, 놀랍게도 큰 자루 안에는 삽과 괭이가 들어 있었고, 작은 자루 안에는 펜과 잉크, 종이가 들어 있었다. 후자는 전능하신 하나님의 뜻을 기록하기 위한 도구들이었다. 두 사람은 하나님이 주신 도구를 가지고 각자의 방식으로 일을 시작했고, 그때부터 흑인은 삽과 괭이를 들고 평생 노동을 하며 살아가게 되었으며, 백인은 펜과 잉크로 글을 쓰며 부유하게 살아가게 되었다![30]

파워리와 새들러가 지적하듯, 이 이야기는 "하나님의 뜻을 기록하는" 일이 백인에게 맡겨졌다는 점을 암시한다. 이는 곧 백인이 성경의 저자이자 하나님의 대변자라는 전제로 이어지며,[31] "주인의 목사"가 성경을 근거로 흑인 노예제가 하나님의 뜻이라 설교할 때, 그 말이 하나님의 권위로 뒷받침된다는 신념을 강화하는 기능을 한다. 이 주해적 서사는 동시에 백인의 지적 우월성을 전제하고, 고된 육체노동이 아프리카계 미국인의 숙명이라는

---

30 *Narrative of the Life of Henry Box Brown*, 92; 다음에서도 인용됨. Powery and Sadler, *The Genesis of Liberation*, 97-98.
31 Powery and Sadler, *The Genesis of Liberation*, 98.

인식을 정당화한다. 여기서 "펜과 잉크"로 일하는 "부자"는 당연히 백인을 가리키며, 부유함은 백인의 권리이지 흑인의 몫이 아니라는 메시지를 은연중에 전한다. 이 이야기는 기독교적 친노예 부권주의 이데올로기와 밀접하게 연결된다. 이 이데올로기 속에서 가족이라는 제도는 하나님이 질서 있게 세우신 사회 구조의 일부로 간주되며, 그 안에는 주종 관계 역시 포함된다. 백인 주인은 펜과 잉크, 종이를 통해 가정을 관리하고 운영하는 책임을 부여받았고, 노예는 삽과 괭이를 사용해 육체노동에 종사하는 것이 곧 창조 질서에 부합하는 역할이라고 간주되었다. 또한 이 이야기는 흑인에게 교육이 불필요하다는 사고방식을 정당화하는 데 기여한다. 교육은 백인의 특권이며, 하나님은 아프리카계 미국인들에게 그것을 허락하지 않으셨다는 메시지가 이 서사의 결론으로 제시된다.

두 번째 이야기는 노예 신분이었던 아프리카계 미국인 J. D. 그린(J. D. Green)이 들려준다. 그는 어머니가 팔려간 후 커다란 충격을 받았고, 그때 자신을 소유한 백인이 아프리카계 미국인과 백인의 기원에 대해 들려준 이야기를 기억해냈다. 이 이야기는 어머니와의 생이별이라는 깊은 상실의 체험에서 출발한다.

나는 왜 흑인으로 태어났을까? 차라리 태어나지 않았더라면 더 나았을 텐데.…불과 어제, 어머니는 팔려가셨고, 어디로 가셨는지 우리 중 누구도 알지 못한다. 나는 이렇게 혼자 남겨졌고, 다시는 어머니를 볼 희망도 없다. 바로 그때, 까마귀 한 마리가 내 머리 위 나무에 내려앉았고, 나는 울부짖듯 말했다.

"오, 까마귀야! 내가 너처럼 날개가 있다면 금방 엄마를 찾아가 다시 행복해질 수 있을 텐데." 헤어지기 전, 어머니는 나에게 착한 아이가 되라고 말씀하셨고, 자신이 나를 위해 기도하겠다고 하셨다. 나도 어머니를 위해 기도해야 하며, 언젠가 하늘나라에서 다시 만나게 되기를 바란다고 하셨다. 나는 곧 내가 아는 범위 안에서 기도하기 시작했다. "하늘에 계신 우리 아버지, 이름이 거룩히 여김을 받으시오며, 나라가 임하시오며…아멘." 그런데 그 순간, 주인의 말이 문득 떠올랐다. 그는 하나님은 흑인을 돌보시지 않으며, 흑인은 하나님이 아니라 악마가 만든 존재라고 말했다. 그러자 나는 우리 사이에 전해 내려오던 이야기를 떠올렸다. 주인이 자주 했던 말인데, 하나님이 사람을 지으실 때 최고의 진흙으로 백인을 빚으셨고—마치 도공이 도자기를 만들 듯—그 모습을 지켜보던 악마가 곧장 검은 진흙을 집어 흑인을 만들고는, 그를 [검열된 인종 비하 표현]이라고 불렀다는 이야기였다.[32]

이와 같은 이야기가 궁극적으로 지향하는 바는 백인의 우월성을 강조하는 데 있으며, 그 목표는 아프리카계 미국인의 창조에 하나님이 아무런 역할을 하지 않았고, 오히려 악마가 그들을 만들었다는 주장을 통해 달성된다. 더 나아가 이 서사는 아프리카계 미국인은 악마가 만든 존재이기 때문에 영혼이 없고, 따라서 동물처럼 다루어도 무방하다는 믿음을 조장한다. 이

---

32 J. D. Green, *Narrative of the Life of J. D. Green, A Runaway Slave, Containing an Account of His Three Escapes* (Huddersfield, UK: Henry Fielding, Pack Horse Yard, 1864); reprinted in Taylor, *I Was Born a Slave*, 1:688.

러한 이야기들과 그것의 "성경적 기원"이라는 주장의 신빙성을 유지하기 위해, 노예주들은 노예로 전락한 아프리카인들이 글을 배우지 못하게 막고, 성경에 접근하지 못하도록 철저히 제한하고 통제해야 했다. 앞선 이야기에서도 이러한 억압적 조치가 하나님의 뜻에 따른 정당한 질서로 묘사된 바 있다.[33]

미국 사회에서 노예제를 둘러싼 논쟁이 점점 더 날카롭고 격렬해지자, 노예주들은 "흑인 열등성"이라는 관념을 더욱 공고히 하려 했으며, 위에서 살펴본 서사들은 그러한 시각을 반영한다. 동시에 그들은 남부의 삶을 화려함과 환대로 가득 찬 세계로, 그리고 행복하고 만족스러운 노예들이 존재하는 이상적인 공간으로 그리려 했다. 결국 기독교적 노예주들은 가정 질서에 대한 하나님의 명령에 순종하며 자신들에게 부여된 임무를 충실히 수행하고 있다는 인상을 주고자 했던 것이다. 그러나 아프리카계 미국인 탈출자들의 노예제 체험담이 점점 더 알려지면서 노예주들이 그려낸 이 순결한 초상이 현실과는 전혀 다르다는 사실이 분명해졌다. 이 장에서는 제임스 페닝턴(James Pennington)과 해리엇 제이콥스(Harriet Jacobs) 같은 탈노예 인물들이 자신들의 이야기 속에 바울의 언어를 어떻게 삽입했는지, 그리고 그러한 삽입이 그들의 서사를 얼마나 깊이 있고 의미 있게 만들어주는지를 살펴볼 것이다. 또한 이 시기 마리아 스튜어트(Maria Stewart)와 줄리아 푸트(Julia Foote) 같은 흑인 여성 설교자들은 인종차별과 성차별에

---

33   Powery and Sadler, *The Genesis of Liberation*, 99.

저항하는 데 바울을 활용하며, 자신들의 설교 사명과 권리를 정당화하려는 자레나 리와 질파 일로의 전통을 이어갔다. 이 장은 대니얼 페인(Daniel Payne)의 자서전과 저술도 함께 다룰 것이다. 그는 바울의 말씀을 인용해 자신의 회심 이야기를 서술하고, 남북전쟁 시기 아프리카계 미국인들에게 주어진 바울적 책임을 강조했다. 끝으로 이 장은 이러한 흑인 해석자들이 바울의 언어를 사용하면서 어떻게 "몸의 해석"(body hermeneutic)을 구성해나갔는지, 그리고 그들이 앞서 소개된 두 가지 "창조 이야기"를 어떻게 신학적으로 거부했는지를 함께 탐구할 것이다.

마리아 스튜어트(1803-1879): 정치적 주제를 다룬 최초의 여성 공개 강연자

마리아 스튜어트는 미국 태생 여성 가운데 최초로 남성과 여성 앞에서 공개적으로 정치적 주제를 다룬 강연을 한 인물로 알려져 있으며,[34] 최초의 흑인 여성 정치 작가로도 평가받는다.[35] 그녀는 1803년 코네티컷주 하트

---

34 Valerie Cooper, *Maria Stewart, the Bible, and the Rights of African Americans* (Charlottesville: University of Virginia Press, 2011), 1; Marilyn Richardson, "What If I Am a Woman? Maria Stewart's Defense of Black Women's Political Activism," in *Courage and Conscience: Black and White Abolitionists in Boston*, ed. Donald M. Jacobs (Bloomington: Indiana University Press, 1993), 191.

35 이것은 Marilyn Richardson이 그녀에게 부여한 칭호이며, 그녀의 저서 제목이기도 하다. Maria W. Stewart, *America's First Black Woman Political Writer: Essays and Speeches*, ed. Marilyn Richardson (Bloomington: Indiana University Press, 1987). Cooper는 *Maria Stewart*에서 이렇게 쓴다. "일부는 그녀의 연설을 정치적이라고 규정하지만, 그것과 다른 사

퍼드에서 자유인으로 태어났다. 다섯 살에 고아가 된 스튜어트는 한 성직자 가정에 하녀로 위탁되어 열다섯 살까지 그 집에서 살았다. 1826년, 그녀는 보스턴에서 제임스 W. 스튜어트와 결혼했으나, 남편은 1829년에 세상을 떠났고, 그녀는 평생을 과부로 지냈다. 1830년 스튜어트는 "예수 그리스도 안에 있는 진리를 깨닫게 되었다"고 고백했으며, 1831년에는 자신의 신앙을 "공적으로 고백"했다.³⁶ 그녀는 생애 동안 여러 편의 수필과 연설문을 남겼으며, 이 글들은 "명시적으로 신학적이면서 동시에 정치적"이라는 점에서 특별한 의미를 지닌다.³⁷ 이 장에서는 그녀의 두 저술―"종교와 순수한 도덕의 원칙들: 우리가 세워야 할 확실한 기초. 고 제임스 W. 스튜어트의 아내 마리아 스튜어트 부인의 펜에서 나온 글들"(Religion and the Pure Principles of Morality, The Sure Foundation on Which We Must Build. Productions From The Pen Of MRS. MARIA STEWARD [sic], Widow of The Late James W. Steward, Of Boston)과 "보스턴 시민들에게 보내는 스튜어트 부인의 고별 연설"(Mrs. Stewart's Farewell Address to Her Friends in the City of Boston)에 나타나는 바울적 언어 사용을 살펴본다. 이 두 저술은 모두 보스턴에 거주하던 자유 아프리카계 미국인 남성과 여성을 주요 청중으로 염두에 두고 작성된

람들의 설교 사이에는 종종 거의 차이가 없다. Maria Stewart는 자신이 하는 일을 설교라고 이해했을까? 그녀는 결코 그렇게 부르지 않는다. 그럼에도 불구하고 단순히 연설을 하는 것과 복음을 설교하는 것 사이의 경계를 그녀는 자주 넘나든다"(114). 119쪽도 보라.

36 Maria Stewart, "Religion and the Pure Principles of Morality, The Sure Foundation on Which We Must Build. Productions from The Pen Of MRS. MARIA STEWARD [sic], Widow of The Late James W. Steward, Of Boston," in Richardson, *Maria W. Stewart*, 28-29.
37 Cooper, *Maria Stewart*, 120.

글이다.[38]

"종교와 순결한 도덕의 원칙들"

스튜어트의 첫 번째 수필 "종교와 순결한 도덕의 원칙들"은 "흑인 미국 여성이 쓴 최초의 정치적 선언문"으로 평가받는다. 이 글의 서문에서 스튜어트는 자신의 회심 경험과 그로 인해 삶이 어떻게 변화했는지를 서술한다.[39] 그녀는 이렇게 말한다. "그 변화를 경험한 순간부터 나는 하나님의 도우심과 인도하심을 받아 남은 생애를 경건과 덕에 바치고자 하는 강한 열망이 생겼습니다. 이제 나는 독립된 정신을 지녔고, 만일 부름받는다면 하나님의 일과 내 형제들을 위한 대의를 위해 기꺼이 생명을 바칠 준비가 되어 있습니다."[40] 그녀가 새롭게 얻은 신앙은 그녀로 하여금 아프리카계 미국인의 해방을 위한 투쟁에 자신을 헌신하게 만든 동력이 되었고, 그녀를 "하나님의 일과 자유의 대의를 위한 강력한 옹호자"로 세웠다.[41] 이 정치 선언문에서 스튜어트는 몇 가지 핵심 주제를 강조한다. 아프리카계 미국인의 지식 추구와 자기 계발, 흑인이 하나님의 형상대로 창조된 존재라는 신학적 주

---

38 Richardson, preface to *Maria W. Stewart*, ed. Richardson, xiii. 이 책에 인용된 Stewart의 모든 글은 Richardson, *Maria W. Stewart*에 수록되어 있으며, 쪽수 참조는 Richardson을 참조한 것이다.
39 Richardson, introduction to *Maria W. Stewart*, ed. Richardson, 8. 물론 이 에세이에 대한 나의 논의는 바울의 본문의 반영과 인용에 초점을 맞출 것이다. 그러나 이 연설에서 사용된 다른 성경 본문들에 대해서는 다음을 보라. Cooper, *Maria Stewart*, 42-90.
40 Stewart, "Religion and the Pure Principles," 29. 이후부터는 이 저작에 대한 쪽수 표기를 본문 괄호 안에 제시한다.
41 Richardson, introduction to *Maria W. Stewart*, ed. Richardson, 8.

장, 흑인 여성의 특별한 사명, 그리고 경건과 도덕, 미덕으로 채워진 신앙적 삶의 중요성 등이 그것이다. 특히 그녀는 정의의 대의를 위해 순교할 각오까지 밝힌다. 이러한 주제들은 글 전체에서 역동적으로 맞물려 있다.

서문의 마지막에서 스튜어트는 이 글의 주요 목적 중 하나가 독자로 하여금 "지식과 자기 계발에 관심을 돌리는 것이 얼마나 절실한 일인지" 깨닫게 하는 데 있다고 밝힌다(28). 그녀는 독자들에게 자신의 재능을 계발하고 "당신의 정신적 능력을 드러내라"(29)고 권면하며, 흑인이라 할지라도 결코 백인보다 열등하지 않다는 것을 세상에 보여주라고 독려한다. 이어서 그녀는 다음과 같이 힘 있고 웅변적으로 써 내려간다.

> 많은 사람들이 당신들의 피부가 검게 빛난다는 이유만으로 당신들을 열등한 존재로 여긴다. 그러나 하나님은 그렇게 보지 않으신다. 하나님은 당신들을 자신의 영광스러운 형상대로 창조하셨고, 이성적 사고력과 뛰어난 지적 능력을 부여하셨다. 하나님은 당신들에게 들짐승과 공중의 새, 바다의 물고기를 다스리는 권한을 맡기셨다[창 1:26]. 또 당신들을 천사보다 조금 못한 존재로 지으시고, 영광과 존귀의 관을 씌우셨다[시 8:5]. 그리고 이 나라, 미합중국 헌법에 따르면 하나님은 모든 사람을 자유롭고 평등하게 창조하셨다. 그렇다면 어찌 한 벌레가 다른 벌레를 향해 "너는 저 아래에 있어야 해. 나는 여기 위에 앉아 있을 테니. 내가 너보다 낫기 때문이지"라고 말할 수 있단 말인가? 인간 됨의 가치는 피부색에 있지 않다. 그것은 사람의 영혼 속에 자리 잡은 도덕적 원칙에 달려 있다(29).

이 대목에서 스튜어트는 흑인 열등성에 대한 모든 관념을 강력히 거부하며, 아프리카계 미국인이 하나님의 형상대로 창조된 존엄한 존재임을 분명히 선언한다. 그녀는 이 장 서두에서 소개된 두 이야기에서 암시되었던 것처럼, 흑인이 악마에 의해 창조되었거나 백인을 섬기기 위해 지음 받았다는 주장을 철저히 반박한다. 오히려 하나님이 그들을 창조하셨고, "이성적 사고력과 뛰어난 지적 능력"을 부여하셨다고 단언한다. "하나님은 아프리카계 미국인을 열등한 존재로 여기지 않으신다"는 그녀의 선언은 청중이 어릴 적부터 내면화했을지 모를 자신과 자신의 기원에 대한 왜곡된 이미지를 정면으로 거스른다. 스튜어트는 창세기의 본문을 인용하여 흑인의 창조 이야기를 새롭게 다시 쓰며, 아프리카계 미국인의 신적 기원을 회복하고 선포한다. 뿐만 아니라 성경과 더불어 미국 헌법 역시 흑인의 자유와 평등을 보장한다고 주장한다. "인간 됨의 가치는 피부색에 있지 않다. 그것은 사람의 영혼 속에 자리 잡은 도덕적 원칙"에 달려 있다는 그녀의 말은 아프리카계 미국인에게도 영혼이 있다는 사실을 강조함과 동시에, 그들 안에 "경건, 도덕성, 미덕이라는 순결한 원칙"을 길러야 한다는 권면이기도 하다(30). 수필의 다른 부분에서 스튜어트는 독자들에게 다음과 같이 촉구한다. "당신들이 오랑우탄이나 단순한 동물이 아니라는 것을 세상에 증명하라. 당신들도 자부심으로 가득한 미국인과 똑같은 지적 능력을 지니고 있음을 보여주라"(40). 당시 공적 담론과 사회 전반에는 아프리카계 미국인을 비인간화하려는 수많은 요소들이 퍼져 있었고, 스튜어트는 이를 인식한 채 독자들에게 그 거짓에 저항할 것을 당부한다. 그리고 열등한 흑인 지성이

나 복종적 본성에 대한 왜곡을 깨뜨리기 위해 자신의 지성과 능력을 세상에 입증하라고 격려한다. 지적 능력을 증명하려는 열망, 경건과 도덕, 미덕의 함양, 그리고 지식 추구는 모두 그녀의 흑인 계몽 프로그램의 핵심이며, 그 안에는 흑인 여성에 대한 특별한 관심도 깊이 담겨 있다.

스튜어트는 글 전반에 걸쳐 흑인 여성 독자들에게 예수께 헌신하는 삶을 살고, 지식의 영역에서 두각을 나타내라고 힘주어 촉구한다. "오, 아프리카의 딸들이여, 깨어나라! 일어나라! 더 이상 자거나 졸지 말고, 너희 자신을 빛내라. 너희가 고귀하고 뛰어난 능력을 지닌 존재임을 세상에 보여주라. 오, 아프리카의 딸들이여! 너희는 무덤 너머까지 너희 이름을 영원히 남기기 위해 지금까지 무엇을 했는가? 다음 세대에게 어떤 모범을 보여주었는가? 아직 태어나지 않은 세대를 위해 어떤 토대를 놓았는가?"(30) 또한 그녀는 이렇게 덧붙인다. "오 여인이여, 만일 당신이 뛰어난 덕성과 미덕을 갖추기 위해 힘쓴다면, 유용한 지식으로 당신의 마음을 채우기만 한다면 당신의 영향력은 실로 크고 위대할 것이다"(31-32). 스튜어트는 아프리카계 미국인 여성이 하나님께서 주신 지성을 적극적으로 활용하고, 경건하고 덕스러운 삶을 살아감으로써 자신을 구별 지어야 한다고 말한다. 그들은 후세에 찬란한 유산을 남기는 삶을 살아야 한다. 특히 어머니들은 자녀들의 마음속에 "지식에 대한 갈망, 미덕에 대한 사랑, 악덕에 대한 혐오, 순결한 마음의 함양"(35)을 심어주는 존재이기에, 스튜어트는 어머니들에게 특별한 책임이 있다고 강조한다. 그녀는 여성, 특히 어머니가 자녀의 인격 형성과 도덕적 발달에 결정적인 역할을 한다고 본다.

바울의 언어로 표현된 예수 신앙

스튜어트는 바울의 언어를 반영하며 아프리카계 미국인의 현실을 깊이 탄식한다. 그녀는 "예수 안에 있는 진리의 지식[딤전 2:4; 딤후 3:7; 히 10:26]에 이른 사람은 거의 없고", "종교적 또는 도덕적 성장과 발전을 통해 자신을 빛나고 돋보이는 존재로 만드는 데 관심을 두는 사람도 거의 없다"고 말한다(32).[42] 그럼에도 불구하고 스튜어트는 독자들에게 "예수 신앙"으로 돌아올 것을 간절히 권면한다. 참된 행복과 위대함은 오직 예수 안에서만 찾을 수 있기 때문이다. 그녀는 묻는다. "당신은 진정으로 위대한 사람이 되기를 원하는가? 그렇다면 진실로 경건한 사람이 되라. 그러면 하나님께서 하늘로부터 오는 지혜와 지식을 당신에게 부어주실 것이다." 스튜어트는 "진리의 지식"이 곧 구원임을 강조하면서도 이 구원이 단지 영혼의 상태에 대한 이해에 머물지 않음을 분명히 한다. 하나님이 주시는 지혜와 지식은 지금 이 순간, 이 땅에서 어떻게 살아가야 하는지를 비추는 실천적 지혜다. 이것은 세상의 헛된 길을 거부하게 하고, "예수 신앙"을 따르게 하며, 현재의 삶에 기쁨을 부여하고 죽음 앞에서도 위로를 제공하는 하는 삶의 방식으로 이끈다(32).

이러한 예수 신앙을 설명함에 있어 스튜어트는 바울의 언어를 적극적으로 인용한다. 그녀는 이렇게 웅변한다. "신앙은 순수하다. 언제나 새롭고, 아름답다. 살아갈 만한 모든 가치가 그 안에 있고, 죽을 만한 가치도 그 안

---

42   34쪽의 "진리를 알게 하다"라는 언어의 사용도 참조하라.

에 있다. 오, 내가 **지극히 거룩한 믿음 안에 세워진 교회**[골 2:7]를 볼 수만 있다면, 내가 **영적으로 생각하는** 사람들[롬 8:6]을 볼 수만 있다면 하나님을 경외하며 **더러운 이득**을 취하지 않고[딛 1:7; 참조. 딤전 3:3, 8], 한 손으로는 종교를, 다른 손으로는 세상을 붙들지 않고 오직 **열심을 품고 주를 섬기는**[롬 12:11] 사람들을 볼 수만 있다면!"(33). 이 진술에서 스튜어트는 신앙이 단지 내면의 신념이 아니라 전 존재를 관통하고 지배하는 삶의 태도이자 실천임을 보여준다.

이어 스튜어트는 바울의 언어를 다시 활용하여 종교가 어머니들에게 미치는 영향력을 묘사한다. 그녀는 흑인 여성들을 "이스라엘의 어머니들"이라 부르며, 그들이 "순결하고, 집안일을 돌보며[딛 2:5], 남의 일에 간섭하지 않고, 내면의 사람을 단장하며[롬 7:22; 고후 4:16], 온유하고 조용한 영을 소유해야 한다"(33)고 말한다. 스튜어트는 노예제 하에서 흑인 가정이 백인 주인의 권한 아래 있었으며 가족 이별의 위협이 상존했음을 상기시키면서, 이제 자유를 얻은 흑인 여성들이 가정을 책임지고 이를 삶의 중심 과제로 삼아야 한다고 주장한다. 그녀에게 종교란 흑인 여성이 하나님의 형상대로 회복되어 인간성을 부정당하는 사회 속에서도 온전한 인간으로 살아갈 수 있게 하는 힘이다. 종교는 정체성과 존엄을 회복시키며, 자유를 실질적으로 구현할 수 있는 삶의 기반을 제공한다.

이후 그녀는 젊은이들에게 시선을 돌려 히브리서 11장을 인용하며 아프리카계 미국인 청년들을 모세와 동일시한다. "젊은 남녀들이 불경한 길에서 발길을 돌리고, **잠시 죄악의 쾌락을 누리기보다 하나님의 백성과 함**

께 고난을 받기를 선택하는 것을 내가 볼 수만 있다면[히 11:25], 순수한 얼굴로 수줍게 붉히는 다음 세대의 젊은이들을 내가 볼 수만 있다면, 나는 이렇게 말할 것이다. '주여, 이제 주의 보잘것없는 여종을 평안히 떠나게 하소서. 내 눈의 바람을 보았고, 이제 만족하나이다'"(33). 히브리서 11장은 흔히 "믿음의 전당"이라 불리며, 믿음을 행동으로 보여준 성경 속 인물들을 열거한다. 그중에서도 모세는 믿음의 전형으로 묘사되며, 스튜어트는 흑인들을 그 모세와 비교한다. 모세는 이집트 왕가의 지위를 누리는 대신, 자기 민족과 함께 고난받는 길을 택했다. 스튜어트는 독자들에게 의를 위한 고난은 일시적인 죄의 쾌락보다 훨씬 더 고귀하다는 사실을 일깨운다. 사람들이 "불경한" 길에서 돌아설 때 그들은 진정으로 자신이 세상의 일부가 아니라 "하나님의 백성"의 일부로 부름받았다는 소명을 깨닫게 된다. 고난받는 이들과의 연대는 "하나님의 백성"이라는 정체성에 본질적으로 포함되어 있다. 스튜어트는 독자들에게 그들이 "하나님의 백성"이라는 정체성을 가지고 있으며, 이것이야말로 가장 근본적이고 우선적인 자기 이해임을 분명히 한다. 그들은 하나님께 속해 있고, 하나님의 사랑을 받는 존재들이다. 스튜어트는 특히 당시 많은 백인들이 "하나님은 흑인을 창조하지도, 사랑하지도 않으신다"고 주장하던 시대적 맥락 속에서 바로 그 하나님으로부터 흑인들이 부름받았음을 천명한다. 이 선언을 통해 그녀는 자기 민족이 하나님의 눈에 얼마나 소중한지를 힘 있게 증언한다.

나아가 스튜어트는 종교가 개인의 변화에 그치지 않고 공동체와 사회 전체를 변혁시킬 수 있다고 믿는다. 그녀는 "도덕적, 종교적 성장과 발전이 두각을 나타내어 머지않아 이 세상 모든 민족이 우리를 인정하게 하소서"(34)라고 기도한다. 그녀는 온 아프리카계 미국인들의 삶 속에서 일어나는 신적 변화에 온 세상이 주목하게 될 것이라고 믿는다. 왜냐하면 하나님이 인간의 삶에 개입하시면 그 삶은 결코 이전과 같을 수 없기 때문이다. 그리고 그녀 자신의 삶이 그 변화의 산 증거다. 스튜어트는 반복적으로 모두가 "진리의 지식"에 이르기를 바란다고 말하는데, 이는 바울이 고린도 교인들에게 **"깨어 의를 행하고 죄를 짓지 말라"**[고전 15:34]고 권면한 것과 같은 맥락이다. 그녀 역시 "깨어나서 의를 행하고 죄를 짓지 말라"(35)고 독자들을 권면한다. 스튜어트는 바울의 명령법을 그대로 계승하여 공동체를 교훈하고, 신자들이 누구인지, 무엇을 해야 하며, 어떻게 살아야 하는지가 서로 긴밀하게 연결되어 있음을 강조한다.[43] 바울의 문법을 빌리자면 그녀는 직설법(indicative)과 명령법(imperative) 사이의 역동적인 관계를 부각시키는 것이다. 하나님은 신자들 안에서, 그리고 그들을 위해 일하시며, 그 결과로 하나님의 영은 신자들이 자신의 부르심을 실천할 수 있도록 능력을 부여하신다. 바울의 명령은 청중이 이미 누구인지를 기억하게 하고, 그 정체성에 부합하는 삶을 살도록 이끄는 것이다. 스튜어트는 이와 같은 명령을 인용하기 직전에 죄가 공동체에 미치는 파괴적 영향력을 언급

---

43 다음을 보라. J. Louis Martyn, Galatians: *A New Translation with Introduction and Commentary*, Anchor Yale Bible 33A (New York: Doubleday, 1997), 535. 그는 갈 5:16을 "바울이 갈라디아 교인들에게 그들이 이미 성령을 받은 자들로서 계속 성령을 따라 살라고 촉구하는 명령"으로 규정한다.

함으로써 그 명령이 단순한 도덕적 촉구를 넘어 공동체 회복과 변화를 위한 신적 소명임을 부각한다. 다시 말해 그녀는 이 명령을 통해 독자들이 하나님의 능력을 의지하여 죄에 저항하고, 회개하며, 죄로 인해 나타나는 부정적인 결과들을 근본적으로 제거하고 극복할 수 있도록 돕고자 한다.

스튜어트의 흑인 연대와 흑인 주체성에 대한 강조

스튜어트에 따르면 과부와 고아를 포함한 아프리카계 미국인들에 대한 백인 사회의 노골적인 무시와 무관심, 그리고 그로 인해 발생하는 좌절감은 죄와 그 힘의 결과다. 이러한 무시는 흑인들로 하여금 자신이 아무것도 성취할 수 없다고 믿게 만들며, 그 결과 열등감을 조장한다. 스튜어트는 죄의 영향력이 사회적이고 구조적일 뿐 아니라 공동체와 개인 모두를 파괴한다는 점에서 공동체적이면서 동시에 개인적인 현실로 이해한다. 이 모든 것이 긴밀히 연결되어 있기 때문에, 그녀는 바울의 명령인 "깨어 의를 행하고 죄를 짓지 말라"를 인용한 후, 예레미야의 명령인 "돌아오라, 타락한 자녀들아[렘 3:22]"(35)를 덧붙여 권면한다. 이러한 명령들은 스튜어트가 흑인의 주체성을 강조하고 있음을 보여주며, 흑인들이 이 주체성을 발휘해 모든 형태의 죄—흑인의 생명에 대한 사회의 무관심이든, 하나님을 저버리고 불경한 길을 따르려는 흑인의 선택이든—에 저항해야 함을 역설한다. 스튜어트는 죄야말로 모든 억압과 열등감의 근원이자 반드시 저항해야 할 대상임을 강조한다. 그녀는 동료 아프리카계 미국인의 입에서 "나는 못해"라는 말이 사라지고 "나는 할 수 있다"는 말로 바뀌기를 소망한다. 이는 흑인이 열등하고 아무것도 성취할 수 없다는 통념을 거부하는 외침이다. 그녀가 바울의 명령을 받아들이는 것도 이러한 흑인의 주체성을 고양하기 위한 실천이며, 독자들이 절망 대신 "나는 해낼 것이다"라는 의지를 품도록 격려하는 방식이다(35).

스튜어트는 아프리카계 미국인들이 스스로를 향상시키고, 지식과 자기 계발에 힘쓰며 하나로 연대할 때 "이 세상 나라들 사이에서 들려오는 우리를 향한 비난과 조롱이 멈출 것"(37)이라고 확신한다. 그녀는 아프리카계 미국인 여성들이 자금을 모아 학교와 상점을 짓는 일에 함께 나서야 한다고 주장한다. 특히 남부에서는 노예가 글을 읽고 쓰는 것을 금지하는 법이 제정되고 있었기 때문에, 스튜어트가 흑인 여성들에게 정규 교육을 받을 것을 강조한 것은 명백한 정치적 전략이었다. 이러한 호소는 흑인 여성들에게 교사가 되고, 학교를 세우며, 아프리카계 미국인 교육의 선구자가 될 것을 촉구한 최초의 기록으로 평가된다.[44] 그녀는 청중들에게 자신의 가치를 세상에 증명하라고 독려하면서도, 그러한 노력이 외면당할 수 있다는 현실을 잘 인식하고 있다. 그래서 "만약 아무도 우리를 인정하거나 존중하지 않는다면 우리 스스로를 인정하고 존중하자"(37)고 힘주어 말한다. 흑인 공동체가 자율적으로 학교와 상점을 세우는 일은 흑인의 지적 능력과 가치를 세상에 증명하는 실천이기도 하다.

스튜어트는 아프리카계 미국인 여성들에게 초점을 맞추면서도 남성

---

44 Richardson, introduction to *Maria W. Stewart*, ed. Richardson, 20.

청중을 향한 메시지도 분명하게 전한다. 예를 들어 그녀는 남성들에게 자유를 위해 일어설 것을 촉구한다. "이 세상의 모든 나라가 자유와 평등을 외치고 있다. 폭정과 억압은 물러가라! 아프리카의 아들들은 언제까지 침묵할 것인가?"(29) 그녀는 아프리카계 미국인 남성들이 자유를 위한 싸움에 목소리를 내야 하며, 안일하게 앉아 가족과 공동체를 파괴하는 불의를 방관해서는 안 된다고 말한다.[45] 그녀는 여성들에게 지식과 교육을 촉구한 것처럼, 남성들에게도 지식에 대한 갈망을 품고 동족의 권리를 옹호하라고 격려한다. "지식에 대한 갈망을 자신의 늠름한 이마에 새긴 젊은이는 어디 있는가? 사소한 것들을 뛰어넘어 야망에 찬 마음으로 높이 날아올라, 마침내 아버지의 억울함을 풀고 형제들의 대의를 변호할 그날을 간절히 기다리는 이는 어디 있는가?"(31) 스튜어트에 따르면 흑인 남성은 흑인 공동체 안에서 지식을 습득하고, 이를 동족의 유익을 위해 사용하는 데 결정적인 역할을 감당해야 한다. 즉 그들의 지식은 개인적 성공을 넘어서 공동체적 소명을 실현하는 데 기여해야 한다.

스튜어트는 독자들에게 자기 계발을 촉구하면서도, 당시 많은 흑인들이 절망에 빠져 있고, 사회 전반에 퍼진 열등의식 조장 문화로 인해 발전을 추구하는 일이 무의미하게 여겨진다는 사실을 깊이 인식하고 있다. 그녀는 이 고통을 다음과 같이 호소력 있게 표현한다. "나의 형제자매 여러분, 나

---

45 일부 학자들은 Stewart가 이 대목에서 그녀의 선구자 David Walker처럼 무장 저항을 촉구한 것일 수도 있다고 본다. 그러나 이 문제에 대해서는 에세이 마지막 부분(40-41쪽)에 나오는 그녀의 진술을 보라. 또한 Cooper, *Maria Stewart*, 176을 보라.

는 여러분 가운데 많은 사람들이 유리한 조건이나 기회를 박탈당하고 완전한 무지 속에 갇혀 있으며, 그로 인해 여러분의 **마음이 어두워져 있다는 것**을 잘 알고 있다[엡 4:18]. 만약 여러분 중 누군가가 높은 목표나 고귀한 일을 이루려고 노력한 적이 있다면 아마도 지나치게 많은 반대에 부딪혀서 낙담했을 것이다.…오, 그러므로 여러분은 지식과 자기 계발에 더욱 집중해야 한다. 지식은 힘이기 때문이다. **하나님은 지혜와 총명으로 여러분을 충만하게 채우시고**[골 1:9], 여러분의 두려움을 몰아내실 수 있는 분이시다"(41).

스튜어트는 흑인들이 삶의 변화를 추구하다가 느끼는 좌절을 인정하면서도, 이 무력감에 대한 해답으로 지식과, 지식의 근원이신 하나님을 제시한다. 그녀는 교육의 박탈로 인해 생겨난 "어두워진 마음"과, 그런 이들에게 총명을 베푸시는 하나님을 대조하며, 바울을 인용해 세속 체제와 신적 체제 간의 뚜렷한 이분법을 제시한다. 그녀의 주장은 이 장 서두에서 논의한 "창조" 이야기와 연결된다. 이 이야기에서 백인은 교육받을 자격이 있지만 흑인은 그렇지 않다고 여겨진다. 그러나 스튜어트는 이 인종차별적 구분을 거부하고, 흑인도 교육받을 자격이 있으며, 하나님 또한 이를 허락하신다고 주장한다. 나아가 그녀는 초기 흑인 문학에서 반복적으로 등장하는 또 하나의 핵심 요소를 강조한다. 바로 주류 사회가 흑인에게 교육 기회를 박탈했기 때문에 흑인들이 지식과 통찰을 얻기 위해 하나님께 의존할 수밖에 없었다는 점이다. 과거 노예였던 한 사람은 다음과 같이 말했다. "[하나님은] 나를 무지 속에 방치하지 않으신다. 그분을 신뢰하는 사람이라면 누구도 무지 속에 방치하지 않으신다."⁴⁶ 아프리카계 미국인들은 삶의 모든 영역에서 하나님의 도움에 의존해야 했기에, 지혜와 통찰력, 지식을 얻기 위해 하나님을 신뢰하는 법을 배웠다. 비록 교육의 기회는 박탈당했지만, 그들은 언제든지 하나님께 접근할 수 있었고, 하나님 역시 그들에게 다가오실 수 있었다. 이는 그 어떤 법도 침해할 수 없는 신성하고 절대적인 접근권이었다.⁴⁷ 스튜어트는 하나님이 모든 지식의 원천이라는 바울의 인식론적 관점을 채택하여, 하나님께서 그들을 지혜와 총명으로 채우시고, 두려움을 몰아내시며, 절망의 한가운데서도 힘을 주시는 분이심을 선포한다.

스튜어트의 심판 언어

스튜어트는 흑인의 주체성과 단결을 강조하는 동시에, 자신의 독자들이 처한 곤경이 불의와 인종차별에서 비롯되었다는 점을 분명히 인식하며, 글 속에 미국에 대한 심판의 언어를 담아낸다. 그녀는 자신에게 큰 영향을 준 데이비드 워커(David Walker)의 선언문을 반영한 장문의 비판적 설교를 통해 미국이 흑인 시민들에게 저지른 죄에 대해 반드시 대가를 치르게 될 것이라고 대담하게 선포한다.⁴⁸ 이어서 그녀는 다음과 같이 말한다.

---

46 Clifton Johnson, ed., *God Struck Me Dead: Religious Conversion Experiences and Autobiographies of Ex-Slaves* (Philadelphia: Pilgrim, 1969), 156. 4장에 나오는 이 인용문에 대한 논의도 보라.
47 예를 들어 앞서 살펴본 John Jea의 자서전과, 하나님께서 그에게 성경을 읽을 수 있는 능력을 주셨다는 그의 진술에 대한 논의를 보라.
48 Richardson, introduction to *Maria W. Stewart*, ed. Richardson, 5-6, 11-13; Christina Henderson, "Sympathetic Violence: Maria Stewart's Antebellum Vision of African American

오, 미국이여, 미국이여, 더럽고 씻을 수 없는 너의 오점이여! 고통받고 억압당한 아프리카의 아들들에게 네가 저지른 잔인한 죄와 상처로 인해 어둡고 음침한 구름이 너를 뒤덮고 있다. 살해된 자들의 피가 복수를 요구하며 하늘을 향해 울부짖고 있다. 너는 죽임당한 아프리카인들의 피에 취했으며, 그들의 수고와 노동으로 부를 축적하고서도, 이제 그들에게 그 어떤 보답도 거부하고 있다. 너는 또한 아프리카의 딸들을 음행과 매춘으로 내몰았으니, 그들의 저주가 이제 너희 위에 임할 것이다. 오, 미국의 위대하고 강력한 자들아! 너희 부유하고 권력 있는 자들아! 너희 가운데 많은 이들이 바위와 산들을 향해 "우리 위에 떨어져 보좌에 앉으신 이와 어린양의 진노에서 우리를 숨겨다오"라고 외치게 될 것이다. 지금 너희가 멸시하는 검은 피부의 수많은 아프리카인들은 천국에서 별처럼 영원히 빛날 것이다. 사랑은 가정에서 시작되며, 자기 가족을 돌보지 않는 자는 불신자보다 더 악한 자이다[딤전 5:8].…너희는 하나님의 보좌 앞에 우리의 부르짖음이 이르기 전까지 얼마든지 죽이고, 폭정하고, 억압할 수 있을 것이다. 그러나 나는 확신한다. 하나님께서 아프리카인의 자랑스럽고 두려움 없는 기개를 영원히 꺾도록 내버려 두시지 않으실 것이다. 때가 이르면 하나님은 우리를 변호하실 것이며, 옛날 이집트에 내리셨던 열 가지 재앙을 너희 위에도 내리실 것이다(39-40).

Resistance," in "New Registers for the Study of Blackness," ed. Martha J. Cutter, special issue, *MELUS* 38, no. 4 (December 2013): 52-75. Stewart와 Walker에 대한 다음의 논의도 보라. Cooper, *Maria Stewart*, 133.

스튜어트의 강력하고 비판적인 경고는 두 가지 목적을 지닌다. 첫째, 독자들에게 위로와 격려를 제공하여 하나님이 그들을 잊지 않으셨음을 확신시키고, 둘째, 미국에 임박한 하나님의 심판을 경고하는 데 있다.[49] 스튜어트는 하나님께서 미국 내 아프리카계 미국인들의 끊임없는 절규를 들으시고, 그들의 고통을 친히 살펴보신다고 믿는다. 따라서 미국은 그 죄에 대한 대가를 반드시 치르게 될 것이며, 하나님의 가혹한 심판을 피할 수 없다고 확신한다. 그녀는 창세기 4:10에서 아벨의 피가 땅에서 울부짖는 이야기를 반영하며, 아프리카계 미국인의 처지를 이집트에서 종살이하던 이스라엘 백성의 상황에 비유한다. 하나님께서 이스라엘 백성을 위해 개입하셨던 것처럼, 아프리카계 미국인을 위해서도 개입하실 것이며, 그 방식은 열 가지 재앙을 내리셨던 것과 유사할 것이라고 본다. 그녀는 부유하고 권력 있는 자들이 낮아지고, 멸시받던 아프리카계 미국인 노예들이 하나님으로부터 높임을 받는 신적 반전이 임박했음을 선포한다.

스튜어트의 심판 언어는 의무를 방기하는 자들에 대한 바울의 강력한 질책을 포함하고 있다. 그녀는 디모데전서 5:8 —"누구든지 자기 친족 특히 자기 가족을 돌보지 아니하면 믿음을 배반한 자요 불신자보다 더 악한 자니라"—을 인용하며, 해외 원조에는 자부심을 가지면서도 자국 내 아프리카계 미국인들에 대한 책임은 외면하는 미국 사회의 위선을 강하게 비판한

---

49 Richardson, introduction to *Maria W. Stewart*, ed. Richardson, 16-17; Wilson Jeremiah Moses, *Black Messiahs and Uncle Toms: Social and Literary Manipulations of a Religious Myth* (University Park: Pennsylvania State University Press, 1982), 30-49.

다. 쿠퍼는 스튜어트의 주장에서 이 본문이 갖는 중요성을 다음과 같이 정확하게 짚어낸다. "스튜어트의 주장대로 흑인이 모든 인간적 범주에서 백인과 동등하다면 백인이 흑인을 돌보지 않는 것—심지어 그들의 노동에 정당한 임금조차 지불하지 않는 것—은 명백한 죄악이다. 스튜어트는 여기서 미국인들이 스스로를 '산 위에 있는 동네'라고 자처하며, 세상에서 가장 영적이고 독실한 신앙인들이라는 생각을 반박하고 있다. 오히려 그녀는 그들을 이교도, 즉 불신자보다 더 악하다고 규탄한다."[50] 스튜어트는 이 본문을 인용함으로써 미국의 종교적 위선과 겉치레에 불과한 의를 강하게 비판한다. 그녀는 이러한 위선이 지속되고 있음에도 불구하고, 하나님께서 아프리카계 미국인을 위해 반드시 역사하실 것이며, 그 결과 이러한 부정의가 곧 종식될 것이라고 주장한다. 그녀는 독자들에게 "가만히 있어 주께서 하나님 되심을 알라. **복수는 그의 것이니 그가 갚으리라**[롬 12:19]"는 말씀을 상기시키며(40), 하나님께서 미국이 저지른 모든 악행을 반드시 바로잡으실 것이라고 확신한다.

    스튜어트가 제시한 미국에 임할 심판에 대한 대담하고 직설적인 주장들, 아프리카계 미국인의 자기 계발과 공동체의 미래 방향에 대한 지침들, 그리고 아프리카계 미국인 여성으로서 이 모든 문제를 공공연히 발언했다는 사실은 사회 각계각층으로부터 격렬한 반발을 초래했다. 그녀는 다음과 같이 기록한다. "억압받는 아프리카 사람들의 대의를 변호하다가 많은

---

50   Cooper, *Maria Stewart*, 82n183.

사람들이 고난을 겪게 될 것이며, 나 역시 그 중 한 명이 되는 것을 영광으로 여긴다.…피할 수 있는 다른 길이 없다면 [하나님]께서 가장 고귀하고 두려움이 없으며 용감했던 데이비드 워커를 데려가신 것처럼 나도 데려가실 수 있다"(30).[51] 데이비드 워커의 의문스러운 죽음을 둘러싼 의혹들—그의 정의에 대한 끈질긴 추구가 죽음의 원인이 되었을 수 있다는—을 염두에 두고, 스튜어트는 자신의 직설적인 발언이 생명을 위태롭게 할 수 있음을 인식하며 그 가능성에 대비하고 있다. 그녀는 자신의 신념을 지키기 위해 감수해야 할 대가를 받아들이며, 바울의 언어로 이 글을 마무리한다. 그녀는 다음과 같이 선언한다.

여러분, 나는 지금까지 단 한 번도 여러분의 존경이나 박수를 얻기 위해 행동한 적이 없습니다. 내가 행한 모든 일은 오직 하나님의 영광을 위한 것이며, 영혼의 유익을 이루기 위한 것이었습니다. 나는 친척도, 친구도 없이 여러분 가운데 홀로 서 있으며, **마귀의 불화살**[엡 6:16]과 악한 자들의 공격 앞에 무방비로 노출되어 있습니다. 그러나 설령 이 세상과 지옥의 모든 권세가 한데 합세하여 나를 대적하고, 모든 만물이 썩어 없어진다 하더라도, 나는 여전히 주님을 신뢰하며 나의 구원의 하나님으로 인해 기뻐할 것입니다. **이는 나를 사랑하사 나를 위하여 자기 자신을 내어주신 그분으로 말미암**아[갈 2:20] 내가 이

---

[51] Cooper와 Richardson은 Walker의 죽음이 Stewart에게 미친 영향에 주목한다. Stewart의 멘토였던 그의 죽음은 그녀에게 큰 영향을 미쳤다. 위에서 언급했듯이 그의 죽음은 여전히 미스터리로 남아 있다.

모든 일을 넉넉히 이길 수 있으리라는 확신 때문입니다[롬 8:37-38](41).

스튜어트는 홀로 서 있으며, 악마의 불화살에 노출되어 있는 자신을 동료 전사들의 인간적인 지원 없이 우주적 전투에 투입된 존재로 인식한다. 그녀에게 쏟아지는 비난과 반대는 마치 그녀와 그녀의 사역을 파괴하려는 적들이 쏘아대는 화살처럼 여겨진다. 스튜어트는 인간적 적대자들과 영적 세력 모두의 실재를 믿었고, 이 둘 사이의 복잡한 상호작용을 분명히 인식하고 있었다. 마릴린 리처드슨(Marilyn Richardson)은 다음과 같이 설명한다. "스튜어트는 자신의 회심과 함께 하나님의 뜻에 대한 자신의 새로운 충성으로 인해 세상의 여러 질서와 충돌하게 될 것을 깨달았고, 그 결과 '전사', 더 나아가 '억압받는 아프리카의 대의를 위한 잠재적 순교자'로서의 자신을 인식하게 되었다. 그럼에도 불구하고 스튜어트는 '거룩한 분노'에 사로잡혀 폭정과 희생, 불의가 자신의 삶과 공동체, 국가에 미치는 영향을 직시하였으며, 이에 저항하기 위해 글을 쓰고 공개적으로 발언하기 시작했다."[52] 이러한 배경에서 스튜어트가 바울의 전쟁 이미지를 채택한 것은 곧 자신을 "포위된 작가"로 묘사한 것이라 할 수 있다.[53] 그녀는 자연적 세계와 초자연적 세계를 아우르는 싸움에 홀로 참여하고 있지만, 하나님께서 예수

---

52 Richardson, introduction to *Maria W. Stewart*, ed. Richardson, 8.
53 Richardson, introduction to *Maria W. Stewart*, ed. Richardson, 17. 이 글에 나타나는 추가적인 바울 서신 인용은 다음과 같다. 33쪽에서는 롬 7:22과 고후 4:16("속 사람")이 인용되며, 이는 벧전 3:3-5과도 비교된다. 36쪽에서는 히 1:14("구원의 상속자들")이 인용된다.

그리스도를 통해 자신을 단순한 승리자 이상으로 만들어주실 것이라는 확신을 가지고 있다.

스튜어트의 고별 연설

스튜어트의 활동은 막대한 개인적 희생을 요구했으며, 1833년 그녀는 "보스턴시의 친구들에게 보내는 스튜어트 부인의 고별 연설"(Mrs. Stewart's Farewell Address to Her Friends in the City of Boston)이라는 제목의 고별 연설을 통해 공식적인 공개 활동을 마무리한다.[54] 격렬한 반대에 직면한 스튜어트는 보스턴을 떠나기로 결정했고, 이 연설은 그녀의 마지막 공식 공개 연설로 남게 된다.[55] 그녀는 바울의 언어를 인용하여 자신의 회심 경험과 사역, 그리고 흑인 해방을 위한 고통스러운 여정을 자세히 진술하며, 청중에게 자신의 신앙적 소명을 증언한다. 아울러 여성들이 공적 영역에서 인종과 성별에 근거한 억압과 불의에 맞서 싸워야 할 필요성과 중요성을 강력히 역설한다.[56]

스튜어트는 사도행전 14:22을 반영하며 연설을 시작한다. "**오, 결코**

54　Richardson, introduction to *Maria W. Stewart*, ed. Richardson, 24.
55　이 고별 연설은 종종 Stewart의 마지막 공개 연설로 언급되지만, 그녀가 뉴욕으로 이주한 이후에도 강연을 했다는 몇 가지 증거가 있다. 다음을 보라. Richardson, Preface to *Maria W. Stewart*, ed. Richardson, xiv, xvi; Richardson, introduction to *Maria W. Stewart*, ed. Richardson, 27. 보스턴을 떠난 후 Stewart는 먼저 뉴욕에서, 그다음 볼티모어와 워싱턴에서 교사로 일했다. 남북전쟁 이후에는 해방 흑인을 위한 병원의 여성 책임자(matron)가 되었다.
56　Milton Sernett, ed., *African American Religious History: A Documentary Witness* (Durham, NC: Duke University Press, 1999), 202.

아니다! 누구든지 성문을 통해 거룩한 성으로 들어가려면 큰 환난을 겪어야 한다."[57] 이 구절은 바울과 바나바가 초기 교회 성도들에게 한 연설에서 비롯된 것으로, 그리스도를 따르는 자들이 겪게 될 고난의 현실에 대해 제자들을 격려하는 내용이다. 사도행전 14:22에 이르기까지의 본문은 바울과 바나바가 복음을 전하는 과정에서 돌에 맞는 등 극심한 박해와 반대를 견딘 경험들을 상세히 묘사한다. 스튜어트가 이 구절을 의도적으로 선택한 것은 불의에 맞서 공개적으로 복음을 전하고 발언하면서 겪었던 자신의 인생 경험과 일치하는 구절이기 때문이라는 점에는 의심의 여지가 없다. 또한 이 구절은 사도들이 한 지역을 떠나 다른 곳에서 복음을 전하기 전에 남긴 고별 연설의 일부이기도 하다. 이 구절의 맥락과 스튜어트의 삶의 맥락이 잘 맞물려 있어, 이 구절은 보스턴에서 극심한 반대에 부딪혀 보스턴을 떠나기로 결정한 당시의 고별 담화를 위한 적절한 도입부가 된다.

이 도입부 이후 스튜어트는 자신의 회심 경험을 간략히 설명하며, 구원이 값없이 주어진 선물이라는 것을 깨닫게 된 과정과, "**우리는 오직 은혜로 구원받는다**[엡 2:8]"는 사실을 이해하게 된 과정을 간결하게 진술한다 (65). 이 회심 경험은 그녀의 삶에 중대한 변화를 가져왔고, 그리스도의 대의를 위해 고난을 받는 특별한 소명을 갖게 만들었다. 그녀는 이렇게 기록한다.

---

57 Maria Stewart, "Mrs. Stewart's Farewell Address to Her Friends in the City of Boston," in Richardson, *Maria W. Stewart*, 65. 이후부터는 이 저작에 대한 쪽수 표기를 본문 괄호 안에 제시한다.

이러한 확신을 갖게 된 후, 나는 마음속으로 정신적 그리고 영적으로 새롭고 온전한 사람이 되어 예수의 발 앞에 앉아 있는 내 자신을 그려보았다. 이전의 나는 바다에서 폭풍우를 만나 이리저리 흔들리는 배와 같았기 때문이다. 그러던 중 내가 위험에서 벗어났다는 것을 깨달았을 때 기쁨이 나를 휘감았고, 그 순간부터 내 영혼과 몸, 그리고 마음의 모든 힘을 그분을 섬기는 데 바쳤다. 그 순간부터 영원토록, 아멘. 나는 신앙에는 자비가 가득하다는 것을 깨달았고, 믿음에는 기쁨과 평화가 있다는 것을 알게 되었으며, 나는 마치 **세상에서 나와 분리되어 있으라**[고후 6:17]는 명령을 들은 것처럼 느꼈다. 그때 영적으로 이런 질문이 들려오는 것 같았다. "내가 마신 그 잔을 네가 마실 수 있겠느냐? 그리고 내가 받은 세례를 받을 수 있겠느냐?"(마 20:22) 나는 마음으로 이렇게 대답했다. "네, 주님, 저는 할 수 있습니다."…오, 그 잔은 얼마나 쓴 잔이었던가.…그러나 나는 그 잔의 바닥에 남은 찌꺼기까지 다 마셨다.…나도 많은 사람들처럼 한 손에는 세상을, 다른 한 손에는 신앙을 붙들고 싶어 했다. "너희가 하나님과 재물을 겸하여 섬기지 못하느니라(마 6:24)"는 말씀이 내 귀에 들렸을 때 나는 두 손과 두 눈을 가지고 지옥에 던져지느니 차라리 불구의 몸으로 생명에 들어가는 것이 낫다고 생각하여, 이를테면 과감하게 오른손을 자르고 오른쪽 눈을 뽑아 던져버렸다(막 9:43). 이렇게 해서 나는 그 치열한 갈등을 끝내고 **"사망이나 생명이나 권세자들이나 능력이나 현재 일이나 장래 일이나 나를 우리 주 그리스도 예수의 사랑에서 끊을 수 없을 것"**[롬 8:38, 39]이라는 가슴 벅찬 약속을 받았다. 그리고 나는 진실로 성 바울처럼 내가 회심했을 때 충만한 은혜의 복음을

가지고 사람들에게 나아갔다고 고백할 수 있다[롬 15:29](66).[58]

스튜어트의 회심 이야기를 통해 알 수 있듯이 그녀는 자신의 삶을 하나님과 하나님을 섬기는 일에 헌신한다. 이러한 헌신에는 세상과, 그 세상이 그녀를 지배하려는 힘으로부터 자신을 분리하는 노력이 포함된다. 세상으로부터의 분리는 거룩하고 경건한 삶을 살라는 영적인 요청일 뿐 아니라 흑인 열등성과 여성의 복종을 강조하는 세상의 고정관념, 그리고 그들에게 부과된 "역할"이라는 틀로부터의 해방을 의미하기도 한다. 그녀는 이러한 분리를 고난의 세례를 받고, 그리스도가 마신 것과 같은 잔을 마시는 것으로 묘사한다. 이는 한 개인이 사회가 정한 "기준"에서 벗어날 때 피할 수 없는 고난이 뒤따른다는 것을 보여준다.

몸과 마음을 하나님께 헌신한다는 것은 자신을 온전히 내어 맡기고 포기하는 것을 뜻하며, 그녀는 이를 자신의 몸이 하나님께 속해 있기 때문에 손을 자르고 눈을 뽑는 행위로 형상화한다. 그녀가 하나님을 위해 온전히 살기로 결단하자, 내면의 "치열한 갈등"은 멈추고, 하나님은 로마서 8:38-39의 위로와 확신의 말씀을 그녀에게 들려주신다. 세상과 기꺼이 단절하려는 그녀의 결단은 그리스도의 사랑에서 결코 끊어지지 않을 것이라는 약속으로 이어진다. 그녀의 회심은 하나님과 그분의 뜻에 대한 전적인 순종을 포함하며, 바울처럼 "은혜의 복음"을 전하는 사역을 가능케 한다. 그녀

---

[58] 이 본문에 대한 다음의 논의도 보라. Cooper, *Maria Stewart*, 145-47.

의 삶이 고난의 경험 속에서 바울의 삶과 연결되는 것처럼 복음 선포의 경험에서도 그와 하나가 된다. 그녀는 바울의 언어를 빌려 거룩한 삶과 하나님께 대한 헌신, 하나님과의 지속적인 교제와 그분의 임재를 묘사하며, 하나님의 사랑이 자신을 버리지 않으리라는 확신 가운데 정의를 위한 고난을 묵묵히 견딘다. 스튜어트가 이처럼 바울을 사용하는 것은 하나의 저항 행위이기도 하다. 여성을 침묵시키는 것을 정당화하는 데 종종 이용되어온 바울의 권위에 맞서 그녀는 바울 사도처럼 세상과 그 기준에서 벗어나 충만한 은혜의 복음을 가지고 나아갔다고 선언한다. 스튜어트는 "성 바울과 함께" 말할 수 있으며, 이는 바울이 그녀를 침묵시키지 않고, 오히려 그녀와 함께 말하며, 그녀의 목소리가 그의 목소리와 하나 되어 같은 복음의 소리를 낸다는 것을 보여준다.

"말하기의 힘"과 "왜 지금은 우리 안에서 신앙의 열정이 타오를 수 없단 말인가?"

스튜어트는 그리스도에 대한 신앙고백을 한 뒤, 사역 초기부터 성령의 인도하심을 받았다고 고백하며 다음과 같이 말한다. "하나님의 영이 내게 임하셨고 내 가슴 속에서 '앞으로 나아가라[빌 3:14], 내가 너와 함께 있으리라'고 말씀하시는 음성이 들렸다. 그리고 나는 주님께서 나와 함께하신다면 내가 살아 있는 한 주님을 대변하겠다고 마음속으로 대답했다. 그리고 지금까지, 비록 미약하고 보잘것없는 노력이라 할지라도 내가 감당할 수 있었던 것은 내 마음속에서 역사하시는 성령의 신적 영향력 때문이라고 믿을 만한 충분한 이유가 있다"(67). 성령께서는 스튜어트를 인도하시고 힘을 주셔서 그녀가 자신의 공동체를 위해 정의를 실현할 수 있도록 돕는다. 이는 "스튜어트에게 있어 억압에 대한 저항이야말로 하나님께 대한 최고의 순종이었기 때문이다."[59] 스튜어트가 아프리카계 미국인과 여성에 대한 불의에 맞서 하나님을 대변하여 목소리를 높이자, 다른 이들로부터 거센 비판과 인격적인 모욕을 당하게 된다. 그녀는 자신에 대한 일부 사람들의 "왜곡된 허위 주장"을 개탄한다(67). 그러나 이러한 공격에도 불구하고 스튜어트는 자신의 소명을 충실히 감당하며 계속해서 목소리를 냈고, 심지어 자신을 전사로 묘사하기도 했다. 앞서 언급한 "종교와 순수한 도덕적 원칙"이라는 글에서 바울의 "불화살"이라는 언어를 차용했던 것처럼, 스튜어트는 이 고별 연설에서도 전쟁과 전투 준비에 대한 비유를 다시 활용한다. 흥미롭게도 그녀의 전투 언어는 성경 속 여성 지도자들에 대한 논의가 나오기 직전에 등장하며, 하나님께서 여성들을 통해 신적인 목적을 수행하셨음을 강조한다.

나는 하나님께서 오직 그분만이 아시는 지혜롭고 거룩한 목적을 이루시기 위해 내 입을 여시고, 그의 말씀을 내 입에 두신 것은 나를 대적하는 모든 이들을 **당황하게 하고 부끄럽게 하시기 위함**이라고 믿는다[고전 1:26]. 그것은 그분께서 내 얼굴을 강철로 감싸시고, 내 이마를 놋쇠로 씌우셨기 때문인데―이

59　Richardson, introduction to *Maria W. Stewart*, ed. Richardson, 9.

는 하나님께서 내게 강한 결의와 굳건한 믿음을 주셨다는 뜻이다. 그는 내 안에 그의 간증을 두셨고, 내 이마에 그의 인을 새기셨다—곧 사명에 대한 확고한 확신을 주셨다는 의미다. 그리고 나는 이러한 무기들을 가지고 땅과 지옥의 악마들에 맞서 저항했다. 내가 여자라는 것이 무슨 문제가 되겠는가? 고대 시대의 하나님이 오늘날의 하나님이 아니란 말인가? 그분께서 드보라를 일으켜 이스라엘의 어머니요 재판관이 되게 하지 않으셨는가? 에스더 왕후가 유대인의 생명을 구하지 않았는가? 막달라 마리아는 그리스도의 부활을 최초로 전하지 않았는가? "내가 행한 모든 것을 내게 말한 이 사람을 와서 보라. 이 사람이 그리스도가 아니냐"고 말한 것도 사마리아 여인이 아니었는가? 물론 **성 바울은 여자가 공공연히 말하는 것은 부끄러운 일이라고 말했지만**[고전 14:34-35], **우리의 위대한 대제사장이자 변호인**[히 4:14]이신 그분은 훨씬 더 큰 죄를 지은 여자조차 정죄하지 않으셨다. 그분은 이 보잘것없는, 벌레 같은 나도 정죄하지 않으실 것이다. 그는 상한 갈대를 꺾지 아니하며 꺼져가는 심지를 끄지 아니하시고, 심판하여 이길 때까지 참아내실 것이다. **만일 성 바울이 우리가 겪은 부당한 대우와 박탈을 직접 알았다면 우리 여성들이 권리를 주장하기 위해 공적으로 탄원하는 것을 문제 삼지 않았을 것이라 나는 확신한다.** 거룩한 여성들은 그리스도와 사도들을 섬겼고, 모든 시대의 여성들은 정도의 차이는 있지만 도덕적, 종교적, 정치적 주제들에 대해 목소리를 내왔다. 게다가 전능하신 하나님께서 왜 내게 말하는 능력을 주셨는지, 나는 그 이유를 알지 못한다(67-68).

이 본문에서 스튜어트는 인간적 차원과 초인간적 차원에서 벌어지는 이중적 투쟁이라는 개념으로 다시 돌아가, 자신이 가진 무기들로 인간적인 적뿐만 아니라 영적인 적과도 맞서 싸운다. 그녀는 또한 자신의 소명을 성경적 맥락 안에 놓고, 하나님의 불변성을 주장한다. 과거에 하나님께서 드보라, 에스더, 막달라 마리아 같은 여성들을 일으켜 세우셨다면 지금이라고 왜 그러지 못하시겠는가? 스튜어트는 목소리를 내고 행동함으로써 성경 역사에서 결정적인 전환을 이끈 여성들의 "비침묵"을 강조하고, 이를 바울이 권고한 여성의 침묵과 대조함으로써 바울의 말씀이 역사적으로 특정한 상황에 제한된 것임을 드러낸다. 여성이 구원 역사에서 중요한 위치를 차지하고 있다는 사실을 고려할 때 사도의 말씀이 여성의 역할을 결정짓거나 하나님께서 주신 여성의 소명을 부정할 수는 없다. 스튜어트는 예수께서 간음하다가 잡힌 여인을 정죄하지 않으셨다는 사실을 들어, 공공 발언보다 훨씬 더 심각하게 여겨질 수 있는 행위조차 정죄하지 않으신 그분께서 자신을 포함한 다른 여성들이 공개적으로 발언하는 일을 정죄하실 리 없다고 추론한다. 그녀가 강조하는 또 하나의 중요한 점은 바울 자신도 오늘날의 불의한 현실을 알았다면 여성들의 대의를 지지했을 것이라는 주장이다. 즉 만일 바울이 이 시대를 살면서 그녀와 다른 아프리카계 미국인 여성들이 겪는 억압과 부당함을 알았다면 예수께서 그러하셨듯이 그들의 공적 항의와 권리 주장을 반대하지 않았을 것이라는 확신이다.

스튜어트는 역사적으로 도덕적, 종교적, 정치적 영역에 기여해온 여성들을 폭넓게 다룬다. 그녀는 고대 그리스의 신탁을 전달한 여성, 로마인들로부터 존경을 받은 시빌라들(Sibyls, 고대 그리스-로마 신화에서 미래를 예언하는 여성 예언자―역자주), 황제들이 존경한 이집트의 여성 예언자들을 구체적으로 언급한다. 또한 고대부터 15세기에 이르기까지, 시인이자 수녀였던 여성들, 히브리어와 그리스어를 공부하고 철학과 정의의 권위자로 활동했던 여성들의 사례를 들며, 역사 속 여성들의 업적을 되짚는다. 스튜어트는 이 모든 예들을 통해 다음과 같이 기록한다.

> 나의 형제 여러분, 만일 여기에 묘사된 것과 같은 여성들이 과거에 실제로 존재했다면 이 격변의 시기에 하나님께서 당신의 여성들을 다시 일으켜 세우셔서 공적 영역과 사적 영역에서 그들이 보이는 모범을 통해 지금 우리에게 거세게 밀려오는 강한 편견의 기류를 막으려는 이들을 돕게 하신다고 해도 더 이상 놀라지 마십시오.…모든 시대를 관통하며 여성들 안에 타오르던 신앙의 열정이 이 시대에도 다시 그 모습을 드러냈습니다. 이 열정은 여성들을 순교자로, 사도로, 전사로 만들었으며, 마침내는 성직자와 학자로 만들어냈습니다. 그렇다면 왜 지금 이 시대에는 우리 안에서 신앙의 열정이 타오를 수 없단 말입니까? 왜 우리는 성직자와 학자가 될 수 없단 말입니까?(69)

스튜어트는 과거에 하나님께서 여성을 하나님의 사역에 사용하셨던 것처럼, 지금도 그렇게 하신다는 점을 설명하기 위해 하나님께서 여성들과 함께하셨던 역사적 사례를 언급하며 이에 호소한다. 그녀는 이러한 호소를 통해 반대자들에게 여성의 활동을 금지하지 말라고 경고하는데, 그것은 그러한 금지가 하나님의 능력을 거스르는 행위이며 "죄로 간주될 것"이기 때문이다(69). 스튜어트가 역사 속 다양한 여성들에 대해 묘사하는 이유는 그녀의 여성과 남성 독자들 모두가 높은 목표를 품도록 격려하고, 여성을 공적·사적 영역에서 사회적·정치적·도덕적 변화를 이끄는 주체로 바라보게 하기 위함이다. 이어서 그녀는 다음과 같은 질문을 던진다. "여기에 묘사된 것과 같은 여성들이 우리 흑인 공동체에 나타난다면 어떻겠는가? 그것은 불가능하지 않다. 왜냐하면 남자나 여자의 가치를 결정짓는 것은 피부색이 아니라 영혼 속에 형성된 신념과 원칙이기 때문이다"(70). 스튜어트는 보스턴에서 심각한 차별을 겪고 있던 아프리카계 미국인 청중들,[60] 특히 여성들을 향해 이 연설을 하며, 그들의 잠재력을 일깨우고자 했다. 그녀는 그들이 현재 처한 상황에도 불구하고 하나님께서 아프리카계 미국인 여성들을 사도, 전사, 학자로 일으켜 세우실 수 있다는 희망을 제시한다. 그녀가 던진 질문—"왜 하나님께서는 흑인 여성들은 사용하실 수 없단 말인가?"—의 이면에는 본질적인 신학적 도전이 담겨 있다. 스튜어트의 대답은 분명하다. 하나님은 흑인 여성도 사용하실 수 있으며, 실제로 그녀 자신이 그 가능성을 실현하는 증거라는 것이다. 그녀가 자신과 같은 아프리카계 미국인 여성을 하나님의 대변자로 포함시키는 것은 하나님께서 지금도 여전히 말씀하고 계시며, "모든 시대를 통틀어 여성들 안에 타오르던 신앙의 열정"이

---

60 Richardson, introduction to *Maria W. Stewart*, ed. Richardson, 13-14, 그는 이 시기에 "흑인들은 도시의 몇몇 붐비는 지역의 분리된 주거지에서 살았으며, 대중교통, 강연장, 오락 시설 등에서도 특별히 지정된 구역으로 제한되었다"고 기록한다.

흑인 여성들에게도 부어졌다는 것을 보여준다. 분명히 하나님은 아프리카계 미국인 여성들을 구원의 역사에 동참하게 하신다.

군사 언어의 재조명: 여성 용사의 수고

스튜어트는 자신의 사역을 설명하기 위해 사용한 군사적 이미지와 비유를 연설 후반부에서 다시 불러온다. 그녀는 자신의 짧은 사역 기간을 "내가 **그리스도인의 전투**를 치른 짧은 기간[고후 10:3-5]"이라고 묘사하면서 "땅과 지옥의 권세들이 나의 패배를 증명하기 위해 나를 대적하여 결집했기 때문에"(71) "**마귀의 불화살과 맞서 싸워야 했다**"[엡 6:16]고 말한다. 스튜어트는 바울의 전쟁 이미지를 사용하여 전투 중인 자신의 모습을 묘사할 뿐 아니라 에베소서 6:14을 인용하며 "너희는 진리로 너희 허리를 띠고, 의의 호심경을 붙이라"고 말하면서 청중들에게도 갑옷을 입고 정의를 위해 싸울 것을 권면한다(73). 또한 그녀는 갈라디아서 4:11과 고린도전서 3:6을 반영하여 자신의 사역을 "헛된 수고"로 표현하면서도, "**바울은 심고 아볼로는 물을 주었지만, 자라게 하시는 이는 오직 하나님뿐**"이라는 사실을 인정하고 수용한다. 겉보기에는 헛된 수고처럼 보일지라도 하나님께서 결국 좋은 결과를 가져오실 것이라는 믿음을 잃지 않는다.

스튜어트는 이 세상의 종말을 자신이 인내한 모든 고통에 대한 위로의 원천으로 삼는다. 마지막 날에는 "미움과 다툼이 그치고 구속받은 수백만의 사람들과 함께 어린양께 영광과 존귀와 부와 능력과 복을 돌려드리는 데 동참할 것"이라는 사실에 기뻐한다. 이는 "눈으로 본 적도 없고, 귀로 들은 적도 없으며, 사람의 마음으로 생각하지도 못한, 하나님을 사랑하는 자들을 위해 예비하신 기쁨이 있기" 때문이다[고전 2:9](73).[61] 그녀가 그리는 종말의 비전은 현재의 삶과 극명한 대조를 이루며, 이에 대해 스튜어트는 연설의 마지막에서 애절하게 고백한다. "지금까지 나의 삶은 완전히 실망스러운 삶이었다. 하나님은 나를 불로 시험하셨다. 내가 만약 그분의 대의를 위해 담대히 싸운다면 반드시 고난을 받아야 한다는 것을 나는 잘 알고 있었다"(73). 스튜어트는 아프리카계 미국인을 위한 자신의 투쟁 속에서 심각한 반대에 직면했고, 뚜렷한 성과를 거두지 못한 것처럼 느껴졌기에 자신의 삶을 실망으로 가득 찬 삶으로 여겼다. 그러나 그녀의 삶에 대한 이 가슴 아픈 묘사 속에서도 드러나듯, 그녀가 여성들과 아프리카계 미국인을 위해 감내한 고난은 크나큰 고통을 안겨주었지만, 결국 미래의 보상으로 이어질 것이라는 소망이 깃들어 있다. 그녀는 자신이 신적 소명에 충실했기에 "현세는 아닐지라도 내세에는 풍성한 상이 나를 기다리고 있다"(74)고 확신한다. 그녀는 자신의 삶을 아프리카계 미국인 동포들을 위한 희생과 고통의 삶이자, 자신을 "그분의 대의"를 위해 부르신 사랑하는 하나님께 헌신한 삶으로 묘사한다.

쿠퍼는 스튜어트를 "치열하고 끈질긴 사람"이라고 묘사하는데, 이는 그녀의 성격뿐만 아니라 그녀의 성경 해석 방식, 특히 바울 서신을 사용하

---

61   이 글에 추가로 인용된 바울의 본문은 롬 9:20-21; 고전 10:13; 딤전 1:6. 6:11이다.

는 방식과도 잘 어울리는 표현이다.⁶² 스튜어트는 자신의 회심을 설명하고, 여성 용사로서의 정체성을 부각시키며, 사역 중 겪는 시련과 고독을 표현할 때뿐만 아니라 여성을 침묵시키는 데 사용되었던 바울의 권위를 거슬러 그를 담대하게 다시 해석하는 데도 바울을 활용한다. 이는 그녀가 자신의 삶과 청중의 삶에 바울이 여전히 관련성을 갖는다고 확신했음을 보여준다. 리처드슨은 스튜어트가 여성—특히 아프리카계 미국인 여성—의 공적 정치 활동을 부적절하게 여기던 시기에 그런 삶을 실제로 살았다고 평가한다.⁶³ 그녀의 정치적 주장은 백인 중심의 통합 운동이나 노예제 폐지 운동보다 앞선 것으로, 흑인 저항 운동과 흑인 주도의 노예제 폐지 운동에서 비롯된 것이었다.⁶⁴ 스튜어트는 정치적 팸플릿을 작성한 여성 저자로서, 남성 권위가 지배하는 금단의 영역에 발을 내디딘 인물이었다.⁶⁵ 리처드슨은 스튜어트의 삶과 소명을 다음과 같이 적절히 요약한다. "[스튜어트는] 세상에서 독립적이면서도 고립된 인물이었다. 그녀의 소명은 단순한 개혁이 아니라 기존 질서를 뒤엎는 전복적인 것이었으며, 그 소명이 그녀 자신의 정체성에 도전하면서 나타난 변혁의 힘을 가장 먼저 경험한 이는 바로 그녀 자신이었다."⁶⁶ 이러한 전복적인 소명과 바울 서신에 대한 그녀의 전복적인 해석이 결합되어 여성과 아프리카계 미국인을 위한 그녀의 설교와 연설에

---

62   Cooper, *Maria Stewart*, 179.
63   Richardson, introduction to *Maria W. Stewart*, ed. Richardson, 19.
64   Richardson, introduction to *Maria W. Stewart*, ed. Richardson, 9-10.
65   Richardson, introduction to *Maria W. Stewart*, ed. Richardson, 25.
66   Richardson, introduction to *Maria W. Stewart*, ed. Richardson, 26.

신학적 정당성을 부여한다. 스튜어트는 바울이 아프리카계 미국인 여성을 포함한 여성들이 어떤 불의를 견뎌왔는지를 알았더라면 그들 역시 발언하고 항의할 권리가 있다고 지지했을 것이라고 말한다. 그녀는 바울을 해방 투쟁에 동참시키면서 억압과 노예제를 정당화하던 당대의 일반적인 바울 해석을 거부한다. 그녀에 따르면 바울은 지배자와 권력자의 편이 아니라, 하나님처럼 억압받는 자의 편에 서 있었던 인물이다.

제임스 페닝턴(1807-1870): 도망친 대장장이

바울을 전복적으로 사용한 마리아 스튜어트와 마찬가지로, 제임스 페닝턴 또한 바울을 혁명적인 방식으로 활용하여 노예제와 노예무역의 해악을 고발한다. 특히 그는 이 악이 지닌 구조적 성격과 흑인의 몸에 대한 잘못된 개념을 설명하면서[67] 바울을 노예제 정당화의 도구로 삼으려는 당시의 시도들을 강하게 반박한다. 페닝턴은 탈출하기 전까지 21년 동안 노예로 살았다. 그는 1841년에 미국 역사상 최초의 흑인 역사서로 평가받는 "흑인 인종의 기원과 역사에 관한 교과서"(A Textbook of the Origin and History of the

---

[67] James Pennington에 대한 이 절의 일부 내용은 허가를 받아 사용된 것으로, 다음 자료에 수록되어 있다. Lisa Bowens, "Liberating Paul: African Americans' Use of Paul in Resistance and Protest," in *Practicing with Paul: Reflections on Paul and the Practices of Ministry in Honor of Susan G. Eastman*, ed. Presian Burroughs (Eugene, OR: Wipf & Stock, 2018), 69-70. Lisa Bowens, "God and Time: Exploring Black Notions of Prophetic and Apocalyptic Eschatology," in T&T *Clark Handbook of African American Theology*, ed. Antonia Daymond, Frederick Ware, and Eric Williams (New York: T&T Clark, 2019), 215-17.

Colored People)를 출간했다.⁶⁸ 또한 그는 자서전 『도망친 대장장이, 또는 제임스 W. C. 페닝턴의 역사적 사건들』(*The Fugitive Blacksmith; or, Events in the History of James W. C. Pennington*)에서 노예제도의 참상과 그것이 흑인의 정신, 육체, 가족에 미친 파괴적인 영향을 생생하게 증언한다. 그는 특히 "사유 재산 원칙"(chattel principle)을 분석함으로써 이 기이하고 비인간적인 제도를 정당화하는 백인 그리스도인들을 날카롭게 질타한다.

노예제도의 죄악은 "사유 재산 원칙"에 뿌리를 두고 있다. 나는 특히 자신을 그리스도인이라 고백하는 사람들과 목회자들이 이 큰 오류에 빠지지 않도록 그들을 구해야 한다는 간절한 마음을 품고 있었다. 그들이 노예제도를 정당화하기 위해 "친절한 주인", "그리스도인 주인", "가장 온건한 형태의 노예제도", "잘 먹이고 잘 입힌 노예"와 같은 표현을 사용할 때마다 나는 분노를 느꼈다. 나는 그들이 의도적으로 진실을 왜곡하거나, 아니면 자신들이 말하는 바를 제대로 이해하지 못하고 있다고 확신한다. 노예라는 존재—그들의 영혼과 몸—는 사유 재산 원칙, 소유 원칙, 그리고 매매 계약 원칙 아래 놓여 있으며, 채찍질과 굶주림, 헐벗음은 그 필연적인 결과들이다.⁶⁹

---

68 Sernett, *African American Religious History*, 81.
69 James Pennington, *The Fugitive Blacksmith; or, Events in the History of James W. C. Pennington, Pastor of Presbyterian Church, New York, Formerly A Slave in the State of Maryland, United States* (London: Charles Gilpin, 1850; reprint, Westport, CT: Negro Universities Press, 1971), iv-v. 이후부터는 이 저작에 대한 쪽수 표기를 본문 괄호 안에 제시한다.

페닝턴은 자신보다 앞선 레뮤얼 헤인스와 동시대의 많은 아프리카계 미국인들처럼 노예제가 흑인들에게 유익하며 기독교 국가에서 그들에게 구원을 제공한다는 통념을 강력히 거부한다. 그는 특히 "온건한 형태의 노예제도"라는 개념을 정면으로 반박한다. 페닝턴에 따르면 이른바 온건한 노예제 하에서도 흑인 여성은 여전히 노예주와 그 아들에게 강간당하고, 가족은 여전히 분리되며, 노예들은 여전히 무자비하게 구타당한다. 따라서 그는 "온건한 노예제"라는 개념 자체가 성립 불가능하다고 주장한다. 이와 마찬가지로 "선한 그리스도인 노예주"가 존재한다는 이유로 노예제를 수용할 수 있다는 생각도 단호히 거부한다. 그는 "그렇습니다. 여러분, 우리 주인들 중 대부분은 자신이 그리스도인이라고 고백하는 이들입니다. 그런데 그것이 우리에게 무슨 이득이 됩니까?"라고 반문한다(xi). 페닝턴은 이러한 "그리스도인 주인들" 역시 흑인을 구타하고, 강간하고, 사고팔며, 가족을 해체시키기 때문에, 노예제도 안에서는 그 어떤 자비도, 도덕적 가치도 발견할 수 없다고 말한다.[70]

프레더릭 더글러스 역시 "친절한 그리스도인 주인"이라는 거짓 개념에 대해 강하게 증언한다. 그는 자신의 자서전에서 기독교 신앙을 갖춘 노예주들이야말로 가장 악질적이고 잔혹한 자들이라고 기록한다. "나는 조금도 주저 없이 남부의 종교는 가장 끔찍한 범죄를 은폐하는 수단에 지나지 않는다고 단언한다.…내가 다시 노예의 사슬에 묶여 노예로 전락하게

---

70 따라서 Pennington은 앞서 논의한 가부장적 친노예제 기독교라는 개념에 반대한다.

된다면 그렇게 노예로 전락하는 것 다음으로 나에게 닥칠 가장 큰 재앙은 독실한 신앙을 지닌 주인의 노예로 다시 돌아가는 것이다. 내가 지금까지 만났던 노예주 가운데 최악의 주인은 독실한 신앙을 지닌 노예주였다. 나는 그들이 내가 알고 있는 모든 사람들 중에서 가장 비열하고, 부도덕하고, 잔인하고, 비겁하다고 생각한다."[71] 더글러스와 마찬가지로 페닝턴도 노예제 옹호론 속에 널리 퍼져 있던 "친절한 주인"이라는 개념을 결코 정당화할 수 없으며, 그러한 개념이 여론을 지배하는 현실에 단호히 저항한다고 주장한다. 그는 노예제라는 제도 아래에서 흑인의 존엄성과 인간적 가치를 철저히 박탈당하고 있는 현실을 증언하며, 그런 조건 속에서 "친절한 주인"이라는 존재는 결코 성립될 수 없다고 말한다. 그는 다음 인용문에서 이와 같은 모순을 통렬하게 비판한다.

노예를 재산으로 간주하는 이러한 관계는 노예로부터 인간의 존엄을 박탈하고, 노예가 자신의 자기 소유권을 타인에게 양도하게 만든다. 바로 이 재산 관계 때문에 그는 자신의 아내와 자녀에 대한 소유권마저 다른 이에게 넘기게 되는 것이다.…늙고 "친절한" 그리스도인 주인의 가계 재산 목록을 들여다보면 노예의 이름은 말, 소, 돼지, 개와 함께 기록되어 있다. 들짐승들 사이에 자신의 이름이 적혀 있다는 사실이 아무리 굴욕적이고 모욕적이라 해도 노예제도의 재산 관계는 노예에게 그 자리를 제외하고는 아무것도 허락하지 않는다. 나는

---

71   "Narrative of the Life of Frederick Douglass," 572.

앵글로-색슨 형제들이 우리가 필요로 하는 것은 단순한 "친절" 이상의 것임을 받아들이기를 간절히 바란다. 우리는 다른 이들과 마찬가지로 정의, 진실, 명예를 요구한다(xii).

페닝턴에게 있어 그리스도인 노예주가 노예를 말, 소, 돼지 같은 동물들과 함께 재산 목록에 기록하는 관행은 노예화된 아프리카인들의 인간성과 본질적인 가치를 부정하는 행위이며, 노예제의 해악을 가장 극명하게 드러내는 구체적인 사례다.

거대한 도덕적 딜레마

페닝턴은 자신의 자서전 서문에서 노예제를 강력히 거부한 뒤, 노예 생활의 고된 현실과 자신이 탈출을 결심하게 된 결정적인 사건―노예주인이 그의 아버지를 구타한 끔찍한 사건―에 대해 이야기한다. 노예주인은 페닝턴의 아버지에게 15-20대의 채찍질을 가한 후, 거만하게 이렇게 말했다. "나는 네 시간뿐만 아니라 너의 혀도 지배하는 주인이라는 것을 알게 해주겠다!" 이 비극적인 사건은 페닝턴에게 깊은 충격을 주었고, 그는 다음과 같이 기록한다. "앵글로색슨의 피와 정신을 가진 사람 중 누군가에게 그러한 광경을 본 **아들**이 어떻게 느끼겠느냐고 묻고 싶다." 이어 그는 덧붙인다. "비록 이 사건 이후 내가 결단을 내리기까지는 시간이 좀 걸렸지만, 나는 그 사건 이후 심적으로나 정신적으로 더 이상 **노예**가 아니었다"(7). 페닝턴은 자서전의 "위대한 도덕적 딜레마"라는 제목의 단락에서 노예제의 다양한 폐해를 강조한 뒤, 노예가 백인 주인에게 복종해야 하는지 아니면 모든 사람에게 자유를 주시는 더 높은 권위자, 곧 하나님께 복종해야 하는지를 선택해야 하는 윤리적 딜레마를 제시한다. 그는 노예가 처한 구체적인 상황에 따라 윤리적 결정을 내려야 한다는 "상황윤리"의 틀을 제안하면서 노예제도가 흑인에게 끼친 또 다른 정신적·도덕적 영향력을 강조한다(20-31).[72]

노예 탈출 과정에서 페닝턴은 백인들에게 쫓기다 결국 붙잡히게 되고, 그들은 그에게 이 이야기의 핵심이 되는 두 가지 질문을 던진다. "당신은 누구의 소유이며, 어디에서 왔는가?"(21) 이 질문을 받은 페닝턴은 즉시 자신에게 세 가지 선택지가 있다는 것을 깨닫는다.

> 나는 노예법에 따라 내가 누구의 소유이며, 어디에서 왔는지 알고 있었고, 지금 나는 세 가지 중 하나를 선택해야 했다. 침묵을 지키거나, 사실을 말하거나, 아니면 거짓을 말해야 했다.…내가 처음으로 결정한 것은 이 사건과 관련된 모든 사실은 나의 사유재산이라는 점이었다. 노상강도들이 내 지갑을 빼앗을 권리가 없는 것처럼, 이 사람들도 내 사유재산을 가질 권리가 없다. 내가 그들에게 사실을 말한다면 어떤 일이 벌어질까? 아마도 나는 48시간 안에 채찍질 100대를 맞고, 루이지애나의 목화밭으로 끌려가게 될 것이다. 그렇게 되면 그들에게 돌아갈 이익이란 고작 200달러에 불과하다. 내 자유가 정말 그 200달

---

72 Sernett의 이 에세이 서문을 보라(*African American Religious History*, 81).

러보다 가치 없단 말인가? 그렇다면 나는 자유인이라고 주장하기로 결심했다(22).

페닝턴은 이 끔찍한 이야기의 마지막 부분에서 자신은 노예 부모로부터 항상 진실을 말하라는 가르침을 받아왔지만, 그 순간에는 거짓을 말하는 것 외에는 탈출의 길이 없었다고 고백한다. 진실을 말한다는 것은 고문을 당하거나 심지어 목숨을 잃을 수도 있다는 것을 의미했기 때문이다. 그는 그 날의 "도덕적 딜레마"가 자신 안에 "노예제도에 대한 더 깊은 증오심"을 불러일으켰다고 회상한다(30). 페닝턴은 노예제도가 단지 개인의 자유와 육체, 생명을 빼앗는 것에 그치지 않고, 그들을 도덕적 딜레마에 빠뜨려, 생존을 위해 자신의 신념과 도덕성을 포기하고 거짓을 말하며 인생을 마감하게 만든다는 사실을 개탄한다. 따라서 그는 자신이 거짓을 말했다는 사실을 결코 자랑스러워하지 않는다. 이야기의 마지막 부분에서 그는 노예제도가 흑인들에게 원치 않는 일을 강요하고, 그들의 신념 체계에 반하는 방식으로 행동하게 만든다고 강조한다. 그는 로마서 7:21, **"그러므로 내가 한 법을 깨달았노니 곧 선을 행하기 원하는 나에게 악이 함께 있는 것이로다"** 라는 바울의 말을 인용하며, 노예로 살아가는 아프리카인의 비참한 현실을 묘사한다. 그는 묻는다. **"어찌하여 그[노예]가 선을 행하고자 할 때 그는 거부하거나 피할 수 없는 악한 상황에 놓이게 되고 마는가?"**(30) 페닝턴은 이 구절을 내면의 악과 씨름하는 한 개인의 투쟁을 묘사한 것으로 읽는 바울의 본래 맥락을 넘어 악의 기원을 개인 내부가 아니라 외부, 즉 사회적 구조로 옮긴다. 노예에게 있어 "악"은 도덕적 타락이 아니라 그에게 강제로 가해지는 구조적 조건이다. 페닝턴에 따르면, 악은 개인 안에 있는 것이 아니라 바깥에 있으며, 그것은 곧 백인의 노예제도다. 이 제도는 반도덕적이고 반윤리적인 힘을 갖고 있으며, 흑인이 자유를 추구하고 도덕적으로 올바르게 살려고 할 때 그것을 허용하지 않고 가로막는다. 그는 독자들에게 이렇게 호소한다. "인간 사냥개들이 피를 흘리고, 거짓말을 하도록 그를 어떻게 집요하게 추적하고, 붙잡고, 유혹하는지를 보라"(30). 악이 강요될 때 노예는 자신이 바라는 바와 반대되는 방식으로 행동할 수밖에 없다.

이 에피소드는 페닝턴과 다른 노예화된 아프리카인들이 피할 수 없었던 악 가운데 하나가 바로 정체성의 왜곡이었다는 사실을 극명하게 보여준다. 그는 "나는 노예법에 따라 내가 누구의 소유이고, 어디에서 왔는지를 알고 있었다"고 기록한다. 이 노예법은 그에게 하나님의 법에 반하는 정체성을 강제로 부여했고, 페닝턴은 이 왜곡된 정체성을 살아내야 했던 깊은 고통을 드러낸다. 그가 자유인이라고 말한 것은 법적으로는 거짓일지 모르나, 하나님의 신적 경륜 안에서는 오히려 진실이었다. 하나님은 그를 본래 자유로운 인간으로 창조하셨기 때문이다. 반면 그가 맞서야 했던 악―즉 노예법―은 그의 자유뿐 아니라 존재의 근본적인 정체성 자체를 부정하려 들었다. 페닝턴은 이 탈출기에서 악이 진실을 거짓으로, 거짓을 진실로 뒤바꾸는 방식으로 진리를 왜곡한다는 점을 생생하게 묘사한다.

이 과정에서 페닝턴은 바울을 저항과 항의의 수단으로 재구성한다. 이 재구성(reformulation)은 노예가 끊임없이 겪는 실존적 위기 속에서 이루어진다. 페닝턴은 자신의 몸, 출신, 피부색을 근거로 악을 규정하려는 백인 중심의 정의에 저항하며, 악의 본질은 노예가 아니라 노예제도 그 자체에 있으며, 그 제도는 구조적으로 악을 생산하고 유지한다고 주장한다. 그의 이러한 주장은 "흑인은 그들의 피부색 때문에 본질적으로 악하다"는 당시의 인종차별적 통념을 뿌리부터 흔든다. 페닝턴은 이 왜곡된 시선을 단호히 거부하고, 노예제도의 본질적 부도덕성을 폭로한다. 그는 청중과 독자들에게 악의 근원은 나의 검은 피부가 아니라 바로 노예제도라고 선포한다.

죄와 노예제에 저항하는 복음

페닝턴은 자서전의 다른 두 곳에서 매우 결정적인 순간마다 바울의 언어를 사용한다. 그는 복음이 노예소유를 정당화하는 도구로 악용되는 현실에 직면하여 복음의 오용에 반대하는 목소리를 내야 했다. 특히 자서전 부록에 수록된, 부모님께 보내는 애절한 편지에서 그는 다음과 같이 조언한다. "복음이 왜곡되어 사용됨으로써 마치 복음이 노예제도를 옹호하는 것처럼 보일 수 있으나, 복음 그 자체에 대해 편견을 갖지 말아 달라"(76). 페닝턴은 많은 백인들이 선포하는 왜곡된 복음은 결코 참된 복음이 아니라는 사실을 분명히 인식하고 있었다. 그가 부모님께 쓴 이 글은 길게 인용할 만한 가치가 있다.

> 복음이 올바르게 이해되고, 선포되며, 받아들여지고, 깨달음을 주고, 실천될 때 그것은 죄에 반대하듯이 노예제도에도 반대한다.…흠 없고 완전하신 하나

님께서는 노예제도를 제정하라고 명령하신 적이 단 한 번도 없으며, 설령 하나님의 뜻이 새롭게 드러나고, 변화하거나 발전한다고 해도, 그것이 노예제도를 정당화할 수는 없다. 하나님께서 마귀의 사주를 받은 악한 자들이 만들어낸 노예제도를 허용하셨을 수는 있으나, 그것을 승인하신 것도 아니고 승인하실 수도 없다. 하나님은 **악한 현실 속에서도 선을 이루시고자** 하시는 분이지만 [롬 8:28], 그런 선을 이루시기 위해 반드시 그 악한 제도를 승인해야 하는 것은 아니다. 하나님은 결코 제한받지 않는 분이시며, 그분의 뜻을 이루기 위한 수단과 방법은 언제나 그분의 손안에 있다. 하나님께서 정말로 우리의 피와 뼈와 영혼을 이 나라의 부(富)의 기반으로 삼지 않고서는 이 나라를 위대하고 부유한 국가로 만드실 수 없으셨겠는가? 그리고 그분께서 우리를 노예로 만들지 않고서는 우리에게 복음을 전하실 수 없으셨겠는가?(76-77)

이 의미심장한 발췌문에는 몇 가지 중요한 주제가 드러난다. (1) 복음은 죄에 반대하며, 동시에 노예제에도 반대하는 메시지다. (2) 하나님은 노예제 속에서도 선을 이루실 수 있으나, 결코 노예제를 제정하거나 정당화하신 분이 아니다. (3) 노예제는 악한 자들에 의해 만들어진 것이다. (4) 노예제의 근원은 마귀에게 있다. 앞서 1장에서 살펴본 해석자들이 언급한 몇몇 주제들이 이 본문에서 다시 등장하지만, 여기서는 그 의미가 더욱 강력하고 심도 있게 발전되어 제시된다.

첫째, 페닝턴은 주피터 해먼과 마찬가지로 노예제도와 관련된 "제정 언어"—곧 흑인의 노예제가 영원히 정해진 하나님의 질서라는 주장—를 단호히 거부한다. 그는 특히 이러한 언어를 사용했던 조사이아 프리스트와 같은 인물들의 주장을 정면으로 배격한다. 둘째, 페닝턴은 해면과 유사하게 노예제도에 대해 허용 언어를 적용하면서도 하나님께서 노예제를 제정하셨다는 주장에 반대하는 논의를 한 걸음 더 발전시킨다. 그는 노예제가 하나님에 의해 정해진 것이 아닐 뿐 아니라 사탄으로부터 기원하며 악한 자들에 의해 실행된 것임을 단언한다. 복음이 죄에 반대하듯 노예제에도 반대한다는 점에서 그 기원은 하나님께서 결코 승인하거나 허락하실 수 없는 악임을 드러낸다. 실상 페닝턴은 하나님의 뜻과 인간의 동기 사이에 존재하는 깊은 단절을 폭로한다. 셋째, 그는 노예무역이 선한 결과를 낳을 수 있다는 믿음을 비판했던 레뮤얼 헤인스의 주장을 계승하며, 이를 한층 더 넓은 범주로 확장한다. 즉 노예무역이 어떤 선을 낳았다 하더라도 그것이 곧 하나님의 승인을 의미하지는 않는다. 하나님은 노예무역이라는 잔혹한 수단 없이도 충분히 선을 이루실 수 있는 분이시다. 페닝턴은 "노예제 덕분에 아프리카인들이 복음을 받아들였다"는 식의 논리가 하나님의 성품을 왜곡한다고 비판한다. 왜냐하면 "하나님은 결코 제한받는 분이 아니시며" "그분의 뜻을 이루기 위한 수단과 방법은 언제나 그분의 손안에 있기" 때문이다. 따라서 하나님께서는 아프리카인들을 노예로 만들지 않고서도 복음을 전할 수 있는 분임을 그는 강하게 주장한다. 이처럼 설득력 있는 논증을 통해 그는 "사용이 곧 승인"을 의미하지 않는다는 점을 분명히 하여, 당시 일반적인 노예제 옹호 논리를 정면으로 반박한다. 다시 말해 하나님께서 어떤 사악한 현실을 "사용"하셨다고 해서 그것이 곧 그분의 "의지"나

"승인"을 뜻하지는 않는다. 이러한 사용과 승인 간의 구분은 페닝턴의 노예제 비판에서 핵심적인 신학적 토대가 된다.

페닝턴은 이 강력한 논증 이후, 바울의 언어를 차용하여 참된 복음을 정의한다. 그것은 곧 **"하나님의 충만하심"**(엡 3:19)에 이르는 복음이다. 그는 바울을 따라 **"그리스도께서 나뉘셨는가?"**(고전 1:13)라고 반문하며(77), 참된 복음은 죄와 노예제뿐만 아니라 분열에도 반대하며, 흑인과 백인, 노예와 자유인이라는 사회적 양극화에 맞서 싸운다고 주장한다. 복음의 이러한 반(反)분열적 힘은 바울이 디도서에서 말한 바와 일맥상통한다. 페닝턴은 그중 몇 구절을 인용한다. **"모든 사람에게 구원을 주시는 하나님의 은혜가 나타나 우리를 양육하시되, 경건하지 않은 것과 이 세상 정욕을 다 버리고, 신중함과 의로움과 경건함으로 이 세상에 살고, 복스러운 소망과 우리의 크신 하나님 구주 예수 그리스도의 영광이 나타나심을 기다리게 하셨으니, 그가 우리를 대신하여 자신을 주심은 모든 불법에서 우리를 속량하시고, 우리를 깨끗하게 하사 선한 일을 열심히 하는 자기 백성이 되게 하려 하심이라"**(딛 2:11-14)(77). 이 본문은 노예무역과 이를 정당화하는 "왜곡된" 복음에 대한 비판의 근거가 된다. "모든 사람에게 구원을 주시는 하나님의 은혜"라는 구절은 백인의 우월성과 흑인의 열등성을 전제로 한 노예제의 타락성과 모순을 폭로한다. 페닝턴은 이 구절을 통해 노예소유주들을 고발하는데, 이는 바울이 언급한 "불경건과 세속적 욕망"이 바로 흑인의 "피와 뼈와 영혼" 위에 세워진 미국의 부와 번영을 가리키기 때문이다. 그는 앞서 언급한 "온건한 노예제"와 "친절한 그리스도인 주인"이라는 허구와 궤변을 폭로한 데 이어 바울의 이 말씀을 통해 노예소유주들의 삶이 복음과 철저히 대립된다는 사실을 드러낸다. 그들은 자신들이 복음을 따른다고 착각하지만, 실상은 복음이 요구하는 삶—즉 신중함, 의로움, 경건함—과는 전혀 다른 삶을 살고 있는 것이다. 페닝턴에 따르면 참된 복음은 "모든 불법"으로부터의 속량을 포함하며, 여기서 말하는 불법에는 노예제도 자체가 포함된다.

노예소유주에게 보낸 편지

페닝턴의 노예제도에 대한 거부, 백인들의 노예제 정당화 논리에 대한 반박, 그리고 자신의 삶을 기록한 자서전적 서사는 그가 자서전 마지막 부분에서 소개하는 중요한 문서—그가 몇 년 후, 늙은 나이에 죽음을 앞둔 옛 노예주인에게 보낸 편지—를 이해하는 데 필수적인 배경을 형성한다. 이 편지에서 페닝턴은 과거 노예주인에게 그가 저지른 악행을 상기시키며, 죽기 전에 회개하여 구원받기를 간곡히 권면한다. 페닝턴이 이 편지를 통해 전달하고자 한 핵심 목적은 다음 두 인용문에 잘 드러난다.

> 나는 당신에 대한 나의 진심 어린 선의를 표현하기 위해, 가장 친절하고 정중한 어조로 당신의 다가올 운명을 상기시켜 드리고자 합니다. 당신은 이제 일흔이 넘은 나이로, 인생의 무게를 짊어진 채 영원을 향해 나아가고 있습니다. 하지만 과연 그뿐일까요? 당신이 한때 착취하고 억압했던 노예들의 영혼, 그들이 흘린 피의 무게 또한 함께 짊어지고 죽음을 맞이해야 하지 않겠습니까?(81)

만일 성경이 노예제도를 승인하지 않는다면—그리고 저는 성경이 결코 그것을 승인할 수 없다고 확신합니다—노예제도는 틀림없이 가장 심각한 죄 가운데 하나일 것입니다. 그런데도 선생님은 이토록 무거운 죄책을 당신의 영혼에 지닌 채, 희망을 품고 하나님 앞에 나아갈 수 있다고 믿으십니까?(81)

페닝턴이 전 노예주인에게 "하나님께 갈 것"이라고 단호하게 말하는 대목은 그의 종말론적 관점이 정의, 응징, 그리고 죽음 이후의 심판이라는 요소들로 구성되어 있음을 잘 보여준다. 그는 전 주인에게 과거의 삶을 돌이켜 보라고 촉구하며, 의로우신 "만민의 심판자"[히 12:23] 앞에서 그가 여전히 소유하고 있는 노예들, 그리고 과거에 학대했던 모든 아프리카인 노예들을 다시 만나게 될 것임을 상기시킨다. 나아가 그는 심판대 앞에서 마주하게 될 노예들의 이름을 하나하나 열거한 뒤, "선생님, 거기서 만나 뵙겠습니다"라는 말로 편지를 마무리한다(82). 이 "최후의 심판" 장면은 하나님께서 모든 잘못을 바로잡고, 억눌린 자들을 위해 정의를 실현하시는 종말론적 정의의 순간을 강렬하게 묘사한다.

    페닝턴은 이 정의와 응징의 시간이 단지 심판의 시간이 아니라 노예들이 마침내 말하고 들을 수 있는 시간임을 강조한다. 그는 "하나님의 법정"에서 벌어질 이 장면을 자신이 "내 입으로 당신에 대한 불평을 말할 수 있는" 순간으로 묘사하며 과거의 노예주에게 이를 예고한다(83). 한때 노예주인은 페닝턴과 다른 노예들의 목소리에 귀 기울이지 않았지만, 이제는 하나님의 임재 앞에서 반드시 들어야만 하는 것이다. 이러한 반전은 과거 노예주인이 페닝턴의 아버지를 폭행한 후 내뱉었던 말—"나는 네 시간 뿐만 아니라 네 혀도 지배하는 주인이다!"—을 정면으로 뒤집는다. 하나님의 심판대 앞에서 이제 페닝턴은 말할 수 있으며, 노예주인은 그를 더 이상 침묵시킬 수 없다. 이러한 반전은 노예소유주가 노예의 말과 시간을 지배할 수 있다고 믿었던 오만함이 얼마나 부당하고 무력한 것이었는지를 폭로한다. 노예주인이 소유를 주장했던 바로 그 혀를 페닝턴은 되찾았고, 이제 그 혀로 주인에게 불리한 진실을 선포하게 된다. 나아가 그는 진정한 시간의 주관자이자 심판자이신 하나님께서 억눌린 자들을 위해 정의를 실현하시고, 노예소유주를 "그 심판대" 앞에 세우실 것임을 확언한다. 그 순간, 과거와 현재와 미래의 모든 시간은 오직 "영원하신 분"께 속해 있음을 드러낼 것이다.

페닝턴은 이 편지에서 전 노예주가 과거 노예들을 어떻게 대했는지뿐만 아니라 자신이 누렸던 특권들—곧 훌륭한 교육과 평생토록 접해온 "사랑의 복음"—에 대해서도 성찰할 것을 요청한다. 그는 이처럼 막대한 종교적·세속적 유산을 누려온 사람이 노예제를 지지하는 것은 도무지 정당화될 수 없다고 단언한다. 오히려 그는 전 주인이 세속적·종교적 지식의 유익을 모두 누리면서도 그것을 진리와 정의를 위해 사용하지 않았음을 지적하고, 그가 변화하지 않은 채 죽음을 맞는다면 이 모든 사실을 하나님의 심판대 앞에서 마주하게 될 것이라고 경고한다(83).

편지의 마지막 단락에서 페닝턴은 자신이 전 주인을 그리스도 안에서 형제 또는 이스라엘의 아버지로 부를 수 있기를 바란다고 말하지만, 그의 노예소유 행위 때문에 그렇게 부를 수 없음을 고백한다. 그럼에도 불구하고 그는 예수의 피가 모든 죄의 오점을 씻을 수 있다는 사실을 믿으며, 그 오점에는 노예소유라는 죄도 포함된다고 암시한다. 그는 에베소서 2:14과 고린도후서 5:20-21을 반영하여 이 동일한 피가 **"중간에 막힌 담을 허물고, 하나님과의 화해뿐만 아니라 서로 간의 화해도 이루게 하며**, 주님의 입에서 나오는 말씀—곧 그의 판결—이 우리를 하나로 만들 것"이라고 선언한다. 페닝턴에게 진정한 화해는 예수의 보혈을 통해 가능하지만, 심판과 회개 없이는 결코 이루어질 수 없다. 그는 이 편지 전체를 통해 바로 그러한 회개와 심판을 촉구한다. 화해는 정의의 실현과 죄의 인정, 그리고 과거의 잘못에 대한 책임을 동반할 때에만 가능하다. 페닝턴에게 있어 심판, 회개, 화해는 긴밀하게 연결된 신학적 요소들이다. 이를 잘 보여주는 구절은 다음과 같다. "나는 하나님의 심판대 앞에서 당신과 얼굴을 마주할 준비가 되어 있습니다. 나는 당신에게 잘못한 것이 없으므로, 우리 둘 다 공의로우신 하나님의 **손에 떨어진다 해도**[히 10:31] 나는 두려울 것이 없습니다"(83-84). 페닝턴이 에베소서 2:14과 고린도후서 5:20-21을 인용한 것은 세 가지 기능을 수행한다. (1) 인간이 만든 흑과 백, 노예와 자유인의 구분을 해체하려 하며(엡 2:14), (2) 예수의 피로 말미암아 이루어지는 화해의 현실을 선포하고(고후 5:20-21), (3) 영적 화해와 사회적 화해를 함께 포함하는 참된 화해의 가능성을 제시한다(고후 5:20-21). 동시에 이러한 바울적 언어는 심판, 회개, 화해 사이의 복합적인 상호관계를 강조하는 페닝턴의 신념을 뒷받침한다.

페닝턴의 심판 묘사는 전 노예소유주의 과거와 현재의 행동이 초래할 결과를 분명히 보여준다.[73] 그는 이 편지를 통해 전 주인을 설득하여 회개와 변화를 이끌어내고자 하며, 이 점에서 그의 글은 종말론이 인간의 도덕적 자각에 어떤 영향을 미치는지를 보여주는 인상적인 사례가 된다. 프레더릭 웨어(Frederick Ware)는 종말론의 이러한 특성을 통찰력 있게 설명한다. "종말론은 단지 세상의 특정한 끝에 대한 비전일 뿐만 아니라 인류의 진정한 인간성에 대한 비전이기도 하다. 이 비전은 사람들에게 도덕적이고 윤리적인 행동을 하도록 영감을 불어넣는다."[74] 페닝턴의 종말론적 비전은 전 주인으로 하여금 정의로운 행동을 하도록 강력히 촉구하며, 그가 이를 받아들이든 그렇지 않든 간에 정의는 궁극적으로 실현될 것임을 선언한다. 무엇보다 놀라운 점은 그가 노예소유주의 구원을 진심으로 염원하고 있다는 사실이다. 아이러니하게도 그가 보여주는 주인의 영혼에 대한 깊은 배려는 오히려 과거에 주인이 페닝턴의 몸과 마음에 보여주었던 관심보다 훨씬 크다.

페닝턴은 노예제도와 백인 우월주의에 맞서기 위해 바울의 언어를 다양한 방식으로 재해석한다. 그는 바울을 통해 악을 단지 인간 내면의 도덕적 결핍이 아니라 제도적·구조적 현실로 재구성한다. 이를 통해 그는 당시

---

73 다음도 보라. James H. Cone, "Calling the Oppressors to Account: Justice, Love, and Hope in Black Religion," in *The Courage to Hope: From Black Suffering to Human Redemption*, ed. Quinton Dixie and Cornel West (Boston: Beacon, 1999), 74-85.

74 Frederick L. Ware, *African American Theology: An Introduction* (Louisville: Westminster John Knox, 2016), 171.

널리 퍼져 있던 "흑인의 피부색에 악이 내재한다"는 인종주의적 관념을 거부하고, 오히려 악은 정의와 공의를 왜곡하는 사회 구조 속에 구현되어 있다고 역설한다. 또한 페닝턴은 바울이 전한 복음이 본질적으로 반노예적이며 반죄악적이라고 확신한다. 그는 그리스도가 나뉘지 않으신 것처럼, 참된 복음도 분열되지 않았고, 결코 분열을 조장하지 않는다고 강조한다. 페닝턴은 바울을 인용하여 하나님의 심판과 정의를 동시에 묘사한다. 그는 그리스도의 죽음을 분열의 장벽을 허물고 노예소유주와 노예 사이의 화해 가능성을 여는 결정적 사건으로 제시된다. 그러나 이 화해는 자동적으로 주어지는 것이 아니라 반드시 노예소유주의 회개와 하나님의 공의로운 심판에 기반할 때에만 실현될 수 있다.

대니얼 페인(1811-1893): 미국 최초의 아프리카계 미국인 대학 총장

대니얼 페인은 1811년, 노예제도가 시행 중이던 사우스캐롤라이나주에서 자유인이자 그리스도인이었던 부모 밑에서 태어났다. 부모는 그에게 하나님과 성경에 대한 사랑을 심어주었으며, 그는 비범한 삶의 궤적을 걸으며 자신의 인생이 하나님의 섭리에 의해 이끌려왔다고 믿었다. 페닝턴과 마찬가지로 페인 역시 하나님과 하나님의 말씀에 대한 깊은 신뢰를 간직하고 있었다. 그는 자서전 『70년에 대한 회고』(*Recollections of Seventy Years*)에서 자신이 "많은 기도를 통해 태어난 아이"였다고 회고한다. 그의 아버지는 그가 태어나기 전부터 "주님께서 아들을 주신다면 그 아들을 하나님을 섬기는 일에 바치고, 예언자 다니엘의 이름을 따서 이름을 지을 것"이라고 하나님께 서원했다고 한다.[75] 페인은 자신이 태어난 뒤, 부모가 자신을 하나님의 집으로 데려가 "거룩한 세례 예식을 통해 하나님께 바쳤다"고 고백한다. 그는 어린 시절부터 하나님의 인도하심을 경험했다고 회상하며, "하나님의 백성이 기도 모임에서 신적인 삶에 대한 경험을 나눌 때, 나는 하나님의 성령께서 어린 내 마음을 감동시키시는 것을 여러 번 느꼈다"(16)고 기록한다. 아홉 살 무렵 부모를 모두 여읜 페인은 할머니의 손에서 자랐으며, 할머니는 그에게 하나님, 성경, 그리고 교육에 대한 사랑을 지속적으로 가르쳤다.

영의 세계에서 온 말씀

페인은 18세에 회심을 경험했고, 이 체험을 빌립보서 4:7과 베드로전서 1:8의 말씀을 통해 설명한다. "이제 나도 그분께 내 마음을 다 드렸고, **모든 이해를 뛰어넘는 평강과 말로 형언할 수 없는 영광으로 충만한 기쁨**을 즉각적으로 느꼈다"(17). 이 체험이 있은 지 몇 주 후, 페인은 기도 중 주님으로부터 신성한 소명을 받는다. "그 일이 있고 몇 주 뒤, 어느 날 정오에서 오후 1시 사이, 나는 초라한 골방에서 구주께서 들으시도록 마음을 다해 기

---

75 Daniel Alexander Payne, *Recollections of Seventy Years* (Nashville: Publishing House of the AME Sunday School Union, 1888), 16. "최초의 아프리카계 미국인 대학 총장"이라는 명칭은 이 책의 서두에 등장한다. 이후부터는 이 저작에 대한 쪽수 표기를 본문 괄호 안에 제시한다.

도하고 있었는데, 마치 누군가의 손이 내 양어깨를 누르는 듯한 느낌을 받았다. 그러자 내 영혼 깊은 곳에서 '내가 너를 구별하여 세웠나니, 너를 교육하여 네 백성의 교육자가 되게 하려 함이라'는 음성이 들려왔다. 그 감동은 너무나도 강력하고 신적이어서 거부할 수 없었고, 내 생각과 삶의 방향을 새롭게 제시해주었다"(17).

하나님께서 그의 백성을 교육하라는 소명을 주신 것은 제한된 교육 기회 속에서도 배움에 대한 페인의 열정과 깊은 연관이 있다. 이 사건 이전에도 페인은 학구열이 높았으며, 스코틀랜드 해딩턴 출신의 존 브라운(John Brown) 목사가 집필한 『스스로 해석하는 성경』(Self-Interpreting Bible)을 읽은 후 라틴어, 그리스어, 히브리어를 배우기로 결심할 정도로 다양한 책을 탐독했다(15). 그는 하나님께서 자신의 삶에 부여하신 목적을 들은 이후, 교육에 대한 자신의 열망이 얼마나 더 커졌는지를 이렇게 고백한다.

이러한 일이 있고 난 뒤, 나는 여가의 모든 순간을 독서와 공부에 바치기로, 그리고 벌어들인 모든 돈은 책을 사는 데 사용하기로 결심했다. 나는 테이블, 벤치, 빨래건조대, 심지어는 "코르셋 골격"까지 만들어 팔며 돈을 모았다.…견습 기간 동안 나는 식사를 몇 분 만에 마치고, 아침과 저녁 식사 시간의 남은 모든 시간을 독서에 할애했다. 하루의 일이 끝나면 자정까지 책을 정독했고, 침대 머리맡에는 성냥갑, 부싯돌, 쇳조각, 촛불을 항상 준비해두었다. 새벽 4시에 일어나 불을 밝힌 후, 매일 6시 노동이 시작되기 전까지 공부했다. 그렇게 나는 쉼 없이 책을 읽고, 크레파스로 그림을 그리고, 때로는 시를 짓기도 했다. 열아홉 살이 되던 해, 나는 마침내 목수 일을 그만두고 교육자의 길을 걷기로 결심했다(18).

1829년, 열아홉 살이 된 페인은 찰스턴 지역에서 자유 아프리카계 미국인을 위한 학교를 열고, 6명의 학생에게 한 달에 50센트를 받고 수업을 시작했다. 그러나 낮은 수입으로는 생계를 유지할 수 없어 학교를 잠시 닫아야 했다. 그럼에도 그는 이것이 하나님께서 자신에게 주신 소명이라 믿었기에 교육을 포기할 수 없었고, 이듬해인 1830년에 다시 학교를 열었다. 그의 학교는 점차 성장하여 학생 수가 60명에 이르렀다. 그러나 1835년, 사우스캐롤라이나 주 정부가 흑인 교육을 금지하는 법률을 시행함에 따라 그의 학교도 강제로 폐쇄되었다. 이 법은 1834년 12월 주의회를 통과하여 이듬해 4월부터 시행되었고, 페인에게는 신체적, 정서적, 영적으로 깊은 상처를 남겼다. 그는 밤잠을 설칠 만큼 괴로워했고, 마침내 하나님의 뜻에 대한 의심으로까지 나아가 신앙의 위기를 겪게 되었다.

때때로 맹수가 내 심장을 송곳니로 물어뜯고 내 피를 짜내는 듯한 고통을 느꼈다. 나는 신의 존재를 의심하며 이렇게 말하곤 했다. "만약 하나님이 계신다면 그분은 정말 의로운 분이실까? 그렇다면 어째서 한 인종이 다른 인종을 억압하고 노예로 삼아 고통을 주도록 허락하시는가? 왜 불의한 법이 그들의 가장 소중하고 신성한 권리마저 앗아가게 내버려두시는가?"…다시 나는 이렇게 물었다. "하나님은 존재하지 않는 것인가?" 그러나 바로 그 순간, 내 마음속에 다음과 같은 말씀이 떠올랐다. "주와 함께 있는 하루는 천 년 같고, 천 년은 하루 같도다. 그분을 신뢰하라. 그분께서 노예제도와 모든 폭력을 종식시킬 것이다." 영의 세계에서 들려온 듯한 이 말씀은 마치 타오르는 불 위에 부은 물처럼 나의 괴로운 영혼을 식혀주었고, 내 아픈 마음은 가라앉아 고통의 짐에서 벗어날 수 있었다(28).

페인은 하나님으로부터 온 위로의 말씀, 예언자적 꿈, 그리고 백인과 흑인 친구들의 격려에 힘입어 인내하기로 결심하고, 북부로 올라가 다시 교육의 길을 걷기로 마음먹는다. 그는 교사가 되기 위해 북부로 향했고, 게티스버그에 있는 루터교 신학교에서 공부하게 된다. 신학교 재학 중 그는 "인근 지역의 모든 흑인 아이들"(59)을 가르치는 학교를 설립했고, 교육 활동과 더불어 종교 집회를 개최하며 다양한 종교 단체들을 조직했다. 그러나 그는 여전히 찰스턴에서의 폐교 사건을 깊은 슬픔과 회한으로 기억하며, 그 일이 자신에게 얼마나 중대한 영향을 끼쳤는지를 다음과 같이 회상한다.

아, 그 교실에서의 마지막 이별 장면, 그 사랑스러운 아이들.····그러나 그 장면보다 더 나를 고통스럽게 했던 것은 그 이별이 부당하고 잔인하며 불경한 법의 쓰라린 결과였다는 사실을 되새기는 일이었다. 그 법은 무방비 상태에 있는 한 인종에게 가혹하고 불공정했으며, **이 땅의 모든 민족과 인종과 가족과 개인을 한 혈통으로 만드신 하나님**[행 17:26]을 모독하는 법이었다. 나는 찰스턴을 떠난 이후 수년 동안, 매일 밤 찰스턴의 거리를 거니는 꿈, 강에서 목욕하는 꿈,

예배당에서 예배드리는 꿈, 교실에서 가르치는 꿈을 꾸었다. 때로는 그곳으로 배를 타고 돌아가는 꿈을 꾸었고, 때로는 그곳에서 날아 나오는 꿈을 꾸기도 했다(57).

학교 폐쇄 명령에 대한 기억은 그 부당한 성격 때문만이 아니라 그러한 조치를 야기한 법이 모든 민족을 한 혈통에서 지으신 하나님을 정면으로 거스른다는 점에서 페인을 끊임없이 괴롭혔다. 하나님께서 창조하신 인류의 하나 됨은 인종차별에 의해 훼손되고 부정되며, 이러한 왜곡은 페인의 학교를 폐쇄한 법령 속에 극명하게 드러난다. 페인에 따르면 이 법은 인류를 하나 되게 하신 하나님의 창조 목적에 정면으로 반하는 불경하고 잔인한 법이다. 사도행전 17:26은 이 시기의 아프리카계 미국인 작가들 사이에서 자주 인용되었으며, 이는 그들이 이 구절에서 인종차별, 부당한 법, 노예제, 백인 우월주의에 맞서 싸울 성경적 근거를 찾았기 때문이다. 인류를 향한 하나님의 창조 행위는 인간 존재의 존엄성과 그들이 지향해야 할 목적에 대한 근본 진리를 밝히며, 페인이 해석한 사도행전 17:26은 아프리카계 미국인의 인간성과 인종적 평등성을 확증해주는 신학적 토대가 된다.

    페인은 신학교 재학 중 설교자로 부르심을 받았으며, 이 경험을 **사도 바울**처럼 **"내가 복음을 전하지 아니하면 내게 화가 있으리로다!"**[고전 9:16]라고 고백할 수밖에 없는 "하늘로부터의 압력"으로 묘사한다(62). 바울과 마찬가지로 그는 복음을 전하라는 하나님의 부르심을 외면할 수 없음을 자각하고 이에 응답한다. 그러나 1837년, 중대한 질병으로 오랜 시간 병상에 눕게 되면서 그는 또 하나의 신앙적 전환점을 맞는다. 투병 중 그는 하나님의 임재를 깊이 체험하며 다음과 같이 회상한다. "병상에 있는 동안 내가 경험한 종교적 체험은 심오하고도 달콤했다. 그때 나는 '**죽는 것이 내게 유익하지만, 사는 것은 주님을 위한 것**'[빌 1:21]이라고 생각했다. 한번은 거룩한 천사들의 무리가 나의 외로운 병실로 내려와 고통 속에 있는 나를 위로하고 격려하는 것 같았다"(69). 페인은 바울이 빌립보서에서 사용한 언어를 통해 죽음을 고통과 질병으로부터의 해방이자 그리스도와의 깊은 연합으로 이해하며, 동시에 "사는 것은 주님을 위한 것"이라는 고백을 통해 자신의 삶이 전적으로 하나님께 속해 있으며, 회복 이후의 생애 역시 그리스도의 임재 안에서 이루어져야 한다는 확신을 표현한다.

건강을 회복한 페인은 1841년, 하나님께서 자신을 감리교로 인도하셨다는 확신을 갖고 아프리카감리교감독교회(AME) 교회에 가입한다. 이후 그는 성직자 교육의 중요성을 강하게 제기하며, 설교자들이 자신이 돌보는 공동체를 효과적으로 인도하고 섬기기 위해서는 체계적인 교육이 필수적이라고 주장한다. 그의 주장은 일부로부터 격렬한 반대에 부딪혀, 그를 악마에 비유하며 비판하는 이들도 있었지만, 다른 지도자들은 그의 제안을 지지했고, 결국 교단은 그의 의견을 수용하게 되었다(74-77, 64).[76]

---

76 목회자 교육을 주장하면서 그가 직면한 반대의 실상을 보여주기 위해 Payne은 그의 아버지 친구로부터 들은 이야기를 전한다. 이 교단의 설교자들은 종종 다음과 같이 설교를 시작하곤 했다고 한다. "나는 대학 벽에 머리를 부딪힌 적이 없다"고 말하면 사람들이 "아멘!"이라 외쳤고, "나는 라틴어나 그리스어를 공부한 적이 없다"고 하면 사람들이 "하나님께 영광!"이라 외쳤으며, "나는 히브리어도 공부한 적이 없다"고 하면 모두가 '할렐루야!'라고 외쳤다는

감독과 대학 총장에 선출

1852년, 페인은 오랜 숙고 끝에 마침내 아프리카감리교감독교회의 감독으로 선출된다. 그는 이미 4년 전에도 감독직을 제안받았으나, 그때는 이를 사양한 바 있다. 1851년, 자신의 이름이 다시 거론될 것임을 예감한 페인은 큰 당혹감과 불안을 경험한다. "형제들이 나를 선출하기로 굳게 결심했다는 것을 눈치챘을 때, 나는 그 순간까지도 하나님께서 이토록 무거운 직책을 나 같은 사람에게 맡기시느니 차라리 내 생명을 거두어주시기를 간절히 기도드렸다"(110)고 고백한다. 감독으로 선출되었다는 소식을 들었을 때의 심정을 그는 이렇게 생생히 묘사한다. "나는 머리부터 발끝까지 떨며 눈물을 흘렸다. 나는 그 직책에 합당하지 않다는 것을 알고 있었다. 이처럼 높고, 거룩하며, 무거운 책임이 따르는 직무를 감당할 만한 체력도, 학문적 준비도, 성결함도 내게는 없었기 때문이다.…그 발표는 마치 산처럼 무겁게 나를 짓누르는 압박으로 다가왔다.…그러나 나는 이 직책이 **교회의 머리** [엡 5:23, 골 1:18]이신 주님의 명확하고 강력한 뜻이라는 것을 깨달았고, 그 뜻을 거스르는 일은 주님의 진노를 사게 될 것임을 알았다. 그래서 나는 나를 그 자리에 앉히신 전능하신 팔이 끝까지 나를 붙들어주실 것이라는 믿음으로 순종했다"(109-10). 아이러니하게도 그는 바로 그 총회에서 개회 설교까지 맡게 되었지만, 준비할 시간은 고작 두 시간뿐이었다. 그는 고린도후서 2:16 "누가 이 일을 감당하리요?"라는 말씀을 본문으로 삼았다. 이

것이다(64).

말씀은 그가 방금 수락한 감독직에 대한 자신의 두려움과 경외를 드러냄과 동시에, 함께 섬기는 동료 목회자들에게 하나님과 회중 앞에서 자신들에게 주어진 사명과 책임을 상기시키는 말씀이기도 했다.

그는 기독교 목회자가 마땅히 그리스도를 본받아야 하며, 인류가 구원을 필요로 한다는 사실을 선포하고, 하나님의 말씀으로 양 떼를 훈련하며, 교회를 올바르게 치리하고 인도해야 한다고 설교한다. 또한 목회자는 기도와 믿음, 성결한 삶을 통해 자신의 소명을 실현해야 한다고 강조한다. 더 나아가 페인은 목회자가 과학, 문학, 철학을 배우고 익힘으로써 자신의 지적 능력을 계발해야 한다고 강조한다. 그는 설교를 마무리하면서 말씀을 요약하고, 청중이 하나님께서 맡기신 의무를 실천할 수 있도록 격려하는 일련의 질문들을 던짐으로써 청중의 결단을 촉구한다.

그러나 나는 다시 본문으로 돌아가 여러분께 묻고자 합니다. 그리스도의 복음을 전하고, 그분께서 자신의 피로 사신 교회를 다스리는 이 사명을 누가 감당할 수 있겠습니까? 주님의 백성들을 훈련하여 이 땅에서 하늘로 인도하는 이 거룩한 책임을 누가 감당할 수 있겠습니까? 통치자들과 권세들, 하늘에 있는 악한 영들[엡 6:12], 그리고 이 땅과 지옥의 모든 세력들과 맞서 싸우는 이 영적 전쟁에서 하나님의 백성을 이끌어 마침내 영광의 자리에서 승리하게 하는 이 사명을 누가 감당할 수 있겠습니까? 누가 감당할 수 있겠습니까? 나는 이렇게 대답합니다. 그리스도를 본보기로 삼는 참된 그리스도인, 참된 목회자―오

직 그런 사람만이 이 사명을 감당할 수 있습니다.[77]

페인은 목회 사명에 내재된 영적 싸움을 분명히 인식하고, 그리스도의 삶과 모범을 따르는 자만이 이 싸움에서 승리할 수 있으며, 하나님의 뜻에 따라 설교하고 교회를 다스리며 성도를 훈련할 수 있다고 주장한다. 그는 목회자에게 닥칠 수 있는 다양한 도전—영적이든 세속적이든—을 인정하면서도, 그러한 도전을 감당할 수 있는 능력은 오직 그리스도를 전심으로 따르는 데서 비롯된다고 강조한다.

페인은 감독으로서의 사명을 감당하는 동시에, 1856년 개교한 윌버포스 대학교(Wilberforce University)의 이사회 및 집행위원으로도 활동했다. 그러나 남북전쟁의 여파로 대학은 1862년부터 1863년까지 문을 닫게 되었다. 이 시기 페인은 "1863년 3월 10일, 오하이오주 신시내티에서 열린 이사회 회의에 참석하라는 부름받았고, 그 자리에서 대학 건물을 매각하기로 결정되었다. 바로 그날 밤 9시에서 10시 사이, 나는 '하나님의 이름으로, AME 교회를 위해' 이 건물을 인수하기로 합의했다"고 회고한다. 당시 그는 "손에 10달러 지폐 한 장도 없었지만, 하나님에 대한 믿음은 있었다"(152-53)고 덧붙인다. 놀랍게도 페인은 실제로 필요한 자금 1만 달러를 마련하여 학교를 인수했고, 새로운 이사회를 구성했다. 이후 그는 학교 총

---

77 Daniel Payne, "General Conference of 1852," in *Sermons and Addresses, 1853-1891: Bishop Daniel A. Payne*, ed. Charles Killian (New York: Arno, 1972), 271.

장으로 선출되었고, 이를 이렇게 기록했다. "이렇게 해서 나는 윌버포스 대학교의 총장으로 이 대학과 인연을 맺기 시작했다. 이 인연은 13년 동안 이어졌으며, 나는 신생 교육기관의 책임자이자 교회 전체의 수장이라는 이중의 직무를 맡게 되었다. 이후 나의 사역은 두 방향으로 나아가야 했고, 이를 지혜롭게 감당하기 위해서는 마음과 영혼과 육체가 모두 하늘로부터 오는 능력으로 충만해야 했다"(154). 그가 젊은 시절 계시를 통해 받은 교육자의 소명은 대학 총장이라는 사역을 통해 새로운 차원에서 실현된 것이다. 찰스 킬리언(Charles Killian)은 "흑인을 위한 최초의 고등교육기관 설립은 페인의 가장 위대한 유산으로 남아 있다"고 평가한다.[78] 실제로 페인이 감독으로 선출되었던 총회에서 행한 설교는 하나님께서 그에게 감독직뿐만 아니라 총장직도 감당할 수 있도록 필요한 모든 것을 공급해주실 것임을 예견하고 있었다.

해방된 자들을 향한 환영사

페인은 10년 후 워싱턴에서 행한 또 다른 중요한 연설인 "해방된 자들을 향한 환영사; 또는 컬럼비아 특별구 흑인 주민들의 의무"(Welcome to the Ransomed; or, Duties of the Colored Inhabitants of the District of Columbia)에서 자신이 감독으로 취임할 때 전했던 설교의 주제들을 다시 강조한다. 1862년 4월 11일, 미국 의회는 컬럼비아 특별구 내 노예제 폐지 법안을 통과시켰

---

78   Charles Killian, Payne, "General Conference of 1852."의 서론.

고, 이 시기 페인은 워싱턴과 조지타운에 본부를 둔 아프리카감리교감독교회의 제2지역 감독으로 취임한다(146).[79] 의회가 해당 법안을 통과시킨 직후, 페인은 링컨 대통령을 만나 그가 법안에 서명할 것을 권유한다. 이 역사적인 만남에 대한 그의 회고는 모두 인용할 만한 가치가 있다.

> 이제 제가 당시 나눈 대화의 내용을 말씀드리겠습니다. 저는 이렇게 말했습니다. "대통령님, 저는 이번 해방 법안에 서명하실 의향이 있으신지 여쭈러 왔습니다." 그러자 그는 대답했습니다. "오늘 몇몇 신사들이 이곳을 찾아와 절대로 이 법안에 서명하지 말라고 요청했습니다." 그러자 슈르츠(Carl Schurz) 상원의원이 곧바로 말했습니다. "하지만 대통령님, 이 법안에 서명해 달라고 간청하는 위원회가 곧 열릴 것입니다. 유럽 전체가 대통령님이 서명하시기를 바라고 있기 때문입니다." 그 말을 듣고 저는 이렇게 말했습니다. "대통령님, 일리노이주 스프링필드를 떠나시기 전날, 시민들에게 자신을 위해 기도해달라고 요청하셨던 일을 기억하십니까?" 그는 "예"라고 대답했습니다. 그래서 저는 덧붙였습니다. "그때부터 우리 흑인 시민들은 이런 기도를 드려왔습니다. '주님, 주님께서 다윗의 왕위는 점점 더 견고하게 하시고, 사울의 왕위는 점점 더 약해지게 하신 것처럼, 워싱턴의 권력은 점점 더 견고해지고, 리치먼드의 권력은 점점 더 쇠약해지게 하소서.'" 그러자 대통령은 고개를 조용히 숙이며 말했습니

---

79 Milton Sernett, "Daniel Alexander Payne: 'Welcome to the Ransomed,'" in Sernett, *African American Religious History*, 232.

다. "글쎄요, 저는 하나님께서 저를 여기까지 인도하셨다는 것을 믿을 수밖에 없습니다. 그분이 저와 함께하시며 조언해주시고 보호해주지 않으셨다면 저는 결코 지금까지 이룬 일들을 해낼 수 없었을 것입니다." 그러나 칼 슈르츠도 저도 대통령에게서 그 질문에 대한 "예"나 "아니오"라는 직접적인 대답은 들을 수 없었습니다.…그럼에도 불구하고 대통령의 태도와 말투에는 거만함도, 형식적인 격식도, 자기과시에 찬 자만심도 전혀 없었습니다.…링컨 대통령은 마치 제가 오래 알고 지낸 친구이거나 이웃이라도 되는 것처럼 따뜻하게 맞이해주었고, 대화도 그렇게 편안하게 이끌어주었습니다. 저는 그분의 진정한 위대함에 깊은 감명을 받았으며, 그가 정말로 이 나라―지구상 거의 모든 인종으로 이루어진 이 나라―를 다스리기에 합당한 인물이라는 확신을 품고 돌아올 수 있었습니다(146-48).

1862년 4월 16일, 링컨 대통령이 법안에 서명하자, 페인은 "해방된 자들을 향한 환영사"라는 연설을 통해 이제 막 자유를 얻게 된 전 노예들을 대상으로 메시지를 전한다. 그는 바울 서신 중 하나인 디모데전서 2:1-8을 본문으로 삼아 해방을 경험한 워싱턴 DC의 아프리카계 미국인들에게 주어진 의무와 책임을 강조한다.

성 바울이 에베소의 젊은 감독 디모데에게 보낸 서신의 목적은 일부 거짓 교사들이 퍼뜨린 잘못된 교리에 대응하는 지침을 주고, 그리스도인 사역자의 자격과 이들이 자신과 하나님 그리고 성령께서 맡기신 양 떼에게 감당해야 할 의무를 명확히 하기 위한 것이었습니다. 그러나 바울이 에베소의 사역자들과 평신도들에게 명한 여러 가지 의무 중에서 가장 근본적인 것은 "모든 사람들을 위하여 간구와 기도와 중보와 감사를 드리라"는 것이었습니다. 여기서 말하는 모든 사람이란 일반적으로 아담 가족 전체, 곧 모든 국가와 부족, 공동체, 민족을 포괄하는 개념입니다. 이러한 기도의 의무는 곧 하나님을 본받고 그분의 본성을 따르는 행위입니다. 왜냐하면 영원하신 하나님은 모든 인류를 사랑하시며, 모든 사람을 향한 보편적인 돌보심을 통해 자신의 본성이 지닌 무한성을 드러내시기 때문입니다. 이를 통해 하나님은 자신의 우주적 아버지 되심을 밝히시고, 그로써 인류의 형제애를 세우십니다.[80]

페인은 바울을 인용하여 흑인들에게 주어진 가장 중요한 의무—곧 모든 사람을 위해 간구와 기도, 중보와 감사를 드리는 것—가 "미국 내 흑인들의 독특한 특권"(238)이라고 주장한다. 그는 바울의 표현 중 마지막인 "모든 사람"이라는 구절에 주목하면서 이 표현이 "아담 가족 전체, 곧 모든 국가와 부족, 공동체, 민족"을 가리킨다고 설명한다(233). 페인은 이 구절을 해석하면서 바울의 가족 언어를 토대로 모든 인류가 하나의 조상인 아담에게서 유래했음을 강조한다. 그는 모든 사람이 하나의 조상을 두었다는 사실에 근거해 모든 이를 사랑하고 돌보시는 하나님의 보편적인 아버지 되심을

---

80 Sernett, "Welcome to the Ransomed," 232-33. 이후부터는 이 문서에 대한 쪽수 표기를 본문 괄호 안에 제시한다.

주장하고, 이를 통해 인류의 형제애라는 진리를 확립한다. 이러한 해석은 그의 자서전에서 사도행전 17:26을 이해한 방식과도 깊이 연결되어 있다. 페인에게 바울의 보편적 언어는 하나님의 질서 안에서 인종적 구분이나 우열이 존재하지 않는, 하나의 인류 가족을 선언하는 언어다.

이어서 페인은 해방된 노예들을 교회와 자영 농지, 그리고 AME 교회의 사회적 모임 속으로 따뜻하게 초대한다. 그는 그들에게 육체적 자유는 분명 소중하고 기념할 만한 일이지만, 그것이 영적 자유를 대신할 수는 없으므로 죄로부터의 해방 또한 추구해야 한다고 권면한다. "미국 의회가 여러분의 몸값을 치르고 속량한 것처럼 예수께서도 확실하게, 아니 더 확실하게, 자신의 보혈로 여러분을 죄와 죄의 권세에서 구속하셨습니다. 이제 여러분은 육신의 자유를 얻었으니, 죄와 사탄의 영향력으로부터 해방되어 정신과 영혼의 자유를 얻으려고 힘쓰십시오. 그리스도께서 자유롭게 하시는 사람이야말로 가장 고귀한 자유인입니다"(234). 이 연설에서 페인은 자신이 택한 제목의 이중적 의미를 강조한다. 미국 의회가 그들의 육체를 해방시킨 것이 사실이지만, 디모데전서 2:6에서 바울이 말했듯이 예수가 "**모든 사람을 위하여 자기를 대속물로 주셨다**"는 진리 안에서, 그들은 또한 예수의 피로 구속받은 자들이다. 페인이 해방된 자들을 환영한 것은 단순한 시민적 자유의 회복을 넘어, 그들이 영적 자유까지도 누리게 되었다는 의미를 품는다. 이 두 자유 모두 하나님의 능력에 의해 주어진 선물이다. 이에 대해 클레오퍼스 라루(Cleophus LaRue)는 "페인은 하나님의 전능하심과 세상을 바로잡고자 하시는 하나님의 결단에 대한 깊은 인식을 가지고 있었다"고 평한다.[81] 페인은 청중들에게 세상을 새롭게 하시는 하나님의 행위에 대한 응답으로 구원을 갈망하고, 근면하게 일하며, 지식을 추구하는 경건한 삶을 살아갈 것을 촉구한다.

페인은 청중들에게 "열심히, 열심히, 열심히 일하라!"고 강조하며, 특히 읽는 법, 그중에서도 성경 읽는 법을 배울 것을 독려한다. 그는 또한 청중들에게 학교와 교회를 세우기 위한 공동체 건설 기금 마련에 힘쓸 것을 촉구한다. 페인에게 하나님은 노예 해방이라는 위대한 사건의 배후 설계자이다. 그는 이렇게 말한다. "이제 이 위대한 구원을 우리에게 보내신 분이 누구냐고 묻는다면 그것은 주님, 전능하신 주 하나님, 아브라함과 이삭과 야곱의 하나님이라고 대답해야 할 것입니다.…자비와 정의와 자유의 천사들이 우뚝 솟은 국회 의사당 위를 맴돌며, 가난한 자, 궁핍한 자, 노예들의 대의를 위해 상원 및 하원에서 싸워온 고귀한 사람들의 생각과 마음을 움직였습니다.…주여, 주님만이 이 약하고 멸시받고 궁핍한 사람들을 위해 그토록 위대한 일을 행하시어 이 민족의 마음을 움직이실 수 있었나이다!"(237) 이 발췌문들은 워싱턴의 노예 해방에 대한 페인의 관점을 잘 보여준다. 하나님께서 개입하셔서 그 일을 이루셨기 때문에 아프리카계 미국인들은 자유를 생산적으로 사용해야 한다. 곧 경건한 삶을 살고, 공동체 자원을 세우고 유지하기 위해 단결하며, 사도 바울이 명령한 대로 모든 사람,

---

81 Cleophus LaRue, *The Heart of Black Preaching* (Louisville: Westminster John Knox, 2000), 56.

특히 모든 권위 있는 이들을 위해 기도해야 한다.

    페인은 청중에게 바울이 디모데에게 모든 권력자들을 위해 기도하라고 명한 것은 정부를 염두에 둔 것이며, 이는 자신이 지금 대통령과 의회를 위해 기도하라고 요청하는 것과 같다고 설명한다. 이어서 그는 바울의 편지 작성 배경에 대해 언급한다. 바울은 로마의 네로 황제 치하에서 살았으며, 네로는 로마 대화재의 책임을 그리스도인들에게 떠넘기고 수많은 그리스도인을 학살한 악명 높은 황제였다.[82] 페인은 "초기 그리스도인들이 그토록 사악한 괴물을 위해 기도하는 것이 그들의 의무였다면 오늘날 우리 역시 기독교 정부를 위해 기도하는 것이 마땅한 의무가 아니겠습니까?…우리는 시작과 끝을 내다보시는 지혜, 부패하지 않는 정의, 의로운 법의 다스림을 받는 자유의 영을 보내 달라고 열방의 하나님께 간구해야 합니다.…우리에게 주어진 기도의 의무는 가장 고귀한 목표들을 위해 깊이 고민하고 진지하게 성찰하는 것이며, 종전을 위해, 또 종전 전후의 입법을 위해 진지하게 생각하고 기도하는 일입니다"(238). 페인은 바울의 권면을 현실에 적용하면서 미국 정부와 군인들을 포함해 전쟁에 연루된 모든 이들을 위해 기도해야 한다고 역설한다. 이는 단순히 노예 해방의 성취를 넘어 종전 이후의 정의롭고 평등한 법률 제정을 위한 기도의 중요성을 강조하는 것이다. 그는 또한 바울이 하나님은 **"모든 사람이 구원을 받고 진리를 아는 데**

---

82 Payne은 이 책의 다른 흑인 해석학자들과 마찬가지로 바울이 디모데전서를 기록했다고 추정한다. 현대 성서 학자들 사이에서는 저자에 대한 논쟁이 있다.

이르기를"(240) 원하신다고 말한 진술에 근거하여 공직자들과 공무원들의 활동을 위해 기도하는 것뿐 아니라 그들의 개인적인 구원을 위해서도 기도해야 한다고 주장한다. 페인에게 기도는 물리적 전쟁 무기에 필적하거나 그보다 더 강력한 무기다. 바울의 말을 인용하며 그는 기도가 "**육신에 속한 것이 아니요, 하나님의 능력을 통해 강력한 힘을 발휘하여 견고한 진을 무너뜨리고**[고후 10:4] **통치자들과 권세들을 무너뜨리며**[엡 3:10; 6:12; 골 1:16; 2:15; 딛 3:1] 하늘과 땅까지도 움직이는"(239) 초자연적인 무기라고 강조한다. 페인이 바울의 말을 사용한 것에서 알 수 있듯이 기도는 억압과 불의에 맞선 저항의 한 방식이며, 인간과 하나님이 함께 연합하여 인간을 노예로 삼고 파괴하려는 세력과 싸우는 일이다. 페인은 기도를 노예의 해방을 가져올 뿐만 아니라 평등을 위한 입법에 실질적 영향을 미칠 수 있는 초자연적인 힘으로 간주한다. 정의의 실현에는 인간의 힘과 능력 이상의 것이 필요하다는 것을 그는 분명히 인식하고 있었던 것이다.

페인은 총회 설교와 마찬가지로 이 연설의 마지막 단락에서도 예수를 자신이 지금까지 언급한 모든 내용의 모범이자, 바울의 교훈을 실천한 본보기로 제시한다. 예수는 실제로 그렇게 행하셨고, 지금도 계속 그렇게 하신다. 왜냐하면 그분은 "**하나님과 사람 사이의 중재자이시며, 항상 살아계셔서** 친구뿐만 아니라 적을 위해서도 **간구하시며**[히 7:25], 사람을 차별하지 않으시는 분이기 때문이다. 그분 앞에서는 흑인이나 미국 원주민이나 백인이나 모두 똑같다"(241). 페인은 연설의 서두에서처럼 마지막에서도 모든 사람이 하나님 앞에서 평등하다는 개념에 초점을 맞춘다. 아담이라는 공동의 조상, 만민의 아버지이신 하나님, 그리고 모든 사람을 위한 단 한 분의 중보자이신 예수의 존재는 모든 인류를 하나의 공통된 인간성으로 묶는다. 이러한 공통성을 인식할 때, 비록 원수로 여겨지는 사람이라 하더라도 그 역시 하나님의 구원과 도움이 필요한 동일한 인간 가족의 일원이므로 그를 위해 기도하는 일이 가능하다는 것이다.

페인은 연설의 마지막을 미국에 대한 조건부적 축복 선언으로 마무리한다. "그러나 이 나라가 공의를 행하고, 모든 사람에게 정의를 베풀며, 강자뿐만 아니라 약자를 보호하고, 국가 권력의 넓은 날개를 모든 피부색의 사람들에게 평등하게 펼친다면 하나님은 [이 나라를] 축복하실 것입니다. 이것이 바로 하나님을 본받고 따르는 행위이며, 하나님께서는 국가든 사람이든 그의 형상을 지닌 자들을 축복하실 것입니다"(241). 페인은 국가가 축복을 받으려면 약자를 보호하고 모든 사람을 평등하게 대해야 한다고 믿는다. 미국이 하나님의 축복을 받은 것은 단지 그 기원이나 기독교 국가라는 이유 때문이 아니다. 미국이 진정 하나님의 은총을 받으려면 인종과 관계없이 모든 국민에게 공의를 실현해야 한다. 라루는 이 설교 전체를 꿰뚫는 주제를 이렇게 요약한다. "하나님의 능력에 대한 주요한 이해가 이 설교 전체를 관통한다. 그것은 소외되고 힘없는 이들을 위해 강력하게 행동하시는 하나님에 대한 이해다."[83] 페인의 설교에서 중심을 이루는 것은 하나님의 능력이며, 그는 바울의 가르침을 활용해 기도가 곧 소외된 자들을 위해 일

---

83 LaRue, *Heart of Black Preaching*, 56-57n61.

하시는 하나님의 능력에 참여하는 방식임을 보여준다. 다시 말해 하나님의 일하심과 인간의 응답이 함께 작용할 때 아프리카계 미국인의 해방은 현실이 될 수 있다.

페인은 그의 자서전과 연설에서 바울을 다양한 방식으로 활용한다. 그는 사도의 언어를 통해 자신의 회심과 설교자로서의 소명, 병상의 경험, 인류의 하나 됨, 목회자의 의무, 그리고 영적 전쟁에 대해 설명한다. 또한 바울의 말씀은 미국 정부를 위한 기도를 촉구하는 데에도 핵심적인 근거로 작용한다. 아프리카계 미국인들의 자유 쟁취 운동은 하나님께서 해방이라는 신적 목적을 이루시기 위해 정부를 도구로 사용하신다는 신학적 이해를 형성했다. 이에 반해 데이비드 워커와 마리아 스튜어트의 저작에서는 미국에 대한 심판과 멸망의 언어가 강조되었다. 물론 일부 백인 노예제 폐지론자들과 아프리카계 미국인들도 남북전쟁을 미국이 노예제도와 노예무역에 가담한 데 대한 하나님의 심판으로 해석했다. 다른 이들은 이것을 해방으로 이해했는데, 이는 "그들이 하나님의 해방 행위를 자신의 삶 속에서 목격했다"고 믿었기 때문이다. 그들의 해석에 따르면 "하나님은 에이브러햄 링컨 대통령과 북군 병사들을 사용하여 노예의 멍에를 깨뜨리신 것이었다."[84] 또 다른 이들은 이 전쟁이 심판이자 해방이라는 이중적 의미를 지닌 사건이라고 이해했다. 이러한 맥락에서 컬럼비아 특별구에서 노예가 해방된 사건은

---

84   Raynard D. Smith, "Seeking the Just Society: Charles Harrison Mason's Quest for Social Equality," in *With Signs Following: The Life and Ministry of Charles Harrison*, ed. Raynard Smith (St. Louis: Christian Board Publication, 2015), 100.

바울을 활용하여 대통령과 의회, 그리고 전체 정부 조직을 위해 기도하도록 격려하는 방식으로 이해될 수 있다. 그 기도의 목적은 억압받는 모든 사람들을 위해 정의로운 법과 자유를 실현하도록 하는 것이다.

이전에는 백인들이 바울의 말을 인용하여 "노예들아, 너희 주인에게 순종하라"고 선포함으로써 노예제도를 정당화했으나, 페인은 이러한 바울의 사용 방식을 급진적으로 전복시킨다. 이제 바울은 노예소유주들이 그들 위에 있는 정부에 순종해야 하며, 그 정부는 억눌린 자들의 기도를 들으시는 하나님께서 다스리신다는 사실을 보여주는 근거로 사용된다. 한 아프리카 노예의 고백처럼 "우리는 자유를 얻기 위해 많이 기도했고, 주님은 우리의 기도를 들으셨다."[85]

따라서 이처럼 바울은 노예들의 기도를 통해 순종의 질서가 근본적으로 뒤바뀌는 급진적인 반전을 묘사하는 데 사용된다.

줄리아 푸트(1823-1900): 여성 안수집사

이 장의 다른 흑인 해석자들과 마찬가지로 줄리아 푸트(Julia Foote) 역시 하나님 및 성경과 깊이 있는 개인적 관계를 맺고 있었다. 푸트는 1823년 뉴욕주 스케넥터디(Schenectady)에서 독실한 기독교 신자인 노예 부모 사이에서 태어났다. 열다섯 살 때 회심을 경험한 그녀는 그로부터 얼마 지나지 않

---

85 Raboteau, *Slave Religion*, 218.

아 성화의 은사를 구했고, 마침내 그것을 받았다.[86] 많은 반대에도 불구하고 푸트는 뉴잉글랜드, 오하이오, 캐나다 등 여러 지역에서 복음을 전하라는 하나님의 부르심에 응답하여 복음 사역에 헌신했다. 그녀는 아프리카감리교 시온교회(AME Zion Church) 최초의 여성 안수 집사가 되었고, 이후 같은 교단에서 장로 안수를 받은 두 번째 여성이 되었다.[87]

푸트의 회심, 성화, 그리고 설교 소명

줄리아 A. J. 푸트는 자신의 자서전 『불에서 꺼낸 타다남은 나뭇가지: 줄리아 A. J. 푸트의 자전적 이야기』(*A Brand Plucked from the Fire: An Autobiographical Sketch by Mrs. Julia A. J. Foote*) 전반에서 성경, 특히 바울 서신이 그녀의 회심 체험과 복음 선포 사명을 이해하는 데 핵심적인 역할을 한다고 밝힌다. 서문에서 푸트는 현세에서 모든 죄로부터의 구원이 가능하다고 믿으며, 갈라디아서 2:20에서 바울이 한 말씀이 이러한 관점을 뒷받침한다고 주장한다. "내가 그리스도와 함께 십자가에 못 박혔나니 그런즉 이제는 내가 사는 것이 아니요 오직 내 안에 그리스도께서 사시는 것이라. 이제 내가 육체 가운데 사는 것은 나를 사랑하사 나를 위하여 자기 자신을 버리신 하나님의 아들을 믿는 믿음 안에서 사는 것이라."[88] 푸트는 예수의 보혈이 단순히 죄책

---

86 William L. Andrews, introduction to *Sisters of the Spirit: Three Black Women's Autobiographies of the Nineteenth Century*, ed. William L. Andrews (Bloomington: Indiana University Press, 1986), 9.
87 Andrews, introduction to *Sisters of the Spirit*, 10.
88 Julia Foote, *A Brand Plucked from the Fire: An Autobiographical Sketch by Mrs. Julia A. J.*

감을 덜어주는 것을 넘어서 "마음 깊이 뿌리내린 죄성 자체"를 제거한다고 믿는다(163). 그녀는 절대적인 완전을 주장하지는 않지만, 그리스도인의 완전을 분명히 옹호하며 이를 "사랑에 반하는 모든 성품의 소멸"이라고 정의한다. 곧 죄를 짓는 삶과 진정한 그리스도인의 삶은 양립할 수 없다는 것이다(232). 바울이 주장한 **영과 혼과 몸의 성화**(살전 5:23)[89]는 신자들에게 이미 실현 가능한 현실이다. **하나님의 신실하심**은 신자 안에서 **신적 완성**을 요구하며(살전 5:24), **하나님은 예수를 그의 피를 믿는 믿음을 통해 화목제물로 세우셨기 때문이다**(롬 3:25). 푸트에게 바울의 가르침은 하나님이 **우리가 구하거나 생각하는 모든 것에 더 넘치도록 능히 행하실 수 있는 분이며**(엡 3:20), 신자들은 **믿음으로 이 은혜에 들어감을 얻고** 그 안에 굳게 서 있음을 의미한다(롬 5:2). 따라서 그리스도인의 완전은 하나님이 주시는 실제로 가능하고 실현 가능한 선물이다(232).

푸트는 자신의 회심과 그 후의 성화 경험을 통해 이러한 신앙을 확립하게 된다. 그녀의 회심은 일요일 저녁 분기별 집회에서의 체험을 통해 일어난다. 그날 목사가 본문으로 삼은 말씀은 요한계시록 14:3이었다. "그들이 보좌 앞과 네 생물과 장로들 앞에서 새 노래를 부르니 땅에서 속량함을 받은 십사만 사천 밖에는 능히 이 노래를 배울 자가 없더라." 이 설교는 푸트에

Foote (Cleveland, OH: Printed for the author by W. F. Schneider, 1879), reprinted in Andrews, *Sisters of the Spirit*, 163. 이후부터는 개정판의 쪽수는 본문 괄호 안에 표기한다.

89 Foote는 이 구절을 살후 5:23으로 인용하지만, 실제로는 살전 5:23이다. 다음을 보라. Andrews, *Sisters of the Spirit*, 245.

게 깊은 충격을 주었고, 그녀는 이에 대한 반응을 다음과 같이 회상한다.

> 나는 내가 구원을 받지 못한 상태라는 것을 처음으로 깨달았다. 이전에는 그런 생각을 해본 적이 없었다. 내 안의 어떤 음성이 "너 같은 죄인은 결코 새 노래를 부를 수 없다"고 끊임없이 속삭였다. 내가 겪은 고통은 말로 다 표현할 수 없었다. 나는 의식을 잃고 바닥에 쓰러졌고, 사람들이 나를 집으로 데려갔다. 몇몇은 밤새 내 곁을 지키며 찬송하고 기도해주었다. 나는 그들을 알아보지도 못했고, 마치 어둠 속을 걷는 것처럼 느껴졌다. 누군가 계속 따라오면서 "너 같은 죄인은 결코 새 노래를 부를 수 없다"고 말하는 것 같았다.…나는 극심한 두려움에 떨며 울부짖었다. "주님, 불쌍한 죄인인 저를 불쌍히 여기소서!" 그러자 갑자기 그 음성이 멈추었고, 내 눈앞에 한 줄기 빛이 비쳤다. 멀리서 노래 소리가 들려왔다. 그 빛은 점점 더 밝아졌고, 노래 소리도 또렷해졌다. 나는 그 노랫말을 분명히 들을 수 있었다. "이것이 새 노래다. 구속받았도다, 구속받았도다!" 나는 아무것도 먹지도 마시지도 않은 채 20시간 동안 누워 있던 침대에서 벌떡 일어나 노래를 부르기 시작했다. "구속받았네! 구속받았네! 영광! 영광!" 내가 구속받아 새 노래를 부를 수 있다는 사실을 깨달았을 때 놀라운 기쁨과 평화가 내 마음을 가득 채웠다(180).

푸트는 회심 이후 약 6개월간 평화와 기쁨 속에 머물렀으나, 어느 날 남동생이 실수로 그녀의 한쪽 눈을 강타하면서 결국 실명하게 되는 끔찍한 사고를 당한다. 이 사건은 단순한 육체적 고통을 넘어서 그녀의 내면에 깊은 혼란과 고뇌를 야기했다. 그녀는 이러한 갈등을 바울의 말—"**내가 원하는 바 선은 행하지 아니하고 도리어 원하지 아니하는 바 악을 행하는도다.… 내가 원하는 바 선을 행하려 할 때마다 악이 나와 함께 있는 것을 보노라**(롬 7:21)"—로 설명하며, 자기 안에서 일어나는 죄와의 싸움을 고백한다.[90] 그녀의 내면은 분노, 교만, 조급함, 그리고 "육신에 속한 다른 본성들"(182)과 끊임없이 씨름했다. 푸트는 설교자, 부모, 그리고 주변 사람들에게 조언을 구했지만, 그들 모두는 "모든 그리스도인들이 그러한 내적 투쟁을 겪으며, 죽을 때까지 그것에서 완전히 자유로울 수 없다"(183)고 말했다. 이러한 답변을 받아들이기를 거부한 푸트는 어느 날 그녀의 교회를 방문한 한 노부부로부터 성화의 은사에 대해 알게 된다. 그들은 자신들이 교만과 분노, 그리고 다른 죄들과의 싸움 속에서 주님께서 성화를 통해 그들을 해방하신 경험을 들려주었다. 이 소식을 들은 푸트는 자신의 삶에서도 이 은사를 받기로 결심하고, 마침내 어느 날 그녀는 그 은사를 받게 된다.

인내하며 주님을 기다리는 가운데 나의 간절한 소망은 나의 귀하신 구주를 믿는 믿음을 통해 이루어졌다. 하나님의 영광이 마치 나를 바닥에 엎드리게 하려는 듯 강력하게 임했다. 참으로 하나님의 영광의 무게가 나를 압도하여 짓누르고 있었다.…아버지께 영광을! 아들에게 영광을! 그리고 성령께 영광을! 불에 그슬린 나무와 같은 나를 불에서 건져내시어 영생을 얻도록 인치신 분께 영광

---

90   위에서 James Pennington이 제시한 이 구절에 대한 다른 해석을 보라.

을 돌린다. 나는 더 이상 영광을 바랄 필요가 없었다. 나는 그 영광에 대한 온전한 확신을 갖게 되었다. **바울과 같은 믿음을 주신 주님을 찬양합니다!** "**내가 그리스도와 함께 십자가에 못 박혔나니 그런즉 이제는 내가 사는 것이 아니요 오직 내 안에 그리스도께서 사시는 것이라**"[갈 2:20]. 내가 끊임없이 기도한 것들을 응답받았는데, 그 기도는 **그의 성령으로 말미암아 나의 속사람을 능력으로 강건하게 해주시고, 내가 사랑 속에 뿌리를 박고 터를 잡아서 모든 성도와 함께 지식에 넘치는 그리스도의 사랑을 알고, 그 길이와 너비와 높이와 깊이가 어떠함을 깨달아 하나님의 모든 충만하신 것으로 충만하게 하시기를 구한 것이었다**[엡 3:16-19]. 나는 어머니에게 성화를 위해 기도하고 있다고 말하기가 두려웠지만, "**옛사람**"[롬 6:6]이 내 마음에서 쫓겨나고 온전한 사랑이 나를 사로잡았을 때 나의 모든 두려움은 사라져버렸다(186-87).

푸트는 "바울과 같은 믿음"을 통해 성화의 은사를 받을 수 있었고, 에베소 교인들을 위한 사도의 기도는 그녀의 삶의 기도가 되었다. 하나님께서 성령을 통해 그녀를 속사람으로 강건하게 하시고, 하나님의 사랑 안에 뿌리를 내리게 하시며, 그리스도의 사랑의 길이와 너비와 높이와 깊이를 깨닫고, 하나님의 충만하심에 이르게 해달라는 간구가 바로 그녀 자신의 간절한 바람이 되었던 것이다. 하나님의 영광은 그녀의 몸을 압도했고, 이 영광(כבוד)의 무게는 그녀를 바닥에 엎드리게 할 만큼 강력했다. 이러한 성화의 은사를 체험한 후 그녀는 그동안 말하지 못했던 두려움을 이겨내고 어머니에게 자신의 체험을 고백하게 된다. 하지만 푸트가 어머니와 다른 사람들에게 자신의 성화 체험을 이야기했을 때 그녀는 즉시 반대에 부딪힌다. 그들은 죄를 짓지 않고 살아가는 것은 먹지 않고 살아가는 것만큼이나 불가능하다고 말하며, 푸트의 체험을 의심하거나 부정했다(193). 그러나 푸트는 예수께서 "죄로 인한 죄책감에서 나를 해방하셨으니 **죄가 더 이상 나를 지배하지 못한다**[롬 6:14]"고 고백하면서 자신이 체험한 새로운 신적 깨달음에 대한 확신을 굽히지 않는다(188). 푸트는 죄로부터의 자유를 바울의 언어로 묘사하며, 자신의 내면에 찾아온 평화를 바울처럼 간결하면서도 확신에 찬 말로 표현한다. "이때부터 나의 가장 따뜻한 친구였고, 나를 그리스도인이라고 여겼던 많은 사람들은 내가 무슨 말을 하는지 모르겠다고 비난하며, 이 세상에는 성화와 거룩함 같은 것이 없으며, 마귀가 나를 속여 자기 의에 빠지게 했다며 나를 반대했다. 그들 중 상당수는 죄와의 싸움보다 성화와의 싸움에 더 큰 열정과 적극성을 가지고 맞서 싸웠다. 이 모든 일 가운데에서도 나는 **모든 지각에 뛰어난 평강**[빌 4:7]이 내 영혼 안에서 마르지 않는 샘물처럼 달콤하게 솟아나는 것을 느꼈다. 예수의 귀하신 보혈에 영광을 돌린다!"(187)

성화를 얻는 과정에서 푸트가 경험한 반대는 그녀가 설교자로서의 부르심을 받을 때 마주하게 될 반대를 어느 정도 예고한다. 그러나 그녀가 처음으로 직면한 반대는 외부가 아니라 자신의 내면에서 비롯된 것이었다. 푸트는 자신을 하나님의 말씀을 선포하기에 합당하지 않은, 부족하고 무지한 그릇으로 여겼다. 그녀의 상세한 설교 소명 서술에는 바울의 언어가 자연스럽게 스며 있으며, 이는 유심히 살펴볼 가치가 있다. "그날 하나님의 부르심을 받았을 때 나는 '아니요, 주님, 저는 아닙니다'라고 응답했다. 그러나 날이 갈수록 하나님께서 나를 그분의 포도밭에서 일하도록 부르고 계신다는 사실을 점점 더 분명히 깨닫게 되었다. 나는 이렇게 연약하고 무지한 내가 설교자로 부름받았다는 것이 도무지 말이 되지 않는다고 생각했다. 그럼에도 불구하고 나는 하나님께는 모든 것이 가능하다는 것을 알고 있었고, 하나님께서 **세상의 미련한 것들로 지혜 있는 자들을 부끄럽게 하신다**는 사실도 알고 있었다[고전 1:27]. 그럼에도 나는 여전히 두려움 속에 위축되어 있었다"(200).

푸트는 하나님께서 종종 세상의 어리석은 자들을 택하셔서 지혜로운 자들을 부끄럽게 하신다는 사실을 인정하면서도 자신이 정식 교육을 받지 못했다는 점 때문에 하나님의 말씀을 선포할 자격이 없다고 느낀다. 그녀는 하나님의 부르심을 감지하면서도 기도 중에 주님께 자신을 올바른 길로 인도해 달라고 간구한다. "나는 기도 시간에 모든 의심과 두려움을 주님께 아뢰었는데, 그때 천사처럼 보이는 한 형상이 나타났다. 그의 손에는 두루마리가 들려 있었고, 그 안에는 다음과 같은 글귀가 쓰여 있었다. '내가 어서 속히 나의 복음을 전하기 위해 너를 택하였노라.' 내가 그 두루마리를 보는 순간, 그 글귀가 내 마음속에 새겨지는 듯했다. 천사는 순식간에 사라졌고, 나는 괴로움에 찬 목소리로 '주님, 저는 할 수 없습니다!'라고 외쳤다"(200).

푸트는 하나님의 부르심 앞에서 깊은 내적 갈등을 겪는다. 설교자로 부르심을 받은 이후 그녀는 불면과 식욕 부진에 시달릴 정도로 고민하며,

마침내 자신이 그토록 주저했던 결정적 이유를 고백하게 된다. "나는 항상 여성이 설교하는 것에 반대했고, 그것을 비난해왔다. 비록 그 반대가 아무런 근거 없는 것이지만 말이다. 이러한 부르심에 직면하자 그 어려움은 마치 산처럼 거대한 장애물로 느껴졌다. 여성 설교자들이 교수들과 일반 대중 모두로부터 겪어야 했던 고난을 떠올리니 갑자기 주저하게 되었고, '주님, 저는 할 수 없습니다!'라고 울부짖었다"(201). 푸트는 과거에 여성 설교자들을 반대했던 경험 때문에 자신이 여성 설교자가 된다는 사실을 쉽게 받아들이지 못한다. 그녀는 공개적으로 여성 설교자들을 비난했던 만큼, 자신이 설교자로 나설 경우 어떤 반대에 직면할지를 누구보다도 잘 알고 있었기 때문이다. 그녀는 자신을 위로하기 위해 바울 서신인 히브리서 6장을 반복해 읽었고, 약 두 달 뒤 두 차례에 걸쳐 천사의 방문을 경험하게 된다. 그리고 두 번째 방문을 통해 그녀는 마침내 하나님의 부르심에 전적으로 순종하게 된다.

> 천사는 나를 큰 나무가 있는 곳으로 인도했다. 그 나무의 가지들은 시야 너머로 끝없이 뻗어 있는 것처럼 보였다. 그 나무 아래에는 성부와 성자와 성령께서 앉아 계셨고, 그 외에도 많은 이들이 둘러앉아 있었는데, 나는 그들이 천사들이라고 생각했다.…그러자 [성부께서] 내 손을 잡으시고 여러 방향을 가리키시며 물으셨다. "네가 저곳들로 갈 수 있겠느냐?" 나는 "네, 주님"이라고 대답했다. 그러자 그분은 나와 다른 모든 이들을 이끌고 은빛으로 반짝이는 큰 물가로 데려가셨고, 우리는 그곳에서 멈춰 섰다. 내가 손을 그리스도께 내밀

자, 그분은 나를 물속으로 이끄셨고 내 옷을 벗기셨다. 그러자 내 옷은 눈앞에서 사라졌다. 그리스도께서 내 몸을 씻겨주셨고, 그 물은 매우 따뜻하게 느껴졌다.…씻김이 끝난 뒤, 내가 지금껏 들은 것 중 가장 감미로운 음악 소리가 들려왔다. 우리는 함께 물가로 올라왔고, 그곳에는 천사 하나가 흰 옷을 들고 서 있었다. 성부께서 즉시 그 옷을 나에게 입혀 주셨고, 나는 마치 천사처럼 변화된 듯한 기분이 들었다.[91] 모든 이들이 기쁨에 찬 얼굴로 나를 바라보며, 함성처럼 큰 기쁨의 소리로 나를 환영했다. 우리는 다시 음악에 맞추어 행진했고, 처음 나를 인도했던 그 나무 곁으로 돌아왔다. 그 나무는 열매로 가득 차 있었고…성령께서 그중 몇 개를 따서 내게 주셨으며, 나머지는 각자 스스로 따먹었다.…그때 성부 하나님께서 내게 말씀하셨다. "너는 이제 준비가 되었으니, 내가 명한 곳으로 가야 한다." 나는 "하지만 제가 가더라도 사람들은 제 말을 믿지 않을 것입니다"라고 대답했다. 그러자 그리스도께서 금색 펜과 금색 잉크로 금색 종이에 무언가를 쓰시기 시작하셨다. 그리고 그것을 말아 내게 주시

---

91   천사로 변모한 Foote의 체험은 유대 문헌에서 하나님과 신적인 만남을 가진 일부 선견자들과 유사하다. 예를 들어 에녹2서("2 [Slavonic Apocalypse of] Enoch," trans. F. I. Andersen, in *Old Testament Pseudepigrapha: Apocalyptic Literature and Testaments*, ed. James Charlesworth [New York: Doubleday, 1983])에서 저자는 그의 경험을 다음과 같이 묘사한다. "주님께서 미카엘에게 말씀하셨다. '가서 에녹의 육신의 옷을 벗기고, 나의 기쁨의 기름으로 그를 기름 부으며, 나의 영광의 옷으로 그를 입히라.' 그리고 미카엘은 주께서 말씀하신대로 그대로 행하였다. 그는 나를 기름 부었고, 나에게 옷을 입혔다. 그 기름의 광채는 가장 밝은 빛보다도 더 찬란하였다.…내가 나 자신을 바라보았을 때 나는 주의 영광스러운 자들 가운데 하나와 같아졌고, 어떤 구별도 보이지 않았다"(22:8-10, J 사본; A 사본의 축약본도 보라). 이 본문과 Foote의 환상 사이에는 흥미로운 유사점이 있다. 에녹처럼 Foote 역시 옷이 바뀌는 경험을 하며 천사와 같이 된다. 스바냐 묵시록 8:2-4; 이사야의 순교와 승천 7:25도 참조하라.

며 말씀하셨다. "이것을 네 품에 넣어라. 네가 어디로 가든지 이것을 보여주면 내가 너를 보내어 모든 사람에게 구원의 복음을 전하라고 하였음을 사람들이 알게 될 것이다." 그분은 그것을 내 품에 넣어주셨고, 모두가 나와 함께 빛나는 밝은 문으로 나아가며 찬양의 외침을 올렸다. 그들은 나를 끌어안았고, 그제야 나는 다시 이 땅으로 돌아왔다는 것을 깨달았다(202-3).

푸트는 성부, 성자, 성령과의 신적 만남을 통해 마침내 설교자로서의 소명을 받아들이게 된다. 그녀는 그리스도께서 자신의 몸을 씻기시는 체험을 통해 내면의 변화를 경험하는데, 이는 상징적으로 세례와 유사한 의미를 지닌다. 낡은 옷이 벗겨지고 새 옷이 입혀지는 장면은 신분과 정체성의 근본적인 전환을 나타내며, 자신을 무가치하고 부족하다고 여겼던 감정은 하나님의 지지와 인정을 통해 새로운 확신으로 대체된다. 특히 주목할 점은 그리스도께서 푸트에게 권위를 부여하시기 위해 사용하신 도구들이 종이, 펜, 잉크였다는 사실이다. 이는 흑인 노예 헨리 "박스" 브라운의 이야기와 흥미로운 대조를 이룬다. 브라운의 내러티브에서 한 노예소유주는 하나님께서 흑인에게는 글을 읽고 쓰는 능력을 허락하지 않으셨다고 주장하며, 종이와 펜, 잉크는 오직 백인에게만 허용된 것이라고 말한다. 그러나 푸트의 환상에서는 바로 그 도구들이 하나님에 의해 사용되어 푸트에게 설교자로서의 권위를 부여하는 수단이 된다. 이는 당시 백인 우월주의적 내러티브의 허구성을 폭로하고, 인종적 구분에 기초한 권위 담론을 무효화하는 급진적인 반전을 이룬다. 나아가 종이, 펜, 잉크가 금으로 묘사된 것은 이 권위가 단지 인간적인 것이 아니라 하늘로부터 온 신적인 권위임을 강조한다. 하나님께서 푸트에게 그 문서를 가슴에 품으라고 명하신 것은 그 권위가 영구적인 것이며, 그녀가 어디를 가든지 하나님의 명령 아래에 있음을 상징한다. 푸트의 환상은 흑인들이 교육을 받을 자격이 없다는 당대의 주장을 정면으로 반박할 뿐 아니라 정규 교육을 받지 못한 그녀에게도 깊은 격려와 확신을 제공한다. 하나님께서는 그녀에게 앞으로의 사역에 필요한 모든 자격을 친히 부여하신 것이다.

출교와 바울적 응답

푸트가 하나님께서 주신 설교 소명을 받아들이자, 그녀는 소속 교회에서 출교당했고, 담임 목사는 그녀에 대한 거짓된 소문을 교인들 사이에 퍼뜨렸다. 이에 대해 푸트는 교단의 전국 총회에 정식으로 서한을 보내 억울함을 호소했으나 철저히 외면당했다. 그녀는 당시의 상황을 이렇게 회고한다. "나의 편지는 별다른 관심도 받지 못한 채 탁자 밑으로 던져졌다. 그들이 왜 이 편지에 관심을 가져야 하겠는가? 그것은 한 여성의 불만일 뿐이었고, 그 당시에는 여성에게는 정의가 실현되지 않았다. 심지어 그리스도의 사역자들조차 여성들이 존중받아야 할 권리를 갖고 있다고 생각하지 않았다"(207).

푸트는 여성 설교자들이 교회로부터 받는 부당한 대우를 개탄하며, 여성들에게만 적용되는 이중 기준을 신랄하게 비판한다. 교회 내 일부 사람들은 여성 설교자들이 설교 소명을 주장하려면 초자연적 증거, 곧 기적을 보여야 한다고 요구하는데, 푸트는 이에 대해 다음과 같이 반박한다. "우리는 때때로 한 여성이 하나님의 부르심을 받았다고 주장하고, 이에 근거하여 십자가에 못 박히신 구세주를 대중들에게 전파할 권리가 있다고 말하면 그녀가 하늘로부터 받은 자격증을 보여줄 때—즉 기적을 행할 때—비로소 사람들이 그녀를 믿게 될 것이라는 말을 듣곤 한다. 만약 복음을 전할 권리를 증명해야 한다면 나는 형제들에게도 그들의 자격증을 보여달라고 요청할 것이다. 그렇지 않으면 나는 그들의 사역의 정당성을 믿을 수 없다"(208-9). 푸트는 여성 설교자가 소명을 입증하기 위해 기적을 행해야 한다는 요구가 터무니없다고 지적하며, 만일 그러한 기준이 정당하다면 남성 설교자에게도 동일하게 적용되어야 한다고 주장한다. 하나님께서 남성과 여성 모두를 부르신다면 사역에 필요한 자격 요건에 있어 성별에 따른 이중 기준은 전혀 정당화될 수 없다는 것이다. 이러한 논리를 전개한 뒤, 푸트는 바울의 가르침을 인용하며 이러한 성별 차별이 얼마나 부조리한지를 강조한다.

성경은 "그리스도 예수 안에는 남자도 여자도 없다"(갈 3:28)는 말씀을 통해 이러한 논쟁에 종지부를 찍는다. 빌립에게는 예언, 곧 설교하는 네 딸이 있었고, 바울은 브리스길라와 아굴라 모두를 "돕는 자"—곧 그리스어로 "동역자"—라고 불렀다(롬 15:3; 고후 8:23; 빌 2:5; 살전 3:2).[92] 이 단어는 로마서 16:1에서 뵈뵈

---

92   푸트가 바울이 브리스길라, 아굴라, 디도, 유오디아, 순두게, 디모데에게 동일한 용어인

를 가리킬 때는 흔히 "교회의 종"(diakonos)으로 번역되지만, 에베소서 6:21에서 두기고에게 적용될 때는 "일꾼"(minister)으로 번역된다. 바울이 "복음에 나와 함께 힘쓰던 저 여인들을 도우라[빌 4:3]"고 권면할 때 이는 그들이 단순히 차를 따르는 것을 넘어 실제로 복음 사역에 동참하고 있음을 의미한다. 또한 바울은 고린도전서 11장에서 남성과 여성 모두가 공적 예배 가운데 예언하거나 기도할 때 취해야 할 외적 태도에 대한 지침을 제시하고 있으며, 14장에서는 예언을 덕을 세우고 권면하고 위로하는 행위로 정의한다(209).[93]

푸트는 갈라디아서 3:28에 나오는 바울의 선언을 성차별 문제의 **해결**(Auflösung)로, 또한 여성과 남성이 사역에서 동등한 지위를 갖는다는 사실을 이해하기 위한 **핵심적인**(wesentlich) 본문으로 간주한다. 바울이 여성들을 동역자와 사역자로 언급한 다른 구절들도, 그가 여성들을 설교 사역에 필수적인 존재로 보았다는 사실을 뒷받침한다. 푸트는 바울이 자신과 함께 사역한 여성들을 언급하면서 그들이 단지 사람을 접대하거나 차를 따르는 역할에 머물렀다는 주장을 단호히 거부한다. 푸트에 따르면 바울은 뵈뵈와 두기고 모두에게 동일한 그리스어 단어 διάκονος(디아코노스)를 사용했지만, 성경번역가들은 뵈뵈에 대해서는 "교회의 종"으로, 두기고에 대해서는

συνεργός를 사용했다고 보는 것은 옳다. 고후 8:23과 빌 4:3에서도 바울은 각각 κοινωνός 와 σύζυγος라는 두 가지 다른 용어를 사용한다. 또한 그녀의 성경 인용 중 몇 가지 오류가 있다. 롬 15:3은 롬 16:3; 빌 2:5은 빌 4:3; 롬 19:1은 롬 16:1이어야 한다.

93 이 본문에 대한 간략한 논의는 다음을 보라. Cooper, *Maria Stewart*, 136-37.

"사역자"로 번역했다. 푸트는 이러한 번역상의 차이에 정당한 근거가 없다고 지적한다. 실제로 바울은 이 단어를 자신에게도 여러 차례 사용하고 있다(예. 고전 3:5; 고후 3:6; 6:4; 11:23). 푸트가 이 사실을 알고 있었다면 자신의 논거를 더욱 강하게 만들기 위해 이 본문들을 분명히 인용했을 것이다. 위의 인용문들이 보여주듯, 푸트는 하나님이 자신에게 주신 설교 사역의 소명을 입증하기 위해 성경적 증거를 적극 제시한다. 그녀는 자신처럼 사역자로 부르심을 받은 여성들에게 용기를 북돋우기 위해 이 본문을 비롯한 다양한 본문과 성경에 나오는 여성 설교자들의 사례를 능동적으로 활용한다.

나의 그리스도인 자매들에게

자서전의 마지막 장인 "나의 그리스도인 자매들에게"에서 푸트는 여성 설교자로서 하나님의 부르심을 받았지만 그 길에서 반대에 부딪힌 여성들에게 직접 격려한다. 그녀는 다음과 같이 외친다. "자매 여러분, 하늘의 군대와 함께 우리 모두 위대한 합창에 동참하지 않으시겠습니까? 만약 그렇다면 사람들이 무슨 말을 하든 어떤 행동을 하든, 여러분이 주님의 뜻을 행하거나 다른 사람의 유익을 위해 여러분이 가진 은사를 사용하는 일을 중단해서는 안 됩니다.…**여자는 가르치지 말라**'고 말하는 자들이 여러분들을 억압하려고 해도 거기에 얽매이지 마십시오. 그들은 바울의 말을 인용하고 있지만[고전 14:34], 그것을 올바르게 적용한 것이 아닙니다"(227). 푸트는 바울의 말을 여성 설교자들을 침묵시키는 데 사용하는 것에 정면으로 맞선다. 그녀는 이러한 인용 방식에 강력히 반대하며, 여성들이 설교의 은사를 사용하지 못하게 하는 이들은 바울의 말을 올바르게 해석하지 못하고 있다고 주장한다. 오히려 그들은 바울의 말을 오용하고 있으며, 이는 바울이 다른 본문들에서 여성 사역자들을 긍정적으로 언급한 사실과도 명백히 상충된다는 것이다. 특히 푸트는 바울의 말을 이러한 방식으로 사용하는 것을 "속박"에 비유하며, 여성 설교자들에 대한 억압이 백인 우월주의이든 남성 우월주의이든 모두 동일한 우월주의적 태도에서 비롯된다는 점에서 아프리카계 미국인들이 겪는 억압과 구조적으로 유사하다고 본다. 이러한 신념을 바탕으로 푸트는 자신의 여성 독자들에게, 다른 사람들이 특히 남성들이 무슨 말을 하거나 어떤 행동을 하든지 개의치 말고 하나님의 뜻을 따르라고 권면한다.

푸트는 자서전의 끝에서도 처음과 마찬가지로 거룩함과 성화에 초점을 맞춘다. 로마서 12:1-2, 디모데전서 2:9-10, 데살로니가전서 3:13; 4:7, 히브리서 12:14, 로마서 6:19, 고린도전서 3:16, 17, 고린도후서 6:16-17 등 여러 바울 본문을 인용하면서 독자들에게 이 세상으로부터 자신을 구별하여 거룩하게 살아가야 한다고 권면한다. 신자들은 자신이 주님의 성전이라는 사실을 기억하고 이에 합당한 삶을 살아야 한다는 것이다. 푸트는 특히 아직 성화를 경험하지 못한 독자들에게 다음과 같이 도전한다. "지금 이 글을 읽는 동안 믿음을 가지고 성화를 이루라. '**보라, 지금은 구원의 날이로다**'[고후 6:2]"(234). 그녀는 이러한 신적인 은사를 받을 때까지 기다리지 말고 즉시 성화를 구해야 한다고 주장한다. 그녀에게 성화란 하나님으로부터 오는 것이며, "죄의 뿌리인 죄의 본질이 제거되는 것"(231)을 의미한다. 푸트는 자서전을 쓴 목적 중 하나가 "교회 안에서 거룩함의 중요성을 강조하고 널리 알리는 것"이라고 밝히며, 이것이 자신이 깊이 믿고, 몸소 실천해온 삶의 방식임을 고백한다(234). 그리고 에베소서 3:20-21에 나오는 바울의 찬미로 자서전을 마무리한다. **"우리 가운데서 역사하시는 능력대로 우리가 구하거나 생각하는 모든 것에 더 넘치도록 능히 하실 이에게 교회 안에서와 그리스도 예수 안에서 영광이 대대로 영원 무궁하기를 원하노라. 아멘"**(234).

성화는 푸트의 삶과 설교 사역에서 가장 핵심적인 주제가 되었다. 그녀는 바울이 죄가 더 이상 신자들을 지배하지 못한다고 말할 때, 그것이 단지 미래의 약속이 아니라 현재 이 땅에서 실현될 수 있는 현실이라고 믿는다. 또한 바울이 몸과 혼과 영의 성화를 언급할 때, 이는 인간 존재의 모든 차원이 전인적으로 정결하게 되는 것을 의미한다고 이해했다. 신자들은 그리스도와 함께 십자가에 못 박혔으며, 그로 인해 삶의 모든 영역에서 성령의 인도하심을 따라 살아가도록 부르심을 받았다고 푸트는 주장한다. 비록 그녀는 이러한 거룩함에 대한 확신과 설교로 인해 많은 반대에 직면했지만, 결코 물러서지 않았고 비방하는 사람들에게 굴복하지도 않았다. 오히려 그녀는 하나님께서 자신에게 이 메시지를 선포하도록 부르셨다는 확신을 신비로운 환상과 체험을 통해 더욱 굳건히 하게 되었다.

고린도전서 1:27과 갈라디아서 3:28은 푸트에게 중요한 본문이 되었다. 이 구절들은 하나님께서 세상의 어리석은 자들을 택하셔서 지혜 있는 자들을 부끄럽게 하시며, 남성과 여성을 나누는 성별의 구분이 설교 자격을 결정하지 않는다는 사실을 확증해주었다. 하나님의 경륜 안에서는 이러한 구분과 차별이 무효화되는 것이다. 푸트는 갈라디아서 3:28의 진리가 성경 전체에 스며 있다고 보았다. 바울은 브리스길라를 아굴라와 동일하게 언급했으며, 뵈뵈와 두기고를 묘사할 때도 동일한 용어를 사용했다. 이에 따라 푸트는 바울이 여성을 침묵시키려 했다고 주장하는 사람들에게 그들이 바울의 말을 오해하고 있다고 단호히 반박한다. 바울을 올바르게 해석하면 오히려 그가 여성 설교자들을 지지했고 그들의 침묵을 용납하지 않았다는 사실이 드러난다는 것이다.

해리엇 제이콥스(1813-1897): 자서전을 쓴 최초의 노예 출신 아프리카계 미국 여성

푸트는 노예였던 부모가 돈을 주고 자유를 얻은 후, 자유인으로 태어났지만, 해리엇 제이콥스는 그와 달랐다. 그녀는 1813년 노스캐롤라이나주 초완 카운티의 에덴턴에서 노예 신분으로 태어나 훗날 자서전을 남긴 최초의 노예 출신 아프리카계 미국인 여성이 되었다. 그녀는 『노예 소녀의 삶에서 일어난 사건들』(*Incidents in the Life of A Slave Girl*)이라는 책을 통해 노예로서 살아간 흑인 여성의 삶을 지극히 개인적이고 생생한 방식으로 묘사했다.[94]

94　Harriet Jacobs, *Incidents in the Life of A Slave Girl*, ed. L. Maria Child (Boston: Published for the author, 1861), 540, reprinted in "Harriet Jacobs," in Taylor, I Was Born a Slave, 2:534. 이 책에 인용된 Jacobs 자서전의 모든 인용문과 쪽수 참조는 Taylor, *I Was Born a Slave*를

제이콥스에 따르면 그녀는 탈출하기 전까지 27년간 노예로 살아야 했다.[95] 이 자서전은 아프리카계 미국인 여성이 노예제의 참상을 1인칭 시점으로 직접 기록한 최초의 사례라는 점에서 특별한 의의를 지닌다.[96] 제이콥스는 주변 사람들의 권유로 자신의 이야기를 쓰기로 결심했지만, 자신을 고용했던 백인 부부의 남편 내서니얼 파커 윌리스(Nathaniel Parker Willis)가 노예제 지지자일 것이라 생각했기에, 탈출한 이후에야 집필을 시작할 수 있었다.[97] 그녀의 집필을 격려한 이들 가운데는 퀘이커교도이자 노예제 폐지론자인 에이미 포스트(Amy Post)가 있었다. 제이콥스는 탈출 후 한동안 포스트와 함께 지냈다. 1854년, 제이콥스는 포스트에게 보낸 편지에서 집필 상황을 다음과 같이 설명했다. "아직 낮 동안에는 한 페이지도 쓰지 못하고 있습니다.…어린 아기와 큰 아기들을 돌보고 집안일을 하느라 생각하거나 글을 쓸 시간이 거의 없습니다." 이어서 그녀는 덧붙인다. "이 초라한 책은 지금 번데기 상태에 있으며, 비록 제가 이 책을 나비로 만들 수는 없겠지만, 그저

참조한 것이다. Yellin, Harriet Jacobs, 3; Emerson Powery, " 'Rise Up, Ye Women': Harriet Jacobs and the Bible," *Postscripts* 5, no. 2 (2009): 171-84. Harriet Jacobs 자서전에 대한 다음의 논의도 보라. Joanne Braxton, *Black Women Writing Autobiography: A Tradition within a Tradition* (Philadelphia: Temple University Press, 1989), 18-38.

95 Jacobs, *Incidents*, 2:540.
96 1831년에 출간된 Mary Prince의 이야기와 1850년에 출간된 Sojourner Truth의 이야기가 있었지만, 이들은 구술된 내용을 받아 적은 구술 전기이다. 이 자료들을 알려준 Emerson Powery에게 감사를 표한다.
97 Jean Fagan Yellin, introduction to *Incidents in the Life of A Slave Girl Written by Herself*, by Harriet A. Jacobs, ed. L. Maria Child (Cambridge, MA: Harvard University Press, 1987), xviii. 다음도 보라. *The Harriet Jacobs Family Papers*, ed. Jean Fagan Yellin et al., vols. 1-2 (Chapel Hill: University of North Carolina Press, 2008).

하찮고 작은 벌레들 사이에서 겸손하게 기어 다니는 것만으로도 만족합니다."[98]

제이콥스는 1861년 자신의 이야기를 자비로 출간하며, 서문에서 이 글의 목적을 분명히 밝혔다.

나는 주목을 받기 위해 내 경험을 기록한 것이 아니다. 사실 내 개인적인 이야기를 침묵 속에 감추는 편이 나에게는 훨씬 더 편했을 것이다. 나의 고통에 대해 동정을 구하려는 의도도 없다. 그러나 나는 북부에 사는 여성들이 남부에 있는 200만 명의 여성들이 처한 참혹한 현실을 보다 깊이 이해하고 인식하게 되기를 간절히 바란다. 그들은 여전히 노예 상태에 있으며, 내가 겪은 고통뿐 아니라 대부분은 나보다 훨씬 더 가혹한 고통을 겪고 있다. 나는 자유주에 사는 국민들이 노예제도의 실상을 직시할 수 있도록 돕기 위해 이미 여러 유능한 작가들이 남긴 증언에 나의 목소리도 보태고자 한다. 이 부패하고 가증스러운 죄악의 구덩이가 얼마나 깊고, 어둡고, 더러운지는 그것을 직접 몸으로 겪은 사람만이 진정으로 알 수 있다.[99]

제이콥스의 집필 목적은 아프리카계 미국인 전체, 특히 여성들이 겪는 노예 생활의 참상을 북부 지역 여성들에게 폭로하는 데 있었다.[100] 아프리카

---

98   Yellin, *Harriet Jacobs*, 129; "Harriet Jacobs," in Taylor, *I Was Born a Slave*, 2:534.
99   Jacobs, *Incidents*, 2:540.
100 노예 여성의 삶에 대한 더 상세한 정보는 다음을 보라. Deborah Gray White, *Ar'n't I a*

계 여성들이 겪은 성적 학대는 일반적으로 인정되거나 공개적으로 논의되지 않았는데, 이는 해당 주제가 지나치게 민감하고 불편한 것으로 여겨졌기 때문이다. 이러한 맥락에서 제이콥스는 북부의 백인 여성들이 남부의 아프리카계 여성들과 연대감을 갖기를 바랐다는 사실이 분명히 드러난다. 당시 저명한 여성 작가이자 노예제 폐지 운동가였던 리디아 마리아 차일드(Lydia Maria Child)는 제이콥스의 자서전편집을 도왔으며, 책의 서문을 통해 공개적으로 지지를 표명했다. 차일드는 제이콥스가 여성 노예들이 겪은 성적 학대의 실상을 솔직하고 거침없이 서술한 방식이 일부 독자들에게 부적절하거나 지나치게 노골적으로 느껴질 수 있다는 점을 인지하고 있었다. 그럼에도 불구하고 그녀는 이러한 진실의 폭로가 절실하고 불가피한 과제라고 보았고, 자신이 이 이야기를 세상에 알리는 데 일정한 역할을 맡게 된 것을 기꺼이 받아들였다.

나는 이 글을 대중에게 공개하는 것이 부적절하다고 비난할 이들이 많다는 사실을 잘 알고 있다. 이 총명한 여성의 고통스러운 경험은 어떤 이들에게는 지나치게 민감한 주제로, 또 어떤 이들에게는 선정적인 이야기로 비칠 수 있기 때문이다. 노예제라는 이 기이한 제도는 오랫동안 베일에 가려져 있었지만, 이제 대중은 그 괴물 같은 실체를 직시해야 한다. 나는 그 베일을 걷어내고 실상을 드러내는 책임을 기꺼이 감당하고자 한다. 나는 지금도 끔찍한 고통을 겪고

Woman? Female Slaves in the Plantation South (New York: Norton, 1985).

있는 수많은 노예 자매들을 위해 이 일을 한다. 그들의 고통은 너무도 깊고 심각하여 우리가 그들의 울부짖음을 듣기에는 귀가 너무 연약하고 민감할 정도다. 나는 북부의 양심적이고 사려 깊은 여성들이 이 문제에 대해 도덕적 영향력을 행사할 책임이 있다는 사실을 자각하게 되기를 진심으로 바란다. 나는 이 이야기를 읽는 모든 사람들이 자신에게 그런 힘이 있다면 도망친 노예를 다시는 그 혐오스럽고 부패하며 잔인한 고통의 소굴로 돌려보내지 않겠다고 하나님 앞에 엄숙히 맹세하기를 바라는 마음으로 이 글을 쓴다.[101]

차일드는 제이콥스와 마찬가지로 제이콥스의 이야기를 세상에 알리는 일이 북부 여성들로 하여금 남부의 흑인 자매들과 연대하고, 도망노예법의 요구를 거부하며 행동에 나서게 만드는 데 반드시 필요하다고 믿었다.

제이콥스와 "진정한 여성성" 숭배

제이콥스는 지금까지 살펴본 다른 흑인 여성들과 마찬가지로 이른바 "진정한 여성성 숭배"(Cult of True Womanhood)가 여성들이 따라야 할 이상적인 기준으로 여겨지던 시대에 자신의 글을 썼다.[102] 이 이데올로기에 따르면 여성은 순종적이고 경건하며 순결해야 하고, 가정에 머물러야 했으며, 남

---

101 L. Maria Child, "Introduction by the Editor," in *Incidents in the Life of A Slave Girl*, ed. L. Maria Child (Boston: Published for the author, 1861), reprinted in Taylor, *I Was Born a Slave*, 2:541.
102 1장에서 다룬 참된 여성성에 대한 논의도 참고하라.

성은 집 밖에서 일하며 여성의 보호자이자 생계를 책임지는 가장의 역할을 수행해야 했다.[103] 쿠퍼는 "남성은 보호자가 되어야 했고, 여성은 보호를 받아야 했다"고 지적한다. 그러나 그는 흑인 여성에게 가정은 더 이상 안전한 피난처가 아니었고, 흑인 남성은 딸과 아내, 어머니를 보호할 수 없었다는 점을 정확히 짚어낸다.[104]

제이콥스의 형제는 그들의 아버지에 대한 회고 속에서 보호자로서의 무능함이 흑인 남성에게 얼마나 고통스러운 현실이었는지를 절절하게 묘사한다. 그는 이렇게 말한다. "남성이지만 남성이 아닌 존재—즉 권위가 없는 아버지, 보호자가 될 수 없는 남편—야말로 가장 암울한 운명이라고 할 수 있다. 나의 아버지는 나에게 노예제도를 증오하도록 가르치셨지만, 그 증오심을 숨기는 법은 가르쳐주시지 못했다. 아버지는 억눌린 영혼의 고통을 자신의 가슴 깊은 곳에 감추려 애쓰셨지만, 나는 그 억눌림의 흔적을 자주 감지할 수 있었다. 자신이 노예라는 사실, 그리고 자신의 자녀들마저 노예라는 사실은 아버지의 삶을 더욱 고통스럽게 만들었지만, 동시에 우리를 더욱 깊이 사랑하게 만들었다."[105] 흑인 남성들을 무력감에 빠뜨린 노예제도는 그들에게 깊은 고통과 분노를 불러일으켰고, 동시에 흑인의 존재를 부정하려는 백인 우월주의적 논리를 더욱 강화하고자 했다. "진정한 여성성"이라는 이데올로기는 흑인 여성에게는 적용되지 않았을 뿐 아니라 그

---

103 Cooper, *Maria Stewart*, 115.
104 Cooper, *Maria Stewart*, 115.
105 Yellin, *Harriet Jacobs*, 7.

이념이 전제하는 남성성의 핵심 요소들—가장, 부양자, 보호자 등—역시 흑인 남성들에게는 허락되지 않았다. 왜냐하면 이 제도는 그들을 철저히 인간 이하의 존재로 간주했기 때문이다.

더욱이 "진정한 여성성" 숭배는 백인 여성을 여성성의 전형으로 삼고, 흑인 여성을 그 위계질서의 최하위에 위치시켰다. 쿠퍼의 두 인용문은 이와 같은 이상적 여성성 기준이 당대 흑인 여성들에게 어떻게 작용했고, 어떤 영향을 미쳤는지를 잘 보여준다.

"진정한 여성성" 숭배는 미화된 인종, 성별, 계급 위계질서로 구성된 더 광범위한 이데올로기적 체계의 일부였다. 이는 서구 사회가 노예제, 토착민 지배, 그리고 지리적으로 멀리 떨어진 식민지 영토에 대한 통치를 정당화하기 위해 고안된 담론이었다. 이러한 빅토리아 시대의 세계관은 백인이 다른 인종보다 우월하며, 여성은 남성에게 복종해야 하고, 서구 문명은 도덕적·지적·기술적으로 뛰어나기 때문에 (신이 부여한) 권리에 따라 세계를 지배해야 할 정당성을 가진다고 주장했다.[106]

19세기 당시의 인종적·사회적 위계질서를 고려할 때 "진정한 여성성" 숭배 이데올로기가 흑인 여성을 철저히 배제한 것은 결코 놀라운 일이 아니다. 그 시기 아프리카계 미국인 여성들은 거의 인간으로조차 인정받지 못

---

106 Cooper, *Maria Stewart*, 116.

했고, 여성으로서의 지위나 대우를 부여받지도 못했다. **숙녀** 혹은 **여성** 같은 표현은 당시의 지배적인 인종적 위계 구조 속에서 흑인 여성에게는 적용될 수 없는 개념으로 여겨졌다.[107]

이러한 인식은 여성성에 대한 미화된 이상과 백인 우월주의적 규범이 결합된 결과로, 흑인 여성을 여성이라는 범주 자체에서 배제시켰다. 이러한 배경 속에서 제이콥스는 흑인 여성들이 처한 노예 가정의 현실을 용기 있게 증언함으로써 "진정한 여성성" 숭배 이데올로기의 위선과 배타적 본질을 강력히 폭로했다.

"한 가지 큰 잘못"

제이콥스는 자신의 회고를 시작하며, 첫 번째 여주인이 자신에게 매우 친절하게 대해주었던 기억을 떠올린다. 그녀는 이러한 자애로운 태도로 미루어 여주인이 죽을 때 자신을 해방시켜 줄 것이라는 희망을 품고 있었다. 그러나 유언장이 낭독되었을 때 제이콥스는 해방되지 않았을 뿐 아니라 여주인의 자매의 자녀에게 유산처럼 상속되었다는 사실을 알게 된다. 이 충격적인 사실 앞에서 제이콥스는 다음과 같은 날카로운 성찰을 남긴다.

나의 여주인은 내게 하나님 말씀을 가르쳐주었다. "네 이웃을 네 몸과 같이 사랑하라." "무엇이든지 남에게 대접을 받고자 하는 대로 너희도 남을 대접하

---

107   Cooper, *Maria Stewart*, 117.

라." 하지만 나는 그녀의 노예였고, 그녀는 나를 이웃으로 여기지 않았던 것 같다. 만약 이 한 가지 큰 잘못을 내 기억에서 지울 수 있다면 나는 무엇이든 기꺼이 할 것이다. 나는 어렸을 때 여주인을 사랑했다. 그녀와 함께 보낸 행복했던 날들을 떠올리며, 나는 이 부당한 행위를 덜 씁쓸하게 받아들이려 애쓴다. 그녀는 나와 함께 있는 동안 내게 읽고 쓰는 법을 가르쳐주었고, 노예에게는 좀처럼 허락되지 않았던 이 특권 때문에 나는 그녀에 대한 기억에 감사한다.[108]

이와 같은 제이콥스의 성찰은 노예제도의 심각한 모순 가운데 하나를 선명하게 드러낸다. 노예들은 주인의 구술을 통해 성경의 윤리적 교훈을 배우지만, 정작 그 교훈이 자기 자신에게는 적용되지 않는다는 사실을 주인의 행위를 통해 깨닫는다. 제이콥스의 경우 여주인은 성경을 가르치고 글을 읽는 법까지 알려주는 친절함을 보였지만, 그녀를 "이웃"으로, 곧 자유롭고 동등한 인간으로는 결코 인식하지 않았다. 헤이즐 카비(Hazel Carby)의 통찰대로 "여주인은 제이콥스가 자신의 이야기를 쓸 수 있는 능력을 키우는 데 기여했지만, 정작 제이콥스가 쓴 글은 그 주인의 도덕적 결함을 폭로했다."[109] 여주인의 이 "한 가지 큰 잘못"은 제이콥스의 삶을 송두리째 바꿔놓은 결정적 사건이 된다. 그녀는 이제 조카에게 상속된 "재산"이 되었고, 그

---

108   Jacobs, *Incidents*, 2:546.
109   Hazel V. Carby, " 'Hear My Voice, Ye Careless Daughters': Narratives of Slave and Free Women before Emancipation," in *African American Autobiography: A Collection of Critical Essays*, ed. William Andrews (Englewood Cliffs, NJ: Prentice Hall, 1993), 69.

조카의 아버지인 플린트(Flint) 박사의 소유로 넘어간다. 이후 플린트 박사는 끊임없이 제이콥스를 성적으로 억압하고 괴롭히며 그녀의 삶을 짓누르기 시작한다.

이러한 부당한 행위는 제이콥스의 자서전이 본격적으로 전개되는 출발점이자 흑인 여성 노예가 백인 노예 주인에게 당해야 했던 잔혹한 현실을 드러내는 창구가 된다. 제이콥스는 "속박당한 흑인 여성"의 시련을 솔직하고 숨김없이 드러낸다.[110]

나는 이제 열다섯 살이 되었다. 이 시기는 노예 소녀의 삶에서 슬픈 시기였다. 내 주인은 내 귀에 더럽고 추악한 말들을 속삭이기 시작했다. 나는 아직 어렸지만, 그 말들이 의미하는 바를 잘 알고 있었다. 나는 그 말들을 무시하고자 그것들을 경멸하려고 애썼다.…그는 내 할머니께서 내게 가르쳐주신 순결한 도덕 원칙들을 변질시키기 위해 온 힘을 다했다. 그는 사악한 괴물만이 상상할 수 있는 더러운 생각들로 내 어린 마음을 채워 넣으려 했다. 나는 혐오감과 증오심을 느끼며 그에게서 등을 돌렸다. 그러나 그는 나의 주인이었다.…그는 내가 자기 소유의 재산이며, 모든 면에서 그의 뜻에 따라야 한다고 말했다. 내 영혼은 그런 비열한 폭정에 맞서 반기를 들었다. 하지만 나는 어디에서 보호를 받을 수 있단 말인가? 노예 소녀에게는 그녀의 피부색이 흑단처럼 까맣든 여

---

110 이 표현은 다음에서 나온 것이다. C. Michelle Venable-Ridley, "Paul and the African American Community," in *Embracing the Spirit: Womanist Perspectives on Hope, Salvation, and Transformation*, ed. Emilie M. Townes (Maryknoll, NY: Orbis, 1997), 213.

주인처럼 하얗든 어떤 경우에도 모욕이나 폭력, 심지어 죽음으로부터 보호해 줄 법이 존재하지 않았다. 이 모든 일은 인간의 형상을 한 악마들이 자행하는 짓이었다. 그녀를 보호해야 할 여주인마저도 노예 소녀에게는 질투와 분노만을 품을 뿐, 아무런 연민도 보이지 않았다. 노예제도가 낳은 타락과 악행, 악덕은 내가 말로 다 표현할 수 없을 정도다.[111]

노예 소녀는 일정한 나이에 이르면 백인 노예주로부터 원치 않는 성적 접근을 경험하기 시작한다. 그 결과 여성 노예는 아무리 순결을 지키고자 해도 그것을 지킬 권리조차 부정당한다. 제이콥스는 자서전의 또 다른 부분에서 다음과 같이 적고 있다. "[노예화된 아프리카 여성은] 자신에 대한 긍지와 자부심을 가질 가질 수 없다. 그녀가 고결해지기를 바라는 것은 범죄로 간주된다."[112] 제이콥스가 밝히듯, 노예주들은 노예 여성을 자신의 재산으로 간주했기 때문에 그녀들에게는 저항하거나 거부할 권리가 없다고 끊임없이 주입했다. 위의 인용문에서도 드러나듯, 노예 여성은 법적인 보호를 전혀 받을 수 없었다. 심지어 여주인조차도 이들을 보호하지 않았으며, 오히려 남편의 행위를 여성 노예의 탓으로 돌리고 그들을 질투함으로써 추가적인 고통을 가하는 경우도 많았다. 제이콥스의 이야기는 여성 노예들이 노예소유주로부터 받은 성적 억압뿐 아니라 그들의 아내로부터 감내해야

---

111   Jacobs, *Incidents*, 2:559.
112   Jacobs, *Incidents*, 2:561.

했던 적대감과 증오까지도 생생하게 드러낸다.¹¹³

제이콥스는 플린트 박사의 손아귀에서 벗어나기 위해 끊임없이 애썼고, 그의 수많은 성적 유혹을 거듭 거부했다. 그러나 그는 집요하고 끈질겼다.

나의 주인은 만날 때마다 내가 그의 소유임을 상기시키며, 하늘과 땅을 두고 맹세했다. 그는 반드시 나를 그의 뜻에 복종시키겠다고 다짐했다. 온종일 고된 노동을 마친 뒤 잠시 바람을 쐬러 나가면 그의 발걸음이 나를 뒤쫓았다. 내가 어머니의 무덤 옆에 무릎을 꿇을 때조차 그의 어두운 그림자가 그곳까지 따라왔다. 대자연이 내게 안겨주던 밝고 긍정적인 기운은 점점 슬픈 예감으로 짓

---

113 Jacobs, *Incidents*에서 그녀는 다음과 같이 기록한다. "[나의 여주인은] 자신의 결혼 서약이 더럽혀졌고, 자신의 존엄이 모욕당했다고 느꼈다. 그러나 그녀는 남편의 배신에 희생된 불쌍한 여종에 대해서는 아무런 동정심도 없었다. 그녀는 자신이 순교자라고 여겼지만, 불행하고 무력한 노예가 겪는 수치와 고통의 처지를 공감할 능력은 없었다"(2:563). Jacquelyn Grant는 그녀의 저서 *White Women's Christ and Black Women's Jesus: Feminist Christology and Womanist Response* (Atlanta: Scholars Press, 1989)에서 노예제 하에서 흑인 여성과 백인 여성 사이에 존재했던 커다란 간극에 대해 다음과 같이 서술한다. "노예의 전기, 자서전, 서사들은 흑인 여성이 백인 여성을 어떻게 경험했는지를 보여준다. 노예와 전 노예의 내러티브에서 백인 여성은 항상 억압자 인종의 일원으로 묘사된다. '미시즈(misus)'나 '미스트리스(mistress)'라는 호칭은 백인 여성에게는 흑인 여성이 가질 수 없는 지위를 암시한다. 흑인 여성은 봉사 계층의 일원으로서 백인 가부장제의 보호를 받지 못했다. 분명히 여주인의 관점에서 흑인 여성의 삶의 목적은 자신의 가사 노동을 돕는 것이었다. 그들이 여성이라는 이유로 노예 여성에게 특별하거나 다른 방식의 대우가 주어지는 경우는 거의 없었다. 빅토리아 시대의 숙녀 개념은 노예 여성에게는 적용되지 않았다. 그들은 노예 남성처럼 낮은 동물 종족으로 취급되었다. 폭력은 주인이나 감독자뿐 아니라 여주인에 의해서도 가해졌으며, 이는 백인 여성이 백인 남성과 마찬가지로 노예제도에 깊이 가담하고 있었음을 반영한다"(196-97).

눌려 갔다. 주인집의 다른 노예들도 내 안의 변화를 눈치챘다. 그들 가운데 많은 이들이 나를 안쓰럽게 여겼지만, 아무도 이유를 묻지 않았다. 그럴 필요가 없었기 때문이다. 그들은 같은 지붕 아래에서 자행되는 죄악을 너무도 잘 알고 있었고, 그것에 대해 입을 여는 일이 결코 처벌 없이 넘어가지 않는다는 사실 또한 잘 알고 있었다.[114]

제이콥스는 "기독교 환경", "기독교 가정", "기독교 국가"에서 순결을 지키고자 했지만, 그것이 불가능했던 노예 여성의 끔찍한 딜레마를 생생히 묘사한다. 그녀의 자서전은 아프리카계 미국인 여성들의 몸에 대한 통제권조차 갖지 못했던 현실과, 그 무력감이 어떻게 구체적으로 일상화되어 있었는지를 보여준다. 이 "범죄"에 대해 말하는 것조차 처벌의 대상이 되었기 때문에, 그들의 입 역시 철저히 노예제도의 통제 아래 놓여 있었다.

미주리주 대 셀리아(State of Missouri v. Celia) 사건은 노예제 하에서 흑인 여성 노예들이 자기 몸에 대한 법적 권리를 전혀 인정받지 못했음을 보여주는 대표적인 사례다. 셀리아는 자신을 반복적으로 강간해 임신시킨 백인 주인을 살해했으며, 사건 당시에도 그는 또다시 그녀를 성폭행하려 하고 있었다. 셀리아는 이에 저항해 주인을 죽였고, 재판의 핵심 쟁점은 미주리주의 강간 금지법이 흑인 노예 여성에게도 적용되는가 하는 것이었다. 다시 말해 법적으로 셀리아가 "여성"으로 간주될 수 있는가가 재판의 핵심

---

114 Jacobs, *Incidents*, 2:560.

이었다. 셀리아의 변호인은 그녀가 정당방위로 행동했으며, 주인은 법적으로 그녀를 강간할 권리가 없었다고 주장했으나, 법원은 유죄를 선고했고 셀리아는 1855년 사형당했다. 이 판결은 법원이 노예소유주의 재산권을 인정하며, 그 안에 성적 지배권까지 포함된다고 본 사례였다. 법은 흑인 여성 노예를 여성으로 보지 않았고, 단지 소유 가능한 재산으로 취급했으며, 이로 인해 사법 제도는 그들을 전혀 보호하지 못했다.[115] 이러한 사례는 제이콥스가 자서전에서 묘사한 끔찍한 현실이 결코 예외적인 것이 아니라 노예로 살아야 했던 흑인 여성들에게는 일상적인 일이었음을 여실히 드러낸다.

피터 랜돌프(Peter Randolph)는 자서전 『노예 생활의 스케치』(*Sketches of Slave Life*)에서 흑인 여성들이 노예주인에게 복종하지 않았을 때 직면했던 끔찍한 위험에 대해 증언한다. 그는 노예 감독관 L. 홉스(L. Hobbs)를 "특히 여성들에게 잔인한 사람"이라 묘사하며, 그가 여성의 손발을 묶고 피가 땅에 떨어질 때까지 채찍질한 뒤 소금물로 상처를 씻고는 하루 종일 묶어 두곤 했다고 증언한다. "그는 내 사촌을 데려다가 묶어놓고 채찍질했고, 그녀는 상처가 나을 때까지 밤에도 눕지 못하고 쉬지도 못하게 했다. 이러한 일은 나를 소유했던 선한 노예주 에들로(Edloe)의 농장에서 벌어진 일이었다.

---

115 이에 대한 논의는 다음을 보라. Evelyn Brooks Higginbotham, "African-American Women's History and the Metalanguage of Race," in *"We Specialize in the Wholly Impossible": A Reader in Black Women's History*, ed. Darlene Clark Hine, Wilma King, and Linda Reed (Brooklyn, NY: Carlson Publishing, 1995), 7; Cooper, *Maria Stewart*, 117-18.

다른 노예주들은 에들로가 '흑인 노예들을 버릇없게 망가뜨렸다'고 말했지만, 실상은 그가 이러한 방식으로 노예들을 망가뜨리고 파괴했다."[116] 랜돌프는 이 노예소유주를 "선한 노예소유주"라 냉소적으로 묘사하면서 흑인 여성들이 살아야 했던 공포와 무력감이 일상에 깊숙이 배어 있었다는 점을 강조한다. 제이콥스 역시 자신의 이야기 속에서 그러한 무력감을 정면으로 드러낸다.

제이콥스의 노예주인이 "자신이 그녀의 몸과 영혼을 지배한다"고 말했던 발언은 당시 백인 노예소유주들의 일반적인 사고방식을 대변한다. 그녀는 이러한 관념이 남부 사회 전반에 널리 퍼져 있었고, 심지어 교회조차 이를 묵인하고 있었다는 점을 비판적으로 지적한다. 제이콥스는 이를 다음과 같이 신랄하게 기록한다. "남부의 종교와 기독교 사이에는 큰 차이가 있다.…목사가 아내 이외의 여자에게서 자식을 낳았을 경우, 만일 그 여성이 백인이라면 교회는 그를 해임하지만, 그녀가 흑인이라면 그는 여전히 선한 목자로 남는다."[117] 교회가 이처럼 위선을 공공연히 허용하고 묵인함으로써 노예소유주들은 종교적 제재의 위협 없이 성적 지배를 계속할 수 있었다. 재산으로 취급되던 노예 여성들에게는 도피처도, 법적 보호도 없었고, 신앙 공동체에서도 예외는 아니었다. 이러한 교회의 방조와 위선에 대

---

116 Peter Randolph, Sketches of Slave Life: or, Illustrations of The *"Peculiar Institution"* (Boston: Published for the author, 1855), 54. Randolph, *"Sketches of Slave Life"* and *"From Slave Cabin to the Pulpit,"* ed. Katherine Clay Bassard (Morgantown: West Virginia University Press, 2016), 54.

117 Jacobs, Incidents, *2:592.*

해 제이콥스는 흑인 노예들이 결국 내리게 된 한 가지 결론을 명확히 보여준다. 곧 노예주들이 출석하고 때로는 노예들까지 참여하도록 허용되었던 그 교회는 실제로 하나님의 교회가 아니라는 인식이다. 흑인 노예들은 백인 교회 안에서 사탄의 영향력이 작용하고 있다고 보았고, 이것은 백인 사회가 퍼뜨린 "흑인은 악마다"라는 편견에 대한 강력한 거부였다. 그들에 따르면 사탄의 영향 아래 있는 것은 흑인이 아니라 오히려 흑인을 억압하고 비인간화하는 노예소유주들이었다.

제이콥스의 성폭력에 대한 바울적 비판

제이콥스는 노예제도의 참상을 고발하는 자서전 속에서 사도행전 17:26의 바울의 발언을 인용한다. 이 구절은 앞서 살펴본 바와 같이 많은 흑인 해석학자들에게 중요한 본문이다. 그녀는 북부 출신 백인들이 남부로 이주해 노예소유주가 된 이후의 상황을 묘사하면서 이렇게 말한다. "그들은 하나님께서 아프리카인을 노예로 창조하셨다는 교리로 자신의 양심을 달래고 합리화하는 것 같다. 이 얼마나 인류의 모든 족속을 한 혈통으로 만드신 하늘 아버지에 대한 심각한 모욕인가! 그렇다면 아프리카인은 누구인가? 누가 미국인 노예의 핏줄에 흐르는 앵글로색슨 피의 양을 가늠할 수 있겠는가?"[118] 이 인용문은 "흑인은 본래 노예로 창조되었다"는 통념이 얼마나 광범위하게 퍼져 있었는지를 증언하며, 동시에 이러한 사상이 인류를

---

118 Jacobs, *Incidents*, 2:571.

한 혈통으로 창조하신 하나님에 대한 심각한 신성모독이라는 그녀의 신학적 비판을 담고 있다. 바울이 강조한 "한 혈통" 개념은 흔히 "한 혈통 교리"로 불리며, 흑인 열등주의에 기반한 노예제 이데올로기를 성경적으로 반박하는 토대가 되어왔다.[119] 따라서 이 교리는 노예제 하에서 흑인 여성들이 겪는 비인간적인 대우와, 그 대우를 정당화하는 왜곡된 신앙 체계를 거부하는 신학적 반박이 된다. 만일 하나님께서 모든 인류를 한 혈통으로 창조하셨다면 아프리카인은 동물이나 비인간 존재가 아니라 백인과 동등하게 하나님의 형상대로 지음 받은 인간인 것이다.

그러나 제이콥스는 자신의 이야기 속에서 사도행전 본문에 또 하나의 해석학적 관점을 더한다. 이는 질파 일로, 레뮤얼 헤인스, 대니얼 페인 등 동시대의 흑인 해석자들이 언급하지 않았던 독창적인 시각이다. 그녀는 노예 여성으로서 자신이 겪는 고통과 다른 노예 여성들의 현실을 목격하며 이렇게 질문한다. "아프리카인은 누구인가? 누가 미국인 노예의 핏줄에 흐르는 앵글로색슨 피의 양을 가늠할 수 있겠는가?" 제이콥스에게 사도행전 17:26은 아프리카인이 본래 노예로 창조되었다는 통념을 반박하는 두 가지 방식의 해석적 도구가 된다. 첫째, 이 본문은 흑인과 백인이 본질적으로 하나이며, 존재의 가치와 인간적 지위에 있어 동등하다는 성경적 증거로

---

119 Allen Callahan, The *Talking Book: African Americans and the Bible* (New Haven: Yale University Press, 2006), 115-16; Powery, "Rise Up," 176; Demetrius Williams, "The Acts of the Apostles," in *True to Our Native Land: An African American New Testament Commentary*, ed. Brian Blount et al. (Minneapolis: Fortress, 2007), 236-38.

기능한다. 즉 흑인은 백인보다 열등하다는 사회적 통념은 이 말씀에 의해 분명히 부정된다.

둘째, 제이콥스는 자신의 이야기 속 이 특정 대목에서 이 구절을 인용함으로써 사도행전 17:26의 전도(顚倒)된 적용, 곧 백인 남성들이 강간과 성폭력을 통해 자신의 피를 아프리카 여성의 피와 뒤섞는 행위를 지적한다. 제이콥스의 질문은 백인 노예주들의 행태에 대한 날카로운 비판이자, 동시에 그들의 성적 포식 행위가 혼혈 자녀를 낳음으로써 아이러니하게도 아프리카인과 앵글로색슨인을 문자 그대로 "한 혈통"으로 만들어버렸다는 사실에 대한 냉소적 인식으로 기능한다. 하나님께서 모든 인류를 한 혈통으로 창조하셨다는 바울의 선포는 노예소유주들의 성적 폭력을 통해 일그러진 방식으로 실현된 셈이다. 이 지점에서 제이콥스의 바울 해석은 매우 독창적인 통찰력을 보여준다. 그녀는 바울의 말씀을 노예제 이데올로기의 신학적 정당화를 반박하는 근거로 활용할 뿐 아니라 노예소유주들의 성적 지배를 고발하는 예언적 도구로도 사용한다. 수많은 흑인의 혈관 속에 이제 백인의 피가 흐르고 있기에 더 이상 흑인을 하등한 인종이나 별개의 종(species)으로 간주할 수 없다는 사실을 그녀는 분명히 드러낸다. 이러한 바울 해석은 제이콥스가 출석했던 교회의 예배 장면에서도 연결된다. 그녀는 에베소서 6:5에 나오는 사도 바울의 말씀―곧 노예들은 그리스도께 하듯이 자기 주인에게 순종하라는 말씀―을 인용하며, 이 본문을 노예들에게 설교한 파이크(Pike) 목사에 대해 기록한다.[120] 파이크 목사는 설교에서 하나님께서 노예들을 지켜보고 계시며 그들의 말을 듣고 계신다고 말하고, 이 땅의 주인에게 불순종하는 것은 곧 하늘의 주인께 죄를 짓는 것이라고 가르친다. 제이콥스는 이러한 설교를 두 번 들은 뒤 "더 이상 파이크 목사의 설교를 듣지 않겠다"고 결심하고, 이후로는 "거룩한 파이크 씨"의 설교에는 참석하지 않았다고 말한다.[121]

제이콥스는 "빛과 공기가 거의 차단되어 있고 팔다리를 제대로 움직일 수도 없는" 좁은 구덩이 속에서 약 7년 동안 노예주인의 눈을 피해 숨어 지내다가, 가족과 친구들의 도움으로 마침내 노예 생활에서 탈출하게 된다.[122] 이처럼 장기간 숨죽여 지낸 결과, 그녀는 평생 신체적 후유증에 시달리게 된다. 북부로 탈출한 이후에도 그녀는 전 노예주인의 추적을 받는 등 오랜 세월 마음고생을 겪었지만, 결국 그녀와 자녀들, 그리고 그녀의 형제는 모두 자유를 얻게 된다. 이후 제이콥스는 반(反)노예제 운동가로 활동하며, 남북전쟁 기간 동안 남부로 돌아가 흑인 난민들을 돕고, 그들의 열악한 현실을 북부 언론에 알리는 데 힘쓴다.[123]

놀랍게도 제이콥스는 파이크 목사가 인용한 바울과 사도행전

---

120 Jacobs, *Incidents*, 2:587. 이전 장에서 노예들을 향한 유사한 설교에 대한 논의를 보라.
121 Jacobs, *Incidents*, 2:588.
122 Jacobs, *Incidents*, 2:640.
123 Yellin, *Harriet Jacobs*, xv, 3. 또한 다음을 보라. Jean Fagan Yellin, "Harriet Jacobs in the Refugee Camps," in *Race, Slavery, and the Civil War: The Tough Stuff of American History and Memory*, ed. James O. Horton and Amanda Kleintop (Richmond: Virginia Sesquicentennial of the American Civil War Commission, 2011), 92-98.

17:26에서 말한 바울을 구분해낼 수 있었다. 그녀에게 성경의 기독교와 남부에서 실천되는 기독교는 양립할 수 없는 것이었다. 에머슨 파워리는 제이콥스가 자신의 이야기 전반에 걸쳐 성경을 인용하고 활용한 방식에 주목하며, 그녀를 "흑인 해석학의 선구자"이자 "초기 여성주의 해석자"라고 평가한다.[124] 제이콥스는 "노예들아, 너희 주인에게 순종하라"는 본문보다 바울이 선포한 한 혈통 교리를 우선시했다. 이는 그녀가 직관적으로 성경은 현재 벌어지고 있는 이러한 잔혹한 행위들을 결코 용인하지 않으며, 용인할 수도 없다는 사실을 이해하고 있었기 때문이다. 그녀는 자서전 전체에서 노예제도를 악마적인 것으로, 노예주인을 마귀로 지칭하며, 이 "기이한 제도"의 본질과 그 기원을 분명히 인식하고 있었음을 보여준다.

제이콥스는 자신이 삶에서 겪었던 고통스러운 경험들을 유려하고 세밀한 문체로 서술하면서 그 가운데 통찰력 있는 한 대목에서 노예제도가 그것과 연루된 모든 이들에게 어떤 영향을 미쳤는지를 설명한다.

나는 나 자신의 경험과 관찰을 통해 노예제도가 흑인뿐만 아니라 백인에게도 저주가 된다는 사실을 증언할 수 있다. 노예제는 백인 아버지를 육체적 쾌락만을 좇는 잔인하고 감각적인 인간으로 만들고, 아들을 폭력적이며 방탕하게 만들며, 딸들을 타락시키고, 아내를 비참하게 만든다. 흑인의 경우, 그들이 겪는 극심한 고통과 비참한 굴욕은 나의 글솜씨로는 결코 다 표현할 수 없을 정

---

124 Powery, "Rise Up," 181.

도다.…노예제도의 가증스럽고 참혹한 실상을 온전히 이해하고 싶다면 남부의 어느 농장으로 가서 자신이 흑인 노예 상인이라고 말해보라. 그러면 그들이 감추려 했던 악행들이 여지없이 드러날 것이다. 당신은 곧 불멸의 영혼을 지닌 인간 사회에서는 결코 일어나지 말아야 할 일들을 직접 보고 듣게 될 것이다.[125]

제이콥스가 묘사한 노예제와 그것이 흑인과 백인 모두에게 미치는 파괴적인 영향은 그녀가 노예제를 악마로 지칭한 표현과 맞물려 있다. 이는 노예제의 지배 아래 살아가는 모든 이들에게 얼마나 깊은 악영향이 미치는지를 여실히 드러낸다. 그녀의 자서전은 미국 노예제도의 지배 아래 놓인 아프리카계 미국인 여성들이 겪은 고통스러운 현실을 직접 증언하는 글이다.

바울을 사용하여 기존 질서에 맞서다

이 장에서 살펴본 흑인 해석자들은 사도 바울과 그의 서신을 다양한 방식으로 활용한다. 마리아 스튜어트는 바울의 권면을 수용함으로써 흑인이 자신의 삶과 운명을 스스로 결정할 수 있는 주체성을 지니고 있으며, 그 권리를 정당하게 행사할 수 있음을 강조한다. 스튜어트는 흑인의 존재와 삶에 대한 사회의 평가가 여전히 유효한 것으로 간주되는 현실을 거부하고, 사

---

125 Jacobs, *Incidents*, 2:576.

도의 권위를 통해 흑인의 발전 가능성을 변호하고자 한다. 마찬가지로 바울은 순결한 삶과 영적 쇄신, 곧 하나님께 온전히 순종하는 삶의 중요성을 묘사하는 데 핵심적인 역할을 한다. 이러한 삶을 통해 아프리카계 미국인들은 자신들을 열등하다고 간주하는 사회 속에서도 지식의 하나님께서 그들에게 통찰과 분별력을 부여하실 것이라는 확신을 가질 수 있었다. 스튜어트는 또한 바울의 전투 이미지를 차용해 아프리카계 미국인 여성의 평등을 위해 싸우는 자신의 정체성을 형상화한다. 실제로 그녀는 바울이 여성을 침묵시키라고 명한 본문을 언급하며, 만약 바울이 노예제 하에서 여성들이 겪는 고통을 직접 보았다면 그 역시 여성의 권리를 지지했을 것이라고 주장한다. 스튜어트는 이러한 주해를 통해 사도의 침묵 명령이 특정한 역사적 맥락에 국한된 것이며, 자신이 처한 현실에서는 오히려 바울이 여성의 목소리를 억누르지 않고 지지했을 것임을 암시적으로 드러낸다. 더 나아가 그녀는 바울의 말을 빌려 국내의 아프리카계 미국인을 외면하면서 해외에는 원조를 보내는 미국 정부의 이중적 행태를 비판한다.

제임스 페닝턴은 바울의 말을 통해 구조적 악에 대해 논의함으로써 로마서 7:21을 단지 개인적 죄나 내면의 갈등으로 한정하지 않고, 인간을 억압하고 비인간화하는 외부의 체제적 악까지 포괄하는 의미로 확장한다. 그는 바울을 통해 흑인이 본질적으로 악하다는 당대의 인종적 통념을 반박하며, 오히려 노예제도와 인종차별이야말로 진정한 악임을 주장한다. 또한 그는 바울의 복음이 죄에 반대한다는 점에 주목하여 노예제도가 죄이기 때문에 바울의 복음 역시 그것에 반대한다고 단언한다. 페닝턴은 회개, 화해,

심판이 바울의 복음 안에서 긴밀히 연결된 세 가지 핵심 개념이며, 이러한 3중적 연결고리는 자신이 처한 역사적 현실에도 그대로 적용된다고 본다. 회개가 없다면 그의 전 노예주인뿐 아니라 미국 전체가 하나님의 심판을 피할 수 없을 것이다. 진정한 회개만이 참된 화해를 가능하게 한다는 것이 그의 확신이다.

페닝턴은 또한 로마서 8:28—"우리가 알거니와 하나님을 사랑하는 자, 곧 그의 뜻대로 부르심을 입은 자들에게는 모든 것이 합력하여 선을 이루느니라"—을 반영하여 하나님의 사용과 승인을 명확히 구분한다. 그는 노예제도가 하나님이 승인하신 제도가 아니라 사탄이 만들어낸 것이며 악한 자들에 의해 자행되고 있다고 주장한다. 설령 노예무역이 어떤 유익을 가져다준다고 할지라도 하나님은 그 유익을 다른 방식으로 얼마든지 이루실 수 있다고 본다. 노예제도가 유익하다는 주장은 동시대 많은 흑인들과 마찬가지로 페닝턴에게도 명백히 부당하고 왜곡된 주장이다. 하나님의 성품은 인간을 노예로 삼아 복음을 전하는 것을 결코 승인하지 않으며, 이러한 노예제 옹호는 하나님의 본성을 심각하게 왜곡하고 있는 것이다.

스튜어트와 마찬가지로 대니얼 페인 역시 바울의 가르침을 활용하여 회심의 의미를 설명하고, 하나님과 세상 앞에서 거룩하고 정결한 삶을 살아야 함을 주장한다. 바울의 권면을 따라 사는 삶이 곧 기독교인의 핵심적인 삶의 방식이라는 것이다. 페인은 또한 인류는 본래 하나이며, 하나님께서 모든 인종을 그리스도 안에서 하나로 만드셨다는 바울의 선포를 중요하게 여긴다. 더불어 정부를 위해 기도하라는 바울의 권고 역시 아프리카계 미국인에게 있어 마땅히 감당해야 할 국가적 책임으로 간주된다. 기도를 통해 그들은 하나님께서 남북전쟁 시기와 그 이후에도 정의롭고 차별 없는 법을 제정하도록 정부를 이끌어주시기를 간구할 수 있다. 페인에게 기도는 저항의 수단이며, 동시에 정부가 국경 내 소외된 이들을 향해 정의를 실현할 때에야 진정한 하나님의 축복을 받을 수 있다고 믿는다. 이러한 축복은 단순한 기도의 결과로 자동적으로 주어지는 것이 아니며, 정부가 도움이 필요한 이들을 하나님의 뜻에 따라 바르게 대우할 때에야 비로소 가능하다.

줄리아 푸트는 바울을 인용하여 그리스도인의 완전함—곧 몸과 마음과 영혼의 성화—을 말한다.[126] 그녀는 그리스도인이 더 이상 죄의 지배 아래 살지 않고, 순결하고 거룩한 삶을 살아갈 수 있다고 믿는다. 바울이 사용한 "십자가"라는 언어는 그녀에게 특히 중요한데, 이는 그리스도를 믿는 믿음을 통해 옛 자아는 죽고 새 자아가 살아난다는 영적 변화를 나타내기 때문이다. 여성의 평등을 주장했던 마리아 스튜어트처럼 푸트 역시 여성 설교자의 정당성을 변호한다. 바울은 갈라디아서 3:28에서 "남자도 없고 여

---

[126] Sue E. Houchins는 *Spiritual Narratives*(New York: Oxford University Press, 1988)에서 William Andrews가 Zilpha Elaw, Jarena Lee, Julia Foote를 가리켜 "영의 자매들"이라 부른 표현을 차용하며 다음과 같이 말한다. "중세와 부흥 운동 시대의 영의 자매들 모두의 경건함은 단지 오순절인 것일 뿐 아니라 '사랑의 신학, 곧 성육신에서 그 최고의 표현을 찾는 그리스도 중심적 신학'이었다"(xxxv). Houchins의 이 언급은 성령이 이 여성들의 자서전적 내러티브에서 중요한 역할을 한다는 점을 강조한다. 이런 점에서 이들은 일종의 초기-오순절주의자들로 명명될 수 있을 것이다. Houchins는 또한 이들 흑인 여성 자서전을 "흑인 최초의 철학적 저술가인 성 아우구스티누스"와 더불어 중세의 신비주의 저술가들인 노리치의 율리아나, 아빌라의 테레사와 연결하기도 한다(xxxi).

자도 없다"고 선포하며, 실제로 여성 사역자를 언급할 때 남성과 동일한 용어를 사용한다. 이는 바울이 여성의 사역을 금지하는 데 인용될 수 없음을 시사한다. 푸트는 바울을 근거로 여성 설교자를 부정하는 해석자들은 바울을 잘못 해석하고 있다고 단언한다. 더욱이 하나님께서 환상 가운데 그녀에게 펜과 종이, 잉크를 주셨다는 경험은 흑인들의 교육과 정보 접근이 제한되었던 당대 사회의 규범과 정면으로 충돌한다. 이 환상은 하나님께서 푸트에게 사역을 수행할 수 있는 권위를 부여하셨음을 나타낼 뿐 아니라 그녀가 받은 사명을 감당하는 데 필요한 모든 자원이 이미 주어졌다는 점에서 흑인이 열등하다는 통념을 근본적으로 무너뜨린다.

이와 유사하게 제1장에서 논의된 몸 해석학은 푸트가 본 세례 환상—곧 그리스도께서 은처럼 빛나는 따뜻한 물로 그녀를 씻기시는 장면—에서도 나타난다. 이 몸 해석학은 당대의 지배적 해석 방식에 저항하며, 흑인의 권리를 주장하는 하나의 행위로 기능한다. 곧 흑인의 몸, 특히 자신의 몸에 대한 소유권과 결정권은 백인이 아니라 하나님께 속한다는 것이다. 푸트가 세례를 통해 정결하게 되었다는 경험은 여성의 몸, 특히 흑인 여성의 몸이 하나님 앞에서 귀하고 존엄하다는 신학적 선언이다. 흑인 여성의 몸이 경시되던 사회에서 그리스도께서 그녀의 몸을 씻기시고, 이후 성부께서 옷 입히시는 환상은 흑인의 존엄성과 가치를 강력하게 드러낸다. 바울 서신 전반에 걸쳐 반복적으로 강조되는 세례에 대한 언급은 푸트에게 있어 흑인의 몸—특히 흑인 여성의 몸—의 가치를 표현하는 핵심 수단이 된다.

흑인의 몸에 대한 이러한 강조는 해리엇 제이콥스의 자서전에서도 핵심적인 주제로 다시 나타난다. 제이콥스는 이 책에서 흑인 노예 여성들이 일상적으로 겪은 수모와 모욕을 생생하게 묘사한다. 재산으로 취급된 이 여성들의 몸은 노예소유주의 성적 폭력과 억압으로부터 어떤 법적 보호도 받을 수 없었다. 제이콥스는 흑인 문헌에서 자주 인용되는 사도행전 17:26을 통해 노예제 하에서 흑인 여성들이 겪은 성적 착취를 신랄하게 비판한다. 하나님의 창조 질서에 따라 흑인의 피는 백인의 피와 다르지 않다. 그러나 백인 노예소유주들은 흑인 여성 노예들을 강간하고 임신시킴으로써 인류를 "한 혈통"으로 창조하신 하나님의 뜻을 왜곡하고 타락한 방식으로 실현하고 있었다. 제이콥스는 일반적으로 인류의 연합과 동등함을 강조하는 데 사용되는 바울의 본문을 전복적으로 인용하여 백인 남성들의 도덕적 타락과 성적 폭력을 고발한다.

수 E. 후친스(Sue E. Houchins)는 흑인 자서전의 목적 중 하나가 "흑인에게는 영혼이 없으며 구원받을 가능성도 없다"는 신념을 가진 이들과 대화를 시작하는 데 있었다고 지적한다.[127] 이러한 믿음에 도전하고 그 부조리함을 드러내는 것은 앞 장에서 논의한 사례들을 포함해 거의 모든 흑인 자서전의 공통된 특징이다. 이들 자서전은 흑인들이 영혼을 지녔을 뿐 아니라 그들의 삶을 변화시킨 실제적이고 생생한 신적 체험을 했음을 증언하며, 이를 통해 사회, 공동체, 국가의 변화를 촉구한다. 바울의 언어는 이

127　Houchins, introduction to *Spiritual Narratives*, xxix.

러한 체험의 신학적 표현이자 정의와 평등을 향한 외침에 핵심적인 기여를 한다. 따라서 바울의 말씀은 아프리카계 미국인 여성들이 노예로 살아야 했던 현실 속에서 자행된 성적 폭력을 고발하는 데 핵심적으로 사용된다. 정의를 향한 투쟁과 비인간화에 대한 저항을 위해 바울을 소환해온 흑인 해석 전통은 이들 흑인 해석자들의 작업 안에서 강력히 계승되고 있다. 다음 장에서는 20세기에 들어 아프리카계 미국인들이 직면한 새로운 도전 속에서도 바울이 여전히 저항적이고 전복적인 방식으로 인용되는 양상을 살펴볼 것이다. 동시에 바울을 거부하는 최초의 목소리들도 흑인 해석 전통 내에서 등장하게 되었음을 확인하게 될 것이다.

3장

19세기 후반부터 20세기 중반까지

오 편견이여! 너는 참으로 잔인한 괴물이로다! 네가 과연 이 세상에서 사라질 수 있을까?"¹

19세기 말과 20세기 초, 아프리카계 미국인들은 남북전쟁과 재건 시대 이후에 얻은 민권과 참정권을 심각하게 박탈당했다. 1877년의 타협(The Compromise of 1877)은 공화당이 마지막까지 남부에 주둔하고 있던 연방군을 철수하기로 합의한 사건으로, 이 병력은 해방된 노예들의 권리, 특히 투표권을 보호하는 임무를 맡고 있었다. 이 타협은 연방 정부가 아프리카계 미국인들이 새로 얻은 권리를 보호하는 데서 한 발짝 더 물러나겠다는 신호탄이 되었다.² 재클린 그랜트(Jacquelyn Grant)의 지적처럼, "많은 흑인들에게 해방은 단지 족쇄만 제거된 노예제도에 불과했다."³ 실제로 1890년대

---

1 Julia Foote, *A Brand Plucked from the Fire: An Autobiographical Sketch by Mrs. Julia A. J. Foote* (Cleveland, OH: Printed for the author by W. F. Schneider, 1879), reprinted in *Sisters of the Spirit: Three Black Women's Autobiographies of the Nineteenth Century*, ed. William Andrews (Bloomington: Indiana University Press, 1986), 218.
2 Calvin S. Morris, *Reverdy C. Ransom: Black Advocate of the Social Gospel* (Lanham, MD: University Press of America, 1990), 130.
3 Jacquelyn Grant, *White Women's Christ and Black Women's Jesus: Feminist Christology and Womanist Response* (Atlanta: Scholars Press, 1989), 197.

후반부터 20세기 초까지 인두세, 문해력 시험, 조부 조항(grandfather clause) 등 다양한 투표 제한 장치들이 흑인에게 집중적으로 적용되면서 그들은 사실상 참정권을 상실하게 되었다.[4]

또한 몇몇 중대한 연방 대법원 판결은 아프리카계 미국인들이 쟁취한 정치적·사회적 성과를 무력화시키는 데 기여했다. 1883년 연방 대법원은 1875년의 민권법을 무효화했고, 1896년의 **플레시 대 퍼거슨**(Plessy v. Ferguson) 판결에서는 "분리하되 평등"이라는 논리를 들어 인종 분리를 합법화했다. 20세기 초에 이르러 아프리카계 미국인들은 "과거의 친구들과 지지자들에게 외면당한 채, 인종 분리와 협박, 폭력의 현실에 직면하게 되었다. 남부에서는 린치가 일상적으로 발생했고, 전국의 여러 도시에서는 반흑인 폭동이 벌어졌다."[5] 윌리엄 태프트 대통령이 도입한 연방 정부의 인종 분리 정책은 우드로 윌슨 행정부에서도 지속되었으며, 점차 사회적 규범으로 자리 잡았다. 연방 정부 내의 흑인 공무원들은 사무실, 화장실, 식당 등에서 분리되었고, 윌슨 행정부 하에서 남부의 흑인 유권자들은 투표권을 박탈당했다. 이로써 아프리카계 미국인들은 사실상 완전히 선거권을 상실하게 되었다.[6] 태프트와 윌슨 정부는 남부 백인들의 압력에 굴복하여 인종 분리 법제화 과정을 적극적으로 뒷받침했다.[7] 남부는 남북전쟁과 그 여파

---

4   Morris, *Reverdy C. Ransom*, 130.
5   Morris, *Reverdy C. Ransom*, 130.
6   Morris, *Reverdy C. Ransom*, 152.
7   *Making the Gospel Plain: The Writings of Bishop Reverdy C. Ransom*, ed. Anthony Pinn (Harrisburg, PA: Trinity Press International, 1999), 44. 이후부터는 Ransom, *Making the*

로 인해 경제적, 정치적, 사회적으로 큰 타격을 입었고, 흑인은 백인 사회의 "희생양"이 되었다.[8] 앤서니 핀(Anthony Pinn)은 이러한 현실이 남부 백인들에게 미친 영향을 다음과 같이 설명한다. "가난한 백인들조차도 희생양이 된 흑인 공동체(심지어 중산층 흑인들까지)와 자신들을 비교하면서 단지 백인이라는 이유만으로 일정한 혜택을 누리고 있다는 사실을 인식하게 되었다. 이들은 정치적, 경제적으로 우위에 서지 못했지만, '신'(新) 남부에서 백인이라는 '지위' 자체가 심리적 위안을 제공해주었다."[9]

이 "신(新) 남부"는 학교, 공원, 버스, 식당, 클럽, 택시 등에서 흑인 분리 정책을 시행함으로써 아프리카계 미국인의 시민 생활과 상업 활동 참여를 사실상 금지했다. 흑인들은 "흑인 구역"에 거주해야 했고, 백인을 위해 일하지 않는 이상 백인 주거 지역을 걷는 것조차 금지되었다. 이러한 법은 흑인들이 종종 백인 지주 소유의 열악한 주택에서 살도록 강제했으며, 백인 지주들은 보복의 두려움 없이 그들을 착취하곤 했다.[10] 다시 말해 이른바 신(新) 남부는 실질적으로 구(舊) 남부와 다르지 않았으며, 짐 크로우 법이라는 이름 아래 여전히 플랜테이션 시대의 사고방식이 인종 간 존재 방식과 관계를 규정하고 있었다.

이러한 현실에 더해 경제적 어려움은 사회적 긴장을 더욱 악화시켰

---

    *Gospel Plain*으로 인용한다.
8   Ransom, *Making the Gospel Plain*, 44.
9   Ransom, *Making the Gospel Plain*, 44-45.
10   Herbert Marbury, *Pillars of Cloud and Fire: The Politics of Exodus in African American Biblical Interpretation* (New York: New York University Press, 2015), 139.

다. 재건 시대의 실패, 인종 분리, 그리고 멕시코 목화 바구미(솜 벌레)에 의한 목화 작물의 파괴는 많은 흑인 가족들의 북부 이주를 야기했고, 이는 1914년부터 1930년까지 이어진 이른바 대이동(Great Migration)으로 이어졌다.[11] 이들은 북부에서 산업 일자리를 찾았지만, 이주민 수가 일자리 수를 초과하자 북부 주민들은 남부 흑인들이 자신들의 일자리를 빼앗는다고 여기며 불만을 품었다. 고용주들의 인종차별, 주거차별, 그리고 대공황(Great Depression)의 여파는 흑인들이 겪는 착취와 고통을 더욱 가중시켰다.[12]

남부에 남은 흑인들에게는 남북전쟁 이후 플랜테이션 구조를 대체한 소작농 제도가 도입되었다. 흑인들은 가혹한 조건 속에서 일해야 했고, 지주들은 수확물에 과도한 이자를 부과했다. 캘빈 화이트 주니어(Calvin White Jr)가 지적하듯, 이 제도는 실질적으로 또 다른 형태의 노예제였다. 물론 이 제도는 가난한 백인들에게도 영향을 미쳤지만, 아프리카계 미국인을 비인간화한 짐 크로우 법과 맞물리면서 소작농 제도는 흑인을 복종의 위치에 고착시키고 그들의 경제적 자립을 구조적으로 제한하는 억압 장치로 기능했다.[13]

---

11 Jennifer T. Kaalund, *Reading Hebrews and 1 Peter with the African American Great Migration: Diaspora, Place, and Identity* (London: T&T Clark, 2019) 26; Ransom, *Making the Gospel Plain*, 45. 다음도 보라. Marbury, *Pillars*, 136-40.
12 Ransom, *Making the Gospel Plain*, 45. 다음도 보라. Marbury, *Pillars*, 136-40.
13 Calvin White Jr., *The Rise to Respectability: Race, Religion, and the Church of God in Christ* (Fayetteville: University of Arkansas Press, 2012), 12; James Brewer Stewart, "Abolitionists, the Bible, and the Challenge of Slavery," in *The Bible and Social Reform*, ed. Ernest Sandeen

그랜트(Grant)는 노예제, 남북전쟁, 재건 시대 이후 아프리카계 미국인들이 직면한 현실을 다음과 같이 서술한다. "공식적이고 합법적인 제도로서의 노예제가 종식되었지만, 미국 내 흑인에 대한 인식이나 그들의 처지에는 실질적인 변화가 거의 없었다. 흑인은 열등하며 백인 미국을 위해 봉사해야 한다는 인식은 그대로 유지되었다. 따라서 해방된 흑인들이 일자리를 구했을 때 그들은 노예 시절 강제로 맡았던 것과 유사한 서비스직이나 허드렛일로 밀려나게 되었다."[14]

그랜트가 묘사한 불의가 지속되는 가운데, 백인 사회는 흑인의 열등함을 강조하려는 집단적 노력을 강화해나갔다. 특히 토머스 딕슨(Thomas Dixon)의 소설 『클랜스맨』(*Clansmen*)은 이러한 흐름을 대표하는 산물로, 1915년 이 소설을 바탕으로 제작된 영화 "국가의 탄생"(Birth of a Nation)이 개봉되면서 인종차별주의 담론이 더욱 확산되었다. 딕슨은 아프리카계 미국인을 동물적이며 야만적인 존재로 묘사했으며, 이는 노예제 시절의 비인간화된 이미지와 허위 사실들을 반복·강화하는 역할을 했다. 동시에 당대 과학계 일부는 인종 간 생물학적·생리적 차이를 근거로 흑인의 열등함을

(Philadelphia: Fortress, 1982). Stewart는 노예제 폐지 운동이 해방된 노예들의 평등을 보장하는 데 실패한 점에 대해 이렇게 기록한다. "해방은 도덕적 설득의 결과가 아니라 군사적 필요에 의해 이루어졌고, 남북을 막론하고 오랫동안 자리 잡아온 백인 우월주의의 구조는 그대로 지속되었다. 노예제 폐지론자들이 아무리 최선을 다했어도, 과거의 노예들은 동등한 시민이 되는 대신, 복수심에 불탄 백인들의 협박과 강요에 시달리는 분리된 소작농 신세가 될 수밖에 없었다. 1870년대 초에 이르러 노예제 폐지론이 하나의 운동으로서 통일성을 완전히 상실하자, 남북의 백인들은 흑인의 종속적 지위에 관해 점점 더 많은 부분에서 공감대를 형성하게 되었다"(53).

14 Grant, White *Women's Christ*, 197.

"입증"하는 연구 결과를 발표했다. 이러한 사이비 과학은 흑인은 지적으로나 육체적으로 백인에게 복종해야 한다는 주장을 정당화하는 데 악용되었다.[15] 이러한 사상과 신념이 광범위하게 퍼지자 남부 주민들은 이 시기에 자주 발생했던 혐오스러운 관행인 린치에 쉽게 가담하게 되었다. C. 에릭 링컨(C. Eric Lincoln)은 이 끔찍한 관행에 대해 다음과 같은 통계를 제시한다.

남부에서 흑인의 권리가 사실상 완전히 폐지되었다는 사실은 린치라는 야만적 관행의 일상화에서 상징적으로 드러난다. 이 끔찍한 폭력은 "흑인을 제자리에 두기" 위한 효과적인 수단으로 여겨졌고, 사회적 승인까지 받았으며, 이에 대해 지역 정부는 물론 주 정부나 연방 정부조차도 실질적인 대응을 하지 않았다. 19세기 말 16년 동안 2,500명이 교수형이나 화형으로 희생되었고, 1900년부터 제1차 세계대전이 발발한 1914년까지도 매년 평균 78명의 흑인 남성과 여성이 린치로 목숨을 잃었다. 그들은 목련나무에 매달리거나, 백인 우월주의의 제단 앞에서 불길 속에 던져졌다.[16]

린치의 만연과 쿠 클럭스 클랜(Ku Klux Klan)의 재등장은 "흑인의 몸이 쉽

---

15 Ransom, *Making the Gospel Plain*, 45.
16 C. Eric Lincoln, *Sounds of the Struggle: Persons and Perspectives in Civil Rights* (New York: Friendship, 1968), 229. 다음에서도 인용됨. William C. Turner Jr., *The United Holy Church of America: A Study in Black Holiness-Pentecostalism* (Piscataway, NJ: Gorgias, 2006), 8. 다음도 보라. James Cone, *The Cross and the Lynching Tree* (Maryknoll, NY: Orbis, 2011). 그는 1880년부터 1940년까지를 "린치의 시대"라고 지칭한다(3).

게 희생될 수 있다는 점과, 미국에서 흑인이 살아간다는 것이 얼마나 위험한 일인지를 끊임없이 상기시키는 상징이 되었다."[17] 흑인을 열등하고 비인간적인 존재로 간주하는 통념, 그리고 백인의 순혈성을 지켜야 한다는 신념은 린치를 정당화하는 논리를 제공했으며, 남부는 물론 북부에서도 이에 대한 침묵을 불러왔다. 토머스 딕슨을 비롯한 인종차별주의자들이 퍼뜨린 왜곡된 인종 담론은 흑인 남성을 백인 여성을 강간하려 하는 과도하게 성도착적인 존재로, 흑인 여성을 방탕하고 도덕적으로 타락한 존재로 묘사함으로써, 그들이 백인 남성의 시선을 끌기 위해 행동하고 있다는 허위 이미지를 유포했다.[18]

19세기의 인종차별적 사회 규범과 조건을 고려할 때 흑인 교회의 주요 관심사 중 하나는 흑인의 의식 속에서 열등감이라는 낙인을 제거하는 것이었다. 따라서 교회의 사명은 개인의 가치는 백인 사회가 부여하는 것이 아니라 하나님으로부터 주어진 것이라는 신념을 가르치는 데 있었다. 이 신념의 핵심 전제는 하나님께서 흑인을 창조하실 때 그들을 다른 피조물보다 열등하게 창조하지 않으셨다는 믿음이다.[19] 19세기가 저물고 20세기가 시작되면서 흑인 교회는 여전히 열등감과 자기 가치에 대한 문제를 해결해야 했지만, 동시에 앞서 언급한 여러 구조적 문제들과도 씨름해야 했다. 대이

---

17   Kaalund, *Reading Hebrews*, 27.
18   Ransom, *Making the Gospel Plain*, 45-46.
19   Morris, *Reverdy C. Ransom*, 74. 다음을 인용함. Timothy L. Smith, "Slavery and Theology: The Emergence of Black Christian Consciousness in Nineteenth Century America," *Church History* 41 (December 1972): 504.

동으로 인해 북부의 많은 흑인 교회는 남부에서 이주해온 대규모 아프리카계 미국인 인구를 지역사회와 교회 공동체 안에 어떻게 수용할 것인지 고민해야 했다. 이후 살펴보겠지만, 이 문제는 레버디 랜섬(Reverdy Ransom)에게도 매우 중요한 과제였다. 이와 더불어 짐 크로우 법의 제정과 시행은 남부의 흑인 교회들로 하여금 민권 상실과 분리주의 정책에 담긴 노예제의 유산에 직면하게 만들었다. 교회는 아프리카계 미국인의 공적·사적 삶의 중심지였으며, 목회자들은 흑인의 영적 삶을 돌볼 뿐만 아니라 인종 분리 정책에 항의하고 저항하는 목소리를 내야 했다. 그들은 강단에서 "흑인들의 삶을 개선하고 흑인 사회를 발전시키는" 역할을 감당해야 했다.[20]

많은 흑인 교회들과 목회자들은 여전히 데이비드 워커, 마리아 스튜어트, 줄리아 푸트, 제임스 페닝턴 등이 물려준 예언자적 설교와 인종차별 및 불의에 대한 항거의 유산을 계승했다. 그러나 일부 교회들은 "영적인 문제에 집중하며 내향적으로 전환되는 경향"을 보이기도 했다.[21] 이런 경향은 자유와 권리를 얻었다가 다시 짐 크로우 법 아래에서 박탈당한 격동의 경험에서 비롯된 것일 수 있다. 그럼에도 불구하고 흑인 교회는 백인 우월주의, 인종 분리, 비인간화 시도 속에서도 여전히 번성했다. 이와 같은 번영은 흑인 공동체 내에서 교회가 차지한 중심적 위치에서 비롯되었다. 교회는 흑인들이 교육을 받고, 읽고 쓰는 법을 배우는 장소였으며, 그들의 인간성

---

20   White, *The Rise to Respectability*, 14.
21   Ransom, *Making the Gospel Plain*, 48.

과 존엄이 확인되는 장소였다. 이 하나님은 법률이나 제도로는 부정할 수 없는 희망과 평화를 흑인들에게 주셨다. 나아가 교회는 흑인들이 성경을 스스로 해석할 수 있는 공간이었으며, 백인 우월주의적 해석에 맞서 성경의 해석학적 주도권을 흑인 공동체가 주장할 수 있는 장소가 되었다.

앞으로 살펴보겠지만, 이 시기에도 바울은 흑인 성경 해석에서 여전히 중요한 역할을 수행한다. 본 장에서는 레버디 랜섬(Reverdy Ransom), 윌리엄 시모어(William Seymour), 찰스 해리슨 메이슨(Charles Harrison Mason), 아이다 B. 로빈슨(Ida B. Robinson), 마틴 루서 킹 주니어(Martin Luther King Jr.)에게 주목할 것이다. 이들은 모두 바울을 혁신적인 방식으로 수용한 인물들이었다. 동시에 본 장은 바울을 거부한 두 명의 저명한 흑인 신학자이자 설교자인 하워드 서먼(Howard Thurman)과 앨버트 클리지(Albert Cleage)도 다룰 것이다. 이들의 바울 거부는 노예제 옹호자들이 바울의 글을 어떻게 이용했는지에 대한 반발에서 비롯되었다. 서먼과 클리지는 예수와 그의 가르침이 바울보다 더 중요하다고 믿었다. 이처럼 서로 다른 해석자들과 그들의 바울 수용 혹은 거부는 인종화된 미국 사회 속에서 흑인들이 겪은 "20세기의 다양한 현실" 속 투쟁을 보여주는 중요한 단서를 제공한다.[22]

---

22   Ransom, *Making the Gospel Plain*, 48.

레버디 랜섬(1861-1959): "인간과 사회운동에 영감을 준 지도자"

레버디 캐시어스 랜섬(Reverdy Cassius Ransom)은 1861년 오하이오주 플러싱에서 태어나 윌버포스 대학교(Wilberforce University)를 졸업했으며, "인간과 사회운동에 영감을 준 지도자"로 불렸다.[23] 그는 오하이오, 펜실베이니아, 일리노이, 매사추세츠, 뉴욕 등지에서 목회한 아프리카감리교감독교회(AME) 목사였다. 1912년에는 「A.M.E. 리뷰」의 편집장으로 임명되었고, 1924년에는 AME 교회의 감독으로 선출되었다. 그러나 랜섬 자신은 "감독직을 간절히 열망하거나 바랐던 것은 아니었다"고 고백한다.[24] 사회·정치 활동가로서 랜섬은 시카고에서 복지 중심 교회 및 인보관(Institutional Church and Social Settlement House)이라는 개념을 최초로 도입했으며, 이 모델은 제인 애덤스(Jane Addams)의 헐 하우스(Hull House)와 리처드 라이트 주니어(Richard Wright Jr.)의 재구성된 사회복음 원칙에 기초한 것이었다.[25] 그는 시카고 사역 시기에 이 모델을 실천에 옮겼지만, 이 개념의 씨앗은 이미 초기 목회 활동 시절에 뿌려진 것이었다.

---

23 그에 대해 윌버포스 대학교의 R. R. Wright 총장이 사용한 표현이다. 이 표현은 Ransom의 저서 *The Negro: The Hope or the Despair of Christianity* (Boston: Ruth Hill, 1935) 서문에 언급되어 있다.

24 Bishop Reverdy C. Ransom, *The Pilgrimage of Harriet Ransom's Son* (Nashville: Sunday School Union, 1949), 261. 다음도 보라. Milton C. Sernett, *African American Religious History: A Documentary Witness* (Durham, NC: Duke University Press, 1999), 337-46.

25 Kenyatta Gilbert, *A Pursued Justice: Black Preaching from the Great Migration to Civil Rights* (Waco, TX: Baylor University Press, 2017), 43.

그는 피츠버그에서의 초기 목회를 회상하며, 당시 흑인들이 처한 열악한 생활 환경을 다음과 같이 묘사한다. "그곳(피츠버그 북부)에는 수백 명의 나의 동족이 있었다. 그들은 열악한 환경의 골목길 셋방에서, 강변의 판잣집 배 위에서 살고 있었다."[26] 이어 그는 이렇게 덧붙인다. "내가 사회봉사의 필요성을 처음으로 절실히 깨닫게 된 것은 아내와 함께 거의 매일같이 빈민가의 뒷골목을 지나고, 어두운 셋방 계단을 오르내리며, 강가의 판잣배 위에서 살아가는 우리 동족들의 임시 거처로 걸어 다녔을 때였다. 내 아내는 그들을 대상으로 주일학교를 열어 꽤 많은 아이들을 모았다. 우리는 많은 이들이 단지 영적인 문제뿐 아니라 물질적인 삶의 조건의 변화도 열망하도록 이끌 수 있었다."[27] 그가 피츠버그에서 경험한 흑인 공동체의 빈곤과 절박한 필요에 대한 인식은 이후 시카고에서의 사역에 깊은 영향을 주었다. 다만 그 영향은 시카고에서는 다소 다른 형태로 구체화되었다. 랜섬이 시카고의 베델 교회(Bethel Church)에 부임했을 때 그는 일요일마다 교회가 신도들로 가득 차 있는 모습을 목격하게 되었다.

베델 교회에서 사역하던 시절, 나는 아침과 저녁 예배 때마다 예배당이 신자들로 가득 차, 때로는 설교를 서서 들어야 할 정도로 북적이는 회중 앞에서 말씀을 전하곤 했다. 처음에는 이 많은 사람들을 이곳으로 이끈 것이 내 설교 덕분

---

26 Ransom, *Harriet Ransom's Son*, 47.
27 Ransom, *Harriet Ransom's Son*, 49.

이라고 자만했지만, 곧 더 근본적인 이유가 있음을 깨닫게 되었다. 그것은 바로 남부에서 이주해온 흑인들의 급격한 증가였다. 이들은 주로 도축장이나 기타 산업 현장에서 일자리를 구하기 위해 시카고로 이주해온 사람들이었다. 이러한 이주민 수의 급증은 시카고의 흑인 성직자들에게 큰 당혹감을 안겨주었다. 그들은 갑작스럽게 닥친 도덕적·사회적·경제적 변화에 효과적으로 대응할 준비가 되어 있지 않았다. 나는 흑인 교회들이 오랫동안 유지해온 전통적이고 정형화된 예배 방식만으로는 새롭게 도래한 시대가 제기하는 종교적·도덕적·사회적 요구들을 감당하기에 역부족이라는 사실을 절실히 깨달았다.[28]

랜섬은 급격히 늘어난 신도들의 요구에 응답하기 위해 맨즈 선데이 클럽(Men's Sunday Club, 남성 주일 모임)의 조직에 주도적인 역할을 했다. 이 모임은 "흑인 교회의 후원을 받은 최초의 단체"로, 원래는 남성들을 위한 모임이었지만 여성들도 월례 모임에 참여할 수 있었으며, "특정 종교나 교회 소속 여부와 무관하게 열려 있었다. 도덕적·사회적·문화적 가치와 목표에 공감하는 이라면 누구든지 참여할 수 있었고, 실제로 시카고의 종교, 사회, 산업, 지성, 비즈니스 분야에서 활동하는 탁월한 인물들이 일요일마다 이 모임에 참석했다."[29] 이 모임은 점점 확대되어 지역 사회에 대한 사회적 봉사의 필요성을 부각시키는 전환점이 되었으며, 이는 랜섬의 이후 활동

---

28   Ransom, *Harriet Ransom's Son*, 82.
29   Ransom, *Harriet Ransom's Son*, 83.

을 예고하는 중요한 계기가 되었다. 그는 결국 베델 AME 교회를 떠나 시카고에 사회 복지 중심 교회 및 인보관(Chicago Institutional Church and Social Settlement House)을 설립했다. 이 기관은 당시로는 혁신적인 프로젝트로 평가받았으며, 단순한 종교 기관을 넘어 지역 공동체를 위한 다양한 실천을 포함했다. 이 교회는 보육원과 유치원, 요리 및 재봉 교육, 취업 알선, 기술 훈련, 청소년 클럽, 체육 시설 등을 운영했다. 또한 남성을 위한 철학, 교육, 산업 관련 포럼과, 여성들이 자필로 쓴 글을 함께 읽고 토론하며 세계 소식을 공유하는 여성 클럽도 있었다. 이 기관은 인종을 불문하고 도움이 필요한 이들에게 음식과 의복을 제공했으며, 흑인 소녀들에게는 흑인 문학을 읽고 공부하며 토론할 수 있는 공간과 기회를 마련해주었다. 이러한 모든 사회적 활동은 설교, 기도, 찬양 등 본래의 종교 활동과 병행하여 이루어졌다.[30] 그러나 이러한 시도는 전통적인 교회 이해에 반하는 것으로 간주되어 심한 반대에 직면했고, "진정한 교회가 아니다"라는 비판까지 제기되었

---

30   Ransom, *Harriet Ransom's Son*, 105-10. Gilbert, *A Pursued Justice*, 43. 여러 학자들은 Ransom에게 사회 복음 운동이 끼친 영향을 지적한다. Gilbert는 Ransom이 "일부 흑인 설교자들의 손에서 사회 복음이 어떻게 제3의 형태(a tertium quid)로 재구성되었는지를 보여주는 사례"라고 말한다(42). 다시 말해 Ransom이 사회 복음의 영향을 받았을 수도 있지만, 결국 그것을 아프리카계 미국인들의 사회적, 영적, 도덕적, 그리고 산업적 요구를 충족시키는 신학적, 사회적 접근 방식으로 전환시켰다는 것이다. 다음의 논의를 보라. Gilbert, *A Pursued Justice*, 39-45; Susan Lindley, "'Neglected Voices' and Praxis in the Social Gospel," *Journal of Religious Ethics* 18, no. 1 (1990): 75-102; Ralph Luker, *The Social Gospel in Black and White: American Racial Reform, 1885-1912* (Chapel Hill: University of North Carolina Press, 1991); Ransom, *Making the Gospel Plain*, 49-56.

다.³¹ 결국 랜섬은 이 교회를 떠나 다른 지역에서 목회를 이어가야 했다. 그럼에도 불구하고 이 시카고 사회 복지 중심 교회는 흑인 교회와 목회자가 "정치적·사회적 정의의 실현"에도 헌신해야 한다는 랜섬의 목회 신념을 상징적으로 보여주는 유산으로 남게 되었다.³²

"기독교 국가의 인종 문제"

흑인 교회의 가능성과 사역에 대한 랜섬의 접근이 전복적이고 혁명적이었던 것처럼, 그의 두 편의 연설—"기독교 국가의 인종 문제"(The Race Problem in a Christian State)와 "흑인, 기독교의 희망인가 절망인가"(The Negro: The Hope or the Despair of Christianity)—에서 바울 본문을 활용하는 방식 또한 매우 급진적이었다. 첫 번째 연설에서 그는 다양한 언어와 배경을 지닌 이들에게 성령이 임한 오순절 사건을 서두에 배치한 후, 바울이 아레오바고에서 선언한 말씀, "**[하나님은] 인류의 모든 족속을 한 혈통으로 만드사 온 땅에 살게 하셨다**"(행 17:26)로 나아간다.³³ 랜섬은 이 바울의 선언이 예수의 가르침과 일치한다고 보았다. 그는 예수가 "가장 격렬하고 극심한 인종적·계급적 적대감이 존재했던 환경 속에서 종교를 창시하셨으며, 유대인, 사마리아인, 시리아-페니키아인, 그리스인, 로마인 등 그 누구에게도 차별

---

31 Ransom, *Harriet Ransom's Son*, 112.
32 Ransom, *Harriet Ransom's Son*, 85.
33 Reverdy Ransom, "The Race Problem in a Christian State," in *The Negro: The Hope or the Despair of Christianity* (Boston: Ruth Hill, 1935), 64. 이후부터는 이 저작에 대한 쪽수 표기를 본문 괄호 안에 제시한다.

을 두지 않으셨다"고 주장한다(64). 랜섬에게 있어 유대인은 이상적인 민족이다. 왜냐하면 "하나님께서 유대인을 통해 세상을 교육하시고, 도덕적이며 영적인 토대를 세우셨기 때문인데, 그 토대란 곧 유일신 사상의 확립이었다"(65). 유대인의 유일신 신앙은 단순히 하나님이 한 분이라는 사실에 그치지 않고, 인류가 하나라는 진리를 함께 드러낸다. 예수는 이 토대 위에, 하나님의 아버지 되심과 그에 따른 인간의 형제 됨이라는 상부 구조를 세우신다. 랜섬은 에베소서 2:14-15의 언어를 반영하여 다음과 같이 말한다. "예수 그리스도께서 이루고자 하신 가장 궁극적인 목표는 **인간과 인간 사이에 존재하는 중간에 막힌 담을 허무는 것이었다. 곧 유대인과 이방인이 하나님께 동등하게 나아가는 것을 가로막았던 모든 구약의 율법과 규례들을 없애는 것이었다.** 그리고 예수는 실제로 그렇게 하셨다. '이는 그가 십자가로 원수 된 것을 소멸하시고, 이 둘을 한 몸으로 하나님과 화목하게 하려 하심이라'"(65). 랜섬에 따르면 성경에 나타난 유대교 신앙의 핵심인 "유일신 사상"은 예수 안에서 완전히 실현된다. 이 예수는 유대인과 이방인 사이를 가로막는 장벽을 완전히 허물고, 양쪽 모두를 하나님 앞에서 동등한 존재로 만드시는 분이다.

랜섬에게 있어 유대인과 이방인 사이의 장벽을 허무는 일은 미국 사회에서 흑인과 백인 사이의 분열을 철폐하는 살아 있는 모범이 된다. 사도행전 16:9-12에서 바울이 마케도니아 사람의 도움 요청에 응답했던 것처럼, 미국 역시 자신을 "기독교 국가"라고 자처하려면 흑인 시민들의 부르짖음에 응답해야 한다(66).[34] 그러기 위해서는 랜섬이 "인종 문제"라 부른 사안에 정면으로 직면해야 한다. 기독교 정신에 따라 올바로 행하고자 한다면 인종 문제를 회피해서는 안 된다.[35] 그는 이렇게 선언한다. "미국의 기독교가 이 인종 문제를 해결하고, 그것도 올바르게 해결하려고 애쓰지 않는다면 스스로 그리스도의 이름을 벗게 될 것이다. 사람들이 이를 미루려 하거나 타협하려 하거나 '평화, 평화'를 외친다 해도, 이 문제가 해결되기 전까지는 참된 평화는 결코 오지 않을 것이다"(66). 랜섬이 이 연설을 했던 1900년대 초라는 시대적 맥락을 고려할 때 인종 문제를 "올바르게" 해결한다는 것은 단순한 농업이나 가사 가사 노동 훈련을 넘어서는 교육과 직업 훈련의 기회를 흑인들에게 제공하는 문제와 직결된다. 흑인들은 은행가, 제조업자, 사업가로 훈련받아야 하며, 동등한 기회를 누려야 한다. 다음 인용문은 평등한 기회에 대한 랜섬의 견해를 잘 요약해준다.

이 나라는 어떤 계층의 시민이든 그들의 능력과 열망을 폄하할 만큼, 훈련된 지성이나 숙련 기술, 교양 있는 두뇌를 풍족히 갖춘 부유한 나라가 아니다. 흑인 노동자들에게 그리스도의 영으로 대한다고 말하려면[롬 8:9; 참조. 빌 1:19] 그들이 엘리베이터를 조작하듯 자유롭게 기관차를 운전할 수 있어야 하며, 석탄창고에서 일하듯 국가은행에서도 일할 수 있어야 하고, 세탁소에서 옷

---

34 행 16:9. "밤에 환상이 바울에게 보이니 마게도냐 사람 하나가 서서 그에게 청하여 이르되 마게도냐로 건너와서 우리를 도우라 하거늘."
35 Ransom, *Making the Gospel Plain*, 51.

을 빼는 것만큼이나 상점에서 옷을 판매할 수 있어야 하며, 면화 밭에서 일하듯 면방직 공장에서도 일할 수 있어야 한다.…바로 이것—그리고 이보다 덜한 것이 아닌 바로 이것—이 기독교 국가라면 마땅히 실현해야 할 정의다.…이 정의는 수백만에 달하는 흑인 시민들이 번영할 수 있도록 하여, 그들이 국가의 방위와 보호, 발전과 성장의 모든 영역에 기여할 수 있게 만들 것이며, 이는 곧 국가의 힘을 더욱 강하게 하는 결과로 이어질 것이다(70-71).

랜섬은 아프리카계 미국인들이 백인들과 동등한 고용 기회를 가져야 하며, 그렇게 될 경우 국가의 경제와 노동력이 더욱 강화되어 결과적으로 국가 전체에 이익이 될 것이라고 주장한다. 그는 로마서 8:9을 인용하며, 미국이 **"그리스도의 영"** 안에서 행동하려면 고용의 평등을 실질적으로 보장해야 한다고 강조한다. 이 구절에서 바울은 **"누구든지 그리스도의 영이 없으면 그리스도의 사람이 아니다"** 라고 말한다. 랜섬은 이 선언을 통해 만약 미국이 흑인 시민들을 공정하게 대우하지 않는다면 그것은 스스로를 "기독교 국가"라 부르면서도 실제로는 그리스도의 영이 결여된 나라라는 사실을 드러내는 것이라고 비판한다. 그는 이 바울 서신 본문을 통해 성령과 경제 영역을 연결시키며, 이 둘 사이에 복잡하면서도 밀접한 관계가 있음을 선언한다.

동등한 고용 기회를 주장하는 데 그치지 않고, 랜섬은 흑인들이 참정권을 박탈당하고 정치 참여를 포기하라는 압력을 받고 있는 현실을 강하게 비판한다. 남부에서 흑인의 투표권을 억압하는 행위는 랜섬에게 중대한 범죄로 여겨졌으며, 그는 "기독교 국가의 진정한 지지자들"에게 "하나님과 인간의 자유의 이름으로 저항할 것"을 촉구한다(74). 랜섬에게 평등을 위한 투쟁은 단순한 사회운동이 아니라 하나님께서 이루시는 신적 사역이며, 신자들은 이 사역에 적극 동참해야 한다. 왜냐하면 이 투쟁은 모든 인간이 하나님의 형상대로 창조되었으며, 하나님은 모든 이들을 위한 정의를 원하신다는 신앙고백을 실천하는 행위이기 때문이다.

랜섬이 이 연설에서 다루는 마지막 두 가지 이슈는 아프리카계 미국인을 대상으로 한 폭력과 살해, 그리고 남부 전역에 만연한 인종 분리 문제다. 그는 흑인 살해를 "정당화하는 주요 논리"가 종종 "백인의 가정과 백인 여성의 정절을 보호하기 위해 필요하다"는 명분 아래 제기된다는 점을 비판한다. 흑인의 가장 큰 야망이 백인과의 사회적 평등을 이루는 것이라 간주되었기 때문에, 사회적 순결을 유지한다는 구실로 흑인을 구타하고, 교수형에 처하고, 총살하고, 심지어 화형에 처하는 일이 정당화된다는 것이다(74-75).[36] 랜섬은 이러한 논리의 위선을 날카롭게 지적하며, 미국이 타국의 억압받는 이들에게는 동정심을 표하고 심지어 망명을 허용하면서도, 정작 자국 내 흑인 시민들에 대해서는 그러한 태도를 취하지 않는 이중성을 폭로한다. 그러나 이 나라 안에서는,

흑인이 백인을 상대로 범죄를 저질렀다는 단순한 혐의만으로—혹은 아무런

---

36   이 장 앞부분의 린치에 대한 통계를 보라.

잘못도 저지르지 않았음에도—말이나 개에게도 감히 하지 못할 정도의 잔혹한 폭행을 당할 수 있다. 그는 야만적인 고문 끝에 살해당할 수 있으며, 이러한 일들은 이 땅에서 실제로 벌어지고 있다. 그 빈도는 너무나 잦아, 대중의 양심이 완전히 죽지 않았다고 하더라도 적어도 깊은 수면 상태에 빠져 있는 듯하다. 폭도들은 이제 더 이상 자신의 정체를 숨기려 하지 않는다. 어둠 속에서 움직이기는커녕, 대낮, 그것도 종종 거룩한 주일 한낮에 버젓이 모습을 드러낸다. 그것은 일종의 축제가 되기도 하며, 철도는 화형이 벌어지는 장소로 특별열차를 운행하고, 주일학교와 기독교 가정에서 자란 아이들이 그 끔찍한 장면을 목격한다. 심지어 남성 어른들은 불태워진 희생자의 유해에서 끔찍한 전리품을 차지하려 서로 다투기도 한다. 그러나 이런 참담한 사건들에 대해 미국의 교회 강단에서는 단 한 목소리의 항의도 들려오지 않는다(75-76).

이 인용문에서 랜섬은 린치가 아프리카계 미국인에게 가해지는 폭력의 일상적인 형태가 되었으며, 특히 주일마다 그것이 일종의 "축제"처럼 소비되었다는 점을 고발한다. 교인들은 야외에 모여 흑인의 몸이 고문당하고, 교수형에 처해지고 불태워지는 장면을 지켜보며 소풍을 즐겼다. 이 광경은 가족 단위로 참여하는 행사로 간주되었으며, 부모와 자녀들이 함께 일요일 오후의 그 끔찍한 장면을 목격했다. 이후 사람들은 "기념품"을 서로 차지하려 다투었는데, 이는 희생자의 신체 일부나 옷가지 등을 의미했으며, 그날

의 사건을 기억하고 간직하기 위한 것이었다.[37]

교회 강단에서조차 이러한 살인 행위들에 대한 항의의 목소리가 들리지 않고, 대통령, 의회, 언론까지도 침묵하는 현실 앞에서, 랜섬은 이 기독교 국가가 과연 이러한 만행을 사실상 정당한 것으로 간주하고 있는 것은 아닌지 의문을 제기한다. 흑인들이 겪는 이 끔찍한 폭력 외에도, 그는 인종 분리 정책이 흑인의 육체, 정신, 영혼, 전 인격에 걸쳐 상처를 남기는 또 다른 형태의 범죄라고 주장한다. 그는 이를 "이 나라의 공공 여론이 흑인을 모욕하고 비하하는 또 다른 방식"이라고 명명한다(76). 랜섬은 인종 분리가 사회생활의 모든 영역에 광범위하게 스며들어 있는 철저한 현실임을 지적하며 다음과 같이 설명한다. "[흑인은] 공공장소, 오락 및 유흥 시설, 대중교통 등에서 일반적으로 출입을 거부당하는 방식으로 철저하게 분리되어왔다. 남부에서는 기차를 탈 때도 교육 수준, 재산, 인격, 교양과 무관하게 열등한 환경의 별도 칸에 타야만 한다. 1등 요금을 내고도 예외는 없다. 그는 공원, 도서관, 박물관, 심지어 청년기독교협회(YMCA)에서도 배제된다. 만약 이것이 **예수의 정신**[빌 1:19]이라면 우리에게는 차라리 모하메드나 그 어떤 다른 구속자가 낫다!"(76)

랜섬에 따르면 이 분리 정책의 실상은 예수의 정신이 결코 그 안에서 작동하고 있지 않으며, 미국 기독교가 스스로를 "그리스도로부터 이탈시키고(Un-Christing)" 있다는 사실을 드러낸다. 이에 대한 랜섬의 해결책은

---

37   다음을 보라. Cone, *The Cross and the Lynching Tree*, 9.

연설의 서두에서 제시된 바 있는 "한 하나님" 사상에 있다. 그는 다음과 같이 말한다. "하나님이 인간 위에 계신 것처럼 인간은 인종 위에 있다"(77). 하나님이 인간보다 초월해 계신다는 사실은 인간이 인종이라는 분열의 틀을 거부할 수 있는 근거가 된다. 하나님은 인간을 인종적 구획을 초월한 존재로 창조하셨으며, 그리스도 안에서 인간이 자의적으로 세운 분열의 장벽을 허무신다. 랜섬은 모든 인간이 상호 연결되어 있다는 사실을 청중으로 하여금 자각하게 하려 한다. 인종에 관계없이 한 사람의 권리와 희망이 짓밟힐 때 전체 인류의 존엄 역시 손상된다. 그는 다음과 같이 주장한다. "이 나라의 수많은 백인들은 천만 흑인들의 단순한 권리와 열망을 짓밟고 억누르면서, 기독교 신앙과 문명이라는 이상으로 자신을 끌어올릴 수는 없다"(76). 랜섬에게 진정한 기독교란 어떤 집단을 억압하거나 배제함으로써 다른 집단이 우월성을 확보하는 것이 아니라 모든 인간을 하나님 앞에서 동등한 존재로 인정하는 것이다. 그러한 억압적 기독교는 하나님의 뜻과 무관하며, 그리스도의 죽음을 통해 이루고자 한 목적과도 상충한다. 랜섬은 다시 한번 바울의 언어로 회귀하여(엡 2:14) 다음과 같이 선언한다. "종교적, 정치적, 산업적, 사회적 모든 장벽을 영원히 허물어버리는 일에는 아무런 두려움이 없다"(77). 그는 유대인과 이방인 사이의 벽을 허문다는 바울의 가르침을 확장하여 인간 존재를 분리하고 공동체로부터 단절시키는 모든 형태의 구분—종교적, 정치적, 경제적, 사회적 구획—에 적용한다. 복음은 단지 인종 간의 장벽을 허무는 데 그치지 않고, 인간 정체성의 이름 아래 세워지는 모든 장벽을 해체하는 데 목적이 있다. 마지막으로 랜섬은 하나님께서 유대 민족을 통해 온 세상에 "한 하나님" 사상을 가르치신 것처럼, 이제는 백인과 흑인 모두를 사용하여 인류의 하나 됨을 세상에 계시하실 것이라고 말한다. 그는 이렇게 선언한다. 이들은 "온 세상의 교사들이 되어 인간 형제애의 교리를 모범으로 가르치게 될 것이다"(77).

"흑인, 기독교의 희망인가 절망인가"

랜섬은 그의 연설 "흑인, 기독교의 희망인가 절망인가"(The Negro, the Hope or the Despair of Christianity)에서도 중요한 대목마다 바울의 언어를 끌어들인다.[38] 그는 연설 서두에서 세계가 경제적, 종교적, 사회적으로 변화하고 있다는 점을 인식하고 있지만, 그러한 격변 속에서도 근본적이고 본질적인 진리는 여전히 유효하다고 강조한다.[39] 기독교는 예수의 가르침과 신약성경의 권위 위에 세워졌고, 미국의 민주주의조차도 예수의 가르침에 기초하고 있다고 그는 주장한다. 예수는 "하나님은 모든 인류의 아버지이시며, 모든 민족은 서로 형제자매이므로 평등하다"고 가르친다(2). 예수의 가르침은 하나님 사랑과 이웃 사랑에 집중되어 있으며, 이는 복음의 핵심을 이룬다. 랜섬은 미국을 새로운 바벨탑으로 해석한다. 한때 온 지면에 흩어졌던 인류가 이제 미국 땅에서 다시 만났으며, 이 땅은 "공통의 만남의 장소"를

---

[38] Ransom은 1933년 시카고에서 열린 세계 종교인 연합회(제2차 종교 회의)에서 이 연설을 했다.

[39] Reverdy Ransom, "The Negro, the Hope or the Despair of Christianity," *in The Negro: The Hope or the Despair of Christianity*, 1. 이후부터는 이 저작에 대한 쪽수 표기를 본문 괄호 안에 제시한다.

제공한다. 이 만남의 장소에서 "인류 각 족속의 대표들이 하나의 국기 아래, 하나의 언어를 사용하고, 공통된 종교적 신념에 따라 살아가는" 이들은 예수가 가르친 형제애를 실천할 수 있어야 한다. 만약 그렇지 않다면 "기독교는 희망이 없다"(3). 랜섬에게 기독교는 인종적, 사회적, 경제적 경계를 넘어 인류를 하나로 묶는 사랑의 종교다. 그는 복음이 바르게 선포되고 진심으로 받아들여질 때 인간 사회를 분열시키는 모든 장벽은 사라질 수 있다고 믿는다.

랜섬은 에피쿠로스주의와 스토아주의가 초기 기독교 시대의 대표적 철학이었음을 언급하며, 이들이 인간 존재와 세계에 대한 통찰을 제공하긴 했지만, 궁극적으로는 개인의 삶에만 초점을 맞추고 있었기 때문에 "실질적인 사회적 가치를 실현하기 위한 구체적 방안을 제시하지는 못했다"고 주장한다(4). 이에 비해 기독교 신앙은 그러한 방안을 제공하며, 이러한 철학들의 한계를 보완한다. "예수의 가르침을 따르는 모든 사람은 예수 그리스도를 통해 하나님과 맺은 관계에서 비롯되는 사회적 구원의 구체적 프로그램에 헌신하도록 부름받는다. 비록 **우리의 싸움의 무기는 육신에 속한 것은 아니지만**[고후 10:4], 기독교 신앙의 무기고에는 도덕적·영적 무기가 끝없이 저장되어 있다[고후 10:4; 엡 6:13-18]. 그리스도의 십자가는 이 신앙이 나아가는 삶의 길, 곧 예수가 가르친 방식으로 사회를 도덕적이고 영적으로 변화시키기 위한 싸움의 상징이다"(4). 랜섬의 관점에서 기독교 신앙은 개인과 사회를 불가분하게 연결한다. 그리스도와의 인격적 관계로부터 개인은 새로운 사회적 관계 속으로 들어가며, 이는 곧 기존의 권력 구조나 예수의 사랑의 윤리와 평등의 윤리를 받아들이지 않는 체계들을 변화시키는 사회적 결과를 낳게 된다. 다시 말해 구원은 단순히 개인을 구원하는 것에 그치지 않으며, 사회 전체(공동체, 사회, 국가)를 해방시키는 것이기도 하다. 왜냐하면 사회 자체도 편견과 억압이라는 사회적 죄로 오염되어 있기 때문이다.

더욱이 바울이 복음의 중심으로 강조한 십자가는 랜섬에게 사회 재건, 즉 사회적 구원의 구체적 프로그램의 토대가 된다. 십자가는 사회를 도덕적으로, 영적으로 변화시키는 능력을 지닌다. 랜섬은 또 다른 글 "미래의 비전"(The Coming Vision)에서도 십자가를 하나 됨과 형제애가 실현되는 자리로 강조하며, 이를 다음과 같이 웅변적으로 표현한다.

그러나 우리의 궁극적인 목표는 통일된 교회가 아니라 인류 전체가 형제애 속에서 하나 되는 것이다. 동방에서 온 박사들은 별의 인도를 받았지만, 이제 사방에서 모여드는 더 지혜로운 사람들은 더 숭고한 비전의 인도를 받는다. 그들은 말구유를 찾지 않고, 모든 인간이 동등한 입장에서 함께 설 수 있는 공통의 땅, 곧 십자가를 찾는다. 그것은 인류가 더는 물러설 수 없는 최후의 보루다. 다른 모든 만남의 장소들은 실패로 끝났다. 모든 시대에 걸쳐 사람들은 전쟁터의 결단, 왕들의 특권, 법정의 판결, 의회의 입법, 세계 평화를 보장하고자 했던 강대국들의 연합을 시도해왔다. 그러나 이 모든 것은 고통과 혼란, 분열과 갈등만을 남겼을 뿐이다. 그러나 십자가에서 한 사람이 모든 분열의 모든 원인을 넘어 높이 들리고, 그의 두 팔은 너무도 넓게 벌어져 있어 모든 민족과 족속과 언어와 나라를 사랑의 품에 안으며, 그 상처 입은 손으로 그들을 형제애와 사랑의 영원한 유대로 하나로 묶어준다.[40]

십자가가 바울의 복음 선포에서 중심이었던 것처럼 랜섬에게도 십자가는 복음이 요구하는 하나 됨의 핵심이다. 십자가 앞에서는 모든 사람이 하나님 앞에 동등하게 선다. 그리고 이 십자가에서의 평등은 인간 사회의 관계 속에서도 실현되어야 한다. 예수는 십자가 위에서 모든 분열을 초월해 높이 들리셨고, 그가 벌린 두 팔은 인종이나 언어에 상관없이 모든 사람을 포용하신다. 이러한 시각으로 십자가를 바라보는 것은 하나님께서 인류를 향해 가지신 비전을 올바로 이해하는 것이다.

이러한 십자가 이해는 랜섬의 글 "흑인, 기독교의 희망인가 절망인가"(The Negro, the Hope or the Despair of Christianity)에 나타난 관점과도 일치한다. 그는 사회적 구원의 개념을 고린도후서 10:4에서 바울이 사용한 언어와 연결 짓는다. 이 구절에서 바울은 자신이 사용하는 무기가 육적인 무기가 아니라 하나님의 뜻을 이루기 위한 신적 능력을 지닌 무기라고 말한다. 랜섬 역시 바울과 마찬가지로 신앙의 무기를 도덕적이고 영적인 것으로 묘사한다. 이 지점에서 랜섬은 이 무기들이 구체적으로 무엇인지 설명하지 않지만, 연설의 앞부분에서 "사랑의 최고 법"—곧 이웃을 자기 몸처럼 사랑하고, 자신이 대접받고 싶은 대로 남을 대하라는 원칙—을 언급한 바

---

40   Reverdy Ransom, "The Coming Vision," in *Making the Gospel Plain*, 222.

있다. 아마도 그는 이 시점에서 말하는 무기를 사랑의 최고 법으로 염두에 두었을 것이다. 흥미롭게도 랜섬은 이러한 무기들을 파괴적인 것으로 보지 않고, 오히려 "사회 재건"을 위한 도구로 이해한다("흑인", 4). 그는 영적 전쟁을 악하거나 부적절한 것으로 간주하지 않으며, 오히려 이 싸움을 통해 긍정적인 결과, 즉 사회의 회복과 개혁이 가능하다고 본다. 죄의 침투로 인해 병들고 파괴된 사회를 재건하는 일은 오직 사랑, 정의, 진리라는 고갈되지 않는 영적 무기들을 사용할 때 가능하다. 바울의 언어는 랜섬에게 사회적 구원이란 무엇인가를 표현하는 수단이 된다. 곧 인종차별과 억압, 불의가 더 이상 존재하지 않고, 인간 형제애와 자매애라는 하나님의 가장 고귀한 이상이 꽃피는 사회의 재건이다. 바울의 언어는 사회적 구원과 변혁을 촉구하는 강력한 외침일 뿐 아니라 랜섬에게는 미국 사회의 불의를 고발하는 도구로도 기능한다. 지금의 현실은 결코 있어야 할 모습이 아니며, 현재 유지되고 있는 사회 질서와 구조는 하나님의 뜻과 복음이 요구하는 정의롭고 화해된 삶의 방식에 철저히 어긋나 있다.

랜섬은 기독교의 진정한 시험대는 미국 흑인의 존재라고 선언한다. 아프리카계 미국인에 대한 태도야말로 이 나라가 실제로 얼마나 기독교적 가치를 실천하고 있는지를 가늠할 수 있는 지표라는 것이다. 그는 흑인을 "신앙의 진정성, 용기의 강도, 사랑의 깊이와 진실함을 시험하는 도전 과제"로 규정한다(4). 랜섬은 국가와 교회를 연결 짓고, 미국을 **"믿음의 가족"**(갈 6:10; 참조. 엡 2:19)이라 부른다. 그러나 그는 이 표현을 인용하면서 미국이 흑인들을 어떻게 대했는지에 대해 회개하거나 죄를 고백하려는 의지가 전혀 없다고 비판한다. 바울은 갈라디아서 6:10에서 "모든 사람에게 선을 행하되 더욱 믿음의 가족에게 할지니라"고 권면한다. 랜섬은 이 구절을 현재의 현실에 되살려 적용하면서 바울의 권면과 백인 그리스도인들이 흑인 형제자매들에게 실제로 보여준 행동 사이에 날카로운 대조를 그려낸다.

그리스도 안에서 모두가 하나이며, 하나의 믿음의 가족으로 살아가야 함에도 불구하고 현실에서는 백인 그리스도인들이 흑인 미국인들에게 자행하는 불의와 억압이 여전히 만연하다. 랜섬은 탄식하며 말한다. 백인들은 믿음의 동료에게 "선을 행하기는커녕 이 순간에도 흑인 인구는 정치적, 사회적, 경제적으로 백인 그리스도인들에 의해 무자비하게 권리를 박탈당하고 있다." 이어 그는 선언한다. "300년 동안 흑인 인구는 미국 기독교에 **걸림돌이자 거치는 바위**였다[롬 9:33; 고전 1:23]. 예수 그리스도의 복음이 인종과 피부색의 차이를 넘어 사람을 변화시키고 그들을 형제애와 사랑 안으로 이끌 수 있는 능력이 있는가? 미국은 지금 그 시험대 위에 있다"(5). 로마서 9:33에서는 예수가 걸림돌로, 고린도전서 1:23에서는 복음 자체가 거리끼는 것으로 묘사된다. 그러나 랜섬은 이 두 본문에서 언급된 예수와 복음의 자리에 미국의 흑인을 대입한다. 그는 바울의 언어를 인용하면서 그것을 아프리카계 미국인의 사회적 현실에 적용함으로써 흑인을 중심으로 한 미국 사회의 분열을 고발한다. 나아가 그는 바울 시대와 달리, 복음이 새로운 메시지가 아니었던 자신들의 시대에도 여전히 흑인들이 거부당하고 있음을 강조한다. 이 기독교 국가는 3세기에 걸쳐 흑인 시민을 받아들이지 않았고, 그들을 인간 이하의 존재로 취급해왔다는 것이다.

따라서 랜섬은 한때 흑인들이 기독교, 근면함, 도덕성, 교육이 결국 자신들에게 평등한 권리를 가져다줄 것이라고 믿었지만, 이제는 예수조차도 "미국의 인종 장벽을 무너뜨릴 수 없었다"는 사실을 깨닫게 되었기에 그들의 환멸이 깊을 수밖에 없다고 진단한다(5-6).[41] 비록 노예제가 정부에 의해 폐지되었으나, 국가는 여전히 법과 정책을 수단으로 삼아 흑인들의 정치적, 사회적, 경제적 발전을 조직적으로 차단하고 있다고 그는 지적한다. 랜섬은 흑인의 고통을 다음과 같이 요약한다. "모든 교회와 학교의 문 앞에서, 모든 사법 기관과 입법 기관 앞에서, 공공 필수 시설과 유흥 시설, 대중 편의시설과 휴식 공간, 노동·사업·상업·무역의 모든 길목에서 흑인은 거부당한 채 서 있다"(6). 이처럼 삶의 모든 영역에서 흑인들이 직면하는 강력한 저항과 배제는 그들로 하여금 미래에 대한 깊은 절망과 회의를 품게 만들었다.

그러나 랜섬은 현재 상황이 낙담스러움에도 불구하고 흑인의 미래, 더 나아가 미국 전체의 미래를 여전히 낙관적으로 바라본다. 그는 예수와 복음의 선포가 인류에게 구원을 가져왔듯, 아프리카계 미국인 또한 신적 구원이 절실한 이 세계 속 민족들에게 구원과 치유를 가져다주는 존재로 부상할 것이라고 믿는다. 랜섬은 에스겔의 영을 지닌 흑인 예언자가 일어나 "우리 문명의 마른 뼈들을 향해 예언할 것"이라고 확신한다. 그는 이 예언

---

41 "인종 장벽"이라는 표현은 이 장의 후반부에서 Frank Bartleman이 아주사 거리 부흥 운동에 대해 언급할 때 다시 등장한다.

자가 "그 뼈들이 서로 결합하고, 인종의 차별을 모르는 살로 덮이며, 공통된 인류 형제애의 따뜻한 피로 고동치고, 그들의 마음속에 거하시는 하나님의 영으로 말미암아 다시 살아날 때까지[고전 3:16; 15:22]" 예언할 것이라고 말한다(7). 이처럼 랜섬은 에스겔과 함께 바울의 언어를 활용하여 아프리카계 미국인이 지닌 예언자적 소명과 미국 사회 내에서의 구원적 기능을 제시한다. 그는 아프리카계 미국인들이 불의와 억압에 맞서 예언자적 목소리를 내며, 인류를 향한 하나님의 뜻—곧 자매애와 형제애의 공동체—을 선포하는 사명을 감당한다고 본다. 이 예언자적 전통 안에서 흑인은 성령에 의해 정체성이 형성된 새로운 하나님의 백성을 일으키는 역할을 하게 될 것이다. 바울이 말한 대로, 걸림돌이 되신 예수께서 교회의 머릿돌이 되셨듯이(고전 1:23; 엡 2:20), 한때 걸림돌로 여겨졌던 아프리카계 미국인들도 예언자의 은사를 통해 사회 재건의 머릿돌이 되어 믿음의 공동체를 세우는 기초가 될 것이라고 랜섬은 확신한다. 결국 랜섬의 사회 구원 개념에서 아프리카계 미국인은 주변화된 대상이 아니라 중심적 주체로 자리매김한다.

레버디 랜섬의 연설은 프레더릭 웨어(Frederick Ware)가 정의한 흑인 신학의 핵심 통찰, 곧 "흑인 신학은 죄를 개인적인 것이 아니라 사회적인 것으로 이해한다"는 주장과 깊이 맞닿아 있다.[42] 랜섬이 강조한 사회 구원 개념

---

42 Frederick L. Ware, *African American Theology: An Introduction* (Louisville: Westminster John Knox, 2016), 141.

은 그가 구원을 단지 개인이 그리스도를 구주로 영접하는 사건에 국한하지 않으며, 오히려 그것이 개인의 삶을 변화시키는 동시에 사회 전체를 재구성하는 사건임을 분명히 보여준다. "개인의 행위에 지나치게 초점을 맞추면 특정 집단을 억압하는 사회적 관행들이 개인 행위들의 복잡한 그물망에 의해 유지된다는 점을 간과하게 된다. 아프리카계 미국인 신학자들은 죄의 문제를 개인적 행위에 대한 교정으로만 다룰 수 없다고 주장한다. 죄는 사회적 현상으로 다루어져야 하며, 대응 역시 사회적 방식으로 이루어져야 한다.…구원은 개인적인 것이지만 결코 개인주의적인 것은 아니다. 그것은 인류 사회 전체에 대한 하나의 가능성이다."[43] 웨어의 논평은 랜섬 신학의 핵심을 잘 요약한다. 구원이란 포괄적인 것이며, 개인의 내면을 변화시키는 동시에 체제와 공동체, 나아가 국가를 변혁하는 하나님의 힘이다.

윌리엄 J. 시모어(1870-1922): 희망을 전하는 자

노예 출신 부모 사이에서 태어난 윌리엄 시모어는 캘리포니아주 로스앤젤레스 아주사 거리 312번지에 위치한 사도 신앙 복음 선교회(Apostolic Faith Gospel Mission)의 목사였다.[44] 이 선교회에서 시작된 오순절 부흥 운동은 전

43　Ware, *African American Theology*, 142.
44　다음의 서문. Larry Martin, *Azusa Street Sermons by William J. Seymour*, ed. Larry Martin (Joplin, MO: Christian Life Books, 1999), 17. 단락 제목에 사용된 표현 "희망을 전하는 자"는 인종적으로 분열된 국가에 희망을 가져다준 Seymour를 언급한 Calvin White의 논평을 바탕으로 한 의역이다(*The Rise to Respectability*, 33).

세계로 확산되었으며, 그 기념비적인 영향력은 오늘날까지 이어지고 있다. 래리 마틴(Larry Martin)은 시모어의 역사적 의미를 다음과 같이 설명한다. "시모어가 백인이었다고 하더라도, 가난을 극복하고 미국 역사상 가장 위대한 부흥 운동을 이끈 목사가 된 것은 실로 놀라운 일이다. 그러나 그는 인종적 증오가 만연하던 시대의 흑인이었기에, 그의 업적은 놀라움을 넘어선, 말 그대로 초자연적인 것이다."[45] 시모어는 아프리카계 미국인 성결교회에서 부목사로 섬기기 위해 로스앤젤레스로 왔으나, 신학적 이견으로 교회를 떠나 가정에서 성경 공부 모임을 시작하게 되었다. 이 시기에 그와 몇몇 참석자들은 방언을 체험했고, 그 소식은 빠르게 퍼져나갔다. 참석자가 늘어나자 시모어는 아주사 거리 312번지 건물을 임대해 정식 집회를 열었다. 아주사 거리에서 벌어진 사건은 언론의 집중 조명을 받았고, 그 소식은 전국적으로 퍼져나갔다.[46]

캘빈 화이트(Calvin White)는 아주사 거리 부흥의 사회적 의미와 언론 보도를 강조하며 다음과 같이 말한다. "노동 계급의 흑인들은 자신들과 같은 계층의 한 흑인 남성이 전국적 주목을 받고 있다는 소식에 특히 기뻐했다. 게다가 언론은 시모어의 설교를 듣기 위해 다양한 인종의 군중이 몰려든다고 보도했는데, 이는 흑인들이 경멸하던 짐 크로우 법과 정면으로 배치되는 일이었다. 시모어는 흑인이 백인보다 현저히 적은 힘과 권력을 지

---

45 Martin, *Azusa Street Sermons*, 17.
46 Estrelda Alexander, *Limited Liberty: The Legacy of Four Pentecostal Women Pioneers* (Cleveland, OH: Pilgrim, 2008), 7-8.

녔다고 여겨지던 시대에 사회 전반에 퍼진 흑인 열등 인식에 맞서, 비록 미미했을지라도 흑인들에게 희망을 제시한 인물이었다. 그는 인종을 초월한 군중 앞에서 그들의 관심을 사로잡았고, 수많은 흑인들이 품고 있던 평등의 꿈을 전하며 이를 이루고자 애썼다."[47] 아주사 거리 부흥 예배 현장에서는 시모어의 영적 리더십과 성령의 임재로 인해 인종 간 분열과 차별이 무너지는 모습이 분명하게 드러났다. 당시 이 사건을 직접 목격하고 기록으로 남긴 프랭크 바틀먼(Frank Bartleman)은 이렇게 증언한다. "아주사 거리에서는 '인종 장벽'이 예수의 보혈로 무너졌다.[48] 설교 주제가 미리 정해지지 않았고, 특정한 설교자가 있지도 않았다. 어떤 일이 일어날지, 하나님께서 무슨 일을 하실지 아무도 알 수 없었다.…우리는 '사람을 차별하지 않았다.' 부유하고 교육받은 사람이나 가난하고 무지한 사람이나 모두 동일했다.…우리는 오직 하나님만 바라보았고, 모두가 평등했다. 그분 앞에서 어떤 육체도 자랑할 수 없었다."[49] 에스트렐다 알렉산더(Estrelda Alexander)는 아주사 거리 예배의 본질을 다음과 같이 요약한다. "이 예배는 천막을 치고 매일 열렸으며, 대개 오전 10시부터 자정까지 계속되었다. 방언, 즉흥 설교, 예언, 방언 찬송, 방언 통역, 회심, 신적 치유, 축귀 등 다양한 성령의 은사가 나타났다.…이 집회의 또 다른 특징은 그것이 매우 급진적인 평등주의적

---

47   White, *The Rise to Respectability*, 33.
48   Frank Bartleman, *Azusa Street: The Roots of Modern-Day Pentecost*, introduction by Vinson Synan (Gainesville, FL: Bridge-Logos, 1980), 61.
49   Bartleman, *Azusa Street*, 65.

성격에 있다. 다양한 인종의 사람들이 이 '새로운 종교'를 체험하기 위해 전례 없이 함께 모였고, 흑인, 백인, 히스패닉, 아시아인이 나란히 앉아 예배했다."[50] 시모어 자신도 이 부흥 운동의 국제적·다인종적 성격을 다음과 같이 묘사했다. "각 나라에서 온 이들이 와서 성령 충만을 체험했다. 어떤 이들은 아프리카에서, 또 어떤 이들은 인도, 중국, 일본, 영국에서 왔다."[51]

예배는 인종 화합뿐 아니라 계급 평등과 성 평등도 실현하는 자리였다. 프랭크 바틀먼은 당시 분위기를 이렇게 증언한다. "우리는 서로를 존중하며 '서로를 더 낫게 여겼다.' 주님은 누구를 통해서든 강하게 역사하실 수 있었다. 우리는 이를 위해 계속 기도했다. 마침내 누군가가 성령의 기름 부으심을 받고 말씀을 전하기 위해 일어나면 모두가 이를 알아차리고 자리를 내어주었다. 그것은 어린아이일 수도 있고, 여성일 수도 있고, 남성일 수도 있었다. 뒷좌석에 앉은 사람일 수도 있고, 앞 좌석에 앉은 사람일 수도 있었다. 그것은 전혀 상관없었다. 우리는 하나님께서 일하심을 함께 기뻐했다."[52] 알렉산더는 바틀먼과 다른 목격자들의 증언을 바탕으로 이렇게 정리한다. "비록 대부분의 예배 참석자들은 하층민과 노동자 계층 출신이었지만, 예배 참여나 인도에 있어 계급, 인종, 성별, 나이에 따른 구분은 없

---

50   Alexander, *Limited Liberty*, 8-9.
51   William J. Seymour, *The Doctrines and Discipline of the Azusa Street Apostolic Faith Mission of Los Angeles, California by William J. Seymour Its Founder and General Overseer*, Complete Azusa Street Library, vol. 7, ed. Larry Martin (Joplin, MO: Christian Life Books, 2000), 30; William Seymour, "Apostolic Address," in *A Reader in Pentecostal Theology: Voices from the First Generation*, ed. Douglas Jacobsen (Bloomington: Indiana University Press, 2006), 53.
52   Bartleman, *Azusa Street*, 66.

었다. 남성뿐 아니라 여성도 하나님의 인도하심을 느끼며 예배 중에 자유롭게 사역할 수 있었다. 심지어 하나님의 영감을 받았다고 여긴 어린이들도 예배 시간에 목소리를 낼 수 있었다."[53] 아주사 거리의 초기 예배는 당시 사회 규범을 뛰어넘는 인종·성 평등주의를 실천했다. 앨버트 라보토(Albert Raboteau)의 표현을 빌리자면 이 부흥 운동 기간 동안 성령의 부으심은 인종 분리와 성별 위계처럼 결코 어물릴 것 같지 않던 견고한 구조조차 굴복시키는 능력을 보여주었다.[54]

알렉산더에 따르면 이 부흥 운동은 1906년부터 1914년까지 8년간 지속되었으며, 말미에는 20개 이상의 오순절 교단과 수백 개의 오순절 교회가 새롭게 세워졌다.[55] 부흥이 시작된 지 20년이 지난 시점에는 더 많은 오순절 교단들이 등장했고, 수천 개의 교회가 새로 설립되었으며, 기존 교회들 중 수백 곳이 오순절 교회로 전환되었다.[56] 아주사 거리에서 시작된 성령 세례의 메시지는 국경을 넘어 전 세계로 퍼져나갔고, 오늘날에도 이 운동은 미국과 전 세계 기독교 안에서 중요한 중심축으로 자리하고 있다.[57]

---

53 Alexander, *Limited Liberty*, 9.
54 Albert Raboteau, *Slave Religion: The "Invisible Institution" in the Antebellum South* (New York: Oxford University Press, 1978), 148.
55 Alexander, *Limited Liberty*, 10. 하지만 Jacobsen에 따르면 그 부흥 운동은 1906년부터 1908년까지 계속되었다(*A Reader in Pentecostal Theology*, 10). 반면 Ronald Minor와 같은 다른 이들은 그것이 3년간, 즉 1906년부터 1909년까지 계속되었다고 주장한다(foreword to *Azusa Street Sermons by William J. Seymour*, 9).
56 Alexander, *Limited Liberty*, 10.
57 퓨 포럼(The Pew Forum)은 다음과 같이 밝힌다. "모든 자료에 따르면 오순절 운동과 관련된 은사주의 운동은 세계 기독교에서 가장 빠르게 성장하는 부문 중 하나다. 세계 기독교 데

더글러스 제이콥슨(Douglas Jacobsen)은 그의 저서 『오순절 신학 독본: 초기 세대의 증언』(*A Reader in Pentecostal Theology: Voices from the First Generation*) 서론에서 다음과 같은 질문을 던진다. "오순절주의를 이 세상에 존재하는 다양한 다른 기독교 전통들과 구분 짓는 특징은 무엇인가? 오순절주의는 무엇이 다른가?"[58] 이에 대한 그의 대답은 이후 살펴보게 될 윌리엄 시모어, 찰스 메이슨, 아이다 B. 로빈슨의 사역과 신학을 이해하는 데 중요한 실마리를 제공한다. 제이콥슨에 따르면 "오순절주의는 성령 중심의 신앙이다. 그것은 오늘날에도 기적을 일으키고, 삶을 초자연적으로 변화시키는 성령의 능력을 믿는 신앙이다.…실천적 신앙의 측면에서 볼 때 성령의 영감을 받아 '방언'(glossolalia)을 말하는 능력은 오순절주의를 다른 기독교 전통들과 구별 짓는 특징이다." 이러한 "성령 중심의 신앙"은 시모어, 메이슨, 로빈슨의 설교와 저술의 중심을 이루며, 이들은 바울이 성령에 관해 사용한 언어―곧 성령이 인종, 경제, 사회 전반에 말씀하시고 이를 변화시키는 능력을 지녔다는 점―를 적극적으로 강조한다.

제이콥슨은 오순절 신자들에게 있어 방언의 중요성을 다음과 같이 설명한다. "그들은 방언이 하나님께서 영감을 주신 특별한 소통 방식이라고 확신하며, 그 경험에서 깊은 의미를 이끌어낸다. 방언이 일반적인 의미의

이터베이스에 따르면 전 세계 20억 기독교인 중 최소 4분의 1이 이 운동에 속한 것으로 추정된다." "Spirit and Power—a 10-Country Survey of Pentecostals," Pew Research Center, October 5, 2006, http://www.pewforum.org/2006/10/05/spirit-and-power/.

58 Jacobsen, introduction to *A Reader in Pentecostal Theology*, 3.

언어는 아닐지라도, 사람들이 방언을 말할 때는 무언가 중대한 일이 벌어지는 것이다." 일부 오순절 신자들은 방언을 "성령 세례"의 표지로 이해하며, 이는 성령의 임재로 인해 신자의 인격, 신앙, 사역이 변화되었음을 나타낸다.[59] 오순절 전통에서 또 하나 중요한 요소는 신학 수행에 있어 종교적 체험이 핵심적 역할을 담당한다는 점이다.[60] 오순절주의자들이 강조한 "체험된 임재"라는 성령론적 개념은 아프리카계 미국인의 종교 역사에서 결정적으로 중요한 의미를 지닌다.[61]

윌리엄 시모어가 사용한 바울의 성령 언어

시모어는 사도행전 2장의 이야기를 성령 세례 이해의 핵심 본문으로 삼았지만, 동시에 바울의 서신들—특히 데살로니가전서, 고린도전후서, 로마서, 에베소서, 히브리서—에서도 깊은 영향을 받았다. 그의 설교인 "성령을 받으라"와 "성령의 은사"는 이들 서신을 폭넓게 인용한다. "성령을 받으라"에서 시모어는 구원의 여정을 여러 단계로 설명한다. 그는 로마서 5:1을 인용하며, 죄를 회개하고 용서를 받을 때 "죄 사함을 받은 죄인은 칭의 안

---

59 Jacobsen, introduction to *A Reader in Pentecostal Theology*, 4; David D. Daniels III, " 'Doing All the Good We Can': The Political Witness of African American Holiness and Pentecostal Churches in the Post-Civil Rights Era," in *New Day Begun: African American Churches and Civic Culture in Post-Civil Rights America* (Durham, NC: Duke University Press, 2003), 167.
60 Eric Lewis Williams, " 'Mad with Supernatural Joy': On Representations of Pentecostalism in the Black Religious Imagination," *Journal of the Interdenominational Theological Center* 44 (Fall-Spring 2016): 81-97 (here 93).
61 Williams, "Mad with Supernatural Joy," 94-95.

에서 하나님의 자녀가 된다"고 주장한다.[62] 이것이 그가 말하는 "은혜의 첫 번째 역사"다.[63] 두 번째 은혜의 역사는 성화이며, 이는 예수의 피와 성령의 능력을 통해 이루어진다. 그는 히브리서 10:14-15과 2:11을 인용하면서 성화의 은사가 성령 세례를 받을 준비를 가능하게 한다고 설명한다. 많은 신자들이 자신을 헌신하고 죄에서 정결케 되었지만, 여전히 고린도후서 1:21-22에서 말하는 하나님이 약속하신 "실제적이고 개인적인 오순절 체험"을 하지 못한 경우가 많다고 그는 지적한다. "**우리를 너희와 함께 그리스도 안에서 굳건하게 하시고 우리에게 기름을 부으신 이는 하나님이시니 그가 또한 우리에게 인치시고 보증으로 우리 마음에 성령을 주셨느니라.**"[64] 시모어에 따르면 현재의 성령 세례는 구원의 세 번째 단계이며, 종말에 이를 때까지 하나님께서 신자를 인치시는 행위다. 따라서 성령 체험은 단지 현재적인 의미에 그치지 않고 미래적인 의미도 함께 지닌다.

시모어는 설교 "성령의 은사"(Gifts of the Spirit)에서 고린도전서 12:1, "**형제들아, 신령한 것에 대하여는 나는 너희가 알지 못하기를 원하지 아니하노니**"를 중심 본문으로 삼는다. 그는 설교 서두에서 이 구절을 인용한 후, 바울이 편지를 보낸 고린도 공동체에 대해 설명한다. 고린도 교인들은 "이 복음 안에서 자신들이 누리는 특권"을 인식하지 못했고, 따라서 복음이

---

62   William Seymour, "Receive Ye the Holy Ghost," in Martin, *Azusa Street Sermons by William J. Seymour*, 49.
63   Seymour, "Receive Ye the Holy Ghost," 49.
64   Seymour, "Receive Ye the Holy Ghost," 50.

"모든 믿는 자에게 구원을 주시는 하나님의 능력"[롬 1:16]임을 깨닫지 못했다고 그는 말한다.[65] 시모어는 고린도 교회의 무지를 자기 시대 신자들의 무지와 연결시킨다. 그에게 있어 성령 세례는 거룩하고 성화된 삶을 가능케 하는 능력을 부여하는 핵심 사건이다. 그는 성령의 능력만큼이나 성령의 열매가 모든 신자의 삶을 특징지어야 한다고 강조한다. 신자의 삶에서 하나님의 뜻을 분별하지 못하는 무지를 치유하는 길은 성경을 부지런히 탐구하고, 성령의 인도하심에 귀 기울이는 것이라고 그는 말한다.[66]

시모어는 방언의 은사를 비판하는 이들─곧 자신이 무슨 말을 하는지도 모르면서 방언이 무슨 유익이 있느냐고 묻는 이들─에게도 답변한다. 그는 바울이 "신령한 은사를 사모하라"(고전 14장)고 권면했음을 지적하며, 하나님께서 주시는 모든 은사는 선한 것이며 유익하다고 강조한다. 따라서 방언의 은사는 예배의 대상으로 삼을 수는 없지만, 그렇다고 해서 거부하거나 멸시해서도 안 된다고 그는 말한다. 이 은사는 자기 과시를 위한 것이 아니라 하나님의 영광을 위한 것이다.[67] 시모어와 다른 오순절주의자들에게 있어 성령의 은사들은 오늘날에도 여전히 실재하며, 신약성경에서 나타난 모든 은사와 기적은 믿고 간구하는 이들에게 여전히 주어진다.[68]

65　William Seymour, "Gifts of the Spirit," in Martin, *Azusa Street Sermons by William J. Seymour*, 53.
66　Seymour, "Gifts of the Spirit," 53–54.
67　Seymour, "Gifts of the Spirit," 55. Seymour는 이렇게 쓴다. "우리 모두 하나님께 영광을 돌리기 위해 우리의 은사를 사용하고, 그 은사를 숭배하지 않기를 바란다. 주님은 우리에게 그분의 영광과 존귀를 위해 은사를 사용할 수 있는 능력을 주신다."
68　Jacobsen, introduction to *A Reader in Pentecostal Theology*, 4.

시모어는 데살로니가전서에서 바울이 말한 성화에 관한 언급, 곧 **"하나님의 뜻은 이것이니 너희의 거룩함이라"**(4:3)는 구절을 성령에 관한 자신의 가르침에 핵심적으로 활용했다. 그는 "십자가에서 성화됨"(Sanctified on the Cross)이라는 설교에서 이 구절과 함께 로마서 6:6-7을 청중에게 해석해주었다. **"우리가 알거니와 우리의 옛사람이 예수와 함께 십자가에 못박힌 것은 죄의 몸이 죽어 다시는 우리가 죄에게 종노릇하지 아니하려 함이니 이는 죽은 자가 죄에서 벗어나 의롭다 하심을 얻었음이라."** 그는 이렇게 말한다. "하나님의 뜻은 모든 사람이 모든 죄, 즉 실제적인 죄와 원죄로부터 구원받는 것이다.…옛사람이 죽어야 그리스도께서 우리 안에서 성화될 수 있다.…하나님께서는 오늘날 자기 백성에게 참된 거룩함을 요구하고 계신다."[69] 성화는 "우리를 거룩하게 하고, 죄의 본성과 죄의 사랑, 육적인 것을 없앤다."[70] 그는 성화의 필요성을 외치며, 그것이 마음과 몸과 영혼의 정결함을 이루기 때문이라고 말한다. 성령은 신자들을 죄에서 인도해 내어 세상 앞에서 정결한 삶을 살도록 이끄신다. 사람이 성화되면 "성령의 은사 혹은 능력을 받기 위해 하나 되어 나아갈 준비가 된 것이며, 그때 하나님께서 급하고 강한 바람처럼 임하셔서 모든 사람의 마음을 성령의 능력으로 가득 채우실 것이다."[71] 이때 사람은 성령의 "도구"가 되며, 성령의

69　William Seymour, "Sanctified on the Cross," in Martin, *Azusa Street Sermons by William J. Seymour*, 103-4.
70　Seymour, "Sanctified on the Cross," 104.
71　William Seymour, "The Baptism of the Holy Ghost," in Martin, *Azusa Street Sermons by William J. Seymour*, 108.

능력이 나타날 때 사람들은 예수 그리스도의 실재를 보게 된다.[72] 시모어의 이해에 따르면 성령의 임재는 신자의 내면에 강력한 권능이 자리 잡는다는 뜻이다. 그는 이렇게 말한다. "성령을 소유하면 그 사람 안에는 하나의 제국(empire)이 있다. 내면에 자리한 권능이다.…우리가 성령의 능력을 받으면 하늘이 열리고 성령의 권능이 이 땅에 임하는 것을 보게 될 것이다. 그 능력은 병과 질병과 죽음을 이기는 능력이다."[73] 시모어 자신의 사회적 처지와 그의 청중 대부분이 처한 상황을 고려할 때 이러한 그의 말은 더욱 강하게 다가온다. 미국 전역에서 분리 정책과 린치와 같은 폭력이 자행되던 당시, 시모어는 바울의 언어를 통해 이렇게 묻는다. "참된 권능은 어디에 있는가?" 그에 대한 답은 성령 안에 있다는 것이다. 윌리엄 터너(William Turner)는 이러한 권능을 다음과 같이 설명한다. "위로부터 오는 이런 권능은 세상에 맞설 수 있게 해주는 힘이다. 재난과 고난, 적대적인 문화 속에서도 이 영적 영역으로부터 오는 권능에 접속함으로써 인간은 모든 역경을 이겨낼 수 있는 강인함과 회복력, 내면의 용기와 인내를 얻게 된다. 이처럼 영적 영역과 객관적 현실이 서로 침투하는 경험은 삶과 운명, 미래가 궁극적으로 주변 문화에 의해 결정되지 않는다는 태도를 가능하게 한다."[74] 터너의 말은 아주사 거리에서 시모어와 그 공동체가 성령의 능력을 얼마나 심각하게 받아들였는지를 잘 보여준다. 시모어는 바울이 묘사한 성령과 성

---

72   Seymour, "The Baptism of the Holy Ghost," 108-9.
73   Seymour, "The Baptism of the Holy Ghost," 109.
74   Turner, *The United Holy Church of America*, 124.

령의 은사를 권능의 언어로 이해했고, 자신과 청중이 직면한 끔찍한 현실에도 불구하고 성령은 그들에게 "강인함"과 "회복력"을 부여하여 단지 견디는 것을 넘어서 극복할 수 있도록 해준다고 믿었다. 그가 말했듯, 성령은 미국 제국이나 국가의 법보다도 더 강력한 제국이었다. 시모어는 바울의 말씀을 통해 사회적 차별과 현실에 맞서는 하나님의 권위와 성령의 권능을 선포했다.

하나님의 성령은 단지 개인에게 유익을 주는 존재가 아니라 병들거나 죽음에 가까운 이들을 포함한 도움이 필요한 사람들을 섬기게 하는 능력을 부여하는 분으로 묘사된다.[75] 시모어는 개인적인 오순절 체험을 강조하면서도 그것이 "섬김과 사역을 위한 능력 부여"라는 목적을 지닌다는 점을 분명히 한다.[76] 성령 세례는 세상을 향한 외부지향적 성격을 가지며, 신자가 세상 속에서 사역할 수 있도록 능력을 부여하는 것이다.

이러한 외부지향적 목적은 단순한 영적 체험을 넘어 도움이 필요한 이들을 위한 재정적 지원을 포함한다. 시모어는 "돈은 중요하다"(Money Matters)라는 설교에서 성령 세례를 받았기 때문에 일할 필요가 없다고 여기는 일부 신자들의 잘못된 태도를 반박한다. 이들은 모든 것을 "팔아버리고", 가진 재산을 나누며, 가족을 떠나 복음을 전하라는 거짓 교사들의 가르침을 따르고 있었다. 실제로 몇몇 신자들이 생업을 포기하고 가족을 떠

---

75 초자연적 기적에 대한 오순절주의 신앙은 시모어의 이 진술에서 분명하게 드러난다.
76 Seymour, "Receive Ye the Holy Ghost," 50.

나는 일이 벌어지고 있었던 것이다. 이에 대해 시모어는 이러한 왜곡된 가르침을 단호히 거부하며 다음과 같이 선포한다. "우리는 성령께서 사람들을 인도하시고, 그들이 무엇을 드려야 할지를 직접 말씀하시도록 맡긴다.…하나님은 가족을 버리라고 말씀하지 않으신다. 오히려 **자기 가족을 돌보지 않는 자는 믿음을 저버린 자이며 불신자보다 더 악한 자라고 하신다[딤전 5:8].**" 그는 바울이 디모데에게 전한 말씀을 인용하여 이러한 주장에 신학적 근거를 제시한다. "**누구든지 자기 친족, 특히 자기 가족을 돌보지 아니하면 믿음을 배반한 자요 불신자보다 더 악한 자니라**"(딤전 5:8).[77] 시모어는 이를 통해 가족에 대한 책임을 외면하는 신앙은 참된 믿음이 아니라 오히려 믿음을 저버리는 행위임을 분명히 한다. 그는 신앙을 핑계로 가족에 대한 책임을 회피하려는 신자들을 책망하면서 참된 성령 체험은 가족에 대한 책임을 강화하는 방향으로 나타나야 한다고 강조한다.

또한 시모어는 에베소서 4:28, "**가난한 자에게 구제할 수 있도록 자기 손으로 수고하여 선한 일을 하라**"와 고린도전서 16:1-2, "**성도를 위하는 연보에 관하여는 내가 갈라디아 교회들에게 명한 것 같이 너희도 그렇게 하라. 매주 첫날에 너희 각 사람이 수입에 따라 모아 두라**"는 바울의 권면을 인용한다.[78] 그는 바울이 가난한 자들을 위한 구제를 강조했다는 점에 주목하며, 신자들은 경제적으로 어려운 이들을 돕기 위해 스스로 일하고

77　William Seymour, "Money Matters," in Martin, *Azusa Street Sermons by William J. Seymour*, 35.
78　Seymour, "Money Matters," 36.

자원을 마련해야 한다고 역설한다. 더불어 시모어는 교회 지도자들이 신자들에게 얼마를 헌금해야 할지를 지시해서는 안 된다고 강조한다. 그 이유는 "주의 성령께서는 그런 방식으로 일하시지 않기" 때문이라는 것이다. 그는 "우리는 성령께서 사람들을 인도하셔서 그들이 무엇을, 얼마나 드려야 할지를 직접 말씀하시도록 해야 한다"고 주장한다.[79] 고린도 교회가 예루살렘 성도들을 위해 바울의 연보 요청에 응답했던 것처럼, 자신의 시대의 신자들도 동일한 방식으로 자신의 수입을 활용해 도움이 필요한 이들을 섬겨야 한다는 것이 그의 신념이다. 이를 위해 신자들은 각자 스스로 노동해야 하며, 성령께서 수입 중 얼마를 이웃과 나누어야 할지, 누구를 도와야 할지를 직접 인도하실 것이라고 시모어는 믿었다. 그는 성령 세례를 받은 이후에는 일을 하지 않아도 된다고 생각하는 이들의 관점에 반대하며, "우리는 우리의 소명이 무엇인지 알아야 한다. 성령 세례를 받았다고 해서 일을 멈춰서는 안 된다"고 단언한다.[80] 이처럼 시모어는 에베소서 4:28과 고린도전서 16:1-2에 나타난 바울의 가르침을 통해 헌금과 구제에 있어서 성령의 인도하심과 신자들의 책임 있는 노동을 강조했다. 이처럼 그는 성령 세례의 실천적 적용을 중요하게 여겼다.

79　Seymour, "Money Matters," 35.
80　Seymour, "Money Matters," 37.

바울의 성령 언어와 인종차별

시모어는 바울을 통해 성령의 중요성을 강조할 뿐 아니라 성령의 치유 능력, 신자를 거룩한 삶으로 인도하는 능력, 이웃과 나누는 삶을 가능케 하는 성령의 역사에 대해 설교할 뿐 아니라 그의 공동체 내에 만연하던 인종차별 문제 또한 정면으로 다룬다. 아주사 거리 교회는 초기에 다양한 인종이 함께 예배를 드리는 공동체로 출발했지만, 곧 백인들의 흑인에 대한 편견으로 인해 인종적 갈등이 표면화되었다. 시모어는 "사도적 호소"(Apostolic Address)에서 이러한 상황을 서술하며, 그 문제를 해결하기 위해 바울의 가르침을 공동체 윤리에 적용하려는 노력을 보여준다.

얼마 지나지 않아 몇몇 형제들로 인해 갈등과 분열이 일어났고, **성령께서 근심하시게 되었다**[엡 4:30]. 우리는 일부 백인 형제들이 갈등을 조장하고 무분별한 열정과 맹목적인 신앙을 퍼뜨리는 등 여러 어려움을 겪었음에도, 모든 백인 형제자매들이 교회와 선교회 안에서 마음 편히 자유롭게 예배드릴 수 있기를 바란다. 그러나 일부 흑인 형제들 역시 분열의 영이라는 병에 걸렸다. **하나님의 말씀에 따르면 [우리는] 육체가 아닌 성령 안에서 하나가 되어야 하는데, 이는 우리가 한 몸이기 때문이다**(고전 12:12-14). 설령 일부 백인 형제들이 편견과 차별의 태도를 보인다 하더라도(갈 2:11-20), 우리는 결코 그렇게 해서는 안 된다. 왜냐하면 하나님은 우리를 부르셔서 성경을 따르게 하셨기 때문이

다.…그리스도께서 명하신 대로 우리는 모든 사람을 사랑해야 한다(히 12:14).[81]

시모어는 아주사 거리에서 발생한 분열을 설명하면서 여러 바울적 어휘를 전략적으로 동원한다. 첫째, 그는 에베소서 4:30("**하나님의 성령을 근심하게 하지 말라. 그 안에서 너희가 구속의 날까지 인치심을 받았느니라**")을 인용하며, 공동체 내의 인종 갈등과 분열을 단지 사회적 갈등으로 보지 않고, 하나님의 성령께 슬픔을 안겨주는 영적 문제로 규정한다. 인종차별은 인간 공동체를 해치는 죄일 뿐 아니라 성령이 탄식하게 하는 신학적 위반이기도 하다. 둘째, 시모어는 고린도전서 12장의 "한 몸" 개념을 인종 간 화해의 신학적 틀로 사용한다. 바울이 고린도 교회의 분열을 성령 안의 "한 몸" 언어로 극복하고자 했던 것처럼, 시모어는 백인과 흑인 신자들이 성령 안에서 하나가 되어야 함을 강조한다.

그는 고린도전서 12:12-14의 바울 언어를 직접 반영하여 다음과 같이 설교한다. "**몸은 하나인데 많은 지체가 있고, 몸에 있는 모든 지체가 많으나 한 몸인 것 같이 그리스도도 그러하니라. 우리가 유대인이나 헬라인이나 종이나 자유인이나 다 한 성령으로 세례를 받아 한 몸이 되었고, 또 다 한 성령을 마시게 되었느니라. 몸은 한 지체뿐만 아니라 여럿이니라.**" 시모어가 "신자들은 성령 안에서 한 몸이다"라고 주장할 때 그는 단지 바울의 언어를 반복하는 것이 아니라 이를 당대 인종 갈등이라는 구체적 현실에

---

81 Seymour, *Doctrines and Discipline*, 30; Seymour, "Apostolic Address," 53.

적용하고 있는 것이다. 성령 체험은 단지 내면적인 경건이나 초자연적 현상(방언, 신유, 환상 등)으로만 끝나는 것이 아니라 공동체 내의 실제적 질서, 특히 인종 간의 관계에 변화를 일으켜야 한다는 것이 그의 신념이다. 성령은 인종 간 화합을 가능하게 하며, 기존의 인종적 위계와 분리를 무너뜨린다. 이러한 성령 체험의 공동체적, 사회적 함의는 시모어의 이어지는 진술들 속에서 더욱 분명하게 드러난다.

시모어가 "우리 백인 형제들 중 일부가 편견과 차별을 가지고 있다고 해도"라고 말할 때 그는 갈라디아서 2:11-20에서 바울이 기록한 안디옥 사건을 인용하고 있다. 이 본문에서 바울은 베드로가 처음에는 이방인들과 함께 식사하다가 야고보에게서 온 자들이 도착하자 할례자들을 두려워하여 그 자리를 피한 사건을 다음과 같이 서술한다. "**게바가 안디옥에 이르렀을 때에 책망 받을 일이 있기로 내가 그를 대면하여 책망하였노라. 야고보에게서 온 어떤 이들이 이르기 전에 게바가 이방인과 함께 먹다가 그들이 오매 그가 할례자들을 두려워하여 떠나 물러가매 남은 유대인들도 그와 같이 외식하므로 바나바도 그들의 외식에 유혹되었느니라**"(2:11-13). 시모어는 이 본문을 선택함으로써 베드로가 이방인들과 함께 있던 자리에서 물러난 행위를 편견의 사례로 해석하고, 자신이 목회하던 회중 내에서 나타난 백인 신자들의 차별적 행동과 이를 연결한다. 바울이 베드로의 행동을 "**복음의 진리를 따라 바르게 행하지 아니한 것**"(2:14)으로 간주한 것처럼, 시모어도 인종차별적 태도가 그리스도의 복음과 조화되지 않는다고 본다. 주목할 점은 시모어가 백인 신자들뿐 아니라 일부 흑인 신자들의 반응 또한 비판의 대상으로 삼는다는 점이다. 그는 그들 역시 "분열의 영이라는 병"에 감염되었다고 진단한다. 이는 베드로가 자리를 피했을 때 다른 유대인들 역시 그와 함께 외식(外飾)하게 되었다는 바울의 묘사와 구조적으로 평행한다. "**남은 유대인들도 그와 같이 외식하므로 바나바도 그들의 외식에 유혹되었느니라.**" 시모어는 바울 시대에 발생한 사건을 자기 시대의 현실과 날카롭게 병치시키며, 당시 일부 유대 신자들이 베드로의 잘못된 본보기를 따랐듯, 오늘날 일부 흑인 신자들도 백인 신자들의 분열적 행태를 답습하고 있다고 분석한다.

시모어는 공동체 내의 백인 신자들을 베드로에 비유하며 동시에 암묵적으로 자신을 바울에 대응시키고 있다. 바울이 베드로의 위선을 공개적으로 책망하며 그것이 복음의 진리에 어긋난다고 지적했듯이 시모어도 이 "사도적 호소"에서 백인 신자들의 차별적 태도를 공적으로 비판하며, 그 행동이 신앙적으로 정당화될 수 없음을 분명히 한다.[82] 동시에 그는 흑인 신자들에게도 백인들의 잘못된 본보기를 따르지 말라고 권면한다. 비록 **백인들**이 편견을 지니고 있다 하더라도, **우리**는 모든 사람을 사랑하라는 성경의 명령에 따라 살아야 하며, 그들과 같은 방식으로 보복하거나 분열을 일으켜서는 안 된다는 것이다. 여기서 시모어는 흑인 신자들에게 백인 신자

---

[82] 바울은 갈 2:14에서 다음과 같이 말한다. "그러므로 나는 그들이 복음의 진리를 따라 바르게 행하지 아니함을 보고 **모든 자 앞에서** 게바에게 이르되 '네가 유대인으로서 이방인을 따르고 유대인답게 살지 아니하면서 어찌하여 억지로 이방인을 유대인답게 살게 하려느냐?' 하였노라"(강조는 추가된 것임).

들의 분열적 태도를 답습하지 말고 성경적 신앙에 합당한 태도를 유지하며 그들과는 구별되는 신앙의 실천을 따르도록 요청한다.[83]

시모어에 대한 분석은 오순절 운동 초기의 오순절주의자들이 "성령 중심의 신앙"을 진지하게 추구했으며, 성령 체험이 세상과의 관계 형성에 어떤 영향을 미치는지를 신학적으로 숙고했다는 사실을 잘 보여준다.[84] 제이콥슨은 오순절주의에 대한 흔한 고정관념—곧 성령 체험을 강조하는 오순절 신앙이 지성이나 신학적 성찰을 경시한다는 인식—에 주목하며 이를 비판한다. 그는 다음과 같이 말한다. "사실 오순절주의 그리스도인들은 자신의 신앙에 대해 깊이 생각해왔다. 그들은 항상 그래왔다. 그들은 오순절 운동 초기부터 신학적 성찰을 해왔고, 오늘날도 계속 그렇게 하고 있다. 대중적인 고정관념이 잘못된 것이다."[85] 시모어에 대한 본 분석은 오순절주의자들이 지속적으로 신앙을 반성해왔으며, 그 성찰의 중심에 바울이 자리하고 있다는 제이콥슨의 주장을 뒷받침한다.

---

83 흥미롭게도 그가 인종적 분열과 갈등에 대한 이러한 반응을 내놓은 것은 1915년이며, 이는 영화 〈국가의 탄생〉(*Birth of a Nation*)이 개봉된 해와 동일하다(이 장의 위 내용을 보라). 또한 아주사의 모든 백인이 편견에 사로잡힌 행동을 보인 것은 아니었다는 점에 주목할 필요가 있다. Seymour는 동일한 "사도적 연설"에서 다음과 같은 사실을 인정한다. "우리 백인 형제자매들 중 일부는 모든 인종적 분열과 갈등 속에서도 우리를 떠나지 않고 우리 곁을 지켰다. 우리는 백인 형제 자매들을 사랑하며 그들을 환영한다. 예수 그리스도께서는 모든 사람을 그의 구원에 포함시키신다"(*Doctrines and Discipline*, 30).

84 Ithiel C. Clemmons, *Bishop C. H. Mason and the Roots of the Church of God in Christ* (Bakersfield, CA: Pneuma Life Publishing, 1996)에 따르면 "오순절주의는 미국에서 아프리카계 미국인들에 의해 설립된 유일한 기독교 교단이다"(31).

85 Jacobsen, introduction to *A Reader in Pentecostal Theology*, 5.

본서에서는 백인 목회자가 바울을 인용해 흑인 청중에게 설교하는 전통적인 틀과는 달리, 흑인 설교자가 바울의 권위를 빌려 백인에게 인종차별을 고발하고 교훈하는 역전된 담론의 사례들을 고찰했다. 그 대표적인 예가 윌리엄 시모어로, 그는 바울의 가르침을 통해 성령 세례가 일상생활에 갖는 함의와, 성령 체험을 바탕으로 형성된 실천적 신학의 내용을 명확히 제시한다. 시모어에 따르면 성령 충만한 삶은 대인 관계, 사회 구조, 재정 관리, 가족 돌봄 등 삶의 모든 영역에 깊이 스며든다. 실제로 성령을 따라 산다는 것은 긍휼과 평등을 지향하며, 인종차별과 사회적 불의를 극복하는 능력에 의지하여 살아가는 삶을 의미한다. 그는 자신보다 앞선 흑인 해석자들과 마찬가지로 복음과 성령의 해방 능력에 어긋나는 행동을 보이는 백인 신자들을 바울의 권위를 통해 책망한다. 또한 시모어가 아주사 거리 부흥을 묘사하는 방식은 성령 세례의 사회적 의미와 변혁적 영향력을 강하게 부각시킨다. 그의 진술은 사도행전 17:26과 갈라디아서 3:28에 나타난 바울의 보편주의 선언과도 긴밀하게 맞닿아 있다. 아주사 거리에서 성령의 부으심으로 인해 신자들이 하나가 되고, 인종적·사회적 장벽이 허물어진 사건은 오늘날까지 오순절 운동의 정체성을 형성하는 핵심 기억으로 남아 있다. 이러한 맥락에서 시모어의 설교와 저술은 바울의 언어가 사회적 변혁을 묘사하고 촉진하는 데 있어 핵심적인 도구로 기능하고 있음을 잘 보여준다. 인종적 화해와 공동체의 하나 됨은 성령의 임재를 드러내는 표지이며, 하나님의 뜻에 합당한 열매이기도 하다.

따라서 시모어는 갈라디아서에서 바울이 베드로를 책망한 본문을 직접 수용하여 회중 내 백인과 흑인 신자들 가운데 분열과 반목의 태도를 보이는 자들을 비판하는 데 적용한다. 그는 바울의 역할을 자신의 소명으로 받아들이며, 인종 갈등과 분열을 극복하고자 하는 복음의 본질을 담대히 선포한다.

찰스 해리슨 메이슨(1864-1961): 미국 최대 오순절 교단의 창립자

찰스 해리슨 메이슨은 1864년 테네시주 셸비 카운티 인근에서 해방된 노예의 아들로 태어났다. 1878년 황열병이 유행하자, 그의 가족은 그 지역을 떠나 아칸소주 플루머스빌로 이주했다. 메이슨은 결핵에 걸려 생명이 위태로운 상황에 처했으나, 기적적으로 회복되었다. 이 체험 이후 그는 자신의 삶을 하나님께 헌신하기로 결단했고, 14세에 흑인 침례교회에서 이복형 이스라엘 넬슨(Israel Nelson)에게 세례와 안수를 받아 설교자로서의 공식 자격을 갖추게 되었다.[86]

교단의 바울적 기원

메이슨은 자신의 설교에서 거룩과 성화를 강조하며, 성령의 인도하심을 따라 사는 삶과 개인의 거룩함을 핵심 주제로 삼았다. 이러한 가르침으로

---

86 "Charles Harrison Mason," in *Preaching with Sacred Fire: An Anthology of African American Sermons, 1750 to the Present*, ed. Martha Simmons and Frank E. Thomas (New York: Norton, 2010), 434.

인해 그와 같은 신앙을 전파하던 또 다른 목사 찰스 프라이스 존스(Charles Price Jones)와 함께 침례교회로부터 탈퇴 명령을 받게 되었다. 이후 두 사람은 "그리스도 안에 있는 하나님의 교회 교단 연합"(Church of God in Christ Fellowship of Churches)을 공동으로 창립했다.[87] 메이슨은 이 교단 명칭이 하나님의 계시를 통해 자신에게 주어졌다고 회고한다. 그는 아칸소주 리틀락(Little Rock)에서 길을 걷던 중, 주님께서 "그리스도 안에 있는 하나님의 교회"라는 이름을 계시하셨다고 말하며, 그 확증으로 하나님께서 자신의 마음에 데살로니가전서 2:14의 말씀을 주셨다고 증언한다. 이 구절에서 바울은 데살로니가 교인들에게 그들이 처음 복음을 받아들였던 때를 상기시키며 이렇게 말한다. "**형제들아 너희가 그리스도 예수 안에서 유대에 있는 하나님의 교회들을 본받은 자 되었느니라.**"[88] 이 바울의 문구는 새롭게 세워진 흑인 교단의 명칭이 되었고, 1897년 메이슨과 존스는 이 이름으로 주 정부에 교단을 등록하고 목사안수를 베풀기 시작했다.[89] 오늘날 "그리스도 안에 있는 하나님의 교회"(COGIC)는 미국에서 가장 큰 오순절 교단으로 성

87　"Charles Harrison Mason," in Simmons and Thomas, *Preaching with Sacred Fire*, 434.
88　E. W. Mason, *The Man … Charles Harrison Mason: Sermons of His Early Ministry (1915-1929) and a Biographical Sketch of His Life* (Memphis, TN: Church of God in Christ Publishing House, 1979), 13. 다음도 보라. Sherry Sherrod DuPree, *A Compendium: Bishop C. H. Mason Founder of the Church of God in Christ* (Gainesville: Sherry Sherrod DuPree, 2017), 12.
89　Jacobsen, *A Reader in Pentecostal Theology*, 214. Ithiel C. Clemmons는 "그리스도 안에 있는 하나님의 교회의 뿌리는 1863년 해방 선언이 있기 최소 30년 전으로 거슬러 올라간다. 회심 경험에 대한 감동적인 묘사가 담긴 노예들의 이야기는 그리스도 안에 있는 하나님의 교회 전통의 시작을 탐구하는 데 풍부한 자료를 제공한다"(*Bishop C. H. Mason*, 20). 이러한 회심 경험 중 일부는 4장을 보라.

장했다.⁹⁰ 여기서 메이슨이 바울의 언어를 채택한 것은 전복적인 신학적 행위로 해석될 수 있다. 역사적으로 바울의 언어는 백인들에 의해 아프리카계 미국인들을 복종시키고 비인간화하는 데 악용되어왔다. 그러나 메이슨은 그 언어를 흑인이 주도하는 교단의 명칭으로 채택함으로써 바울의 말을 흑인 신학과 공동체 형성의 자원으로 새롭게 해석하고 재전유했다. 이는 흑인들이 바울을 자신들의 역사적 현실과 신앙의 맥락 속에서 재해석하며, 그의 글을 해방적이고 공동체적인 방식으로 활용해온 오랜 신학적 실천을 잘 보여준다.

성령 세례

메이슨은 1907년 아주사 거리 부흥의 현장을 찾아 로스앤젤레스로 향했고, 그곳에서 성령 세례를 체험했다.⁹¹ 그는 이 경험을 바울과 사도행전의 언어로 다음과 같이 서술한다.

> 강한 바람 소리가 내 안에서 들려왔고, 내 영혼은 "예수, 오직 예수, 당신과 같

---

90 Jacobsen, *A Reader in Pentecostal Theology*, 214. COGIC 내 여성에 관한 정보는 다음을 보라. Anthea Butler, *Women in the Church of God in Christ: Making a Sanctified World* (Chapel Hill: University of North Carolina Press, 2007). 성화된 교회 전체에서 여성에 대한 보다 더 일반적인 개요는 다음을 보라. Cheryl Townsend Gilkes, "The Role of Women in the Sanctified Church," in *If It Wasn't for the Women … : Black Women's Experience and Womanist Culture in Church and Community* (Maryknoll, NY: Orbis, 2001).

91 Jacobsen, *A Reader in Pentecostal Theology*, 214; "Charles Harrison Mason," in Simmons and Thomas, 434-35.

은 분은 없다"고 외쳤다. 내 영혼은 깊이 울부짖었고, 곧 나는—곧 나의 옛 자아는—서서히 죽어가기 시작했다. 마치 십자가 위에서 나를 위해 죽으시는 그리스도의 신음소리가 내 안에서 들리는 듯했다. 이 모든 일이 내 존재 깊은 곳에서 일어났고, 마침내 나는 **옛사람**을 벗어버리고 죽음에 이르렀다[롬 6:6; 참조. 엡 4:22; 골 3:9]. 잠시 소리가 멈추었다. 그 순간 내 영혼은 "오 하나님, **내 안에서 당신의 일을 완성하소서**"[빌 1:6]라고 부르짖었다.···그러자 영광의 물결이 밀려와 내 온 존재를 주님의 영광으로 가득 채웠다. 내가 "영광"이라는 말을 하려 입을 열었을 때 불꽃이 내 혀에 닿았고, 그것이 나의 온몸을 타고 내려갔다. 내 언어는 바뀌었고, 내 혀로는 아무 말도 할 수 없었다.···그리고 그날 이후 지금까지 내 마음에는 주님의 영광으로 인한 기쁨이 끊임없이 흘러넘치고 있다.[92]

메이슨이 성령 세례를 "옛사람의 죽음"으로 묘사한 것은 바울이 그의 서신에서 반복적으로 사용하는 "옛사람"의 언어를 반영한다. 바울은 로마서 6:6에서 **"우리의 옛사람이 예수와 함께 십자가에 못 박힌 것은 죄의 몸이 죽어 다시는 우리가 죄에게 종노릇 하지 아니하려 함이라"**고 기록한다. 이처럼 메이슨은 자신의 성령 세례 체험을 구원의 여정에서 명확하게 구별되는 하나의 독립된 단계로 간주한다. 또한 "하나님의 일을 내 안에서 완성해 달라"는 그의 기도는 하나님께서 믿는 자들 안에서 시작하신 선한 일을 끝

---

92   E. W. Mason, *The Man*, 19.

까지 이루신다는 바울의 약속(빌 1:6)을 연상시킨다.

메이슨은 시모어의 가르침을 받으며 아주사 거리에서 5주간 머물렀고, 귀향 후 자신이 경험한 일을 동료 목사인 존스와 나누었다. 그러나 존스는 방언이라는 개념을 받아들이지 않았고, 결국 두 사람은 결별하게 된다. 존스는 그리스도의 교회(Church of Christ, 성결교 계열)라는 새로운 교단을 조직한 반면, 메이슨은 기존의 교단 명칭인 "그리스도 안에 있는 하나님의 교회"를 유지했다. 성령 세례의 가르침을 받아들인 교회들은 메이슨의 지도 아래에 남았다.[93] 아주사 거리에서의 체험은 메이슨에게 지대한 영향을 주었다. 그는 귀환 후 자신이 말한 방언을 교회가 이해할 수 있도록 해석하는 은사를 달라고 하나님께 간절히 기도했다고 전한다.

멤피스에 도착한 지 사흘째 되던 날 나는 아직 성령의 역사를 온전히 이해하지 못하고 있었기에 내가 **방언으로 말한 내용을 통역**하게 해달라고 하나님께 간구했다[고전 12:10]. 나는 교회가 나를 통해 성령께서 하시는 말씀을 이해하고, 그로써 **교회에 덕을 세우기를** 원했다[고전 14:5]. **나의 기도는 헛되지 않았다**[고전 14:13]. 주님은 나를 일으켜 세우셔서 방언으로 말하게 하셨고, 곧바로 그 방언을 통역하게 하셨다. 그분은 내게 통역의 은사를 주셨으며[고전 12:10], 그것은 곧 소리, 신음, 그리고 모든 종류의 영적 발화를 해석할 수 있는

93　Jacobsen, *A Reader in Pentecostal Theology*, 214; "Charles Harrison Mason," in Simmons and Thomas, 435.

능력이었다.[94]

메이슨의 이러한 열망—자신의 방언을 해석하여 교회에 유익을 끼치고자 한 열정—은 고린도 교회에서 바울이 방언과 그 통역에 대해 설명하는 내용과 깊은 관련이 있다. 바울은 고린도전서 12:10에서 성령의 은사 중 하나로 "방언을 말하는 능력"과 "그 방언을 통역하는 능력"을 언급하며, 14:5에서는 방언 통역이 교회에 덕을 세우는 데 중요하다고 강조한다. 이는 공동체가 언어의 의미를 이해함으로써 영적 유익을 누릴 수 있기 때문이다. 메이슨은 이 점을 깊이 인식하고 자신의 말이 교회를 세우는 데 사용되도록 하나님께 통역의 은사를 간구했다. 그는 바울이 권면한 바대로 방언을 말하는 자는 그 의미를 직접 통역할 수 있도록 기도해야 한다는 권고를 실천한 것이다. 그는 자신의 기도가 응답되었다고 고백하며, 그 이유는 자신이 실제로 통역의 은사를 받아 "소리, 신음, 그리고 모든 종류의 영적 발화"를 해석할 수 있었기 때문이라고 말한다.[95]

바울과 인종차별

시모어의 경우와 마찬가지로 메이슨에게도 바울 서신은 성령과 영적 은사

---

94 E. W. Mason, *The Man*, 20.
95 성령, 성령 세례, 방언, 그리고 통역에 관한 Mason의 언급은 다음을 보라. Mary C. Mason, ed. and comp., *The History and Life Work of Bishop C. H. Mason* (1924; reprint, Memphis, TN: Church of God in Christ, 1987), 57-59.

에 대한 이해의 핵심적 토대였다. 뿐만 아니라 바울의 언어는 교단 명칭 자체로 채택되었고, 그의 가르침은 이 교단의 오순절 정체성을 형성하고 규정짓는 데 결정적인 역할을 했다. 시모어처럼 메이슨 역시 다양한 인종을 아우르는 조직을 이끌었으며, COGIC는 백인 목회자들을 공식적으로 환영하고 정식 교단의 일원으로 받아들였다. 백인 오순절 목회자들은 교단의 교권 체계에 편입되어 메이슨에게서 안수를 받았고, 다른 COGIC 목회자들과 마찬가지로 결혼식 주례, 설교 자격증 수여, 세례 집전의 권한은 물론 기차 요금 할인 등의 혜택도 누렸다. 이티엘 클레몬스(Ithiel Clemmons)에 따르면 메이슨은 350명 이상의 백인 오순절 신자들에게 목사안수를 베풀었다.[96] 이에 대해 메이슨은 "성령께서 나를 통해 인종과 민족을 초월한 수천 명의 영혼을 구원하시고, 성화시키고, 세례를 주셨다"고 회고했다.[97] 클레몬스는 초기 COGIC가 보여준 인종 간 협력의 비전과 실행력에 주목하며 다음과 같이 평가한다. "그리스도 안에 있는 하나님의 교회는 지역 교회들이 세워진 곳마다 인종을 초월한 교제를 실천했던 아주사 거리의 모델을 따랐으며, 흑인과 백인 성도들은 함께 일하고, 함께 예배하며, 함께 복음을 전했다. 이러한 현상은 미국에서 인종적 긴장이 가장 고조되었던 시기에도 미시시피, 테네시, 아칸소, 플로리다, 루이지애나, 앨라배마, 조지아 등 남

---

96 Clemmons, *Bishop C. H. Mason*, 70; "Charles Harrison Mason," in Simmons and Thomas, 435.
97 Mary C. Mason, *The History and Life Work of Bishop C. H. Mason*, 31.

부 전역에서 나타났다."⁹⁸ 그러나 이러한 인종 통합적 구조는 오래 지속되지 못했다. 당시 미국은 "인종 간 갈등이 매우 고조된 시기"였으며, 그 결과 1914년 COGIC 소속 백인 회원들은 교단을 이탈해 백인 중심의 새로운 교단인 하나님의 성회(Assemblies of God)를 창립하게 된다.⁹⁹ 그럼에도 불구하고 메이슨은 계속해서 설교를 통해 다음과 같이 선포했다. "하나님의 교회는 이 땅에 있는 모든 나라와 방언과 백성으로 이루어진 하나의 교회다." **"교회는 그리스도의 몸이며"**(엡 1:22), **"그리스도는 그 몸, 곧 '하나의 교회'의 머리이시다"**(엡 4:4-5). **"하나님은 한 믿음, 한 주, 한 세례 안에서 다스리신다."**¹⁰⁰ 메이슨에게 바울이 선포한 "하나 됨"은 교회를 향한 하나님의 비전이었으며, 아무리 현실이 분열과 갈등으로 가득 차 있다 해도 그것이 복음의 진리를 무효화할 수는 없었다. 인종적 분열로 가득한 국가 한복판에

---

98 Clemmons, *Bishop C. H. Mason*, 27.

99 Clemmons, *Bishop C. H. Mason*, 71; "Charles Harrison Mason," in Simmons and Thomas, 435. Albert Raboteau, *American Prophets: Seven Religious Radicals and Their Struggle for Social and Political Justice* (Princeton: Princeton University Press, 2016). Clemmons는 오순절 운동의 다인종적 기원과 그것이 지닌 인종을 초월한 다인종적 공동체로서의 가능성, 그리고 그 후 이 운동이 사회적 인종주의에 항복하게 된 과정을 감동적으로 서술한다. "성결-오순절 운동(The Holiness-Pentecostal movement)은 진정한 다인종적 기독교로 발전할 가능성이 있는 것처럼 보였다. 1906년 로스앤젤레스에서 시작된 3년간의 아주사 거리 부흥 운동에는 다양한 인종의 지도자들이 참여했으며, 아시아계와 멕시코계는 물론 유럽계와 아프리카계 미국인들도 동참했다. 초기 오순절 신자들은 그들의 운동이 지닌 다인종적 특성을 그 진정성을 보여주는 표지로 이해했으며, 이는 다양한 방언뿐만 아니라, 다양한 인종에게 임한 새로운 오순절 성령의 부으심을 의미했다. 한때 오순절 운동의 흑인 지도자들은 백인들에게 목사안수를 주며, 다양한 인종을 아우르는 부흥 운동에 참여했다. 그러나 다시 한번 인종이라는 장벽이 등장하여 이 운동의 진행 흐름을 막고, 오래되고 낡은 차별의 길로 되돌려 놓았다"(97).

100 Jacobsen, *A Reader in Pentecostal Theology*, 218.

서 하나 됨의 언어를 말하는 것은 어떤 의미에서는 전혀 다른 언어―일종의 방언―를 말하는 것이고, 이는 당시 미국 사회에 만연한 분리주의 담론에 정면으로 맞서는 언어였다.[101]

바울과 전쟁

메이슨이 바울을 전복적으로 사용한 또 하나의 중요한 사례는 1918년 6월 23일의 설교 "성경에 비추어 본 가이사"(The Kaiser in the Light of the Scriptures)에서 확인할 수 있다. 당시 미연방수사국(FBI)은 메이슨의 평화주의적 가르침과, COGIC 헌장에 명시된 "교회는 피를 흘리는 행위를 지지하지 않는다"는 문구를 문제 삼아 그를 조사했다. 해당 헌장은 다음과 같이 선언한다. "우리는 인간의 피를 흘리거나 생명을 앗아가는 것이 우리 주님이시며 구주이신 예수 그리스도의 가르침에 반한다고 믿으며, 우리는 한 몸으로서 모든 형태의 전쟁에 반대한다."[102] 이러한 신념은 메이슨이 윌슨

---

101 DuPree, *A Compendium*에 따르면, "C. H. Mason 장로는 1914년 4월 첫째 주에, 하나님의 성회(Assemblies of God) 총회 위에 하나님의 축복이 임하기를 기도하기 위해 핫스프링스(Hot Springs)에서 열린 대회에 참석했다. 그는 4백여 명의 백인 설교자들에게 설교했다. C. H. Mason 장로는 백인들이 그의 교회의 이름을 조직에서 제외하고 1914년에 하나님의 성회를 창설한 이후에도 인종차별적이거나 적대적인 태도를 보이지 않았다. [그는] 자신의 평생 과업을 '성령 체험의 본질'과 오순절주의 체험 신앙의 '기도 전통'을 보존하는 일로 여겼다."(40).

102 Juanita Williams Faulkner and Raynard D. Smith, eds., *It Is Written: Minutes of the General Assembly Church of God in Christ Held at Memphis Tennessee*, 1919-1932 (Memphis, TN: COGIC Publishing House, 2017), 47; 유사하지만 더 자세한 내용의 진술은 61-62을 보라. 이 내용은 다음에도 인용되어 있다. Raynard D. Smith, "Seeking the Just Society: Charles Harrison Mason's Quest for Social Equality," on *With Signs Following: The Life and Ministry*

대통령에게 보낸 서한에도 나타난다. 그는 이 편지에서 종교적 신념에 따라 자신과 교단 구성원들이 제1차 세계대전 참전에 반대하는 이유를 명확히 설명했다.[103] 데이비드 대니얼스(David Daniels)는 이 평화주의적 입장이 "오순절 교단에 속한 흑인 신자들의 최초의 주요 정치 활동"이었다고 평가한다.[104]

메이슨은 성경에 근거한 전쟁 반대 신념뿐 아니라 "아프리카계 미국인들이 백인과 동일한 군복을 입는 것에 대해 백인들이 보이는 강한 반감을 직접 목격했고", 또 "미국 내에서조차 민주주의를 보장받지 못하는 흑인들이 과연 해외에서 민주주의를 위해 싸우는 것이 정당한가에 대해 의문을 품었기" 때문에 흑인의 전쟁 참여에 반대했다.[105] 이러한 입장으로 인해 FBI는 메이슨이 징병제를 방해하고 흑인들에게 참전을 말리도록 선동했다고 주장했다.[106] 메이슨이 해당 설교를 전한 지 얼마 지나지 않은 1918년

---

    of Charles Harrison Mason, ed. Raynard Smith (St. Louis: Christian Board Publication, 2015), 107. 또한 Mason에 대한 감시와 관련한 FBI 문서들은 다음을 보라. Sherry Sherrod DuPree and Herbert DuPree, *Exposed!!! Federal Bureau of Investigation Unclassified Reports on Churches and Church Leaders* (Washington, DC: Middle Atlantic Regional Press, 1993), 9-11, 15, 31-32. 나에게 이 자료를 알려준 Sherry Sherrod DuPree에게 감사를 표한다. 다음도 보라. DuPree, *A Compendium*, 44-52.

103 White, *The Rise to Respectability*, 65. Mason과 다른 이들이 전쟁에 반대하면서 겪은 고난에 대한 자세한 정보는 White의 장(章) "Mason Told Us Not to Fight"를 참조하라.
104 Daniels, "Doing All the Good We Can," 168.
105 Raynard D. Smith, "Seeking the Just Society," 107.
106 Raynard D. Smith, "Seeking the Just Society"는 Mason의 설교와 가르침이 매우 설득력이 있었음을 지적한다. 그의 교회가 위치한 미시시피주 홈스 카운티에서는 흑인 인구가 거의 80퍼센트에 달했음에도 불구하고 징집 대상자 가운데 절반 이상이 등록하지 않았다는 것이다(107-8).

7월 16일, 그는 두 명의 동료 목사 윌리엄 B. 홀트(William B. Holt)와 헨리 커빈(Henry Kirvin)과 함께 체포되어 정부에 대한 불복종 혐의로 기소되었다.[107] 이와 관련된 FBI 문서 중 하나에는 다음과 같은 진술이 기록되어 있다. "최근 남부 흑인들 사이에서 확산되고 있는 종교 문헌으로 인해 그리스도 안에 있는 하나님의 교회(Church of God in Christ)의 활동이 우리의 주목을 받고 있다. 이 단체의 본부는 테네시주 멤피스에 위치해 있다. 해당 종교 문헌에는 '피를 흘리거나 인간의 생명을 앗아가는 것은 구세주의 가르침에 어긋나며, 1895년 이후 이 단체의 회원들에게는 어떠한 형태로든 무기를 들거나 사람의 피를 흘리는 것이 금지되어 있다'고 명시되어 있다. [수사국 삭제] 이 단체의 최고 감독자는 현재 미시시피주 잭슨에서 구금 중인 C. H. 메이슨 목사다."[108]

결국 대배심은 메이슨과 동료들에 대해 명확한 증거가 부족하다는 이유로 기소하지 않았고, 모든 혐의는 기각되었다.[109] 이후 메이슨은 이 경험을 바울의 언어로 해석하며 다음과 같이 증언한다. "원수(마귀)가 나를 방해하려고 며칠 동안 감옥에 가두었다. 나는 이 박해에 대해 하나님께 감사한다. **'경건하게 살고자 하는 자는 반드시 박해를 받는다'**[딤후 3:12]."[110] 메이슨은 바울처럼 복음을 살아내고 의를 선포하는 삶에는 반드시 고난이 따

---

107   DuPree and DuPree, *Exposed!!!*, 9; White, *The Rise to Respectability*, 74.
108   DuPree and DuPree, *Exposed!!!*, 32.
109   White, *The Rise to Respectability*, 75.
110   Raynard D. Smith, "Seeking the Just Society," 108.

른다고 보았다. 그의 경우, 전쟁에 반대하고 흑인의 생명을 보호하려는 목소리를 내는 일은 곧 국가 권력과 법체계에 맞서 싸우는 일이었다. 디모데후서 3:12의 인용은 그러한 저항이 "경건하게 살고자 하는 삶"의 일부임을 명시한다. 메이슨에게 경건한 삶이란 단지 개인의 경건이나 방언을 말하는 은사에 국한되지 않는다. 그것은 바로 그 동일한 입술로 인종적 불의와 억압, 그리고 전쟁에 항의하는 것도 포함한다.

메이슨은 설교를 하박국 2:2의 인용으로 시작한 뒤, 독일 황제 카이저에 대한 비판으로 나아간다. 그는 다음과 같이 말한다. "나는 카이저가 기도하러 들어갔다가 손을 들고 기도한 뒤 전쟁을 선포했다는 이야기를 들었다. 그가 무엇을 기도했으며, 어떤 이유로 기도했는지 살펴보자. 분명 그는 '당신의 나라가 임하시오며'라고 기도하지는 않았을 것이다. 왜냐하면 **하나님의 나라는 성령 안에서 의와 평강과 희락**이기 때문이다[롬 14:17]. 만일 그가 평화를 위해 기도했다면 전쟁을 선포하지 않았을 것이다."[111] 여기서 메이슨은 바울의 언어를 전략적으로 활용하여 카이저의 전쟁 선포를 비판한다. 하나님의 나라는 평화와 기쁨의 공동체이며, 카이저의 행동은 그 본질에 정면으로 배치된다는 것이다. 이어 메이슨은 디모데전서 2:1-2, 8을 인용하면서 참된 기도란 "우리가 조용하고 평화로운 삶을 살 수 있도록" 모든 사람을 위해 "간구와 기도와 중보기도"를 드리는 것이며, "분노와 다툼 없이 거룩한 손을 들고 어디서나 기도"하는 것임을 강조한다. 메이슨

---

111 E. W. Mason, *The Man*, 36.

에 따르면 카이저는 평화를 추구하지 않기에 진정한 기도의 영을 소유하지 못한 자이며, 오히려 "분노를 실행에 옮기려는 목적으로" 기도함으로써 바울이 권면한 기도의 본질을 전도시키고 있다.[112]

또한 그는 로마서 8:9을 근거로 카이저는 하나님께 속한 자가 아니며, 그리스도의 영이 그 안에 없다고 선언한다.[113] 오히려 카이저의 전쟁 행위는 "마귀의 영" 아래 있음을 드러낸다. 그는 "여자들이 능욕당하고, 어린아이들이 산산이 부서지며, 전쟁 포로들이 고문당하는" 일을 방조하고 주도한 책임이 있다.[114] 메이슨은 요한계시록 13장의 "짐승" 이미지를 동원하여 카이저를 적그리스도적 존재로 규정하며 그가 하나님 앞에서 잔혹 행위에 대한 책임을 면할 수 없음을 천명한다.[115] 흥미롭게도 메이슨은 미국 정부의 자유 채권(제1차 세계대전 당시 전쟁 자금을 조달하기 위해 발행된 국채) 구매를 지지하지만, 동시에 "전쟁으로 폐허가 된 세상에 평화가 회복되기를" 간절히 기도한다.[116] 메이슨이 이 설교에서 바울을 활용한 방식이 새롭고 전복적인 점은 더 이상 바울이 단지 미국, 그 인종차별적 정책, 정부의 행동이나 무책임을 비판하는 데만 사용되는 것이 아니라는 데 있다. 이제 흑인들은 바울을 자신들의 자산으로 삼아 외국 정부와 그들이 성경의 권고를 어기는 행위까지도 비판하는 데 활용하고 있다. 공적 공간에서 메이슨은 바울

---

112 E. W. Mason, *The Man*, 36.
113 E. W. Mason, *The Man*, 36, 38.
114 Mary C. Mason, *The History and Life Work of Bishop C. H. Mason*, 39.
115 E. W. Mason, *The Man*, 37, 39.
116 E. W. Mason, *The Man*, 39.

이 생명과 평화를 옹호하는 사도임을 공개적으로 선언하며, 그의 서신들이 전쟁에 저항하는 수단으로 기능할 수 있음을 선포한다. 이 책 전반에서 살펴보았듯이 아프리카계 미국인들은 바울을 인종차별, 사회적 불의, 억압, 그리고 남성 중심적 여성 안수 거부에 이르기까지 다양한 문제에 항의하는 수단으로 활용해왔다. 메이슨은 여기서 이러한 바울 해석의 저항적 전통을 확장하여 미국의 전쟁 참여에서 독일의 군사적 행위에 이르기까지 전쟁에 대한 아프리카계 미국인의 저항 담론을 포괄하는 데까지 나아간다.

메이슨이 교단 명칭을 바울의 표현에서 가져온 점도 주목할 만하다. 이는 흑인 설교자들이 바울을 백인 우월주의적 해석에 종속시키려는 시도에 저항하고, 바울을 자율적으로 재해석할 능동적 주체임을 천명하는 행위다. 그가 받은 교단 명칭에 대한 신적 계시는 어떤 면에서 백인 중심의 바울 해석에 대한 하나님의 반론이라 할 수 있다. 메이슨은 바울을 해방의 증언자로 읽어온 흑인 해석 전통의 흐름에 서 있으며, 이를 자신의 신학과 목회에 일관되게 반영했다. 회심 서사와 신적 만남의 사례에서 보았듯이 메이슨의 성령 세례 체험과 방언 통역의 은사를 구하는 기도는 바울의 언어를 수용하고 변형한 표현들로 가득 차 있다. 그는 이를 통해 하나님께서 여전히 교회 가운데 살아 역사하신다는 확신을 사도적 전통 안에 위치시킨다. 비록 사회적 압력으로 인해 메이슨이 추구했던 교단의 "인종적 포용성" 비전은 완전히 실현되지 못했지만, "방언을 '유대인이나 그리스인이나, 종이나 자유인이나, 남자나 여자나 차별이 없는'(갈 3:28; 골 3:11) 바울적 비전과 결합시킨 부흥 운동에서 그 의미를 이해하고 시모어와 함께 그 길을 걸었던 인물은 바로 C. H. 메이슨이었다."¹¹⁷ 결국 메이슨은 사도행전에서 시작된 하나님의 역사가 오늘날 교회에서도 계속되고 있다고 믿었으며, 현재의 교회는 그 동일한 성령을 받은 하나님의 백성 공동체의 일부라고 확신했다. 특히 중요한 점은 그가 바울의 언어를 독일 황제를 비판하는 데 사용함으로써 아프리카계 미국인의 바울 해석학을 국제적 저항의 언어로 확장시켰다는 것이다.

아이다 B. 로빈슨(1891-1946): 교단 창립자

아이다 B. 로빈슨은 여성이 창립한 가장 규모가 큰 아프리카계 미국인 오순절 교단의 설립자이자 아프리카계 미국인 여성이 주도하는 최대 교단의 창시자라는 두 가지 면에서 독보적인 위치를 차지한다. 그녀가 1924년에 창립한 "미국 마운트 시나이 성결 교회 법인"(Mount Sinai Holy Church of America, Inc)은 창립 이래로 여성의 리더십과 사역의 평등성을 공식적으로 지지하고 적극 장려해온 교단이며, 최근까지도 여성 감독들이 교단을 이끌어왔다.¹¹⁸ 로빈슨은 1891년 조지아주 헤이즐허스트에서 태어나 어린 시

---

117 Raynard D. Smith, "Seeking the Just Society," 104.
118 Alexander, *Limited Liberty*, 119. *Mount Olive Times* 100주년 기념판(vol. 2, issue 1)에 따르면 Robinson 사후에 그녀의 뒤를 이은 감독들은 Elmira Jeffries(1946-1964), Agnes Ziegler(1964-1969), Mary Jackson(1969-1980), Sylvester Webb(1980-1991), Amy Stevens(1991-2000) 감독이었다. 교회의 첫 번째 남성 지도자는 Sylvester Webb 감독이었으며, 이 글을 쓰는 현재 교회 담임은 2001년부터 시무한 Thomas Martin 감독이다.

절 가족과 함께 플로리다로 이주했으며, 그곳에서 테네시주 클리블랜드에 본부를 둔 "하나님의 교회"(Church of God)와 인연을 맺었다. 1917년, 흑인 대이동(Great Migration) 시기에 남편과 함께 필라델피아로 이주한 그녀는 마운트 올리브 성결 교회(Mount Olive Holy Church)에 출석하며 신앙생활을 이어갔다. 그곳에서 헨리 피셔(Henry Fisher) 장로로부터 목사안수를 받은 그녀는 담임목사의 별세 이후 교회의 담임직을 맡게 되었다. 이 교회는 미국 연합 성결 교회 북부 지구(Northern District of the United Holy Church of America)의 초기 교회 중 하나였다.[119] 로빈슨은 탁월한 설교자이자 찬양 인도자, 복음 전도사로서 미국 전역을 순회하며 복음을 전했고 그 재능과 헌신은 교단 내 남성 지도자들 사이에서도 인정받아 종종 예배나 집회에서 설교를 요청받기도 했다.[120]

그녀의 사역은 다른 여성 성도들에게도 깊은 영향을 미쳐, 다수의 여성이 목사로서의 소명을 받아 안수를 받기를 열망하게 만들었다. 그러나 1924년, 교단 남성 지도부는 더 이상 여성에게 "공식적인" 목사안수를 허용하지 않기로 결정했다. 이 결정 앞에서 로빈슨은 하나님의 뜻을 구하고자 열흘간 금식하며 기도했고, 그 결과 하나님께서 연합 성결 교회를 떠나 새로운 교단을 세우라고 말씀하셨다는 확신을 얻게 되었다. 그녀는 곧바로 미국 마운트 시나이 성결 교회(Mount Sinai Holy Church of America)를 창립했

---

119   Alexander, *Limited Liberty*, 121.
120   Alexander, *Limited Liberty*, 122.

다. 로빈슨은 여성 안수를 거부한 교단의 결정에 대해 "예수의 어머니 마리아가 하나님의 말씀을 태중에 품을 수 있었다면, 왜 여성들이 그 말씀을 입으로 전할 수 없단 말인가?"라며 강하게 항의했다.[121] 로빈슨의 연합 성결교회 탈퇴에 대해 또 다른 해석도 있다. 로잘리 S. 오웬스(Rosalie S. Owens)의 최근 전기에 따르면 로빈슨의 교단 창립은 단지 여성 안수 금지에 대한 반응이 아니라 열흘간의 금식 이후 하나님으로부터 새로운 사명을 받았다는 소명 의식의 결과였다.[122] 어찌 되었든 로빈슨의 새 사역은 여성 설교자와 지도자들의 지위 향상에 초점을 맞추었으며, 그녀는 질파 일로, 자레나 리, 줄리아 푸트와 같은 선배 여성 설교자들처럼 하나님께서 여성에게도 설교의 소명을 주신다고 확신했다. 이 소명은 인간, 특히 남성에 의해 제한되거나 거부되어서는 안 된다는 것이 그녀의 분명한 주장이다.

초대 감독으로서 로빈슨이 이끈 마운트 시나이 교단은 미국 내에서뿐만 아니라 쿠바와 가이아나까지 확장되었다. 그녀는 전국 각지에서 여성들에게 안수를 베풀었고, 비록 교단 내에 남성 목사와 임원이 존재했지만, 지도부는 주로 여성들이 구성했다.[123] 에스트렐다 알렉산더(Estrelda Alexander)는 로빈슨의 선택이 지닌 의미를 다음과 같이 요약한다. "그녀가

---

121   Alexander, *Limited Liberty*, 123.
122   Rosalie S. Owens, *Bishop Ida Bell Robinson: The Authoritarian Servant Leader* (Middletown, DE: Rosalie Owens, 2019), 39. Alexander의 *Limited Liberty*에 따르면 Robinson은 연합성결교회(United Holy Church)를 떠났지만, 그 지도자들과의 우정을 유지했으며, 예배에서도 계속 교제를 나누었다(125). 또한 Owens, 39-40을 보라.
123   Bettye Collier-Thomas, *Daughters of Thunder: Black Women Preachers and Their Sermons, 1850-1979* (San Francisco: Jossey-Bass, 1998), 194.

연합 성결 교회에 남아 있었다면 보다 안정적인 미래를 보장받았겠지만, 그녀가 이 운동을 시작한 이유는 여성 목회자들이 성직의 모든 영역에 참여하고 감독 안수를 포함한 전체 권한을 행사할 수 있도록 하기 위함이었다. 그녀가 창립한 교단의 모든 결정은 이 비전과 헌신을 반영한다."[124] 하나님께서 남성과 동일하게 여성도 부르신다는 로빈슨의 확고한 신념은 인간이 설정한 제약이나 금지 조항을 넘어 여성들이 자신의 소명을 실현할 수 있도록 하는 새로운 사역의 지평을 열어주는 핵심 동력이었다.

　이 장에서 살펴본 다른 해석학자들과 마찬가지로 로빈슨 역시 교회가 영성과 실천을 아우르는 전인적인 사역을 감당해야 한다고 믿었다. 이러한 신념에 따라 그녀는 무료 급식소를 운영하고, 초등학생부터 고등학생을 위한 학교를 설립했으며, 지역 공동체를 위한 농장을 매입하는 등 다양한 실천적 사역을 펼쳤다. 또한 로빈슨은 찰스 해리슨 메이슨과 마찬가지로 평화주의적 성향을 지닌 인물이었다.[125] 이러한 성향과 더불어 다양한 인종의 신자들을 목회했다는 이유로 제2차 세계대전 중 그녀는 FBI의 감시 대상이 되었다. 에스트렐다 알렉산더에 따르면 로빈슨이 라디오 방송에서 반전(反戰) 발언을 했다는 점, 그녀의 비서가 독일계 여성이라는 점, 남편이 이탈리아인이라는 점 등이 복합적으로 작용해 그녀와 교회가 "적에게 동조

124　Alexander, *Limited Liberty*, 125.
125　Alexander, *Limited Liberty*, 130-31. Alexander는 이 시기 많은 아프리카계 미국인 오순절 신자들이 평화주의자였다고 지적한다.

하고 있다"는 의심을 받게 되었다.[126] FBI 문서 중 하나에는 "그녀의 발언으로 인해 결국 필라델피아에서 선동자 명단에 등재되었다"는 기록이 남아 있다.[127] 그러나 이후 FBI는 그녀의 이름을 그 명단에서 삭제했다.[128]

앞서 살펴본 바와 같이 로빈슨은 여러 면에서 선구자적인 인물이었으며, 그녀의 용기 있는 신앙은 바울의 언어를 설교에 적극 수용하고 이를 성화와 세상과의 거룩한 분리를 강조하는 데서도 드러난다. 또한 그녀는 미국 사회에서 만연하던 끔찍한 린치 행위에 대해 공개적으로 비판의 목소리를 내기도 했다. "경제적 박해"라는 제목의 설교에서 로빈슨은 초기 교회가 겪었던 고난을 이렇게 증언한다. "기독교 초기에 옛 질서 아래에서 주 예수의 이름을 공개적으로 부른 자들은 이루 말할 수 없는 박해를 받았습니다. 그들 중 상당수는 주님의 이름을 부르며 생을 마감했습니다."[129] 그녀는 이러한 순교자들의 고통을 언급하며 그럼에도 불구하고 복음이 어떻게 계속 확장될 수 있었는지를 설명한다. 그녀에 따르면 그리스도인들이 박해 속에서 부르짖은 기도에 하나님께서 응답하셨고, 콘스탄티누스의 마음을 감동시키셔서 그가 회심하게 되었다. 콘스탄티누스는 "예수 그리스도의 증인이자 교회의 강력한 후원자"가 되었으며,[130] 그의 회심을 계기로 신자들에

126　Alexander, *Limited Liberty*, 132.
127　DuPree and DuPree, *Exposed!!!*, 37. 다음도 보라. 38, 48, 53.
128　Alexander, *Limited Liberty*, 132.
129　Collier-Thomas, *Daughters of Thunder*, 203. 이 설교문의 일부는 Alexander, *Limited Liberty*, 133-134에서도 인용되어 있다. Collier-Thomas는 이 글을 설교로 분류하지만, Alexander는 이를 Robinson이 그녀의 교단 소식지인 Latter Day Messenger에 기고한 기사로 보고 있다.
130　Collier-Thomas, *Daughters of Thunder*, 203.

대한 박해는 멈추고 복음은 더욱 널리 확산되었다.

로빈슨은 이러한 역사적 배경을 설명한 뒤, 미국 남부에서 흑인들이 처한 현실과 초기 기독교 신자들이 겪었던 박해 상황을 나란히 비교한다. "오늘날에도 사실상 동일한 상황이 계속되고 있다. 남부의 일부 주(州)에서는 우리 동족들을 살해한 뒤 그 시신을 토막 내어 독수리에게 던져버린다. 이는 매우 흔한 일이며, 안타깝게도 그러한 일들이 발생하는 곳은 미국 연방 내 다른 어떤 지역보다도 '기독교'가 더 널리 퍼져 있다고 자부하는 지역이다. 이 지역에서 그러한 일들이 계속해서 자행되는 까닭은 해당 주(州)의 법률들이 이른바 '기독교'를 수호하려는 목적 아래 제정되었으며, 교육 기관에서 성경에 기초한 기독교 교리를 왜곡하거나 축소하거나 변경하여 가르치는 것을 방지하려는 의도를 담고 있기 때문이다."[131] 로빈슨은 이처럼 남부에서 실천되고 있는 왜곡된 기독교를 강하게 비판하면서 흑인 살해를 묵인하거나 방조하는 그들의 종교적 행위는 참된 기독교와 아무런 관련이 없다고 단언한다. 그녀는 말한다. "사실상 그들은 자신들이 그토록 사랑한다고 말하는 거룩한 '책'에 담긴 말씀을 무시하고 있는 것이다." 바로 이 지점에서 로빈슨은 성경이 말하는 "지혜와 정의"의 언어에 호소하며, 그러한 기독교와는 전적으로 상반된 위치에 자신을 세운다. 그녀는 이어 바울이 에베소서 4:5-6에서 강조한 그리스도인의 하나 됨의 언어를 인용한다. **"오직 '주도 한 분이시고, 믿음도 하나요, 세례도 하나'**이므로[엡 4:5], 만일

---

131   Collier-Thomas, *Daughters of Thunder*, 204.

하나님께서 만유의 아버지이시라면[엡 4:6] 이방인과 유대인, 그리고 에티오피아인 간의 관계는 하나님 안에서 결코 분리되어 이해될 수 없다. 이는 의심의 여지가 없는 확고한 진리다. 그러므로 성도 여러분, 오늘날의 콘스탄티누스가 존재한다면 그가 현재 의회에 계류 중인 '반(反)린치법'을 남부의 부패한 현대 이교도들에게 보내는 서신의 형태로 전달해주기를 함께 기도합시다."[132] 이처럼 로빈슨은 바울의 언어―곧 하나 됨과 하나님의 만유의 아버지 되심―를 활용하여 남부에서 자행되는 린치와 인종 폭력이 복음이 선포하는 인류의 일치를 정면으로 거스른다는 사실을 선포한다.

로빈슨이 이 문맥에서 바울을 인용한 것은 피터 패리스(Peter Paris)가 언급한 아프리카계 미국인의 신학적 능력―곧 "복음을 인종차별의 속박으로부터 해방시키는 능력"―을 보여주는 탁월한 사례라고 할 수 있다. 흑인들이 성경에서 발견한 인간 이해는 백인 미국인들의 가르침과 실천 속에서 경험한 인간관과는 근본적으로 달랐다. 하나님의 보편적인 아버지 되심은 인류 전체가 공유하는 친족 관계를 전제하며, 이는 아프리카계 미국인 기독교 전통이 지닌 해석학적 핵심 명제를 이룬다."[133] 로빈슨에게 바울의 말은 하나님께서 이방인, 유대인, 에티오피아인들 간에 끊을 수 없는 유대를 세우셨다는 선언이며, 그것은 하나님이 창조하신 인종 간의 결속을 의미한

---

132 Collier-Thomas, *Daughters of Thunder*, 204. 전체 인용문은 다음과 같다. "주도 하나요, 믿음도 하나요, 세례도 하나요, 하나님도 한 분이시니 곧 만유의 아버지시라. 만유 위에 계시고 만유를 통일하시고 만유 가운데 계시도다"(엡 4:5-6). 이 설교에 대한 논의는 다음을 보라. Collier-Thomas, 197-99, Alexander, *Limited Liberty*, 133-34.

133 Peter Paris, "The Bible and the Black Churches," in Sandeen, *The Bible and Social Reform*, 135.

다. 이러한 결속은 흑인을 포함한 모든 인류의 인간성을 확인하고 존엄을 부여한다. 따라서 로빈슨은 아프리카계 미국인에 대한 린치를 침묵하거나 묵인하는 것은 곧 하나님의 신적 질서에 반하는 행위라고 단언한다.

로빈슨은 남부 백인들과 흑인들을 각각 초기 기독교 시대의 이교도들과 신자들에 비유한다. 당시 이교도들이 신자들을 박해했던 것처럼 일부 백인 그리스도인들 역시 아프리카계 미국인들을 박해하고 있다는 것이다. 로빈슨은 남부 백인 신자들이 스스로를 "기독교의 수호자"라고 자처하며 각종 법률을 제정하지만, 실제로는 자신들이 사랑한다고 선포하는 복음을 외면하고 있을 뿐이며, 결국은 "현대판 이교도"에 불과하다고 단호하게 증언한다. 그녀는 신도들에게 이렇게 당부한다. 하나님께서 과거 콘스탄티누스 황제의 마음을 감동시키셔서 박해를 멈추게 하신 것처럼, 오늘날에도 무고한 이들에 대한 살상을 막을 수 있는 현대의 콘스탄티누스를 일으켜 주시도록 간절히 기도하라고. 나아가 로빈슨은 고린도후서 4:4에서 바울이 사탄을 "이 세상의 신"이라 부른 구절을 인용하며, 남부에 만연한 왜곡된 기독교 이데올로기의 영적 배후에는 사탄적 요소가 존재한다고 진단한다.[134] 겉으로는 스스로 의롭다고 말하면서도, 실제로는 "예수 그리스도의 원수"로 드러나는 이들의 행위가 이를 분명히 보여준다는 것이다.[135] 남부

134　Collier-Thomas, *Daughters of Thunder*, 198. 고후 4:4은 다음과 같이 기록되어 있다. "그중에 이 세상의 신이 믿지 아니하는 자들의 마음을 혼미하게 하여 그리스도의 영광의 복음의 광채가 비치지 못하게 함이니 그리스도는 하나님의 형상이니라."
135　Collier-Thomas, *Daughters of Thunder*, 204.

지역에 교회와 회중을 두고 있었던 교단의 지도자로서 로빈슨은 해당 지역을 자주 방문했기에, 린치라는 현실은 그녀에게 가슴 아픈 목회적 현실이었을 것이다.

  로빈슨은 린치가 일상화된 시대에 흑인의 인간성과 생명 가치를 주장하기 위해 바울의 글을 사용했다. 만유의 아버지이신 하나님은 흑인 또한 하나님의 형상대로 지음 받은 존재임을 확증하신다. 따라서 흑인은 죽임당할 대상이 아니라 존엄하게 살아갈 자격이 있는 하나님의 피조물이다. 베티 콜리어-토머스(Bettye Collier-Thomas)는 로빈슨에 대해 다음과 같이 평가한다. 그녀는 "충분한 인정을 받지 못했고, 학계와 대중에게 여전히 거의 알려지지 않은 인물"이지만, "그녀가 창립한 교단과 필라델피아에 세운 교회를 통해 그녀의 유산은 여전히 깊은 영향력을 발휘하고 있다."[136] 본서 전체에서 살펴본 바와 같이 역사적으로 많은 백인 해석자들은 바울의 언어를 흑인을 비인간화하는 데 악용해왔다. 그러나 로빈슨이 남긴 가장 중요한 유산 중 하나는 그녀가 바울의 글을 흑인의 인간성과 생명 가치를 옹호하는 해방적 언어로 전유했다는 점이다. 로빈슨은 이 책에 소개된 자레나 리, 질파 일로, 줄리아 푸트 등, 남성 중심적 교회 구조 속에서도 설교의 소명을 포기하지 않았던 흑인 여성 설교자들의 전통을 이어받았다. 그러나 그녀는 거기서 한 걸음 더 나아가 그들이 당시 역사적 조건 속에서는 감히 시도할 수 없었던 일, 곧 여성에 의해 조직되고 운영되는 독립 교단을 창립하는 데

---

136 Collier-Thomas, *Daughters of Thunder*, 195-96.

까지 나아갔다. 로빈슨은 여성의 설교권뿐 아니라 흑인의 생존권까지도 복음의 이름으로 옹호했으며, 이 두 가지 권리를 설명하고 정당화하는 데 바울의 언어를 적극적으로 활용했다.

하워드 서먼(1899-1981): 20세기의 목회자, 활동가, 신비주의자, 신학자

하워드 서먼(Howard Thurman)은 20세기 가장 중요한 신학자 가운데 한 사람으로 평가받는다.[137] 그는 모어하우스 칼리지(Morehouse College)와 로체스터 신학교(Rochester Theological Seminary, 현 콜게이트 로체스터 크로저 신학교)에서 수학하며 두 학교 모두를 수석으로 졸업했다. 이후 모어하우스와 스펠만 칼리지에서 종교학 교수 및 종교활동 총괄 책임자로 재직했고, 이후 다인종 교회 공동체인 샌프란시스코의 만민 교제 교회(Church for the Fellowship of All Peoples)에서 약 10년간(1944-1953) 목회했다. 1953년 그는 보스턴 대학교(Boston University) 마시 채플(Marsh Chapel)의 학장으로 임명되었으며, 이는 아프리카계 미국인으로서는 최초의 사례였다. 동시에 그는 영성 훈련 및 실천 담당 교수로 1965년까지 그 직을 맡았다.[138] 정년퇴임

---

137 Howard Thurman과 그의 생애에 대한 통찰력 있는 분석은 다음을 보라. Raboteau, *American Prophets*, 95-117. 그는 이렇게 기록한다. "신비주의자이자 시인이며, 기독교 연합 운동가이자 설교자였던 하워드 서먼의 삶과 사상을 살펴보면 우리 또한 그처럼 진정으로 '공통의 기반'을 추구하는 데 헌신할 수 있다면 오늘날 우리의 상황 속에서도 어느 정도의 희망과 지혜를 얻을 수 있을지도 모른다"(98).

138 Walter Earl Fluker and Catherine Tumber, eds., *A Strange Freedom: The Best of Howard Thurman on Religious Experience and Public Life* (Boston: Beacon, 1998), 3-6; Raboteau,

이 버림받은 자들의 삶을 뒤쫓는다 해도 그것들이 더는 그들을 지배하지 못할 것이라는 기쁜 소식을 선포하셨기 때문이다(29).

훗날 기독교가 지배자들의 억압을 정당화하는 도구로 전락하게 되면서 많은 이들은 교회가 예수와 성경에 대해 가르치는 내용이 자신의 일상과 거의 혹은 전혀 관련이 없다고 느끼게 되었다. 그들에게 기독교는 현실의 불의에 응답하지 못하고, 오히려 내세와 천국만을 강조함으로써 현실로부터 도피하게 만드는 비현실적이고 회피적인 종교로 보였다. 실제로 서먼은 많은 사람들이 기독교를 "흑인의 관심을 천국, 용서, 사랑 등에만 집중시키는 방식으로 결국 흑인을 적의 손에 넘겨주는 배신행위"로 인식하고 있다고 지적한다(29). 서먼은 용서와 사랑, 내세에 대한 소망이 예수의 가르침의 일부임을 인정하면서도, 이러한 요소들이 맥락 없이 수용될 경우 오히려 억압에 순응하게 만들 수 있다고 경고한다. 따라서 그는 예수의 가르침을 그의 전체 삶과 고난의 맥락 속에서 이해해야 하며, 이러한 맥락적 해석을 통해서만 기독교가 본래 지닌 해방적 메시지를 회복할 수 있다고 주장한다. 그는 이와 같은 신학적 회복을 "예수의 종교"로 지칭하며, 교회가 역사적으로 "예수의 신앙을 배신한" 현실을 인정하되, 그 본래의 신앙을 회복함으로써 오늘날 생존의 벼랑 끝에 선 이들에게도 여전히 의미 있는 메시지를 전할 수 있다고 확신한다. 즉 기독교가 억압의 도구로 전유된 역사적 현실에도 불구하고 그 본래의 의미와 방향을 되찾을 수 있다면 다시금 수용 가능한 신앙이 될 수 있다는 것이다.

서먼은 이어서 기독교가 왜곡된 세 번째 요인으로, 기독교 전통에서 바울에게 지나치게 큰 신학적 중요성이 부여된 점을 지적한다. 물론 바울은 예수와 마찬가지로 유대인이며, 당시 사회에서 소수자의 위치에 있었지만, 예수와는 달리 그는 로마 시민권을 소유한 인물로서 사회적으로 상당한 특권을 누릴 수 있는 위치에 있었다. 서먼은 이 점에 주목하며 바울을 "다수의 특권을 누린 소수자"(32)라고 평가한다. 그는 바울이 로마 시민으로서 누렸던 법적 권리들이 그의 삶의 방식과 신학적 시각에 깊은 영향을 주었으며, 이러한 배경이 그의 언행에도 구체적으로 드러난다고 본다. 예컨대 바울은 위협을 받았을 때 로마 황제에게 항소할 수 있었고(행 25:11), 노예에게는 주인에게 순종하라고 가르쳤으며(엡 6:5; 골 3:22), 심지어 "모든 권세는 하나님으로부터 났다"고까지 주장할 수 있었다(롬 13:1). 바울의 시민권은 그가 세상을 인식하고 해석하는 방식, 그리고 그의 서신 속 사회 질서에 대한 이해에 중요한 영향을 미친 것이다. 물론 서먼은 바울의 서신 곳곳에서 복음이 인종, 계급, 사회적 조건을 초월한다고 선포하는 구절들이 존재함을 인정한다. 그러나 동시에 그는 바울의 글이 역사적으로 억압과 지배의 논리를 정당화하는 데 사용되어온 현실을 결코 간과해서는 안 된다고 강조한다. 바울의 시민권은 단지 그의 사회적 특권을 의미하는 것이 아니라 예수의 세계와 바울의 세계 사이에 존재하는 심연과 같은 간극을 드러내는 지표로 이해되어야 한다는 것이 서먼의 주장이다. 그는 다음과 같이 설득력 있게 진술한다. "예수는 로마 시민이 아니었다. 그는 시민권이 보장하는 일상적인 보호―곧 자신이 어딘가에 속해 있다는 인식에서 오는 조용한 안도감과 그것이 만들어내는 사회 전반에 대한 신뢰감—를 경험하지 못했다. 만약 로마 군인이 예수를 도랑에 빠뜨렸다면 그는 로마 황제 카이사르에게 호소할 수 없었을 것이다. 그는 그저 도랑에 빠진 또 하나의 유대인일 뿐이었을 것이다.…실제로 날마다 불안 속에서 살아본 경험이 없는 사람은 바로 이러한 점에서 예수와 바울을 갈라놓은 세계의 간극이 얼마나 큰 것인지를 결코 이해할 수 없다"(33-34).

비시민권자로서 겪는 구조적 위험과 제도적 보호의 부재는 예수와 아프리카계 미국인들의 삶을 특징짓는 공통된 요소다. 바로 이 점에서 예수의 삶과 신앙은 흑인의 역사적 경험과 깊이 맞닿아 있으며, 서먼은 이러한 유사성이 기독교 신앙에 대한 재해석의 기초가 되어야 한다고 주장한다. 반면 로마 시민으로서 제국의 보호와 특권을 누릴 수 있었던 바울은 이러한 조건과 일정한 거리감을 지니고 있으며, 그의 글과 신학은 때때로 흑인의 현실에 유해한 방식으로 수용되어왔다고 서먼은 지적한다. 그는 다음과 같이 진술한다.

팔레스타인에서의 예수의 사회적 위치와 미국에서 대다수 흑인이 처한 사회적 위치 사이에는 놀라울 정도의 유사성이 존재한다. 이는 이러한 사실들을 면밀히 검토해본 사람이라면 누구나 인식할 수 있는 현실이다.…완전한 시민권이 보장되지 않는 상황 속에서 형성되는 사회적 분위기는 창조적이고 지속적인 생존을 어렵게 만드는 근본적인 문제를 야기한다. 대부분의 흑인들은 시민으로서 자신의 지위가 분명하게 규정된 적이 없다고 느껴왔으며, 그 결과로 국가로부터 보장받아야 할 기본적인 시민권이나 보호 역시 자신들에게는 주어지지 않는다고 여겨왔다. 실제로 그들은 지금까지 사회를 지배하는 권력 집단으로부터는 거의 보호를 받지 못했고, 더 나아가 그들 공동체 내부에서 발생하는 통제되지 않는 위협으로부터도 적절한 보호를 경험하지 못했다(34).

서먼이 이 글을 집필하던 시기는 린치, 경찰 폭력, 선거권 박탈, 제도적 인종 분리가 일상화되어 있던 시기였다. 이 같은 시대적 맥락을 고려할 때 서먼이 예수와 흑인 사이의 사회적 위치를 병치한 이유는 더욱 분명해진다. 바울은 로마 시민권을 통해 소속감과 법적 보호를 누릴 수 있었던 인물이지만, 예수와 흑인은 국가의 보호로부터 배제된 존재들이었다. 이들은 단지 물리적 폭력의 대상이었을 뿐 아니라 사회적 구성원으로서의 존엄성과 인격적 가치 또한 제대로 인정받지 못했다.[143]

서먼은 이전 세대의 해석자들과 달리 바울과 예수를 의도적으로 병치하면서도, 이 둘 사이에 뚜렷한 위계적 구분을 설정한다. 그는 예수가 어떤 형태의 사회적 특권도 누리지 못한 비시민자의 삶을 살았다는 점에서 바울보다 더 온전히 억압받는 자들의 현실에 연대하는 인물이라고 평가한다.

---

143 이 저작에서 Thurman은 바울 서신에 자주 등장하는 고난 목록—그가 겪은 고난, 특히 로마 당국에 의한 폭력을 나열하는 구절들(예. 고후 4:8-12; 6:4-10; 11:23-29)—을 다루지 않는다. 바울과 로마 제국의 폭력에 대한 간략한 논의는 나의 다음의 논의를 보라. Lisa Bowens, "Painting Hope: Formational Hues of Paul's Spiritual Warfare Language in 2 Corinthians 10-13," in *Practicing with Paul: Reflections on Paul and the Practices of Ministry in Honor of Susan G. Eastman*, ed. Presian Burroughs (Eugene, OR: Wipf & Stock, 2018), 특히 117-20.

바울의 말은 그의 특권적 지위로 인해 일정 부분 상대화될 수밖에 없으며, 그의 서신은 억압받는 이들의 일상과는 제한적인 접점을 가질 뿐이라는 것이다. 나아가 서면은 바울의 시민권이 오히려 그의 시야를 협소하게 만들었으며, 역사적으로는 지배 이데올로기를 정당화하는 데 이용되었다고 비판한다.[144] 반면 예수의 삶의 자리(Sitz im Leben)는 바울보다 오히려 흑인의 곤경에 더욱 가깝다. 예수의 삶과 가르침, 그리고 그의 신앙은 시민권의 경계 선상에서 살아가는 아프리카계 미국인의 조건과 긴밀하게 연관되어 있으며, 그 안에 내재한 고통과 불의의 구조를 직접 드러낸다.

앨버트 클리지 주니어(1911-2000): 흑인 민족을 위한 신학자이자 실천적 지도자

앨버트 클리지 주니어는 1911년 인디애나폴리스에서 태어나 디트로이트에서 성장했다. 그는 웨인 주립대학교(Wayne State University)에서 심리학을 전공한 후 1936년 사회복지사로 사역을 시작했으며, 이후 그는 피스크 대학교(Fisk University)에서 저명한 사회학자 찰스 존슨(Charles Johnson)의 지도를 받았다. 1938년, 그는 목회 소명을 확신하고 오벌린 대학(Oberlin

---

144　Thurman은 이 책에서 논의된 모든 흑인 해석자들과 마찬가지로 사도행전에 나오는 바울과 서신서에 나오는 바울을 구분하지 않는다. 그러나 현대의 성서비평학계에서는 이 둘을 구분하며, 바울이 실제로 로마 시민이었는지에 대해서도 논쟁이 있다. 왜냐하면 바울 자신이 쓴 서신에서는 이 사실을 언급하지 않기 때문이다.

College)에서 목회학 석사 학위를 취득했다. 학문적 여정 가운데 그는 현실을 낙관적으로 이상화하는 전통적 사회복음의 한계를 비판하게 되었고, 그 대안으로 라인홀드 니버(Reinhold Niebuhr)의 기독교 현실주의(realism)에 깊은 공감을 표했다.[145]

1943년, 클리지는 회중교회(Congregational Church)에서 안수를 받은 뒤, 샌프란시스코에 새롭게 설립된 인종 통합 교회인 만민 교제 교회(Church for the Fellowship of All Peoples)의 임시 담임목사로 부임했다. 이 교회는 미국 최초의 인종 혼합 교회로 평가되며, 공동 설립자 중에는 하워드 서먼도 포함되어 있었다. 클리지는 이후 이 교회의 공동 담임목사로 임명되었으며, 서먼이 후임으로 자리할 때까지 그 직임을 감당했다. 교회는 클리지(흑인 목사)와 앨버트 피스크(Albert Fisk, 백인 장로교 목사)를 함께 세움으로써 인종 간 협력과 평등한 지도체제의 상징을 구현하고자 했다. 그러나 클리지는 곧 피스크의 목회 방식에 깊은 문제의식을 품게 되었다. 그는 피스크의 설교가 당시 "일본계 미국인에 대한 강제 수용이나 흑인 병사들에 대한 차별 등 긴급하고 구조적인 정의의 문제들을 외면한 채, 낙관주의적 사회복음을 설파하고 있다"고 비판했다.[146] 클리지는 이러한 회피가 설령 신학적 의도에서 비롯된 것이라 하더라도, "구조적 도덕 악에 대처할 능력을 상실한 백인 기독교의 무기력함"을 드러내는 증거라고 보았다. 그는 또한 이

---

145 Marbury, *Pillars*, 174, 176, 177. 다음의 중요한 분석도 보라. Albert Cleage in Paris, "The Bible," 148-51.
146 Marbury, *Pillars*, 177.

러한 태도가 "흑인과 백인 사이의 신학적 관심사에 근본적 균열이 존재함을 보여주는 단면"이라고 주장했다.[147] 1953년, 클리지는 빈민 지원, 흑인 교육의 향상, 그리고 흑인의 역량 강화를 핵심 사명으로 삼는 독립 교회를 새롭게 설립했다. D. 키마시 넬슨(D. Kimathi Nelson)의 분석에 따르면 "클리지가 창립한 이 교회의 첫 번째 신조는 '우리 교회는 흑인의 삶에서 제기되는 어떤 논쟁적인 영역도 회피하지 않는다'는 것이었다."[148] 넬슨은 클리지를 "흑인 공동체의 변호인이자 도덕적으로 흠잡을 데 없는 지도자"로 평가하며, "인종차별과 사회적 불의가 발생할 때 사람들로 하여금 가장 먼저 연락하게 되는 인물로 인식되었다"고 회고한다.[149]

클리지는 민권운동의 열렬한 지지자였으나, 마틴 루서 킹 주니어(Martin Luther King Jr.)가 제시한 비폭력적 저항 전략에는 비판적이었다. 그의 접근 방식은 오히려 말콤 엑스(Malcolm X)의 직접 행동 노선에 보다 가까웠다. 클리지는 미국 사회가 흑인에게 공정하게 대할 수 있다는 낙관적 기대를 거부했다. 역사와 동시대의 현실은 그에게 그러한 기대가 허상임을 명확히 보여주었기 때문이다.[150] 그는 미국이 정책과 법률 제도를 통해 흑인의 열등함을 지속적으로 정당화해왔으며, 이러한 구조적 현실 속에서는

---

147 Marbury, *Pillars*, 177, 178.
148 D. Kimathi Nelson, "The Theological Journey of Albert B. Cleage, Jr.: Reflections from Jaramogi's Protégé and Successor," in *Albert Cleage Jr. and the Black Madonna and Child*, ed. Jawanza Eric Clark (New York: Palgrave Macmillan, 2016), 23.
149 Nelson, "The Theological Journey," 24.
150 Marbury, *Pillars*, 178-79; William C. Turner Jr., "Preaching the Spirit: The Liberation of Preaching," *Journal of Pentecostal Theology* 14, no. 1. (2005): 4.

민권운동이 지향하는 완전한 통합 역시 실현 불가능하다고 보았다.[151] 클리지는 특히 흑인들이 백인 중심의 이념에 의해 구성된 "흑인 열등성"의 신화를 내면화한 결과, "자신이 열등하다고 믿게 되며, 자신이 속한 공동체와 문화, 심지어 백인 사회의 제도를 모방하여 형성된 흑인 사회의 조직 체계마저도 경시하고 혐오하게 되는 현상에 깊은 우려를 표했다."[152] 그는 흑인 교회의 중요한 사명 가운데 하나가 바로 흑인 열등성이라는 신화를 반박하고 해체하는 것이라고 믿었다.

흑인이 열등하다는 개념을 불식시키기 위한 사명을 완수하고자 클리지는 흑인 기독교 민족주의 운동(Black Christian Nationalist movement)을 시작하고, 범아프리카 정통 기독교 교회(Pan African Orthodox Christian Church)를 창립했다.[153] 그리고 1967년 부활주일에 그는 높이 18피트에 달하는 흑인 마돈나 그림을 공개하고, 자신이 섬기던 교회의 이름을 "중앙 회중 교회 검은 마돈나 성소"(Central Congregational the Shrine of the Black Madonna)로 변경했다. 클리지는 이 제막식을 흑인이 본질적으로 악하며 신적 구원을 받을 자격이 없다고 가르쳐온 왜곡된 기독교로부터 흑인이 해방되었음을 상징하는 사건으로 이해했다.[154] 그는 이 흑인 마돈나의 의미에 대해 다음과 같

---

151 Marbury, *Pillars*, 179. Cleage의 관점과 그가 King과 민권운동과 맺었던 관계에 대한 Marbury의 통찰력 있는 분석은 매우 귀중하다. 174-200을 보라.
152 Marbury, *Pillars*, 178에서 인용됨.
153 Jawanza Eric Clark, "Introduction: Why a White Christ Continues to Be Racist: The Legacy of Albert B. Cleage Jr.," in Clark, *Albert Cleage Jr. and the Black Madonna and Child*, 1-2; Nelson, "The Theological Journey," 22.
154 예를 들어 흑인의 기원에 대해 전해지는 이야기에 대한 논의는 2장에서 다루고 있다.

인 신앙 사이의 복잡하고 다면적인 관계를 조명하는 데 중요한 통찰을 제공한다. 이들은 바울을 거부하고 배제함으로써 오히려 성경이 오늘날 흑인들의 삶과 그들이 직면한 현실―경찰 폭력, 빈곤, 인종차별, 구조적 불의 등―과 여전히 깊이 연결되어 있음을 드러낸다. 다른 흑인 해석자들이 바울을 이러한 억압적 현실에 저항하기 위한 신학적 자원으로 활용한 데 반해, 서먼과 클리지는 바울을 그 억압의 일부, 심지어 그 기원으로 보았다. 이러한 맥락에서 바울에 대한 비판과 거부는 하나의 아프리카계 미국인 바울 해석학으로 이해될 수 있다. 이는 흑인들이 자신들의 역사적 경험과 사회적 위치에 기반하여 바울을 새롭게 읽고, 때로는 그의 신학 자체를 거부하는 신학적 실천이다. 중요한 점은 서먼과 클리지가 바울을 단순히 폐기하는 데 그치지 않고, 그의 역사적 맥락―예컨대 서먼의 바울 시민권에 대한 분석―과 보다 넓은 성경의 역사―로마 제국의 유대인 억압에 대한 인식―를 면밀히 고찰하면서 이를 아프리카계 미국인의 고난 경험과 연결시키고 있다는 사실이다. 아프리카계 미국인과 바울 사이의 긴장된 관계는 바울 자신의 역사적 정체성과 이중적인 면모를 반영하는 것이기도 하다.

마틴 루서 킹 주니어(1929-1968): 저항의 신학자

마틴 루서 킹 주니어는 종종 예언자,[158] "하나님의 나팔수",[159] "정의의 북소리꾼",[160] "저항의 신학자"[161] 등으로 불린다. 이러한 수식어들은 민권운동의 전형적인 지도자로서 그가 남긴 지대한 영향력에 걸맞은 칭호다. 1929년 1월, 조지아주 애틀랜타에서 태어난 킹은 교사였던 어머니 앨버타 킹(Alberta King)과 에벤에셀 침례교회(Ebenezer Baptist Church) 목사였던 아버지 마틴 루서 킹 시니어(Martin Luther King Sr) 사이에서 성장했다. 그는 열다섯 살에 고등학교를 졸업하고, 1948년 모어하우스 대학(Morehouse College)에서 학사 학위를, 크로저 신학교(Crozer Theological Seminary)에서 신

158　Paris, "The Bible," 141. 그는 King을 흑인 교회의 예언자적 전통에 속하는 인물로 규정하며, 이 전통을 "지배적인 제도, 신념, 관행을 면밀히 조사하여 그 안에 내재된 인종차별적 편견을 드러내는 비판의 전통"이라고 정의한다. "이 전통은 국가가 그 오류를 지적받았을 때 그 관행과 신념을 바로잡을 의지가 있다고 전제한다. 따라서 이 비판의 방식은 건설적이다.… 이 전통은 과거를 무비판적으로 긍정하거나 미화하지 않고, 모든 사건, 행동, 실천을 흑인 기독교 전통의 원칙에 따라 엄격하게 평가한다. 이 전통은 국가의 삶에 내재된 모순을 드러내고, 그 모순이 지닌 도덕적 파급력을 명확히 밝히고, 그 해결을 촉구하기 위해 노력한다"(140-41). 다음도 보라. Obery M. Hendricks Jr., "An MLK Birthday Sermon," in *The Universe Bends toward Justice: Radical Reflections on the Bible, the Church, and the Body Politic* (Maryknoll, NY: Orbis, 2011), 195-206.

159　Richard Lischer, *The Preacher King: Martin Luther King, Jr. and the Word That Moved America* (New York: Oxford University Press, 1995), 12.

160　Lewis Baldwin, *Behind the Public Veil: The Humanness of Martin Luther King, Jr.* (Minneapolis: Fortress, 2016), 5.

161　Rufus Burrow Jr., *Martin Luther King, Jr., and the Theology of Resistance* (Jefferson, NC: McFarland, 2015), 5.

학 석사학위를, 그리고 1955년 보스턴 대학교에서 박사 학위를 받았다.[162]

박사 학위를 받기 1년 전인 1954년, 킹은 앨라배마주 몽고메리에 위치한 덱스터 애비뉴 침례교회(Dexter Avenue Baptist Church)의 담임목사로 부임했다. 그리고 1955년, 짐 크로우 법에 따라 흑인들이 버스 뒷좌석에 앉아야 했던 인종차별에 항의하여 버스 보이콧 운동을 이끌었다. 이 운동은 로사 파크스(Rosa Parks)가 백인에게 자리를 양보하라는 요구를 거부한 사건을 계기로 시작되었으며, 이후 1년 넘게 지속되었다. 보이콧 기간 동안 킹의 집은 폭탄 테러의 대상이 되었고, 그는 반복적으로 생명의 위협을 받았다. 킹과 다른 시위자들은 경찰과 공직자들로부터 신체적 폭력과 지속적인 협박을 견뎌야 했다. 그럼에도 불구하고 킹과 다른 아프리카계 미국인들이 보여준 불굴의 인내는 결국 인종 평등을 향한 중대한 승리를 이끌어냈다.[163]

몽고메리 버스 보이콧은 킹을 전국적인 지도자로 부상시켰고, 이후 그의 민권운동 리더십은 더욱 확고해졌다. 침례교 목사의 아들로 태어난 그는 신학교와 박사 과정에서 쌓은 신학적 훈련을 바탕으로 하나님과 교회, 그리고 하나님의 백성에 대한 깊은 사랑을 자신의 개인적이고 사회적인 소명과 긴밀히 연결시켰다. 특히 그는 짐 크로우 법으로 상징되는 미국 남부의 인종차별에 복음의 메시지로 응답하고자 했다. 킹은 해방의 복음을 마

---

162 Simmons and Thomas, *Preaching with Sacred Fire*, 514-15.
163 Simmons and Thomas, *Preaching with Sacred Fire*, 515.

하트마 간디(Mahatma Gandhi)의 비폭력 저항 사상과 결합시켜 정치적·경제적·사회적 평등을 위한 대변자로 섰다. 다음 인용문은 그가 자신의 목회적 소명과 정의를 향한 부름 사이에서 어떤 깊은 연관성을 보았는지를 잘 보여준다.

> 나는 민권운동가가 되기 전에 복음을 전하는 설교자였다. 이것이 나의 첫 번째 소명이었고, 지금도 여전히 가장 큰 소명으로 남아 있다. 사실 내가 민권운동에서 감당하고 있는 모든 일은 그것이 나의 목회 사역의 일부라고 믿었기 때문에 하는 일이다. 나는 기독교 사역을 충실히 수행하는 것 외에 다른 어떤 인생의 야망도 가지고 있지 않다. 어떠한 공직에도 출마할 계획이 없으며, 설교자로 남는 것 외에 다른 계획은 없다. 그리고 내가 이 투쟁 속에서 많은 사람들과 함께 하고 있는 모든 일은, 설교자는 인간의 영혼뿐 아니라 육체까지도 돌보아야 한다는 신념에서 비롯된 것이다.[164]

킹은 설교자의 역할이 단지 사람들의 영혼을 돌보는 데 그치지 않고, 그들의 일상적인 삶과 구체적인 사회 현실까지 책임지는 것이라고 이해했다. 인간 전체에 대한 관심은 곧 억압에 맞서 싸우고 평등을 옹호하는 사명을

---

164 Martin Luther King Jr., "'Why Jesus Called a Man a Fool,' Sermon Delivered at Mount Pisgah Missionary Baptist Church," August 27, 1967?, Stanford University Martin Luther King, Jr., Research and Education Institute, https://kinginstitute.stanford.edu/king-papers/documents/why-jesus-calledman-fool-sermon-delivered-mount-pisgah-missionary-baptist.

동할 수 있는 능력을 갖추게 되었으면서도, 서로를 사랑할 수 있는 도덕적 감수성과 영적 성숙에는 여전히 도달하지 못했다고 말한다. 그 결과, 인간관계의 가장 고통스러운 파괴, 곧 마음의 파괴가 초래되었다.

"바울"은 독자들에게 기독교 윤리의 원칙을 따르는 것이 얼마나 중요한지를 상기시키며, 단지 이름만이 아니라 그 이름에 걸맞은 삶의 방식이 반드시 뒤따라야 한다고 강조한다. 바울 당시에도 이러한 윤리적 원칙들이 대중의 지지를 받지 못했지만, 그는 그럼에도 불구하고 그것을 자신의 삶 속에 실천해냈다. 마찬가지로 오늘날의 미국 신자들 역시 그러한 삶을 살아야 한다는 것이 그의 주장이다. 그는 성경의 가르침에 반하는 사회적 "관습"을 따르지 말 것을 경고한다. 로마서 12:1-2을 인용하며 그는 이렇게 말한다. "미국 그리스도인 여러분, 나는 수년 전 로마의 그리스도인들에게 썼던 바로 그 말—'**너희는 이 세대를 본받지 말고, 오직 마음을 새롭게 함으로써 변화를 받으라**'—을 여러분에게도 반드시 전해야겠습니다"(128). "바울"은 독자들에게 "여러분이 주장하는 정체성에 부합하는 사람이 되십시오"라고 권면하며, 기독교 신앙의 고백과 그에 따른 행동이 일치해야 함을 역설한다. 킹은 바울의 음성을 빌려 백인 그리스도인들이 인종 분리를 당연한 질서로 받아들이는 사회에 순응해서는 안 된다고 주장한다. 그들은 남부의 문화적 유산보다 하나님께 더 큰 충성심을 가져야 한다. 킹은 바울의 언어를 통해 하나님께서 백인 그리스도인들에게 새로운 마음을 주셔서 그들이 정의를 사랑하고 평등을 추구하는 일에 동참하게 되기를 호소한다.

"바울"은 로마서 12장의 본문을 통해 종말론적 관점에서 이해된 이중

시민권 개념을 제시한다. 그리스도 사건을 통해 하나님께서 시간 속으로 개입하셨기 때문에, 신자들은 이 개입의 결과로 시간과 영원, 새 시대와 옛 시대를 동시에 살아가는 존재가 된다(128). 이로써 신자들은 이 땅의 시민권과 하늘의 시민권이라는 두 정체성을 지니게 되지만, 그 삶의 우선순위는 하늘의 시민권에 의해 규율되어야 한다. "인간이 만든 제도의 일시적이고 덧없는 요구가 전능하신 하나님의 영원한 요구보다 더 중요시되도록 해서는 안 됩니다. 많은 사람들이 신앙의 고귀한 가치를 포기하는 이 시대에 여러분은 그 가치를 굳게 붙들고, 신앙과 동떨어진 가치관을 지닌 세대의 압력에도 굴하지 말고, 아직 태어나지 않은 세대를 위해 그 가치를 지켜내야 합니다. 여러분은 불의한 관습에 기꺼이 도전하고, 인기 없는 대의를 옹호하며, 현상 유지에 저항해야 합니다"(128-29). 신자들이 하늘의 시민권을 이 땅의 시민권보다 우선시할 때, 그들은 인종주의 이데올로기, 백인 우월주의, 인종 분리, 그리고 모든 형태의 사회적 불의에 저항하게 된다. 이중 시민권 개념은 영적인 현실과 지상의 현실을 하나로 연결시키며, 이 두 현실이 얼마나 정교하게 맞물려 있는지를 보여준다. 영적 변화는 땅 위의 변화를 이끌어내며, 이는 개인의 행위, 신념, 사회적 실천 속에 구체적으로 드러난다. 킹은 데이비드 워커, 레버디 랜섬 등 앞선 흑인 해석자들의 전통을 계승하여 영적 세계와 지상 세계가 분리될 수 없는 실재임을 선언한다. 그에게 구원이란 단지 개인 내면의 변화만이 아니라 사회 전체를 새롭게 구성하는 전방위적 변화다.

"바울"은 또한 "인구의 10분의 1이 부의 40% 이상을 장악하고 있는"

당시의 불평등을 지적하며, 자본주의의 착취적 성향을 강하게 비판한다. 그는 이렇게 말한다. "미국은 대중으로부터 생필품을 빼앗아 부유한 소수 계층에게 사치품을 제공하는 일을 얼마나 수없이 반복해왔습니까! 미국이 진정한 기독교 국가가 되기 위해서는 이 문제를 반드시 해결해야 합니다." 그러나 그 해결책이 공산주의로의 전환이어서는 안 된다고 단호히 선을 긋는다. 공산주의는 "윤리적 상대주의, 형이상학적 유물론, 무자비하고 억압적인 전체주의, 그리고 어떤 그리스도인도 수용할 수 없는 기본적 자유의 박탈" 위에 세워져 있기 때문이다(129). 대신 미국은 자국의 민주주의 이상을 활용하여 모든 이가 충분히 소유할 수 있도록 하고, 보다 공정한 부의 분배를 실현해야 한다.

"바울"은 고린도전서 12장에 나오는 그리스도의 몸 비유를 활용하여 백인 교회와 흑인 교회가 따로 예배를 드리는 인종 간 분열과 교파적 분리를 강하게 비판한다. "그리스도의 몸"이라는 이미지는 하나 되게 하시는 하나님의 뜻을 강조하는 수단으로 기능한다(129-30). 킹은 바울의 분노에 찬 어조를 빌려 이렇게 외친다. "미국 교회에 대해 내 마음을 불편하게 만드는 또 하나는 백인 교회와 흑인 교회가 따로 존재한다는 사실입니다. 어떻게 **그리스도의 몸** 안에 이런 분리가 존재할 수 있습니까?…이 얼마나 끔찍한 일입니까!" 이어 그는 갈라디아서 3:28과 사도행전 17:26에 나타난 바울의 선언을 인용하며 자신의 메시지를 이어간다.

나는 여러분 가운데 일부 그리스도인들이 인종 분리를 정당화하고, 흑인이 본질적으로 열등하다는 주장을 뒷받침하기 위해 성경에서 근거를 찾으려 한다는 사실을 잘 알고 있습니다. 오 친구 여러분, 그것은 신성모독이며 모든 기독교 정신에 정면으로 반하는 행위입니다. 나는 과거에도 많은 그리스도인들에게 이렇게 말한 바 있습니다. "**너희는 유대인이나 헬라인이나 종이나 자유인이나 남자나 여자나 다 그리스도 예수 안에서 하나이니라**"(갈 3:28). 나는 이 말씀을 다시 반복하지 않을 수 없습니다. 그리고 내가 아레오바고에서 했던 다음의 말도 되새겨야 하겠습니다. "세상과 그 안에 있는 만물을 지으신 하나님께서…**인류의 모든 민족을 한 혈통으로 만드사 온 땅에 살게 하셨습니다**"[행 17:26]. 그러므로 미국의 그리스도인 여러분, 나는 여러분에게 모든 형태의 인종차별적 분리를 철폐할 것을 간곡히 촉구합니다. 인종 분리는 우리가 그리스도 안에서 하나 되었다는 사실을 공개적으로 부정하는 행위입니다(130).

킹은 갈라디아서 3:28을 인용함으로써 일부 사람들이 주장하듯 그리스도 안에도 차별과 경계가 존재한다는 주장을 전면으로 반박한다. 그는 그리스도 안에서는 모든 차별과 구분이 철폐되었음을 강조하며, 앞선 흑인 해석자들처럼 사도행전 17:26을 제시하여 하나님께서 모든 인류를 한 혈통으로 창조하셨음을 천명한다. 이 본문은 하나님께서 인류에게 의도하신 일치의 비전을 보여주는 본문이며, 킹은 이를 통해 인종 분리와 백인 우월주의를 강하게 질타한다. 그러므로 인종 분리는 신자들이 그리스도 안에서 누리는 하나 됨에 역행하는 것이며, 인종차별 철폐에 반대하는 것은 하나님

의 영원하신 뜻을 거스르는 일이다(131).[169]

이후 "바울"은 미국 교회들을 향해 사회적 실천을 통해 인종 분리에 저항할 것을 강력히 촉구한다. 동시에 그는 이 끔찍한 현실의 직접적 피해자들에게도 불의에 맞서 싸우고 항의할 것을 권면한다. 그들이 지상과 하늘에 속한 이중 시민권을 지니고 있으며, 새 시대와 옛 시대가 중첩된 시기를 살아가고 있다는 사실은 곧 그들이 뿌리 깊은 인종차별과 백인우월주의라는 악한 세력과 싸우고 있다는 뜻이기도 하다. 그러므로 그리스도인들은 이 악의 세력들에 맞서기 위해 "그리스도인의 무기"(고후 10:3-6)와 "그리스도인의 방식"으로 싸워야 한다(131). 킹 목사에게 있어 이 그리스도인의 무기란 다름 아닌 비폭력적 저항과 변함없는 사랑의 힘이다(132).

그러나 "바울"은 우리가 악에 맞서 싸울 때 고통과 핍박이 필연적으로 따를 것임을 잘 알고 있다.

미국의 그리스도인 여러분, 박해를 두려워하지 마십시오. 위대한 신념과 가치를 지키기 위해 담대히 맞서려면 박해를 기꺼이 감수할 준비가 되어 있어야 합니다. 나의 삶이 박해의 연속이었기에, 나는 이 말을 누구보다 확신을 가지고 전할 수 있습니다. 회심 이후 나는 예루살렘의 제자들에게 외면당했고, 그곳에서 이단 혐의로 재판을 받았습니다. 빌립보에서는 투옥되었고, 데살로니가에

---

169 King이 인종분리주의자들은 하나님을 거스른다고 담대하게 선언한 것은 1700년대에 Remuel Haynes가 "노예제는 죄다!"라고 도발적으로 외친 발언을 반향하는 것이다. Remuel Haynes에 대한 논의는 1장을 참조하라.

서는 구타를 당했으며, 에베소에서는 폭도들의 공격을 받았습니다. 아덴에서는 깊은 낙심에 빠지기도 했습니다. 그러나 나는 이 모든 경험을 통해 **"사망이나 생명이나 천사들이나 권세자들이나 현재 일이나 장래 일이나…그 어떤 것도 우리를 우리 주 그리스도 예수 안에 있는 하나님의 사랑에서 끊을 수 없다"** 는 진리를 더욱 굳게 확신하게 되었습니다[롬 8:38-39]. 인생의 목적은 행복이나 쾌락을 추구하고 고통을 회피하는 데 있는 것이 아니라 어떤 상황에서도 하나님의 뜻을 행하는 데 있습니다. 나는 이미 위협과 협박, 불편함과 비호감, 체포와 물리적 폭력 앞에서도 흔들림 없이 당당히 맞서 하나님께서 우리 아버지이시며 모든 인류가 한 형제자매라는 복음을 선포해온 여러분을 나는 진심으로 칭찬하지 않을 수 없습니다(132).

이 글에서 킹은 자신의 목소리와 바울의 목소리를 하나로 결합하고 있지만, 특히 위 인용문에서는 그 결합이 한층 더 밀접하게 드러난다. 바울이 복음을 위해 겪었던 고난은 킹 자신이 민권운동 과정에서 겪는 고난과 뚜렷이 구분되지 않을 정도로 깊게 연결되어 있으며, 더 나아가 사도의 고난은 정의와 평등이라는 이상을 실현하려는 민권운동 속에서 고난받는 모든 이들의 고난과도 긴밀하게 연동되어 있다. 킹은 이 글 전체를 통해 정의와 평등이라는 가치를 복음의 본질적 일부로 제시한다. 그는 바울을 단지 자신과 연결할 뿐 아니라 인종 분리 정책과 제도에 저항하며 박해를 견디는 흑인과 백인 그리스도인들과도 바울을 연결한다. 바울의 삶은 "의를 위한 고난"이 무엇인지 보여주는 본보기로 제시되며, 정의를 위해 싸우는 이들에게는 고난을 함께 짊어지는 신앙의 동반자로 다가온다. 동시에 그는 "그 어떤 것도 우리를 하나님의 사랑에서 끊을 수 없다"는 말씀을 통해 박해 속에서도 흔들리지 않는 위로와 희망의 메시지를 전한다.

킹은 이 서신을 고린도전서 13장에 나오는 바울의 "사랑의 장"을 패러프레이즈한 문장으로 마무리하면서 미국 교회의 근본적 병폐라고 여긴 문제들을 정면으로 비판한다. 킹 특유의 설득력과 감동적인 언어가 집약된 다음 인용문은 이 서신의 결말을 장식하는 인상적인 대목이다.

> [미국 그리스도인 여러분,] 여러분이 과학적 예측 능력을 은사로 받아 분자의 반응과 작용 원리를 이해하고, 자연의 숨겨진 보물창고를 탐구하여 그 안에서 새로운 통찰을 얻으며, 학문적 성취의 정점에 이르러 모든 지식을 소유하고, 수많은 학위와 명문 교육 기관을 자랑한다고 해도—사랑이 없으면 이 모든 것은 아무 의미가 없습니다. 또한 여러분이 가난한 이들에게 음식을 나누어주고, 자선 단체에 거액을 기부하며, 자선 활동으로 세상에 큰 공로를 세운다 해도—사랑이 없으면 그것 역시 아무 의미가 없습니다[고전 13장](133).

고린도 교인들이 사랑의 가치를 간과한 채 예언이나 방언과 같은 다른 은사들에 집중했던 것처럼—물론 이러한 은사들도 중요한 것이지만—바울은 그들에게 어떤 은사도 사랑을 대체할 수 없음을 분명히 상기시킨다. 이러한 은사들은 오히려 사랑과 조화를 이루며 사용되어야 하며, 그 이유는 사랑이 가장 큰 은사이기 때문이다(고전 13:13). 킹은 이와 유사한 방식으로 미국의 신자들에게 말한다. 기술, 과학, 자선, 교육 등 아무리 가치 있는 일에 헌신한다 해도 그것들이 사랑의 필요를 제거할 수는 없다. 왜냐하면 "사랑은 이 세상에서 가장 오래 지속되는 힘"이기 때문이다(133). 킹은 이 편지를 통해 바울이 왜 사랑을 그토록 강조했는지를 깊이 통찰한다. 바울의 강조는 신학적·기독론적·구원론적·교회론적 의미를 모두 담고 있다. 바울에게 사랑은 하나님 중심적이며 십자가 중심적인 실재로, 신앙 공동체를 형성하고 지속시키는 결절점(nexus)이다. 사랑은 곧 하나님의 본질이며, 그 본질은 신자의 삶과 실천을 규정짓는 핵심이 되어야 한다. 이러한 이해를 바탕으로 킹은 말한다. "갈보리는 우리가 영원이라는 넓은 시야를 통해 하나님의 사랑이 역사 속으로 들어오는 것을 보게 해주는 망원경이다." 이처럼 역사 속으로 들어오신 하나님의 사랑은 신자들로 하여금 옛 시대와 새 시대가 중첩되는 틈에서 살아가게 하며, 동시에 그 신적 개입의 현실을 사랑의 실천으로 증언하게 만든다. "바울"은 고린도전서 13장을 패러프레이즈한 후, 고린도 교인들에게 보낸 또 다른 편지의 마지막에서 했던 말을 다시 상기시킨다. 그는 고린도후서 13:11의 말씀을 인용하여 미국의 신자들에게 이렇게 권면한다. "위로를 받으며, 마음을 같이하며, 평화롭게 살아가십시오"(134). 사도 바울이 자신의 편지를 평화와 하나 됨을 추구하는 권면으로 마무리한 것처럼 킹 목사도 이 서신을 동일한 호소로 끝맺는다.

"버밍햄 감옥으로부터의 편지"

킹의 "버밍햄 감옥으로부터의 편지"는 밀턴 서넷(Milton Sernett)의 표현처럼 "항의 문학의 고전"으로 평가받는다.[170] 1963년 성금요일, 시위행진에 참여한 혐의로 체포된 킹은 8일간 감옥에 수감되었고, 그곳에서 민권운동을 비판하며 지도자들의 활동 중단을 요구한 여덟 명의 백인 종교 지도자들에게 답장을 쓰기로 결심한다. 그는 그들의 주장을 조목조목 반박하며 바울의 언어와 성경을 인용해 인종 분리주의를 비판하고, 그에 대한 신학적 대안을 제시한다.

킹이 이 편지를 구성한 방식은 바울의 옥중서신, 특히 빌립보서와 뚜렷한 유사성을 지닌다. 바울이 복음을 전하다 투옥된 가운데 신자들에게 권면의 편지를 보냈던 것처럼, 킹 또한 복음의 실천으로 인해 투옥되었고, 그 감옥 안에서 백인 성직자들뿐 아니라 흑인을 포함한 모든 신자들을 향해 신학적 메시지를 전달한다. 바울의 옥중서신이 공동체를 가르치고 격려하며 더욱 깊은 헌신과 경건한 삶으로 초대했던 것처럼, 킹의 편지도 미국 교회를 향해—특히 백인 기독교 공동체를 향해—민권운동의 성서적·신학적 정당성을 천명하고, 이미 이 투쟁에 헌신한 흑인 형제자매들에게는 깊은 위로와 용기를 건넨다.

여덟 명의 백인 종교 지도자들은 민권운동가들을 "외부 선동가"로 규정하며, 그들이 버밍햄의 지역 문제에 개입하거나 그곳에 체류하는 것을 반대했다. 이에 대해 킹은 먼저 자신이 속한 조직인 남부기독교지도자회의(Southern Christian Leadership Conference, SCLC)와 버밍햄과의 관계를 독자들

170　Sernett, *African American Religious History*, 519.

에게 설명한 뒤, 성경적 관점에서 자신의 체류를 정당화한다. 그는 구약의 예언자들이 종종 하나님의 부르심을 따라 고향을 떠나 주님의 말씀을 전하기 위해 국경과 지역 경계를 넘었던 것처럼, 자신과 동료 민권운동 지도자들도 하나님의 인도하심에 따라 버밍햄으로 오게 되었다고 말한다. 이후 킹은 논의를 구약의 전형적 인물(paradigms)에서 출발하여 신약의 사도 바울에게로 확장한다. "기원전 8세기의 예언자들이 자신의 고향을 떠나 '주께서 이르시되'로 시작하는 하나님의 말씀을 그들의 경계를 넘어 선포했던 것처럼, 그리고 **사도 바울이 자신의 고향 다소를 떠나 예수 그리스도의 복음을 그리스-로마 세계의 거의 모든 도시와 마을에 전했던 것처럼, 나 역시 자유의 복음을 내 고향의 경계를 넘어 전파할 의무가 있습니다. 나도 바울처럼 마케도니아인들의 도움 요청에 부단히 응답해야 합니다.**"[171] 여기서 "주께서 이르시되"라는 표현은 예언자적 소명, 예언자적 음성, 그리고 하나님이 주신 임무라는 세 가지 측면을 동시에 드러낸다. 킹은 이 모든 의미를 담아 자신을 하나님의 명령을 수행하는 예언자적 사명을 지닌 자로 묘사한다. 그는 자신에게 주어진 이 사명을 바울의 사도적 사명과 유사한 방식으로 이해하며, 바울이 로마 제국 전역에 복음을 전했던 것처럼 자신

---

[171] Martin Luther King Jr., "Letter from Birmingham City Jail," in *A Testament of Hope: The Essential Writings of Martin Luther King, Jr.*, ed. James Melvin Washington (San Francisco: HarperSanFrancisco, 1986), 290. 이후부터는 이 저작에 대한 쪽수 표기를 본문 괄호 안에 제시한다. 이 글에 대한 다음의 나의 논의도 보라. "God and Time: Exploring Black Notions of Prophetic and Apocalyptic Eschatology," in *T&T Clark Handbook of African American Theology*, ed. Antonia Daymond, Frederick Ware, and Eric Williams (New York: T&T Clark, 2019), 219-21.

도 미국 전역에 자유의 복음을 전해야 한다고 말한다.

킹이 언급한 마케도니아인들의 요청은 사도행전 16:9-12에서 바울이 환상 중 도움을 요청받은 장면을 직접 떠올리게 한다.

> 밤에 환상이 바울에게 보이니 마게도냐 사람 하나가 서서 그에게 청하여 이르되 "마게도냐로 건너와서 우리를 도우라" 하거늘 바울이 그 환상을 보았을 때 우리가 곧 마게도냐로 떠나기를 힘쓰니 이는 하나님이 저 사람들에게 복음을 전하라고 우리를 부르신 줄로 인정함이러라. 우리가 드로아에서 배로 떠나 사모드라게로 직행하여 이튿날 네압볼리로 가고 거기서 빌립보에 이르니 이는 마게도냐 지방의 첫 성이요 또 로마의 식민지라. 이 성에서 수일을 유하다가 (행 16:9-12).

사도 바울이 마케도니아 사람들의 도움 요청에 응답했던 것처럼, 현대의 바울이라고 할 수 있는 킹 역시 자신을 부른 버밍햄 주민들의 호소에 귀를 기울인다.[172] 킹에게 버밍햄은 사도적이고 예언자적인 도움이 절실히 필요한, 오늘날의 마케도니아다. 그는 이 편지와 버밍햄의 상황 전체를 예언자적이며 사도적이고 바울적인 성경의 언어로 해석한다. 또한 킹은 자신이 버밍햄에 체류하고 있다는 이유로 비난하는 이들에게 모든 인류는 서로 긴밀히 연결되어 있으며, 자신이 애틀랜타에 거주한다고 해서 버밍햄에서 일

---

172 이 본문에 대한 논의는 Reverdy Ransom에 관한 단락을 보라.

어나는 일들에 무관심할 수는 없다고 응답한다. 그는 다음과 같이 기록한다. "어느 한 곳의 불의는 모든 곳에서의 정의를 위협합니다. 우리는 서로 얽히고설킨, 결코 피할 수 없는 상호 의존성의 그물망에 갇혀 있으며, 하나의 운명으로 묶여 있습니다. 한 사람에게 직접적인 영향을 미치는 것은 결국 모든 사람에게 간접적으로 영향을 끼칩니다. 우리는 더 이상 편협하고 지역주의적인 '외부 선동자'라는 개념을 받아들일 수 없습니다. 이 나라에 거주하는 사람이라면 누구든 미국 내 어디에서도 결코 외부인으로 간주될 수 없습니다"(290).

킹은 자신을 포함한 다른 민권운동가들이 왜 버밍엄에 체류하고 있으며, 왜 시위가 불가피했는지를 분명히 설명한다. 그는 버밍햄이 시급한 개입이 필요한 도시임을 다음과 같은 이유로 제시한다. 이 도시는 흑인 가정과 교회를 대상으로 한 폭탄 테러 사건 중 미해결 사건이 가장 많은 곳이며, 미국 전역에서 가장 악명 높은 인종 분리 정책이 시행되는 도시 중 하나다. 또한 흑인의 생명을 경시하고 잔혹한 행위가 자행되는 도시로 알려져 있으며, 흑인 지도자들과 "진지하고 성실한 자세"로 협상하려는 의지도 보이지 않는 곳이다. 예컨대 이 도시의 백인 사업주들은 과거 인종차별적 문구가 적힌 간판들을 철거하겠다고 약속하며 시위 중단을 요구한 바 있다. 그러나 실제로는 여전히 간판들이 남아 있었고, 일시적으로 철거되었던 간판들조차 얼마 지나지 않아 다시 등장했다(290-91). 이처럼 반복되는 약속의 파기와 기만적인 태도 앞에서 킹은 로마서 12:1의 말씀을 반향하며, 흑인 공동체가 직접 행동에 나설 수밖에 없었던 이유를 설명한다. "우리에게는 직접 행동(direct action)을 준비하는 것 외에는 다른 선택지가 없었습니다. 우리는 우리의 입장을 호소하기 위한 수단으로, 지역 사회와 국가 공동체의 양심 앞에 우리의 몸을 바칠 수밖에 없었습니다[롬 12:1].…우리는 비폭력에 관한 워크숍을 열고, 스스로에게 반복해서 질문을 던졌습니다. '당신은 폭행을 당하고도 보복하지 않을 수 있는가? 감옥이라는 시련을 견딜 준비가 되어 있는가?'"(291) 여기서 킹은 로마서 12:1 – "**그러므로 형제들아 내가 하나님의 모든 자비하심으로 너희를 권하노니, 너희 몸을 하나님이 기뻐하시는 거룩한 산 제물로 드리라. 이는 너희가 드릴 영적 예배니라**" – 을 인용하면서 민권운동가들의 몸이 정의를 위한 투쟁 속에서 실제로 폭력과 상처를 감당해야 하는 현실을 생생히 묘사한다. 킹은 자신과 동료들이 겪는 고통을 "몸의 희생"으로 간주하며, 이러한 고난이야말로 버밍햄의 불의에 대해 국가 공동체의 양심을 일깨우는 방식이라고 주장한다. 그는 이 희생을 통해 사람들의 양심이 자극받아 정의를 지지하게 되기를, 더 나아가 미국 전역에서 구조적 인종주의와 차별을 종식시키는 데 힘을 보태게 되기를 기대한다. 시위자들은 더 큰 흑인 공동체를 위하여 자기 몸을 희생함으로써 모두가 인종주의에서 벗어나 자유를 누릴 수 있도록 길을 여는 것이다.

　　킹이 바울을 인용하며 비폭력적인 직접 행동의 틀을 제시하는 것은 그가 비폭력을 동료 흑인 자매와 형제들을 위한 고난의 실천으로 이해하고 있음을 보여준다. 나아가 이러한 고난은 "자유의 복음"을 위한 것이며, 곧 하나님께 바치는 몸의 제사로 해석될 수 있음을 암시한다. 바울이 말한 "산 제물"이라는 표현은 킹이 처한 현실 – 즉 시위대가 폭도들에게 폭행당하고, 공격받고, 심지어 살해당하는 상황—속에서 더욱 깊은 의미를 지닌다. 킹이 바울의 언어를 끌어온 것은 자신이 버밍햄에 체류하고 있다는 이유로 탐탁지 않게 여긴 백인 성직자들에 대한 또 다른 신학적 반박이기도 하다. 그는 자신의 사역이 거룩하며, 하나님이 기뻐하시는 일임을 분명히 한다. 그것은 하나님의 부르심을 받은 자들이 마땅히 드려야 할 영적 예배이며, 하나님은 정의의 하나님이시며, 그분을 따르는 자들은 정의를 실현하고 옹호하는 삶을 살아야 한다. 이것이 바로 킹을 포함한 민권운동가들이 감당하는 사명이다.

백인 성직자들은 킹과 그의 동료들이 법을 위반하고 있으며, 시위를 위한 보다 "적절한 시기"를 기다리지 않는다고 비판했다. 이에 대해 킹은 "불의한 법은 법이 아니다"라는 성 아우구스티누스의 말을 인용하며 첫 번째 비난에 응답한다(293). 그는 또한 불의한 법은 영원법이나 자연법에 근거하지 않는다고 본 성 토마스 아퀴나스의 견해를 함께 인용한다. 킹은 말한다. "인간의 인격을 고양하는 법이 정의로운 법입니다. 인간의 인격을 훼손하는 법은 불의한 법입니다. 인종 분리 법은 영혼을 왜곡하고 인격을 훼손하기 때문에 정의롭지 못합니다. 그것은 인종 분리를 시행하는 이들에게는 거짓된 우월감을, 그 대상이 된 이들에게는 거짓된 열등감을 심어줍니다.…그러므로 인종 분리는 정치적·경제적·사회학적으로 바람직하지 않을 뿐만 아니라 도덕적으로도 그릇된 죄악입니다"(293). 킹은 이전에 노예제와 노예무역을 죄로 단호히 규탄했던 아프리카계 미국인 청원자들과 레뮤얼 헤인스처럼, 인종 분리라는 노예제의 잔재 역시 죄악이며 도덕적으로 단죄되어야 한다고 선언한다.

　킹은 흑인들이 시위를 보류하고 때를 기다려야 한다는 백인 성직자들의 주장에 대해 더는 기다릴 수 없는 여러 이유를 조목조목 제시하며 반박한다. 그는 흑인들에 대한 린치와 익사 사건이 여전히 만연하다는 점, 천문학적인 흑인 빈곤율, 그리고 아프리카계 미국인의 투표권 박탈 실태를 언급한다. 더불어 그는 일상 속에서 반복적으로 경험하는 인종차별의 현실도 구체적으로 묘사한다. 이를테면 흑인들이 "[n—]"(흑인을 비하하는 금기어—역자주), "boy"(성인 흑인 남성을 낮춰 부르는 표현—역자주) 등으로 불리는 일, "백인 전용"과 "흑인 전용"이라는 표지판의 존재, 흑인 아동에게 통학버스가 제공되지 않는 상황, 누락된 페이지가 포함된 교과서를 흑인 학교에 지급하는 관행, 그리고 흑인이라는 이유로 호텔이나 놀이공원에서 입장을 거부당하는 현실 등이 그것이다. 킹은 "우리는 헌법이 보장하고 하나님이 주신 권리를 누리기 위해 340년이 넘도록 기다려왔습니다"고 말하며, 더 이상은 기다릴 수 없다는 결론을 내린다.

　아울러 킹은 미국 사회에서 흑인들이 그저 참고 기다리기만 한다면 언젠가는 모든 것이 나아질 것이라는 일부 백인들의 낙관적 견해를 단호히 거부한다. 이러한 시각을 옹호한 한 백인 기독교인은 킹에게 다음과 같은 편지를 보냈다. "모든 그리스도인들은 결국 흑인들도 동등한 권리를 얻게 될 것임을 알고 있습니다. 그런데 당신은 지나치게 종교적 열정에 사로잡혀 서두르고 있는 것이 아닌가 싶습니다.…그리스도의 가르침이 이 땅에 실현되려면 시간이 걸리기 마련입니다"(296). 킹은 이러한 "시간"에 대한 이해를 하나의 "신화"(myth)라고 명명하며, 바울의 언어를 빌려 이를 단호히 반박한다.

> 여기서 언급된 모든 내용은 시간에 대한 비극적인 오해에서 비롯된 것입니다. 이 오해는 마치 시간의 흐름 속에 모든 병폐를 저절로 치유할 수 있는 어떤 힘이 존재한다고 믿는, 비이성적이고 신화적인 생각에 뿌리를 두고 있습니다. 그러나 실제로 시간은 본래 중립적인 것입니다. 시간은 파괴적인 방식으로도, 건설적인 방식으로도 사용될 수 있습니다.…인간의 발전과 진보는 결코 피할 수 없는 운명의 수레바퀴처럼 자동적으로 굴러가는 것이 아닙니다. 그것은 **하나님과 협력하고자 하는 이들**의 지칠 줄 모르는 노력과 끊임없는 헌신을 통해서만 이루어집니다[고후 6:1]. 만일 이러한 수고가 결여된다면 시간은 오히려 사회적 정체와 불의의 편에 서게 됩니다. 그러므로 우리는 시간을 창조적으로 사용해야 하며, 옳은 일을 할 수 있는 가장 적절한 시기는 언제나 "지금"이라는 사실을 잊어서는 안 됩니다(296).

시간의 중립성은 인간이 자신에게 주어진 시간을 선에도, 악에도 사용할 수 있음을 뜻한다. 킹은 선한 이들조차도 침묵과 무관심에 대해 회개해야 한다고 강조한다. 그는 인간의 발전은 하나님과 인간 사이의 협력, 곧 하나님의 뜻을 이 땅에서 실현하고자 하는 신-인간 파트너십을 통해서만 가능하다고 주장한다. 시간 그 자체는 불의를 치유할 수 없으며, 인간은 하나님과 협력하여 정의를 실현하는 도구로서 시간을 창조적으로 활용해야 한다.

이 편지에서 킹은 자신이 두 부류의 흑인들 사이에 끼어 있다고 묘사한다. 하나는 오랜 구조적 억압으로 인해 자존감을 상실하고 무기력해 빠진 이들이며, 다른 하나는 미국과 기독교에 대한 신뢰를 잃고 폭력적인 방식으로 기울어가는 흑인 민족주의자들이다. 킹은 자신이 이 두 극단 사이에 서 있다고 말하며 다음과 같이 밝힌다. "우리는 무기력해진 자들의 '무사태평만을 바라는 안일주의'나 흑인 민족주의자의 증오와 절망을 따라야 할 필요가 없습니다. **사랑이라는 가장 좋은 길**[고전 13:1]과 비폭력 저항이라는 방법이 있습니다. 나는 흑인 교회를 통해 비폭력 정신이 우리의 투쟁 방식으로 자리 잡게 된 것을 하나님께 감사드립니다"(297). 킹은 바울의 "사랑 장"에서 말하는 "가장 좋은 길"—곧 사랑의 길—을 통해 제3의 길을 제시한다. 주목할 점은 킹이 이 "가장 좋은 길" 개념을 비폭력 저항의 방식으로 확장시킨다는 것이다. 이는 바울이 말한 사랑의 개념이 실천적이고 구체적인 저항 행위까지 포함하는 적극적인 윤리라는 것을 의미한다. 이 경우 사랑은 곧 비폭력의 철학을 수용하는 것과 다르지 않다.

또한 킹은 자신을 극단주의자라고 비난하는 주장에 대해서도 바울을 인용하며 반박한다. 처음에는 비폭력주의를 실천하는 자신이 극단주의자라는 낙인을 받는 것에 황당함을 느꼈지만, 곧 다시 생각한 끝에 그러한 낙인이 자신을 위대한 인물들과 동일한 반열에 놓는 것임을 깨닫는다.

나는 처음에 그런 식으로 분류된다는 사실에 실망했음을 고백하지 않을 수 없습니다. 하지만 이 문제를 곱씹으며 계속 고민한 끝에, 나는 점차 "극단주의

자"로 불리는 것에 대해 일정한 만족을 느끼게 되었습니다. "너희 원수를 사랑하고 너희를 저주하는 자를 축복하며 너희를 박해하는 자를 위하여 기도하라"고 말씀하신 예수는 사랑에 있어 극단주의자가 아니었습니까? "오직 정의를 물 같이, 공의를 마르지 않는 강 같이 흐르게 하라"고 말하는 아모스는 정의를 위한 극단주의자가 아니었습니까? **"내가 내 몸에 예수의 흔적을 지니고 있노라"**[갈 6:17]고 말한 바울은 예수 그리스도의 복음을 위한 극단주의자가 아니었습니까?…따라서 진정한 문제는 우리가 극단주의자가 될 것인지의 여부가 아니라 어떤 부류의 극단주의자가 될 것인가 하는 것입니다. 우리는 증오를 위한 극단주의자가 될 것입니까, 아니면 사랑을 위한 극단주의자가 될 것입니까?(297-98)

이 발췌문에서 킹은 증오와 폭력이 난무하는 세상 속에서 하나님의 뜻을 선포하고 실천하기 위해 과감한 방식으로 하나님의 길을 따랐던 인물들의 성경적 계보를 제시한다. 예수의 가르침은 로마 제국의 억압에 시달리던 이들을 향한 것으로, 원수를 사랑하라는 극단적인 사랑의 윤리를 보여준다. 아모스의 외침은 불의가 만연했던 이스라엘 사회를 향해 하나님의 정의가 실현되기를 촉구하는 예언자의 음성이며, 바울이 자신의 몸에 새겨졌다고 고백한 "예수의 흔적"은 복음의 급진성을 보여준다. 그는 십자가에 못 박힌 그리스도를 전하다 고난을 겪었고, 그 고난의 흔적이 그의 몸에 남게 된 것이다. 킹은 자신을 이러한 "거룩한 극단주의자"들과 동일한 자리에 놓는다. 특히 바울이 언급한 "예수의 흔적"에 대한 그의 인용은 앞서 자신과 동료들을 "산 제물"로 묘사했던 표현과도 밀접하게 연결된다. 정의를 위한 투쟁 과정에서 킹과 동지들은 폭력에 노출되었지만, 결코 폭력으로 보복하지 않고 비폭력의 길을 걸었다. 따라서 킹은 비폭력 저항에 참여하는 이들 역시 사도 바울처럼 사랑의 극단성을 살아낸 예수의 흔적을 자기 몸에 새기게 될 것이라고 암시한다. 이로써 우리는 예수의 몸, 킹의 몸, 그리고 민권운동에 헌신한 이들의 몸 사이에 신학적 연대가 형성되어 있음을 보게 된다. 곧 복음을 위한 고난과 헌신이라는 고리가 이들을 깊이 있게 연결하고 있는 것이다.

"몸"이라는 주제는 백인 교회 지도자들에 대한 킹의 탄식 속에서 다시 한번 중심적으로 등장한다. 킹은 백인 성직자들이 인종 분리 철폐 운동과 비폭력 시위에 지지를 보낼 것이라 기대했지만, 실제로는 대다수가 이에 공개적으로 반대했으며, 심지어 교인들까지 반대하도록 부추겼다는 사실에 깊은 실망을 느낀다. 그는 다음과 같이 말한다. "나는 백인 교회들이 흑인들에게 자행된 명백한 불의 앞에서 방관자의 자세를 취하며, 경건한 척하면서 본질에서 벗어난 말들과 위선적이고 공허한 언사만을 늘어놓는 모습을 지켜보았습니다. 이 나라 전역에서 인종적·경제적 불의를 제거하기 위한 치열한 투쟁이 벌어지고 있는 상황에서 나는 수많은 목사들이 '그것은 복음과는 무관한 사회 문제'라고 말하는 것을 들었습니다. 또한 수많은 교회들이 몸과 영혼, 성스러운 것과 세속적인 것 사이에 기이한 이분법을 적용하며, 현실 문제에는 철저히 무관심한 내세 중심적 종교에 자신을 헌신하는 모습을 목격했습니다"(299).

이 본문에서 킹은 전통적인 백인 성경 해석자들이 강조해온 이원론적 구분—구원은 오직 영혼에만 관련된 것이며, 이 세상 안에서의 사회적 변화에는 무관하다는 주장—을 비판적으로 조명한다. 이러한 이분법은 노예제 시대로까지 거슬러 올라간다. 당시에는 세례를 받을 노예들이 그 세례를 자유의 근거로 삼지 않도록 하기 위해 세례가 법적으로 자유를 보장하지 않는다는 점을 분명히 규정하는 법률이 제정되었다. 세례와 구원은 오직 영혼과 정신에만 영향을 미치는 것으로 간주되었고, 노예 신분의 변화와는 철저히 분리되었다. 이러한 노예소유주들의 관점은 민권운동 시기에도 그대로 계승되었으며, 많은 백인 신자들은 복음이 사회 개혁이나 인종차별 철폐와는 무관하다고 주장하며, 여전히 구원을 영혼의 문제로만 한정시켰다. 킹이 말한 "몸과 영혼의 이상한 구분"이라는 표현은 흑인 해석 전통에는 이러한 이분법이 존재하지 않는다는 점을 강조한다. 흑인 해석학에서 그리스도 사건을 통한 하나님의 개입은 인간의 몸과 영혼 전체를 변화시키며, 세속적인 것과 성스러운 것 사이의 경계를 허물어버리는 사건으로 이해된다.

킹은 이어서 바울이 교회를 묘사할 때 사용한 그리스도의 몸의 이미지를 인용하며, 백인 성직자들의 행위를 비판하고 그 심각성을 강조한다. 그는 이렇게 말한다. "그렇습니다, 나는 교회를 **그리스도의 몸**으로 봅니다[고전 12:12-27]. 그러나 아, 우리는 사회적 외면과 비순응에 대한 두려움을 통해 그 몸에 얼마나 많은 흠과 상처를 입혀왔습니까?"(299-300) 킹은 교회를 전체적으로 그리스도의 몸으로 이해하며, 그렇기에 그 몸에 가해진 상처를 바라보며 눈물 흘릴 수밖에 없다고 고백한다. 왜냐하면 그리스도의 몸에는 흑인과 백인 모두가 포함되어 있으며, 그들은 믿음 안에서 자매요 형제이기 때문이다. 그리스도의 몸이 상처를 입은 이유는 백인 교회가 흑인 자매와 형제들을 정의와 평등을 누릴 자격이 있는 인간으로 받아들이기를 거부하고, 인종적 불의를 종식시키기를 외면했기 때문이다. 킹에게 있어 백인들이 흑인의 자유를 위한 투쟁을 외면하는 것은 그들이 흑인 신자들과 맺고 있는 신앙 공동체의 연대를 부정하는 것이며, 흑인들에게 닥친 고통이 자신들에게도 영향을 미친다는 사실을 인식하지 못하는 태도를 드러낸다. 결국 고통을 입는 것은 흑인 교회만이 아니라 그리스도의 몸 전체다. 킹은 바울의 말을 인용하며 이 점을 강조한다. "만일 한 지체가 고통을 받으면 모든 지체가 함께 고통을 받느니라"(고전 12:26). 그리스도의 몸의 일원으로서 아프리카계 미국인들이 고통을 당할 때 백인 신자들 또한 그 고통에서 결코 자유로울 수 없다.

"변화된 비순응자"

킹의 에세이 "변화된 비순응자"(Transformed Nonconformist)는 로마서 12:2의 인용으로 시작되며, 이 구절은 에세이 전체의 구조를 형성한다. "**너희는 이 세대를 본받지 말고, 오직 마음을 새롭게 함으로 변화를 받으라.**" 킹은 먼저 바울의 이 권면이 오늘날과 같은 사회에서 따르기 쉽지 않음을 인정한다. 현대 사회는 순응과 현상 유지에 가치를 두기 때문이다. 그러나 이러한 순응의 압력에도 불구하고 킹은 그리스도인들이 사도 바울로부터

"비순응자로 살라"는 소명을 받았다고 강조한다. 그는 신자들이 "순응이 아니라 신념의 사람들, 사회적 체면이 아니라 도덕적 고결함을 지닌 사람들로 부름받았다. 우리는 다르게 살고, 더 높은 충성의 대상을 따르며 살도록 명령받았다"고 말한다.[173] 이처럼 세속적 질서와는 다른 기준에 따라 살아가야 한다는 부름은 신자가 이중적인 존재 방식―곧 시간 속에 살면서도 동시에 영원의 차원에 속한 삶―을 살아간다는 신학적 이해에 기반한다. 신자들은 현재의 시간 속에서 살고 있지만, 바울이 빌립보서에서 말하듯 **"우리는 하늘에 속한 시민이다."** 이는 하늘의 시민권이 지상의 삶과 책임을 형성하고 규정한다는 의미다(9).

킹은 안타깝게도 교회가 이러한 비순응의 소명을 받았음에도 불구하고, 특히 인종과 계급과 관련된 문제에 있어 자주 다수의 여론에 굴복해왔음을 비판한다.

한때 교회가 노예제, 인종 분리, 전쟁, 경제적 착취를 정당화했던 사실은 교회가 하나님의 권위보다 세상의 권위에 더 귀를 기울여왔음을 보여준다. 공동체의 도덕적 파수꾼으로 부름받은 교회는 오히려 비도덕적이고 비윤리적인 질서를 유지하는 데 기여해온 셈이다. 사회적 악에 맞서 싸우라는 부름에도 불구하고 교회는 스테인드글라스 창 너머에서 침묵 속에 머물렀다. 인류를 형제애

---

173 Martin Luther King Jr., "Transformed Nonconformist," in *Strength to Love*, 8-9. 이후부터는 이 저작에 대한 쪽수 표기를 본문 괄호 안에 제시한다.

의 길로 이끌고, 인종과 계급이라는 좁은 경계를 넘어설 수 있도록 부름받았음에도 교회는 오히려 인종적 배타성을 주장하고 실천해왔다(11).

이처럼 교회가 인종적 배타성과 사회 계층의 분열에 침묵하고 이를 방관하게 된 것은 복음의 참된 가르침을 선포하기보다는 목사관의 크기나 교인들의 비위를 맞추는 일을 더 염려하는 교회 지도자들의 돈과 명예에 대한 집착에서 비롯된 것이라고 킹은 지적한다(12). 그는 에머슨의 에세이 "자립"(Self-Reliance)에서 "누구든지 진정한 인간이 되고자 한다면 비순응자가 되어야 한다"고 한 말을 인용하며, 바울 또한 이와 같은 정신을 일깨운다고 주장한다. 즉 "누구든지 그리스도인이 되고자 한다면 비순응자가 되어야 한다. 다수의 의견을 맹목적으로 수용하고, 두려움과 소심함 속에서 편의주의와 사회적 인정의 길을 따르는 그리스도인은 정신적·영적 노예일 뿐이다"(12). 그러나 신자들은 세상의 정신적·영적 노예로 살도록 부름받은 존재가 아니다. 오히려 "비기독교적인 세상 속에 더 높고 더 고귀한 질서의 이상을 불어넣기 위해" 부름받은 존재들이다(9). 영원의 실재를 맛본 자로서 그리스도인은 아직 하나님 나라가 온전히 실현되지 않은 이 세상의 사회 질서 속에 하나님의 영원한 진리와 현실을 전하고 주입해야 할 사명을 지닌다.

킹은 비순응의 중요성을 강조하면서도 비순응 그 자체가 자동적으로 긍정적인 변화를 이끌어내는 것은 아니라는 점도 분명히 한다. 왜냐하면 사람들은 과시욕, 이기심 등 다양한 동기로 인해 비순응적 태도를 취할 수 있기 때문이다. 킹에 따르면 바울이 로마서 12:2 후반부에서 "**오직 마음을 새롭게 함으로 변화를 받아**"라고 말한 것은 "건설적인 비순응"(constructive nonconformity)의 길을 제시하는 말씀이다(13). 새로운 사고의 방향성을 포함하는 내면의 변화는 참된 비순응의 핵심이다. 킹은 이렇게 기록한다. "그리스도 안에서 우리의 삶을 하나님께 열고 내어드릴 때 우리는 **새로운 피조물**이 됩니다[고후 5:17; 갈 6:15]. 예수께서 거듭남이라 말씀하신 이 경험은 우리가 변화된 비순응자가 되기 위해 필수적인 것입니다.…오직 내면의 영적 변화를 통해서만 우리는 세상의 악에 맞서 싸울 수 있는 힘을 얻게 되며, 그 싸움은 겸손과 사랑의 정신으로 이루어져야 합니다"(13). 킹은 바울이 말한 "새로운 피조물"이라는 언어와, 요한복음 3장에서 예수가 말한 "거듭남"의 언어를 연결시키며, 사회 정의 실천에 참여하기 위해서는 신적인 변화를 경험하는 것이 필수적이라고 강조한다. 이 세상의 악은 너무도 강력하기 때문에, 그것과 맞서 싸우고자 하는 이들은 자기 자신의 힘만으로는 이를 감당할 수 없다. 이들은 자칫하면 금세 냉정하고 완고하며 독선적인 사람이 되어 "화해가 아닌 분열만 낳는 무책임한 말을 내뱉고", "사회 변화에 필수적인 과정을 무시한 채 성급한 판단을 내리는" 위험에 빠질 수 있다. 오직 내면의 영적 변화를 통해서만 신자는 과시욕, 이기심, 독선, 냉혹함과 같은 함정을 피할 수 있다.

    킹은 이 에세이를 마무리하며 변화된 비순응의 삶은 반드시 대가를 요구하며, 종종 고난을 수반한다는 사실을 인정한다. 이는 그리스도인의 삶에 필연적으로 따르는 요소이기도 하다.

그러나 기독교가 우리를 인간 실존의 고통과 아픔으로부터 보호해준다고 생각한다면 우리는 중대한 착각을 하는 것입니다. 기독교는 언제나 우리가 받게 될 면류관보다 먼저 우리가 져야 할 십자가를 강조해왔습니다. 그리스도인이 된다는 것은 모든 어려움과 고통, 비극으로 가득한 그 십자가를 기꺼이 지는 것이며, 그 십자가가 **우리 몸에 흔적을 남길 때까지**[갈 6:17], 그리고 그 고난을 통해서만 도달할 수 있는 **가장 좋은 길**[고전 12:31]로 우리를 인도할 때까지 그것을 짊어지고 가는 것입니다. 세계적 혼란이 가중되는 이 시대에, 진리를 위해 용기 있게 싸울 남성과 여성들이 절실히 요청되고 있습니다(14-15).

이 진술에서 킹은 그가 "버밍햄 감옥으로부터의 편지"에서도 인용했던 바울 서신의 두 구절을 다시 끌어온다. 갈라디아서의 구절은 몸에 새겨진 흔적에 대해 말하는데, 킹은 이를 민권운동가들이 겪는 고통을 생생하게 묘사하는 언어로 전유한다. 이들은 훈련을 통해 폭력을 당해도 결코 보복하지 않도록 준비된 이들이다. 킹은 이처럼 정의와 평등을 위해 싸우며 변화된 비순응자의 삶을 살아가는 사람은 필연적으로 신체적 고통과 폭력을 감내할 수밖에 없다는 점을 거듭 강조한다. 또한 바울이 본래 고린도전서에서 영적 은사를 논의하며 언급한 "가장 좋은 길"이라는 표현은 킹의 해석 속에서 고난의 맥락으로 재배치된다. 그는 이 구절을 사랑의 길이 곧 고통의 길이라는 신학적 의미로 확장시킨다. 왜냐하면 사랑은 종종 다수의 흐름에 역행하는 선택이며, 사회가 따르는 왜곡된 담론과 기준에 순응하지 않으려는 용기를 요구하기 때문이다. 사랑, 정의, 진리와 같은 가치들은 세상의 질서와 충돌하기에, 그 길을 따르는 자는 필연적으로 세상으로부터 거부당하고 고난을 겪게 된다. 킹에게 "가장 좋은 길"은 곧 고통을 동반하는 사랑의 길인 것이다.

"산산이 부서진 꿈들"

이 책에서 마지막으로 살펴볼 킹의 수필은 "산산이 부서진 꿈들"(Shattered Dreams)로, 로마서 15:24의 구절—"내가 스페인으로 갈 때에 너희에게 들르리라"—로 시작한다.[174] 킹은 바울의 이 발언을 인용하여 실현되지 않은 희망과 좌절된 꿈이라는 주제를 감성적으로 풀어낸다. 그는 다음과 같이 쓴다.

> 바울이 로마의 그리스도인들에게 보낸 편지에서 우리는 좌절된 희망이라는 이 골치 아픈 문제에 대한 하나의 대표적인 사례를 발견할 수 있습니다.…그의 간절한 소망 중 하나는 그 당시 사람들이 알고 있던 세상의 끝자락인 스페인으로 가서 기독교 복음을 더 널리 전하는 것이었습니다. 바울은 돌아오는 길에 로마에 있는 용기 있는 그리스도인들과 개인적인 교제를 나누고자 했지요.…그의 마음속에는 얼마나 벅찬 희망이 꿈틀거렸겠습니까! 그러나 그는 자신이 기대했던 방식대로 로마에 갈 수 없었습니다. 예수 그리스도에 대한 담대한 믿

---

174 Martin Luther King Jr., "Shattered Dreams," in *Strength to Love*, 78. 이후부터는 이 저작에 대한 쪽수 표기를 본문 괄호 안에 제시한다.

음을 가졌기 때문에 결국 로마에 이르긴 했지만, 죄수의 몸으로 끌려가 작은 감옥에 갇힌 채 머물게 되었습니다. 그는 스페인의 먼지 자욱한 길을 걷지 못했고, 굽이진 언덕들을 바라보지도 못했으며, 분주한 해안가의 삶을 목격하지도 못했습니다. 그는 로마에서 그리스도를 위한 순교자로 생을 마감한 것으로 추정됩니다. 바울의 삶은 산산이 부서진 꿈의 비극적인 이야기입니다(78-79).

이 발췌문에서 알 수 있듯, 킹에게 바울의 삶은 간절한 소망을 품었지만 그것을 이루지 못한 경험이 갖는 신학적 의미를 보여주는 대표적인 사례다. 킹은 이것이 모든 인간이 겪는 보편적인 현실이라고 보며, 다음과 같이 묻는다. "저 멀리 있는 스페인, 중대한 목표, 영광스럽고 찬란한 성취를 향해 나아가 본 적 없는 사람이 어디 있겠는가? 그러나 결국 훨씬 그보다 못한 것에 만족해야 한다는 사실을 깨닫게 되지 않았는가?"(79) 그는 이어서 꿈이 실현되지 못한 여러 역사적·성경적 인물들의 사례를 언급한 뒤, 이 경험을 미국 내 흑인들의 현실과 연결하고 다시 바울의 이야기로 회귀한다. "미국의 많은 흑인 노예들은 자유를 열정적으로 갈망했지만, 해방되기 전에 죽었습니다.…사도 바울은 **자신의 육체에서 '가시'가 제거되기를** 반복해서 간절히 기도드렸지만[고후 12:7], 그 가시가 주는 고통과 괴로움은 그의 생애 마지막까지 계속되었습니다. 산산이 부서진 꿈은 우리가 살아가는 필멸의 삶을 특징짓는 요소입니다"(79). 킹은 믿음의 삶을 언제나 기도한 대로 응답을 받고 고통 없이 살아가는 이상적인 여정이 아니라 종종 실망과 고통을 동반하는 현실적 여정으로 그린다. 그는 자유를 갈망했지만 노예로 생을 마감한 수많은 흑인들의 현실과, '가시'를 제거해달라고 간절히 기도했으나 끝내 응답받지 못한 바울의 경험을 연결한다. 이 두 사례는 서로 다른 시대의 이야기이지만, 인간 실존이 종종 실현되지 않은 희망과 좌절된 꿈으로 가득하다는 점에서 하나의 연속성을 이룬다.

그렇다면 이러한 피할 수 없는 현실 앞에서 우리는 어떻게 살아가야 하는가? 킹은 사람들이 일반적으로 취하는 세 가지 반응을 제시한다. (1) 냉소적이고 거칠며 원망에 찬 태도로 변하거나, (2) 자기 내면으로 움츠러들어 폐쇄적인 삶을 살게 되거나, (3) 모든 것을 외적 힘이 통제한다고 믿으며 운명론에 빠져 자신의 처지를 바꾸려는 노력을 포기하는 것이다. 킹은 이 세 가지 태도를 모두 거부하며, 특히 운명론에 주목한다. 그는 이러한 태도가 잘못된 하나님 이해에 기초하고 있다고 지적한다.

> [운명론은] 모든 일이—그것이 선이든 악이든—하나님의 뜻이라고 여긴다. 그러나 건전한 종교는 하나님이 악을 의도하신다고 보는 인식 너머로 나아간다. 하나님은 인간의 자유를 보존하기 위해 악을 허용하실 수는 있지만, 그것을 직접 일으키시지는 않는다. "의도"란 목적을 전제하는데, 하나님이 어떤 아이가 시각장애인으로 태어나기를 바라신다거나, 어떤 이가 정신질환으로 고통받기를 바라신다고 믿는 것은 명백한 이단이다. 이는 하나님을 사랑의 아버지가 아니라 마치 악마처럼 묘사하는 것이기 때문이다. 운명론을 수용하는 태도는 좌절된 꿈 앞에서 냉소에 빠지거나 자기 내면으로 후퇴하는 것만큼이나 비극적이고 위험한 대응이다(81-82).

킹이 좌절된 꿈의 현실에 제시하는 해답은 실망을 부정하거나 회피하는 것이 아니라 그것과 정면으로 마주하는 것이다. 그는 "유한한 실망을 받아들이되, 무한한 희망에 붙들려 살아가야 한다"는 긴장 속의 삶을 제안한다. 킹이 던지는 핵심 질문 중 하나는 다음과 같다. "나는 이 불리함을 어떻게 유용한 자산으로 바꿀 수 있는가?" 그는 이 질문을 스페인에 도달하지 못한 바울의 경험과 연결하며, 로마서의 한 구절을 바탕으로 또 다른 질문을 던진다. "내가 인생의 스페인에 도달하지 못하고 어떤 좁은 로마 감옥에 갇혀 있다면, 이 수치의 지하 감옥을 어떻게 구속의 의미를 지닌 고난의 장소로 바꿀 수 있을까?" 킹은 단순히 갇힌 현실에 안주하는 것이 아니라 그 현실 자체를 하나님의 목적을 위한 도구로 전환해야 한다고 강조한다.

킹은 아프리카계 미국인의 역사적 경험을 이와 같은 긴장 속에서 희망을 품고 살아가는 사례로 제시한다. 좌절을 마주할 때 사람들이 보이는 전형적인 반응들을 다시 떠올리며, 그는 청중에게 끝까지 희망을 붙들 것을 강하게 권면한다. 이 부분은 길게 인용할 만한 가치가 있다.

우리 흑인들은 오랫동안 자유를 꿈꿔왔지만, 여전히 분리와 차별이라는 억압의 감옥에 갇혀 있습니다. 우리는 이에 대해 냉소와 분노로 반응해야 할까요? 결코 그렇지 않습니다. 그런 태도는 우리의 인격을 파괴하고 우리를 독으로 물들일 것이기 때문입니다. 그렇다면 우리는 인종 분리가 하나님의 뜻이라고 단정하고 억압에 순응해야 할까요? 물론 아닙니다. 그것은 마땅히 악마의 소행으로 돌려야 할 일을 하나님께 돌리는 신성모독입니다. 불의한 체제에 수동적으로 협력하는 것은 억압받는 자 또한 억압하는 자만큼이나 악하게 만드는 일입니다. 우리가 택할 수 있는 가장 좋은 길은 용기 있는 결단을 가지고 굳건히 서서 온갖 장애물과 좌절 가운데서도 비폭력적으로 전진하며, 실망을 받아들이되 희망을 끝까지 붙드는 것입니다.…여전히 분리의 감옥 안에 있는 이 시점에서 우리가 던져야 할 질문은 이것입니다. "우리는 이 불리함을 어떻게 유용한 자산으로 바꿀 수 있을까?" 의로운 목적을 위한 고난의 필요성을 인식할 때 우리는 비로소 인간으로서의 온전한 품위를 실현할 수 있을 것입니다. 우리가 냉소와 분노에 빠지지 않기 위해서는 지금 이 세대의 시련 속에서 우리 자신과 미국 사회를 변화시킬 기회를 볼 수 있는 비전을 가져야 합니다. 우리가 현재 겪고 있는 고통과 자유를 위한 비폭력적 투쟁은 서구 문명이 생존을 위해 절실히 필요로 하는 영적 역동성을 제공할 수 있을 것입니다(83).

아프리카계 미국인들은 현재의 어려움과 가혹한 현실 속에서도 희망을 붙들고 증오에 굴복하지 않아야 한다. 킹은 그보다 앞서 활동한 레버디 랜섬처럼, 아프리카계 미국인들이 미국 사회를 구원할 수 있는 기회를 지니고 있다고 믿었다. 그러나 그 구원은 정의의 관점에서 비폭력 시위와 인종 평등이라는 의로운 대의를 위한 고난을 통해 실현될 것이다. 이러한 고난은 단지 흑인 공동체의 사회적 지위를 변화시키는 데 그치지 않고 사회 전체를 새롭게 하는 잠재력을 지닌다. 있다. 왜냐하면 흑인의 고난은 인류가 도달해야 할 참된 인간성의 경지를 드러내는 통로가 될 수 있기 때문이다. 아프리카계 미국인들은 정의를 위한 투쟁을 통해 서구 문명이 스스로 만들어낸 파괴적 경향에서 벗어날 수 있도록 이끌 수 있으며, 궁극적으로는 인종 분리라는 불리함을 하나의 자산으로 전환함으로써 문명을 구속할 수 있는 길을 제시할 것이다.

그 어떤 어려운 상황 속에서도 굴복하지 않고 희망을 향해 나아가려는 결단력을 킹은 "존재하려는 용기"라고 부른다(84). 이 "존재하려는 용기"는 모든 인간 안에 하나님의 형상이 깃들어 있다는 사실의 증거다. 킹에게 바울은 그러한 용기의 전형적인 인물이다. 그의 삶에는 끊임없는 반대와 실망, 좌절이 뒤따랐다. 독자들은 킹이 바울의 말을 인용하여 그가 얼마나 자주 도전에 직면했는지를 강조하는 대목에서 이를 확인할 수 있다.

[바울의] 삶은 끊임없는 실망과 좌절의 연속이었습니다. 그의 인생 곳곳에는 무너진 계획들과 산산이 부서진 꿈들이 있었습니다. 그는 스페인을 방문하려 했지만, 로마의 감옥에 갇히고 말았습니다. 그는 비두니아로 가고자 했지만, 뜻하지 않게 드로아로 향하게 되었습니다. 그는 그리스도를 위한 고귀한 사명을 감당하는 여정 속에서 **"여행 중에 자주 강의 위험과 강도의 위험과 동족의 위험과 이방인의 위험과 도시의 위험과 광야의 위험과 바다의 위험과 거짓 형제들 사이에서 위험"**을 겪었습니다[고후 11:26]. 그는 이러한 상황들이 자신의 삶을 지배하게 내버려 두었을까요? 그는 **"어떠한 형편에든지 나는 자족하기를 배웠다"**고 고백했습니다[빌 4:11]. 그러나 이 고백은 그가 현실에 안주했다는 의미가 아닙니다. 그의 삶 어디에서도 상황에 순응하며 안일하게 사는 태도는 찾아볼 수 없기 때문입니다.…바울은 영혼의 평안과 외적인 환경 사이에

는 분명한 차원이 있음을 깨달았습니다. 바로 이 깨달음 덕분에 그는 실망이 가득한 인생의 한복판에서도 절망하지 않고 꿋꿋이 설 수 있었습니다. 우리 각자도 이 위대한 통찰을 얻게 된다면 바울처럼 **"모든 지각에 뛰어난"** 참된 평강을 누리게 될 것입니다[빌 4:7].…바울이 말한 평강은 고난의 공포 속에서도 흔들리지 않는 영혼의 평온이며, 폭풍우가 몰아치는 세상 한복판에서 경험하는 내면의 고요함입니다. 그것은 허리케인의 소용돌이 한가운데서도 유지되는 깊은 평정입니다. 우리는 모든 일이 순조롭고, "기분이 좋고, 자신감이 넘칠 때에는" 평강이 무엇인지 쉽게 이해할 수 있습니다. 그러나 바울이 말하는 참된 평강은 우리가 "낙심하고 지쳐 있을 때", 무거운 짐이 어깨를 짓누를 때, 육체의 고통이 우리를 괴롭힐 때, 차가운 감옥의 돌벽에 갇혀 있을 때, 그리고 실망이 피할 수 없는 현실로 다가올 때에야 비로소 드러나는 것입니다. 참된 평강은 말로 다 설명할 수 없는 고요함이며, 폭풍 속에서 누리는 평온, 재난 한가운데서 경험하는 심연의 평화입니다(84-85).

킹은 요한복음 14:27―"평안을 너희에게 끼치노니 곧 나의 평안을 너희에게 주노라"―에서 예수께서 선언하신 하나님의 선물을 바울이 빌립보서에서 말한 평강과 연결하여 이해한다. 예수께서 주신 이 신적 평강은 바울과 초기 그리스도인들, 그리고 노예제 사회에서 고통받던 흑인 노예들에게 지속적인 버팀목이 되어주었다. 그리고 킹은 이 평강이 민권과 평등을 위해 싸우는 아프리카계 미국인들과도 함께할 것임을 믿는다. 그는 이 평강의 유산을 다음과 같이 묘사한다.

우리는 믿음을 통해 "평안을 너희에게 끼치노니 곧 나의 평안을 너희에게 주노라" 하신 예수의 유산을 상속받을 수 있습니다. 바울은 어둡고 적막한 지하 감옥에 갇혀, 온몸이 매 맞아 피투성이가 되고, 발은 쇠사슬에 묶이고, 지친 영혼을 안고서도 한밤중에 시온의 노래를 기쁨으로 불렀습니다. 초기 그리스도인들은 경기장에서 굶주린 사자들과 마주하고, 참수형의 고통을 견디면서도 그리스도를 위해 고난받을 자격을 얻은 것을 기뻐했습니다. 불볕더위에 지쳐 뼈만 앙상하게 남고, 등에 채찍 자국이 선명히 남은 흑인 노예들은 "이제 곧 이 무거운 짐을 내려놓을 거야"라는 승리의 노래를 불렀습니다. 이 모든 사례들은 **모든 지각에 뛰어난 평강**의 살아있는 증거입니다[빌 4:7](85).

킹은 위 인용문을 통해 세 가지 중요한 유사점을 제시한다. 첫째, 바울과 초기 그리스도인들, 그리고 흑인 노예들 모두 박해로 인해 피투성이가 된 몸을 지닌 채 고통을 겪었다. 둘째, 이들은 모두 고난 한가운데서 노래를 불렀다. 바울이 감옥에서 예수의 흔적을 몸에 지닌 채 노래를 불렀던 것처럼, 흑인 노예들 또한 들판에서 육체에 새겨진 상처를 안고 비통한 노래를 불렀다. 셋째, 이들을 서로 연결하는 핵심 고리는 고난 속에서도 누리는 "평강"이다. 킹은 이러한 연관성을 통해 흑인의 고통을 기독교 역사의 맥락 안에 위치시키며, 그것을 기독교 서사의 일부로 통합한다. 흑인 노예들은 바울과 초기 그리스도인들처럼 수많은 고난을 견뎌냈고, 그 삶을 통해 성경이 말하는 평강의 유산을 구현해 보였다. 킹은 "버밍햄 감옥으로부터의 편지"에서 그랬던 것처럼, 다시금 아프리카계 미국인의 고난을 바울과 초기 교회의 고난에 접붙이며, 기독교 신앙을 따르는 이들이 공유하는 삶의 현실을 강조한다. 이는 곧 흑인의 삶이 기독교 구속사 내에 포함되었다는 것을 보여준다. 흑인의 고난은 하나님과 그분의 백성을 거부하는 세상 속에서 살아가고 있음을 드러내는 징표이기도 하다. 킹은 흑인의 존재 가치를 끊임없이 부정해온 미국 사회 구조 속에서 흑인의 삶을 거룩한 역사에 위치시킴으로써 흑인 생명의 존엄성과 가치를 강력하게 천명한다.

킹은 산산이 부서진 꿈들에 대한 궁극적 해답으로 하나님에 대한 믿음을 강조하며 글을 마무리한다. 비록 어떤 이는 자신의 꿈이 실현되는 것을 보지 못한 채 죽음을 맞이할지라도 그는 살아 있을 때와 마찬가지로 죽은 이후에도 여전히 하나님께 속해 있다는 사실을 믿어야 한다. 킹은 "**하나님께서 그리스도를 통해 죽음의 지배에서 우리를 해방시키셨으며**[롬 6:9], **사망이 쏘는 독침을 제거하셨다**[고전 15:56]"고 선언한다(86). 그러므로 킹에게 죽음은 결코 끝이 아니라 하나님께서 "궁극적으로 미덕과 성취를 결합하시는" 신비롭고 영광스러운 새 생명의 시작이다. 그는 이것이야말로 바울이 로마서 8:28에서 말한 믿음의 유형이라고 본다. "**하나님을 사랑하는 자 곧 그의 뜻대로 부르심을 입은 자들에게는 모든 것이 합력하여 선을 이루느니라.**" 이 말씀은 하나님께서 신자의 유익을 위해 모든 일을 섭리하신다는 의미이며, 실망과 무너진 꿈들마저도 하나님의 포괄적인 계획 속에 통합된다는 신앙고백을 담고 있다.

요약하자면 킹 목사는 설교와 연설에서 다양한 방식으로 바울을 인용하고 활용한다. 그는 바울의 권위를 통해 인종 분리 정책과 그 이면에 깔린 흑인 열등성의 이념을 비판한다. 그는 바울을 인용하며 인종 분리는 죄악이며, 그것을 묵인하거나 정당화하는 자들은 자신을 그리스도인이라 주장할지라도 하나님의 말씀을 순종하지 않는 이들이라고 단언한다. 실제로 킹은 인종 차별을 방조하는 행위는 하나님의 방식이 아니라 세상의 방식을 따르는 것이라고 선언한다. 하늘의 시민권을 지닌 자는 이 땅에서의 삶을 바라보는 관점이 변하게 되며, 모든 인류를 향한 하나님의 정의와 사랑에 눈을 뜨고 그 실현에 동참하게 된다.

더 나아가 바울의 "몸" 이미지는 킹이 흑인의 몸의 중요성과 존엄성을 강조하고, 자신의 몸 해석학의 핵심 측면들을 구체화하는 데 중요한 역할을 한다. 그리스도의 몸은 흑인과 백인 신자 모두로 구성되어 있기 때문에, 짐 크로우 체제 아래에서 흑인 신자들이 고통받을 때 그 고통은 그리스도의 몸 전체에 미친다. 킹은 이러한 몸의 이미지를 통해 모든 인간이 서로 깊이 연결되어 있음을 확언하고자 한다. 결국 백인이 흑인을 해칠 때 그는 동시에 자기 자신도 해를 입히는 것이다.

또한 바울의 몸의 이미지는 킹이 흑인 해방 투쟁 과정에서 희생당하는 흑인들의 고통을 말할 수 있게 해준다. 그들은 흑인의 자유를 위해 폭력을 견디고 감옥에 갇히는 고난을 감내했으며, 이러한 점에서 바울의 희생적 몸의 언어는 킹과 다른 민권운동가들의 실제적 경험과 깊이 겹쳐진다.[175]

---

175 이러한 희생의 언어는 Walker가 바울의 표현을 차용하여 자기 죽음을 아프리카계 미국인 동포들을 위한 신적 차원의 희생으로 묘사한 방식과 맥을 같이한다. Walker에 대한 논의는 1장을 보라.

바울이 예수의 흔적을 자기 몸에 지녔던 것처럼, 킹과 민권운동가들 역시 사랑의 극단성을 살아낸 예수의 흔적을 자기 몸에 지닌다. 킹은 초기 교회와 그리스도인들이 겪었던 고난과 박해를 언급하면서 민권운동 속에서의 고난을 그 역사와 연결 짓는다. 그는 흑인의 고난이 거룩한 역사의 일부임을 강조하고, 한때 하찮고 소모 가능한 존재로 여겨졌던 흑인의 몸이 실제로는 거룩한 존엄성을 지닌 몸임을 선포한다. 킹은 초기 교회의 순교자들과 미국의 흑인들을 하나의 역사 속에 통합하며, 미국 흑인들 역시 예수의 해방 복음을 위해 박해를 겪고 있다고 선언한다.

더 나아가 "기독교 복음은 종교적·도덕적으로 사회 변화를 추구하는 복음이다"라는 킹의 이해에 따르면[176] 인간은 하나님의 동역자이며, 이 땅에서 그 변화를 실현하기 위해 하나님과 협력하는 존재다. 정의와 해방은 인간의 노력만으로도, 혹은 하나님의 개입만으로 이루어지지 않는다. 킹은 바울이 말한 "하나님의 동역자"라는 표현을 인용하면서 변화는 하나님과 인간의 협력을 통해 이루어진다고 강조한다. 한 사람이 새로운 피조물이 될 때 내면에서 시작된 변화는 결국 외부 세계의 변화로 이어진다. 이러한 신-인간 협력의 필요성은 킹이 생애에서 가장 힘든 순간 중 하나로 회고된 경험, 곧 생명을 위협하는 협박 전화를 받은 직후의 사건 속에서 특히 뚜렷하게 드러난다.

176　King, "Shattered Dreams," 116.

모든 두려움이 한꺼번에 몰려오는 듯했다. 나는 더는 버틸 수 없는 지경에 이르렀다.…용기는 거의 소진되었고, 심신은 탈진한 상태였다. 그때 나는 이 문제를 하나님께 맡기기로 결심했다. 식탁에 앉아 두 손에 머리를 묻고 엎드린 채 나는 큰 소리로 하나님께 기도드렸다. 그날 자정 무렵, 하나님께 올린 그 기도는 지금도 내 기억에 또렷이 남아 있다. "저는 제가 옳다고 믿는 바에 따라 확고한 입장을 세우고, 그에 따라 행동하고 있습니다. 하지만 지금 저는 두렵습니다. 사람들은 저에게 지도력을 기대하고 있지만, 만일 제가 힘과 용기를 잃은 채 그들 앞에 선다면 그들 역시 흔들릴 것입니다. 제 힘은 이제 거의 바닥났습니다. 저에겐 아무것도 남아 있지 않습니다. 혼자의 힘으로는 더는 감당할 수 없습니다." 그 순간 나는 지금까지 한 번도 경험해본 적 없는 하나님의 임재를 깊이 체험했다. 마치 내면에서 울려오는 고요한 음성이 나에게 확신을 주는 듯했다. "의를 위해 일어서라. 진리를 위해 일어서라. 하나님은 영원히 너와 함께하실 것이다."…그 이후로 내 안의 불확실함은 사라졌고, 나는 어떤 상황과도 맞설 준비가 되어 있었다. 외적인 상황은 전혀 달라지지 않았지만, 하나님은 내게 내면의 평강을 주셨다.[177]

---

177 King, *Strength to Love*, 107; *Peter Paris, Black Religious Leaders: Conflict in Unity* (Louisville: Westminster John Knox, 1991), 104. Paris의 King의 하나님 이해에 대한 평가는 매우 적절하다. "킹의 모든 사상, 연설, 저술 가운데 하나님이라는 주제보다 더 널리 퍼져 있는 것은 없다. 나는 킹의 저작 전반에 걸쳐 나타나는 비폭력, 사랑, 정의, 인간의 존엄, 화해, 자유, 도덕성과 같은 다른 모든 핵심 개념들이 명시적으로든 암묵적으로든 그의 하나님 이해와 연관되어 있다고 본다"(100).

킹은 이 일화를 통해 정의를 위한 투쟁에 있어 하나님의 중심적 역할을 강조한다. 이는 인간의 힘과 지혜, 지식이 본질적으로 유한하기 때문이다. 무한하신 하나님은 혼돈과 죽음의 위협 앞에서도 새로운 힘을 부여하시며, 용기와 희망 그리고 평화를 허락하신다. 킹이 바울이 빌립보서 4:7에서 언급한 "모든 지각에 뛰어난 하나님의 평강"을 인용할 때 그는 단지 교리를 언급하는 것이 아니라 자신의 삶 속에서 그 평강을 실존적으로 경험했음을 증언하는 것이다. 동시에 그는 자신의 청중들—불의한 체제 아래에서 해방을 위해 고난을 감내하고 있는 이들—또한 동일한 평강을 경험할 수 있다는 사실을 전하고자 한다.

킹은 그 이전의 많은 흑인 해석자들처럼 바울의 언어를 채택했을 뿐 아니라 그것을 창의적으로 변형시켜 바울이 인종차별, 특히 짐 크로우 법과 인종 분리주의에 맞서 싸우는 데 유효한 자원이 될 수 있음을 보여주었다. 그러나 킹은 그보다 더 나아간다. 그는 바울의 인격 자체를 차용하여 사도의 이름으로 미국 사회에 편지를 보냄으로써 바울 해석의 지평을 한층 확장한다. 특히 그가 버밍햄 감옥에서 편지를 썼다는 사실은 감옥에서 서신을 남겼던 바울의 전례를 상기시키며 그 유사성을 더욱 강화한다. 두 인물 모두 해방의 복음을 선포했다는 이유로 투옥되었고, 억압받는 이들에게 희망과 위로의 메시지를 전했다. 킹은 단순히 바울을 인용하거나 언급하는 데 그치지 않는다. 그는 바울의 역할을 현대적으로 재현하고자 한다. 마케도니아인의 도움 요청에 응답하고, 감옥에서 격려와 권면의 편지를 쓰며, 복음을 전하기 위해 여러 지역을 순회하고, 예수의 흔적을 자기 몸에 지닌 인물로서 그는 스스로를 현대판 바울로 인식한다.

20세기 흑인 담론에서의 바울 해석학

20세기에 들어서도 흑인 해석자들은 연설, 설교, 저술 등 다양한 방식으로 바울을 지속적으로 논의하며, 이 시기 흑인 담론에서도 바울이 여전히 중요한 인물임을 보여준다. 레버디 랜섬은 바울을 여러 방식으로 활용하는데, 그중 하나는 바울이 유대인과 이방인 사이의 막힌 담을 허무셨다고 한 언어를 인용하여 흑인과 백인 사이의 분열 역시 무너뜨려야 할 장벽으로 제시한 점이다. 앞서 살펴본 "몸의 해석학"이라는 주제와 관련하여 랜섬은 바울의 "그리스도의 영"이라는 표현을 통해 미국 사회를 비판한다. 그는 아프리카계 미국인의 몸이 린치당하는 폭력 앞에서도 침묵하는 미국의 태도를 지적하며, 이러한 침묵은 설령 미국이 자칭 "기독교 국가"라 할지라도 실제로는 그리스도의 영을 소유하고 있지 않다는 점을 드러낸다고 주장한다. 더 나아가 랜섬에게 흑인의 몸과 삶은 국가를 위한 "구속적 존재"이며, 증오로 가득한 사회를 사랑으로 가득한 사회로 변화시킴으로써 미국이 자초한 파괴적 현실로부터 벗어날 수 있도록 돕는다고 본다.

윌리엄 시모어는 예루살렘 구제 헌금에 대한 바울의 언어를 차용하여 성령 세례가 실제적인 함의를 지닌다는 점을 강조한다. 바울이 교회 공동체에 예루살렘의 가난한 이들을 위해 헌금을 독려했던 것처럼, 시모어는 이 헌금을 성령의 능력을 받은 신자들이 경제적으로 어려운 이들을 돕기 위해 실천할 수 있는 하나의 모범으로 본다. 인종차별과 관련하여 시모어는 바울이 사용한 "근심하는 성령"의 이미지를 차용해 인종적 분열에 대한 하나님의 탄식을 묘사한다. 그는 또한 "그리스도의 몸"이라는 모티프를 활용하여 교회는 하나이며 흑인과 백인 신자들이 함께 이 몸을 구성한다고 선언한다. 시모어의 몸의 해석학에서 또 하나 중요한 요소는 방언이나 신유와 같이 몸에 나타나는 성령의 현현이 사회를 변화시키는 힘을 지닌다는 점이다. 그는 특히 흑인의 몸이 하나님의 능력을 실제로 경험한다는 사실을 강조하는데, 이러한 체험은 흑인의 열등성과 흑인이 하나님의 구원에서 배제되었다는 통념에 도전하는 신학적 반박이 된다. 또한 시모어는 바울이 베드로가 이방인과 함께하다가 유대인의 눈치를 보고 물러난 일을 공개적으로 비판했던 것처럼, 아주사 거리 집회에서 벌어진 인종 간의 갈등과 분열에도 단호히 반대의 목소리를 냈다. 비록 시모어가 바랐던 인종 간 연합은 오래 지속되지 못했지만, 그가 남긴 가장 중요한 유산 중 하나는 다음과 같은 사실이다. "[아주사 거리] 부흥 운동은 약 3년 동안 미국 사회의 지배적인 삶의 양식에 저항했던, 평등주의적이고 초교파적이며 다양한 인종과 계층이 함께한 부흥 운동이었다."[178]

윌리엄 시모어와 마찬가지로 찰스 해리슨 메이슨 역시 바울의 언어를 통해 인종 간의 연합을 강조하며, 사회 곳곳에서 분열이 벌어지고 있음에도 불구하고 하나님은 흑인과 백인 사이의 화해와 일치를 원하신다고 주장

---

178   Clemmons, *Bishop C. H. Mason*, 58.

한다. 또한 메이슨은 자신이 창립한 흑인 주도의 교단에 바울의 말씀을 인용하여 이름을 붙였는데, 이는 억압적으로 사용되어온 바울 전통에 대한 흑인의 저항이자 동시에 바울을 능동적으로 수용하려는 긍정적 해석의 일환이다. 그는 나아가 바울의 전복적 사용을 확장하여 평화를 옹호하고 전쟁에 반대하는 데에도 바울의 언어를 활용한다. 그의 몸 해석학에서 중요한 요소 중 하나는 인간으로서의 존엄을 부정당한 흑인의 몸을 전쟁을 위해 동원하라는 요구를 거부했다는 점이다. 메이슨은 바울 서신을 인용해 독일 황제(카이저)를 비판했으며, 이를 통해 아프리카계 미국인의 바울 해석 전통에 국제적 차원의 항의와 저항의 의미를 더했다.

"몸 해석학"이라는 주제는 아이다 B. 로빈슨이 바울의 언어를 빌려 미국이 아프리카계 미국인에 대한 린치를 중단하기를 거부하는 현실을 비판할 때 분명히 드러난다. 하나님의 "아버지 되심"에 관한 언어와 인종 간에 하나님께서 맺어주신 유대는 흑인의 생명이 백인의 생명과 동등하게 소중하다는 사실을 증언한다. 하나님의 아버지 되심이 보편적이라는 것은 곧 모든 인류가 하나의 가족이라는 뜻이다. 이 사실은 백인들이 흑인 형제자매를 살해하는 행위가 얼마나 끔찍한 범죄인지, 그것이 단순한 폭력을 넘어 자기 가족을 죽이는 행위라는 점을 드러낸다. 로빈슨에게 이러한 잔혹한 행위는 남부의 기독교가 실제로는 진정한 신앙이 아님을 드러내는 결정적 증거다.

하워드 서먼과 앨버트 클리지는 바울이 백인들에 의해 흑인을 억압하고 비인간화하는 데 자주 악용되어왔다는 이유로 바울을 비판하거나 거부한다. 이들에게 바울은 그의 사회적 특권 때문에 그러한 해석에 쉽게 이용될 수 있는 인물이다. 서면에 따르면 바울은 로마 시민권을 가진 자였기 때문에 "노예들아, 너희 주인에게 순종하라"와 같은 구절을 쓸 수 있었으며, 따라서 벼랑 끝으로 내몰린 억압받는 흑인들에게는 더 이상 의미 있는 인물이 될 수 없다. 클리지는 바울이 복음에 담긴 흑인의 민족 형성적 요소를 제거하고, 복음을 백인 이방인을 위한 개인주의적 종교로 전환시킴으로써 기독교 자체를 왜곡했다고 주장한다. 서면과 클리지 모두 예수와 그의 삶 이야말로 아프리카계 미국인의 경험과 훨씬 깊이 맞닿아 있다고 강조한다.

이 장에서 마지막으로 살펴본 해석자는 마틴 루서 킹 주니어다. 그는 자신의 연설과 설교에서 바울을 광범위하게 인용하고 해석한다. "미국 그리스도인들에게 보내는 바울의 편지"에서 킹은 바울이 미국 사회의 흑백 관계에 관한 담론에서 차지하는 중심적 위치를 절정에 이르게 한다. 바울이 역사적으로 중심적인 인물이었기 때문에 킹은 그의 이름으로 흑인과 백인 시민 모두에게 보내는 편지를 쓰는 것이 중요하다고 판단한다. 또한 킹에게 있어 사도 바울의 고난은 민권운동가들이 겪는 고통과 깊이 연결되어 있다. 킹의 몸 해석학에서 바울의 고난은 민권운동의 고난과 연결되며, 흑인의 역사 역시 거룩한 구속사와 결합된다. 그는 이를 통해 흑인의 생명이 하나님과 하나님의 세계 역사 안에서 깊은 의미와 가치를 지닌다는 사실을 힘 있게 선언한다.

4장

노예의 회심 경험과 소명 이야기에서 나타나는 바울의 언어

> 나는 하나님께서 이 세상의 부패한 영향력과 사탄의 권세로부터 나를 구원하실 수 있는 분이라면 이 노예주인의 손아귀에서도 나를 구원하실 수 있으시다는 것을 잘 알고 있었다. 그러나 나 역시 많은 이들과 마찬가지로 하나님께서 어떤 방식으로 나를 해방하실지는 알지 못했다. 그럼에도 나는 어린아이 같은 단순한 믿음으로 그분을 신뢰했다.[1]

이 장은 아프리카계 노예들의 회심 이야기 속에서 바울의 언어가 어떻게 수용되었는지를 탐구한다. 이 서사들은 아프리카계 미국인들이 바울의 글을 받아들이고, 이를 자신들의 세계 인식과 하나님과의 초자연적 회심 경험—특히 소명 이야기—에 맞게 수용하고 변형했음을 보여준다.

회심 이야기들 속에서 바울의 수용을 이해하기 위한 하나의 출발점은 대각성 운동이 노예화된 아프리카인들에게 끼친 영향을 간략히 살펴보는 것이다. 대각성 운동은 모든 사람을 대상으로 한 복음 전도, 구원, 회심 경

---

1 이는 다음에서 인용된 노예화된 David Smith의 말이다. Albert Raboteau, *Slave Religion: The "Invisible Institution" in the Antebellum South* (New York: Oxford University Press, 1978), 311.

험을 강조했으며, 이러한 강조는 노예들의 성경 수용 방식에 깊은 영향을 미쳤다. 이 운동의 복음 전도자들은 아프리카계 노예들이 대거 자신의 집회에 참여했고, 그중 다수가 회심했다는 사실을 기록으로 남겼다.[2] 특히 주목할 점은 대각성 운동 시기에는 회심이 성경을 스스로 읽을 수 있는 능력과 연결되었다는 것이다. 이는 노예들에게 문해력을 길러야 할 필요성을 강하게 인식시켰다.[3] 그러나 노예들에게 글을 가르치려는 시도는 노예주들 사이에서 강한 반발을 불러일으켰다.[4] 또한 대각성 운동은 개인 구원을 강조했는데, 이는 흑인과 백인 모두가 그리스도께서 자신을 위해 죽으셨다고 믿을 수 있는 신학적 기반을 제공했다. 이러한 강조는 개인의 사회적 지위를 상대적으로 덜 중요하게 만들었으며,[5] 무엇보다 시간이 흐를수록 하나님과의 인격적인 관계에 대한 강조가 더욱 중요해졌다는 점이 주목된다.

무엇보다 성경은 노예들에게 종교 교육과 신앙 훈련의 가장 중요한 자료가 되었다. 성경은 그들이 자기 자신, 노예주, 그리고 세상을 바라보는 방

---

2   Janet Duitsman Cornelius, *When I Can Read My Title Clear: Literacy, Slavery, and Religion in the Antebellum South* (Columbia: University of South Carolina Press, 1991), 19; Raboteau, *Slave Religion*, 128-29, 132-33.

3   Cornelius, *When I Can Read My Title Clear*, 19.

4   더 상세한 정보는 다음을 보라. Cornelius, *When I Can Read My Title Clear*, 특히 32-58. Kenneth Stampp는 *The Peculiar Institution: Slavery in the Ante-Bellum South* (New York: Knopf, 1978)에서 다음과 같이 지적한다. "물론 지배 계층은 오직 철저히 검열된 형태의 기독교만이 자신들이 원하는 효과를 낼 수 있다는 것을 알고 있었다. 부적절한 성경 구절은 삭제되어야 했고, 자유인들에게는 적절한 설교라도 노예들에게는 반드시 그렇지 않을 수 있었다"(159-60). 노예 소유주들이 노예들의 성경 접근을 제한했던 것에 대해서는 앞선 장들을 보라.

5   Raboteau, *Slave Religion*, 148. 132-47의 논의도 보라.

식을 형성했으며, 그들의 현실 인식을 구성하고 억압 가운데서도 생명의 원천이 되었다. 자넷 코넬리어스(Janet Cornelius)는 이렇게 말한다. "노예제 말기 수십 년 동안, 몇몇 예외를 제외하면 흑인들은 기독교를 도덕의 체계로, 미래의 삶에 대한 약속으로, 그리고 '불안과 좌절, 적개심으로부터의 영적 해방'으로 받아들이는 신앙을 형성했지만, 백인 노예주들이 실천하던 기독교는 거부했다."[6] 그녀는 또한 이렇게 지적한다. "노예들에게 성경이라는 거룩한 텍스트에 대한 지식은 구원에 이르고 하나님과 인격적인 관계를 맺고 살아가기 위한 도구였다."[7] 노예화된 아프리카인들은 단순히 기독교로 개종한 것이 아니라 자신들의 노예 상태에 맞게 기독교 전통을 재구성해나갔다. 그들은 복음을 받아들이는 동시에 복음을 자신들의 것으로 만드는 "이중의 과정"에 참여했던 것이다.[8]

　이러한 이중의 과정은 성경에 대한 깊은 경외심을 포함하고 있었다. 이 경외심은 성경을 직접 읽고자 하는 열망을 낳았고, 많은 이들은 자유를 얻은 후 그 열망을 실현하고자 했다.[9] 그 이전까지 노예들은 구전 전통을 통해 성경 이야기를 익혔으며, 그 이야기들을 기억하고 되새기곤 했다. C. 미셸 베너블-리들리(C. Michelle Venable-Ridley)는 이렇게 쓴다. "성경 이야기를 이야기하고 또 이야기하며, 듣고 또 듣는 가운데 의미와 중요성을 발

6　Cornelius, *When I Can Read My Title Clear*, 86.
7　Cornelius, *When I Can Read My Title Clear*, 87.
8　Raboteau, *Slave Religion*, 209.
9　Raboteau, *Slave Religion*, 240.

견하게 되었다. 그 이야기들은 인내에 관한 이야기, 억압과 연약함 속에서 힘을 얻는 이야기, 절망 속에서 피어나는 희망에 관한 이야기들이었다."[10] 또한 일부 노예화된 아프리카인들은 성경을 읽을 수 없었기 때문에, 하나님께서 그들 마음속에 직접 계시해주셨다고 믿었다. 앨버트 라보토(Albert Raboteau)에 따르면 "다수의 해방노예들은 노예 시절에 환상 중에 들었던 말씀을 누군가 성경에서 읽어줄 때, 그것이 이미 자신이 들었던 내용임을 알아차렸다고 증언했다."[11] 성경에 대한 이 깊은 경외심과 하나님께서 자신들에게 직접 말씀하실 수 있다는 믿음은 많은 아프리카계 노예들이 성경의 가르침을 자신의 삶과 상황에 적용하고 재구성할 수 있는 신학적 기반이 되었다. 따라서 이 회심 경험들은 하나님께서 노예들과 함께 계시며 그들을 변화시키신다는 사실을 강조하며, 동시에 그들 안에 이미 존재하는 하나님께서 주신 존엄성을 재확인시켜주었다. 이 존엄성은 그들이 노예주들이 왜곡한 복음을 받아들이지 않도록 지켜주는 힘이었다.

회심

아래에서 다루게 될 아프리카계 미국인들의 회심 서사들은 대체로 유사한

---

10 C. Michelle Venable-Ridley, "Paul and the African American Community," in *Embracing the Spirit: Womanist Perspectives on Hope, Salvation, and Transformation*, ed. Emilie M. Townes (Maryknoll, NY: Orbis, 1997), 212. 여기서 그녀는 출처를 Vincent Wimbush로 밝힌다.
11 Raboteau, *Slave Religion*, 242.

서사 구조를 따른다. 이 이야기들은 회심자가 극심한 죄책감, 심리적 무거움, 혹은 짓눌리는 느낌에 시달리는 장면으로 시작된다. 이 시기에는 종종 식사를 거르고 잠을 이루지 못하며 깊은 불안과 고통에 빠지기도 한다. 다음 단계에서 회심자는 환상적 체험을 하게 되는데, 이는 지옥에 떨어질 위험이나 그로부터의 신적 구원을 묘사하거나, 때로는 이 둘 모두를 포함한다. 많은 경우 회심자는 환상 속에서 지옥과 천국, 천사, 사탄, 하나님 혹은 예수를 목격한다. 이러한 신적 만남의 결과로 회심자는 용서와 자비 혹은 구원을 구하며 기도하고, 그 기도에 대한 응답으로 하나님의 수용과 거듭남의 경험을 하게 된다. 이 새로운 삶은 종종 설교 사명, 곧 하나님의 부르심에 대한 응답으로 이어진다.[12] 이러한 체험에는 일정한 서사적 패턴이 있으나, 그 순서가 항상 고정된 것은 아니다.[13] 예를 들어 어떤 경우에는 환상 이전에 기도 장면이 먼저 등장하기도 하며, 일부 회심자들은 구원을 얻기 위해 먼저 금식과 기도에 전념한다. 반면 죄책감을 느끼기 이전에 하나님께서 전혀 예상치 못한 방식으로 먼저 찾아오시는 경우도 있다. 그럼에도 불구하고 이러한 환상적 회심 체험은 공통적으로 회심자들로 하여금 이전

---

12 William L. Andrews, introduction to *Sisters of the Spirit: Three Black Women's Autobiographies of the Nineteenth Century*, ed. William L. Andrews (Bloomington: Indiana University Press, 1986), 11; Raboteau, *Slave Religion*, 266-75.

13 James Craig Holte, *The Conversion Experience in America: A Sourcebook on Religious Conversion Autobiography* (New York: Greenwood, 1992), 그는 다음과 같이 기록한다. "대부분의 회심 내러티브는 죄악된 초기 삶, 회심 경험, 회심 이후의 삶과 행위라는 예측 가능한 삼단 구조를 따르지만, 각 저자는 이 틀을 자신의 구체적인 경험에 맞게 변형하여 서술한다"(vii).

과 전혀 다른 존재, 곧 새로운 피조물로 인식하게 만든다.

윌리엄 앤드루스(William Andrews)는 이러한 회심 서사들의 핵심 주제로 죄와 사탄의 권세로부터의 해방, 그리고 세상 속에서의 새로운 존재 방식에 대한 소명을 지적한다. 이후에 소개되는 회심 이야기 속에서 회심자들은 종종 자신을 두 가지 자아로 나누어 설명한다. 하나는 과거에 죄 가운데 살며 악한 행위를 일삼던 회심 이전의 자아이고, 다른 하나는 하나님의 부르심에 응답하며 새로운 삶을 살아가는 회심 이후의 자아다. 많은 경우 이러한 회심 경험은 과거의 삶을 하나님의 자비와 은혜의 시선으로 새롭게 해석하게 만든다. 다시 말해 하나님을 알지 못했던 시기에도 하나님께서 자신을 돌보시고 지켜보셨다는 사실을 뒤늦게 깨닫게 되는 것이다.

이 장에서 인용된 회심 서사들은 노예화된 아프리카계 미국인들의 회심 체험을 모은 『하나님이 나를 치셨다: 전 노예들의 회심 경험과 신앙 자서전』(God Struck Me Dead: Religious Conversion Experiences and Autobiographies of Ex-Slaves)에서 발췌한 것이다. 이 책의 서문에서 폴 라딘(Paul Radin)은 이러한 회심 이야기들이 겉보기에는 백인들의 회심 서사와 유사한 구조나 언어를 따르는 것처럼 보일 수 있지만, "단순한 모방이나 백인 전통의 수동적인 연장이 아니다"라고 강조한다.[14] 라딘에 따르면 노예 신분의 아프리카계 미국인들에게 회심이란 "그리스도께서 자신을 알아보신 사건이며, 자신 또

---

14   Paul Radin, forward to *God Struck Me Dead: Religious Conversion Experiences and Autobiographies of Ex-Slaves*, ed. Clifton H. Johnson (Philadelphia: Pilgrim, 1969), x.

한 그리스도를 알아본 사건이었다. 흑인이 하나님을 먼저 찾은 것이 아니라 하나님께서 흑인을 먼저 찾아오신 것이었다."[15] 노예의 회심은 그 존재 전체를 뒤흔드는 단절과 변화를 의미했다. 회심은 백인 사회가 외부에서 강요한 왜곡된 정체성—곧 흑인의 검은 몸을 죄와 악으로 동일시하는 정체성—을 거부하고 단절하는 행위였다. 회심을 통해 노예는 자신을 하나님의 사랑을 받는 존재, 곧 하나님의 형상대로 창조된 존재로 새롭게 인식하게 되었다. 이러한 회심 경험은 죄와 흑인의 정체성을 동일시하던 당대 백인 신앙 전통에 대한 신학적 저항을 포함한다. 다시 말해 이 회심 서사들은 죄를 흑인에게 본질적으로 내재된 속성으로 보기보다는 외부에서 작용하는 악의 세력으로 이해하고 있다. 그리고 흑인과 백인 모두가 그 세력으로부터 해방될 필요가 있었다는 점을 강조한다.

이처럼 아프리카계 미국인의 회심과 백인의 회심 사이에는 서사 구조상의 유사성이 존재할 수 있지만, 그 구조가 담고 있는 의미는 이들 집단의 위치와 경험의 차이로 인해 근본적으로 상이하다. 흑인들에게 회심은 자신들이 백인과 동등한 존재이며 영혼을 지닌 인간이라는 사실을 하나님 앞에서 확인받는 사건이었다. 반면 백인들은 회심을 통해 그런 확인을 받을 필요가 없었다. 이미 사회적으로 그들의 인간성과 우월성이 인정받고 있었기 때문이다. 따라서 흑인에게 있어 회심은 단순한 종교적 체험을 넘어서 사회적·정치적 체험이기도 했다. 회심은 백인 우월주의에 기초한 인종차별

---

15 Radin, forward to *God Struck Me Dead*, xi.

적 사회·정치 구조에 저항할 수 있는 내적 힘을 제공해주었다. 그 구조는 흑인의 열등함을 제도화하고, 비인간성을 내면화하도록 강요했기 때문이다.

노예 상태였음에도 불구하고 하나님이 자신을 사랑하시며 삶 가운데 역사하신다는 믿음은 노예들의 회심 이야기와 설교 사명에 대한 증언을 통해 분명히 드러난다. 놀랍게도 노예소유주들이 성경을 악용하여 아프리카계 미국인들을 비인간화하려 했음에도 불구하고 많은 노예들은 여전히 "하나님이 자기편이라는 확신"을 간직했다.[16] 그들은 "자신들을 위해 역사하시는 무한한 능력의 하나님"을 신뢰했다.[17] 아래에 인용된 해방된 노예들의 증언은 하나님의 능력에 대한 이같은 신념, 그리고 어떤 반대도 극복하시는 하나님의 주권에 대한 확고한 믿음을 잘 보여준다. 더 나아가 이들 증언은 그러한 하나님의 능력에 대한 이해가 부분적으로는 바울의 언어로부터 비롯되었음을 시사한다. 이 노예들은 하나님, 사탄, 구원, 해방, 환상 등에 대한 바울의 우주론과 세계관을 수용하고 재구성함으로써 그것을 자기 신앙의 언어로 통합했다. 그 결과 이들은 사탄의 권세를 능히 이기시는 하나님에 대한 믿음을 끝까지 고수한다.

『하나님이 나를 치셨다』에 수록된 해방된 노예들의 증언, 곧 하나님과 사탄 사이의 초자연적 만남을 전하는 이들의 목소리는 "인간과 영적 존재

---

16 Cleophus J. LaRue, *I Believe I'll Testify: The Art of African American Preaching* (Louisville: Westminster John Knox, 2011), 59.
17 LaRue, *I Believe I'll Testify*, 60.

가 동일한 사회적 공간을 공유한다"는 신념—즉 초자연적 실재에 대한 진정한 신앙—을 반영한다.[18] 여기서 사회적 공간의 공유란 인간의 삶과 초자연의 영역이 상호 침투하고 깊이 얽혀 있어 양자의 경계가 단절되지 않는다는 의미다. 초자연의 세계에서 일어나는 사건은 인간의 삶에 실제로 영향을 미치며, 인간의 행위 역시 초자연적 현실에 반응을 일으킨다.[19] 이 회심 이야기들은 하나님과 사탄 사이에서 벌어지는 우주적 갈등이 인간의 삶에 깊은 영향을 끼치며, 인류의 구원이 오직 하나님의 구원 능력에 달려 있다는 인식을 반영한다. 따라서 이 이야기 속에서 환상을 경험하는 이들은 억압받는 자들의 부르짖음을 들으시고 직접 개입하시는 하나님을 믿고, 그분에 대한 절대적 신뢰를 고백한다.

모르테의 이야기

"나는 복을 받았지만 너는 저주받았다"(I Am Blessed but You Are Damned)라는 이야기에서 모르테(Morte)라는 이름의 노예는 밭을 갈던 중 하나님을

---

18 Loren T. Stuckenbruck, "Prayers of Deliverance from the Demonic in the Dead Sea Scrolls and Related Early Jewish Literature," in *The Changing Face of Judaism, Christianity, and Other GrecoRoman Religions in Antiquity*, ed. Ian H. Henderson and Gerbern S. Oegema, Studien zu den Jüdischen Schriften aus hellenistisch-römischer Zeit 2 (Gutersloh: Gütersloher Verlagshaus, 2006), 163.

19 Lisa Bowens, *An Apostle in Battle: Paul and Spiritual Warfare in 2 Corinthians 12:1-10*, Wissenschaftliche Untersuchungern zum Neuen Testament 2.433 (Tübingen: Mohr Siebeck, 2017), 30, 35-36.

만나는 체험을 한다.

어느 날 밭을 갈고 있었는데, 갑자기 어떤 목소리가 들려왔다. 나는 깜짝 놀라 뛰어올랐다. 주인이 또 옥수수를 갈아엎었다고 화를 내며 나를 채찍질하려는 줄 알았기 때문이다. 나는 주위를 둘러보았지만 아무도 없었다. 그러자 다시 목소리가 들렸다. "모르테! 모르테!" 나는 쟁기를 던지고 도망치기 시작했다. 그러나 그 목소리는 계속해서 들려왔다. "두려워하지 말아라, 나의 작은 자야. 보라! 내가 진리의 메시지를 전하러 왔다."…눈을 들어보니 나는 전혀 다른 세상에 있었다.…기도하는 가운데 한 천사가 다가와 나를 만졌고, 나는 내 존재가 새롭게 변화되었음을 느꼈다. 손을 바라보니 새로웠고, 발을 바라보아도 그것 역시 새로웠다. 그런데 보니 내 옛 몸은 불타는 구덩이 위에 거미줄처럼 가느다란 실에 매달려 있었다. 나는 다시 기도했고, 부드러운 음성이 들려왔다. "나의 작은 자야, 나는 너를 영원한 사랑으로 사랑하였다. 오늘 너는 살아났고, 지옥에서 해방되었다. **너는 나의 택한 그릇이다**[행 9:15—하나님께서 아나니아에게 바울을 두고 하신 말씀]. 내 앞에서 정직하게 행하라. 내가 너를 모든 진리 가운데로 인도하리라. **내 은혜가 네게 족하도다**[고후 12:9]. 가라, 내가 너와 함께할 것이다. 복음을 전하라, 내가 네 입과 함께하리라. 이제부터 너는 세상의 소금이다."[20]

---

20 Johnson, *God Struck Me Dead*, 15.

모르테의 이야기 서두는 성경적 언어로 가득 차 있으며, 이러한 언어는 내러티브 전체에 스며든다. "두려워하지 말아라"와 같은 같은 예언자 소명 이야기의 메아리가 들리는가 하면, "세상의 소금"이라는 복음서의 표현 또한 등장한다. 이러한 성경적 언어와 더불어 또 다른 세계로의 이입을 암시하는 표현들이 어우러지며, 두 가지 신학적 방향성을 제시한다. 첫째, 바울이 다메섹 도상에서 경험한 회심 사건과, 하나님이 아나니아에게 하신 말씀—"그는 나의 택한 그릇이다"—과의 동일시가 이루어진다. 둘째, 바울의 셋째 하늘 체험(Himmelsreise)을 떠올리게 하는 표현, 즉 "내 은혜가 네게 족하도다"라는 말씀이 나타난다. 바울의 체험에 대한 이러한 구체적 인용은 모르테의 초자연적 만남을 형성하는 서사적 장치로 작동하며, 그와 사도 바울 사이의 연결성을 암시한다. 아나니아에게 주어졌던 하나님의 말씀이 이제는 모르테 자신에게 직접 선포되는 것이다. "너는 나의 택한 그릇이다." 또한 "내 은혜가 네게 족하도다"라는 구절은 모르테의 구원 체험이 갖는 초월적 차원을 강조하며, 그가 하나님의 은혜 가운데 악과의 우주적 갈등에 뛰어든 존재임을 드러낸다. 이야기 후반부에서 모르테가 구원을 받는 장면은 이 은혜의 선언이 실제로 성취되었음을 보여준다. 이러한 바울적 언어의 수용은 바울이 경험한 신적 만남이 이제 아프리카계 노예의 삶 속에서 새롭게 반복되고 있음을 시사한다.

이 체험 이후 모르테는 하나님의 보좌를 목격한 환상을 이야기한다. 그 환상 속에서 그는 하나님을 뵙고, 그 순간 땅에 엎드려 얼굴을 땅에 댄다. 바로 그 자리에서 그는 또 한 번 설교자로의 소명을 받는다. 정신을 차리고 나서야 그는 환상을 경험하는 동안 말이 쟁기를 끌고 달아났고, 그 결과 밭의 옥수수가 대부분 갈려 나갔다는 사실을 깨닫는다. 곧이어 노예 주인이 다가와 상황을 보고 크게 화를 낸다. 그런데 모르테는 이 상황에서 예기치 못한 전개를 경험하게 된다. "나는 주인에게 전능하신 하나님과 대화 중이었다고 말했어요. 하나님께서 옥수수를 갈아엎으신 거라고 했지요. 주인은 이상하다는 듯 나를 바라보았고, 나는 갑자기 외치며 쓰러졌어요. 그러고는 설교를 하기 시작했죠. 말들이 내 입술에서 막힘없이 흘러나오는 것 같았어요. 설교를 마치자 마음 깊은 곳에서 만족감이 밀려왔고, 곧 닥칠 매질에 대한 두려움도 사라졌어요. 주인은 나를 바라보며 몸을 떠는 듯했고, 말(馬)을 잡아 헛간으로 함께 가자고 했지요."[21]

모르테가 주인의 명령에 따라 움직이려 할 때 그는 또 한 번 초자연적 체험을 하게 된다.

나는 옥수수 고랑을 따라 비틀거리며 말을 잡으러 갔다. 그때 다시 기운이 빠지기 시작했고, 곧 닥칠 매에 대한 두려움이 밀려왔다. 한참을 고랑을 따라가던 중 정신이 아득해지더니, 나는 다시 땅에 쓰러졌다. 그 순간 환상이 나타났고, 나는 거대한 산더미 같은 것을 보았다. 그 옆, 혹은 그 아래에는 천사 가브리엘이 서 있었다. 그리고 한 음성이 내게 들려왔다. "보라, 너의 죄는 크나큰 산과도 같다. 그러나 그것들은 곧 굴러 사라질 것이다. 평안히 가라. 아무것도

---

21   Johnson, *God Struck Me Dead*, 16.

두려워하지 말라. 보라! 내가 너의 더듬는 혀를 풀고, 막힌 귀를 열어주었다. 너는 증인이 될 것이며, 많은 사람들에게 말할 것이다. 그들이 들을 것이다. 내 말은 나아갔고, 그것은 곧 능력이다. 강건하라. 보라! 내가 세상 끝날까지 너와 함께하겠다. 아멘." 나는 천사 가브리엘이 손을 들어 올리는 것을 보았고, 그러자 산처럼 쌓여 있던 나의 죄들이 굴러떨어지기 시작했다. 그것들은 깊은 구덩이 속으로 굴러떨어졌고, 바닥에 닿을 때 큰 소리를 냈다. 나는 그 구덩이에서 사탄과 그 무리들이 펄쩍펄쩍 뛰는 모습을 보았고, 소리쳐 외쳤다. "주여, 나를 구하소서! 주여, 나를 구하소서!" 그 순간 번개처럼 천사들의 무리가 내 주위에 나타났다. 그중 한 천사가 구덩이 쪽으로 다가가자 사탄과 그의 타락한 천사들은 분노에 찬 울부짖음을 내뱉으며 두려움에 떨면서 다시 구덩이 속으로 도망쳐 들어갔다. 마침내 또 하나의 목소리가 내게 들려왔다. "평안히 가라. 두려워하지 말라.…기뻐하고 크게 즐거워하라. **내가 너를 은혜로, 믿음을 통해 구원하였다. 그것은 네게서 난 것이 아니라 하나님의 선물이다**"[엡 2:8].…나는 이 황홀경(trance) 상태에 한 시간 넘게 있었던 것 같다. 정신을 차리고 헛간으로 가니, 주인이 그곳에서 나를 기다리고 있었다. 나는 다시 그에게 내 체험을 이야기하기 시작했다.…주인은 말없이 내 말을 듣더니, 갑자기 울음을 터뜨렸다. 그는 고개를 돌리고 떨리는 목소리로 말했다. "모르테, 자네는 참으로 설교자인 것 같네. 이제부터 내 소유지 안에 있는 사람들에게 저 시냇가 옆 헛간에서 복음을 전하게. 하지만 내일 아침, 주일에는 우리 가족과 이웃들에게 먼저 설교해 주게."…다음 날 약속된 시간에 나는 큰 저택의 현관 앞에 두 개의 널빤지를 놓고 그 위에 올라섰다. 성경도, 아무 자료도 없이 나는 주인과 가족,

이웃들 앞에서 복음을 전하기 시작했다.…그날 이후 나는 줄곧 복음을 전했고, 전혀 지치지 않았다. 나는 한밤중의 가장 어두운 순간에도 누구에게든 하나님에 대해 말할 수 있다. 왜냐하면 그 말씀이 내 마음판에 새겨져 있기 때문이다.[22]

모르테의 이야기는 앨버트 라보토(Albert Raboteau)가 통찰력 있게 지적한 바와 같이 종교가 "주인과 노예 사이의 겉보기에 굳건한 위계질서를 흔들 가능성"을 생생하게 보여준다.[23] 모르테가 경험한 초자연적 만남은 그에게 신적 계시를 체험하게 했을 뿐 아니라 하나님의 개입을 통해 주종 관계의 질서를 단절시킨다. 이는 참된 신적 만남이 억압적 질서를 뒤흔들 수 있음을 보여준다. 바울이 다메섹으로 가던 길에서 주님을 만나 삶의 방향이 전환된 것처럼, 모르테 또한 회심을 통해 전혀 다른 삶으로 나아가게 된다. 그가 말(馬)을 잡으러 가던 중 겪은 두 번째 초자연적 체험은 이야기 서두에 사용된 바울적 언어를 더욱 심화시킨다. 이 체험 속에서 사탄과 그의 타락한 천사들이 모르테를 붙잡으려 하나, 그가 구원을 위해 기도하자 하나님의 천사들이 나타나 그를 구해낸다. 이 장면은 고린도후서 12:1-10에서 바울이 셋째 하늘로 승천한 체험과 놀라울 정도로 유사하다. 바울은 그곳에서 계시를 받고, 사탄과 그의 사자들에게 방해받으며, 그로부터의 구원

---

22 Johnson, *God Struck Me Dead*, 16-18.
23 Raboteau, *Slave Religion*, 148.

을 위해 기도한다.²⁴ 계시, 방해, 간구라는 흐름은 모르테의 체험에서도 동일하게 나타난다.

하지만 모르테의 초자연적 체험이 바울의 하늘 승천 구조를 따르긴 해도, 노예화된 아프리카인이라는 그의 사회적 정체성은 이 체험에 독특한 다른 차원을 더한다. 하나님과 사탄 사이의 초자연적 전쟁이라는 개념은 고난과 투쟁 속에서 살아온 모르테와 그의 공동체에게 익숙하고 자연스럽다. 이들에게 영적 갈등은 일상의 현실을 상징적으로 반영한다. 하늘로 오르려다 방해를 받은 경험은 날마다 마주하는 억압과 저항의 실상과 겹쳐진다. 결과적으로 바울의 하늘 체험은 이들의 세계관과 공명할 뿐 아니라 그 세계관을 신학적으로 재구성하는 데 기여한다.

더 나아가 바울이 고린도 교인들에게 자신의 하늘 승천 체험을 통해 하나님의 계시를 전달했던 것처럼, 모르테 역시 신적 지식을 전하는 사역자로서 중재자의 역할을 부여받는다. 그는 하나님의 "비할 데 없는 사랑"과 모든 인간이 "거듭나야 하며" "지옥의 사슬에서 해방되어야 한다"는 복음을 선포하는 자로 세워진다.²⁵ 심지어 그의 주인조차 모르테의 체험을 인정하고, 자신과 가족, 그리고 이웃에게 복음을 전해달라고 요청한다. 이 내러티브가 바울의 체험을 바탕으로 구성되었음은 이야기 전반에 걸쳐 분명하게 드러난다. 바울의 초자연적 언어와 체험은 서사 곳곳에 스며들며, 이

---

24   Bowens, *An Apostle in Battle*, 123-204.
25   Johnson, *God Struck Me Dead*, 18.

야기의 시작과 끝을 구조적으로 감싼다. 이야기의 첫머리에서 하나님이 바울에 대해 하신 말씀—"너는 나의 택한 그릇이다", "내 은혜가 네게 족하도다"—은 모르테에게 직접 주어진다. 이야기의 마지막에서는 하나님이 이렇게 말씀하신다. "너희가 그 은혜를 인하여 믿음으로 말미암아 구원을 받았나니, 이것은 너희에게서 난 것이 아니요 하나님의 선물이라"(엡 2:8).

모르테에게 이 체험은 단순한 회심 이야기가 아니라 소명 이야기이기도 하다. 하나님은 그를 죄와 사탄 및 그 사자들의 공격으로부터 구원하셨고, 복음을 전하는 사역자로 부르셨다. 그는 하늘 보좌의 환상을 보고, 신적 계시를 받으며, 그 모든 경험은 바울의 우주론—특히 하늘 승천 언어—을 수용하고 재구성한 것이다. 바울과 모르테 모두에게서 환상은 계시의 통로이지만, 모르테의 경우 이 환상이 그의 사회적 지위를 초월하게 하는 역할도 수행한다. 모르테의 체험은 전례 없는 사건, 곧 그가 주인에게 복음을 전하게 되는 것으로 이어지며, 이는 백인 설교자들이 노예들에게 "종들아, 주인에게 순종하라"고 반복해왔던 수많은 설교 장면들에 대한 강력한 반서사(counternarrative)를 형성한다. 하늘의 환상은 지상의 현실을 변형시킨다. 왜냐하면 이 이야기에서 모르테, 곧 흑인 노예 한 사람이 주인에게 복음을 전하게 되었고, 그의 존재 자체가 억압적 질서를 가로지르는 하나님의 개입을 가시적으로 드러내는 상징이 되었기 때문이다.

찰리의 이야기

"북군에 합류한 노예"라는 또 다른 내러티브는 찰리(Charlie)라는 이름의 아프리카계 노예가 자신의 노예 시절을 생생하게 증언한 기록이다. 이야기 서두에 등장하는 몇몇 핵심적인 에피소드는 이후 그가 바울의 언어를 어떻게 인용하고 해석하는지를 이해하는 데 중요한 단서를 제공한다. 찰리는 집안 노예로서 주인 가족을 돌보며 집 안팎의 허드렛일을 도맡았다. 그는 당시 일과를 이렇게 회상한다. "나는 새벽 네 시쯤 일어나야 했어요―별자리를 보고 시간을 짐작했죠―그리고 일꾼들이 동물에게 먹이를 주러 나가게 하려고 나팔을 불었어요. 그다음엔 불을 피우고, 물을 길어오고, 젖을 짜고, 아이들이 학교에 갈 말을 준비하고, 마당을 쓸고, 집안을 치웠어요. 여섯 시쯤 되면 빌 주인님과 노 부인, 그리고 어린 아씨를 깨우러 들어가야 했죠."[26] 찰리는 특히 뇌리에 강하게 남아 있는 한 장면을 이야기한다. 어느 날 여주인이 그에게 딸을 깨우고 침대를 정리하라고 지시했던 일이다.

어느 토요일 아침, 어린 아씨는 학교에 가지 않아 늦잠을 자고 있었다. 노 부인이 나에게 그녀의 침대를 정리하라고 시켰다. 나는 방에 들어갔지만, 아씨가 여전히 자고 있었기에 침대를 정리할 수 없었다. 그래서 그녀에게 이미 늦었고, 노 부인이 일어나라고 하셨다고 말해주었다. 그러자 어린 아씨는 벌컥 화

---

26 Johnson, *God Struck Me Dead*, 24.

를 내며 침대 위로 벌떡 일어나 소리쳤다. "이 검둥이 개야, 당장 나가! 난 내가 일어나고 싶을 때 일어날 거야!" 그러고는 내 뺨을 힘껏 후려쳤다. 눈앞에 별이 보일 정도였다. 정신을 차리자마자 나는 반사적으로 주먹을 휘둘렀다. 그녀가 몸을 재빨리 피하지 않았다면 나는 거의 그녀를 죽일 뻔했을 것이다. 나는 있는 힘껏 그녀를 향해 주먹을 날렸고, 침대 위로 올라 그녀의 목을 졸라 숨통을 끊으려는 순간, 노 부인이 방에 들어왔다. 어린 아씨는 내가 이불을 확 잡아채고 자신에게 대들었다고 말했다. 그러자 노 부인은 나를 향해 고함쳤다. "이 검은 악마 자식, 이게 무슨 짓이야? 등짝을 제대로 매질해줘야겠구나." 나는 너무 화가 나고 감정이 북받쳐 아무 말도 할 수 없었다. 그녀는 내 손을 뒤로 묶어 침대 기둥에 매달고, 마차용 채찍으로 나를 사정없이 때렸다.[27]

이 에피소드는 노예 생활의 복잡성과 불합리함을 잘 보여준다. 노예들은 남성 주인의 변덕뿐 아니라 그의 아내와 자녀들의 감정에까지 철저히 종속되어 있었다. 특히 이 장면은 백인 자녀들이 자신들의 지위를 무기 삼아 노예들에게 거짓말을 일삼고, 그로 인해 노예들이 누명을 쓰고 처벌당하는 현실을 여실히 드러낸다. 백인의 말은 언제나 더 신뢰를 받았고, 그 결과 노예들은 자신이 저지르지 않은 일로도 자주 벌을 받았다.

찰리는 자신이 겪은 혹독한 노동과 억울한 매질의 경험을 더 들려준 뒤, 동생 제프와의 대화 중 일어난 또 다른 사건을 생생하게 증언한다.

---

27   Johnson, *God Struck Me Dead*, 24-25.

내 동생은 목소리가 크고 우렁차서 조용히 말하지 못했어요. 그래서 우리가 이 야기하고 있을 때 주인이 몰래 다가와 우리 대화를 엿들었죠. 그때 내가 무슨 말을 했는지 아직도 또렷이 기억해요. "젠장, 나는 도망쳤다가 다시 잡혀 와 매 맞고 등에 피마자기름 바르는 꼴은 정말 싫어. 내가 도망치면 진짜로 영영 떠 날 거야." 바로 그 순간, 주인이 헛간 모퉁이에서 불쑥 나타나 소리쳤어요. "이 자식들아, 도망갈 궁리를 하고 있었던 거냐? 이리 와 봐라, 내가 도망이 뭔지 똑똑히 가르쳐주마. 등짝이 너덜너덜해지도록 찢어놓을 테니 각오해라."[28]

찰리는 결국 혹독한 매질을 당했고, 그의 동생 제프는 도망쳤지만 끝내 붙 잡혀 역시 잔혹하게 매를 맞았다. 그러나 시간이 흐른 뒤, 찰리와 제프는 둘 다 탈출에 성공하여 북군에 합류하고, 남북전쟁 중 북군을 위해 싸운다. 수 년이 지나 전쟁이 끝난 후, 찰리는 옛 노예주인을 다시 만나게 되는데, 이 만남은 길게 서술할 만큼 의미심장하다.

어느 날 마을 광장에 나가 있던 나는 우연히 옛 주인을 마주쳤다. 거의 30년 만 의 일이었다. 그가 내게 물었다. "찰리, 내가 네 등을 찢어놓았던 일, 기억하느 냐?" 나는 대답했다. "예, 주인님. 기억합니다." 그가 다시 물었다. "그런 나를 용서했느냐?" "예, 용서했습니다." 우리는 거리를 두고 큰 소리로 대화를 나누 고 있었기 때문에 사람들이 하나둘 주변에 모이기 시작했다. 나는 누구 앞에서

---

28 Johnson, *God Struck Me Dead*, 29.

도 주눅 들어본 적이 없었기에 다음 질문에도 주저하지 않았다. "찰리, 그런데 네가 어떻게 나를 용서할 수 있었느냐?" 나는 이렇게 대답했다. "주인님, 개를 때릴 때, 그 개가 잘못해서가 아니라 우리가 그 개를 소유하고 있기 때문에 때리는 것이지요. 단지 그렇게 할 수 있기 때문에 그렇게 하는 겁니다. 당신도 나를 그렇게 때리셨습니다. 나는 당신을 섬기고, 당신을 위해 일하고, 병들었을 때는 간호까지 했습니다. 무슨 일이 있었다면 아마도 당신을 위해 목숨도 걸었을 것입니다. 나도 다른 사람들과 똑같은 인간입니다. 하지만 내 안에 있는 것은 당신 안에는 없었습니다. 나는 당신을 교회까지 마차로 모셔다드리고, 문틈으로 당신들이 예배드리는 모습을 지켜보곤 했습니다. 그런데도 당신은 결코 올바른 인간이 되지 않았습니다. 그럼에도 나는 당신을 여전히 사랑합니다. 마치 당신이 나를 한 번도 때린 적 없는 것처럼 말입니다. 내가 섬기는 하나님은 사랑의 하나님이시며, 나는 마음에 증오를 품은 채 그분의 나라에 갈 수 없기 때문입니다." 그러자 그는 울먹이며 내게 손을 내밀었습니다. "찰리, 날 한 번 찾아오게. 내가 자네를 잘 대접하겠네. 내가 했던 일을 진심으로 후회하고 있네." 나는 대답했다. "괜찮습니다, 주인님. 저는 이미 과거를 잊고 살고 있습니다." 나는 하나님의 능력을 체험했고, 그분의 사랑을 맛보았습니다. 그 사랑이 수년 전, 내 마음속 모든 증오를 사라지게 했습니다. **누구든지 그리스도 예수 안에서 죽고 다시 살아나면**[고전 15:22; 갈 2:19-20], 그는 더 이상 예전처럼 살지 않습니다. 죄는 사람을 죽게 만들지만[롬 6:15, 23; 7:11], 하나님의 영은

사람을 다시 살리십시다[롬 6:2-11].²⁹

찰리와 옛 노예주인 사이의 이 강렬한 대화는 노예제 사회를 지탱하던 핵심 구조들을 적나라하게 드러낸다. 찰리의 통찰대로, 주인이 자신을 잔혹하게 다룬 것은 찰리의 잘못 때문이 아니라 단지 주인이 권력을 쥐고 있었기 때문이다. 다시 말해 그는 "그럴 수 있었기 때문에" 그렇게 한 것이다. 노예 소유주에게 부여된 절대적 권력은 폭력과 고문을 가능케 하는 구조적 토대를 형성했으며, 이는 곧 노예제 자체를 작동하게 하는 중심 원리 중 하나였다. 이처럼 통제되지 않은 권력 개념은 줄리아 푸트의 자서전에도 반복적으로 등장한다. 그녀는 한 일화를 회상하며, 교회 총회에 참석하여 친구들과 함께 식사를 하던 중 어떤 노예주인이 도망친 노예를 찾겠다며 집안을 수색한 사건을 기록한다. 이 사건은 "총회 전체에 어두운 그림자를 드리웠고", 푸트는 이렇게 탄식한다. "한 인간이 다른 인간을 완전히 지배한다는 것이 얼마나 끔찍한 일인가."³⁰ 푸트는 이처럼 절제 없는 권력이 만들어내는 비극적 현실을 예리하게 통찰하며, 그러한 권력이 노예의 삶 전반에 걸쳐 침투하고 있음을 인식한다. 찰리가 주인에게 들려준 말은 바로 이 구조적 부정의의 본질을 꿰뚫는다.

---

29 Johnson, *God Struck Me Dead*, 40–41.
30 Julia Foote, *A Brand Plucked from the Fire: An Autobiographical Sketch by Mrs. Julia A. J. Foote* (Cleveland, OH: Printed for the author by W. F. Schneider, 1879), reprinted in Andrews, *Sisters of the Spirit*, 220.

찰리는 자신의 노예 시절을 회고하는 내러티브 전반에 걸쳐 옛 주인과 그 가족이 자주 자신을 반복적으로 "검은 악마"라고 불렀다는 사실을 강조한다. 앞서 살펴본 바와 같이 이러한 명명은 흑인이 악마에 의해 창조되었으며 곧 악마 그 자체라는 신학적 인종주의에 기반한 표현으로, 흑인의 인간성을 부정하기 위한 신학적 언어 전략이었다. 그러나 옛 주인과의 재회 장면에서 찰리는 "나도 다른 사람들과 똑같은 인간입니다"라고 선언함으로써 자신에게 부여된 낙인과 그것을 가능하게 한 사유 체계 전체를 단호히 거부한다. 그는 자신의 인간성과 남성성을 주장하며, 자신을 악마의 피조물로 간주하는 인식을 근본적으로 부정한다. 찰리와 주인 사이의 근본적인 차이는 찰리가 마치 악마로부터 창조된 존재라는 데 있는 것이 아니라 오히려 주인이 "올바르지 않다"는 데 있다. 주인은 교회에 출석했지만, 찰리가 고백하는 "사랑의 하나님"을 예배하지 않았다. 찰리는 이처럼 자신과 주인을 뚜렷하게 대비시키며, 노예주인의 신앙이 얼마나 위선적이었는지를 폭로한다. 그의 말처럼, "내 안에 있는 것은 당신 안에는 없었습니다."

이 대화를 회상한 뒤, 찰리는 독자들에게 "자신 안에 있는 것"이 정확히 무엇인지를 설명하며, 자신이 어떻게 전 노예주를 용서할 수 있었는지를 밝힌다. 하나님의 능력과 사랑은 그 마음속에 자리 잡고 있던 증오의 영을 죽이고, 그로 하여금 과거 자신을 잔혹하게 대했던 이를 사랑할 수 있는 힘을 부여한다. 욜란다 피어스(Yolanda Pierce)가 지적하듯, "영적 변화를 겪은 후 찰리는 단지 죄에서 돌이켜 그리스도를 따르는 것에 그치지 않고, 그리스도를 닮은 인물로서 자신을 향한 타인의 죄를 너그럽게 용서한다."[31] 찰리는 이처럼 바울의 언어를 빌려 자신이 어떻게 용서에 이를 수 있었는지를 설명하면서 "두 종류의 죽음"을 언급한다. 하나는 그의 회심을 통해 경험한 죽음으로, 그가 그리스도 안에서 죽고 다시 살아난 존재가 되었음을 뜻한다. 이 죽음은 죄의 권세가 초래하는 또 다른 죽음과 대조되며, 후자를 능가한다.

찰리가 언급한 "그리스도 안에서 죽고 다시 살아났다"는 표현은 바울 서신의 여러 본문을 환기시키며, 특히 갈라디아서 2:20의 언어를 연상케 한다. "내가 그리스도와 함께 십자가에 못 박혔나니 그런즉 이제는 내가 사는 것이 아니요 오직 내 안에 그리스도께서 사시는 것이라." 바울에게 죽음은 그리스도의 죽음에 연합함으로써 낡은 옛 자아가 종결되고 새 생명으로 부활하는 전환의 사건이다. 그리스도의 죽음은 신자의 죽음이 되고, 그리스도의 부활은 신자의 부활이 된다. 신자가 누리는 새 생명은 그 안에 거하시는 부활하신 그리스도의 생명이다. 따라서 찰리가 말한 "죽고 다시 살아났다"는 고백은 그가 "자신 안에 있는 것"—즉 부활하신 그리스도—의 존재를 구체적으로 밝히는 신학적 진술이라 할 수 있다. 바로 그리스도께서 찰리를 다시 살리시고 그 안에 거하심으로써 그는 전 노예주를 사랑할 수 있게 된 것이다.

---

31   Yolanda Pierce, *Hell without Fires: Slavery, Christianity, and the Antebellum Spiritual Narrative* (Gainesville: University Press of Florida, 2005), 4.

찰리가 '죽음(죽임 당함)'이라는 표현을 강조하는 방식은 바울이 자신이 십자가에 못 박힌 것을 수동적으로 서술하면서 그 주체가 하나님임을 드러내는 방식과 유사하다.[32] 바울이 말한 죽음은 인간의 결단이 아닌 하나님의 주권적 행위이며, 찰리 역시 자신의 죽음이 하나님의 능력에 의해 가능했다고 진술한다. 그가 말하는 죽음은 그 내면에 자리하던 증오가 죽임당하는 사건이며, 이는 인간의 노력으로는 도달할 수 없는 은총의 행위다. 동시에 이 증오의 죽음에 대한 피어스의 분석은 중요한 통찰을 제공한다. "찰리에게 종교적 신앙심의 발현은 용서를 가능하게 하지만, 망각을 의미하지는 않는다. 찰리의 영적 회심은 본질적으로 매우 독특하여, 증오의 기억과는 함께 살 수 있지만, **증오 그 자체와는 함께 살 수 없다**."[33] 즉 하나님께서 찰리의 마음에서 증오의 영을 제거하셨다고 해서 그가 겪은 수년간의 고통과 학대의 기억이 사라지거나 지워지는 것은 아니다. 다만 찰리가 말하듯 그는 "과거를 뒤로하고" 살 수 있게 된 것이다.

또한 찰리의 선언은 고린도전서 15:22과 로마서 6:2-11의 바울적 배경 위에 놓여 있다. 바울은 고린도전서 15:22에서 "아담 안에서 모든 사람

---

32 여러 학자들은 갈 2:19(συνεσταύρωμαι)에서 사용된 σύνσταυρόω라는 용어의 수동적인 성격에 대해 주목해 왔으며, 이를 신적 수동태(divine passive)로 이해한다. 바울의 삶에서 하나님의 행위가 바울 사도의 완전한 변화를 이끈다는 것이다. J. Louis Martyn은 *Galatians: A New Translation with Introduction and Commentary*, Anchor Yale Bible 33A (New York: Doubleday, 1997), 258에서 다음과 같이 언급한다. "이제 그리스도께서 바울 안에 사신다. 그러나 그것은 더 이상 나(I)가 없다는 뜻은 아니다. 그 '나'는 십자가에 못 박히고 새롭게 창조된 것이다."

33 Pierce, *Hell without Fires*, 4.

이 죽은 것 같이 그리스도 안에서 모든 사람이 삶을 얻으리라"고 선언한다. 아담은 인류에게 죽음을 가져온 존재인 반면, 그리스도는 생명을 주시는 분으로 등장하며, 죽음이 지배하는 곳에 생명이 더욱 넘친다. 찰리 역시 그리스도 안에서 새로운 생명을 얻어 다시 살아난다고 고백한다. 로마서 6:2-11에 나타난 죽음과 생명, 죄와 은혜의 변증은 찰리의 언어에도 깊이 반영되어 있다. 찰리는 하나님의 임재와 능력을 경험한 자기 체험을 바울의 개념어들을 통해 해석하며, 자신의 변화에 신학적 의미를 부여한다. 바울은 이 본문들에서 신자들이 그리스도의 죽음에 참여함으로써 옛 자아가 "하나님의 사랑받는 자라는 새로운 지위로 대체된다"고 진술하며, 신자의 존재는 "그들 안에 그리스도께서 살아 계심"을 인식함으로써 새롭게 정의된다고 강조한다.[34] 바울이 신자들의 죄에 대하여 죽었다고 선언하는 것과 마찬가지로, 찰리 또한 그리스도 예수 안에서 죽음과 부활의 실재를 경험한다. 이러한 죽음과 부활의 체험을 통해 그는 더 이상 "마귀의 종"이 아니라 "주의 종"이 된다.[35]

찰리는 죄를 죽음을 초래하는 권세로 이해한 바울의 관점을 수용하며, 그것을 생명을 가져다주는 성령의 능력과 대조한다. 그가 "죄는 사람을 죽인다"고 말할 때, 이는 로마서 5:12, 21, 6:23에서 바울이 "죄가 죽음을 가

---

[34] Robert Jewett, *Romans*, Hermeneia (Minneapolis: Fortress, 2007), 395.
[35] Pierce, *Hell without Fires*, 4. 그는 Charlie의 "마귀의 종"이라는 표현이 "단순히 사탄의 영적 속박을 가리키는 것이 아니라, 인간의 형상을 한 악마 아래에서 그가 경험한 육체적 속박"까지 암시한다고 본다.

져온다"고 진술한 표현이나 7:11에서 "죄가 나를 죽였다"는 고백을 반향한다. 인간 존재를 지배하는 두 가지 권세—즉 죽음을 초래하는 죄의 권세와 그 죄의 권세를 대적하여 생명을 주는 성령의 권세—는 로마서 8:6, 10-11에 언급된 바 있다. 찰리는 이러한 이중 권세 구조를 자신의 회심 내러티브에 통합하며, 결정적 장면마다 바울의 언어를 차용하여 자신의 변화, 전 노예주에 대한 새로운 태도, 그리고 인간 삶에 작용하는 두 권세의 충돌을 설명하는 데 활용한다.

그가 이야기 후반부에 서술하는 회심 경험은 전 노예주를 용서하게 된 내적 근거를 드러내며, 동시에 그의 삶이 어떻게 근본적으로 변화되었는지를 보여준다. 찰리가 처음으로 하나님의 능력을 체험한 사건은 숲속에서 기도하는 중 발생한다. 이후 한 설교자의 초대로 부흥회에 참석하게 된 그는 사흘간 그 모임에 참여하고, 네 번째 밤을 앞두고 다시 숲속에서 기도한다. "주님, 저는 아버지도 어머니도 없습니다. 저를 불쌍히 여겨주옵소서."[36] 그 기도 이후, 교회 안에서 여러 사람들이 합심하여 그를 위해 기도하던 중 찰리는 하나님의 임재를 체험하게 된다.

나는 교회에 갔고, 여러 형제자매들이 나를 둘러싸고 간절히 기도해주었다. 그러자 마치 번개처럼 하나님의 능력이 나를 강타했다. 어떤 것이 내 머리 꼭대기를 강하게 치고는 발끝까지 흐르는 듯한 느낌이 들었다. 나는 벌떡 일어났거

---

36   Johnson, *God Struck Me Dead*, 45.

나, 아니면 좌석 등받이에 기대며 뒤로 쓰러졌던 것 같다. 정신을 차리고 보니 나는 교회 바닥에 누워 있었다. 그때 한 음성이 내게 이렇게 말씀하셨다. "너는 이제 더 이상 죄인이 아니다. 내가 네게 행한 일을 세상에 전하라. 만일 네가 나를 부끄러워한다면, 나도 내 아버지 앞에서 너를 부끄러워할 것이다." 나는 주위를 둘러보았고, 그 순간 바닥이 보이지 않을 정도로 깊은 구덩이가 하나 펼쳐졌다. 사람들의 기도 소리는 더 이상 들리지 않았다. 나는 내 자신을 위해 기도하기 시작했고, 다시금 음성이 들려왔다. "주께서 네게 행하신 큰일을 세상에 전하라." 나는 바닥에서 일어나 외쳤고, 내면 깊은 곳에서 한 음성이 터져 나왔다. "자비를! 주여, 자비를 베푸소서!"…그 순간 나는 이전까지 한 번도 느껴본 적이 없는 사랑을 체험했다. 마치 나 자신이 세상의 모든 것, 모든 사람을 사랑하게 된 듯한 감정이 몰려왔다. 그날 아침, 나는 기쁨으로 가득 찬 마음으로 일터로 나섰다.…나는 종교가 정확히 무엇인지 말로는 설명할 수 없지만, 단 하나 확실한 것은 그것이 바로 사랑이라는 사실이다.[37]

이 신적 만남을 통해 체험한 회심은 찰리의 삶 전체를 변화시켰으며, 그의 존재 전반에 하나님의 능력과 사랑이 미치는 깊은 영향을 남겼다. 하나님의 능력은 그를 만지셨고, 세상 가운데 복음을 선포하라는 사명을 그에게 맡기셨다. 하나님께서 그에게 행하신 일을 선포하는 것은 노예 상태에 있던 자들을 포함한 모든 인류를 향한 하나님의 사랑의 실재(實在)를 증언하

---

37   Johnson, *God Struck Me Dead*, 45-46.

는 행위였다. 이로써 찰리는 하나님의 구원 계획에 모든 인간이 포함되어 있다는 사실을 선포하는 증인으로 부름받았으며, 하나님의 사랑을 체험한 복음 선포자로서 새로운 정체성과 삶의 목적을 부여받게 되었다. 바로 이 신적 만남의 경험이 찰리로 하여금 전 노예주를 용서할 수 있는 내적 근거를 제공해주었다. 하나님과의 만남은 그에게 전 노예주와 당당히 마주할 수 있는 힘을 주었고, 동시에 인간으로서의 존엄성과 평등한 존재로서의 지위, 그리고 그리스도 안에서 새롭게 주어진 정체성을 선언할 수 있는 용기를 심어주었다.

나는 예수를 보았다

또 다른 전 노예의 회심 체험 서사에서 화자는 먼저 회심 이전의 삶을 회고한다. "나는 왜 내가 회심했는지 모른다. 왜냐하면 사람들이 하지 말라고 한 일은 모두 다 했기 때문이다. 나는 춤도 추고, 카드놀이도 하고, 하고 싶은 대로 다 하며 살았다."[38] 그러나 어느 날 마음에 무거운 짐이 밀려오자 그는 기도하기 시작했고, 그 기도 가운데 예수의 환상을 보게 된다. "그때 나는 예수를 보았다. 그는 내 얼굴을 동쪽으로 돌리게 하시고 말씀하셨다. '가서 내 이름을 세상에 전하거라. 내가 네 마음을 노래로 채워주겠다.' 내가 누워 있는 동안 나는 지금까지 본 것 중 가장 아름다운 한 도시를 보았

---

38 Johnson, *God Struck Me Dead*, 111.

다." 비록 화자는 이 도시가 천국이라고 명시하지는 않지만, 그 도심을 날아다니는 천사들의 모습은 그것이 천상의 비전임을 암시한다. 이 환상 체험은 단순한 회심 사건을 넘어 그에게 소명을 부여하는 계기가 된다. 이후 화자는 이 체험이 자신을 어떻게 변화시켰는지를 바울의 언어를 빌려 설명한다. "이 경험 이후로 나는 이 세상에 대한 모든 관심을 잃었다. 이전에 즐거워하던 것들이 이제는 아무런 흥미를 끌지 못한다. 나는 예수 안에 있는 **새로운 피조물**이며[고후 5:17], 그의 **작품**이고[엡 2:10], 세상이 창조되기 전부터 구원받은 존재다. 나는 바람이 불기 전, 해가 비치기 전에 **택하신 그 릇이다**[행 9:15]. 믿음은 인간의 행위가 아니라 **하나님의 선물**이다. **우리는 은혜로 말미암아 구원 받았으며, 이것은 우리에게서 난 것이 아니라 하나님의 선물이다**[엡 2:8]."[39]

여기서 "새로운 피조물"이라는 바울적 표현은 회심 이전의 자아와 회심 이후의 자아 사이의 단절과 재정립을 상징한다. 한때 화자에게 의미 있던 세속적 활동들은 더 이상 관심의 대상이 아니다. 이와 함께 "작품"(workmanship)이라는 표현은 노예였던 아프리카계 인물들이 회심을 통해 자신을 하나님의 손으로 지어진 피조물로 인식하게 되었음을 보여준다. 이는 그들이 더 이상 마귀의 소유나 함(Ham)의 후손이라는 낙인을 따라 정체성을 규정하지 않고, 하나님의 세심한 계획과 사랑 속에서 창조된 존엄한 인간으로 자기를 이해하게 되었음을 의미한다. 특히 자신을 "바람이 불

---

39   Johnson, *God Struck Me Dead*, 111.

기 전에, 해가 비치기 전에 택하신 그릇"이라고 언급한 표현은 노예 신분으로 살아온 자신의 삶이 하나님의 계획 안에서 결코 배제된 적이 없음을 강조한다. 또한 저자는 "구원은 선물"이라는 점을 반복적으로 강조하면서 이야기 서두에서 했던 "내가 왜 회심했는지 모르겠다"는 진술을 되새긴다. 이는 구원이 전적으로 하나님의 은혜와 주권적 행위에 의해 주어졌다는 신앙고백으로 해석된다. 이러한 해석은 라딘이 지적한 바와 같이 흑인 회심 서사 전반에서 반복적으로 등장하는 하나의 중심 주제—즉 "하나님께서 먼저 흑인을 찾아오셨다"—를 뚜렷이 보여준다.[40] 하나님께서 먼저 저자를 찾아오셨고, 예수의 환상을 통해 말씀하셨다는 체험은 곧 구원이 하나님의 전적인 선물이라는 본질을 분명히 드러내며, 그 은혜는 인간의 삶을 근본적으로 변화시키는 능력으로 작용한다.

셋째 하늘로의 여행

또 다른 아프리카계 노예의 회심 이야기에는 죽음의 체험과 바울의 "세 번째 하늘로의 승천"을 연상시키는 표현들이 등장한다. 이 환상을 본 자가 처음으로 묘사하는 체험은 다음과 같이 시작된다. "주님께서 내 영혼을 자유케 하신 날, 나는 앉아서 기도하고 있었는데, 그분이 말씀하셨다. '해가 저물어 있다. 오늘 네가 죽어야 한다.' 나는 '죽어야 한다면 기도하는 중에 죽

40　Radin, forward to *God Struck Me Dead*, xi.

고 싶습니다'라고 대답했다. 그리고 내가 그분을 신뢰하는 동안 그분은 성령 안에서 나를 영적 세계로 이끄셨다. 그분은 자신이 하나님이며, 그 앞에도 그 뒤에도 다른 이가 없다고 말씀하셨다."[41] 하나님은 화자에게 자신이 그의 아버지이며, 그가 하나님의 자녀라고 선언하신다. 이 신적 인식의 의미는 결코 과소평가될 수 없다. 하나님의 이 말씀은 당시 널리 퍼져 있던 통념―노예들에게는 신이 없으며,[42] 그들은 함의 자손이기에[43] 지배받는 것이 정당하다는 주장―을 정면으로 반박한다. 하나님을 아버지로 둔다는 이 선언은 노예화된 아프리카인이 하나님의 형상대로 창조된 존재이자 참된 인간임을 강하게 주장하는 것이다. 이어 하나님은 화자에게 "가라, 내 이름으로 가라"고 명하신다.[44] 이는 곧 하나님께서 그에게 자신의 이름으로 세상에 나아갈 권위를 부여하신 것이며, 백인 노예주들과 노예제 지지자들이 부여한 이름과 정체성을 거부하고 저항할 권한을 주신 것이다. 이 환상을 본 자는 더 이상 "함의 자손"이라는 멸시의 정체성을 따를 필요가 없으며, 이제는 "하나님의 자녀"라는 새로운 이름과 신분을 지닌 존재로 살아가게 된다.

이 사건을 이야기한 후, 그는 또 다른 체험을 보고한다. 이번에는 그가 셋째 하늘로 올라가는 경험을 한다.

41　Johnson, *God Struck Me Dead*, 167.
42　1장에 나오는 John Jea의 이야기를 보라. 그는 이 개념이 노예된 자들에게 어떻게 설교되었는지 전하고 있다.
43　1장에 나오는 Josiah Priest에 대한 논의를 보라.
44　Johnson, *God Struck Me Dead*, 167.

그분은 나에게 보라고 명령하셨다, 그분은 하나님이셨다. 2년 전, 그분은 나를 **셋째 하늘**로 데려가셨다[고후 12:2]. 나는 그곳에서 큰 소리로 환성을 질렀고, 천사들이 이리저리 날아다니는 모습을 보았다. 첫째 하늘에서는 오랜 세월 그곳에 머물러 있는 사람들을 보았고, 멀리 떨어진 곳에는 내 어머니와 누이, 형제가 앉아 있는 것도 보았다. 둘째 하늘에서는 천사들을 보았다. 그리고 주님께서 내게 말씀하셨다. "나는 메시아 하나님, 전능하신 하나님이다. 내 앞에도, 내 뒤에도 다른 이가 없다. 나는 이 푸르른 땅 위의 모든 것을 창조하였다. 뱀도, 벌레도, 새들도 모두 내가 다 만들었다." 그분이 물을 원하신다 해도 내게 달라고 하시지는 않을 것이다. 그분은 하나님이시며 모든 것을 창조하신 분이기 때문이다.[45]

여기서 환상을 본 자는 바울이 고린도후서 12:1-10에서 바울이 묘사한 영적 체험처럼 바울의 우주론적 틀을 수용하여 셋째 하늘로 여행한다. 그러나 사도 바울과 달리, 그는 각 하늘의 영역마다 구체적인 장면과 소리를 자세히 묘사한다.[46] 첫째 하늘에는 죽은 자들이 거주하고, 둘째와 셋째 하늘에는 천사들이 존재한다. 이러한 천상 승천 경험은 하나님을 모든 만물의

---

45 Johnson, *God Struck Me Dead*, 167.
46 일부 고대 유대 문헌들은 환상을 본 자들과 성경 인물들이 여러 하늘을 여행한 이야기를 전한다. 어떤 문헌들은 많게는 하늘이 일곱 개까지 있다고 보기도 하고, 적게는 이 환상을 본 자의 이야기와 고후 12:1-10에 나타난 바울의 승천 서술처럼 세 개로 보기도 한다. 예를 들어 아담과 하와의 생애, 이사야의 순교와 승천, 그리고 감시자들의 책을 보라. 이 이야기 속에서 환상을 본 자는 고대 환상을 본 자들의 패턴을 따라 그 여정을 묘사하고 있다. 바울의 기록은 이에 비해 매우 간결하다.

창조주로 고백하게 되는 계기를 제공한다. 하나님께서 "이 푸르른 땅 위의 모든 것을 창조하였다"고 선언하신 것은 하나님과 대면한 이 노예화된 아프리카인을 포함해 노예화된 모든 자들도 그 창조세계의 일원임을 분명히 한다. 이처럼 신적 만남은 흑인들이 악마에 의해 창조되었다고 주장하는 당시의 왜곡된 백인 신학에 맞서는 반(反)서사(counternarrative)로 기능한다.

블랙베리 밭에서 하나님을 만나다

이 회심 이야기 모음집 가운데 또 다른 이야기에서 한 흑인 노예 여성은 자신의 회심 체험을 들려주며 그 과정에서 지옥과 천국을 여행한 경험을 말한다. 그녀는 먼저 어머니에 대한 회상을 통해 이야기를 시작한다. "나는 노예제 시절 앨라배마 헌츠빌에서 태어났다. 전쟁이 발발했을 때 나는 이미 결혼해서 아이가 하나 있었다. 우리 어머니는 전통적인 신앙을 지닌 좋은 그리스도인 여성이었다. 나와 내 여동생은 밤에 침대에 누워 어머니와 이모가 하나님께서 그들을 위해 행하신 일들을 이야기하는 것을 듣곤 했다. 그때부터 나는 그리스도인이 되고 싶은 마음을 품게 되었다."[47] 그녀는 첫 번째 신적 만남에 대해 다음과 같이 말한다. "처음 하나님의 음성을 들었을 때 나는 블랙베리 밭에 있었다. 그날은 평소보다 마음이 훨씬 무겁고, 영적으로 짓눌리는 느낌이 들었다. 나는 간절히 기도했지만, 기도하면 할

---

47 Johnson, *God Struck Me Dead*, 169.

수록 더 힘겨워지는 것 같았다. 블랙베리를 따면서 나는 '주님, 제가 무슨 죄를 지었기에 이렇게 죄책감이 든단 말입니까?'라고 물었다. 그러자 한 음성이 내게 말했다. '네가 하나님께 기도했으니, 하나님께서 너를 넉넉히 이기게 하실 것이다[롬 8:37]).'"[48] 이후 그녀는 천국에 이르게 된 경험을 이야기한다. 그러나 그 전에 그녀는 "지옥에서 깨어나" "온갖 종류의 동물들과 사람들이 그녀를 삼키려는" 듯 위협하는 장면을 겪는다.[49] 모든 장애와 시련을 극복한 후, 그녀는 한 안내자와 함께 천국의 문에 이른다. "문이 열렸다. 우리는 그 안으로 들어가 하나님의 보좌 앞에 섰다. 그때 작은 사람이 말했다. '세상의 가장 낮은 곳에서 온 자가 여기 있습니다.' 하나님께서 말씀하셨지만, 입을 여시지는 않았다. '그녀가 어떻게 이곳에 왔는가?' '그녀는 지옥의 사냥개들이 뒤쫓는 가운데, 혹독한 시련을 뚫고 이곳에 왔습니다.'"[50] 이 이야기는 이 여성이 겪은 극심한 고난과 수많은 장애들을 부각시킨다. 안내자의 대답은 단순한 진술이 아니라 다층적인 의미를 지닌다. 한편으로는 그녀가 노예 여성으로서 현실에서 겪은 고난을 의미하고, 다른 한편으로는 회심 과정 중 체험한 영적 중압감과 지옥의 위협을 지칭한다. "혹독한 시련을 뚫고 이곳에 왔다"는 표현은 그녀의 고통과 투쟁이 하나님께 인지되었고 주목받고 있음을 암시한다. 즉 그녀가 이 땅에서 겪은 현실적 고난과 초자연적 만남 속에서 직면한 영적 시련은 서로 닮아 있으며, 모

---

48   Johnson, *God Struck Me Dead*, 169.
49   Johnson, *God Struck Me Dead*, 170.
50   Johnson, *God Struck Me Dead*, 171.

두 하나님의 도우심 없이는 극복할 수 없는 동일한 본질의 고난이다.

그럼에도 불구하고 그녀는 하나님의 보호를 받으며, 자신을 "삼키려는" 자들의 손아귀에서 벗어나 궁극적으로 신적 사명을 부여받는다. "한 음성이 말했다. '너는 하나님으로부터 난 자이다. 내 아들이 너의 영혼을 지옥에서 구원하였으며, 너는 세상을 돕는 일을 해야 한다. 너는 세상에서 택함 받은 자니, 지옥의 권세가 너를 제어할 수 없다.' 내가 정신을 차리고 보니, 내 자신이 어리석은 사람처럼 느껴졌다. 나는 도망가고 싶다는 생각이 들었다. 그러나 택함 받은 자녀 중 하나라는 사실이 정말 감사해서 기쁨에 겨워 울고 또 울며 소리쳤다. 그래서 나는 진정으로 하나님으로부터 난 자녀는 자신이 하나님의 자녀임을 안다고 말할 수 있는 것이라 믿게 되었다."[51] 그녀가 하나님으로부터 얻은 확신, 즉 "하나님께서 너를 넉넉히 이기게 하실 것"이라는 약속은 단지 영적인 난관을 극복하는 데 그치지 않고, 그녀가 매일 마주하는 참혹한 현실을 이겨내는 힘의 근원이 된다. 그녀가 하나님의 보좌에 이른 경험은 노예로서 겪은 삶의 고난을 극복한 승리의 상징이다. 이 회심 이야기 모음집에 등장하는 다른 화자들과 마찬가지로 그녀 역시 "죽어야 한다"는 말을 듣는데, 이 표현은 다가오는 회심 체험을 상징한다. 그러나 "넉넉히 이기게 하실 것"이라는 바울적인 선언은 그녀가 그 모든 고난을 견디고 통과할 힘이 어디서 비롯되는지를 분명히 한다. 이 표현은 그녀가 하늘에서 맞이할 극적인 승리의 순간뿐 아니라 이 땅에서 회심

---

51   Johnson, *God Struck Me Dead*, 171.

을 통해 하나님께 부름을 받고, 구원과 사명을 함께 부여받는 과정을 예고한다. 하나님은 이 사명을 "지옥의 권세가 너를 제어하지 못하리라"는 선언으로 확증하신다.

바울적 언어는 노예였던 이들의 회심 서사 전반에 스며들어 있다

이러한 회심 서사 전반에는 바울적 언어가 깊이 스며 있다. 예컨대 하나님의 "작품"(workmanship)이나 "택하신 그릇"과 같은 표현들은 그리스도 안에서 노예화된 자들이 신적으로 새롭게 창조되었음을 강조한다. 더불어 이 회심 체험에는 환상이 빈번하게 등장하며, 그 환상 속에는 하나님의 권능과 권위에 대한 생생한 이미지들이 수반된다. 서사 속 화자들은 하나님, 하늘의 보좌, 예수, 천사, 사탄, 지옥을 직접 목격한다고 진술한다. 교육과 정보에 대한 접근이 구조적으로 차단되어왔던 그들에게 이러한 환상은 기존 사회 질서와 인식의 전복을 상징한다. 하나님은 환상을 통해 그들에게 신적 영역에 대한 접근과 계시를 허락하시며, 이를 통해 지식이 부여된다. 비록 그들이 자신의 삶이나 사회적 조건을 스스로 통제할 수 없을지라도, 모든 것을 주관하시는 이는 궁극적으로 하나님이시며, 환상을 통해 드러나는 계시는 그들에게 하늘의 영역에서 벌어지는 사건들에 대한 "특권적 통찰"을 제공한다. 이로 인해 지상에서의 경험과 현실이 그들의 존재 전체를 규

정하지 않으며, 그들 역시 더 큰 신적 서사의 일부임을 드러낸다.[52]

한 환상 체험자는 다음과 같이 증언한다. "[하나님은] 결코 나를 무지 가운데 내버려 두지 않으셨다. 그분은 그를 신뢰하는 누구도 무지 가운데 내버려 두지 않으신다."[53] 환상과 꿈의 부여는 하나님이 모든 지식의 최종적 근원이심을 보여주며, 바로 그 하나님께서 사회로부터 배제되고 무가치하게 여겨졌던 이들에게 신적 지식을 계시하신다는 점을 강조한다.

『하나님께서 나를 치셨다』에 수록된 또 다른 회심 이야기들에서도 화자들은 바울 서신의 구절들을 인용하며 하나님의 주권과 권능을 강조한다. 예컨대 하나님은 그의 뜻대로 모든 일을 계획하고 이루시며(엡 1:11), 사망의 독침을 제거하고 무덤의 승리를 빼앗으며(고전 15:55-56), 시작하신 일을 반드시 완성하신다(빌 1:6). 이 본문들은 피조물의 가장 잔인한 적인 죽음에 대한 하나님의 주권과 지혜, 권능을 선포한다. 회심 서사 속 하나님은 이러한 죽음을 이기는 권능을 회심자들에게 부여하시는 분으로 등장하며, 그 권능은 바울의 언어를 통해 묘사된다. 즉 하나님은 그들을 "넉넉히 이기게 하시고"(롬 8:37), "평화의 복음으로 신을 신게 하시며"(엡 6:15), "영적인 전신 갑주를 입히시고"(엡 6:11-17), "복음을 전하러 나가는 자들에게 하나

---

52 이 노예들의 신적 체험은 유대 묵시문학에 등장하는 환상을 본 자들과 유사하다. 일부 학자들은 이 문학들이 억압받는 공동체에서 기원한 것으로 믿는다. 다니엘에 관한 간략한 논의는 나의 저서 Bowens, *An Apostle in Battle*, 181-83과 John Collins, *The Apocalyptic Imagination: An Introduction to Jewish Apocalyptic Literature* (Grand Rapids: Eerdmans, 1998); Mitchell Reddish, ed., *Apocalyptic Literature: A Reader* (Nashville: Abingdon, 1990), 19-38을 보라.

53 Johnson, *God Struck Me Dead*, 156.

님의 은혜가 족하다"(고후 12:9)는 확신을 주신다. 하나님은 이러한 신적 만남을 통해 회심자들에게 신적 도움과 지원을 베푸신다.

그렇다면 왜 이러한 회심 경험들이 아프리카계 미국인의 바울 해석학에서 중요한가? 첫째, 이 회심 체험들은 바울의 언어가 어떻게 하나님과의 천상적 만남을 서술하는 데 사용되는지를 보여준다. 이를 통해 노예화된 이들이 자신을 바울의 이야기 속 일부로 인식할 뿐 아니라 동시에 바울을 자신의 이야기 안으로 받아들이고 있음을 드러낸다. 바울에게 자신을 계시하셨던 그 하나님은 이제 유사한 방식으로 이들에게도 계시되신다.

둘째, 이러한 회심 서사를 공유하는 행위 자체가 바울 서신에 대한 지배적 해석에 대한 저항 행위로 기능한다. 이 신적 체험을 증언함으로써 노예들은 사실상 그들의 실제적 경험이 바울 해석의 정통적 틀을 무효화한다고 주장하는 셈이다. 그들의 회심과 천상적 만남이라는 실제적 경험은 하나님이 그들 안에서 그리고 그들을 위해 역사하신다는 증언이 되며, 하나님이 노예화를 의도하셨다는 해석에 맞서는 저항의 증언으로 기능한다.

셋째, 이러한 회심 체험은 "몸의 해석학"을 산출한다. 노예의 몸은 오랫동안 소유주의 지배와 고문과 폭력의 장소였으나, 회심의 서사에서는 그 몸이 신적 만남이 일어나는 거룩한 장소로 전환된다. 이와 관련해 다이애나 헤이즈(Diana Hayes)의 폭력에 대한 통찰은 주목할 만하다. 그녀는 폭력이 신체적 학대를 포함하지만, 훨씬 더 포괄적이고 구조적인 차원의 개념임을 지적한다. 그 이유는 다음과 같다.

폭력은 일종의 침해(violation)이다. 타인의 인격을 침해하거나, 무시하거나, 학대하거나, 부정하는 모든 행위는—그에 신체적 피해가 수반되든 그렇지 않든—폭력으로 간주될 수 있다. 폭력의 핵심은 **인격에 대한 침해**이며", 이는 곧 하나님의 형상대로 창조된 인간 존재 자체에 대한 공격이다.…한 사람을 무시하거나 하찮게 여겨 고려할 가치조차 없는 존재로 만드는 비인격화의 행위는 단순히 몽둥이나 돌로 가하는 물리적 공격보다 훨씬 더 심각하고 치명적인 파괴를 초래할 수 있다.…호칭 또한 상처를 입힌다. 이름은 인간으로서의 정체성과 깊이 연결되어 있으며, 누군가의 이름을 부르는 방식은 그 사람을 말하는 이의 변덕과 의도에 따라 조종 가능한 존재로 전락시킬 수 있기 때문이다. 이는 한 개인의 영혼까지도 훼손하고 도둑질하는 행위다.[54]

노예화된 아프리카인들의 회심 이야기에는 종종 하나님과의 신적 만남에 관한 서술과 더불어 그들의 육체와 정신에 가해진 폭력의 장면이나 그에 대한 언급이 함께 담겨 있다. 신체적·정신적·감정적·언어적 폭력을 겪은 이들의 몸에 신적 존재가 임재한다는 사실은 매우 중요한 신학적 함의를 지닌다. 백인 노예주들이 이들의 육체와 정신에 가한 행위는 그들의 영혼마저 지배하고자 하는 시도였으나, 이러한 신적 만남은 시편 저자의 표현을 빌리자면 그들의 "몸과 영혼을 소생시키는"(시 23:4) 사건이 되었다. 예컨대 천사의 손길을 받은 이후 모르테는 자신의 몸이 변화되었음을 다음과

---

54 Diana L. Hayes, "My Hope Is in the Lord," in Townes, *Embracing the Spirit*, 19-20.

같이 진술한다. "나는 내 자신이 새롭게 변화된 존재처럼 느껴졌다. 손을 보았는데도 새로웠고, 발을 보았는데도 새로웠다." 신적 접촉은 모르테로 하여금 자신의 몸을 새롭게 인식하게 만든다. 그 몸은 이전에는 고통의 장소였고, 반복적으로 채찍질 당한 육체로 언급되었지만, 이제는 하나님의 사랑과 관심의 대상이 된다. 그 결과 그는 "택함 받은 그릇", "이 세상의 소금"이라는 새로운 이름으로 불리게 된다. 이것은 그에게 부여된 비인격적인 이름을 대체하는 새로운 이름이다. 하나님은 그의 몸에 손을 대실 뿐만 아니라 그의 입술과 언어를 통해서도 역사하신다. 그는 큰 소리로 설교하기 시작했고, "내 입에서 말들이 막힘없이 흘러나오는 것 같았다"고 회고한다.

마찬가지로 다른 노예들의 회심 서사에서도 하나님의 임재는 육체적 변화를 동반한다. 신적 권능이 찰리의 머리 꼭대기를 강타하고 그의 발끝까지 흘러간다. 다른 이들은 자신을 "새로운 피조물", "하나님의 손으로 빚으신 작품"으로 인식한다. 많은 이들에게 있어서 죽음과 부활의 체험은 육체와 직결되어 있다. 그들은 땅에 쓰러지거나 황홀경에 빠지며, 큰 소리로 외치고 설교하기 시작한다. 이러한 신적 체험은 바울의 회심과 유사하며, 흑인의 몸을 해석하는 새로운 방식의 가능성을 제시한다. 과거에는 "추악하다", "악마 같다"는 언어와 채찍이 이들의 몸을 모욕했다면 이제 그 몸은 천사의 손길이 닿은 거룩한 장소가 되었고, 하나님께 "택함 받은 자"로 불리며 새로운 피조물이 되었다. 언제나 동료 노예들의 울음소리로 가득 찼던 그들의 귀는 이제 천사들의 노래와 하나님의 음성을 듣게 되었고, 자녀와 헤어진 어머니들, 팔려간 아버지들, 경매대 위에 선 동료들을 바라보던

눈은 이제 하나님의 보좌, 예수의 영광, 그리고 천국에 이른 가족의 모습을 보는 눈이 되었다.[55] 이처럼 회심 이야기 속에 나타나는 몸에 대한 해석학은 회심이 단지 영혼의 변화에 국한되지 않고, 육체를 포함한 전인적 변화임을 보여준다. 이는 곧 노예주의 권력과 그것이 시도한 "영혼의 도둑질"에 대한 저항이기도 하다.

이러한 신적 경험은 권력과 권위의 재배치를 가능하게 한다. 노예주의 권력은 노예들의 회심 체험 안에서 약화되고 상대화된다. 노예주들은 그들의 주체성과 소속에 대한 궁극적인 권한을 가지지 못한다. 신적 만남은 노예들이 하나님께 속해 있음을 드러낸다. 이러한 권위의 전복은 성경 해석과도 밀접하게 연결된다. 이제 그들의 몸은 스스로 성경을 해석할 수 있는 권한과 능력을 가지게 되었으며, 노예주들이 내렸던 성경 해석에 의존할 필요가 없게 되었다. 백인들은 흑인의 몸을 "악마적이고, 저주받았으며, 사악하고, 영혼 없는" 존재로 해석했지만, 노예들의 몸에 임한 하나님의 권능과 성령의 체험은 그들로 하여금 자신의 몸이 "거룩하고, 하나님께서 창조하셨으며, 복된 존재이며, 영혼을 지닌 몸"임을 깨닫게 했다. 이러한 만남은 죄를 흑인 됨과 분리하여 인식하게 만들었다. 죄는 그들이 해방되어야 할 외부의 권세이지, 흑인의 몸이나 본성과는 무관한 것이었다.[56] 성경의

---

55 이러한 회심 경험들은 이들 노예화된 아프리카인들이 목격한 잔혹 행위를 중단시키지는 못했다. 그러나 그것들은 본 장에서 내가 "악의 세력에 대한 신적 개입(divine interruptions of the demonic)"이라 명명한 바를 제공해주었다.
56 앞서 1장에서 Jupiter Hammon에 대해 논의한 내용을 보라. 그는 연설에서 백인과 흑인 모두 죄를 지었으며, 따라서 모두에게 구원이 필요하다고 강조한다.

하나님은 그들의 몸을 사랑하셨으며, 결코 저주하지 않으셨다.

넷째, 이 회심 서사는 악의 세력에 대한 하나님의 개입─즉 노예제라는 억압적 구조 속으로 침투하시는 하나님의 초월적 간섭─을 보여준다. 하나님은 극심한 고통과 억압의 시기에 설명할 수 없는 방식으로 임재하셨으며, 이러한 만남은 노예화된 자들 가운데 존재했던 강력한 반(反)서사의 증거가 된다. 이러한 신적 개입은 일상의 평범한 순간들 속에서 일어났다. 예컨대 들판에서 쟁기질하던 중에 하나님을 만난 모르테의 체험, 숲속에서 찰리가 겪은 신비 경험, 침상에서 환상을 본 노예의 이야기 등이 그 예다. 이러한 종교적 체험이 일상 속에서 발생했다는 사실은 노예화된 자들에게는 성(聖)과 속(俗)이 분리되지 않았으며, 하나님은 어디서든 그들을 만나주시며 그들의 필요에 응답하시는 분임을 드러낸다.[57] 라보토는 다음과 같이 지적한다. "노예들의 종교적 세계관에서 저 세상과 이 세상 사이의 깊은 연관성을 이해하는 것이 중요하다. [노예들은] 아프리카 및 성서 전통에 따라 초자연적인 세계가 끊임없이 자연 세계에 영향을 미치며, 신이 인간의 삶 속에서─과거, 현재, 미래를 아우르며─지속적으로 개입하고 역사하신다고 믿었다."[58] 비록 이 진술은 노예들이 부른 영가(靈歌)를 분석하는 맥락에서 제시된 것이지만, 회심 이야기에도 동일하게 적용될 수 있다. 노예들에게 있어 자연과 초자연, 이 세상과 저 세상은 긴밀하게 연결되어 있었다.

---

57 Kimberly Rae Connor, *Conversions and Visions in the Writings of African-American Women* (Knoxville: University of Tennessee Press, 1994), 24.
58 Raboteau, *Slave Religion*, 250.

다섯째, 이러한 회심 서사들은 노예화된 아프리카인들이 하나님과 교통하는 영혼을 지닌 영적 존재임을 입증한다. 그들의 영혼은 천국을 방문하고, 천상의 영역을 목격했다. 욜란다 피어스가 지적하듯, "종교적 회심은 노예에게 구원받고 속량될 수 있는 영혼이 존재한다는 증거를 제공했다. 영혼을 지닌 존재인 이상, 노예는 더 이상 재산으로 간주될 수 없었다."[59] 이러한 회심 경험은 노예화된 자들이 하나님께 부여받은 인간성을 재확인시키며, 그 결과 그들은 노예주들이 전파한 왜곡된 복음을 무비판적으로 수용하지 않게 되었다. 동시에 이 신적 사건들은 그들이 하나님과 직접 소통할 수 있으며, 하나님 역시 그들과 소통하신다는 사실을 보여준다. 사회적으로 말할 권리를 박탈당하고, 그들의 울부짖음이 묵살되던 현실 속에서 하나님과 대화하고 하나님의 음성을 들을 수 있는 능력은 당시 지배적 권위 구조를 근본적으로 뒤흔드는 것이었다. 이 회심 서사들에서 반복적으로 나타나듯, 이러한 신비적 체험은 노예화된 자들에게 행위 주체성을 부여한다. 하나님은 그들에게 "가서 말씀을 전하라"고 명령하시며, 이들은 하나님의 대리자로서 타자에게 말할 권위와 능력을 부여받는다.

특히 주목할 것은 하나님께서 그들에게 "너는 내가 택한 그릇이다", "내 은혜가 네게 족하도다"와 같은, 바울에게 하셨던 동일한 말씀을 사용하신다는 점이다. 더불어 이들이 바울처럼 셋째 하늘에 이르는 신적 체험을 했다는 사실은 바울을 해석하는 권위와 주체가 누구인가에 대한 근본적

---

[59] Pierce, *Hell without Fires*, 53.

인 재구성을 요구한다. 만일 노예화된 자들이 사도 바울과 유사한 체험을 하고, 동일한 신적 언어를 부여받는다면 바울은 백인 해석자들이 그들에게 가르치고 설교하는 방식과는 전혀 다른 방식으로 이해될 수 있다. 다시 말해 바울 사도에 대한 새로운 해석은 백인 목사의 설교에서 비롯된 것이 아니라 신적 만남을 경험한 노예들의 내적 체험으로부터 비롯된 것이다. 신적 실재와의 이러한 접촉은 그들을 천상의 영역으로 이끌며, 인간과 신, 곧 ἄνθρωπος(인간)와 θέος(하나님) 사이에 공유되는 사회적 공간이 존재함을 드러낸다. 이 두 세계는 단절된 것이 아니라 서로 역동적으로 연결되어 있고 끊임없이 상호작용한다.

여섯째, 이 회심 이야기들은 공통적으로 하나의 핵심 주제를 공유하고 있는데, 그것은 바울 신학에 내재된 믿음의 삶과 하나님과의 만남에 대한 암묵적 이해다. 이는 바울의 고백, "내가 그리스도와 함께 십자가에 못 박혔나니, 그런즉 이제는 내가 사는 것이 아니[다]"에 응축되어 있다. "너는 죽어야 한다", "나는 죽었다", "나는 죽었으나 다시 살아났다"는 반복되는 표현들은 신자가 자신과 죄, 그리고 세상에 대해 죽고 그리스도 안에서 새 생명으로 부활해야 한다는 바울의 신학적 죽음 이해를 반영한다. 이러한 바울의 언어는 회심 이야기 전반에 깊이 스며들어 있으며, 이는 노예화된 자들의 종교적 체험 속에서 바울 사도가 지닌 신학적 중요성을 보여준다.

노예화된 아프리카인들의 회심 및 소명 이야기에서 바울의 언어가 어떻게 수용되었고, 어떤 기능을 했는지를 간략히 살펴본 이 논의는 사도의 언어가 흑인들이 하나님을 이해하고, 자신들을 위해 역사하시는 하나님의 능력을 인식하는 데 있어 핵심적인 해석의 틀을 제공했음을 보여준다. 실제로 성경의 언어와 이미지는 이 회심 이야기 전반에 스며들어 있으며, 이를 통해 우리는 노예화된 자들의 삶 속에 개입하신 하나님의 구체적인 행위들을 엿볼 수 있다. 셰릴 샌더스(Cheryl Sanders)가 지적하듯, "[노예들은] 회심 경험을 통해 죄악으로 가득한 자신들의 영혼을 변화시키신 하나님께서 죄로 물든 사회 구조 역시 변화시키실 것이라고 믿었다. 그들의 영혼을 죄에서 해방시키신 하나님은 분명 그들의 육체 또한 노예제로부터 해방시키실 수 있는 분이셨다."[60] 샌더스의 통찰은 노예화된 이들이 영적 자유와 육체적 자유 사이에 내재된 긴밀한 연관성을 분명히 인식하고 있었음을 보여준다. 그들에게 있어 이 둘은 결코 분리될 수 없는 것이었다.

바울과 그의 체험은 이러한 회심 내러티브 안에서 아프리카계 미국인들에게 하나의 "믿음의 원형"으로 작용했다.[61] 바울을 다루시고, 그를 다메섹 도상에서 부르시며, 셋째 하늘로 이끄셨던 바로 그 하나님은 동일하게 그들의 삶 속에서도 역사하셨다. 이러한 신적 만남은 그들의 존엄성과 자존감을 강화시켰으며, 노예제가 그들의 존재를 결정짓는다는 사상에 도전하게 했다. 실상 그들은 환상을 보는 특권을 누렸고, 하나님의 주권적 개입을 통해 자신들 너머에 펼쳐진 초월적 현실을 보고 듣도록 허락받은 존재

---

60 Cheryl Sanders, "African Americans, the Bible and Spiritual Formation," in *African Americans and the Bible: Sacred Texts and Social Textures*, ed. Vincent L. Wimbush (New York: Continuum, 2000), 590.
61 Venable-Ridley, "Paul and the African American Community," 214.

들이었다. 바울의 언어는 이들에게 자기 경험을 바울의 체험과 연결할 수 있는 신학적 어휘를 제공했을 뿐 아니라 그러한 체험을 자신들의 것으로 받아들이고 해석할 수 있는 주체성을 부여했다.

5장

아프리카계 미국인의 바울 해석학과 성경 해석의 기술

여보, 내가 이 좋은 책을 읽을 수 있게 된다면 하나님과 더 가까워 질 수 있을 것 같아요.…내가 바라는 건 오직 이 책을 읽는 거예요, 그래야 어떻게 살아야 할지 알 수 있으니까요. 그러면 죽음도 두렵지 않을 거예요."[1]

하나님은 우리가 언제까지나 억압받고 고통받도록 내버려 두지 않으실 것이다. 우리의 고난도 결국 끝날 것이다.[2]

마틴 미텔슈타트(Martin Mittelstadt)는 자신의 연구에서 성서학을 세 가지 주요 범주—역사비평, 문학비평, 수용사—로 구분한다. 그는 역사비평을 "본문 뒤의 세계"를 재구성하려는 시도로, 문학비평을 성경을 하나의 이야기로 접근하려는 시도로 설명한다. 수용사는 본문이 지닌 의미 자체에

---

1   Harriet Jacobs, *Incidents in the Life of A Slave Girl*, ed. L. Maria Child (Boston: Published for the author, 1861), reprinted in I *Was Born a Slave: An Anthology of Classic Slave Narratives*, vol. 2, 1849–1866, ed. Yuval Taylor (Chicago: Lawrence Hill Books, 1999), 591.
2   David Walker, Walker's *Appeal, In Four Articles, Together with A Preamble To The Coloured Citizens of the World, But in Particular and Very Expressly, to Those of The United States of America, Written in Boston, State of Massachusetts, September 28, 1829* (Boston: Revised and published by David Walker, 1830), reprinted in *David Walker's Appeal: In Four Articles* (Mansfield Centre, CT: Martino Publishing, 2015), 15.

주목하면서 "수 세기 동안 성경 이야기가 어떻게 읽히고, 해석되고, 바라보이고, 실천되어왔는지를 재검토한다." 실제로 미텔슈타트가 말하듯, 수용사 연구에 참여하는 이들은 "잊힌 목소리들, 과거와 현재의 해석자들을 찾아내어 이들의 소리를 성경 이야기라는 끝없는 해석의 연주—그 거대한 교향곡—속에 조화롭게 배치한다."³ 앞선 장들의 분석은 미텔슈타트가 수용사 연구의 핵심 과제로 제시한 모든 요소들을 충실히 수행했다. 이 연구는 바울 서신이 흑인 해석자들에 의해 수 세기 동안 어떻게 읽히고, 해석되고, 바라보며, 실천되었는지를 재검토했다. 또한 잘 알려진 해석자들뿐 아니라 덜 알려진 이들의 작업도 조명하며, 바울 서신에 대한 흑인 성경 해석 전통에서 이들의 목소리가 지닌 중요성을 강조했다. 이들의 목소리는 성경 해석이라는 "거대한 교향곡" 안에 반드시 포함되어야 하며, 특히 바울 서신에 대한 흑인의 이해와 수용에 있어 핵심적인 위치를 차지한다. 실제로 앞선 논의가 보여주듯, 바울 서신의 Nachleben(사후세계, 후역사)은 흑인 성경 해석사에서 매우 긍정적인 양상을 뚜렷하게 드러낸다.⁴

빈센트 윔부시(Vincent Wimbush)는 한때 이렇게 질문한 바 있다. "아프리카계 미국인을 성경 연구의 중심에 두면 성경 연구에 어떤 영향을 미치게 될까?"⁵ 본 연구는 그 질문을 약간 변형하여 아프리카계 미국인의 바울

---

3 Martin W. Mittelstadt, "Receiving Luke-Acts: The Rise of Reception History and a Call to Pentecostal Scholars," *Pneuma* 40, no. 3 (2018): 367.
4 Mittelstadt, "Receiving Luke-Acts," 367.
5 Vincent Wimbush, ed., *African Americans and the Bible: Sacred Texts and Social Structures* (New York: Continuum, 2000), 2.

수용을 바울 해석학의 중심에 둘 때 바울 연구는 어떤 영향을 받게 되는지를 탐구했다. 아프리카계 미국인이 바울 해석의 중심에 놓일 때 과연 무엇이 달라질까? 아프리카계 미국인의 시선으로 바울을 연구하는 것이 지닌 함의와 파급 효과는 과연 무엇일까?

이 질문들은 필연적으로 이 책의 서두에서 제기된 중심 질문, 즉 "18세기부터 20세기 중반까지 아프리카계 미국인들은 바울과 그의 서신을 어떻게 해석했는가?"라는 질문으로 다시 돌아가게 만든다. 본 단행본에서 살펴본 흑인 해석자들에 대한 조사는 이 질문뿐 아니라, 앞서 언급된 다른 질문들—예컨대 "아프리카계 미국인의 바울 수용을 바울 해석학의 중심에 둘 때 바울 연구는 어떤 영향을 받는가?", "아프리카계 미국인이 바울 해석의 중심에 놓일 때 어떤 일이 벌어질까?", "이러한 독법이 지닌 함의는 무엇일까?—에 대해 다양한 방식으로 응답할 수 있음을 보여준다. 아프리카계 미국인의 바울 해석학은 결코 획일적인 것이 아니다. 다양한 해석자들이 서로 다른 바울 본문을 선택해 저마다의 방식으로 읽어낸다. 그럼에도 불구하고 그들의 목적은 일관되다. 즉 성경을 통해 자신들의 현실과 더 넓은 사회적 문제에 응답하고자 한다는 점이다. 이 장에서는 앞선 논의 전반에 반복적으로 등장하는 몇 가지 주제를 간략히 논평하고, 이러한 주제들이 위의 질문들과 어떻게 연결되며, 더 넓은 성경 해석의 담론과 어떻게 상호작용하는지를 살펴볼 것이다. 이 장에서 다루는 주제들은 앞서 분석된 모든 내용을 포괄하지는 않지만, 지속적으로 반복된 핵심 모티프들을 부각시키는 데 목적이 있다. 마지막으로 아프리카계 미국인의 바울 해석학과 관련하여 앞으로의 연구 가능성과 향후 과제를 간결하게 제시하며 장을 마무리할 것이다.

해방과 평등, 그리고 공동의 경험을 공유하는 인물로서의 바울

이미 1774년부터 아프리카계 미국인 청원자들은 바울을 인용하여 노예제와 흑인 가족을 반복적으로 분리하는 관행에 반대하는 목소리를 냈다. 실제로 바울이 남편들에게 아내를 사랑하라고 권면하고, 자녀들에게 부모에게 순종하라고 말하며, 서로 짐을 나누어지라고 한 권면들은 초기 청원자들의 요청에서 핵심적인 역할을 했다. 또한 사도행전 17:26에서 바울이 "하나님이 모든 민족을 한 혈통으로 만드셨다"고 선언한 것은 백인 우월주의적 바울 해석에 맞서 저항하는 흑인들의 중요한 신학적 근거가 되었다. 다른 사례들도 추가로 인용할 수 있겠지만, 수많은 흑인 해석자들에게 바울은 노예제를 지지한 인물이 아니라 자유를 옹호한 인물이며, 인종차별이 아니라 인종 정의를 외친 인물이었다는 사실은 분명하다. 그의 말은 불의한 체제를 비판하고 그것을 전복해야 한다는 요청의 수단이 되었다. 흑인 여성 설교자들은 초기 교회에서 설교자이자 예언자, 사역자였던 바울의 여성 동역자들에 대한 언급을 활용하여 자신들 역시 설교자로서 정당한 자리를 갖고 있다고 주장했다. 이 책에서 살펴본 바와 같이 흑인 해석자들은 바울을 노예제, 노예무역, 인종차별, 성차별, 린치, 분리정책, 전쟁, 고용 및 교육 기회의 불균등, 성폭력, 강간 등에 맞서는 데 사용했다. 이 해석자들에게 바울의 목소리는 정의, 평등, 자유를 향한 투쟁에서 중요한 역할을 했다. 바울은 그들에게 해방을 위한 투쟁의 동반자가 되었다.

해방과 평등의 인물로서 바울을 이해하는 것은 성경 해석에 어떤 의미를 갖는가? 이러한 해석 방향은 바울 서신을 포함한 성경 전체를 정의, 평등, 해방을 위한 자원으로 인식하게 한다. 이는 또한 성경 속의 해석하기 어려운 인물이나 본문이라 할지라도 해방적인 방식으로 읽을 가능성을 강조한다. 사실 이들 흑인 해석자들은 바울과 그의 서신을 거부할 충분한 이유가 있었지만, 대체로 그렇게 하지 않았다. 오히려 그들은 바울 서신이 생명과 치유를 가져다줄 수 있으며, 불의에 저항하는 원천이 될 수 있음을 보여준다. 또한 이들은 바울의 언어를 활용하여 노예제, 백인 우월주의, 인종차별을 비판하면서 성경이 오늘날의 문제와 논쟁들에도 여전히 말할 수 있음을 증명해 보인다.

분명 하워드 서먼과 앨버트 클리지 주니어는 바울을 해방과 평등의 투쟁에 유익한 인물로 보지 않았다. 그래서 그들은 복음서에 나타난 예수와 그의 가르침에 초점을 맞추었다. 서먼은 바울이 때때로 해방을 말한 것을 인정했지만, 바울의 로마 시민권은 그를 흑인의 투쟁에 있어 무관한 인물로 만들었고, 그로 인해 바울은 백인들에 의해 억압적인 방식으로 해석되기 쉬운 인물이 되었다고 보았다. 클리지에게는 바울이 복음을 개인화한 점이 그를 흑인 민족 형성이라는 프로젝트에 무관한 인물로 만든 이유였다. 서먼과 클리지의 바울 해석은 성경을 읽을 때 "특권"의 문제를 어떻게 인식해야 하는가 하는 질문을 제기한다. 그들의 바울 해석은 사도를 특권을 지닌 인물로 보았고, 그가 반드시 해방적인 인물은 아니라는 점을 강조한다. 이들의 바울에 대한 해석은 역사적으로 바울이 흑인들에게 해를 끼치는 방식으로 사용되었던 백인 해석 전통에 대한 반응이기도 하다. 따라서 이들이 바울을 거부한 것은 바울의 해방적 가능성을 지우려 했던 백인 중심 해석에 대한 또 하나의 저항이기도 하다. 이러한 목소리들은 아프리카계 미국인의 바울 수용 전통이 얼마나 복잡하고 다층적인지를 보여준다. 많은 흑인들이 바울을 해방의 인물로 받아들였지만, 그렇지 않은 이들도 있었음을 말해준다.

비록 서먼과 클리지가 예수와 그의 생애가 바울보다 아프리카계 미국인의 경험과 더 유사하다고 보았지만, 많은 흑인들은 바울 역시 그들의 현실을 공유한다고 주장했다. 앞서 살펴본 자서전, 설교, 에세이들에서 반복적으로 나타나는 하나의 주제는 바울이 아프리카계 미국인의 다양한 측면을 함께하며 그들에게 목소리를 부여하는 인물이라는 것이다.[6] 물론 저자들마다 이 "공유"의 방식은 다양하게 서술된다. 어떤 경우에는 바울과의 유사성이 신적 만남의 영역에서 나타난다. 예컨대 자레나 리는 바울처럼 신적 만남 중에 이루 형언할 수 없는 말을 들었다고 말하며, 질파 일로는 신적

---

[6] Abraham Smith는 이러한 바울과의 동일시를 유형론적 상관관계(typological correlation)라고 명명한다. 이에 관해서는 그의 논문, "Paul and African American Biblical Interpretation," in *True to Our Native Land: An African American New Testament Commentary*, ed. Brian Blount et al. (Minneapolis: Fortress, 2007), 31-42, 그리고 "Putting 'Paul' Back Together Again: William Wells Brown's Clotel and Black Abolitionist Approaches to Paul," *Semeia* 83-84 (1998): 251-62을 보라.

영역으로의 이끌림이 너무나 바울과 흡사하여 바울처럼 그것이 자신의 몸 안에서 일어난 일인지 밖에서 일어난 일인지조차 분간할 수 없었다고 고백한다. 위에서 살펴본 회심 이야기들 속에서 노예화된 이들은 종종 셋째 하늘에 이끌려 가 하나님과 하늘 보좌를 보았으며, 그 외에도 다양한 초자연적 체험을 했다. 이러한 회심, 성화, 초월적 차원으로의 여정 속에서 나타나는 신적 체험의 공유는 바울의 그러한 체험들이 시간, 공간, 성별을 초월한다는 점을 보여준다. 마찬가지로 성령과 방언, 치유, 예언 등과 같은 영적 은사에 대한 바울의 강조는 오순절 운동과 그 지도자들에게 중심적인 의미를 지녔으며, 이들은 성령의 임재가 인종적 통합을 촉진하고 사회를 변화시키는 능력을 부여한다고 보았다. 실제로 이 책에 등장하는 많은 흑인 해석자들에게 바울은 신적 만남을 함께한 인물이었으며, 사회 변혁을 위한 그들의 외침을 뒷받침해주는 동반자였다.

또한 사역의 경험을 공유하는 것은 일부 아프리카계 미국인들에게 사도 바울과 연결되는 수단이 되었다. 바울이 자신의 공동체에 재정적 부담을 주지 않기 위해 손수 일하기를 선택한 것처럼 존 지아 역시 자신의 설교 여행 중에 자비량으로 일하며 교회에 짐이 되지 않으려 했다. 마틴 루서 킹 주니어는 마케도니아 사람의 도움 요청에 응답한 바울을 언급하면서 버밍햄에서 인종차별에 맞서 도움을 요청받았을 때 그 요청에 응답한 자신의 사역을 바울의 사역과 동일시한다.

나아가 복음을 위해 바울이 겪은 고난은 많은 아프리카계 미국인들에게 공감되는 경험이었다. 예를 들어 주피터 해먼은 로마서 9:1-3과

10:1에서 바울이 동족 유대인을 위해 슬퍼한 장면을 인용하면서 자신의 동포인 노예화된 아프리카인들의 고통에 대해 애통해한다. 데이비드 워커는 사도행전에서 바울이 남긴 고별 연설을 자신의 죽음을 예견하는 말로 인용했는데, 일부는 워커가 미국을 향한 하나님의 심판을 선포하고 인종차별을 비판했기 때문에 죽음을 맞이했다고 보기도 한다. 마틴 루서 킹 주니어는 자신과 다른 민권운동가들이 겪은 고난을 바울이 복음의 해방적 메시지를 전하며 겪었던 고난과 유사한 것으로 묘사한다. 바울의 고난 목록(peristasis catalogues)은 킹이 타인의 자유를 위해 살아가는 삶에서 마주하는 다양한 시련을 해석하는 중요한 틀이 된다. 고린도후서에 대한 주석에서 가이 네이브(Guy Nave)는 바울이 자신의 고난을 강조하는 방식에 주목하며, 바울의 고난과 킹 및 민권운동가들의 고난 사이의 교차점을 분석한다. 네이브는 다음과 같이 말한다. "바울은 신자들이 수동적인 희생자 역할을 하기를 기대하지 않는다. 고난받는 이는 정의의 능동적 행위자다. 민권운동 중 고난을 겪은 이들은 수동적인 희생자가 아니었다. 그들은 정의를 위한 능동적 주체들이었다.…바울이 말하는 고난은 '구속적 고난'이다. 즉 타인의 구속과 해방, 안녕과 복지를 위한 자신의 행동으로 인해 자발적으로 감내하는 고난이다. 바울은 이러한 고난을 선택하며, 심지어 기꺼이 받아들인다(고후 12:10; 참조. 롬 5:3)."[7] 실제로 이 책에 등장하는 많은 흑인 해석자들은 바울의 고난 속에서 자신들의 고통스러운 삶의 경험과 깊은 연관성

---

7   Guy Nave, "2 Corinthians," in Blount, *True to Our Native Land*, 326.

을 보았다. 그들은 다시 바울의 경험을 자신들의 삶 속에서 반영해냈다.

그러나 이러한 흑인 해석자들이 바울의 신적 체험과 고난을 자신의 삶과 하나로 융합할 때 그들은 단순히 바울의 언어를 수용하거나 변형하는 데 그치지 않는다. 물론 언어의 수용과 변형도 그 과정의 일부이지만, 이 융합은 더 깊은 차원의 의미를 지닌다. 그것은 흑인의 역사와 성스러운 역사의 통합을 의미한다. "너희에게는 하나님이 없으며, 너희는 하나님이 아니라 악마에 의해 창조되었다"는 인종차별적 주장에 시달려온 아프리카계 미국인들에게 바울의 신적 만남과 고난의 서사는 자신의 신앙 체험 및 고통과 자연스럽게 결합되며, 그 결과 그들의 존재와 역사는 하나님의 구속 역사 속 정당한 일부로 자리매김한다. 그러나 이러한 신적 합류는 조사이아 프리스트와 같은 백인 우월주의 해석자들이 주장한 바, 곧 하나님께서 흑인을 노예로 예정하셨다는 왜곡된 주장을 정당화하는 것이 아니다. 오히려 그 반대다. 아프리카계 미국인 해석자들에게 있어 이 신적 합류는 그들이 하나님의 생명에 참여하고 있다는 표지이며, 그 생명은 그들을 구원하시고, 그들을 향해 그리고 그들을 통해 말씀하시며, 육체적·영적 억압으로부터 해방시키는 능력으로 작동한다. 이 참여는 곧 그들의 인간성과, 그들이 하나님의 구원 계획 안에서 지닌 불가결한 중요성을 선언하는 것이다.

이러한 해석자들은 **경험의 변증법**을 통해 바울을 읽는다. 즉 아프리카계 미국인으로서 자신들의 삶의 경험을 본문에 투사하는 동시에, 본문의 메시지—특히 바울의 가르침—가 다시금 그들의 경험을 재해석하도록 허용한다. 흑인들의 삶과 성경 본문 사이에는 상호적이고 역동적인 해석의 흐름이 존재한다. 이 경험의 변증법은 해석자들로 하여금 자신들이 겪은 억압의 현실이 결코 인류를 향한 하나님의 뜻과 일치하지 않음을 비판하고 드러낼 수 있게 한다. 예를 들어 앞서 언급된 찰리는 자신의 주인이 예배에 참석하고 교회에 다니는 것을 목격했지만, 그 주인이 자신이 예배하는 "사랑의 하나님"을 믿지 않는 "올바르지 않은 인간"이라고 판단한다. 또 다른 사례로, 하나님의 아버지 되심과 인류의 하나 됨(화합)을 강조한 바울의 말씀은 아이다 로빈슨으로 하여금 미국에서 자행되는 린치 행위와 그에 대한 국가의 침묵을 비판하도록 만든다. 이러한 사례들은 흑인 해석자들이 자신의 고통스러운 현실을 본문에 비추는 동시에, 성경 본문이 그 현실의 배경이 아니라 해석 자체를 형성하고 이끄는 핵심적 틀로 작용한다는 점을 보여준다.

바울과 신뢰의 해석학

본서에서 다룬 해석자들 가운데 대다수는 바울을 "신뢰의 해석학"이라는 틀 안에서 읽고 해석했다. 다시 말해 이들은 성경을 하나님의 거룩한 말씀으로 받아들이고, 그것이 자신들과 그들의 공동체, 그리고 국가에 대해 중대한 의미를 지닌다고 확신했다. 흥미롭게도 이들이 의심의 시선을 고정한 대상은 성경 본문 그 자체가 아니라 성경을 해석한 백인 해석자들이었다. 예컨대 노예소유주, 노예제 옹호자, 인종 분리 지지자가 그러하다. 이들은 바울의 본문이 자신들에게 설교되고, 설명되고, 적용되는 방식에 문제를 느꼈으며, 그 결과 바울 자체를 부정하기보다는 그 본문을 특정 방식으로 해석한 백인 해석자들에 대해 "의심의 해석학"(hermeneutic of suspicion)을 적용했다. 다시 말해 해석에 대한 비판이 성경 자체를 부정하는 것이 아니라 그 성경을 권력의 도구로 악용한 해석 행위에 대한 비판으로 향한 것이다. 이 점은 프레더릭 더글러스의 다음과 같은 발언에서도 분명히 드러난다.

> 미국에서 사람들은 성경을 자유에 반하는 방식으로 해석해왔다. 그들은 바울의 **빌레몬서**를 도망노예법(Fugitive Slave Bill)을 정당화하는 결정적인 증거로 인용해왔으며, 성경이 노예제를 승인한다고 주장해 왔다. 이런 상황에서 우리는 어떻게 해야 하는가? 미국의 노예소유주들이 성경이 노예제를 정당화한다고 말할 때 우리는 성경을 불 속에 던져야 하는가? "성경과 결별이다!"라고 외쳐야 하는가? 어떤 것이 오용되고, 악용되었으며, 잘못 사용되었다는 이유만으로 그것을 나쁜 것이라고 선언할 수 있는가? 그 때문에 그것을 버려야 하는가? 아니다! 오히려 우리는 성경을 더욱 깊이 가슴에 품고, 더욱 부지런히 읽으며, 그 말씀 속에 담긴 진리가 자유의 편에 서 있으며 노예제의 편이 아님을 증명해야 한다.[8]

---

[8] Frederick Douglass, "The American Constitution and the Slave: An Address Delivered in Glasgow, Scotland, on 26 March 1860," in *The Frederick Douglass Papers: Series One: Speeches, Debates, and Interviews*, vol. 3, 1855-63, ed. John Blassingame (New Haven: Yale University Press, 1985), 362-63. 다음에서도 인용됨. J. Albert Harrill, "The Use of the New Testament in the American Slave Controversy: A Case History in the Hermeneutical Tension between Biblical Criticism and Christian Moral Debate," *Religion and American Culture: A Journal of Interpretation* 10, no. 2 (2000): 161.

앞서 2장에서 논의한 더글러스의 이 발언은 성경이 억압을 정당화하는 데 사용될 수 있다는 현실에 대한 날카로운 비판을 담고 있으면서도, 성경 자체에 대한 신뢰를 유지하고 있다는 점에서 신뢰의 해석학을 잘 보여준다. 많은 흑인 해석자들은 하나님이 성경의 참된 저자라고 믿었으며, 성경이 생명을 주고 인간의 존엄성과 가치를 증언하는 말씀이라고 여겼다. 이로 인해 그들은 바울의 목소리가 자신의 삶의 현실과 고통에 응답한다고 믿었으며, 성경을 살아 있는 말씀이자 자신들의 삶과 투쟁에 깊이 관련된 하나님의 말씀으로 여겨졌다. 흥미로운 점은 심지어 바울에 대해 회의적인 시선을 보였던 서먼과 클리지조차도 성경의 다른 부분들에 대해서는 신뢰의 해석학을 유지했다는 것이다. 그들에게도 성경은 흑인의 정의와 평등, 자유를 위한 투쟁에 필수적인 영적 자원이었다.[9]

우주론적 바울과 "정경적" 바울

이 책에서 다룬 해석자들 가운데 다수는 바울신학의 우주론적 성격을 중요하게 여겼다. 이는 그들 역시 바울과 마찬가지로 하나님, 천사들, 사탄과 그의 권세들, 그리고 성령이 함께 존재하는 초자연적 세계를 실제로 믿었기 때문이다. 예를 들어 질과 일로와 마리아 스튜어트는 당대의 불의에 맞서

---

9 성경 해석에 있어서, 신뢰의 해석학에 대한 더 자세한 정보는 다음을 보라. Richard B. Hays, "Salvation by Trust? Reading the Bible Faithfully," *Christian Century* 114 (February 1997): 218-23.

설교하고 저항할 때 자신들이 경험한 반대와 갈등을 초자연적 영역에서 벌어지는 영적 대결로 이해한다. 특히 스튜어트는 바울이 묘사한 "하나님의 전신갑주"의 언어를 차용하여 자신을 진리와 자유를 위해 싸우는 여전사로서 그려낸다.

더욱이 바울이 죄를 하나의 "권세"로 강조한 점은 여러 흑인 해석자들과 깊은 공명을 이룬다. 이들은 죄가 사회 구조와 국가 시스템 안에서 불의를 야기하는 우주적인 성격을 지닌다고 인식했다. 이는 죄를 개인과 하나님 사이의 문제로만 축소하는 기독교의 지배적 해석 전통에 대한 도전이었다. 대표적으로 제임스 페닝턴은 로마서 7:21을 단지 개인 내면에서 벌어지는 윤리적 투쟁이 아닌, 외부로부터 강요되는 구조적 악의 실재로 해석했다. 그는 이 말씀을 "왜 그[노예]가 선을 행하려 할 때 악이 그에게 강요되는가"[10]라는 질문으로 독해했다. 이를 통해 죄는 단지 내면의 문제가 아니라 외부 세계, 특히 악압적 사회 체제와 연결된 문제로 확장된다. 이와 유사하게 레버디 랜섬은 바울의 십자가 신학을 사회 재건의 핵심 토대로 이해했다. 그의 관점에서 복음은 개인의 구원에 머물지 않고 그것이 속한 공동체, 사회, 국가 전체의 구원을 향한다. 기독교 신앙은 개인과 사회를 분리하지 않는다. 한 개인의 내적 회심은 반드시 사회적 함의와 책임을 수반하

---

10 James Pennington, *The Fugitive Blacksmith; or, Events in the History of James W. C. Pennington, Pastor of Presbyterian Church, New York, Formerly A Slave in the State of Maryland, United States* (London: Charles Gilpin, 1850; reprint, Westport, CT: Negro Universities Press, 1971), 30.

며, 이는 불의한 권력 구조를 비판하고 변화하려는 구체적 실천으로 이어진다. 랜섬에게 있어 구원은 단지 개인의 영혼을 해방시키는 것이 아니라 편견과 억압, 부조리가 만연한 세상 전체를 해방하는 사건이다.

이러한 해석자들은 죄와 악에 대한 우주론적 이해를 받아들이면서도, 그것이 인간의 행위 주체성(human agency)을 무력화하는 것으로 연결되지 않도록 주의했다. 하나님과 사탄은 모두 "권세"이지만, 인간은 여전히 그 사이에서 자유롭게 선택하고, 행동하며, 책임져야 할 존재로 인식된다. 데이비드 워커, 제임스 페닝턴, 마리아 스튜어트는 모두 그들의 글에서 심판의 언어를 사용하며 노예소유주를 포함한 모든 인간은 자신의 행위에 대해 하나님의 심판대 앞에 설 것이라고 경고한다. 마틴 루서 킹 주니어 역시 이 전통을 계승하여 그의 설교와 글에서 하나님의 심판을 강조함과 동시에 인간의 책임과 주체성을 분명히 부각시킨다. 킹은 특히 바울의 언어를 채택하여 인간이 하나님의 구속 사역에 참여하는 공동 행위자라고 주장한다. 그는 인간이 하나님의 동역자로서 더 정의롭고 평등한 사회를 건설할 사명을 지니고 있다고 보았다.

이들 흑인 해석자들 가운데 많은 이들은 바울을 분열과 분리의 인물이 아닌 화해의 인물로 과감하게 해석했다. 앞서 살펴보았듯이 사도행전 17:26—"하나님이 인류의 모든 족속을 한 혈통으로 만드셨다"—은 바울이 누구이며, 그가 무엇을 믿었는지를 이해하는 데 있어 아프리카계 미국인들에게 핵심적인 본문이었다. 마찬가지로 에베소서 2:14에서 유대인과 이방인 사이에 막힌 담을 허무셨다는 바울의 말은 백인과 흑인 사이의 장벽을 허무시는 하나님의 사역에 대한 강력한 해석적 틀이 되었다.

그러나 이들이 말하는 화해는 결코 회개 없이 이루어지지 않는다. 제임스 페닝턴은 자신의 전 노예주에게 보낸 편지에서 그가 과거에 저지른 모든 죄악을 회개할 것을 강력히 촉구했다. 회개는 심판과 화해에 대한 페닝턴의 이해에서 핵심적인 요소이며, 그는 에베소서 2:14과 고린도후서 5:20-21을 반영하여 화해는 예수의 피를 통해 이루어지지만 죄에 대한 인식과 진정한 회개 없이는 실현될 수 없다고 주장한다. 그의 관점에서 화해는 정의의 실현, 죄의 인정, 과거의 책임 수용이라는 조건을 전제로 한다. 심판, 회개, 화해는 페닝턴의 신학 안에서 상호 불가분의 관계로 긴밀하게 얽혀 있다.

또한 분석 전반에 나타난 또 하나의 중요한 주제는 이 해석자들이 바울을 사도행전에 등장하는 인물로서의 바울이든, 에베소서, 골로새서, 히브리서의 저자로서의 바울이든, 성경 속에 나타나는 바울의 모든 모습을 그대로 읽었다는 점이다. 현대의 성서학은 바울의 진위가 확실한 서신들, 진위의 논란이 있는 서신들, 사도행전에 나오는 바울을 구분하지만, 이 해석자들이 취한 포괄적인 해석 방식은 "정경적으로 성경을 읽는다는 것", 다시 말해 성경을 전체적이고 통합적으로 읽는다는 것이 무엇을 의미하는지를 묻게 만든다. 이 흑인 해석자들은 바울의 언어에는 에베소서, 골로새서, 디모데전서 같은 특정 본문에만 한정할 수 없는 깊이와 풍성함이 있다고 주장했다. 에이브러햄 스미스(Abraham Smith)의 관찰대로, 초기 흑인 해석자들은 "노예제 옹호자들이 바울을 인용할 때 그것이 '바울 자신의' 견해 전체를 포괄적으로 반영한 것이 아님"[11]을 분명히 인식하고 있었고, "그들의 목적은 당시 노예제 문제를 비롯해 **다양한** 도전들에 관해 바울이 말할 수 있는 보다 더 온전한 초상을 제시하려는 데 있지 않았다. 오히려 그들의 목적은 바울을 노예제 지지자로 성급하게 규정지어 해석을 종결시키는 데 있었다"[12]고 이해했다. 이에 반해 흑인 해석자들은 바울의 다른 글들도 주목하고 논의할 필요가 있다고 주장했으며, 이를 통해 바울의 "정경 전체"의 중요성을, 나아가 성경 전체를 포괄적으로 읽는 해석학의 중요성을 보여주었다.[13] 이들의 해석학은 바울을 해석할 때 그의 모든 "서신들"을 고려하지 않는다면 바울에 대한 성급한 해석 종결을 초래할 수 있음을 성찰하게 만든다. 이 해석자들은 성경은 성경 전체와 끊임없이 대화하는 방식으로 읽혀야 한다고 강력히 주장한다.

바울과 성령

바울 서신에 나타난 성령에 대한 언어는 처음부터 흑인 해석자들과 깊이

---

11 Smith, "Putting 'Paul' Back Together," 257.
12 Smith, "Putting 'Paul' Back Together," 260.
13 나는 현대 성서 비평이 구분하는 진위의 논란이 없는 서신들의 바울과 진위가 의심되는 서신들의 바울, 그리고 사도행전의 바울이라는 범주들을 포기해야 한다고 제안하는 것이 아니다. 다만 내가 여기서 제기하는 질문은, 흑인 해석자들이 바울을 읽는 과정에서 성서의 해석을 위해 제기하는 더 근본적인 질문이다. 즉, 우리가 성서의 한 부분에만 집중하고 다른 본문들을 탐구하지 않을 때, 어떤 관점이나 사상이나 성서에 대한 이해를 놓치게 되는가? 또한 그 과정에서 해방적 읽기의 가능성이 간과되고 있는 것은 아닌가?라는 것이다.

공명했다. 해먼은 청중에게 "무릇 하나님의 영으로 인도함을 받는 사람은 곧 하나님의 아들이라"(롬 8:14)고 강조하며, 성령께서 그들 안에 거하신다는 사실이 노예주가 아닌 하나님으로부터 비롯된 새로운 존재 방식, 곧 새로운 정체성을 부여한다고 설파했다. 질파 일로와 같은 흑인 여성 설교자들은 바울의 표현인 "양자의 영"을 적극 수용했는데, 이는 그들이 성령과의 깊고 친밀한 체험을 통해 자신이 하나님의 사랑받는 자녀임을 확신하게 되었기 때문이다. 또한 성령은 그들을 양자 삼으심으로써 복음을 선포할 권리와 능력이 자신들에게도 부여되었음을 확증해주셨다. 데이비드 워커는 그의 『호소문』 제4항에서 노예화된 흑인들이 "성령의 소유"이자 "성령의 재산"임을 반복하여 주장했다. 그들에게 "정당한 주인"은 성령이므로, 이들은 그 어떤 사람에게도 종속되어서는 안 되며 하나님께서 주신 자유에 대한 자연권을 지닌 존재들이다. 존 지아는 그의 자서전 서두에서 성령의 중재와 노예화된 자들의 신음과 결합시키며, 성령의 음성과 억눌린 이들의 목소리를 하나의 음성으로 융합한다. 본서에서 다룬 오순절 운동의 지도자들에게 성령의 임재는 개인과 공동체 모두에게 섬김, 저항, 그리고 화합을 위한 섬김과 사회를 향한 저항, 또한 인종과 계층을 초월하는 연합으로 이어졌다.

바울이 강조한 성령의 임재, 성령의 은사들, 그리고 성령의 사회적 함의는 지배적인 문화와 구조에 대한 강력한 반(反)서사를 형성했다. 하나님의 성령은 인간이 만들어낸 장벽들을 허물고 분열된 사회를 하나로 통합하며, 신자들에게 세상을 바라보는 새로운 시야를 열어줌으로써 사회 변화를 촉발하는 힘이 된다. 아프리카계 미국인 해석자들에게 성령을 통해 하나님의 자녀가 되었다는 말은 곧 흑인의 생명 역시 존엄하고 소중하다는 신학적 선언이었다.

인종 분열이 만연한 사회 속에서 "하나 됨"의 언어를 말하는 것은 당시의 인종차별과 분리주의 담론에 저항하는 방언(glossolalia)을 구사하는 것과 같았다. 바울의 말은 이 해석자들에게 거룩한 것이었으며, 그러므로 그 말씀은 노예화가 아니라 해방을, 현상 유지가 아니라 사회 변화를, 인종 간 분열이 아니라 화합을 향해 해석되고 선포되어야 했다. 바울을 올바로 해석하는 것은 이 아프리카계 미국인 해석자들의 신앙에서 매우 중대한 일이었다. 그들은 바울의 말씀이 현실을 변화시키는 능력이 있으며, 목소리를 낼 수 없는 자들의 목소리가 될 수 있다는 점을 분명히 인식하고 있었다. 특히 윌리엄 시모어와 같은 해석자들은 바울이 말한 성령의 능력을 "강력한 제국"으로 이해했으며, 이는 진정한 권력이 미국 제국이 아니라 믿는 자들 안에 존재한다는 신학적 주장을 함축한다.

몸 언어: 바울의 신학과 몸 해석학

이 단행본 전반에 걸쳐 우리는 아프리카계 미국인의 바울 해석에서 몸 해석학의 중요성을 추적했으며, 이러한 해석학이 다양한 방식으로 해석자들의 글에 나타나는 양상을 살펴보았다. 이러한 몸 해석학은 해석자들이 바울에게 던지는 두 가지 질문을 중심으로 형성된다. 곧 "내 흑인 몸이 바울을 해석할 수 있는가?" 그리고 "바울이 내 흑인 몸을 해석할 수 있는가?"라는 질문이다. 우리가 살펴본 바와 같이 이 질문들은 매우 다양한 응답을 낳았으며, 그 가운데 일부는 다음과 같다. 노예화된 자들이 구원을 얻기 위해 노예주에게 순종해야 한다는 메시지가 끊임없이 반복되던 상황 속에서 해먼은 바울의 본문을 사용하여 아프리카계 미국인들이 자신의 구원을 스스로 이루어야 하며(빌 2:12), 이를 위해 자기 몸을 적극적으로 사용해야 한다고 주장했다. 곧 입으로 "**예수를 주라 시인하고**" "**마음으로 믿어 의에 이른다**"(롬 10:9-10)는 구절을 통해 흑인의 주체성과 더불어 구원 과정에서 흑인의 몸이 지닌 중요성을 강조한 것이다. 나아가 "**우리가 다 변화될 것이다**"(고전 15:51)라는 바울의 부활 언어 안에 아프리카계 미국인도 포함된다는 점은 흑인의 몸 역시 하나님께 속한 것이며, 신적 변화의 대상으로 간주된다는 신학적 확언이 된다.

데이비드 워커는 고린도전서 12:12-27에 나타난 바울의 몸 비유를 인용하면서 흑인의 하나 됨을 강조하고, 전체 몸의 구원을 위해 모두가 협력해야 함을 설파했다. 제이콥스는 사도행전 17:26을 통해 흑인 여성의 몸에 가해진 성폭력을 비판한다. 질파 일로는 갈라디아서 4:19에서 바울이 갈라디아 교인을 위해 "해산의 수고"를 한다고 표현한 모성적 이미지를 차용하여 자신의 선교 사역과 중보 기도를 출산의 육체적 고통에 비유했다. 또한 아주사 거리 부흥 운동에 참여한 한 인물은 "예수의 보혈이 우리의 피부색 경계를 씻어냈다"고 말했는데, 이는 이 운동이 바울이 말한 "그리스도의 한 몸 됨"을 강했다는 점에서 중요한 통찰을 제공한다. 아프리카계 미국인의 바울 해석학에서 바울의 몸 언어는 흑인과 백인이 그리스도 안에서 하나의 몸으로 통합됨을 의미한다. 레버디 랜섬과 아이다 로빈슨에게 있어 이 몸 해석학은 바울의 언어를 사용하여 린치에 항의하는 실천으로 이어졌고, 메이슨에게는 전쟁터에서 흑인의 생명을 보호하기 위한 기도와 신앙 실천의 근거가 되었다. 그리고 이러한 해석 전반에 걸쳐 반복적으로 강조되는 것은 하나님과 성령께서 흑인의 몸 안에 실제로 역사하신다는 확신이다. 이러한 신적 현존은 아프리카계 미국인들이 하나님의 세계를 보고, 그분의 말씀을 듣고, 방언으로 말하며, 세례의 물로 몸을 씻김 받는 실제적 경험으로 나타난다. 이는 그들이 하나님의 아들과 딸로서 거룩하신 하나님의 손길을 그 몸으로 경험한다는 믿음을 뒷받침한다.

텍스트/성경은 중요하다: "(진실은 이와) 다르다는 것을 알게 되다"

본서는 아프리카계 미국인들의 바울 서신 수용과 해석을 심층적으로 탐구하는 시도다. 이 연구의 가장 중요한 결론 중 하나는 텍스트, 곧 성경 본문이 결정적으로 중요하다는 사실이다. 이 점을 극적으로 보여주는 사례로, 한때 노예였던 아프리카계 미국인 여성 제니 프록터(Jenny Proctor)의 다음과 같은 증언을 소개하고자 한다.

노예들을 위한 교회가 따로 없었기 때문에 우리는 주일 저녁이면 백인들이 야외에서 예배드리는 장소로 갔다. 거기서 한 백인 남자가 일어나 우리 흑인들에게 설교했다. 그는 이렇게 말했다. "오늘의 성경 본문은 '너희 종들은 주인과 주인의 아내에게 복종하라'는 말씀이다. 너희가 이 세상에서 받는 모든 것은 다 그들로부터 온 것이며, 너희는 돼지나 다른 짐승들과 똑같기 때문에 죽으면 그냥 구덩이에 던져지고 끝나는 것이다." 우리는 한동안 그렇게 믿었던 것 같다. 왜냐하면 (진실은 이와) 다르다는 것을 알 방법이 없었기 때문이다. 우리는 성경을 본 적이 없었다.[14]

프록터는 자신과 다른 노예들이 한동안 백인 설교자의 말을 그대로 믿었다고 고백한다. 그 이유는 그녀의 말대로 "성경을 본 적이 없었"기 때문이다. 이 증언은 만약 그들에게 성경이 있었다면 그 가르침이 "진실과 다르다"는 것을 알 수 있었을 것임을 강하게 시사한다. 이 인용문은 노예로 살았던 이들뿐 아니라 이 책에 등장하는 해석자들을 포함한 아프리카계 미국인들에게 텍스트/성경이 얼마나 결정적인 의미를 지녔는지를 단적으로 보여준다. 왜냐하면 성경/텍스트는 진실을 깨닫게 하는 수단이었고, 백인 우월주의적 기독교 해석의 위선을 폭로할 수 있는 도구였기 때문이다. 바울 서신을 포함한 성경 본문은 백인 설교자들의 주장을 반박할 수 있는 언어를 제공해주었고, 무엇보다 아프리카계 미국인들이 자신이 하나님의 신적 생명과 연결된 존재임을 새롭게 인식하도록 도와주는 계기가 되었다.

---

14   George P. Rawick, ed., *The American Slave: A Composite Autobiography*, 41 vols. (Westport, CT: Greenwood, 1972), *Texas Narratives*, vol. 5, pt. 3 (213).

앞서 언급했듯이 성경의 수용사란 "과거와 현재를 아우르는 해석자들 가운데 잊히거나 침묵 당한 목소리들"을 회복하는 작업이며, 본 단행본은 이러한 회복을 적극적으로 시도해왔다. 이 책의 목적은 흑인 해석자들이 바울에 대한 자신들의 이해를 자신의 고유한 목소리로 말할 수 있도록 돕는 데 있다. 다시 말해 본서는 아프리카계 미국인들이 역사 전반에 걸쳐 바울이 어떤 방식으로 수용되고 해석되었는지를 보여주고자 한다. 일부 백인 해석자들은 바울을 도구 삼아 흑인의 몸은 중요하지 않으며 노예제와 인종 분리라는 억압적 질서 아래 있어야 한다고 주장했다. 이에 반해 본서에 소개된 대부분의 흑인 해석자들은 바울을 통해 흑인의 몸과 생명이 하나님 앞에서 소중하다는 사실을 힘 있게 선언했다. 예컨대 찰스 메이슨은 바울의 언어를 차용하여 자국 내에서는 자유를 부정당한 흑인들이 타국의 자유를 위해 강제 징집되어 전쟁터로 내몰리는 현실을 개탄하며, 전쟁에 반대하는 목소리를 냈다.

저명한 작가이자 활동가인 오드리 로드(Audrey Lorde)는 "주인의 도구로는 주인의 집을 해체할 수 없다"[15]고 말한 바 있다. 이 강렬하고도 진실된 언명은 억압받는 이들의 투쟁의 복잡성과 고통을 드러낼 뿐 아니라 본서의 전반적인 논의에 중요한 해석학적 통찰을 제공한다. 본서에 등장하는 흑인 해석자들이 우리에게 남긴 가장 중요한 교훈 중 하나는 성경—특히 바울과

15　Audrey Lorde, "The Master's Tools Will Never Dismantle the Master's House," in *Sister Outsider: Essays and Speeches* (Berkeley, CA: Crossing, 1984, 2007), 110–14.

그의 서신—은 결코 주인이나 "주인의 목사"¹⁶의 전유물이 아니라는 사실이다. 비록 노예제와 인종 분리를 정당화하려는 백인 설교자들과 성경 해석자들이 바울을 악용했지만, 흑인 해석자들은 청원서, 설교, 저작, 에세이, 자서전 등 다양한 장르를 통해 바울 사도를 능동적으로 수용하고 자기화했으며, 바울이 백인의 소유물이 아님을 분명히 보여주었다.

이처럼 비록 바울이 백인 목회자들에 의해 인종차별적이고 억압적인 목적을 위해 동원되었지만, 흑인 해석자들은 바울이 더 높은 권위, 곧 해방과 자유를 주시는 하나님께 속한 인물임을 역설하며 바울은 그러한 신학적 관점에서 해석되어야 한다고 주장했다. 그들 중 다수는 바울이 결코 백인 우월주의나 흑인 노예화를 지지하지 않았다고 단언하며, 이러한 왜곡된 인종주의적 해석은 결코 바울에 대한 최종적 해석이 될 수도 없고 되어서도 안 된다고 보았다. 그들의 해석학적 작업은 바울 해석을 둘러싼 백인 우월주의적 해석 질서를 비판적으로 재구성하며, 이를 해체할 가능성을 보여주었다. 이 아프리카계 미국인 해석자들은 해방과 저항을 지향하는 성서 해석의 전통 속에서 바울의 지속적 중요성을 부각시키는 풍부한 해석의 유산을 우리에게 남겼다.¹⁷

---

16   "주인의 목사"라는 문구는 Howard Thurman의 할머니가 사용한 표현으로, 흔히 노예주의 요청으로 노예들에게 설교하던 목사를 가리키는 말이다. 이 목사가 늘 사용하는 본문은 "종들아, 너희 주인에게 복종하라"였다. 본서의 서문을 보라.

17   이 해석자들은 Brian Blount가 *Then the Whisper Put on Flesh: New Testament Ethics in an African American Context*(Nashville: Abingdon, 2001)에서 명명한 바울의 "경계를 허물려는 의도"(129)를 강조하며, "그의 권면에서 이끌어낼 수 있는 해방적 통찰과 해석의 가능성이 실로 무수하다"는 것을 보여 준다(156).

본서의 여정을 통해 우리는 바울이 어떻게 백인 우월주의적 방식으로 오용되어 비인간화와 억압의 도구로 기능하게 되었는지를 고찰했다. 아프리카계 미국인의 바울 수용사를 탐구하는 한 가지 접근은 일부 백인 기독교인들이 왜곡하여 설교하고 선포한 바울의 이미지를 되찾고(reclaim) 혹은 구해내는(rescue) 작업으로 이해하는 것이다.[18] 또 다른 접근은 많은 흑인들이 바울을 수용하는 방식 자체에 **저항적 수용**(counterreception)의 전략이 담겨 있다는 점에 주목하는 것이다. 이들은 백인 해석자들이 제시한 바울의 해석을 수동적으로 받아들이지 않고 오히려 이를 비판적으로 변형하여 자신들만의 해석학적 틀을 마련했다. 물론 서먼과 클리지처럼 바울을 부분적으로 거부하거나 비판적으로 거리 두는 입장도 존재했다. 그러나 본서에서 다룬 대부분의 아프리카계 미국인 해석자들은 바울을 비인간화를 정당화한 자가 아니라 하나 됨과 해방을 가능케 한 인물로 이해했다.

이러한 "숨겨진 인물들"은 기독교 역사와 바울 해석학을 논할 때 종종 간과되거나 배제되어왔지만, 그들의 목소리는 경청할 충분한 가치를 지닌다. 왜냐하면 이들은 신자들이 어떻게 "저항의 해석학"을 지속적으로 실천함으로써 구조적 불의에 맞설 수 있는지, 그 전략과 모범을 제시하기 때문이다. 나아가 그들은 참된 신앙이 무엇인지를 보여주는 강력한 신학적 유산

---

18   C. Michelle Venable-Ridley는 "Paul and the African American Community," in *Embracing the Spirit: Womanist Perspectives on Hope, Salvation, and Transformation*, ed. Emilie M. Townes (Maryknoll, NY: Orbis, 1997), 214에서 자신의 연구 목적이 "바울의 글을 구원(redeem)하는 것이 아니라 되찾는(reclaim) 것"이라고 말한다. 나는 이 책에 수록된 많은 해석자들이 바로 이와 동일한 과업을 수행하고 있다고 생각한다.

을 남겼다. 본서에 소개된 모든 아프리카계 미국인 해석자들은 청원서, 자서전, 연설, 설교 등의 다양한 담론 장르를 통해 바울을 창의적이고 능동적으로 해석해왔다. 그들의 작업은 자신들이 처한 사회적 맥락과 역사적 현실에 신학적으로 응답하고 해석해온 과정을 보여주는 살아 있는 증언이다.

이제 우리는 어디로 가야 하는가?

본서가 제기하는 핵심 질문 가운데 하나는 다음과 같다. "우리는 과거로부터 무엇을 배울 수 있는가?"[19] 이 질문은 특히 미국 기독교와 미국 교회에 중요한데, 이는 양자 모두 다양한 방식으로 인종차별적 사회 구조와 체제를 유지하는 데 공모해왔기 때문이다. 이 질문을 달리 표현하면 다음과 같다. "과거의 바울 해석자들은 오늘날의 해석자들에게 무엇을 가르쳐줄 수 있는가?" 만일 우리가—제니 프록터의 표현을 빌리자면—"다르다는 것을 알게 되는" 경험을 기꺼이 수용할 준비가 되어 있다면 오늘날의 해석자들이 이들로부터 배울 수 있는 바는 매우 크다. 아프리카계 미국인 해석자들이 바울을 활용한 방식은 현재 상황과 맥락에 부합하는 새로운 바울 해석의 가능성을 제시하며, 해석학적 상상력을 자극한다.

수많은 아프리카계 미국인들이 바울을 폭넓게 해석하고 활용해왔지

19　이 단락의 제목은 Martin Luthe King Jr.의 유작의 제목, *Where Do We Go from Here: Chaos or Community?* (New York: Harper & Row, 1967)를 반영하며, 동일한 질문을 아프리카계 미국인의 바울 해석학에 던진다.

만, 그 모든 사례를 본서에 담기에는 한계가 있었다. 이 사실은 본 주제에 대한 후속 연구의 필요성을 시사한다. 저항과 항거의 해석학적 틀 속에서 바울을 해석한 다른 인물들은 누구인가? 또한 인종차별이나 젠더 억압에 맞서 바울을 전복적으로 사용한 사례들은 어디에 더 존재하는가? 자서전, 에세이, 설교, 정치 연설 등 아프리카계 미국인의 다양한 문헌을 폭넓게 탐색하는 작업은 바울 수용의 다층적인 양상을 보다 깊이 이해하는 데 기여할 것이다. 나아가 흑인 영가를 포함한 문학과 음악 장르 속에서 바울이 어떻게 언급되거나 형상화되었는지를 분석하는 것도 의미 있는 연구 방향이 될 수 있다. 이러한 탐구는 성경, 역사, 신학, 문학, 음악이 교차하는 학제적 공간을 활성화하고, 새로운 해석학적 지평을 열어줄 것이다.

바울은 미국 역사 전반에 걸쳐 아프리카계 미국인의 신학적, 정치적, 사회적 담론에서 핵심적인 역할을 수행해왔다. 따라서 그의 영향력을 추적하는 추가 연구는 바울의 사상과 언어가 오늘날에도 어떻게 여전히 의미를 지니는지를 밝히는 데 중요한 통찰을 제공할 것이다. 이와 연관된 하나의 중요한 연구 과제는 아프리카계 미국인 해석자들이 바울 서신을 다른 성경 본문들과 어떻게 연관 지어 읽고 활용하는지를 살펴보는 것이다. 1차 문헌 속에서 바울의 텍스트와 함께 반복적으로 등장하는 성경 구절은 무엇인지를 살펴볼 필요가 있다. 이러한 모든 연구는 "이방인의 사도"(롬 11:13; 갈 2:8)로 불리는 바울이 아프리카계 미국인 공동체 내에서 어떻게 수용되었고, 지금도 어떤 방식으로 영향력을 행사하고 있는지를 이해하는 데 결정적인 기여를 할 수 있다. 아울러 미국 종교성의 맥락 안에서 흑인의 종교적 삶을 기록하고 해석하는 연구는 필수적이다. 이는 아프리카계 미국인의 신앙과 경험이 미국 종교 지형에서 분리될 수 없는 중심적 요소를 형성하고 있기 때문이다.

맺는말

아우구스티누스, 루터, 칼뱅, 웨슬리, 바르트.

바울 서신에 관한 학문적 입문서에서 바울 해석자들을 논할 때 흔히 이들의 이름이 빠짐없이 등장하곤 한다. 어떤 이들은 여기에 오리게네스, 크리소스토모스, 아퀴나스를 더하고, 다른 이들은 바우어(Baur), 브레데(Wrede), 슈바이처(Schweitzer)와 같은 인물들을 주목한다. 최근에는 마리온 테일러(Marion Taylor)를 비롯한 여러 학자의 노고 덕분에 우리는 과거 세대의 여성 바울 해석자들에 대해서도 관심을 가지기 시작했다. 예컨대 마거릿 펠(Margaret Fell)과 도로시 뉴베리 가트(Dorothy Newberry Gott)는 고린도전서 14:34("여자는 교회에서 잠잠하라")을 섬세하게 해석하면서 의미 있는 신학적 통찰을 제시한 바 있다.

이러한 맥락에서 리사 보웬스(Lisa Bowens)의 『아프리카계 미국인이 몸으로 읽어낸 바울』은 바울 수용사 연구에 새로운 지평을 열었다. 그녀는 아우구스티누스를 비롯한 저명한 인물들에 더해 레뮤얼 헤인스, 마리아 스튜어트, 줄리아 푸트, 레버디 랜섬과 같은 인물들을 새롭게 조명한다. 이들은 잘 알려진 하워드 서먼과 마틴 루서 킹 주니어와 어깨를 나란히 하는 해석자들로, 미국 내 아프리카계 신학 전통의 지적 유산을 더욱 풍성하게 만든다. 보웬스는 매사추세츠 주지사에게 노예제 폐지를 청원한 1774년의 문서에서부터 킹 목사가 미국의 그리스도인들에게 보낸 바울적 호소문(1968년)에 이르기까지의 다양한 문헌을 추적하며, 아프리카계 미국인의 바울 해석에는 일정한 연속성과 더불어 상당한 다양성과 때때로 갈등이 공존함을 보여준다.

이러한 해석들에는 현대 바울 연구에서 흔히 전제되는 관점들과는 다른 전제가 놓여 있다. 여기서 "바울"은 저작권 논쟁을 제쳐두고 바울 서신 전체를 가리키며, 심지어 히브리서조차 바울의 글로 간주된다. 마찬가지로 사도행전에 등장하는 바울도 비판 없이 받아들여지며, 하나님께서 "인류의 모든 족속을 한 혈통으로 만드사 온 땅에 살게 하셨다"(행 17:26)는 진술은 반복적으로 인용된다. 또한 바울의 관점을 복음서 저자, 시편 저자, 예언자들의 관점과 엄밀히 구분하려는 시도도 거의 나타나지 않는다. 이러한 구분은 본서에 등장하는 바울 해석자들에게는 다소 생소했거나, 혹은 설령 그 존재를 알고 있었다 하더라도 편견과 억압에 맞서 투쟁하던 그들에게는 사치처럼 여겨졌을 가능성이 크다. 그들에게 중요한 것은 바울이 성령, 자유, 하나님의 능력에 집중하고 있다는 점이었다.

그 결과는 종종 놀랍고 때로는 충격적이다. 예컨대 바울 서신이 노예제를 정당화하는 데 사용되었기 때문에 그것을 읽지 않도록 조언했던 하워드 서먼(Howard Thurman)의 할머니 낸시 앰브로스(Nancy Ambrose)의 말이 다수의 아프리카계 미국인의 입장을 대변한다고 생각했던 이들에게는 더욱 그러할 것이다. 물론 나 역시도 "종들아 순종하라"는 구절을 백인들이 특정 방식으로 해석하는 것에 맞서 이를 반박하는 흑인 해석자들이 존재할 것이라고 예상했다. 그런 해석에 대항하려면 그에 못지않게 지속적이고도 신중한 바울 해석이 필요하기 때문이다. 그러나 나는 레뮤얼 헤인스가 로마서 6:1을 "우리가 죄에 계속 거하겠느냐, 즉 노예제도와 노예무역에 계속 동참하겠느냐?"로 해석하여 노예의 복종을 강조한 설교를 반박했다는 사실은 미처 예상하지 못했다. 또 한편, 흑인이 본래 사악하다는 백인들의 주장에 정면으로 맞서며, 오히려 노예 제도 자체가 사탄에게서 비롯된 것이라고 선언한 제임스 페닝턴의 주장 역시 마찬가지였다. (나는 이 주장이 바울이 이해한 복음의 핵심과 전적으로 부합한다고 생각한다.)

나는 바울을 침묵시키기 위한 수단으로 오용하는 데 굴하지 않고, 오히려 바울의 소명을 자신들의 소명과 명확히 동일시한 아프리카계 미국인 여성들을 발견하고 매우 기뻤다. 자레나 리(Jarena Lee)와 질파 일로(Zilpha Elaw)는 바울 서신을 폭넓게 활용하여 자신의 사명과 소명을 신학적으로 정당화했으며, 특히 일로는 갈라디아서 4:19에서 바울이 사용한 모성적 이미지를 자신의 전도 사역을 표현하는 데 적극적으로 차용했다. 줄리아 푸트(Julia Foote)는 1879년에 쓴 글에서 바울이 뵈뵈를 **디아코노스**(*diakonos*)로 언급한 점에 주목하며, 이는 에베소서 6:21에서 바울이 두기고를 언급한 방식과 동일한 수준의 사역자로 인정한 것임을 분명히 밝힌다. 그녀는 또한 고린도전서 11장이 공적 예배의 장에서 남성과 여성 모두가 지도자로서 능동적으로 참여했음을 전제하고 있다고 지적한다. (이와 같은 해석은 오늘날에도 많은 기독교 공동체에서 여전히 수용되지 못하고 있으며, 실제 실천에까지 반영되는 경우는 더더욱 드물다.)

여러 지점에서 현대의 바울 해석자들이 최근에야 도달한 것으로 여겨지는 통찰이 사실은 아프리카계 미국인 해석자들의 전통 안에서 오랫동안 지속되어왔다는 사실이 드러난다. 예컨대 일로는 고린도전서 14:34을 "전체 교회"를 향한 일반적인 명령이 아니라 "혼란과 무질서"로 특징지어진 특정 집단에 대한 지시로 맥락화한다. 또한 보웬스의 연구에 따르면 다수의 흑인 해석자들은 죄를 단지 개인적이고 영적인 차원에서 이해하지 않고, 오히려 구조적이고 집단적인 차원에서 인식했다. 이는 일반적으로 20세기 후반에 나타났다고 여겨지는 개인주의적 해석에서 공동체 중심적 해석으로의 전환이 사실상 이미 이들 해석 전통 안에서 형성되어 있었음을 보여준다.

물론 여전히 탐구해야 과제들이 많이 남아 있다. 보웬스 자신이 인정하듯이 조명되지 않은 수많은 저자들과 문헌들이 아직 남아 있으며, 이들에 대한 연구는 앞으로의 과제로 남겨져 있다. 그럼에도 불구하고 그녀의 연구는 아프리카계 미국인의 바울 해석사 연구를 올바른 방향으로 이끄는 고무적이고 중대한 발걸음이라 할 수 있다. 요컨대 리사 보웬스의 작업은 바울 해석이 단순한 학문적 관심을 넘어 실제로 생존과 해방의 문제였던 사람들의 신앙과 사유를 엿볼 수 있게 해준다. 그들은 충분히 우리의 관심과 존경을 받을 만한 인물들이며, 또한 본받을 만한 신앙의 선배들이다.

베벌리 로버츠 가벤타

베일러 대학교

참고문헌

Adams, Nehemiah. *A South-Side View of Slavery, or Three Months at the South in 1854.* Port Washington, NY: Kennikat, 1969.

Alexander, Estrelda. *Limited Liberty: The Legacy of Four Pentecostal Women Pioneers.* Cleveland, OH: Pilgrim, 2008.

Ambrose, Douglas. "Of Stations and Relations: Proslavery Christianity in Early National Virginia." In *Religion and the Antebellum Debate over Slavery*, edited by John R. McKivigan and Mitchell Snay. Athens: University of Georgia Press, 1998.

Andrews, William L., ed. *African American Autobiography: A Collection of Critical Essays.* Englewood Cliffs, NJ: Prentice Hall, 1993.

_____, ed. *Sisters of the Spirit: Three Black Women's Autobiographies of the Nineteenth Century.* Bloomington: Indiana University Press, 1986.

Aptheker, Herbert, ed. *A Documentary History of the Negro People in the United States.* 3 vols. New York: Citadel, 1951.

Bailey, Randall, ed. *Yet with a Steady Beat: Contemporary U.S. Afrocentric Biblical Interpretation.* Semeia Studies. Atlanta: Society of Biblical Literature, 2003.

Baldwin, Lewis. *Behind the Public Veil: The Humanness of Martin Luther King, Jr.* Minneapolis: Fortress, 2016.

Bartleman, Frank. *Azusa Street: The Roots of Modern-Day Pentecost.* Introduction by

Vinson Synan. Gainesville, FL: Bridge-Logos, 1980.

Berwanger, Eugene H. "Negrophobia in Northern Proslavery and Antislavery Thought." *Phylon* 33, no. 3 (Fall 1972): 266-75.

Blount, Brian. *Then the Whisper Put on Flesh: New Testament Ethics in an African American Context*. Nashville: Abingdon, 2001.

Blount, Brian, Cain Hope Felder, Clarice J. Martin, and Emerson Powery, eds. *True to Our Native Land: An African American New Testament Commentary*. Minneapolis: Fortress, 2007.

Bly, Antonio. "'Pretends He Can Read': Runaways and Literacy in Colonial America, 1730-1776." *Early American Studies* 6, no. 2 (Fall 2008): 261-94.

Bostic, Joy. *African American Female Mysticism: Nineteenth-Century Religious Activism*. New York: Palgrave Macmillan, 2013.

Bowens, Lisa. *An Apostle in Battle: Paul and Spiritual Warfare in 2 Corinthians 12:1-10*. Wissenschaftliche Untersuchungern zum Neuen Testament 2.433. Tübingen: Mohr Siebeck, 2017.

―――. "God and Time: Exploring Black Notions of Prophetic and Apocalyptic Eschatology." In *T&T Clark Handbook of African American Theology*, edited by Antonia Daymond, Frederick Ware, and Eric Williams, 213-24. New York: T&T Clark, 2019.

―――. "Liberating Paul: African Americans' Use of Paul in Resistance and Protest." In *Practicing with Paul: Reflections on Paul and the Practices of Ministry in Honor of Susan G. Eastman*, edited by Presian Burroughs, 57-73. Eugene, OR: Wipf & Stock, 2018.

―――. "Painting Hope: Formational Hues of Paul's Spiritual Warfare Language in 2 Corinthians 10-13." In *Practicing with Paul: Reflections on Paul and the Practices of Ministry in Honor of Susan G. Eastman, edited by Presian Burroughs, 107–23. Eugene, OR: Wipf & Stock, 2018.

_____. "Spirit-Shift: Paul, the Poor, and the Holy Spirit's Ethic of Love and Impartiality in the Eucharist Celebration." In *The Holy Spirit and Social Justice Interdisciplinary Global Perspectives: Scripture and Theology*, edited by Antipas Harris and Michael Palmer, 218–38. Lanham, MD: Seymour, 2019.

Braxton, Brad. *No Longer Slaves: Galatians and African American Experience*. Collegeville, MN: Liturgical Press, 2002.

Braxton, Joanne. *Black Women Writing Autobiography: A Tradition within a Tradition*. Philadelphia: Temple University Press, 1989.

Brown, Henry Box. *Narrative of the Life of Henry Box Brown, Written by Himself*. Edited by John Ernest. Chapel Hill: University of North Carolina Press, 2008; original Manchester: Lee & Glynn, 1851.

Brown, Michael Joseph. *Blackening of the Bible: The Aims of African-American Biblical Scholarship*. Harrisburg, PA: Trinity Press International, 2004.

Brucia, Margaret. "The African-American Poet, Jupiter Hammon: A Home-Born Slave and His Classical Name." *International Journal of the Classical Tradition* 7, no. 4 (2001): 515–22.

Burrow, Rufus, Jr. *Martin Luther King, Jr., and the Theology of Resistance*. Jefferson, NC: McFarland, 2015.

Butler, Anthea. *Women in the Church of God in Christ: Making a Sanctified World*. Chapel Hill: University of North Carolina Press, 2007.

Butterfield, Stephen. *Black Autobiography in America*. Amherst: University of Massachusetts Press, 1974.

Callahan, Allen Dwight. *Embassy of Onesimus: The Letter of Paul to Philemon*. New

Testament in Context. Valley Forge, PA: Trinity Press International, 1997.

_____. *The Talking Book: African Americans and the Bible*. New Haven: Yale University Press, 2006.

Calmet, Augustin. *Calmet's Great Dictionary of the Holy Bible*. 4 vols. Charlestown: Samuel Etheridge, 1812.

Cannon, Katie. "Slave Ideology and Biblical Interpretation." *Semeia* 47 (1989): 9–23.

Carby, Hazel V. "'Hear My Voice, Ye Careless Daughters': Narratives of Slave and Free Women before Emancipation." In *African American Autobiography: A Collection of Critical Essays*, edited by William Andrews, 59–76. Englewood Cliffs, NJ: Prentice Hall, 1993.

Carter, J. Kameron. *Race: A Theological Account*. New York: Oxford University Press, 2008.

Charlesworth, James, ed. *Old Testament Pseudepigrapha: Apocalyptic Literature and Testaments*. New York: Doubleday, 1983.

Clark, Jawanza Eric, ed. *Albert Cleage Jr. and the Black Madonna and Child*. New York: Palgrave Macmillan, 2016.

_____. "Introduction: Why a White Christ Continues to Be Racist: The Legacy of Albert B. Cleage Jr." In *Albert Cleage Jr. and the Black Madonna and Child*, edited by Jawanza Eric Clark, 1–18. New York: Palgrave Macmillan, 2016.

Cleage, Albert B., Jr. *The Black Messiah*. Kansas City, MO: Sheed & Ward, 1968.

Clemmons, Ithiel C. *Bishop C. H. Mason and the Roots of the Church of God in Christ*. Bakersfield, CA: Pneuma Life Publishing, 1996.

Collier-Thomas, Bettye. *Daughters of Thunder: Black Women Preachers and Their*

Sermons, 1850-1979. San Francisco: Jossey-Bass, 1998.

Collins, John. *The Apocalyptic Imagination: An Introduction to Jewish Apocalyptic Literature*. Grand Rapids: Eerdmans, 1998.

Cone, James H. "Calling the Oppressors to Account: Justice, Love, and Hope in Black Religion." In *The Courage to Hope: From Black Suffering to Human Redemption*, edited by Quinton Dixie and Cornel West, 74-85. Boston: Beacon, 1999.

―――. *The Cross and the Lynching Tree*. Maryknoll, NY: Orbis, 2011.

Conner, Kimberly Rae. *Conversions and Visions in the Writings of African-American Women*. Knoxville: University of Tennessee Press, 1994.

Cooper, Valerie. *Maria Stewart, the Bible, and the Rights of African Americans*. Charlottesville: University of Virginia Press, 2011.

Copher, Charles B. *Black Biblical Studies: An Anthology of Charles B. Copher; Biblical and Theological Issues on the Black Presence in the Bible*. Chicago: Black Light Fellowship, 1993.

―――. "Three Thousand Years of Biblical Interpretation with Reference to Black Peoples." In *African American Religious Studies: An Interdisciplinary Anthology*, edited by Gayraud S. Wilmore, 105-28. Durham, NC: Duke University Press, 1989.

Cornelius, Janet Duitsman. *When I Can Read My Title Clear: Literacy, Slavery, and Religion in the Antebellum South*. Columbia: University of South Carolina Press, 1991.

Crowder, Stephanie. *When Momma Speaks: The Bible and Motherhood from a Womanist Perspective*. Louisville: Westminster John Knox, 2016.

Daniels, David D., III. "'Doing All the Good We Can': The Political Witness of

African American Holiness and Pentecostal Churches in the Post-Civil Rights Era." In *New Day Begun: African American Churches and Civic Culture in Post-Civil Rights America*, 164–82. Durham, NC: Duke University Press, 2003.

Douglass, Frederick. "The American Constitution and the Slave: An Address Delivered in Glasgow, Scotland, on 26 March 1860." In *The Frederick Douglass Papers: Series One; Speeches, Debates, and Interviews*, vol. 3, 1855–63, edited by John Blassingame. New Haven: Yale University Press, 1985.

―――. "Baptists, Congregationalists, the Free Church, and Slavery: An Address Delivered in Belfast, Ireland, on 23 December 1845." In *The Frederick Douglass Papers: Series One; Speeches, Debates, and Interviews*, vol. 1, 1841–46, edited by John Blassingame. New Haven: Yale University Press, 1979.

―――. "Narrative of the Life of Frederick Douglass, an American Slave, Written by Himself." In *I Was Born a Slave: An Anthology of Classic Slave Narratives*, vol. 1, 1772–1849, edited by Yuval Taylor, 523–600. Chicago: Lawrence Hill Books, 1999.

DuPree, Sherry Sherrod. *A Compendium: Bishop C. H. Mason Founder of the Church of God in Christ*. Gainesville, FL: Sherry Sherrod DuPree, 2017.

DuPree, Sherry Sherrod, and Herbert DuPree. *Exposed!!! Federal Bureau of Investigation Unclassified Reports on Churches and Church Leaders*. Washington, DC: Middle Atlantic Regional Press, 1993.

Eastman, Susan. "Galatians 4:19: A Labor of Divine Love." In *Recovering Paul's Mother Tongue: Language and Theology in Galatians*, 89–126. Grand Rapids: Eerdmans, 2007.

Elaw, Zilpha. *Can I Get a Witness? Prophetic Religious Voices of African American Women; An Anthology*. Edited by Marcia Riggs. Maryknoll, NY: Orbis, 1997.

_____. *Memoirs of the Life, Religious Experience, Ministerial Travels and Labours of Mrs. Zilpha Elaw, an American Female of Colour: Together with Some Account of the Great Religious Revivals in America [Written By Herself]*. London: Published by the authoress, 1846. Reprinted in *Sisters of the Spirit: Three Black Women's Autobiographies of the Nineteenth Century*. Edited by William L. Andrews. Bloomington: Indiana University Press, 1986.

Ernest, John. *Introduction to Narrative of the Life of Henry Box Brown Written by Himself*, edited by John Ernest, 1-38. Chapel Hill: University of North Carolina Press, 2008.

Faulkner, Juanita Williams, and Raynard D. Smith, eds. *It Is Written: Minutes of the General Assembly Church of God in Christ Held at Memphis Tennessee, 1919-1932*. Memphis, TN: COGIC Publishing House, 2017.

Felder, Cain Hope. "The Letter to Philemon: Introduction, Commentary, and Reflections." In *New Interpreter's Bible Commentary* 11. Nashville: Abingdon, 2000.

_____. *Race, Racism, and the Biblical Narratives*. Minneapolis: Fortress, 2002.

_____, ed. *Stony the Road We Trod: African American Biblical Interpretation*. Minneapolis: Fortress, 1991.

_____. *Troubling Biblical Waters: Race, Class, and Family. Bishop Henry Mc-Neal Turner Studies in North American Black Religion*, vol. 3. Maryknoll, NY: Orbis, 1989.

Finkenbine, Roy E. "Boston's Black Churches: Institutional Centers of the Antislavery Movement." In *Courage and Conscience: Black and White Abolitionists in Boston*, edited by Donald M. Jacobs, 169-90. Bloomington: Indiana University Press, 1993.

Fluker, Walter Earl, and Catherine Tumber, eds. *A Strange Freedom: The Best of Howard Thurman on Religious Experience and Public Life*. Boston: Beacon, 1998.

Foote, Julia. *A Brand Plucked from the Fire: An Autobiographical Sketch by Mrs. Julia A. J. Foote*. Cleveland, OH: Printed for the author by W. F. Schneider, 1879. Reprinted in *Sisters of the Spirit: Three Black Women's Autobiographies of the Nineteenth Century*. Edited by William Andrews. Bloomington: Indiana University Press, 1986.

Gates, Henry Louis, Jr. *The Signifying Monkey: A Theory of African-American Literary Criticism*. New York: Oxford University Press, 1988.

Gaventa, Beverly. *Our Mother Saint Paul*. Louisville: Westminster John Knox, 2007.

Gilbert, Kenyatta. *A Pursued Justice: Black Preaching from the Great Migration to Civil Rights*. Waco, TX: Baylor University Press, 2017.

Gilkes, Cheryl Townsend. *If It Wasn't for the Women… : Black Women's Experience and Womanist Culture in Church and Community*. Maryknoll, NY: Orbis, 2001.

Glaude, Eddie. *Exodus! Religion, Race, and Nation in Early Nineteenth-Century Black America. Chicago*: University of Chicago Press, 2000.

Gorman, Michael. *Elements of Biblical Exegesis: A Basic Guide for Students and Ministers*. Rev. and expanded ed. Peabody, MA: Hendrickson, 2009.

Grant, Jacquelyn. *White Women's Christ and Black Women's Jesus: Feminist Christology and Womanist Response*. Atlanta: Scholars Press, 1989.

Green, J. D. *Narrative of the Life of J. D. Green, A Runaway Slave, Containing an Account of His Three Escapes*. Huddersfield, UK: Henry Fielding, Pack Horse Yard, 1864. Reprinted in *I Was Born a Slave: An Anthology of Classic Slave*

Narratives. Vol. 1, 1772-1849. Edited by Yuval Taylor. Chicago: Lawrence Hill Books, 1999.

Harrill, Albert. "The Use of the New Testament in the American Slave Controversy: A Case History in the Hermeneutical Tension between Biblical Criticism and Christian Moral Debate." *Religion and American Culture: A Journal of Interpretation* 10, no. 2 (2000): 149-86.

Hayes, Diana L. "My Hope Is in the Lord." In *Embracing the Spirit: Womanist Perspectives on Hope, Salvation, and Transformation*, edited by Emilie M. Townes, 9-29. Maryknoll, NY: Orbis, 1997.

Haynes, Lemuel. "The Sufferings, Support, and Reward of Faithful Ministers Illustrated: Being the Substance of Two Valedictory Discourses, delivered at Rutland, West Parish, May 24th, A.D. 1818." In *Sketches of the Life and Character of the Rev. Lemuel Haynes, A.M., For Many Years Pastor of A Church in Rutland, VT and Late in Granville, New-York*. Edited by Timothy Mather Cooley. New York: Harper & Brothers, 1837.

Hays, Richard B. "Salvation by Trust? Reading the Bible Faithfully." *Christian Century* 114 (1997): 218-23.

Haywood, Chanta. "Prophesying Daughters: Nineteenth-Century Black Religious Women, the Bible, and Black Literary History." In *African Americans and the Bible: Sacred Texts and Social Textures*, edited by Vincent Wimbush, 355-66. New York: Continuum, 2000.

Henderson, Christina. "Sympathetic Violence: Maria Stewart's Antebellum Vision of African American Resistance." In "New Registers for the Study of Blackness," edited by Martha J. Cutter, special issue, *MELUS* 38, no. 4 (December 2013): 52-75.

Hendricks, Obery M., Jr. "An MLK Birthday Sermon." In *The Universe Bends toward Justice: Radical Reflections on the Bible, the Church, and the Body Politic*. Maryknoll, NY: Orbis, 2011.

Higginbotham, Evelyn Brooks. "African-American Women's History and the Metalanguage of Race." In *"We Specialize in Wholly Impossible": A Reader in Black Women's History*, edited by Darlene Clark Hine, Wilma King, and Linda Reed, 3–24. Brooklyn, NY: Carlson Publishing, 1995.

Hodge, Charles. *A Commentary on Ephesians. 1856*. Reprint, Edinburgh: First Banner of Truth, 1964, 1991.

Hodges, Graham Russell, ed. *Black Itinerants of the Gospel: The Narratives of John Jea and George White*. Madison, WI: Madison House, 1993.

Holte, James Craig. *The Conversion Experience in America: A Sourcebook on Religious Conversion Autobiography*. New York: Greenwood, 1992.

Horton, James Oliver, and Lois E. Horton. "The Affirmation of Manhood: Black Garrisonians in Antebellum Boston." In *Courage and Conscience: Black and White Abolitionists in Boston*, edited by Donald M. Jacobs, 127–54. Bloomington: Indiana University Press, 1993.

Horton, James O., and Amanda Kleintop, eds. *Race, Slavery, and the Civil War: The Tough Stuff of American History and Memory*. Richmond: Virginia Sesquicentennial of the American Civil War Commission, 2011.

Houchins, Sue E. *Spiritual Narratives. Schomburg Library of Nineteenth Century Black Women Writers*. New York: Oxford University Press, 1988.

Jackson, Rebecca Cox. *Gifts of Power: The Writings of Rebecca Cox Jackson, Black Visionary, Shaker Eldress*. Edited by Jean McMahon Humez. Amherst: University of Massachusetts Press, 1981.

Jacobs, Donald M. "David Walker and William Lloyd Garrison." In *Courage and Conscience: Black and White Abolitionists in Boston*, edited by Donald M. Jacobs, 1-20. Bloomington: Indiana University Press, 1993.

Jacobs, Harriet. *Incidents in the Life of A Slave Girl*. Edited by L. Maria Child. Boston: Published for the author, 1861. Reprinted in *I Was Born a Slave: An Anthology of Classic Slave Narratives*. Vol. 2, 1849-1866. Edited by Yuval Taylor. Chicago: Lawrence Hill Books, 1999.

Jacobsen, Douglas, ed. *A Reader in Pentecostal Theology: Voices from the First Generation*. Bloomington: Indiana University Press, 2006.

Jasper, David. *A Short Introduction to Hermeneutics*. Louisville: Westminster John Knox, 2004.

Jea, John. *The Life, History, and Unparalleled Sufferings of John Jea, the African Preacher*. Documenting the American South. University of North Carolina at Chapel Hill Digitization Project. https://docsouth.unc.edu/neh/jeajohn/jeajohn.html.

Jefferson, Thomas. *Notes on the State of Virginia*. Philadelphia: Pritchard & Hall, 1787. Jewett, Robert. Romans. Hermeneia. Minneapolis: Fortress, 2007.

Johnson, Clifton, ed. *God Struck Me Dead: Religious Conversion Experiences and Autobiographies of Ex-Slaves*. Philadelphia: Pilgrim, 1969.

Kaalund, Jennifer T. *Reading Hebrews and 1 Peter with the African American Great Migration: Diaspora, Place, and Identity*. London: T&T Clark, 2019.

Kasemann, Ernst. *Commentary on Romans*. Translated by Geoffrey W. Bromiley. Grand Rapids: Eerdmans, 1980.

King, Martin Luther, Jr. "Letter from Birmingham City Jail." In *A Testament of Hope: The Essential Writings and Speeches of Martin Luther King, Jr.*, edited by

James Melvin Washington. San Francisco: HarperSanFrancisco, 1986.

_____. *Strength to Love*. New York: Harper & Row, 1968.

_____. *Where Do We Go from Here: Chaos or Community?* New York: Harper & Row, 1967.

_____. "Why Jesus Called a Man a Fool,' Sermon Delivered at Mount Pisgah Missionary Baptist Church." August 27, 1967?. Stanford University Martin Luther King, Jr., Research and Education Institute. https://kinginstitute.stanford.edu/king-papers/documents/why-jesus-called-man-foolsermon-delivered-mount-pisgah-missionary-baptist.

Klauck, Hans-Josef, ed. *Encyclopedia of the Bible and Its Reception*. Berlin: de Gruyter, 2009.

LaRue, Cleophus J. *The Heart of Black Preaching*. Louisville: Westminster John Knox, 2000.

_____. *I Believe I'll Testify: The Art of African American Preaching*. Louisville: Westminster John Knox, 2011.

Lee, Jarena. *The Life and Religious Experience of Jarena Lee, A Coloured Lady, Giving An Account of Her Call to Preach the Gospel*. Revised and Corrected from the Original Manuscript, Written by Herself. Philadelphia: Printed and published for the author, 1836. Reprinted in *Sisters of the Spirit: Three Black Women's Autobiographies of the Nineteenth Century*. Edited by William Andrews. Bloomington: Indiana University Press, 1986.

Lewis, Lloyd A. "An African American Appraisal of the Philemon-Paul-Onesimus Triangle." In *Stony the Road We Trod: African American Biblical Interpretation*, edited by Cain Hope Felder. Minneapolis: Fortress, 1991.

Lincoln, C. Eric. *Sounds of the Struggle: Persons and Perspectives in Civil Rights*. New

York: Friendship, 1968.

Lindley, Susan. "'Neglected Voices' and Praxis in the Social Gospel." *Journal of Religious Ethics* 18, no. 1 (1990): 75–102.

Lischer, Richard. *The Preacher King: Martin Luther King, Jr. and the Word That Moved America*. New York: Oxford University Press, 1995.

Lorde, Audrey. "The Master's Tools Will Never Dismantle the Master's House." In *Sister Outsider: Essays and Speeches*, 110–13. Berkeley, CA: Crossing, 1984, 2007.

Lovejoy, Joseph C. *The North and the South! Letter from J. C. Lovejoy, Esq to His Brother, Hon. Owen Lovejoy, M. C., with remarks by the Editor of the Washington Union*. Washington, DC, 1859.

Luker, Ralph. *The Social Gospel in Black and White: American Racial Reform, 1885-1912*. Chapel Hill: University of North Carolina Press, 1991.

MacLam, Helen. "Introduction: Black Puritan on the Northern Frontier; The Vermont Ministry of Lemuel Haynes." In *Black Preacher to White America: The Collected Writings of Lemuel Haynes, 1774-1833*, edited by Richard Newman. Brooklyn, NY: Carlson Publishing, 1990.

Marbury, Herbert. *Pillars of Cloud and Fire: The Politics of Exodus in African American Biblical Interpretation*. New York: New York University Press, 2015.

Martin, Larry, ed. *Azusa Street Sermons by William J. Seymour*. Joplin, MO: Christian Life Books, 1999.

Martyn, J. Louis. Galatians: *A New Translation with Introduction and Commentary*. Anchor Yale Bible 33A. New York: Doubleday, 1997.

Mason, E. W. *The Man ... Charles Harrison Mason: Sermons of His Early Ministry (1915-1929) and a Biographical Sketch of His Life*. Memphis, TN: Church of

God in Christ Publishing House, 1979.

Mason, Mary C., ed. and comp. *The History and Life Work of Bishop C. H. Mason*. 1924. Reprint, Memphis, TN: Church of God in Christ, 1987.

May, Cedrick, and Julie McCown. "'An Essay on Slavery': An Unpublished Poem by Jupiter Hammon." *Early American Literature* 48, no. 2 (2013): 457-71.

McKivigan, John R., and Mitchell Snay, eds. *Introduction to Religion and the Antebellum Debate over Slavery*, 1-35. Athens: University of Georgia Press, 1998.

Miller, Samuel. *The Life of Samuel Miller, D.D. LL.D.* 2 vols. Philadelphia: Clayton, Remsen & Haffelfinger, 1869.

_____. *A Sermon Preached at March 13th, 1808, For the Benefit of the Society Instituted In The City of New York, For The Relief Of Poor Widows With Small Children*. New York: Hopkins & Seymour, 1808.

_____. *A Sermon Preached at Newark, October 22d, 1823 Before the Synod of New Jersey*. Trenton, NJ: George Sherman, 1823.

Mitchell, Henry H. *Black Preaching*. San Francisco: Harper & Row, 1979.

Mitchell, Laura L. "'Matters of Justice between Man and Man': Northern Divines, the Bible and the Fugitive Slave Act of 1850." In *Religion and the Antebellum Debate over Slavery*, edited by John R. McKivigan and Mitchell Snay, 134-66. Athens: University of Georgia Press, 1998.

Mittelstadt, Martin W. "Receiving Luke-Acts: The Rise of Reception History and a Call to Pentecostal Scholars." *Pneuma* 40, no. 3 (2018): 367-88.

Moorhead, James H. *Princeton Seminary in American Religion and Culture*. Grand Rapids: Eerdmans, 2012.

Morris, Calvin S. *Reverdy C. Ransom: Black Advocate of the Social Gospel.* Lanham, MD: University Press of America, 1990.

Moses, Wilson Jeremiah. *Black Messiahs and Uncle Toms: Social and Literary Manipulations of a Religious Myth.* University Park: Pennsylvania State University Press, 1982.

Nave, Guy. "2 Corinthians." In *True to Our Native Land: An African American New Testament Commentary*, edited by Brian Blount, Cain Hope Felder, Clarice J. Martin, and Emerson Powery, 307–32. Minneapolis: Fortress, 2007.

Nelson, D. Kimathi. "The Theological Journey of Albert B. Cleage, Jr.: Reflections from Jaramogi's Protégé and Successor." In *Albert Cleage Jr. and the Black Madonna and Child*, edited by Jawanza Eric Clark, 21–38. New York: Palgrave Macmillan, 2016.

Newman, Richard. "Preface: The Paradox of Lemuel Haynes." In Black Preacher to White America: *The Collected Writings of Lemuel Haynes, 1774-1833*, edited by Richard Newman. Brooklyn, NY: Carlson Publishing, 1990.

Noll, Mark. *The Civil War as a Theological Crisis.* Chapel Hill: University of North Carolina Press, 2006.

Nydam, Arien. "Numerological Tradition in the Works of Jupiter Hammon." *African American Review* 40, no. 2 (Summer 2006): 207–20.

O'Neale, Sondra. *Jupiter Hammon and the Biblical Beginnings of African-American Literature.* Metuchen, NJ: ATLA and Scarecrow Press, 1993.

Owens, Rosalie S. *Bishop Ida Bell Robinson: The Authoritarian Servant Leader.* Middletown, DE: Rosalie Owens, 2019.

Page, Hugh, and Randall Bailey, eds. *The Africana Bible: Reading Israel's Scriptures from Africa and the African Diaspora.* Minneapolis: Fortress, 2010.

Paris, Peter. "The Bible and the Black Churches." In *The Bible and Social Reform*, edited by Ernest R. Sandeen, 133-54. Philadelphia: Fortress, 1982.

———. *Black Religious Leaders: Conflict in Unity*. Louisville: Westminster John Knox, 1991.

Payne, Daniel Alexander. *Recollections of Seventy Years*. Nashville: Publishing House of the AME Sunday School Union, 1888.

———. *Sermons and Addresses, 1853-1891: Bishop Daniel A. Payne*. Edited by Charles Killian. New York: Arno, 1972.

Pennington, James. *The Fugitive Blacksmith; or, Events in the History of James W. C. Pennington, Pastor of Presbyterian Church, New York, Formerly A Slave in the State of Maryland, United States*. London: Charles Gilpin, 1850. Reprint, Westport, CT: Negro Universities Press, 1971.

Petition of 1779 by Slaves of Fairfield County. Revolutionary War Papers. Connecticut State Library.

Pierce, Yolanda. *Hell without Fires: Slavery, Christianity, and the Antebellum Spiritual Narrative*. Gainesville: University Press of Florida, 2005.

Powery, Emerson. "'Rise Up, Ye Women': Harriet Jacobs and the Bible." *Postscripts* 5, no. 2 (2009): 171-84.

Powery, Emerson, and Rodney Sadler. *The Genesis of Liberation: Biblical Interpretation in the Antebellum Narratives of the Enslaved*. Louisville: Westminster John Knox, 2016.

Priest, Josiah. *Slavery as It Relates to the Negro or African Race. Albany*, NY: C. Van Benthuysen & Co., 1843.

Raboteau, Albert. *American Prophets: Seven Religious Radicals and Their Struggle for Social and Political Justice*. Princeton: Princeton University Press, 2016.

_____. *A Fire in the Bones: Reflections on African-American Religious History*. Boston: Beacon, 1995.

_____. *Slave Religion: The "Invisible Institution" in the Antebellum South*. New York: Oxford University Press, 1978.

Randolph, Peter. *Sketches of Slave Life; or, Illustrations of the "Peculiar Institution" by Peter Randolph, An Emancipated Slave*. Boston: Published for the author, 1855. Reprinted in *"Sketches of Slave Life" and "From Slave Cabin to the Pulpit."* Edited by Katherine Clay Bassard. Morgantown: West Virginia University Press, 2016.

Ransom, Reverdy. "The Coming Vision." In *Making the Gospel Plain: The Writings of Bishop Reverdy Ransom*, edited by Anthony B. Pinn, 215-22. Harrisburg, PA: Trinity Press International, 1999.

_____. *Making the Gospel Plain: The Writings of Bishop Reverdy C. Ransom*. Edited by Anthony Pinn. Harrisburg, PA: Trinity Press International, 1999.

_____. *The Negro: The Hope or the Despair of Christianity*. Boston: Ruth Hill, 1935.

_____. *The Pilgrimage of Harriet Ransom's Son*. Nashville: Sunday School Union, 1949.

Rawick, George P., ed., *The American Slave: A Composite Autobiography*. 41 vols. Westport, CT: Greenwood, 1972.

Reddish, Mitchell, ed. *Apocalyptic Literature*: A Reader. Nashville: Abingdon, 1990.

Richards, Philip. "Nationalist Themes in the Preaching of Jupiter Hammon." *Early American Literature* 25, no. 2 (1990): 123-38.

Richardson, Marilyn. "What If I Am a Woman? Maria Stewart's Defense of Black Women's Political Activism." In *Courage and Conscience: Black and White Abolitionists in Boston*, edited by Donald M. Jacobs. Bloomington: Indiana

University Press, 1993.

Riggs, Marcia, ed. *Can I Get a Witness? Prophetic Religious Voices of African American Women, an Anthology.* Maryknoll, NY: Orbis, 1997.

Saillant, John. *Black Puritan, Black Republican: The Life of Lemuel Haynes, 1753-1833.* New York: Oxford University Press, 2003.

_____. "Lemuel Haynes and the Revolutionary Origins of Black Theology, 1776-1801." *Religion and American Culture* 2, no. 1 (1992): 79-102.

_____. "Origins of African American Biblical Hermeneutics in Eighteenth-Century Black Opposition to the Slave Trade and Slavery." In *African Americans and the Bible: Sacred Texts and Social Structures*, edited by Vincent L. Wimbush, 236-50. New York: Continuum, 2000.

_____. "'Remarkably Emancipated from Bondage, Slavery, and Death': An African American Retelling of the Puritan Captivity Narrative, 1820." *Early American Literature* 29 (1994): 122-40.

_____. "Traveling in Old and New Worlds with John Jea, the African Preacher, 1773-1816." *Journal of American Studies* 33 (1999): 473-90.

Sanders, Cheryl. "African Americans, the Bible and Spiritual Formation." In *African Americans and the Bible: Sacred Texts and Social Textures*, edited by Vincent L. Wimbush, 588-602. New York: Continuum, 2000.

Schweninger, Loren, and Robert Shelton, eds. *Race, Slavery, and Free Blacks: Series I, Petitions to Southern Legislatures, 1777-1867.* A Microfilm project of University Publications of America. Bethesda, MD.

Sechrest, Love. *A Former Jew: Paul and the Dialectics of Race.* New York: T&T Clark, 2009.

Sernett, Milton, ed. *African American Religious History: A Documentary Witness.*

Durham, NC: Duke University Press, 1999.

Seymour, William. "Apostolic Address." In *A Reader in Pentecostal Theology: Voices from the First Generation*, edited by Douglas Jacobsen. Bloomington: Indiana University Press, 2006.

_____. *The Doctrines and Discipline of the Azusa Street Apostolic Faith Mission of Los Angeles, California by William J. Seymour Its Founder and General Overseer*. Complete Azusa Street Library, vol. 7, edited by Larry Martin. Joplin, MO: Christian Life Books, 2000.

_____. "Gifts of the Spirit." In *Azusa Street Sermons by William J. Seymour*, edited by Larry Martin. Joplin, MO: Christian Life Books, 1999.

_____. "In Money Matters." In *Azusa Street Sermons by William J. Seymour*, edited by Larry Martin. Joplin, MO: Christian Life Books, 1999.

_____. "Receive Ye the Holy Ghost." In *Azusa Street Sermons by William J. Seymour*, edited by Larry Martin. Joplin, MO: Christian Life Books, 1999.

_____. "Sanctified on the Cross." In *Azusa Street Sermons by William J. Seymour*, edited by Larry Martin. Joplin, MO: Christian Life Books, 1999.

Simmons, Martha, and Frank A. Thomas, eds. *Preaching with Sacred Fire: An Anthology of African American Sermons, 1750 to the Present*. New York: Norton, 2010.

Slave Petition for Freedom during the Revolution, 1773-1779. Petition (b). Boston, April 20, 1773.

Slave Petition for Freedom during the Revolution, 1773-1779. Petition (d). January 13, 1777.

Smith, Abraham. "Paul and African American Biblical Interpretation." In *True to Our Native Land: An African American New Testament Commentary*, edited by Brian Blount, Cain Hope Felder, Clarice J. Martin, and Emerson Powery, 31-42. Minneapolis: Fortress, 2007.

_____. "Putting 'Paul' Back Together Again: William Wells Brown's Clotel and Black Abolitionist Approaches to Paul." *Semeia* 83-84 (1998): 251-62.

Smith, Mitzi J. "'This Little Light of Mine': The Womanist Biblical Scholar as Prophetess, Iconoclast, and Activist." In *I Found God in Me: A Womanist Biblical Hermeneutics Reader*, edited by Mitzi J. Smith. Eugene, OR: Cascade, 2015.

_____. "'Unbossed and Unbought': Zilpha Elaw and Old Elizabeth and a Political Discourse of Origins." *Black Theology: An International Journal* 9, no. 3 (2011): 287-311.

Smith, Raynard D. "Seeking the Just Society: Charles Harrison Mason's Quest for Social Equality." In *With Signs Following: The Life and Ministry of Charles Harrison*, edited by Raynard Smith. St. Louis: Christian Board Publication, 2015.

Smith, Shanell T. *The Woman Babylon and the Marks of Empire: Reading Revelation with a Postcolonial Womanist Hermeneutics of Ambivalence*. Emerging Scholars. Minneapolis: Fortress, 2014.

Smith, Shively. *Strangers to Family: Diaspora and 1 Peter's Invention of God's Household*. Waco, TX: Baylor University Press, 2016.

Smith, Timothy L. "Slavery and Theology: The Emergence of Black Christian Consciousness in Nineteenth Century America." *Church History* 41 (December 1972): 497-512.

South Carolina Department of Archives and History. "Race, Slavery, and Free Blacks Petition." Race & Slavery Petitions Project. https://library.uncg.edu/

slavery/petitions/details.aspx?pid=1645.

"Spirit and Power—a 10-Country Survey of Pentecostals." Pew Research Center, October 5, 2006. http://www.pewforum.org/2006/10/05/spirit-and-power/.

Stampp, Kenneth. *The Peculiar Institution: Slavery in the Ante-Bellum South*. New York: Knopf, 1978.

Stewart, James Brewer. "Abolitionists, the Bible, and the Challenge of Slavery." In *The Bible and Social Reform*, edited by Ernest Sandeen. Philadelphia: Fortress, 1982.

_____. "Boston, Abolition, and the Atlantic World, 1820-1861." In *Courage and Conscious: Black and White Abolitionists in Boston*, edited by Donald M. Jacobs, 101-26. Bloomington: Indiana University Press, 1993.

Stewart, Maria W. *Maria W. Stewart, America's First Black Woman Political Writer: Essays and Speeches*. Edited by Marilyn Richardson. Bloomington: Indiana University Press, 1987.

Stuckenbruck, Loren T. "Prayers of Deliverance from the Demonic in the Dead Sea Scrolls and Related Early Jewish Literature." In *The Changing Face of Judaism, Christianity, and Other GrecoRoman Religions in Antiquity*, edited by Ian H. Henderson and Gerbern S. Oegema, 146-65. Studien zu den Jüdischen Schriften aus hellenistisch-römischer Zeit 2. Gutersloh: Gutersloher Verlagshaus, 2006.

Taylor, Yuval, ed. *I Was Born a Slave: An Anthology of Classic Slave Narratives*. Vol. 1, 1772-1849. Vol. 2, 1849-1866. Chicago: Lawrence Hill Books, 1999.

Theissen, Gerd. *The Social Setting of Pauline Christianity: Essays on Corinth*. Edited and translated with an introduction by John H. Schutz. Philadelphia:

Fortress, 1982.

Thurman, Howard. *Jesus and the Disinherited*. Richmond, IN: Friends United, 1981; original Nashville: Abingdon, 1949.

―――. *The Papers of Howard Washington Thurman*. Edited by Walter Fluker. Columbia: University of South Carolina Press, 2009-2017.

Turner, William C., Jr. "Preaching the Spirit: The Liberation of Preaching." *Journal of Pentecostal Theology* 14, no. 1. (2005): 3-16.

―――. *The United Holy Church of America: A Study in Black Holiness-Pentecostalism*. Piscataway, NJ: Gorgias, 2006.

Venable-Ridley, C. Michelle. "Paul and the African American Community." In *Embracing the Spirit: Womanist Perspectives on Hope, Salvation, and Transformation*, edited by Emilie M. Townes, 212-33. Maryknoll, NY: Orbis, 1997.

Walker, David. *Walker's Appeal, In Four Articles, Together with A Preamble To The Coloured Citizens of the World, But in Particular and Very Expressly, to Those of The United States of America, Written in Boston, State of Massachusetts, September 28, 1829*. Boston: Revised and published by David Walker, 1830. Reprinted in *David Walker's Appeal: In Four Articles*. Mansfield Centre, CT: Martino Publishing, 2015.

Ware, Frederick L. *African American Theology: An Introduction*. Louisville: Westminster John Knox, 2016.

Weems, Renita J. *Just a Sister Away: A Womanist Vision of Women's Relationships in the Bible*. San Diego: LuraMedia, 1988.

White, Calvin, Jr. *The Rise to Respectability: Race, Religion, and the Church of God in Christ*. Fayetteville: University of Arkansas Press, 2012.

White, Deborah Gray. *Ar'n't I a Woman? Female Slaves in the Plantation South*. New York: Norton, 1985.

Williams, Demetrius. "The Acts of the Apostles." In *True to Our Native Land: An African American New Testament Commentary*, edited by Brian Blount, Cain Hope Felder, Clarice J. Martin, and Emerson Powery, 213-48. Minneapolis: Fortress, 2007.

Williams, Eric Lewis. "'Mad with Supernatural Joy': On Representations of Pentecostalism in the Black Religious Imagination." *Journal of the Interdenominational Theological Center* 44 (Fall-Spring 2016): 81-97.

Wimbush, Vincent, ed. *African Americans and the Bible: Sacred Texts and Social Structures*. New York: Continuum, 2000.

Yellin, Jean Fagan. *Harriet Jacobs: A Life*. New York: Basic Civitas Books, 2004.

_____. "Harriet Jacobs in the Refugee Camps." In *Race, Slavery, and the Civil War: The Tough Stuff of American History and Memory*, edited by James O. Horton and Amanda Kleintop, 92-98. Richmond: Virginia Sesquicentennial of the American Civil War Commission, 2011.

Yetman, Norman R., ed. *Voices from Slavery: The Life of American Slaves—in the Words of 100 Men and Women Who Lived It and Many Years Later Talked about It*. New York: Holt, Rinehart & Winston, 1970.

아프리카계 미국인이 몸으로 읽어낸 바울
전통적 바울 해석에 대한 수용과 저항과 변화

Copyright ⓒ 새물결플러스 2025

1쇄 발행 2025년 9월 15일

지은이	리사 M. 보웬스
옮긴이	홍수연
펴낸이	김요한
펴낸곳	새물결플러스

편 집	왕희광 정인철 노재현 이형일 나유영
디자인	황진주 김은경
마케팅	박성민
총 무	김명화 이성순
영 상	최정호
아카데미	차상희

홈페이지	www.holywaveplus.com
이메일	hwpbooks@hwpbooks.com
출판등록	2008년 8월 21일 제2008-24호
주 소	(우) 04114 서울시 마포구 신촌로28가길 29
전 화	02) 2652-3161
팩 스	02) 2652-3191

ISBN 979-11-6129-305-9 93230

책값은 뒤표지에 있습니다.